lonely planet

Yucatán

Cancún et Riviera Maya

ÉDITION ÉCRITE ET ACTUALISÉE PAR

Ashley Harrell, Ray Bartlett, Stuart Butler, John Hecht

PRÉPARER SON VOYAGE

PLAYA DEL CARMEN P. 111

POLA DAMONTE VIA GETTY IMAGES/GETTY IMAGES ©

DÍA DE MUERTOS P. 25

BONNIEBC/SHUTTERSTOCK ©

SUR LA ROUTE

CENOTE SUYTUN P. 203

MATTEO COLOMBO/GETTY IMAGES ©

Sommaire

COMPRENDRE LE YUCÁTAN

YUCÁTAN PRATIQUE

COUPS DE PROJECTEUR

Bienvenue dans le Yucatán

Sites archéologiques mayas, villes coloniales et eaux azurées de la mer des Caraïbes et du golfe du Mexique : peu de destinations mexicaines peuvent rivaliser avec l'éblouissante péninsule du Yucatán.

Des plages inoubliables

Le littoral de cette péninsule est sans nul doute l'un des plus beaux de la planète. Au nord, le golfe du Mexique borde de paisibles villages de pêcheurs aux rues ensablées et une nature foisonnante de vie. À l'est, on trouve les célèbres plages de sable blanc et aux eaux turquoise de la mer des Caraïbes. Enfin, au large de la côte caribéenne, plusieurs îles tranquilles, où la vie s'écoule avec une divine lenteur, offrent des plages que vous ne voudrez plus quitter.

Partout, l'héritage maya

Comment ne pas être stupéfait lorsque l'on contemple pour la première fois les pyramides, les temples et les terrains de jeu de balle bâtis par l'une des plus grandes civilisations préhispaniques ? Les Mayas ont légué au Mexique des chefs-d'œuvre d'architecture, et leurs connaissances en astronomie, en mathématiques et, plus généralement, en sciences, étaient étourdissantes. Leurs prouesses laissent pantois même les voyageurs les plus blasés. La péninsule est constellée de sites archéologiques, dans les terres comme sur la côte.

La nature pour terrain de jeu

Le Yucatán offre quantité d'activités aux amoureux de la nature. Sous la mer, des paysages multicolores forment certains des plus beaux sites de snorkeling et de plongée au monde, tandis que, sur la terre, plusieurs réserves naturelles et parcs nationaux recèlent une faune et une flore stupéfiantes. Nager avec des requins-baleines, aider des bébés tortues à gagner la mer, observer des crocodiles, des singes et des centaines d'oiseaux dans la mangrove ou dans la jungle... Ce ne sont là que quelques-unes des multiples aventures que réserve la péninsule.

Des sorties en tous genres

Au-delà des jolies plages et des vestiges archéologiques, les activités culturelles et les divertissements ne manquent pas. En toute saison, vous trouverez des spectacles de danse, des concerts gratuits, des musées intéressants et des expositions captivantes, surtout à Mérida, capitale culturelle de la région. Vous ne serez pas non plus en reste pour les activités de plein air : la péninsule est constellée de milliers de bassins souterrains naturels – les *cenotes* –, et les eaux qui la baignent se prêtent à toutes sortes d'exaltantes sorties en mer.

Pourquoi nous aimons le Yucatán

Par Ray Bartlett et John Hecht, auteurs

Vous pensez savoir ce qui vous attend dans le Yucatán ? Certes, il y a les mers aux multiples nuances de bleu, les étendues de sable blanc nacré et la jungle luxuriante. Il y a aussi les activités de plein air – nager dans des bassins naturels, plonger parmi les récifs coralliens, explorer des vestiges anciens... Mais ce que l'on n'imagine pas, c'est l'hospitalité avec laquelle les Yucatèques accueillent les voyageurs, leur faisant fièrement découvrir leur culture. Si cette péninsule attire pour son histoire et ses plages, elle offre bien plus à ceux qui s'y rendent.

Pour en savoir plus sur nos auteurs, voir p. 336

En haut : Becán (p. 238)

La péninsule du Yucatán

0
200 km
88° O
Río Lagartos
Isla Holbox
Isla Contoy
Reserva de la Biosfera Ría Lagartos
Chiquilá
Isla Mujeres
Tizimín
Cancún
Punta Cancún
Izamal
Kantunil
Cuzamá
Puerto Morelos
Playa del Carmen
Chichén Itzá
Valladolid
Mayapán
Isla Cozumel
Cobá
San Miguel de Cozumel
Tulum
Tulum
Palancar Reef
Yucatán
20° N
Santa Rosa
Laguna Chicnancanab
Bahía de la Ascención
Felipe Carrillo Puerto
Bahía del Espíritu Santo
Quintana Roo
Laguna Nohbec
Nohbec
Reserva de la Biosfera Sian Ka'an
Laguna Bacalar
MEXIQUE
Mahahual
Dzibanché
Banco Chinchorro
CHETUMAL
Río Bec
Kohunlich
Corozal
Xcalak
18° N
Orange Walk
San Pedro
Belize River
Belize City
BELMOPAN
Melchor de Mencos
Îles Turneffe
Mountain Pine Ridge
Dangriga
Monts Maya
Hopkins
Placencia
BELIZE
Punta Gorda
Glover's Reef
Golfo de Honduras
Puerto Cortés
16° N
Lívingston
Puerto Barrios
Río Dulce
El Golfete
Lago de Izabal
Río Motagua
Río Ulúa
San Pedro Sula
Yoro
HONDURAS
Lago de Yojoa
Esquipulas
MER DES CARAÏBES
Isla Holbox
On s'y baigne avec les requins-baleines (p. 75)
Isla Contoy
Un petit paradis pour les amoureux de la nature (p. 75)
Isla Mujeres
Plaisirs insulaires et tranquillité (p. 81)
Cancún
Luxe balnéaire et mer turquoise (p. 60)
Isla Cozumel
La destination favorite des plongeurs (p. 91)
Playa del Carmen
Pour les plages et la fête (p. 111)
Tulum
Joyau maya face à la mer (p. 122)
Cobá
Un site maya en pleine jungle, à découvrir à vélo (p. 132)
Chichén Itzá
Une merveille du monde maya (p. 195)
Laguna Bacalar
Snorkeling dans des eaux cristallines (p. 144)

16 façons de voir le Yucatán

1

Cenotes

1 Les Mayas considéraient les *cenotes* (bassins naturels creusés dans le sol calcaire) comme des passages sacrés vers le monde souterrain, et l'on peut facilement imaginer pourquoi. Plus de 7 000 *cenotes* constellent la péninsule. Certains, comme les trois spectaculaires grottes des Cenotes de Cuzamá, sont propices à une baignade divertissante, tandis que d'autres, comme les cavités sous-marines de Dos Ojos (p. 114), attirent les plongeurs du monde entier.

Cenote Zací (p. 206)

Saveurs traditionnelles

2 Si vous ne connaissez pas la cuisine yucatèque (p. 42), préparez-vous à une belle surprise ! Même au Mexique, pays de grande tradition gastronomique, le Yucatán est considéré comme un paradis pour les gourmands. La péninsule est en effet célèbre pour ses sauces au piment et ses viandes *pibiles* – du *pollo* (poulet) ou de la *cochinita* (porc) –, enveloppées dans des feuilles de bananier et cuites des heures dans un four creusé dans la terre ; ce plat carné traditionnel est un classique régional. Ne repartez pas non plus avant d'avoir goûté à la *sopa de lima* (soupe au citron) ni aux *salbutes* (tortillas garnies de volaille effilochée). *Buen provecho* !

DIEGOGRANDI/GETTY IMAGES ©

2

LINDSAY LAUCKNER GUNDLOCK/LONELY PLANET ©

Les fabuleux vestiges de Tulum

3 Spectaculaires, les ruines de Tulum (p. 122) surplombent du sommet de leur haute falaise une plage de sable blanc. Après vous être émerveillé de la splendeur de ces vestiges mayas dans la lumière du soleil et avoir évité quelques iguanes et touristes distraits, concluez cette leçon d'histoire en piquant une tête dans l'eau azur des Caraïbes mexicaines. La nuit venue, mêlez-vous aux fêtes chaleureuses qui battent leur plein dans les bars de Tulum Pueblo ou fuyez vers la Zona Hotelera pour un paisible dîner en bord de mer.

Isla Holbox

4 Certes, le vrombissement des voiturettes de golf est constant dans les rues ensablées du village, et les habitants ne voient pas tous d'un bon œil le succès touristique de leur île. Néanmoins, Holbox (p. 75) offre l'occasion incroyable de nager avec des requins-baleines de 15 tonnes. Si vous ratez la saison de leur migration, vous pourrez néanmoins profiter d'une excursion en bateau menant à une source d'eau douce et aux îles environnantes, où observer les oiseaux.

3

4

JORGE MONTIE/GETTY IMAGES ©

DC_APERTURE/SHUTTERSTOCK ©

Mérida

5 Si vous venez dans le Yucatán pour Cancún et Playa del Carmen, accordez aussi quelques jours à Mérida (p. 158), dont l'architecture coloniale n'a pas d'équivalent sur la côte. Les soirs de week-end, une ambiance endiablée s'empare des *cantinas*, tandis que, le dimanche matin, le centre et l'une des principales artères de la ville sont fermés à la circulation. La fête envahit alors les rues, où l'on grignote des mets locaux en assistant aux chants et danses autour de Plaza Grande, la place principale. Son abondance de musées et de galeries fait de Mérida la capitale culturelle de la péninsule.

Une matinée à Cobá

6 En visitant le site archéologique de Cobá (p. 132) de bon matin, vous éviterez certes la foule, mais vous aurez en plus le plaisir de voir ces vestiges sublimés par la lumière de l'aurore filtrant à travers la canopée. Après avoir gravi l'imposante pyramide de Nohoch Mul, vous vivrez l'expérience unique de vous retrouver seul à son sommet face à l'immensité de la jungle. En explorant le site à vélo, votre journée n'en sera que plus mémorable. Malheureusement, vers 10h, la magie se dissipe avec l'arrivée de bus remplis de touristes.

Laguna Bacalar

7 Surnommée "lac aux sept couleurs" en raison de ses nombreuses nuances bleues et turquoise, la sublime Laguna Bacalar (p. 144) offre ses eaux scintillantes aux baigneurs. Des auberges de jeunesse permettent des séjours divertissants et peu chers, tandis que les luxueux complexes hôteliers séduisent les voyageurs plus fortunés. Le Rancho Encantado jouit sûrement de la meilleure vue sur les rives. Plus au sud, le Cenote Azul, avec ses 90 m de profondeur, est un beau lieu de baignade.

8

9

Calakmul

8 Le “royaume de la Tête de Serpent” fut l'une des cités mayas (p. 235) les plus puissantes de l'Histoire. Ses vestiges demeurent impressionnants : ils comptent quelques-unes des plus imposantes pyramides de la région, dominant une jungle immense, peuplée d'oiseaux, de singes et de jaguars. Moins visitée que les autres cités mayas en raison de son isolement, Calakmul mérite largement le déplacement. Pour en apprécier la splendeur, consacrez une journée à suivre ses sentiers sinueux, escaladez quelques pyramides et faites-y un pique-nique.

Isla Mujeres

9 L'Isla Mujeres (p. 81) ne partage pas l'état d'esprit ultratouristique de Cancún, sa voisine de l'autre côté de la baie, et c'est ce qui fait tout son attrait. Néanmoins, malgré sa taille modeste, l'île offre de multiples façons se distraire. La plongée et le snorkeling y sont très pratiqués, et les plages – parmi les plus accessibles du Yucatán – sont idéales pour les enfants. De plus, on y trouve une ferme aux tortues relâchant des dizaines de milliers de tortues chaque année et disposant d'un beau petit aquarium.

Playa Norte (p. 83)

Plongée à Cozumel

10 Ne ratez pas l'occasion de plonger dans les eaux resplendissantes de l'Isla Cozumel (p. 91) : elles recèlent certains des meilleurs sites de plongée et de snorkeling du monde. Et si ses fabuleux récifs coralliens sont l'atout majeur de l'île, ses jolies plages et l'agréable place du village raviront les baigneurs non enclins à la plongée. En février, ne manquez pas le carnaval annuel, période à laquelle les rues sont envahies de musiciens, de spectacles de danse et d'une foule en liesse.

Celestún

11 Cette petite bourgade côtière (p. 186) sur le golfe du Mexique, attire essentiellement les voyageurs pour son impressionnante colonie de flamants roses. Pour assister à ce festival rouge orangé, on passe en bateau par un tunnel formé par la mangrove et par une jolie source d'eau douce. Certains circuits, organisés de nuit, permettent de voir des crocodiles. Cela étant, ce sont ses plages paisibles, sa mer calme et sa charmante petite place qui font tout le charme de Celestún. Reserva de la Biosfera Ría Celestún (p. 187)

NORADOA/SHUTTERSTOCK ©

La ville fortifiée de Campeche

12 Cette ravissante ville coloniale (p. 217) est l'antidote aux grandes destinations touristiques du Yucatán. Peu de visiteurs s'aventurent jusqu'ici, et la cité offre ainsi un aperçu plus authentique de la vie mexicaine. Classé au patrimoine mondial, son centre historique, ceint de remparts, forme une merveilleuse enclave préservée d'édifices pastel et de ruelles pavées. À proximité, le *malecón*, long de plusieurs kilomètres, est un endroit agréable où se balader, regarder les passants et admirer le coucher du soleil.

Playa la festive

13 Chic à l'européenne, soirées endiablées et superbes plages : Playa del Carmen (p. 111), ville-champignon sur la Riviera Maya, a plus d'un tour dans son sac. Et si vous vous lassez de danser, de boire et de manger au clair de lune dans les bars et restaurants du front de mer, sachez que Playa se prête parfaitement à la plongée et au snorkeling, et fait une base pratique d'où explorer les *cenotes* des environs, comme le Cenote Cristalino.

Isla Contoy

14 Afin de préserver son environnement en majeure partie vierge, le Parque Nacional Isla Contoy (p. 75), île inhabitée située non loin de Cancún et de l'Isla Mujeres, n'autorise son accès qu'à 200 visiteurs par jour. Foyer de plus de 170 espèces d'oiseaux et de tortues venant y pondre au cours de l'été, l'île séduira les amoureux de la nature et les adeptes de la randonnée et du snorkeling.

Chichén Itzá

15 Depuis qu'elle figure parmi les sept nouvelles merveilles du monde, Chichén Itzá (p. 195) est pour beaucoup de personnes un lieu à voir absolument une fois dans sa vie. La colossale et emblématique pyramide d'El Castillo, offre un spectacle à couper le souffle, notamment aux équinoxes de printemps et d'automne, quand la lumière de l'aube et du crépuscule révèle l'ombre d'un serpent à plumes sur les escaliers. Si ces vestiges sont sublimes, ne la laissez pas éclipser les autres cités anciennes : chacune possède son charme propre et (loin des foules de Chichén Itzá) vous y serez souvent seul.

Cancún

16 L'ultra clinquante Cancún (p. 60) ne manque cependant pas de charme. Sa Zona Hotelera occupe la plus belle partie de la côte caribéenne du Yucatán et a vu ouvrir le Museo Maya de Cancún non loin de vestiges mayas. Le centre-ville offre une ambiance plus authentique, avec des hôtels installés à proximité de bars décontractés, et des restaurants servant cuisine yucatèque et plats internationaux. À 10 km au nord, l'Isla Blanca et ses plages donnent un aperçu de ce que fut jadis Cancún. Au large, le MUSA, un musée sous-marin, attire les amateurs de snorkeling du monde entier.

L'essentiel

Pour plus de détails, voir le Carnet pratique (p. 295)

Monnaie
Peso ($M)

Langues
L'espagnol et le maya.

Visas
Permis touristique délivré à l'arrivée. Pas de visa demandé pour les citoyens de l'UE, de Suisse et du Canada.

Argent
Les DAB sont très répandus dans les moyennes et grandes villes. Les hôtels et restaurants acceptant les cartes bancaires sont essentiellement des établissements de catégorie moyenne ou supérieure.

Téléphones portables
On peut utiliser les cartes SIM mexicaines dans des téléphones débloqués.

Heure locale
GMT/UTC -6 heures dans les États du Yucatán, du Campeche et du Chiapas ; GMT/UTC -5 heures dans le Quintana Roo.

Quand partir

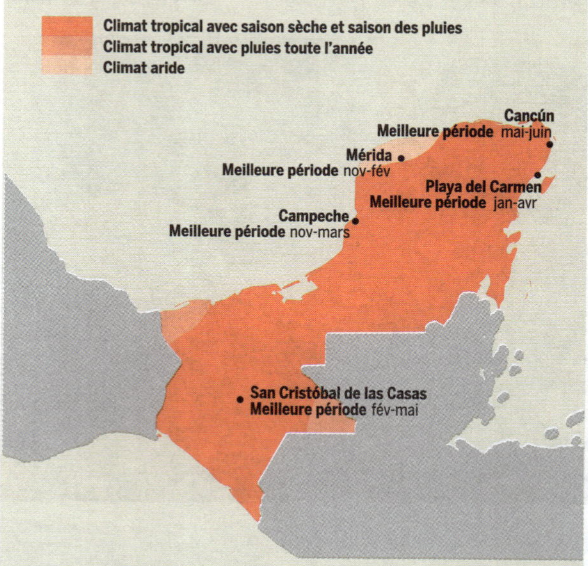

Haute saison
(déc-avr)

- Temps essentiellement sec, mais les *nortes* (vents du nord) soufflent.
- Les hôtels augmentent leurs prix, parfois de plus du double vers Noël et Pâques
- Fête de Mérida en janvier ; le temps se rafraîchit nettement.

Saison intermédiaire
(juil-août)

- Temps très chaud et humide dans toute la péninsule ; début de la saison des ouragans.
- Les Mexicains en vacances affluent sur les plages pour se rafraîchir ; le prix des hébergements monte.

Basse saison
(mai-juin et sept-nov)

- Le temps fraîchit de septembre à novembre. Décembre marque la fin de la saison des pluies et des ouragans, qui reprend en juin.
- Sites touristiques et archéologiques moins fréquentés. Tarifs avantageux sur les hébergements.

Sites Internet

México (www.visitmexico.com/fr) site officiel de l'office du tourisme du Mexique, en français.

Yucatán Today (www.yucatantoday.com). Le Yucatán sous tous les angles.

Yucatán Travel (www.yucatan.travel). Office du tourisme du Yucatán.

Loco Gringo (www.locogringo.com). Location de maisons et réservation d'hôtels sur la Riviera Maya.

Lonely Planet (www.lonelyplanet.fr). Forum, informations et liens vers des sites utiles.

Numéros utiles

Les numéros gratuits commencent par ☎800 suivi de sept chiffres. Il faut y ajouter le préfixe ☎01 (préfixe des appels longue distance).

Indicatif pays	☎52
Renseignements téléphoniques	☎040
Urgences	☎911, ☎066
Indicatif international	☎00 (☎011 depuis le Canada)
Assistance routière	☎078
Standard national/international	☎020 /090

Taux de change

Belize	1 $BZ	9,39 $M
Canada	1 $C	14,04 $M
Guatemala	1 Q	2,48 $M
Zone euro	1 €	21,11 $M
Suisse	1 CHF	18,72 $M

Pour connaître les derniers taux de change, consultez le site www.xe.com.

Budget quotidien

Petits budgets : moins de 1 000 $M

- Dortoir en auberge de jeunesse : 150-300 $M
- Chambre double dans un hôtel bon marché : 400-800 $M
- Cuisine de rue ou menu économique : 20-80 $M
- Bus municipaux : 4-12 $M

Catégorie moyenne : 1 000-1 500 $M

- Chambre double dans un hôtel de catégorie moyenne : 600-1 500 $M
- Déjeuner ou dîner dans un restaurant : 80-240 $M
- Course en taxi : 20-50 $M
- Visites, activités : 100-250 $M

Catégorie supérieure : plus de 1 500 $M

- Chambre double dans un hôtel de catégorie supérieure : à partir de 1 500 $M
- Dîner dans un restaurant haut de gamme : 250-800 $M
- Location de voiture avec assurance responsabilité civile : à partir de 650 $M par jour
- Circuits touristiques : 1 000-2 500 $M

Heures d'ouverture

L'amplitude horaire est parfois réduite durant les saisons basse et intermédiaire. Certaines boutiques, restaurants et hébergements ferment plusieurs semaines ou plusieurs mois en basse saison.

Sites archéologiques 8h-17h

Banques 9h-17h lundi-vendredi, certains établissements 10h-14h samedi

Cafés 8h-21h

Cenotes 9h-17h

Musées 9h-17h mardi-dimanche

Arriver à Cancún et dans la péninsule du Yucatán

Aeropuerto Internacional de Cancún Les navettes Green Line et Super Shuttle rallient Ciudad Cancún et la Zona Hotelera pour 50 $US par personne. Des bus ADO (72 $M) relient l'aéroport à la gare routière du centre-ville. En taxi, comptez 650 $M.

Aeropuerto Internacional de Mérida Les taxis garés devant l'aéroport rejoignent le centre-ville pour 200 $M. Les bus (8 $M) ne vont pas jusqu'à l'aéroport ; il faut marcher jusqu'à la route principale pour en prendre un.

Aeropuerto **Internacional de Cozumel** Le trajet en navette collective coûte environ 70 $M jusqu'au centre-ville et entre 150 et 200 $M jusqu'aux hôtels des côtes nord et sud de l'île.

Aeropuerto **Internacional Ángel Albino Corzo** Des minibus circulent entre l'aéroport de Tuxtla Gutiérrez et la gare routière de San Cristobal de las Casas.

Comment circuler

Minibus collectif Les *colectivos* (minibus collectifs) coûtent moins cher que les bus. La plupart ont des départs fréquents. Ils sont souvent pleins rapidement et partent alors sans attendre.

Bus Des bus de 1re et 2e classes desservent la quasi-totalité de la péninsule.

Voiture Un excellent moyen de voyager hors des grandes villes. Comptez environ 750 $M par jour pour la location et le carburant.

Ferry Des bateaux relient fréquemment Playa del Carmen à Cozumel, Chiquilá à l'Isla Holbox et Cancún à l'Isla Mujeres.

Pour plus de détails sur **comment circuler**, voir p. 314

Pour un premier séjour

Pour plus d'informations, voir le *Carnet pratique* (p. 295)

Avant de partir

- Les passeports doivent être valides au moins 6 mois après la date de votre retour.
- Faites vos vaccins suffisamment à l'avance.
- Prenez une assurance voyage.
- Faites vos réservations (hôtels, transports...).
- Informez votre banque de votre voyage.
- Vérifiez la possibilité d'utilisation de votre portable.
- Vérifiez la réglementation de votre compagnie aérienne sur les bagages.

À emporter

- Passeport
- Carte bancaire
- Permis de conduire
- Téléphone portable
- Adaptateur électrique
- Chapeau et lunettes de soleil, crème solaire
- Produits antimoustiques
- Maillot de bain et serviette
- Appareil photo
- Masque de plongée, tubas et palmes
- Produits de toilette
- Lampe-torche

Bon à savoir

- Si vous avez envie de plages et de plongée, choisissez la côte caribéenne. Pour plus de culture, de vestiges mayas et d'aventures en pleine nature, allez dans l'ouest de la péninsule. Cancún et la Riviera Maya sont très touristiques.
- Protégez-vous des moustiques. La dengue et le chikungunya sont rarement mortels, mais on peut rester alité plusieurs jours.
- En vous rendant dans les communautés mayas, vous participerez à l'économie locale et vivrez une expérience mémorable.
- Conduire la nuit peut être dangereux en raison de la présence d'animaux ou de nids-de-poule. Les routes à péage sont mieux éclairées que les routes *libres* (gratuites).

Tenues vestimentaires

D'avril à fin août, prévoyez des habits amples et légers, car la péninsule, et notamment Mérida, connaît des températures très élevées. Si vous séjournez sur la côte ou dans les régions plus fraîches de l'intérieur, prenez un pull fin ou une veste légère à porter le soir. Enfin, emportez des hauts à manches longues et des pantalons ou jupes longues pour vous protéger des moustiques (surtout aux abords de la jungle et de la mangrove) et pour sortir dans les restaurants un peu chics et les villes non balnéaires.

Hébergement

La région offre une vaste gamme d'hébergements.

- **Pensions** Appelés posadas, ces établissements familiaux offrent un bon rapport qualité/prix et un service plus personnel que les hôtels.
- **B&B** En général plus intimes et plus haut de gamme que les pensions.
- **Bungalows** Il en existe de toutes sortes, de la *cabaña* rustique à l'élégante maisonnette.
- **Hôtels** Des établissements les moins chers aux luxueux complexes "tout inclus".
- **Auberges de jeunesse** La solution la moins onéreuse et la meilleure façon de rencontrer d'autres voyageurs.

Réductions et bons plans

Réductions De nombreux musées et sites archéologiques proposent un tarif enfant, et certains hôtels et compagnies de bus d'importants rabais sur les réservations en ligne.

Colectivos Les minibus collectifs sont un moyen de transport efficace et très peu coûteux pour sillonner la péninsule.

Hamacs Certains hôtels autorisent les clients à suspendre leurs hamacs sur leur terrain pour une fraction du prix d'une chambre.

Marchandage

La majorité des magasins pratiquent des prix fixes. Sur les marchés, vous pouvez négocier avec certains artisans, mais ne soyez pas trop exigeant (la plupart tentent de gagner de quoi vivre). Les hébergements accordent parfois des rabais aux clients qui se présentent sans réservation, surtout en basse saison.

Pourboire

- **Restaurants** 15% de l'addition, si le service n'est pas compris.
- **Hôtels** Un pourboire de 5 à 10% sera apprécié par les femmes de ménage.
- **Employé de supermarché/ de station-service** Généralement autour de 5 $M.
- **Porteurs** 25 $M par bagage.
- **Bars** Les barmans ne reçoivent pas souvent de pourboire et apprécient tout montant.
- **Taxis** Aucun pourboire n'est attendu, à moins d'un service exceptionnel.

Langue

La langue officielle du Mexique est l'espagnol ; si vous ne le parlez pas, sachez que nombre de Mexicains maîtrisent les bases de l'anglais. Par ailleurs, la plupart de ceux qui parlent maya parlent aussi espagnol. Il est très utile de connaître quelques mots cet idiome. Pour plus de détails, lisez le chapitre *Langue* (p. 320).

1 Où peut-on acheter de l'artisanat ?

¿Dónde se puede comprar artesanías?
don·dé sé *poué*·dé kom·*prar* ar·té·sa·*ni*·as

L'artisanat – créé notamment par les populations indiennes – est incontournable. On en trouve dans tout le Mexique.

2 Quels *antojitos* avez-vous ?

¿Qué antojitos tiene? ké an·to·*khi* ·tos *tyé*·né

Ces “petites envies” (en-cas) pourront composer un repas entier, une entrée ou une collation à manger dans la rue.

3 Pas trop pimenté, s'il vous plaît.

No muy picoso, por favor. no moui pi·*ko*·so por fa·*vor*

La cuisine mexicaine n'est pas toujours très relevée, mais restez sur vos gardes : certains plats sont vraiment pimentés.

4 Où y a-t-il une *cantina* près d'ici ?

¿Dónde hay una cantina cerca de aquí?
don·dé aï *ou*·na kan·*ti*·na *ser*·ka dé a·*ki*

Demandez aux habitants de vous indiquer une *cantina*, où l'o s'attarde volontiers autour d'en-cas. On y danse même parfois

5 Comment dit-on ... dans votre langue?

¿Cómo se dice ... en su lengua?
ko·mo sé *di*·sé ... en su *len*·gwa

Un grand nombre de langues indiennes sont parlées au Mexique, notamment le maya et le *nahuatl*. Les habitants apprécieront si vous essayez de vous exprimer dans leur langue.

Courtoisie

- **Salutations** Lors d'une rencontre, il est d'usage de se serrer la main. Entre amis, les hommes se donnent l'accolade en se tapant dans le dos ; les femmes font généralement une bise.
- **Conversation** Les Yucatèques sont généralement chaleureux et apprécient la conversation ; ils préfèrent exprimer leur désaccord par la nuance plutôt que par la contradiction. Les Mayas sont souvent un peu plus réservés.
- **Demander son chemin** Les Mexicains, très affables, aiment rendre service, si bien que certains vous indiqueront la mauvaise direction plutôt que de vous décevoir en admettant ne pas connaître le lieu que vous cherchez. Sachez que l'intention était bonne...

Envie de...

Ruines mayas

Les sites du Yucatán comptent parmi les mieux préservés et les plus importants du Mexique.

Uxmal Dans le secteur vallonné de Puuc, vaste site maya aux riches ornements en pierre sculptée. (p. 175)

Palenque D'exquis temples mayas sur fond de collines recouvertes de jungle. (p. 253)

Chichén Itzá Une des sept Merveilles du monde moderne. Tout est dit. (p. 198)

Tulum Des temples et pyramides mayas perchés sur une falaise de la côte caribéenne. (p. 122)

Cobá Un site immense, en pleine jungle, abritant la plus haute pyramide du Quintana Roo. À explorer de préférence à vélo. (p. 132)

Calakmul De hautes pyramides dans une ville maya reculée, encore largement dissimulée par la forêt humide. (p. 235)

Stations balnéaires

Elles ont davantage à offrir que du sable blanc et des eaux turquoise. Chacune a sa propre atmosphère. Si la péninsule est bordée de plages, la plupart des stations balnéaires se trouvent dans le Quintana Roo.

Puerto Morelos Une petite ville apaisante entourée de superbes spots de plongée et de snorkeling. (p. 107)

Tulum Une zone hôtelière foisonnante et un centre-ville aux bars et restaurants innombrables. (p. 122)

Isla Mujeres On se déplace sur l'île en voiturette de golf, à scooter ou à pied : les plages ne sont qu'à quelques minutes du centre. (p. 81)

Mahahual Une ville de plage décontractée, sur la côte caraïbe sud, au large de laquelle les plongeurs partent explorer des épaves. (p. 140)

Isla Cozumel Une destination de plongée prisée, agrémentée d'une charmante place et de plages étonnamment calmes. (p. 91)

Cancún Zone hôtelière tape-à-l'œil, centre-ville pittoresque et plages sauvages au nord : un mélange insolite. (p. 58)

Plongée et snorkeling

La région est une des meilleures destinations au monde pour la plongée. Ses grottes sous-marines se prêtent à de fascinantes explorations.

Isla Cozumel Les célèbres récifs de l'île séduisent les plongeurs du monde entier. (p. 91)

Banco Chinchorro Le plus grand atoll des Amériques, réputé pour ses paysages sous-marins hauts en couleur et ses épaves. (p. 141)

Isla Mujeres Excellents spots de plongée sur récifs et superbe musée de sculptures sous-marines. (p. 81)

Tulum Les adeptes du snorkeling explorent les *cenotes* des environs et les plongeurs les grottes sous-marines, notamment celles du Parque Dos Ojos. (p. 122)

Puerto Morelos Les épaves ne manquent pas et la barrière de corail n'est qu'à 600 m de la côte. (p. 107)

Nature

Les amoureux de la nature seront gâtés sur la péninsule, où les réserves de biosphère et les parcs nationaux abritent une riche faune.

Reserva de la Biosfera Ría Celestún Explorez les mangroves à l'affût des flamants et des crocodiles. (p. 187)

Reserva de la Biosfera Ría Lagartos Les guides chevronnés organisent des excursions d'observation des

En haut : Mérida (p. 158)

En bas : Frégate, Isla Contoy (p. 75)

oiseaux et de snorkeling dans la magnifique réserve. (p. 211)

Parque Nacional Isla Contoy Une île déserte peuplée de plus de 170 espèces d'oiseaux, où viennent également pondre les tortues de mer. (p. 75)

Reserva de la Biosfera Sian Ka'an Une jungle tentaculaire, un littoral préservé et des campings pour voyageurs intrépides. (p. 125)

Reserva de la Biosfera Banco Chinchorro Des épaves et une faune marine abondante attendant les plongeurs. (p. 141)

Baignade

Entre les *cenotes*, les plages caribéennes et les estuaires spectaculaires, vous pourrez parfaitement mener ici une existence amphibie.

Playa Norte Les eaux turquoise peu profondes de cette plage de l'Isla Mujeres sont incomparables. (p. 83)

Isla Holbox Pendant l'été, on peut faire du snorkeling parmi les requins-baleines au large de cette île discrète. (p. 75)

Cenote Cristalino Un lieu tranquille bordé de mangroves, avec un vaste espace à ciel ouvert où il est possible de plonger. (p. 114)

Architecture coloniale

Les trois siècles de présence espagnole ont légué à la péninsule des places majestueuses et de somptueuses demeures et haciendas.

Mérida Même si l'architecture ne vous passionne pas, vous serez impressionné par les magnifiques demeures de la ville. (p. 158)

Campeche Les remparts qui protégeaient la ville des assauts pirates sont encore debout. (p. 217)

Valladolid Cette ville ressemble à Mérida, en moins grandiose. Les effluves coloniaux y sont plus subtils, plus intimes. (p. 203)

Izamal L'imposant Convento de San Antonio de Padua se dresse au cœur de la "Ville jaune". (p. 192)

Gastronomie yucatèque

La région est l'une des grandes destinations gastronomiques du Mexique.

Yerba Buena del Sisal Les végétariens se régalent de plats yucatèques sains et délicieux dans ce restaurant de Valladolid. (p. 208)

La Habichuela Une institution de Cancún servant des spécialités mayas comme les crêpes aux *huitlacoches* (champignons du maïs). (p. 68)

Kinich L'équipe de ce restaurant d'Izamal prépare d'une main de maître des plats traditionnels – essayez les *papadzules* (*enchiladas* aux œufs). (p. 194)

La Chaya Maya Un voyage à Mérida ne serait pas complet sans un repas à la Chaya. (p. 169)

Café La Fuente Une adresse réputée à Ciudad del Carmen pour son *pibipollo* (*tamal* au poulet cuit à l'étouffée dans la terre). (p. 234)

Artisanat

Acheter de l'artisanat est une belle façon de soutenir l'économie locale.

Hamacas El Aguacate Qui n'a jamais rêvé d'une sieste dans un hamac haut de gamme ? Achetez-en un ici, et faites de beaux rêves… (p. 170)

Marché des artisans Un des grands atouts de Puerto Morelos, ce marché vend des hamacs authentiques et de jolis bijoux à des prix honnêtes. (p. 109)

Tierra Huichol Cette boutique de Playa del Carmen vend des œuvres en perles et en laine ouvragées, réalisées par des artistes huicholes. (p. 119)

Bazar Artesanal Unique, le bazar des artisans de Campeche met à l'honneur l'artisanat régional. (p. 225)

Centro Cultural y Artesanal L'artisanat vendu dans ce centre d'Izamal génère un revenu destiné aux familles indiennes rurales. (p. 193)

Vie nocturne

La péninsule ne manque pas de lieux où se déhancher.

Grand Mambocafé Vibrez au rythme de la salsa cubaine live dans ce club de Cancún. (p. 71)

Salsa du dimanche L'hôtel La Zebra de Tulum organise des soirées salsa en bord de plage, précédées de cours gratuits. (p. 124)

Mercado 60 Sirotez quelques mezcals aux notes fumées ou une tequila avant de vous lancer dans la salsa. (p. 169)

Fusion La plage sert de scène aux danseurs du feu dans ce bar en plein air de Playa del Carmen. (p. 117)

Papaya Playa Project Fêtes de la pleine lune mensuelles sur la plage de Tulum. (p. 129)

Escapades

Ces paisibles villes de plage vous garantiront repos et détente.

Xcalak Ni lampadaires, ni banques, ni problèmes à l'horizon. Ici, la côte caraïbe est restée figée dans le temps. (p. 143)

Río Lagartos Circuits nature et farniente dans un village de pêcheurs assoupi de la côte nord. (p. 211)

Punta Allen Si la route menant à cette plage isolée n'a rien de charmant, le village est ravissant. (p. 135)

Dzilam de Bravo Juste vous, une plage de sable blanc caressée par le vent et quelques *cabañas* rustiques – la retraite idéale pour oublier le monde. (p. 192)

Celestún Hormis suivre un circuit nature, il n'y a pas grand-chose à faire dans ce petit village côtier… et c'est tant mieux. (p. 186)

En famille

Bienvenue dans l'une des meilleures destinations du Mexique pour voyager en famille.

Riviera Maya Parcs naturels, nombreuses opportunités de baignade et excellents spots de snorkeling. (p. 105)

Cancún Une profusion d'activités nautiques, des clubs enfants dans les hôtels et des circuits destinés aux plus jeunes. (p. 58)

Valladolid Les *cenotes* des environs ont un succès fou auprès des petits, et les pyramides de la ville sont amusantes à gravir. (p. 203)

Campeche Entre les croisières en bateau pirate et les remparts hantés par les histoires de cape et d'épée, les familles s'en donneront à cœur joie. (p. 217)

Progreso Une destination de plage familiale, avant tout très abordable. (p. 190)

Mois par mois

LE TOP 5

Mérida Fest, janvier

Carnaval, février

Équinoxe de printemps, mars

Baignade avec les requins-baleines, juillet-août

Día de Muertos, novembre

Janvier

La première semaine de janvier est l'une des plus fréquentées, ce qui implique une hausse des tarifs hôteliers. Les températures, quant à elles, sont plutôt fraîches.

Mérida Fest

Cet événement culturel, qui occupe presque tout le mois de janvier, commémore la fondation de Mérida et donne lieu dans toute la ville à des expositions, des concerts, des pièces de théâtre et des présentations de livres. (p. 164)

Día de los Reyes Magos

C'est le jour des Rois (ou Épiphanie ; 6 janvier), plus qu'à Noël, que les petits Mexicains reçoivent leurs cadeaux, pour commémorer les présents des Rois mages à Jésus. Les festivités durent toute la semaine à Tizimín.

Février

Les températures montent, mais le temps reste sec. C'est toujours la haute saison mais la plupart des destinations commencent à retrouver leur tranquillité.

Carnaval

Grande fête précédant le carême, le carnaval a lieu la semaine avant le mercredi des Cendres, en février ou début mars. Les fêtes les plus endiablées se déroulent à Mérida, Campeche, Chetumal et Isla Cozumel, avec défilés, musique, libations, danses…

Cruzando Fronteras

Fin février ou début mars à Mahahual, musiciens, expositions et stands de nourriture prennent possession de la promenade pendant une semaine. (p. 141)

Mars

La température monte de quelques degrés dans tous les sens du terme quand les étudiants américains envahissent la péninsule pour festoyer à grand renfort de tequila.

Spring Break

Pendant la semaine de vacances des étudiants américains, fin février ou en mars, nombre d'entre eux prennent la direction de Cancún pour des fêtes débridées.

Équinoxe de printemps

Les voyageurs viennent à Chichén Itzá (p. 195) pour les équinoxes de printemps (20-21 mars) et la semaine qui suit, quand ombres et lumières évoquent un ophidien (reptile) gravissant ou descendant la pyramide El Castillo. Les portes du temple de Dzibilchaltún (p. 189) s'embrasent au lever du soleil.

Avril

Un des mois les plus chauds et les plus secs de l'année dans la péninsule. La Semaine sainte attire une foule de touristes mexicains désireux de se rafraîchir à la plage.

Semana Santa

La Semaine sainte précède le dimanche de Pâques. Le Vendredi saint, des processions solennelles sont organisées ainsi que des reconstitutions de la Crucifixion.

Feria de San Cristóbal

La Feria de la Primavera y de la Paz ("foire du Printemps et de la Paix") de San Cristóbal de las Casas commence le dimanche de Pâques et dure une semaine, avec au programme des expositions, des chants et des danses, des manèges, des corridas et des feux d'artifice. Évidemment, la gastronomie est à l'honneur.

Mai

Un mois caniculaire, surtout à Mérida où la température moyenne atteint 36°C. Dans les hôtels, les remises intéressantes sont courantes.

Feria del Cedral

Sur l'Isla Cozumel, cette amusante célébration rend hommage à un groupe de réfugiés de la guerre des Castes qui s'installèrent sur l'île en 1848. La fête foraine accueille des manèges, des rodéos et la traditionnelle "Danse des Têtes de cochon". (p. *99*)

Juin

La chaleur est toujours intense et le 1er juin marque le début de la saison des ouragans, qui s'achève le 30 novembre. Le tourisme ralentit considérablement.

En haut : Día de Muertos

En bas : Feria de San Cristóbal

Día de la Marina

Le 1er juin à Río Lagartos, une couronne de fleurs dédiée à la Vierge est déposée au large en hommage aux pêcheurs qui ont péri en mer.

Juillet

Chaleur moite et humidité sont au rendez-vous. Les vacances d'été commencent aussi pour les Mexicains et les Nord-Américains : n'oubliez pas de réserver votre hôtel.

Baignade avec les requins-baleines

Le mois de juillet se prête à l'observation de ces géants placides au large de l'Isla Holbox et de l'Isla Mujeres. (p. 78)

Fiesta de la Virgen de Carmen

La deuxième quinzaine de juillet, la sainte patronne de Ciudad del Carmen (Campeche) est emmenée en procession sur terre et sur mer dans le port. Diverses manifestations artistiques et culturelles sont organisées, ainsi que des expositions d'artisanat. Consultez le site web www.feriacarmen.gob.mx.

Août

Les vacances d'été se poursuivent et la pluie est toujours présente. Une chaleur poisseuse envahit l'intérieur des terres.

Festival Jats'a-Já

Cette fête, qui a lieu à Mahahual, est une sorte de prière adressée aux dieux des ouragans. Elle donne lieu à des danses mayas, des expositions artistiques et des manifestations culinaires. (p. 141)

Septembre

C'est la pleine saison des ouragans, mais il suffit de rester attentif aux alertes pour éviter le danger. C'est aussi le mois le plus patriotique pour les Mexicains.

Día de la Independencia

Le jour de l'Indépendance (16 septembre) commémore l'appel au soulèvement contre l'Espagne lancé en 1810 par Miguel Hidalgo. La veille, le 15, le Grito de Dolores (le Cri) retentit devant chaque mairie, suivi par des feux d'artifice.

Octobre

Les températures baissent légèrement et la pluie se calme. Si vous venez entre la fin octobre et le début novembre, vous pourrez comparer les festivités d'Halloween et celles du Día de Muertos.

Halloween

Playa del Carmen est le théâtre d'une fête costumée débridée qui dure toute la nuit et attire une foule de zombies en état d'ébriété.

Novembre

La saison des pluies est terminée et les températures baissent. Les prix sont divisés par deux dans certains hôtels.

Día de Muertos

Les familles gagnent les cimetières le 1er novembre pour y décorer la tombe de leurs défunts et communier avec eux, parfois toute la nuit. Des autels spéciaux sont dressés dans les foyers et les bâtiments publics. À Pomuch, les habitants exhument les êtres chers, dont les ossements sont exposés dans des coffrets. (p. 226)

Décembre

La saison des ouragans touche à sa fin. Les *nortes* (les vents du nord qui charrient des averses) fouettent la côte de novembre à janvier. La première quinzaine de décembre est calme dans la péninsule, juste avant les fêtes de Noël.

Día de Nuestra Señora de Guadalupe

Une semaine de festivités annonce la fête de Notre-Dame de Guadalupe (le 12 décembre). La Vierge de Guadalupe serait apparue en 1531 à un *indígena* mexicain, Juan Diego. Depuis, elle est devenue la sainte patronne du Mexique.

Posadas

Pendant neuf soirées, du 16 au 24 décembre, des processions aux chandelles reconstituent le voyage de Marie et Joseph jusqu'à Bethléem. Les célébrations ont plus d'ampleur dans les petites villes que dans les grandes.

NATALIYA HORA/GETTY IMAGES ©

Préparer son voyage

Itinéraires

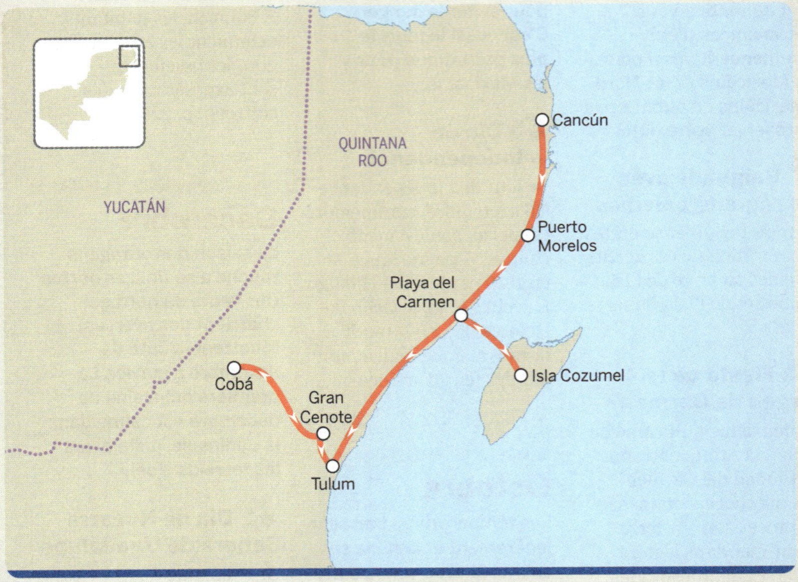

1 SEMAINE

Cancún et la Riviera Maya

La route de Cancún à Cobá réserve de multiples surprises. En chemin, vous vous amuserez dans des *cenotes* (bassins naturels creusés dans le calcaire), explorerez d'incroyables ruines mayas et d'adorables bourgades aux plages de sable blanc.

Commencez par un bain dans les eaux saphir de la Zona Hotelera de **Cancún** ou sur l'une des plages reculées d'Isla Blanca, au nord de la ville. Plus tard, rendez-vous dans le centre pour dîner, boire un verre et, pourquoi pas, faire quelques pas de salsa.

Après un ou deux jours à Cancún, gagnez **Puerto Morelos**, à environ 30 km au sud, pour profiter de la plage, faire du snorkeling ou de la plongée et découvrir l'artisanat local.

Prenez ensuite le temps d'apprécier les plages et l'ambiance festive de l'ultrachic **Playa del Carmen**, une grande ville regorgeant de restaurants, de bars et de discothèques.

"Playa", comme on la surnomme, est un bon point de départ pour rejoindre l'**Isla Cozumel** (les ferries sont fréquents). Là, profitez de certains des meilleurs sites de plongée au

Puerto Morelos (p. 107)

monde, de plages paisibles sur une côte battue par les vents, et de l'agréable place de la ville.

De retour sur le continent, vous ne regretterez pas de vous attarder à **Tulum**, où de spectaculaires ruines mayas perchées sur une falaise surplombent la mer des Caraïbes. Durant la visite du site, descendez les escaliers jusqu'à la plage pour une baignade rafraîchissante. Passez la nuit à Tulum même, dont l'avenue principale est bordée de bars et restaurants tendance, ou à 3 km au sud dans un bungalow de la très branchée Zona Hotelera.

Au petit matin, gagnez les ruines mayas de **Cobá** (la route qui y mène part du nord de Tulum). Une fois dans l'enceinte du site, louez un vélo pour suivre les sentiers ancestraux qui relient entre eux ces vestiges enfouis dans la jungle. Déjeunez dans un des restaurants qui bordent le lac de Cobá, puis, en regagnant Tulum, faites un crochet par le **Gran Cenote** pour nager et faire du snorkeling dans cet immense bassin naturel peuplé de petits poissons.

Facile à effectuer, cet itinéraire de 170 km s'éloigne peu de Cancún. Des bus fréquents circulent entre toutes ces destinations, mais vous pouvez aussi louer une voiture.

10 JOURS

En pays maya

Les réalisations architecturales et artistiques de la civilisation maya constellent la péninsule. Et si les anciennes cités sont abandonnées depuis longtemps, les Mayas et leurs traditions sont toujours présents. On pourrait passer des mois, à visiter tous les vestiges, musées d'archéologie et les petites villes mayas.

Pour une rapide introduction à la civilisation maya, faites un tour au superbe Museo Maya de **Cancún**, au cœur de la Zona Hotelera. L'entrée inclut l'accès au site mitoyen de San Miguelito.

Le jour suivant, gagnez la ville coloniale de **Valladolid**, un ancien lieu de culte maya. Passez-y un jour ou deux. En quittant la ville, oubliez un instant les Mayas pour aller piquer une tête dans les **cenotes X'Kekén y Samulá**, de spectaculaires piscines naturelles souterraines.

Consacrez ensuite une journée à **Chichén Itzá**, l'une des "sept nouvelles merveilles du monde". Partez tôt le matin pour éviter les foules. Puis allez un peu plus au sud pour faire une excursion culturelle ou ornithologique avec l'agence Yucatán Jay Expeditions & Tours, gérée par des membres de la communauté maya locale.

La route mène ensuite à **Oxkutzcab** et **Tekax**, qui offrent un aperçu de la vie traditionnelle maya. Non loin d'Oxkutzcab, ne manquez pas les **Grutas de Loltún**, le plus vaste réseau de grottes souterraines de la péninsule.

Le jour suivant, rejoignez **Santa Elena**, bonne base arrière pour découvrir les ruines d'**Uxmal**, Kabah et autres merveilles archéologiques nichées dans les collines du Puuc.

Une fois dans l'État de Campeche, faites étape à **Hopelchén** – dans un village voisin, vous en apprendrez davantage sur la pratique ancestrale de l'apiculture.

Gagnez la cité fortifiée de **Campeche**, d'où vous pourrez visiter **Edzná**, formidable site maya où trône un temple à cinq niveaux. Dans le sud de la péninsule, la vaste **Reserva de la Biosfera Calakmul** recèle plusieurs témoignages de la civilisation maya classique.

Poursuivez votre voyage dans le Chiapas, où vous attendent les ruines de **Palenque** et l'actuel domaine maya de **San Cristóbal de las Casas**.

La plupart de ces destinations sont accessibles en bus ou en véhicule partagé, mais certaines nécessitent de louer une voiture ou un taxi, ou de recourir à un tour-opérateur.

En haut : Grutas de Loltún (p. 181)
En bas : masque de jade, Museo Maya (p. 60)

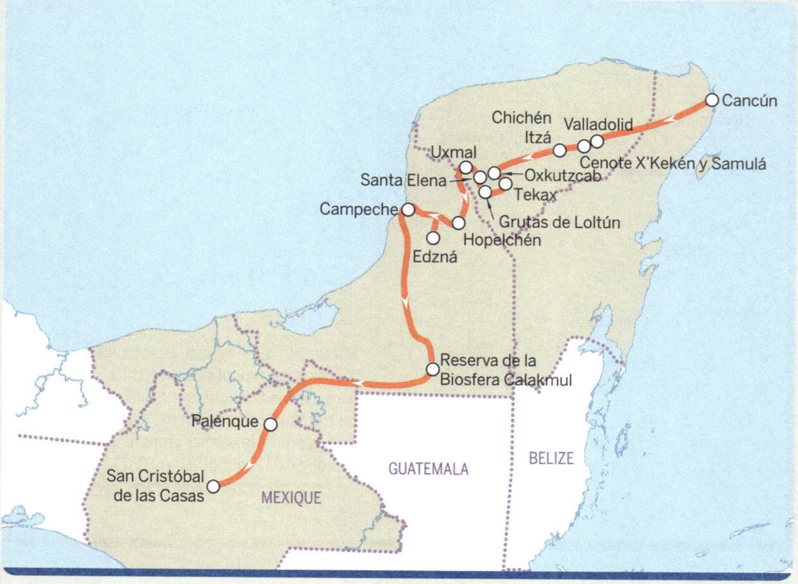
Cancún
Chichén Itzá
Valladolid
Cenote X'Kekén y Samulá
Uxmal
Oxkutzcab
Santa Elena
Tekax
Campeche
Grutas de Loltún
Hopelchén
Edzná
Reserva de la Biosfera Calakmul
Palenque
San Cristóbal de las Casas
MEXIQUE
GUATEMALA
BELIZE

La péninsule du Yucatán hors des sentiers battus

DZILAM DE BRAVO ET SANTA CLARA

Les plages de sable blanc sont si tranquilles par ici, le rythme si indolent, que le temps semble parfois s'être arrêté. Un refuge idéal pour amateurs d'évasion et de solitude. (p. 192)

OXKUTZCAB

On ne fait souvent qu'y passer pour aller visiter l'immense réseau souterrain des Grutas de Loltún. Cette bourgade ne manque pourtant pas d'attraits et de saveurs (culinaires, notamment) pour le voyageur curieux de la vie traditionnelle. (p. 185)

SANTA ROSA XTAMPAK

Peu fréquentées, les ruines de cette majestueuse capitale maya donnent à voir de délicats décors et tout un réseau de puits et réservoirs. (p. 229)

EL TIGRE

Sur un site marécageux, ces vestiges mayas récemment découverts sont peu visités - c'est pourtant ici qu'Hernán Cortés aurait exécuté Cuauhtémoc, le dernier empereur aztèque de Tenochtitlán. (p. 237)

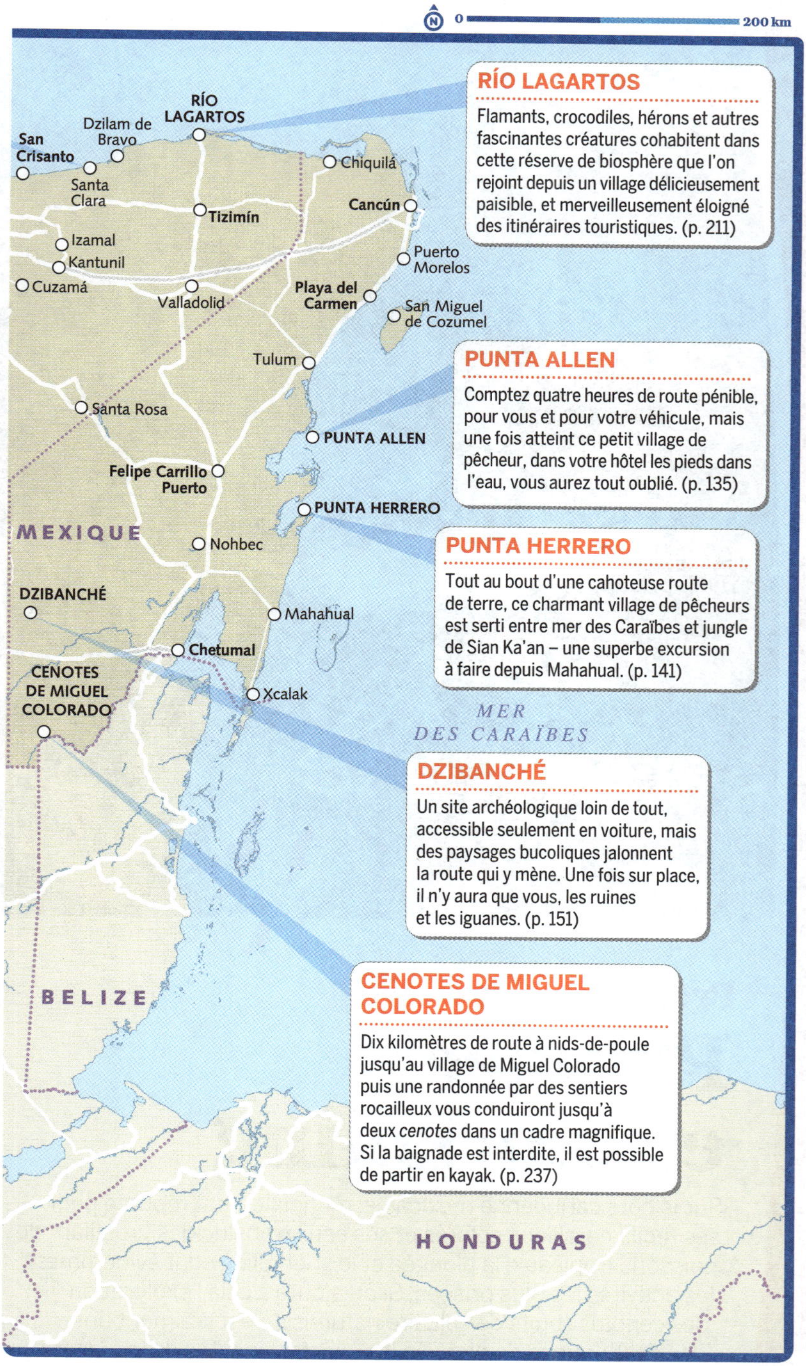

RÍO LAGARTOS

Flamants, crocodiles, hérons et autres fascinantes créatures cohabitent dans cette réserve de biosphère que l'on rejoint depuis un village délicieusement paisible, et merveilleusement éloigné des itinéraires touristiques. (p. 211)

PUNTA ALLEN

Comptez quatre heures de route pénible, pour vous et pour votre véhicule, mais une fois atteint ce petit village de pêcheur, dans votre hôtel les pieds dans l'eau, vous aurez tout oublié. (p. 135)

PUNTA HERRERO

Tout au bout d'une cahoteuse route de terre, ce charmant village de pêcheurs est serti entre mer des Caraïbes et jungle de Sian Ka'an – une superbe excursion à faire depuis Mahahual. (p. 141)

DZIBANCHÉ

Un site archéologique loin de tout, accessible seulement en voiture, mais des paysages bucoliques jalonnent la route qui y mène. Une fois sur place, il n'y aura que vous, les ruines et les iguanes. (p. 151)

CENOTES DE MIGUEL COLORADO

Dix kilomètres de route à nids-de-poule jusqu'au village de Miguel Colorado puis une randonnée par des sentiers rocailleux vous conduiront jusqu'à deux *cenotes* dans un cadre magnifique. Si la baignade est interdite, il est possible de partir en kayak. (p. 237)

Plongée au large de l'Isla Cozumel (p.

Préparer son voyage

Plongée et snorkeling

Sur la côte caribéenne mexicaine, mondialement réputée pour ses récifs coralliens colorés et ses eaux translucides grouillant de poissons tropicaux, la plongée et le snorkeling sont évidemment les activités les plus prisées. Si on ajoute à cela l'exploration des *cenotes* (puits de calcaire naturels), c'est vraiment une des destinations de plongée les plus fascinantes de la planète.

J.S. LAMY/SHUTTERSTOCK ©

Le top des sites de plongée

Isla Cozumel

De loin le site de plongée le plus populaire du Mexique, Cozumel offre une excellente visibilité et une faune marine d'une grande diversité. Même les plongeurs expérimentés sont subjugués par la beauté des lieux.

Banco Chinchorro

Plus grand atoll corallien de l'hémisphère Nord, le Banco Chinchorro est un univers sous-marin fantastique semé d'épaves et de récifs chatoyants. En outre, les spots de plongée y sont rarement bondés.

Isla Mujeres

Avec ses récifs peu profonds idéaux pour le snorkeling, ses grottes aux requins et son musée de sculptures sous-marines, l'Isla Mujeres plaît aux plongeurs débutants et confirmés. De mi-mai à mi-septembre, les snorkeleurs peuvent nager parmi d'énormes requins-baleines.

Cenote Dos Ojos

Les profondeurs mystérieuses de ce *cenote*, qui fait partie d'un des plus grands réseaux de grottes sous-marines du monde, laisse aux plongeurs un souvenir indélébile.

QUAND PARTIR

En principe, la plongée est possible toute l'année dans la région. Il faut toutefois prendre en compte certains éléments.

➡ De novembre à fin janvier, la péninsule est balayée par les *nortes*, des vents et pluies venant du nord. À Cozumel, lorsqu'ils sont trop violents, il arrive que le capitaine du port en ferme l'accès, parfois durant plusieurs jours. Cela n'affecte pas les traversées en ferry entre l'Isla Cozumel et Playa del Carmen, mais peut perturber les excursions de plongée.

➡ Si vous prévoyez de venir entre juin et fin novembre, tenez-vous informé sur d'éventuelles "alertes ouragan".

➡ La meilleure période pour observer les requins-baleines s'étend de mi-juin à fin août, mais sachez qu'une multitude de bateaux d'excursion seront alors en mer.

Plongée

Isla Cozumel

Si vous ne devez choisir qu'une destination de plongée au Mexique, optez pour les merveilles sous-marines de l'Isla Cozumel (p. 91). Ancien lieu de pèlerinage pour les Mayas et simple village de pêcheurs jusqu'à la fin des années 1950, Cozumel et ses récifs incroyables attirent aujourd'hui les plongeurs de tous les coins du globe.

La plongée dérivante est la norme à Cozumel – les plongeurs locaux affirment que se laisser porter par les forts courants procure des sensations incomparables. Le spectacle est époustouflant : imposants tombants de récifs, tortues de mer, murènes, mérous, barracudas, poissons-perroquets arc-en-ciel, grands coraux et anémones géantes des Caraïbes en sont les vedettes.

Si vous pratiquez la plongée, explorez Punta Sur et des Jardines de Palancar. Pour le snorkeling, rendez-vous à Dzul-Há, près de la ville de San Miguel de Cozumel, et aux Bajos de Colombia, au sud de l'île.

Autres spots

On trouve d'excellents spots au large de la côte est du Yucatán. Cancún, Isla Mujeres, Puerto Morelos, Playa del Carmen, Mahahual et Xcalak constituent d'excellentes bases pour les explorer.

Le Banco Chinchorro (p. 141), immense atoll au large de la côte sud du Quintana Roo, a été frappé par l'ouragan Dean en 2007. Le gouvernement a alors délimité de nouveaux sites de plongée pour permettre aux zones les plus touchées de se régénérer. L'opération a été fructueuse. Abritant plus de 90 espèces de coraux, la réserve de biosphère de Chinchorro est moins fréquentée que les récifs de l'Isla Cozumel et de l'Isla Mujeres, ce qui en fait une destination de choix. Vous y verrez raies, anguilles, conques et éponges géantes.

Récif de la mer des Caraïbes

À Cancún et au large de Cancún, le Museo Subacuático de Arte (MUSA, p. 61) est un musée de sculptures sous-marines créé par l'artiste britannique Jason deCaires Taylor, passionné de plongée. Construit pour attirer les plongeurs et les empêcher ainsi de détériorer les récifs coralliens, il réunit quelque 500 sculptures grandeur nature, immergées au large de Cancún et de l'Isla Mujeres. Ces récifs artificiels à une profondeur de - 8,50 m conviennent parfaitement aux snorkeleurs et aux plongeurs débutants.

Cenotes

Si vous vous lassez des murènes vertes, des raies-aigles, des dauphins, des tortues de mer, des requins-nourrices et des innombrables poissons tropicaux, c'est qu'il est temps pour vous d'essayer la plongée en *cenote* (profond puits de calcaire). Pour les Mayas, les *cenotes* étaient des passages vers l'inframonde. Prenez contact avec un club de plongée de bonne réputation et lancez-vous.

Vérifiez que votre détendeur fonctionne parfaitement et entrez dans un univers de plongée totalement nouveau. Slalomez entre les stalactites et des stalagmites, attardez-vous au-dessus des formations rocheuses qui semblent recouvertes d'un glaçage. En glissant le long des galeries, vous aurez l'impression de faire un voyage dans l'espace. La plongée à Dos Ojos (p. 114) et dans le Cenote Manatí (p. 132) est particulièrement gratifiante.

N'oubliez pas qu'il s'agit d'écosystèmes fragiles. Ne vous badigeonnez pas d'écran solaire ou de répulsif anti-insectes avant de plonger. Prenez garde aux abords des *cenotes*, surtout en entrant et sortant de l'eau, car les rochers sont souvent glissants. Les cris et autres nuisances sonores perturbent les chauves-souris et les animaux en général – mais la plupart des visiteurs restent sans voix en découvrant les grottes. Il est arrivé à de rares occasions que des touristes se blessent gravement ou perdent la vie en essayant de grimper aux racines ou sur les stalactites.

Soyez très vigilant : la plongée en *cenote* est une activité potentiellement dangereuse, surtout dans les grottes. Il est vivement conseillé d'être accompagné d'un prestataire local qui connaît bien le réseau de grottes. Surtout, ne vous lancez pas dans la plongée souterraine sans la certification requise.

Snorkeling dans le Gran Cenote (p. 131)

Snorkeling

De nombreux sites sont adaptés au snorkeling. Les meilleurs nécessitent en général un trajet en bateau, mais les secteurs d'Akumal, d'Isla Mujeres et d'Isla Cozumel comptent de bons spots accessibles depuis la plage. À Cozumel, plusieurs sites prisés se trouvent le long de la côte ouest.

Dans les terres, vous pourrez faire du snorkeling dans certains des plus célèbres *cenotes* du Yucatán. Il y a parfois du matériel à louer sur place, mais, en cas de doute, mieux vaut emporter le vôtre.

Le snorkeling avec les requins-baleines (p. 25) est devenu très (trop ?) populaire. Presque tous les clubs de plongée de l'Isla Mujeres et de l'Isla Holbox proposent des plongées avec ces squales. Avant de vous engager, assurez-vous que le prestataire respecte les bonnes pratiques recommandées par le WWF : pas plus de trois nageurs à la fois (guide compris), interdiction de toucher les animaux et port d'un gilet ou d'une combinaison pour rester au-dessus du requin.

Sachez que les prestataires ne peuvent garantir à 100% qu'ils réussiront à localiser un requin-baleine. La nature ne se plie pas toujours à nos désirs.

Plongée responsable

Les récifs coralliens et autres écosystèmes marins sont particulièrement fragiles. Les conseils ci-dessous vous permettront de plonger tout en préservant l'environnement.

- Évitez de toucher ou de piétiner les créatures marines ou d'érafler le récif avec le matériel. Les polypes coralliens peuvent être endommagés au moindre contact, même léger. Si vous devez vraiment vous agripper au récif, ne touchez que la roche nue ou les coraux morts.

- Faites attention à vos palmes. Même sans contact direct, les remous provoqués par les battements à proximité du récif peuvent endommager les organismes délicats. Évitez aussi de soulever des nuages de sable, qui peuvent les recouvrir.

- Entraînez-vous à contrôler votre flottabilité et évitez un lestage excessif. En descendant trop vite, les plongeurs provoquent parfois des dégâts importants en se cognant contre le récif.

- Soyez prudent dans les grottes sous-marines. Restez-y le moins longtemps possible pour éviter que vos bulles ne restent prisonnières au sommet de la grotte, perturbant les organismes fixés là. Les petites grottes doivent être explorées à tour de rôle.

Entendimiento ("Compréhension"), Elier Amado Gil (Galería Punta Nizuc), Museo Subacuático de Arte (p. 61)

➡ Résistez à la tentation de ramasser ou d'acheter des coraux et des coquillages ou de piller les sites archéologiques sous-marins (les épaves, essentiellement).

➡ Emportez tous vos déchets avec vous et éventuellement ceux que vous trouverez en chemin. Le plastique, notamment, est une terrible menace pour la vie marine.

➡ Ne nourrissez pas les poissons. Vous risquez d'engendrer chez eux un comportement agressif ou de leur donner une pitance nocive à leur santé.

➡ Perturbez le moins possible la faune marine. Ne montez jamais sur le dos des tortues.

Sécurité

Avant d'embarquer pour une excursion de plongée ou de snorkeling, suivez les conseils ci-dessous pour profiter de l'expérience en toute sécurité.

➡ Pour la plongée, vous devez être en possession d'une carte de plongeur certifié en cours de validité, délivrée par un organisme de formation agréé.

➡ Quel que soit votre niveau, vous devez être en bonne forme physique et connaître vos limites.

➡ Si vous n'avez pas d'équipement, demandez à voir celui du club avant de le louer. Assurez-vous aussi que vous vous sentez en confiance avec le moniteur de plongée.

➡ Renseignez-vous auprès d'un opérateur local réputé sur l'environnement et les caractéristiques du site de plongée envisagé.

➡ Informez-vous sur les lois, la réglementation et les habitudes locales en matière de vie marine et d'environnement.

➡ Ne plongez que dans des sites adaptés à votre niveau : de préférence, louez les services d'un moniteur de plongée compétent et qualifié.

➡ Pour éviter les accidents de décompression, au moins 18 heures doivent s'écouler entre une plongée et un vol de haute altitude.

➡ Localisez les caissons de décompression les plus proches et notez les numéros d'urgence.

➡ Vérifiez que votre agence de plongée est à jour de ses certifications PADI (www.padi.com), NAUI (www.naui.org) ou FMAS (www.cmas.org), fédération de plongée mexicaine internationalement reconnue.

➡ La sécurité doit être votre priorité. Désireux d'être compétitifs, certains centres de plongée proposent des offres alléchantes, mais la qualité n'est pas toujours au rendez-vous.

Ruines de Tulum (p. 122)

Préparer son voyage

Explorer les sites mayas

La civilisation maya a accompli d'immenses prouesses en édifiant des constructions d'une grande sophistication et en réalisant d'incroyables avancées dans les domaines des mathématiques, de l'astronomie et des arts. Un héritage exceptionnel dont témoignent les cités préhispaniques encore visibles sur la péninsule.

Préparer son voyage

Quand partir

La meilleure période pour visiter les sites archéologiques de la péninsule s'étend de novembre à la mi-décembre, quand le temps y est sec et plus frais. En haute saison (de Noël à avril et de juillet à fin août), il faudra arriver tôt pour éviter la foule.

Où se loger

Tulum constitue une bonne base arrière pour visiter les sites de Tulum et de Cobá. Loger dans la ville coloniale de Valladolid est une solution pratique pour explorer Chichén Itzá et Ek' Balam. Dans le Chiapas, on trouve de bons hébergements non loin de Palenque. Passer la nuit à Campeche permet de rejoindre Edzná tôt le matin. Enfin, la paisible bourgade de Santa Elena est très bien située pour partir vers la Ruta Puuc, Kabah et Uxmal.

À ne pas manquer

Il y a tant de sites intéressants que vous n'aurez pas le temps de tous les voir. Les incontournables incluent Chichén Itzá, Palenque, Tulum, Uxmal et Edzná.

À emporter

Prévoyez des chaussures de marche confortables, un chapeau, de l'écran solaire et beaucoup d'eau.

Incroyables Mayas

Trois régions ont vu s'épanouir la période classique maya (250 à 900 de notre ère), considérée par beaucoup de spécialistes comme le témoignage le plus remarquable d'une civilisation précolombienne.

Nord Partie peu élevée de la péninsule.

Centre Jungle de Petén, au Guatemala et, autour, plaines du Chiapas et du Tabasco, au Mexique (à l'ouest), et au Bélize (à l'est).

Sud Région montagneuse du Guatemala et une petite partie du Honduras.

C'est dans le Nord et le Centre que le génie de la civilisation atteignit son apogée, notamment dans les domaines des arts et de l'architecture.

Les Mayas développèrent notamment un système d'écriture sophistiqué, à la fois pictural et phonétique, composé de 300 à 500 symboles. Ils ont aussi perfectionné un calendrier utilisé par d'autres peuples préhispaniques pour en faire un outil permettant de déterminer la date exacte de certains événements passés et futurs, terrestres et célestes. L'emplacement de leurs temples, alignés, les aidait à mieux observer le ciel pour prévoir les éclipses solaires et les trajectoires de la Lune et de Vénus.

Croyant à la prédestination, les Mayas avaient développé une science astrologique complexe. Afin de s'attirer la faveur des dieux, ils se livraient à des rituels élaborés mêlant danse, festins, sacrifices, saignées et libations de *balché* (une boisson alcoolisée).

Pour eux, le monde actuel faisait partie d'une succession de mondes. Ainsi, dans cette vision cyclique de l'univers, leur calendrier leur permettait de prédire l'avenir en analysant le passé.

Le top des musées

Les musées suivants fournissent les informations permettant de contextualiser qui manquent parfois sur les sites archéologiques.

Gran Museo del Mundo Maya (p. 162). C'est à Mérida, haut lieu culturel, que se trouve ce musée d'envergure présentant plus de 1 100 objets et œuvres mayas, à travers des expositions permanentes et temporaires axées sur la culture, les arts, les sciences et la vision de monde de cette civilisation. Le soir, spectacle son et lumière gratuit.

Museo Maya de Cancún (p. 60). L'une des collections d'objets mayas les plus importantes du Mexique. Juste à côté, le site archéologique de San Miguelito est composé de plus d'une dizaine d'édifices restaurés, dont une pyramide de 8 m de haut. Accès au site inclus dans le billet d'entrée au musée.

Museo Arqueológico de Campeche (p. 221). Dans un ancien fort, ce musée expose des vestiges des sites de Calakmul et Edzná. De sublimes bijoux de jade, vases, masques et plats y sont révélés dans dix salles aux expositions thématiques ; les pièces phares sont les masques funéraires en jade trouvés à Calakmul.

Museo de la Cultura Maya (p. 147). Ce musée, qui fait la fierté de Chetumal, présente des expositions passionnantes consacrées, entre autres, au système calendaire maya. Il est aménagé sur trois niveaux, chiffre clé de la cosmologie maya : l'étage du milieu représente notre monde, celui du haut, le paradis, et, celui du bas, Xibalbá, l'inframonde. Peu d'objets sont exposés, mais le lieu est intéressant. Visitez-le avant d'aller explorer, non loin de là, les sites de Kohunlich et Dzibanché.

Vestiges de Tulum (p. 122)

Informations pratiques

- L'entrée des sites archéologiques du Yucatán est gratuite pour certains, mais peut atteindre, pour d'autres, 254 $M ; le tarif pour les moins de 13 ans est souvent très réduit. Le soir, un spectacle de son et lumière est projeté à Chichén Itzá et à Uxmal.
- La plupart des sites importants sont ouverts de 8h à 17h.
- Buvez beaucoup d'eau et munissez-vous de protection solaire et d'antimoustique pour les sites en pleine jungle.
- Les panneaux explicatifs sont en espagnol et/ou en anglais. Des audioguides sont parfois proposés.
- Des guides proposent des visites d'une heure dans diverses langues (600-1 000 $M). Les tarifs des guides officiels (identifiables à leur badge délivré par l'État) sont affichés à l'entrée de certains sites.

LES GRANDS SITES MAYAS

SITE	PÉRIODE	À VOIR
Becán	550 av. J.-C.-1000	Temples à tours jumelles
Calakmul	Vers Ier-IXe siècle	Hautes pyramides avec vue sur la forêt tropicale
Chichén Itzá	IIe-XIVe siècle	"Temple calendaire" d'El Castillo, plus grand jeu de balle du pays, observatoire El Caracol, plateforme des Crânes
Cobá	600-1100	Majestueuses pyramides dans la jungle
Dzibanché	Vers 200 av. J.-C.-1200	Site semi-sauvage comprenant palais et pyramides
Edzná	600 av. J.-C.-1500	Pyramide-palais sur 5 niveaux, temple des Masques
Ek' Balam	Vers 600-800	Acropole et pyramide ornée de sculptures
Kabah	750-950	Palais des Masques, 300 masques du dieu Chaac
Kohunlich	100-600	Temple des Masques
Ruta Puuc	750-950	Trois sites (Sayil, Xlapak, Labná), palais ornés de colonnes et de sculptures ouvragées, incluant des masques du dieu Chac
Tulum	Vers 1200-1600	Temples et tours sur la côte caribéenne
Uxmal	600-900	Pyramides, palais, sculpture exubérante ornée de masques de Chac, dieu de la Pluie
Xpujil	VIIIe siècle	Ancien "gratte-ciel" à 3 tours

Grupo de las Mil Columnas (p. 197), Chichén Itzá

➡ Évitez le milieu de journée, quand le soleil tape et que l'affluence touristique est la plus forte.

➡ Les sites peu fréquentés ne vendent ni eau ni nourriture ; prévoyez un pique-nique ou approvisionnez-vous en chemin.

Pour en savoir plus

Les ouvrages et organismes cités ici constituent d'excellentes sources d'information sur l'histoire et la culture mayas.

➡ *Les Mayas : grandeur et chute d'une civilisation*, d'Arthur Andrew Demarest (Tallandier, 2019). Le destin de la civilisation maya retracée à partir des découvertes archéologiques récentes.

➡ *Les Mayas*, de Claude-François Baudez (Belles Lettres, 2017). L'histoire de cette civilisation précolombienne par un archéologue et iconologue, directeur de recherche honoraire au CNRS.

➡ *Le Mexique : voyage au cœur des vestiges préhispaniques*, de Caterina Magni (Errance, 2016). Les vestiges archéologiques préhispaniques du Mexique à travers l'étude de sites emblématiques.

➡ Instituto Nacional de Antropología e Historia (INAH ; www.inah.gob.mx). L'Institut national d'anthropologie et d'histoire propose (essentiellement en espagnol) des visites virtuelles de musées et de sites archéologiques, ainsi que des informations pratiques sur leur visite et des détails sur l'importance historique de chaque site.

➡ Maya Exploration Center (www.mayaexploration.org). Cette association à but non lucratif promeut la culture maya à travers des cours d'histoire et de culture, des circuits touristiques et stages de langue au Mexique.

➡ Mesoweb (www.mesoweb.com). Excellente source d'information sur le Mexique précolombien, en particulier la civilisation maya.

Toponymie

Calakmul ("monticules adjacents"). Ainsi nommé par Cyrus Lundell, le botaniste américain qui découvrit ce site en pleine jungle dans les années 1930.

Palenque (p. 253)

APRÈS L'APOCALYPSE

Certains avaient annoncé la fin du monde pour le 21 décembre 2012. Mais si cette date apparaissait comme la dernière du calendrier maya dit "au compte long", elle marquait en réalité le début d'un nouveau *baktun* (période de 400 ans environ).

Au milieu de tous les scénarios apocalyptiques qu'avait inspirés cette prédiction, l'emballement médiatique a toutefois eu des effets positifs : dans l'année précédant ce fameux jour de décembre 2012, les États de la péninsule et le gouvernement fédéral investirent d'importantes sommes dans la création de nouveaux musées consacrés à la civilisation maya et dans la restauration de sites archéologiques. Et si ce regain d'intérêt pour le monde maya fut éphémère, les recherches et fouilles se poursuivent, apocalypse ou non.

Chichén Itzá ("bouche du puits des Itzáes"). Cette ancienne cité maya fut édifiée autour d'un puits naturel, aujourd'hui désigné sous le nom de "*cenote* sacré".

Palenque ("palissade"). Le nom espagnol de cette cité n'a aucun lien avec son nom original, Lakamha ("grande eau"), sûrement choisi en référence aux sources, rivières et chutes d'eau des environs.

Tulum ("mur"). Son nom rappelle qu'une muraille de pierre protégeait jadis la ville. Son nom préhispanique était Zamá ("aube").

Uxmal ("bâti trois fois"). La cité dut en réalité être bâtie à cinq reprises.

Circuits organisés

Les circuits organisés sont très commodes si l'on n'a pas de voiture et que l'on dispose de peu de temps, surtout pour visiter les sites difficiles d'accès en bus. Partout dans la péninsule, des auberges de jeunesse proposent des excursions abordables (et pas uniquement pour leurs clients). Parmi les meilleurs prestataires :

Nómadas Hostel (p. 163). Excursions d'une journée de Mérida à Uxmal, Chichén Itzá et Kabah. Transport et guide sont inclus dans le prix, mais pas l'entrée des sites.

Mundo Joven (carte p. 66 ; ☎998-271-47-40 ; www.mundojoven.com ; Av Uxmal 25 ; excursion à Chichén Itzá/Tulum 80/45 $US ; ⏲10h-19h lun-ven, 10h-14h sam ; 🚌R-1). Basée à Cancún, cette auberge et agence de voyages propose des excursions d'une journée à Chichén Itzá et Tulum. Le tarif inclut le guide, le transport, l'entrée et un repas.

Turitransmérida (p. 163). Depuis Mérida, cette agence mène ses clients jusqu'aux sites reculés de la Ruta Puuc, Dzibilchaltún, Kabah et Uxmal, ainsi qu'à Chichén Itzá. Transport, déjeuner et guide inclus. Quatre participants au minimum pour la Ruta Puuc.

Community Tours Sian Ka'an (p. 125). Au sud de Tulum, cet organisme écotouristique propose de découvrir un ancien canal maya, où vous pourrez vous baigner et faire du kayak.

Ecoturismo Yucatán (p. 164). Mène des excursions d'une journée à Chichén Itzá et à Uxmal (transport, entrée, guide et déjeuner inclus). Passionnés, les propriétaires de l'agence œuvrent pour le partage et la protection du patrimoine naturel yucatèque.

Pozole de maïs et divers accompagnement

Préparer son voyage

À table !

Le Yucatán offre un choix infini de plats traditionnels régionaux, de poissons et fruits de mer frais et de recettes du monde entier. Dans cette région du Mexique aux saveurs uniques, la cuisine est une affaire sérieuse.

TONO BALAGUER/SHUTTERSTOCK ©

Au fil des saisons

Chaque année

Tous les ans, de célèbres chefs mexicains et étrangers se retrouvent dans le Yucatán pour le Wine & Food Festival (wineandfoodfest.com/en) de Cancún et de la Riviera Maya ; une occasion idéale pour déguster des vins mexicains et des plats gastronomiques.

Été (juin-août)

Juillet marque le début de la tant attendue saison de la langouste (elle s'étend jusqu'à la fin février). Dans les petits villages de pêcheurs, on vous servira donc bien souvent la pêche du jour. À Mahahual, le Festival Jats'a Já célèbre en août la tradition de la pêche avec de nombreux étals de nourriture.

Automne (septembre-novembre)

Pour le jour des Morts, dans de nombreuses localités, on fait cuire des *pibes* (*tamales* de poulet) dans des trous creusés dans la terre ; les boulangeries vendent des *pan de muerto* (petits pains colorés).

Hiver (décembre-mars)

En janvier, lors du Mérida Fest, de nombreux étals de nourriture se rassemblent sur la place principale ; fin février ou début mars, les carnavals de Cozumel, Chetumal et Campeche sont synonymes de bons petits plats à déguster dans les rues.

Spécialités locales

La cuisine est une immense source de fierté pour les Yucatèques, et la question de l'origine d'un plat peut vite devenir sujet de dispute. Nous présentons les spécialités de chaque État, mais vous découvrirez que les mets les plus populaires ont souvent des variantes dans les États voisins.

Yucatán

Cochito/pollo pibil Cochon de lait mariné dans du jus d'agrumes et d'*achiote* (épice à base d'huile de roucou) et rôti dans un trou creusé dans la terre.

Sopa de lima Soupe à base de dinde, de citron vert et de morceaux de tortilla.

Papadzules Tacos garnis d'œufs durs et d'une sauce tomate aux graines de courge.

Huitlacoche (champignon du maïs). Ce succulents champignon était un mets de choix pour les Mayas ; on en fait de délicieuses crêpes.

Queso relleno Boule d'édam farcie au porc haché, baignant dans la sauce tomate et le jus de viande.

Panuchos Tortilla frite, fourrée aux haricots et recouverte de poulet, salade, tomates et oignons rouges marinés.

Frijol con puerco De nombreux Yucatèques mangent cette version locale du porc aux haricots noirs une fois par semaine. Le porc est servi avec du riz garni de radis, coriandre et oignons.

Quintana Roo

Langouste Figure souvent à la carte à Cancún et dans les autres villes côtières. Certains restaurants la cuisinent avec une sauce au piment ou au tamarin, lui donnant une saveur toute mexicaine.

Tacos au poisson et aux crevettes Tacos au poisson et crevettes panés à la bière, recouverts de chou et nappés de la sauce de votre choix. Préparés rapidement, ils sont peu coûteux et très addictifs !

Ceviche Poisson ou fruits de mer crus, marinés dans du jus de citron et des épices, et accompagnés de *tostadas*. Quand il fait chaud, ceviche et *cerveza* (bière) se marient à merveille.

Cuisine fusion Influencé par une forte population d'Américains, d'Italiens et d'autres étrangers, cet État offre un mélange intéressant de gastronomies.

Poisson entier frit Le poisson, frit à la perfection dans un bain d'huile, est croustillant à l'extérieur et moelleux à l'intérieur – un délice !

Campeche

Pibipollo *Tamales* (papillotes à la pâte de maïs) au poulet, cuites dans un four creusé dans la terre et généralement enveloppées dans des feuilles de bananier.

Chocolomo Copieux ragoût de bœuf : rognons, cervelle, langue, foie, etc. – rien n'est gâché !

Pan de Cazón Sorte de lasagnes de tortillas et de viande de requin mijotée, nappé de sauce tomate.

Chiapas

Café Grâce à sa situation idéale (haute altitude, bon climat, sol riche), le Chiapas produit l'un des meilleurs cafés du pays.

HIER ET AUJOURD'HUI

Chocolat

Des archéologues ont découvert des résidus de chocolat sur des fragments de plats qui dateraient de 2 500 ans. Les Mayas s'en servaient alors sûrement comme épice ou pour préparer une sauce semblable au *mole*.

Le habanero s'exporte

Le premier importateur de piment *habanero* yucatèque est le Japon, où de nombreuses entreprises de l'industrie alimentaire achètent ce piment en poudre pour l'ajouter à divers en-cas.

Tamales Les *tamales* faits avec de l'*hoja santa* (une herbe aromatique) et enveloppés dans des feuilles de bananier sont à ne manquer sous aucun prétexte.

Pozol Cette boisson épaisse est faite de *masa* (pâte de maïs) mélangée à de l'eau, souvent agrémentée de sucre et parfois parfumée au piment ou au chocolat. Partout, vous verrez des habitants boire, dans des bouteilles en plastique de 1 l, cette boisson énergisante faite maison. En voyage, les amateurs de *pozol* partent avec une boulette de *masa* qu'ils dilueront ensuite lorsqu'ils le pourront dans de l'eau.

Sur place

Repas mémorables

Nixtamal, Laguna Bacalar (p. 146). On ne regrette pas l'attente lorsque l'on goûte les mets cuits très longuement au feu de bois.

Nohoch Kay, Mahahual (p. 142). En goûtant à son poisson entier, frit à la sauce au vin et à l'ail, vous comprendrez pourquoi ce lieu s'appelle "Gros Poisson".

El Mirador, Ticul (p. 184). Vous trouverez difficilement un meilleur *recado blanco* (copieux ragoût de dinde) que celui servi ici.

Ku'uk, Mérida (p. 168). Dans une élégante demeure, ce restaurant sert des spécialités yucatèques version haute gastronomie.

Shots de sangrita (à gauche) et de tequila (à droite)

Petits budgets

Les meilleurs plats à petits prix sont servis sur les marchés, à des stands de rue, dans des cafés et dans des *cocinas económicas* (restaurants économiques). Certains lieux peu coûteux ont toutefois des conditions d'hygiène douteuses...

Wayan'e, Mérida (p. 168). Commencez la journée avec un juteux sandwich ou taco au *castacan* (poitrine de porc).

Lonchería El Pocito, Cancun (p. 67). Le meilleur de la cuisine yucatèque, copieuse comme on l'aime, dans une ambiance des plus authentiques.

Christian's Tacos, Laguna Bacalar (p. 146). L'une des meilleures *taquerías* du Mexique pour les *tacos al pastor* (au porc cuit à la broche).

Si vous l'osez

- Les pieds, groins et oreilles de porc confits servis dans l'immense Mercado Municipal Lucas de Gálvez (p. 167) de Mérida.
- Les sauces ultra-pimentées de la Marisquería El Taco Loco (p. 150), à Chetumal.
- La rascasse volante (un poisson venimeux !) cuisinée par le Sulumar (p. 142), à Mahahual, sur la Costa Maya.

Guacamole et chips de maïs

En pratique

Les repas

Desayuno (petit-déjeuner). Il est constitué de fruits frais, de *pan dulce* (pain sucré) ou d'œufs divers ; servi en principe de 7h à 11h.

Almuerzo (déjeuner léger). Les Yucatèques prennent généralement un déjeuner léger lorsqu'ils n'ont pas petit-déjeuné ou qu'ils veulent tenir jusqu'à *la comida*, principal repas de la journée.

La comida (déjeuner copieux, repas principal). Servi de 14h à 17h. Dans de nombreux restaurants, il s'agit d'un plantureux repas en quatre parties. Certains commerces ferment durant ces heures, notamment dans les petites villes.

La cena (dîner). Les Mexicains dînent parfois léger, entre 19h et 23h, avant de rejoindre des bars ou des clubs. Les stands de tacos rencontrent un grand succès.

Les établissements

Restaurante Les restaurants offrent plus de choix en termes de plats et de prix. La plupart accueillent les familles, ont des horaires plus étendus et servent, plus souvent que les autres établissements, des mets végétariens.

Cocina económica/Fonda Ces petits restaurants peu coûteux servent une cuisine familiale authentique et sont des lieux idéaux pour se mêler à la population locale.

Taquería Étal ou petit restaurant spécialisé dans les tacos.

Mercado (marché). De nombreux marchés mexicains ont une section *comedor*, où l'on avale assis sur un banc des plats familiaux bon marché cuisinés sur place.

Café Pour bien petit-déjeuner avant un départ très matinal.

Puesto Ces étals de rue servent de tout, des tacos aux cocktails de ceviche. Leurs horaires sont très variables.

Déchiffrer le menu

Menú del día/Comida corrida Menu fixe composé de trois ou quatre plats.

Menú degustación Menu dégustation généralement constitué de 6 à 8 plats.

Entradas/Antojitos Entrées ou en-cas ; très répandus dans le Yucatán, surtout dans les bars.

Plato fuerte Plat principal

Postre Dessert

Bebida Boisson

Bon à savoir

➡ Lorsque vous partagez une table avec des Mexicains ou que vous mangez à une table adjacente, souhaitez-leur "*buen provecho*" (bon appétit) en vous levant, si vous partez avant eux.

➡ On ne vous apportera la note que si vous la demandez ; au Mexique, il est inconvenant de donneur l'addition à des clients qui n'ont pas fini leur repas.

➡ Il est d'usage pour les touristes de laisser un pourboire correspondant à 15% de l'addition.

Boissons

Les établissements

Cantinas Toutes les *cantinas* servent de la *cerveza* (bière) et certaines (pas toutes) ont la licence nécessaire pour vendre tequila et autres alcools forts. Parfois, elles vendent même du *xtabentún*, liqueur régionale à base de miel fermenté et d'anis. Les *cantinas* sont généralement ouvertes de la mi-journée à 23h ou minuit. Les *cantinas* peuvent être très différentes les unes des autres : certaines sont des lieux festifs, propices aux familles, avec musique live et en-cas gratuits ; d'autres, à l'atmosphère glauque, sont à éviter, surtout si l'on est une femme voyageant seule.

Discothèques Certaines boîtes de nuit de la région (surtout à Cancún) ont un prix d'entrée élevé, mais pour le prix les boissons sont illimitées – naturellement vous serez tenté de rentabiliser le prix du billet en enchaînant les verres, mais gare à la gueule de bois ! En règle générale, les soirées s'animent à partir de 23h et battent leur plein jusqu'au petit matin.

Mezcalerías Ces bars, généralement petits, sont spécialisés dans le mezcal, une boisson alcoolisée à base d'agave. Bien que cet alcool ne soit pas produit dans le Yucatán, les *mezcalerías* y fleurissent ces dernières années, notamment dans les grandes villes telles Mérida, Tulum et Playa del Carmen. Le mezcal a une plus forte teneur en alcool que la tequila... On vous aura prévenu !

Bars à jus Généralement situées sur les marchés, les *juguerías* vendent des jus fraîchement pressés, des *liquados* (smoothies aux fruits) et des *aguas frescas* (eaux aromatisées avec des ingrédients locaux frais). L'eau qu'ils utilisent pour faire ces boissons est purifiée.

Marchande de fruits et légumes, Valladolid (p. 203)

DE MIEL ET D'EAU FRAÎCHE

Selon la légende, le *balché* naquit de l'amour entre une belle Maya, Sak-Nicté (Fleur Blanche), et un jeune et brave guerrier. Lorsqu'un puissant cacique (chef indien) déclara sa flamme à Sak-Nicté, le couple prit la fuite, laissant leur tribu derrière eux. Après des jours d'errance dans la jungle, ils tombèrent sur un rayon de miel. Une fois repus, les deux amoureux décidèrent de conserver le reste dans le tronc d'un arbre nommé *balché*. Cette nuit-là, un orage éclata et la pluie, s'infiltrant dans l'arbre, se mélangea au miel, créant un breuvage exquis.

Hélas, le cacique les retrouva et ordonna à Sak-Nicté de rentrer auprès des siens. Tentant le tout pour le tout pour garder sa dulcinée à ses côtés, le jeune guerrier offrit au chef de lui préparer un repas inoubliable. Le cacique accepta et le couple cuisina un festin qu'il conclut en servant la boisson sucrée qu'ils avaient découverte. Le cacique, conquis par le *balché*, rendit leur liberté aux deux amoureux en échange de son secret de préparation.

Cafés Le Yucatán ne manque pas de cafés servant du bon café bio cultivé dans le Chiapas, le Oaxaca ou le Veracruz, les trois premières régions productrices du pays. La plupart ouvrent tôt et ferment vers 22h.

Boissons alcoolisées

Comme partout au Mexique, les bars de la péninsule servent l'incontournable tequila et son cousin le mezcal. Si ces deux alcools forts sont issus de la distillation de l'agave, le premier, fait exclusivement à base d'agave bleue dans l'État du Jalisco (centre du pays) est protégé par une appellation d'origine.

La *cerveza* (bière) est aussi très répandue. La plus produite est la Montejo, mais de plus en plus de brasseries fabriquent des cervoises artisanales, comme Ceiba et Tulum, qui produit une bonne IPA.

Le *balché* est un alcool fort que les Mayas déposaient en offrande aux dieux lors de certaines cérémonies. On le fabrique en faisant fermenter de l'eau et du miel dans le tronc évidé d'un *balché* (arbre local). À Valladolid, lors des mariages mayas, on en asperge la mariée pour lui souhaiter un avenir fécond. Le *balché* n'est pas vendu dans le commerce, contrairement à un autre spiritueux maya, le *xtabentún*, facilement trouvable. Le *xtabentún* est une liqueur aromatisée à l'anis, faite, traditionnellement, à base de miel fermenté.

Gardez à l'esprit que les alcools faits maison à base de bois plutôt que de céréale peuvent avoir sur la santé des conséquences bien plus graves qu'un simple mal de crâne. Soyez vigilant.

Boissons non alcoolisées

La grande variété de fruits et de plantes qui poussent dans le pays entre dans la confection de boissons sans alcool dont les Mexicains raffolent. On trouve partout des *juguerías*, des stands de rue ou de petits établissements spécialisés dans les jus de fruits pressés. Certains proposent des fruits locaux, tels la mangue, le *cayumito* (fruit violet, semblable à une prune), le *zapote negro* (fruit noir dont la consistance rappelle celle de la poire) et le *marañón* (pomme de cajou). Ces endroits vendent aussi des *licuados*, version mexicaine du milk-shake, généralement à base de lait, de banane, de miel et de fruits.

Dans les *taquerías* et la plupart des restaurants, on sert des *aguas frescas*, des jus de fruits dilués avec de l'eau et du sucre. Certaines ressemblent à des thés glacés. Pour faire de l'*agua de tamarindo*, on fait bouillir des gousses de tamarin que l'on mélange avec du sucre avant de mettre le tout au frais. De même pour l'*agua de jamaica*, à base de feuilles d'hibiscus séchées. La *horchata* allie quant à elle graines de melon et/ou riz.

Parmi les boissons les plus appréciées, l'*agua de chia* (plante de la famille de la sauge) est très consommée au Chiapas durant les célébrations de la Semaine sainte, tandis que l'*agua de chaya*, bue dans toute la péninsule, est faite de feuilles de *chaya* (manioc bâtard, une plante locale) de citron, de miel et d'ananas.

Lexique culinaire

VIANDES ET VOLAILLLES

a la parilla	a la pa·*ri*·ya	cuit au gril
a la plancha	a la *plan*·tcha	grillé à la poêle
albóndigas	al·*bon*·di·gas	boulettes de viande
aves	*a*·ves	volaille
bistec	*bis*·tek	biftek
borrego	bo·*re*·ga	mouton
carne (asada)	*kar*·ne (a·*sa*·da)	viande (bœuf grillé)
carne de puerco	*kar*·ne de *pwer*·ko	porc
carne de res	*kar*·ne de res	bœuf
chicharrones	tchi·tcha·*ro*·nes	couenne de porc frite
chorizo	tcho·*ri*·so	chorizo (fait avec du piment et du vinaigre)
frijol con puerco	fri·*Rhol* kon *pwer*·ko	plat yucatèque aux haricots rouges, au porc et à la sauce aux tomates grillées, agrémenté de diverses garnitures ; servi avec du riz
jamón	Rha·*mon*	jambon
lechón	le·*chon*	cochon de lait
milanesa	mi·la·*ne*·sa	escalope de bœuf panée
pavo	*pa*·vo	dinde
pibil	pi·*bil*	désigne une viande assaisonnée avec de l'*achiote*, de l'ail, de l'orange amère, du sel et du poivre, enveloppée dans des feuilles de bananier et cuite dans un four enterré ; les deux principales variantes sont la *cochinita pibil* (cochon de lait) et le *pollo pibil* (poulet)
picadillo	pi·ka·*di*·yo	farce à base de bœuf haché comportant souvent des fruits et des noix
poc-chuc	pok·chouk	fines tranches de porc marinées dans du jus d'orange amère, grillées et recouvertes d'oignons épicés
pollo	*po*·yo	poulet
puchero	pu·*tché*·ro	ragoût de porc, poulet, carotte, courge, pomme de terre, banane plantain et *chayote*, agrémenté de radis, de coriandre et d'orange amère.
tocino	to·*si*·no	lard
venado	vé·*na*·do	cerf, à la base d'un plat traditionnel

PRODUITS DE LA MER

calamar	ka·la·*mar*	calamar
camarones	ka·ma·*ro*·nés	crevettes
cangrejo	kan·*gré*·Rho	gros crabe
ceviche	sé·*vi*·ché	poisson cru, mariné dans du jus de citron
filete	fi·*lé*·té	filet
langosta	lan·*gos*·ta	langouste
mariscos	ma·*ris*·kos	fruits de mer
ostiones	os·*tyo*·nés	huîtres
pescado	pés·*ka*·do	poisson (à manger)
pulpo	*poul*·po	poulpe

ŒUFS

(huevos) estrellados	(*hwé*·vos) es·tré·*ya*·dos	(œufs) frits
huevos motuleños	*hwé*·vos mo·tou·*lé*·nyos	"œufs à la mode de Motul" : œufs frits servis sur une tortilla et garnis de haricots, petits pois, jambon, saucisse, fromage râpé et piment
huevos rancheros	*hwé*·vos ran·*tché*·ros	œufs frits servis sur une tortilla et garnis d'une sauce aux tomates, piments et oignons
huevos revueltos	*hwé*·vos ré·*vwél*·tos	œufs brouillés

SOUPES

caldo	*kal*·do	bouillon ou soupe
consomé	con·so·*mé*	bouillon de poulet ou de mouton
sopa	*so*·pa	soupe
sopa de lima	*so*·pa dé *li*·ma	"soupe de citron" : bouillon de poulet au jus de citron, avec effiloché de poulet, lanières de tortilla et morceaux de citron

EN-CAS

antojitos	an·to·*Rhi*·tos	"caprices, petites envies" : en-cas à base de tortillas (tacos, *gorditas*, etc.)
empanada	em·pa·*na*·da	chausson fourré de viande, fromage ou fruits
enchiladas	en·chi·*la*·das	tortillas fourrées de viande ou de volaille, nappées de sauce au piment et couvertes de fromage
gordita	gor·*di*·ta	épaisse tortilla frite, fourrée de divers ingrédients (œufs, saucisse, etc.) et couverte de salade et de fromage
panuchos	pa·*nou*·tchos	L'en-cas préféré des Yucatèques : une tortilla façonnée à la main, fourrée d'une purée de haricots noirs, frite jusqu'à ce qu'elle gonfle, puis couverte de dinde ou de poulet effilochés, d'oignon et de lamelles d'avocat
papadzules	pa·pad·*zou*·lés	tortilla fourrée aux œufs durs émiettés et couverte d'une sauce aux graines de courgette ou de concombre
papas fritas	*pa*·pas *fri*·tas	frites
quesadilla	ké·sa·*di*·ya	tortilla pliée en deux, garnies de fromage et d'autres ingrédients, puis frite ou grillée
relleno negro	ré·*yé*·no *né*·gro	dinde farcie au porc haché épicé et servie dans une épaisse sauce brune
(queso) relleno	(*ké*·so) re·*lé*·no	(fromage) farci : morceau d'édam farci de viande hachée et d'épices
salbutes	sal·*bou*·tés	semblables aux *panuchos*, sans la farce aux haricots noirs
sope	*so*·pé	épais rond de pâte de maïs légèrement grillé et garni de sauce, de haricots, d'oignons et de fromage
torta	*tor*·ta	sandwich de petit pain blanc, souvent garni de purée de haricots et de lamelles d'avocat

DESSERTS

helado	é·*la*·do	glace
nieve	*nyé*·vé	sorbet
paleta	pa·*lé*·ta	glace à l'eau
pastel	pas·*tél*	gâteau
postre	*pos*·tré	dessert

FRUITS ET LÉGUMES

aceituna	a·séy·*tou*·na	olive
calabacita	ka·la·ba·*si*·ta	courgette
cebolla	sé·*bo*·lya	oignon
champiñones	cham·pi·*nyo*·nés	champignons
coco	*ko*·ko	noix de coco
elote	é·*lo*·té	épi de maïs
ensalada	én·sa·*la*·da	salade
fresa	*fré*·sa	fraise
frijoles	fri·*Rho*·lés	haricots
guayaba	gwa·*ya*·ba	goyave
jícama	*Rhi*·ka·ma	tubercule semblable au navet, souvent servi en tranches garnies de piment et de citron ; un mets frais, légèrement sucré et croustillant
jitomate	Rhi·to·*ma*·té	tomate
lechuga	lé·*tchou*·ga	laitue
limón	li·*mon*	citron
maíz	maï·*is*	maïs
papas	*pa*·pas	pommes de terre
piña	*pi*·nya	ananas
plátano macho	*pla*·ta·no *ma*·tcho	banane plantain
plátano	*pla*·ta·no	banane
toronja	to·*ron*·Rha	pamplemousse
verduras	vér·*dou*·ras	légumes

CONDIMENTS ET AUTRES ALIMENTS

achiote	a·*tcho*·té	pâte rouge à base de graines de rocou
arroz	a·*roz*	riz
azúcar	a·sou·*kar*	sucre
mantequilla	man·té·*ki*·ya	beurre
mole	*mo*·lé	sauce au chocolat et au piment
pan	pan	pain
sal	sal	sel

BOISSONS

agua mineral	*a*·gwa mi·né·*ral*	eau minérale ou eau gazeuse
agua purificada	*a*·gwa pou·ri·fi·*ka*·da	eau plate en bouteille
atole	a·*to*·lé	boisson chaude à base de maïs, parfumée à la cannelle ou aux fruits
café (con leche/ lechero)	ka·*fé* (kon *lé*·ché/lé·*ché*·ro)	café (au lait)
café americano	ka·*fé* a·mé·ri·*ka*·no	café noir
caguama	ka·*gwa*·ma	bouteille d'un litre de bière
horchata	hor·*tcha*·ta	boisson à base de riz
jamaica	Rha·*maï*·ka	fleur d'hibiscius, ingrédient principal de l'*agua de jamaica*, une boisson fraîche acidulée
jugo de naranja	*Rhou*·go dé na·*ran*·Rha	jus d'orange
leche	*lé*·ché	lait
té negro	té *né*·gro	thé noir

Préparer son voyage

Voyager avec des enfants

Du snorkeling dans des grottes, des jeux sur la plage, des après-midi à faire les fous dans la jungle… les plus jeunes seront loin de s'ennuyer dans le Yucatán. D'ailleurs, comme partout au Mexique, les enfants y sont rois et, à quelques exceptions près, admis dans tous les hôtels, cafés et restaurants.

La péninsule du Yucatán avec des enfants

Peu de destinations offrent aux enfants autant de divertissements que le Yucatán. Entre parcs d'attractions et restaurants (dont la quasi-totalité propose un menu enfants), ils vivront des expériences incroyables, escaladant des pyramides anciennes, rencontrant des animaux qu'ils ne voient d'habitude que dans les livres, et s'adonnant à des activités qui leur mettront des étoiles plein les yeux. Équitation, snorkeling, tyrolienne, baignade dans des *cenotes*… ils vivront des vacances de rêve.

Notez que vous n'aurez sûrement pas accès à vos services de vidéo à la demande à l'étranger. Si les écrans sont indispensables au bon déroulement de vos vacances, prévoyez des supports fonctionnant hors ligne, comme les MP4 et les DVD.

Déplacements

En voiture, les enfants de moins de 5 ans doivent être assis sur un siège-auto ; si vous comptez louer un véhicule, emporter le vôtre vous évitera de payer le supplément qu'appliquent beaucoup d'agences (5 $US ou plus par jour). Les bus sont pourvus de sièges confortables, diffusent généralement des films et ont, pour la plupart seulement, des toilettes.

Les meilleures régions avec des enfants

Riviera Maya

De nombreuses plages et *cenotes* sont tout à fait adaptés aux familles. Et, si les petits se lassent de la baignade, plusieurs parcs d'attractions jalonnent la côte.

Cobá

Quel enfant ne rêverait pas de découvrir à vélo des ruines anciennes enfouies dans la jungle, avant d'aller se baigner dans les *cenotes* alentour ?

Cancún

Entre les croisières sur des bateaux de pirate, les animations des hôtels, les excursions et les nombreuses activités nautiques proposées, impossible de s'ennuyer à Cancún.

Isla Mujeres

Avec sa mer peu profonde, propice à la baignade, et sa passionnante ferme des tortues, l'Isla Mujeres plaît toujours aux enfants.

Celestún

On peut y voir des flamants roses et des crocodiles, ou construire des châteaux de sable sur une plage léchée par de douces vagues : Celestún est un peu loin de tout, mais fait le bonheur des enfants de tous âges.

Santé et sécurité

Notre conseil est le suivant : ne vous inquiétez pas ! Le Yucatán est une destination sûre, amusante et intéressante pour les petits touristes de tous âges, et si un incident se produit, vous serez en de bonnes mains. En cas d'urgence, nul besoin de rentrer par le premier avion – le Mexique dispose de bons établissements de soins. La situation la plus difficile à gérer lorsqu'on visite ce pays en famille est sûrement l'attente, souvent interminable, aux services des douanes et de l'immigration à l'arrivée.

Cela étant, certaines activités ne sont pas dénuées de risques, et il faut rester vigilant si votre enfant s'adonne à la baignade, à la plongée ou au snorkeling. La plupart des prestataires dans les *cenotes*, les centres de plongée et pour les sorties en bateau fournissent bouées et gilets pour enfants. Certains lieux sont loin de tout hôpital, et mieux vaut avoir avec soi une trousse de premiers secours. Toutes les *farmacias* vendent les médicaments de base (antidouleurs, crèmes à la cortisone, anti-inflammatoires non stéroïdiens, etc.). On trouve moins facilement des antimoustiques 100% DEET et des protections solaires de bonne qualité ; mieux vaut donc les acheter avant le départ.

Le niveau de sécurité des équipements pour enfants sera sans doute moins élevé que celui auquel vous êtes habitué. Afin de minimiser les risques, faites notamment attention aux pataugeoires, lits pour bébé, rampes de sécurité, et même aux jouets.

Enfin, les enfants sont plus sensibles que les adultes à la chaleur et certaines perturbations de leurs habitude s (rythme de sommeil, nourriture). Ils ont aussi souvent plus de mal à exprimer ce qui ne va pas.

Se loger

La variété d'hébergements qu'offre la péninsule a de quoi enchanter les enfants, à commencer par les logements en bord de plage. Quant aux *cabañas* (bungalows) rustiques, elles donnent l'impression de vivre la grande aventure (mais pensez bien à en choisir une équipée de moustiquaires !).

Nombre d'hôtels se déploient sur de vastes propriétés bien pourvues en espaces de plein air où peuvent se dépenser les enfants. Dans les villes balnéaires, les établissements s'adressent souvent à une clientèle familiale, avec grands parcs et équipements adaptés (piscines peu profondes, aires de jeux, clubs d'activités...).

Les chambres familiales et les logements équipés de cuisine sont très répandus, et beaucoup d'hôtels acceptent d'ajouter un ou deux lits dans une chambre, moyennant un petit supplément (ou pas). On trouve des chambres climatisées à peu près partout, et la plupart des adresses de milieu de gamme et de luxe ont le Wi-Fi, ainsi que des chaînes de TV et/ou des DVD pour enfants.

Se restaurer

Il n'est pas rare au Mexique, surtout le week-end, de voir des familles entières attablées au restaurant. Le personnel, habitué à servir les enfants, vous fournira

PRÉPARATIFS

Avant de partir

- Consultez un médecin pour ce qui concerne les vaccinations, au moins un mois – deux de préférence – avant le départ.
- Mieux vaut réserver l'hébergement pour les deux ou trois premières nuits.
- Pour des informations et conseils d'ordre général, consultez le guide Lonely Planet *Voyager avec ses enfants*.

Informations pratiques

- Certains centres commerciaux et restaurants sont équipés de tables à langer.
- L'allaitement en public n'est pas une pratique courante dans le Yucatán.
- Les lits pour bébé et chaises hautes ne sont bien souvent proposés que dans les hôtels et restaurants de milieu et haut de gamme.
- On trouve sans peine une baby-sitter à peu de frais. Demandez à votre hébergement.

FORMALITÉS POUR LES VOYAGEURS DE MOINS DE 18 ANS

La loi mexicaine exige que les moins de 18 ans – Mexicains (y compris ceux qui ont la double nationalité) ou étrangers résidant au Mexique – disposent d'une autorisation officielle de sortie du territoire s'ils quittent le pays sans l'un de leurs parents ou tuteur légal. On a rapporté certains cas où des mineurs ont dû produire ce type d'autorisation, surtout s'ils quittaient le Mexique par la route. L'ambassade américaine au Mexique recommande donc à tous les mineurs voyageant sans leurs deux parents de se munir d'une autorisation de sortie du territoire. Renseignez-vous longtemps à l'avance auprès d'un consulat mexicain à l'étranger sur les formalités requises.

une chaise haute (*silla para niños* ou *silla periquera*), et parfois des crayons de couleur ou des jouets.

Si vos enfants n'apprécient pas la cuisine mexicaine, de nombreux restaurants de la péninsule servent des mets internationaux. La Riviera Maya compte beaucoup de tables italiennes cuisinant pâtes et pizzas, tandis que Cancún, très fréquentée par les Nord-Américains, ne vous dépaysera pas avec sa multitude de restaurants servant burgers et autres plats occidentaux. Les *antojitos* (en-cas) yucatèques, comme la *sopa de lima* (qui rappelle le bouillon de poule) et les *salbutes* (tortillas frites garnies de volaille et d'autres ingrédients) permettront aux petits de se familiariser avec les saveurs locales.

Les cartes des restaurants sont plus variées et adaptées aux enfants à proximité des grands centres touristiques. Si vous visitez de petites villes, aux options plus limitées, et que votre enfant est plutôt difficile à table, mieux vaut emporter son repas avec vous.

Les restaurants du Yucatán sont souvent vastes et ouverts sur l'extérieur ; les enfants ne sont donc pas contraints d'y rester assis durant tout le repas. Certains ont même une aire de jeux ou une petite piscine pour divertir les petits pendant que les adultes prennent un verre.

Les incontournables

Sur et dans l'eau

Voir des crocodiles (p. 212). À Río Lagartos, de superbes sorties en bateau permettent de voir crocodiles et autres animaux.

Nager avec des requins-baleines (p. 78). De mi-mai à mi-septembre, d'énormes requins-baleines se réunissent autour de l'Isla Holbox.

Naviguer sur un bateau de pirate (p. 61). En soirée, on assiste à une épique bataille à bord d'une réplique de galion espagnol. Des navires de pirates partent également de Campeche.

Snorkeling dans la mer des Caraïbes (p. 35). De nombreuses plages de la côte caribéenne bordent une eau calme où les plus jeunes peuvent découvrir des poissons multicolores.

Parcs d'attractions (p. 110). Plusieurs parcs de la Riviera Maya permettent d'explorer en s'amusant grottes et rivières souterraines.

Croisière dans la jungle (p. 263). Après avoir vogué sur un fleuve, les aventuriers d'un jour découvriront les vestiges de la cité de Yaxchilán.

Aventure dans les terres

Selvática (p. 110). Près de Puerto Morelos, ce parc comprend un excellent circuit de tyroliennes à travers la jungle et des *cenotes* où se baigner.

Cobá (p. 132). Ce site maya niché dans la jungle recèle, non loin de Tulum, des pyramides, une tyrolienne et des sentiers à parcourir à vélo.

Aktun Chen (p. 110). Une grotte de 60 m de long, un *cenote* de 12 m de profondeur, 10 tyroliennes et un petit zoo constituent ce parc près d'Akumal.

Boca del Puma (p. 107). Non loin de Puerto Morelos, on peut faire de la tyrolienne, de l'équitation, de l'escalade et nager dans un *cenote*.

Rencontre avec des animaux

Ferme des tortues de l'Isla Mujeres (p. 83). Ce lieu abrite des tortues de mer, ainsi qu'un aquarium. Le sympathique personnel prend le temps d'expliquer comment et pourquoi la ferme protège les tortues.

Reserva de la Biosfera Ría Celestún (p. 187). À bord d'un bateau, on y explore une mangrove peuplée de flamants roses et de harpies féroces.

Crococun (p. 107). Zoo interactif de Puerto Morelos – crocodiles et singes en liberté.

Les régions en un clin d'œil

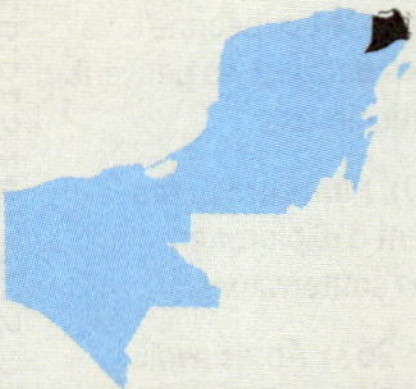

Cancún et environs

Plages
Nature
Activités

Sable et soleil

Si Cancún est devenue une destination balnéaire, c'est en raison de ses plages sublimes. Sable blanc et eau turquoise sont donc au rendez-vous, notamment dans le nord de l'Isla Blanca, où la côte demeure en grande partie sauvage.

Observation de la faune

Au large de Cancún, plusieurs îles offrent l'occasion de vivre des rencontres inoubliables avec des animaux. Vous pourrez ainsi nager avec des requins-baleines dans les eaux de l'Islas Mujeres et de Holbox, ou observer la multitude d'oiseaux de l'Isla Contoy (ne manquez pas le bateau du retour, au risque de devoir passer la nuit seul avec les tortues de cette île déserte).

Sports nautiques

Snorkeling, kayak, wakeboard, pêche… toutes les activités nautiques se pratiquent à Cancún, où l'on trouve même un incroyable musée sous-marin, idéal pour une première plongée. Les enfants, quant à eux, auront du mal à quitter les différents parcs aquatiques des environs.

p. 58

Isla Mujeres

Protection de la nature
Plages
Activités

Protection de la faune

De juillet à fin novembre, la ferme aux tortues de l'Isla Mujeres relâche chaque année dans la mer plus de 100 000 petits. Durant la saison de la ponte (de mai à octobre), elle ramasse les œufs de tortue pour les mettre à l'abri jusqu'à leur éclosion.

Paisibles plages

La côte nord de l'Isla Mujeres, la Playa Norte, est connue pour ses eaux calmes, chaudes, peu profondes et d'un bleu exceptionnel. Au sud de l'île, la mer recèle de beaux sites de snorkeling.

Aventures en plein air

Au large de l'île, on fait du snorkeling avec des requins-baleines, on s'adonne à la pêche sportive et l'on plonge à la recherche de raies mantas, de barracudas et de tortues. Sur terre, déplacez-vous en voiturette de golf et détendez-vous dans les clubs de plage de la paisible côte sud.

p. 81

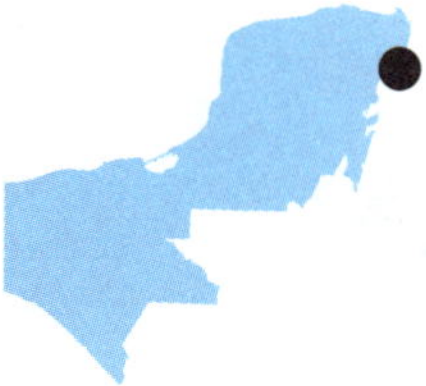

Isla Cozumel

Activités
Paysages
Gastronomie

Inoubliables plongées

Avec certains des meilleurs sites au monde, l'Isla Cozumel est une destination incontournable pour les passionnés de plongée. Ses eaux, prisées des amateurs de plongée à la dérive, offrent une belle visibilité toute l'année, de fabuleux murs de coraux et une faune colorée et variée.

Escapade dans la nature

À scooter ou en décapotable, la partie la moins touristique de l'île révèle le long de ses routes une succession de plages balayées par les vents et de jungle broussailleuse, avec, en prime, un petit vestige maya. L'occasion d'une belle escapade, loin de la foule de croisiéristes.

Bonne chère

Cozumel ne manque pas de bonnes tables mexicaines et internationales. Un grand nombre de bars et restaurants sont rassemblés à proximité de la place principale, mais c'est en dehors du centre touristique que se cachent beaucoup de perles rares.

p. 91

Riviera Maya

Plages
Vie nocturne
Activités

Superbes plages

La Riviera Maya est jalonnée de superbes plages. À Tulum, l'une d'elles est surplombée par d'éblouissants vestiges mayas. Dans la paisible Paamul, vous ne partagerez la mer qu'avec les oursins, tandis qu'au nord, à Puerto Morelos, un récif corallien coloré s'étire à seulement 600 m du rivage.

Soirées endiablées

Entre les boîtes de nuit de la plage et les agréables clubs de salsa de la ville, Playa del Carmen est bien la ville la plus festive de la Riviera. Plus au sud, Tulum gagne toutefois du terrain, déterminée à s'imposer comme le *pueblo* qui ne dort jamais.

Plongée dans les *cenotes*

Enfilez votre combinaison et explorez de grottes en cavernes, les profondeurs des *cenotes*, des bassins naturels qui se prêtent aussi simplement à la baignade. Les Mayas voyaient dans ces réseaux de cours d'eau un passage vers le monde souterrain.

p. 105

Costa Maya (côte caribéenne sud)

Paysages
Activités
Plages

Sept nuances de bleu

La Laguna Bacalar mérite bien son surnom de "lac aux sept couleurs" : ses eaux cristallines aux teintes variées sont incomparables. Non loin, le Cenote Azul affiche lui aussi de superbes nuances de bleu.

Plongée

Aucun plongeur ne manquerait l'occasion d'explorer le Banco Chinchorro. Le plus vaste atoll corallien de l'hémisphère Nord recèle de nombreuses épaves et fait aussi le bonheur des amateurs de snorkeling.

Villes côtières assoupies

Autrefois petits villages de pêcheurs, Mahahual et Xcalak attirent aujourd'hui les touristes, mais conservent une atmosphère douce et authentique à mille lieues de la frénésie tape-à-l'œil de Cancún.

p. 137

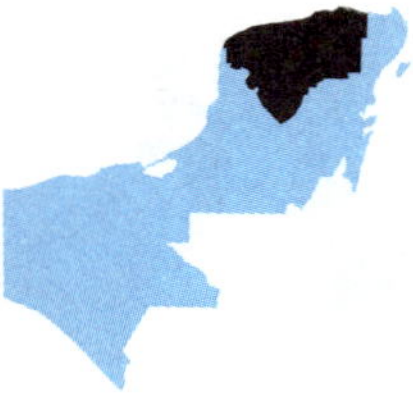

État du Yucatán

Archéologie
Nature
Gastronomie

Vestiges mayas

Le Yucatán est constellé de tant de ruines mayas que vous n'aurez pas assez de vos congés pour toutes les voir. Avec plus d'un million de visiteurs chaque année, le site le plus célèbre est Chichén Itzá, l'une des "sept nouvelles merveilles du monde".

Crocodiles et oiseaux

Paradis des amoureux de la nature, les réserves de Celestún et Ría Lagartos sont les plus grandes du Yucatán. À bord d'un bateau, vous y découvrirez crocodiles, flamants roses et autres oiseaux.

Gastronomie

L'État du Yucatán est l'une des destinations culinaires les plus excitantes du Mexique. Sa capitale, Mérida, offre un mélange intéressant de plats traditionnels yucatèques, telle la *cochinita pibil* (porc mijoté) et de cuisine internationale de qualité.

p. 155

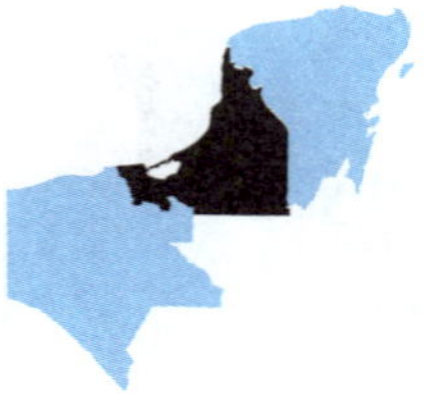

État de Campeche

Histoire
Nature
Archéologie

Gare aux pirates !

Campeche se distingue par son joli centre historique ceint d'une muraille de pierre bâtie pour protéger la cité des pirates. Peu fréquentée par les touristes, c'est une destination paisible, dotée d'une promenade en bord de mer à l'atmosphère romantique.

Dauphins et oiseaux

La Laguna de Términos et son réseau d'estuaires et de mangroves fournissent un habitat idéal à une vaste faune. Ouvrez l'œil et vous apercevrez oiseaux migrateurs et dauphins depuis votre bateau.

Impressionnantes pyramides

Logé au fin fond d'une jungle peuplée de toucans et de singes, Calakmul est un site archéologique important. Jadis peuplée de plus de 50 000 habitants, cette immense cité s'étendait sur 72 km², et comptait l'une des plus hautes pyramides mayas du Mexique.

p. 215

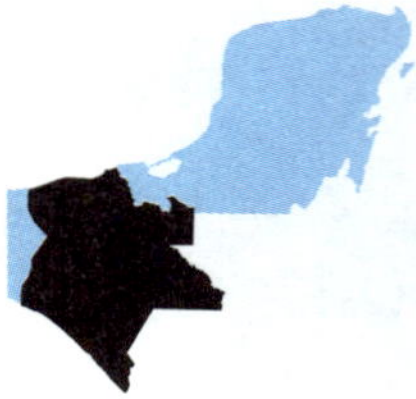

Chiapas et Tabasco

Culture maya
Plein air
Nature

Temples et traditions

Partout, l'héritage de la civilisation maya est présent, des temples en pierre de la période classique aux rituels religieux centenaires, en passant par les vêtements finement tissés que portent aujourd'hui encore de nombreux habitants.

Adrénaline

Faire du rappel dans un gouffre en pleine jungle, descendre des rapides sur un canot gonflable, gravir un volcan haut de 4 000 m – les sensations fortes ne manquent pas dans le Chiapas.

Faune incroyable

Tortues marines, singes hurleurs et plumages multicolores sont des visions courantes dans la jungle, les montagnes embrumées et les plages de cette région riche d'une incroyable biodiversité, à la faune rare et menacée.

p. 241

Sur la route

Cancún
et environs
p. 58
Isla Mujeres
p. 81
Riviera Maya
p. 105
État du Yucatán
p. 155
Isla Cozumel
p. 91
Costa Maya
(côte caribéenne sud)
p. 137
État
de Campeche
p. 215
Chiapas et Tabasco
p. 241

Cancún et environs

998 / 628 000 HABITANTS

Dans ce chapitre ➡

Le top des restaurants

- Tempo (p. 70)
- The Bears Den (p. 68)
- Benazuza (p. 69)
- Peter's Restaurante (p. 68)
- Harry's (p. 70)
- El Chapulím (p. 79)

Le top des hébergements

- Hotel El Rey del Caribe (p. 65)
- Le Blanc (p. 65)
- Mayan Monkey (p. 63)
- Beachscape Kin Ha Villas & Suites (p. 65)
- Hostel Natura (p. 65)
- Casa Takywara (p. 77)

Pourquoi y aller

Il suffit de voir les eaux turquoise de la mer des Caraïbes pour comprendre pourquoi, dans les années 1970, cette côte fut choisie pour accueillir la nouvelle grande station balnéaire du Mexique. Il en émergea une ville aux deux visages, où la Zona Hotelera (zone hôtelière), avec ses 19 km de plages de sable blanc, répond à Cancún Centro, le centre plus authentique.

Pour beaucoup, Cancún est synonyme de fêtes débridées. Mais, entre deux soirées, vous pourrez y découvrir la culture maya et savourer tout type de cuisine, de la copieuse gastronomie yucatèque aux plats des restaurants étoilés. Les amateurs de nature et les enfants apprécieront aussi les sites de plongée et de snorkeling, les grottes sous-marines et les multiples activités nautiques qu'offrent les environs, tandis que plusieurs îles et sites naturels splendides sont l'occasion de faire de belles excursions.

Quand partir

Cancún

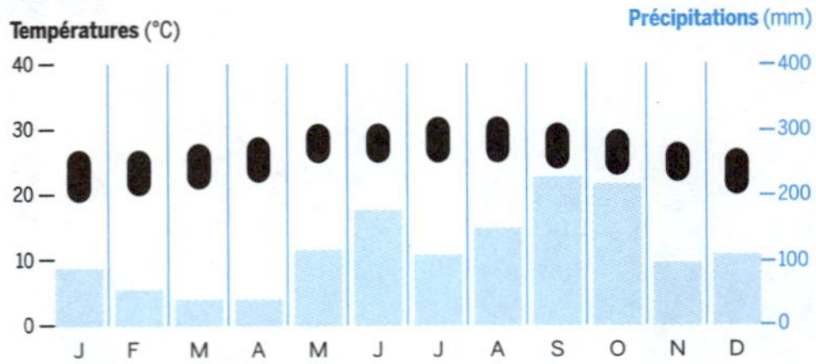

Mars Jusqu'à la mi-avril, c'est la folie du *spring break* américain ; les tarifs hôteliers sont élevés.

Mai Le calme revient et les établissements proposent de très bonnes affaires en ligne.

Juillet-août La période idéale pour nager avec les requins-baleines au large de l'Isla Contoy.

À ne pas manquer

1 Une visite au **Museo Maya de Cancún** (p. 60), un musée d'envergure abritant l'une des plus grandes collections d'objets mayas du Yucatán.

2 Les centaines de statues grandeur nature du **Museo Subacuático de Arte** (p. 61), un musée sous-marin unique en son genre, qui se visite avec masque et tuba.

3 Une journée à lézarder sur une étendue de doux sable blanc à **Isla Blanca** (p. 64), entre la mer des Caraïbes et une paisible lagune.

4 Une excursion à **Isla Contoy** (p. 75), île peuplée seulement de 170 espèces d'oiseaux, parmi lesquels des flamants des Caraïbes et des frégates.

5 Les charmes de la **Zona Hotelera** (p. 60), avec ses 19 km de plages idylliques bordant la mer des Caraïbes.

6 L'ambiance décontractée de **Isla Holbox** (p. 75), une île où l'on peut nager avec des requins-baleines et faire du kayak dans la mangrove foisonnante de vie.

CANCÚN

Histoire

Quand on voit les immenses hôtels de la Zona Hotelera et l'étalement urbain du centre de Cancún, difficile d'imaginer qu'il y a une cinquantaine d'années il n'y avait là que du sable et des barques de pêcheurs. Tout a changé au début des années 1970, quand d'ambitieux promoteurs ont décidé de créer sur la péninsule du Yucatán une station balnéaire d'envergure internationale qui éclipserait Acapulco.

À voir

La plupart des sites touristiques - plages, musées, sites archéologiques et activités nautiques - sont concentrés dans la Zona Hotelera. Depuis Cancún Centro, les bus marqués "R-1", "R-2" ou "Zona Hotelera" vous déposeront où vous le souhaitez le long de la côte.

Museo Maya de Cancún MUSÉE

(Musée maya de Cancún ; carte p. 62 ; 998-885-38-43 ; www.facebook.com/museomayacancun ; bd Kukulcán, km 16,5 ; adulte/enfant -13 ans 70 $M/gratuit ; 9h-18h mar-dim ; R-1). Ce musée moderne abrite l'une des plus importantes collections d'objets mayas du Yucatán : une belle surprise dans une ville surtout connue pour ses fêtes. Quelque 400 objets exposés (bijoux, céramiques, sculptures, etc.) ont été mis au jour sur des sites majeurs de la péninsule et alentour. L'une des 3 salles accueille des expositions temporaires sur les Mayas. Le premier musée anthropologique de Cancún a fermé en 2004 en raison des dégâts occasionnés par les ouragans. Le nouveau bâtiment a donc été construit avec du verre renforcé. Le droit d'entrée inclut l'accès au site archéologique attenant de San Miguelito.

San Miguelito SITE ARCHÉOLOGIQUE

(Carte p. 62 ; 998-885-38-43 ; www.facebook.com/museomayacancun ; bd Kukulcán, km 16,5 ; 70 $M ; 9h-17h30 ; R-1). Ce site, qui compte une quinzaine d'édifices mayas, était habité avant l'arrivée des conquistadors, entre 1250 et 1550. Aujourd'hui restaurés, ces vestiges ne sont pas aussi impressionnants que certains de ceux que l'on peut admirer à Tulum ou Cobá, mais constituent une agréable distraction culturelle lors d'un séjour à Cancún. Depuis le Museo Maya, un chemin mène à ce qui fut jadis des maisons, un palais à 17 colonnes et une pyramide, la plus haute construction du site (8 m), bâtie en trois fois. L'accès est inclus dans le billet d'entrée du Museo Maya.

Zona Arqueológica El Rey SITE ARCHÉOLOGIQUE

(Carte p. 62 ; www.inah.gob.mx ; bd Kukulcán, km 18 ; 55 $M ; 8h-16h30 ; R-1, R-2). Dans la Zona Arqueológica El Rey, côté ouest du bd Kukulcán, se dressent un petit temple et plusieurs plateformes cérémonielles. Le site tient son nom d'une sculpture trouvée sur place représentant une figure d'autorité, probablement un roi (*rey*), arborant une coiffe sophistiquée. El Rey, qui prospéra de 1200 à 1500, et le site voisin de San Miguelito, étaient des communautés qui vivaient du négoce maritime et de la pêche.

Yamil Lu'um SITE ARCHÉOLOGIQUE

(Carte p. 62 ; près du bd Kukulcán, km 12,5 ; R-1). GRATUIT Également appelé Templo del Alácran (Temple du Scorpion), ce temple utilisé entre l'an 1200 et 1550 domine la mer depuis une butte en retrait de la plage, sur le terrain arboré qui sépare les hôtels Park Royal et Westin Lagunamar. Hormis leur bel emplacement, ces vestiges présentent peu d'intérêt, et il ne reste de ce temple malmené par les éléments que les murs extérieurs, en partie écroulés. Pour l'atteindre, il faut passer discrètement par l'un des hôtels qui entourent le site.

Plages

En partant de Cancún Centro au nord-ouest, toutes les plages de l'Isla Cancún se trouvent à gauche de la route (la lagune, sur la droite, est infestée de crocodiles, n'y nagez pas !). Les premières plages sont celles de Las Perlas, Juventud, Linda, Langosta, Tortugas et Caracol. À l'exception de Playa Caracol, ces plages sont les plus adaptées à la baignade à Cancún.

Après Punta Cancún, l'eau est plus agitée (mais on peut tout de même y nager). Les plages deviennent de plus en plus belles au fur et à mesure que le sable blanc se mêle au bleu turquoise des Caraïbes, entre Playa Gaviota Azul et Punta Nizuc (km 24). Playa Delfines (km 18) est la seule plage pourvue d'un parking public digne de ce nom. Cependant, son sable est plus sombre et moins fin que celui des plages plus au nord.

Accès

La loi mexicaine autorise à marcher et à se baigner sur n'importe quelle plage du pays (hors terrains militaires). Dans la pratique, de nombreuses étendues de sable de Cancún sont difficilement accessibles sans passer par la réception d'un hôtel, en particulier dans la Zona Hotelera. Toutefois, tant que vous avez l'air d'un touriste, on vous laissera généralement traverser le hall pour atteindre la plage.

Sécurité

Évitez de vous baigner dans la Laguna Nichupté, peuplée de crocodiles. Bien que les attaques soient rares, mieux vaut s'en tenir à la mer. En avril 2015, un homme, saoul semble-t-il, a ignoré les panneaux d'avertissement et a été tué par un crocodile.

Chaque semaine, les urgences de Cancún prennent en charge une dizaine de noyades. Les plages les plus dangereuses se situent sur la côte est, là où les courants sont les plus forts, de Playa Chac-Mool (km 10) à Playa Delfines (km 18).

La houle est habituellement faible, mais il peut y avoir des contre-courants, et des tempêtes éclatent parfois sans signe avant-coureur. Des drapeaux de couleur renseignent les baigneurs sur les risques potentiels :

Bleu Baignade sans risque.

Jaune Soyez prudent.

Rouge Baignade risquée ; préférez la piscine.

Activités

Museo Subacuático de Arte SNORKELING
(MUSA ; carte p. 62 ; 998-8499-52-26 ; www.musamexico.org ; sortie snorkeling 42 $US, plongée simple 65 $US ; 9h-17h). Conçu par le sculpteur d'origine britannique Jason deCaires Taylor pour empêcher les plongeurs de détériorer les récifs coralliens, ce musée aquatique abrite plusieurs centaines de sculptures grandeur nature immergées dans les eaux de Cancún et Isla Mujeres. Le récif artificiel formant la "galerie" de Punta Nizuc, à Cancún (4 m de profondeur), n'est accessible qu'en snorkeling ; la galerie d'Isla Mujeres est parfaite pour les plongeurs débutants. Organisez vos excursions via les clubs spécialisés tels que Scuba Cancún.

Scuba Cancún PLONGÉE, SPORTS NAUTIQUES
(Carte p. 62 ; 998-849-52-25 ; www.scubacancun.com.mx ; bd Kukulcán, km 5,2 ; plongée simple/double 62/77 $US ; 7h-20h, 8h-20h dim). Ce club familial certifié PADI fut le premier à ouvrir à Cancún. Il propose des sorties de pêche, de snorkeling et de plongée (y compris dans des *cenotes* et de nuit) ainsi que des expéditions de plongée et de snorkeling au MUSA, le musée de sculptures sous-marines, et des sorties pour voir les requins-baleines.

Koko Dog'z Surf Shop SPORTS NAUTIQUES
(Carte p. 66 ; 998-887-36-35 ; www.kokodogz.com ; Av Náder 42 ; 12h-20h lun-ven, 12h-16h sam ; R-1). Vend toutes sortes de maillots de bain et de planches (surf, kitesurf et wakesurf).

All Ritmo PARC DE LOISIRS
(Carte p. 62 ; 998-881-79-00 ; www.allritmocancun.com/servicios ; route Puerto Juárez-Punta Sam, km 1,5 ; adulte 320-350 $M, 5-12 ans 270-290 $M ; 10h-17h mer-lun). Les petits pourront s'en donner à cœur joie dans ce parc aquatique, où l'on trouve aussi un mini-golf et un jeu de palets. Les *colectivos* "Punta Sam" qui passent dans l'Avenida Tulum (face à la gare routière) vous déposeront à l'embranchement, à 2 km au nord du terminal des ferries Ultramar. De là, il vous restera à parcourir une courte distance à pied.

Circuits organisés

La plupart des hôtels et agences de voyages travaillent en collaboration avec des prestataires organisant des circuits et excursions dans les environs.

Captain Hook CROISIÈRE
(Carte p. 62 ; 998-849-44-53 ; www.capitanhook.com ; bd Kukulcán, km 5, Marina Capitán Hook ; adulte 84-109 $US, -13 ans 5-56 $US ; croisière 19h-22h30 ;). Croisière (3 heures 30) avec reconstitution de combats à l'épée et de batailles de canons à bord d'une réplique de galion espagnol. Dîner inclus, mais préparez-vous à sortir vos *escudos* pour le menu steak et langouste (95 $US). Le tarif enfant, en revanche, n'est que de 5 $US s'ils mangent exclusivement au buffet.

Aquaworld CIRCUITS ORGANISÉS
(Carte p. 62 ; 998-689-10-13 ; www.aquaworld.com.mx ; bd Kukulcán, km 15,3 ; adulte/enfant 4-11 ans 47/24 $US ; 7h-20h). Entre le bateau à fond de verre et le sous-marin, l'étonnante embarcation d'Aquaworld permet de découvrir le Museo Subacuático de Arte (musée sous-marin constitué de centaines de statues à taille réelle) autrement qu'en snorkeling.

Cancún

Une bonne solution pour les enfants ou les personnes ne pouvant pas nager.

Où se loger

La ville offre une large gamme d'hébergements. La quasi-totalité des hôtels affiche des tarifs réduits en basse saison, mais la plupart comprennent jusqu'à 5 périodes tarifaires : Noël et le Nouvel An sont toujours classés en haute saison et les tarifs restent généralement élevés de décembre à début mars (période du fameux *spring break* américain), ainsi qu'en juillet et août (vacances d'été locales). De nombreux

Cancún

établissements proposent d'importantes promotions en ligne.

Cancún Centro

Le qualificatif "économique" est tout relatif à Cancún, où les tarifs sont quasi systématiquement plus élevés qu'ailleurs au Mexique. On trouve un large choix d'hébergements abordables à proximité de la gare routière, située au nord-ouest sur l'avenue Uxmal. La zone autour du Parque de las Palapas compte plusieurs auberges de jeunesse et adresses pour budgets serrés.

Dans les environs de Cancún Centro, les établissements de milieu de gamme sont nettement moins onéreux que dans la Zona Hotelera et à seulement quelques minutes en bus des plages de la Zona.

Mayan Monkey AUBERGE DE JEUNESSE **$**
(Carte p. 66 ; ☎998-217-53-32 ; www.mayanmonkey.com ; Av Náder 32 ; dort/ch avec petit-déj et dîner à partir de 17/83 $US ; ; R-1). Très propre et confortable, cette auberge décorée sur le thème du singe est une véritable aubaine avec ses deux repas inclus. Le toit-terrasse, avec piscine et bar, offre une vue imprenable sur la ville et des soirées animées de diverses activités gratuites (dont des leçons de salsa). On y dort dans d'impeccables dortoirs mixtes ou féminins, et dans des chambres modernes, ornées d'œuvres modernes représentant des singes.

Mezcal Hostel AUBERGE DE JEUNESSE **$**
(Carte p. 66 ; ☎998-255-28-44 ; www.mezcalhostel.com ; Mero 12 ; dort/ch avec petit-déj et dîner à partir de 14/65 $US ; ; R-1). Si l'omelette préparée sur commande le matin ne suffit pas à vous convaincre, peut-être que la piscine, le bar, les nombreuses activités et les virées en discothèque y parviendront. L'établissement occupe une belle maison sur 2 niveaux dans un quartier résidentiel calme. La fumée de cigarette envahit parfois les espaces communs, mais les dortoirs sont non-fumeurs.

Los Girasoles HÔTEL **$**
(Carte p. 66 ; ☎998-887-39-90 ; www.losgirasolescancun.com.mx ; Piña 20 ; ch à partir de 600 $M ;). Dans une ruelle calme du centre-ville, voici l'un des meilleurs hébergements à bas prix des environs, malgré quelques éléments à améliorer (lits et connexion Wi-Fi notamment). Néanmoins, les chambres sont propres et modernes, et le Wi-Fi fonctionne bien dans le hall aéré de la réception.

5 EXCURSIONS D'UNE JOURNÉE À FAIRE DEPUIS CANCÚN

Autour de Cancún, les merveilles ne manquent pas, et vous pouvez en profiter facilement.

Pour découvrir ces destinations de façon responsable, évitez les circuits en groupe et, avec l'argent économisé, engagez plutôt un guide local et achetez des souvenirs artisanaux. Par ailleurs, en passant la nuit sur place, vous participerez davantage à l'économie locale.

Chichén Itzá (p. 195). Louez une voiture et empruntez la vieille autoroute, qui passe par Valladolid. Sur la route, arrêtez-vous dans les petits villages mayas pour goûter à d'excellents *panuchos* (petites tortillas fourrées de haricots frits et garnies de dinde ou de poulet).

Isla Mujeres (p. 81). Prenez le ferry à Puerto Juárez. Le matin, explorez la côte sud, puis gagnez le nord de l'île pour vous baigner dans les superbes eaux turquoise de Playa Norte.

Tulum (p. 122). Tôt le matin, louez une voiture pour gagner Tulum et ses vestiges, seul grand site maya à avoir été bâti sur la côte. Au retour, faites un arrêt dans l'un des nombreux *cenotes* indiqués depuis la route.

Puerto Morelos (p. 107). À une demi-heure au sud de Cancún, cette paisible bourgade en bord de mer jouit d'un excellent marché d'artisanat et de restaurants étonnamment bons. Des bus Playa Express partent fréquemment de devant la gare routière de Cancún.

Isla Blanca Découvrez ce à quoi ressemblait Cancún avant le boom touristique – et faites-le vite, car les grands hôtels s'y installent ! Prenez la route de terre au nord de Punta Sam, passez le Cabañas Playa Blanca et continuez jusqu'au bout de la route, où vous trouverez une longue et sublime plage de sable blanc entre une lagune peu profonde et la mer des Caraïbes.

Hostel Ka'beh AUBERGE DE JEUNESSE
(Carte p. 66 ; 998-892-79-02, 998-168-80-27 ; www.facebook.com/hostelkabeh ; Alcatraces 45 ; dort/ch avec petit-déj 230/750 $M ; ; R-1). Bonne adresse centrale tout près de l'animation du Parque de las Palapas. Cette petite auberge de jeunesse décontractée donne l'impression d'être habitée à l'année. Nombreuses activités pour sociabiliser en soirée, principalement organisées autour d'alcool et de nourriture. Des minibus partent pour la plage le matin et pour la Zona Hotelera après dîner.

Náder Hotel & Suites HÔTEL $$
(Carte p. 66 ; 998-884-15-84 ; www.suitesnadercancun.com ; Av Náder 5 ; d/ste avec petit-déj 54/75 $US ; ; R-1). Destiné à une clientèle d'affaires, cet hôtel plaît aussi aux familles pour ses chambres très spacieuses, y compris dans la catégorie “standard”, et ses suites avec cuisine et vastes parties communes.

Cancún International Suites HÔTEL $$
(Carte p. 66 ; 998-884-17-71 ; www.cancuninternationalsuites.com ; Gladiolas 11, angle Alcatraces ; ch/ste 1 100/2 000 $M ; ; R-1). Les chambres et suites de style colonial de cet hôtel réaménagé sont confortables et calmes. Emplacement idéal, juste à côté du Parque de las Palapas, à proximité des restaurants et bars du centre-ville.

Soberanis Hotel HÔTEL $$
(Carte p. 66 ; 998-884-45-64 ; www.soberanis.mx ; Av Cobá 5 s/n ; d à partir de 825 $M ; ; R-1). Cet hôtel jouit d'un emplacement extrêmement pratique, près d'un grand carrefour où passent des bus desservant presque toute la ville (Zona Hotelera comprise) et juste à côté d'un supermarché. Chambres dotées de lits confortables et propres, et de meubles en bois. L'absence d'ascenseur peut s'avérer rédhibitoire si vous avez beaucoup de bagages.

Hotel Plaza Caribe HÔTEL $$
(Carte p. 66 ; 998-884-13-77 ; www.hotelplazacaribe.com ; Pino s/n ; ch à partir de 1 270 $M ; P ; R-1). Installé en face de la gare routière, cet hôtel propose chambres confortables, piscine, restaurant et jardin où évoluent des paons en liberté. Demandez l'une des chambres rénovées : le mobilier y est plus récent que dans l'aile ancienne.

Hotel Bonampak HÔTEL $$

(Carte p. 66 ; ☎998-884-02-80 ; www.hotelbonampak.com ; Av Bonampak 225 ; ch avec petit-déj 1 420 $M ; P ⊖ ❄ @ ≈ ; 🚌R-1, R-2). D'un bon rapport qualité/prix pour Cancún, les chambres de cet établissement type hôtel d'affaires sont équipées d'une literie confortable, de mobilier en bois rustique et de téléviseurs à écran plat. Demandez une vue sur la piscine ensoleillée.

♥Hotel El Rey del Caribe HÔTEL $$$

(Carte p. 66 ; ☎998-884-20-28 ; www.elreydelcaribe.com ; Av Uxmal 24 ; ch avec petit-déj à partir de 90 $US ; ⊖ ❄ ≈ ; 🚌R-1). Cet éco-hôtel recycle, tire parti de l'énergie solaire, arrose son jardin grâce à son système de traitement des eaux et dispose de toilettes sèches dans certaines chambres. La piscine et le Jacuzzi sont aménagés dans une cour luxuriante, où un petit groupe de *tlacuaches* (opossums) a élu domicile. Chaque chambre dispose d'une kitchenette équipée, de lits confortables et d'un réfrigérateur. Offres intéressantes en ligne.

Zona Hotelera

À quelques exceptions près, le boulevard Kukulcán est bordé d'hôtels haut de gamme. Plusieurs proposent des forfaits tout compris, souvent à des tarifs raisonnables pour qui accepte de se restaurer sur place exclusivement. Les forfaits avion/hôtel sont souvent plus avantageux.

Hostel Natura AUBERGE DE JEUNESSE $$

(Carte p. 62 ; ☎998-883-08-87 ; www.facebook.com/hostelcancunnatura ; bd Kukulcán, km 9,5 ; dort 30 $US, ch avec/sans sdb 75/65 $US ; ⊖ ❄ ; 🚌R-1). Aménagée au-dessus du restaurant diététique du même nom, à quelques pas du quartier festif, cette auberge de jeunesse animée loue des chambres individuelles avec vue sur la lagune et des dortoirs un peu exigus. Le manque d'espace est compensé par le toit-terrasse aéré et la cuisine commune. Personnel sympathique et serviable.

Grand Royal Lagoon HÔTEL $$

(Carte p. 62 ; ☎998-883-27-49, 800-552-46-66 ; reservar.grlagoon@hotmail.com ; Quetzal 8A ; ch 1 500 $M ; P ⊖ ❄ ≈ ; 🚌R-1). Cet hôtel à l'ancienne est une adresse agréablement aérée et relativement abordable pour la Zona Hotelera, mais ses chambres mériteraient un coup de neuf. La plupart sont équipées de 2 lits doubles, certaines de lits *king size* et balcons avec vue sur la lagune. Il y a une petite piscine ; Wi-Fi dans les parties communes uniquement. À 100 m du bd Kukulcán, km 7,5.

♥Le Blanc RESORT $$$

(Carte p. 62 ; ☎998-881-47-48, 800-462-07-92 ; www.leblancsparesort.com ; bd Kukulcán, km 10 ; d/ste pension complète à partir de 793/868 $US ; P ⊖ ❄ ≈ ; 🚌R-1, R-2). La façade de cet hôtel bien nommé, d'un blanc éclatant, est inratable. Ce complexe, sans doute le plus raffiné de Cancún, offre calme (enfants non admis) et prestations luxueuses habituelles : magnifique piscine à débordement, boisson offerte à l'arrivée, serviettes parfumées à la noix de coco – et même un majordome si la vie à Cancún venait à vous paraître trop éreintante. Réductions pour les séjours de plusieurs nuits.

Beachscape Kin Ha Villas & Suites RESORT $$$

(Carte p. 62 ; ☎998-891-54-00 ; beachscapekinhavillas.com ; bd Kukulcán, km 8,5 ; d/ste avec petit-déj à partir de 156/185 $US ; P ⊖ ❄ @ ≈ ; 🚌R-1). Bonne adresse familiale, le Beachscape propose service de baby-sitting, aire de jeux pour enfants et plage aux eaux calmes, propice à la baignade. Vous trouverez sur place bars, marchés, agences de voyages et bien d'autres prestataires. Toutes les chambres comportent un balcon et 2 lits doubles ou un très grand lit.

Suites Costa Blanca HÔTEL $$$

(Carte p. 62 ; ☎998-883-08-88 ; www.suitescostablanca.com ; bd Kukulcán, km 8,5 ; ch à partir de 1 800 $M ; ⊖ ❄ ; 🚌R-1). Cet hôtel propose un rapport qualité/prix correct pour la Zona Hotelera, ce qui est déjà un très bel atout malgré son emplacement parmi les boutiques fermées d'un centre commercial désaffecté. S'il se targue de louer des suites de style "méditerranéen", il s'agit simplement de grandes chambres (un peu démodées) avec coin salon et petit balcon. Tarifs très variables d'un mois à l'autre.

Où se restaurer

Cancún Centro

Dans le centre de Cancún, l'offre culinaire va du petit restaurant de tacos au luxueux restaurant de poisson. De nombreux établissements sont concentrés autour du

Cancún Centro

Cancún Centro

Parque de las Palapas et dans l'Avenida Yaxchilán, non loin de là. L'Avenida Náder et ses environs voient ouvrir de nouvelles adresses branchées entre les Avenidas Uxmal et Cobá. Les Mercados 23 (p. 72) et 28 (p. 72) servent de la bonne cuisine de marché. Vous pouvez faire vos courses au **Soriana** (carte ci-contre ; angle Av Tulum et Av Uxmal ; 24h/24), près de la gare routière, ou au **Chedraui Supermarket** (carte ci-contre ; angle Av Tulum et Av Cobá ; 7h-23h ; P ; R-1).

Rooster Café Sunyaxchen CAFÉ $
(Carte ci-contre ; 998-310-46-92 ; Av Sunyaxchen, Supermanzana 24, Plaza Sunyaxchen ; plats 75-160 $M ; 7h-23h ; wifi). Apprécié des habitants à la recherche d'un endroit où écrire, travailler et se détendre, ce café branché bénéficie d'un emplacement central, près du Marché 28. Au petit-déjeuner, goûtez les gaufres Monte Cristo et les pains maison ; l'après-midi, commandez dessert, salade, burger ou panini.

El Paisano del 23 MEXICAIN $
(Carte ci-contre ; Jabín 9 no 134, Mercado 23 ; tacos et tortas 15-40 $M ; 6h-16h ; R-1). Véritable institution locale depuis plus de 40 ans, le *paisano* ("compatriote" – le surnom de son propriétaire) fait mariner sa *pierna* (jambon) dans du vin rouge avant de la faire cuire lentement. Les *tortas* (sandwichs) partent vite, surtout le week-end.

Los de Pescado PRODUITS DE LA MER $
(Carte ci-contre ; 998-884-11-46 ; www.losdepescado.com ; Av Tulum 32 ; tacos et tostadas 34-35 $M, ceviche 104-150 $M, burritos 57 $M ; 10h-18h ; wifi ; R-27). Passer commande est bien plus facile quand le choix est limité ! Ici, c'est ceviche, tacos, *tostadas* (tortillas frites), *caldo de camarón* (soupe de crevettes) ou burritos. Commandez des tacos au poisson et à la crevette, ajoutez-y vous-même des garnitures et vous comprendrez pourquoi les habitants aiment tant cet endroit.

Lonchería El Pocito YUCATÈQUE $$
(Carte p. 62 ; 998-252-26-54 ; Calle 31 Norte, entre Calle 10 et Calle 12 ; tacos 16-17 $M, plats 120-130 $M ; 8h-22h lun-ven, 8h-20h sam). On tombe rapidement sous le charme de ce restaurant coiffé d'une *palapa*, recommandé par de nombreux habitants pour son authentique cuisine yucatèque maison. Le menu, chaque jour différent, inclut des spécialités régionales, tels le *queso relleno* (fromage farci), les *papadzules* (enchiladas aux œufs durs) et le *relleno negro de pavo* (ragoût de dinde). À accompagner d'une rafraîchissante *agua de chaya* (jus de *chaya*, manioc bâtard mexicain).

La Fonda del Zancudo INTERNATIONAL $$
(Carte ci-contre ; 998-884-1741 ; www.facebook.com/lafondadelzancudo ; 23 Av Uxmal ; plats 135-285 $M ; 19h-0h lun-sam ; wifi ; R-1). Éclairé par des lanternes, ce charmant

petit restaurant est installé dans un patio enchanteur de l'Avenida Uxmal, en centre-ville. La carte principale propose des créations artisanales élaborées, principalement à base de produits bio locaux, tandis que le menu au mur affiche plats du jour surprenants et cocktails inventifs.

Kiosco Verde PRODUITS DE LA MER $$
(Carte p. 62 ; portable 998-1988402 ; www.facebook.com/kioscoverdemarisqueria ; Av López Portillo 570, Puerto Juárez ; plats 120-273 $M ; 12h30-20h mer-lun ; ; R-1). Le "Kiosque vert" est certainement le restaurant de poissons et fruits de mer le plus mésestimé de Cancún. Ce qui était au départ une petite épicerie fondée en 1974 sert aujourd'hui d'excellents plats de la mer, comme du poulpe ou du poisson grillés. Il a aussi récemment ouvert une *cantina* (jusqu'à 23h).

El Tigre y El Toro ITALIEN $$
(Carte p. 66 ; 998-898-00-41 ; www.facebook.com/tigreyeltoro ; Av Náder 64 ; plats 130-205 $M ; 18h-0h30 lun-sam, 18h-23h30 dim ; ; R-1, R-2). Les propriétaires, surnommés le "tigre" et le "taureau", servent des pizzas gastronomiques à pâte fine et des pâtes maison dans un jardin au sol de galets éclairé de bougies. Pour bien des habitants, c'est la pizzeria *numero uno* de Cancún ; la pizza à la langouste (en saison uniquement) est chaudement recommandée.

Picaña & Grill GRILL $
(Carte p. 66 ; 998-310-52-34 ; www.facebook.com/picanagrillcancun ; Av Yaxchilán 31 ; tacos 28-33 $M, steaks 195-340 $M ; 13h-0h mar-dim). La spécialité maison est la *picaña* (pièce de bœuf située près de la queue) – en steak ou en tranches pour garnir des tacos. On y sert aussi de généreux plats de pommes de terre au four ou d'os à moelle grillé accompagné de *carne asada* (bœuf grillé), mais le steak de *picaña* reste la vedette.

La Playita PRODUITS DE LA MER $$
(Carte p. 66 ; 998-898-40-15 ; www.laplayitabar.com ; angle Av Bonampak et Av Sayil ; plats 120-200 $M ; 11h-2h, 11h-3h jeu-sam ;). La terrasse couverte de ce bar-restaurant a vue sur l'arène et de hauts immeubles résidentiels. Les mojitos aux parfums divers accompagnent à merveille les superbes plats de produits de mer préparés ici, comme les *camarones al coco* (crevettes à la noix de coco avec sauce à la mangue). Les véganes apprécieront le ceviche "véganiche".

Pescaditos PRODUITS DE LA MER $$
(Carte p. 66 ; 998-884-03-05 ; pescaditos.restaurantsnapshot.com ; Av Yaxchilán 69 ; plats 99-250 $M, pescaditos 55 $M ; 8h-0h, 8h-1h ven-sam ;). Naturellement, les *pescaditos* (longs beignets de poisson frit servis avec une sauce mayonnaise *chipotle*) sont le plat vedette, mais le menu inclut de nombreux autres très bons plats de poissons et de fruits de mer frais.

Peter's Restaurante INTERNATIONAL $$$
(Carte p. 66 ; 998-251-93-10 ; petersestaurante.restaurantwebexperts.com ; Av Bonampak, entre Calles Sierra et Robalo ; dîner 375-655 $M ; 18h-22h mar-sam). Situé sur l'une des avenues les plus animées du centre-ville, ce restaurant chaleureux est l'un des meilleurs de Cancún. Peter Houben, chef néerlandais, fusionne cuisine européenne, mexicaine et internationale, pour concocter des plats magnifiquement élaborés tels que raviolis aux champignons ou filet de saumon frais sauce citron relevée d'une pointe de *chile de àrbol* (piment sec mexicain, fort).

Puerto Santo PRODUITS DE LA MER $$$
(Carte p. 62 ; WhatsApp uniquement 998-845-28-52 ; www.facebook.com/puertosantocancun ; Residencial Puerta del Mar Supermanzana 84, Puerto Juárez ; amuse-bouches 85-189 M$, plats 179-320 M$; 13h-23h ;). Caché dans une résidence fermée, à 500 m au sud de l'embarcadère des ferries de Puerto Juárez, ce restaurant en bord de mer séduit les habitants de Cancún grâce, entre autres, à ses *tostadas* de poulpe sauté au piment, ses ceviches frais et ses poissons entiers cuits au feu de bois. Pour y accéder, laissez une pièce d'identité au gardien de la résidence Puerta del Mar.

The Bears Den INTERNATIONAL $$$
(Carte p. 62 ; 998-688-67-43 ; www.thebearsdencancun.com ; 2e niveau, Av Sayil, Plaza Azuna ; plats 220-460 $M ; 15h-23h mar-dim). Dans l'ambiance décontractée de restaurant en extérieur, à l'étage d'un centre commercial, le chef Christopher Vallieres, originaire du Québec, cuisine des plats raffinés, parmi lesquels une poitrine de porc avec purée de poire au saké, et un thon grillé avec chutney mangue-piment et sauce soja-gingembre. L'air de la lagune souffle sur la terrasse et le service est impeccable.

La Habichuela FUSION $$$
(Carte p. 66 ; 998-884-31-58 ; www.lahabichuela.com ; Margaritas 25 ; plats 215-470 $M,

LA VIE LE PALACE DANS LES CARAÏBES MEXICAINES

De nombreux établissements de Cancún et des environs se vantent d'offrir tous les services d'un *resort* (complexe hôtelier) de luxe, mais seuls quelques-uns sont à la hauteur de leurs tarifs élevés. Être situé sur la plage est, bien sûr, un critère déterminant ; le reste dépend de vos besoins. Certains hôtels privilégient le confort et l'élégance ; d'autres sont spécialisés dans les vacances familiales avec des activités toute la journée. Notez que certains établissements n'acceptent pas les enfants et que la plupart – pas tous – proposent des forfaits "tout compris" avec buffet et boissons à volonté.

Néanmoins, ce n'est pas un séjour *all inclusive* qui fera découvrir le Mexique : si vous ne parlez pas l'espagnol vous devrez parler l'anglais, mangerez des plats internationaux (souvent moins bons que dans les restaurants alentour) et ferez des excursions de groupe standardisées. Si vous voulez réellement découvrir le pays et sa culture, mieux vaut peut-être éviter ce genre d'hôtels et opter pour une pension tenue par une famille locale ; certaines offrent un service et une cuisine d'une grande qualité.

Voici certains des meilleurs *resorts* de Cancún et ses environs.

Le Blanc (p. 65). Un luxe extravagant – avec majordome ! – à apprécier entre adultes uniquement.

Beachscape Kin Ha Villas & Suites (p. 65). Un hôtel adapté aux familles au bord d'une plage convenant aux enfants.

Petit Lafitte (p. 115). Un lieu sûr et isolé pour des vacances en famille au nord de Playa del Carmen.

Grand Velas (p. 115). Un luxe qui surpasse de loin ses concurrents de la Riviera Maya.

cocobichuela 650 $US ; ⌚13h-0h ; P 📶 ; 🚌 R-1). Les tables de cet élégant restaurant tout près du Parque de las Palapas sont dressées dans une cour ravissante. Sa spécialité est la *cocobichuela* (crevettes et langouste sauce curry, servies dans une noix de coco avec des fruits exotiques), mais pratiquement toute la carte est délicieuse (jetez un coup d'œil à son dictionnaire anglais-maya).

Zona Hotelera

Dans la Zona Hotelera, on paie parfois plus pour le cadre et la vue que pour la qualité des plats. Cela étant, le secteur compte tout de même de nombreux excellents restaurants de poisson et de tables gastronomiques.

Pour y manger sans se ruiner, vous pouvez toujours compter sur les restaurants de tacos installés, km 9,5, face aux boîtes de nuit, et, non loin de là, sur le **Surfin' Burrito** (carte p. 62 ; ☎998-883-00-83 ; www.facebook.com/thesurfinburrito ; bd Kukulcán, km 9,5 ; burritos 85-145 $M ; ⌚24h/24 ; 🚌 R-1, R-2).

Restaurante Natura VÉGÉTARIEN **$$**

(Carte p. 62 ; ☎998-883-05-85 ; www.restaurantenatura.com ; bd Kukulcán, km 9,5 ; petit-déj 69-109 $M, déj et dîner 95-205 $M ; ⌚7h30-22h30 ; 📶 🌿 ; 🚌 R-1). Ce petit bistrot de cuisine mexicaine fait la part belle aux saveurs naturelles et aux plats végétariens, comme les *quesadillas* au fromage du Chihuahua, épinards et champignons, faites avec des tortillas de farine complète, à accompagner d'un grand verre de jus de fruits. Il y a aussi une carte végane.

El Galeón del Caribe PRODUITS DE LA MER **$$**

(Carte p. 62 ; ☎portable 998-2148175 ; www.facebook.com/elgaleondelcaribe ; bd Kukulcán, km 19,4 ; pescadillas 16 $M, plats 140-190 $M ; ⌚12h-19h ; 🚌 R-1, R-2). Connu pour ses *pescadillas* (tortillas frites garnies de poisson), ce modeste restaurant occupe, avec sa cuisine en extérieur, une *palapa* au bord de la lagune. Situé dans le sud de la Zona Hotelera, il est facile d'accès pour les touristes connaisseurs, mais son relatif isolement et ses authentiques plats de la mer mexicains en font aussi un lieu prisé des habitants, notamment le dimanche après-midi. Depuis la route, seul le parking est visible.

♥ **Benazuza** MEXICAIN **$$$**

(Carte p. 62 ; ☎998-891-50-00 ; www.facebook.com/restbenazuza ; bd Kukulcán, km 19,5, Grand Oasis Sens Resort ; 1 376 $M/pers ; ⌚19h-22h lun-sam ; 🚌 R-1). Ce restaurant très moderne propose une trentaine de plats d'une cuisine moléculaire surprenante. Grâce à une technologie de pointe, il donne de nouvelles formes, textures et saveurs à des recettes inspirées de la tradition mexicaine (tacos, chili, etc.). Le prix inclut les cocktails moléculaires servis au bar, les plats du repas et des desserts comme vous n'en avez jamais goûté !

Tempo BASQUE **$$$**
(Carte p. 62 ; ☎998-881-17-90 ; www.tempocancun.com ; bd Kukulcán, km 16,5, dans le Paradisus Cancun Resort ; plats 555-875 $M, menu dégustation de 9 plats 1 762 $M ; 18h-23h ; R-1). Le Tempo brille par le raffinement moderne de sa décoration et par son impeccable service, mais s'il est l'une des meilleures tables de Cancún, c'est grâce à son menu de 9 plats qui revisite la gastronomie basque façon cuisine moléculaire. Le chef Martin Berasategui, 10 étoiles Michelin au compteur, y propose une véritable expérience culinaire où chaque plat, des savoureux fruits de mer aux somptueux desserts, surprendra et ravira vos papilles.

Crab House PRODUITS DE LA MER **$$$**
(Carte p. 62 ; ☎998-193-03-50 ; www.crabhousecancun.com ; bd Kukulcán, km 14,7 ; plats 420-1 150 $M ; 12h-23h30 ; ; R-1). Fort d'une superbe vue sur la lagune, cet excellent restaurant à la carte bien fournie se vante de ne jamais prendre de vacances, pas même lors des ouragans ! Le crabe d'Amérique (la spécialité) est facturé à la livre. Comme les langoustes, il attend dans des réservoirs d'une transparence irréprochable.

Fred's House PRODUITS DE LA MER **$$$**
(carte p. 62 ; ☎998-840-64-66 ; www.fredshouserestaurant.com ; bd Kukulcán, km 14,5 ; plats 325-850 $M ; 13h-0h ; R-1). L'un des plus beaux restaurants de Cancún mêle décoration contemporaine chaleureuse et jardin tropical au bord de la Laguna Nichupté. Vous pourrez commander des huîtres parmi différents mets crus, goûter au très populaire poulpe grillé au feu de bois et manger divers plats de langouste. Pour profiter d'un sublime coucher du soleil ou pour une occasion spéciale, réservez l'un des petits pavillons privés donnant sur la lagune.

Harry's STEAKS **$$$**
(Carte p. 62 ; ☎998-840-65-50 ; www.harrys.com.mx ; bd Kukulcán, km 14,2 ; plats 410-1 290 $M ; 13h-1h ; R-1, R-2). Cet établissement réputé sert des steaks maturés sur place, des poissons ultrafrais, mais aussi une délicieuse barbe à papa. Service impeccable et cadre impressionnant : cascades intérieures, terrasses surplombant la lagune et bars intérieur et extérieur. Prenez place dans le salon rappelant une jungle ou dans la nouvelle discothèque à l'étage et jetez un coup d'œil à la collection de mezcal.

Mocambo PRODUITS DE LA MER **$$$**
(Carte p. 62 ; ☎998-883-05-88 ; www.mocambo.com.mx ; bd Kukulcán, km 9,5 ; plats 265-550 $M ; 12h-23h ; ; R-1). L'un des meilleurs restaurants de poisson de la Zona Hotelera sert, sous une grande *palapa de* Playa Caracol, d'excellents plats, dont un *mero* (mérou) entier et une savoureuse paella de la mer. De 15h à 17h, un trio joue des classiques de la musique mexicaine. Au niveau de l'agence Hertz, suivez l'allée menant à la plage.

Où prendre un verre et faire la fête

Cancún Centro

L'ambiance est généralement moins survoltée dans les bars et clubs de Cancún Centro que dans ceux de la Zona Hotelera. En marchant le long de l'Avenida Yaxchilán ou de l'Avenida Náder, vous trouverez à coup sûr un lieu à votre goût.

Dans la **Plaza de Toros** (arène ; carte p. 66 ; angle Av Bonampak et Av Sayil), plusieurs bars, dont certains avec musiciens, attirent une clientèle essentiellement locale.

Amarula con Acento Tropical BAR À COCKTAILS
(Carte p. 66 ; ☎portable 998-3325680 ; www.facebook.com/amarulaconacentotropical ; Av Náder 104 ; 21h-3h30 mer-sam ; R-1). Une simple enseigne en néon signale l'entrée de ce bar mêlant architecture traditionnelle mexicaine et design sombre et sensuel. La carte des cocktails éclipse celle des plats, avec des boissons originales aux "accents tropicaux" (comme l'indique le nom de l'établissement), à base de produits typiquement mexicains, comme la *jamaica* (fleur d'hibiscus), des fruits régionaux et des piments. Des DJ y passent de la house, du jazz et des musiques tropicales.

Nomads Cocina & Barra BAR À COCKTAILS
(Carte p. 66 ; ☎998-898-31-92 ; nomadscancun.com ; angle Av Náder et Mero ; 18h-2h mar-dim ; R-1). Dans une ambiance *arty* où les faïences à motifs géométriques côtoient le béton et la brique, ce bar attire la jeunesse

branchée de Cancún avec ses grands classiques de la cuisine mexicaine, ses plats et ses cocktails créatifs. L'espace intérieur est idéal pour un dîner tardif (plats 125-220 $M), tandis que l'espace à l'arrière, sans place assise, favorise les rencontres au bar, sous les étoiles.

Marakame Café BAR

(Carte p. 62 ; ☎998-887-10-10 ; www.marakamecafe.com ; Av Circuito Copán 19, près d'Av Nichupté ; ⏲8h-1h lun-ven, 9h-2h sam, 9h-0h dim ; wifi ; 🚌R-27). Excellent choix pour un petit-déjeuner ou un déjeuner en plein air, le lieu se transforme en bar populaire avec musique live le soir. Les barmans préparent des martinis et des margaritas à la mangue, et servent des mimosas pour les brunchs du samedi et du dimanche (238 $M). Rapidement accessible en taxi depuis le centre-ville.

Grand Mambocafé CLUB

(Carte p. 66 ; ☎998-884-45-36 ; www.facebook.com/grandmambocafecancunoficial ; Plaza Hong Kong, angle Av Xcaret et Av Tankah, 2e ét. ; entrée 60-180 $M ; ⏲21h30-3h mer-sam ; 🚌R-2). Essayez-vous aux danses latines sur la grande piste de ce club branché : des groupes y jouent de la salsa cubaine et autres musiques tropicales.

11:11 GAY

(Once Once ; carte p. 66 ; ☎portable 998-1352243 ; www.1111gayclubcancun.com ; Claveles s/n ; ⏲22h-6h ven-dim ; 🚌R-1). La salle principale accueille des spectacles de drag-queens, de go-go dancers et d'autres représentations, tandis que, dans les petites salles, des DJ passent de l'électro et de la pop jusqu'au matin. L'entrée est noire, ornée des couleurs du drapeau arc-en-ciel.

Zona Hotelera

C'est une clientèle jeune, bruyante et alcoolisée qui se presse dans les clubs de la Zona Hotelera (le genre d'établissements où un animateur encourage les femmes à se dévêtir sous les encouragements de la foule). Les grosses boîtes de nuit font payer l'entrée autour de 55 ou 75 $US (avec boissons à volonté). La plupart ne s'animent réellement qu'à partir de minuit.

La pointe nord-est de la Zona Hotelera concentre plusieurs boîtes de nuit, le long du bd Kukulcán. On peut facilement marcher des unes aux autres, mais faites attention en traversant.

The City CLUB

(Carte p. 62 ; ☎998-883-33-33 ; thecitycancun.com ; bd Kukulcán, km 9 ; open bar 65 $US ; ⏲22h30-4h ven ; 🚌R-1). La plus grande boîte de nuit d'Amérique latine fait le plein tous les vendredis soir. Accueillant fréquemment DJ et musiciens de renommée mondiale, elle organise des soirées de folie, que l'on soit sur la piste centrale ou dans les étages latéraux, semblables à des gradins de stade. En raison de la foule et de l'ambiance festive, sachez que les soirées sont parfois franchement débridées.

Bar del Mar BAR

(Carte p. 62 ; www.facebook.com/bardelmarcancun ; bd Kukulcán, km 6,5, Playa Tortugas ; ⏲10h-18h ; 🚌R-1). L'un des seuls bars de plage de Cancún à ne pas être réservés aux clients d'hôtel. Avec seulement quelques tables sur le sable et sur une terrasse, le Bar del Mar sert en-cas, bières et cocktails à des prix abordables. Mention spéciale aux *tostadas* de thon et au Bloody Caesar, un Bloody Mary au piment habanero. Consommation minimum de 150 $M.

Palazzo CLUB

(Carte p. 62 ; ☎998-883-33-33 ; www.mandalatickets.com ; bd Kukulcán, km 9 ; open bar 55 $US ; ⏲23h-4h mer et sam ; 🚌R-1). Ses soirées "Electric Party Wednesdays" et "Red District Saturdays" donnent une idée de l'ambiance survoltée qui règne dans ce club où l'on danse sous un gigantesque lustre dominant la salle et ses galeries sur plusieurs étages.

☆ Où sortir

♥ H Roof Nightclub MUSIQUE LIVE

(Carte p. 62 ; ☎998-840-65-92 ; www.hroof.com.mx ; bd Kukulcán, km 14,2 ; ⏲23h-6h jeu-sam ; wifi). À la fois boîte de nuit et salle de concert, ce club sélect s'est imposé comme l'un des hauts lieux de la nuit dans la Zona Hotelera. La plupart des soirs, des DJ locaux et internationaux y mixent musiques lounge, hip-hop et latina. Les boissons coûtent cher, mais on y passe de bonnes soirées.

Mora Mora MUSIQUE LIVE

(Carte p. 62 ; ☎portable 998-3007080 ; www.facebook.com/mora-mora-1434309116861854 ; Av Palenque 10, entre Av Chichén Itzá et Calle 6 Poniente ; ⏲17h-1h lun-sam). Musiciens et autres artistes locaux se retrouvent dans ce lieu underground orné de graffitis, qui fait aussi restaurant et galerie d'art. Dans la verdoyante cour arrière, des groupes mexicains animent les soirées de sons hip-hop, punk ou métal. Un lieu à ne pas manquer si vous voulez découvrir la sous-culture jeune de Cancún.

Cinemex CINÉMA
(Carte p. 62 ; ☎999-242-21-26 ; www.cinemex.com ; bd Kukulcán, km 12,5, La Isla Shopping Village ; 13h-0h ; R-1, R-2). Projette essentiellement des films hollywoodiens (en anglais sous-titré ou doublés en espagnol).

Teatro Xbalamqué THÉÂTRE
(Carte p. 66 ; ☎998-204-10-28 ; www.teatroxbalamque.com ; Av Yaxchilán 31, angle Jazmines ; 20h et 22h ven-sam). Comédies musicales, pièces comiques et one-man-shows en espagnol.

Achats

Les adeptes du shopping apprécieront les marchés colorés de la ville et les centres commerciaux modernes et en plein air de la Zona Hotelera. Les habitants fréquentent surtout le **Mercado 28** (Mercado Veintiocho ; carte p. 62 ; ☎998-892-43-03 ; www.facebook.com/mercado28cancunmexico ; angle Av Xel-Há et Av Sunyaxchén ; 8h-19h) et le **Mercado 23** (ci-contre) pour les vêtements, chaussures, étals de nourriture bon marché et articles de quincaillerie. Le Mercado 23, idéal pour dénicher un souvenir plus authentique, est le moins touristique des deux.

La Europea BOISSONS
(Carte p. 62 ; ☎998-176-82-02 ; www.laeuropea.com.mx ; bd Kukulcán, km 12,5 ; 10h-21h lun-sam, 11h-19h dim ; R-1). Boutique de spiritueux haut de gamme, tenue par des connaisseurs. On y trouve à prix raisonnables le meilleur choix d'alcool de la ville, dont des tequilas et mezcals de qualité.

La Isla Shopping Village CENTRE COMMERCIAL
(Carte p. 62 ; ☎998-883-50-25 ; www.facebook.com/LaIslaCancun ; bd Kukulcán, km 12,5 ; 10h-22h ; ; R-1). Entre intérieur et extérieur, ce lieu unique à Cancún, est traversé de canaux serpentant entre une grande roue de 60 m de haut, un aquarium, un cinéma, une section consacrée aux boutiques indépendantes et assez de divertissements pour amuser les plus réfractaires au shopping. On peut notamment y acheter une bouteille de *xtabentún* (alcool yucatèque à l'anis).

Plaza Kukulcán CENTRE COMMERCIAL
(Carte p. 62 ; ☎998-193-01-60 ; www.kukulcanplaza.mx ; bd Kukulcán, km 13 ; 10h-22h ; ; R-1). La plus vaste galerie marchande de la ville se distingue par ses expositions temporaires d'art, ses nombreux magasins d'argenterie et la boutique La Ruta de las Indias (maquettes de galions espagnols en bois et répliques d'armes et d'armures des conquistadores).

Mercado 23 MARCHÉ
(Carte p. 66 ; www.facebook.com/mercado23cancun ; Jabín 9 ; 8h-19h ; R-1). Si vous en avez assez de toujours voir les mêmes babioles touristiques, rendez-vous sur ce marché authentique.

Puerto Cancún Marina Town Center CENTRE COMMERCIAL
(Carte p. 62 ; ☎998-313-31-28 ; www.marinatowncenter.com ; bd Kukulcán, km 1,5 ; 11h-23h ; ; R-1, R-2). Ce nouveau centre commercial propose plus de 20 restaurants, un cinéma IMAX, des enseignes de mode internationales et une belle vue sur la marina et la Zona Hotelera.

Orientation

Cancún est divisée en deux parties : Cancún Centro (le centre-ville) et la Zona Hotelera (Isla Cancún). Quand on parle de Cancún, on pense généralement à la seconde. Cette longue bande de sable qui s'étend entre une belle lagune et les eaux azur de la mer des Caraïbes. Son artère principale est le bd Kukulcán, constitué de quatre voies séparées par un terre-plein central. Il part de Cancún Centro pour s'étirer vers l'est, sur 9 km, entre des immeubles résidentiels, des hôtels et des complexes commerciaux, jusqu'à atteindre Punta Cancún (la "pointe de Cancún") et le **Centro de Convenciones** (carte p. 62 ; ☎998-881-04-00 ; www.cancunicc.com ; bd Kukulcán, km 9).

À Punta Cancún, le boulevard bifurque vers le sud : sur 15 km il est alors flanqué pour l'essentiel d'énormes hôtels, centres commerciaux, discothèques, bars et restaurants. À Punta Nizuc, il se prolonge finalement vers l'ouest pour rejoindre le continent, où il traverse sur quelques kilomètres une forêt peu épaisse jusqu'à un carrefour, près de l'aéroport international de Cancún.

Les adresses de la Zona Hotelera sont très simples à comprendre : au lieu d'un numéro et d'un nom de rue (qui serait de toute façon presque toujours le bd Kukulcán), c'est la distance par rapport à la borne "km 0" située à l'extrémité nord-ouest du boulevard qui est donnée. Le long du boulevard, chaque kilomètre est ensuite indiqué de la même manière. La plupart des chauffeurs de bus connaîtront le lieu où vous voulez vous rendre, mais, en cas de doute, vous pouvez simplement demander à être déposé à la bonne borne kilométrique.

Renseignements

ARGENT

On trouve plusieurs banques et DAB dans la Zona Hotelera et en centre-ville, sur l'Avenida Tulum. Des DAB et bureaux de change sont également disponibles à l'aéroport de Cancún.

Banamex ATM (bd Kukulcán, km 8,5, Plaza Terramar ; 24h/24)

Santander (angle Av Tulum s/n et Av Cobá ; 9h-16h lun-ven ; R-1). À proximité de plusieurs bureaux de change.

DÉSAGRÉMENTS ET DANGERS

À Cancún, le plus grand danger n'est pas la criminalité, mais la rue au sens propre. Il arrive ainsi que des piétons (souvent saouls) soient blessés par des véhicules roulant à toute vitesse dans les rues étroites. Vous risquez donc plus de vous retrouver avec des bleus ou une entorse que de vous faire agresser ou tirer dessus. Toutefois, si l'on tente de vous rançonner, ne cherchez pas à négocier ; la plupart des incidents violents impliquent des bagarres dans lesquelles des touristes se sont mis eux-mêmes en danger.

Cela étant, n'achetez pas de drogue dans la rue et ne vous faites pas voir en train de parler à des dealers : policiers et gangs rivaux pourraient penser que vous êtes impliqué dans ce trafic, et mieux vaut n'avoir affaire à aucun d'entre eux.

OFFICE DU TOURISME

Oficina de turismo municipal de Cancún (carte p. 66 ; 998-887-33-79, 555-090-42-00 ; angle Av Cobá et Av Náder ; 9h-16h lun-ven). De nombreux dépliants et brochures à disposition. Personnel efficace.

POSTE

La Zona Hotelera ne compte aucun bureau de poste, mais on peut timbrer et expédier ses courriers à certaines réceptions d'hôtels.

Poste principale (carte p. 62 ; angle Av Xel-Há et Av Sunyaxchén ; 8h-16h lun-ven, 9h-12h30 sam). En centre-ville, à côté du Mercado 28. Vous pouvez poster votre courrier dans les boîtes rouges disséminées dans toute la ville.

SERVICES MÉDICAUX

Hospital Playa Med (998-140-52-58 ; www.hospitalplayamed.com ; Av Náder 13, angle Av Uxmal ; 24h/24 ; R-1). Hôpital moderne recevant les patients 24h/24.

URGENCES

Secours (911, 066)
Pompiers (998-884-12-02)
Croix-Rouge (065)
Police touristique (998-885-22-77)

Depuis/vers Cancún

AVION

L'**aeropuerto Internacional de Cancún** (998-848-72-00 ; www.asur.com.mx ; route 307, km 22) est l'aéroport le plus fréquenté du sud-est du Mexique et propose tous les services habituels : DAB, bureau de change et location de véhicules. Il est desservi par de nombreux vols directs internationaux ou avec correspondance à Mexico. Les compagnies mexicaines low cost VivaAerobus, Interjet et Volaris opèrent des vols depuis Mexico.

Des vols relient Cancún à Guatemala Ciudad et Flores (Guatemala), La Havane (Cuba), Panama City (Panama) et São Paulo (Brésil). Les vols La Havane-Cancún continuent pour certains jusqu'à Mérida.

La liste complète des compagnies desservant Cancún est consultable sur le site Internet de l'aéroport. Parmi les compagnies mexicaines :

Aeroméxico (998-193-18-68 ; www.aeromexico.com ; Av Cobá 80 ; 9h-18h lun-sam ; R-1). Vols directs depuis Mexico et New York. Bureau à l'ouest de l'Avenida Bonampak.

Interjet (998-892-02-78 ; www.interjet.com ; Av Xcaret 35, Plaza Hollywood ; 9h-19h lun-ven, 9h-18h sam, 9h-15h dim). Vols directs pour Miami et La Havane.

Magnicharters (800-201-14-04, 998-884-06-00 ; www.magnicharters.com.mx ; Av Náder 94, angle Av Cobá ; 9h-20h lun-ven, 9h-14h sam, 10h-15h dim ; R-1). À destination de Mexico.

VivaAerobus (818-215-01-50 ; www.vivaaerobus.com ; route 307, km 22, aéroport de Cancún). Vols directs pour Mexico.

Volaris (www.volaris.com ; route 307, km 22). Dessert Mexico et d'autres villes mexicaines.

BATEAU

La traversée vers l'Isla Mujeres peut se faire au départ de plusieurs embarcadères. La Zona Hotelera regroupe ceux d'**El Embarcadero** (carte p. 62 ; bd Kukulcán, km 4), de **Playa Caracol** (carte p. 62 ; bd Kukulcán, km 9,5 ; parking 100 $M/jour) et de **Playa Tortugas** (carte p. 62 ; bd Kukulcán, km 4). En outre, Cancún Centro, compte deux autres embarcadères de ferries de passagers, situés à Puerto Juárez : celui d'**Ultramar** (carte p. 62 ; www.ultramarferry.com) et un autre, moins fréquenté, à 500 m au nord, pour les compagnies Marinsa (www.marinsaturismo.com) et Naveganto (www.naveganto.com). Le billet aller coûte 140-160 $M au départ de Puerto Juárez et 270 $M depuis la Zona Hotelera.

Pour faire la traversée avec un véhicule, il faut se rendre à l'embarcadère **Marítima Isla Mujeres** (998-274-00-89 ; www.maritimaislamujeres.com ; Av Rueda Medina s/n, Punta Sam), à Punta Sam, à 8 km au nord de Cancún Centro (tarifs de base pour un aller : 298 $M/voiture, chauffeur compris). Il est toutefois beaucoup plus simple de louer une voiturette de golf ou un scooter une fois sur l'île.

L'Isla Contoy est desservie par des **bateaux** (☎998-886-42-70 ; www.contoytours.com ; adulte/enfant 5-12 ans 117/102 $US ; ⌚circuits 9h-17h30 mar-dim) partant de la V&V Marina, juste au nord de l'embarcadère de Punta Sam.

BUS

La **gare routière** (carte p. 66 ; www.ado.com.mx ; angle Av Uxmal et Tulum) moderne de Cancún est un lieu relativement sûr, mais gardez un œil sur vos bagages et méfiez-vous des propositions d'aide gratuite. Avant de monter dans un véhicule, convenez d'un prix avec son chauffeur.

Vous trouverez en face de la gare routière, de l'autre côté de la Calle Pino et à quelques pas de l'Avenida Tulum, la billetterie et la station de **Playa Express** (carte p. 66 ; angle Calle Pino s/n et Av Tulum), compagnie qui propose des bus climatisés à destination de Playa del Carmen sur la côte (départ toutes les 10 min jusqu'en début de soirée), via un certain nombre de villes et de sites touristiques. La compagnie **ADO** (carte p. 66 ; www.ado.com.mx ; angle Av Uxmal et Av Tulum) et ses bus 1re et 2e classe assurent les mêmes liaisons et d'autres plus lointaines. Pour atteindre l'Isla Holbox, au nord de Cancún, prenez un bus pour Chiquilá.

ADO est la référence en matière de bus 1re classe ; Mayab propose un bon service de "classe intermédiaire" (avec des arrêts plus fréquents que la 1e classe) vers de nombreuses destinations.

VOITURE ET MOTO

L'aéroport de Cancún abrite les comptoirs des loueurs de voiture, à l'intérieur et autour de ses terminaux. Il y a aussi des agences en ville, au sud de La Isla Shopping Village (p. 72). Attention, l'autoroute 180D, la *cuota* (route à péage) qui relie Cancún à Mérida, coûte 480 $M. Une voiture de location économique avec assurance responsabilité civile revient à environ 650 $M par jour.

Alamo (☎998-886-01-00 ; www.alamo.com.mx ; route 307, km 22, aéroport de Cancún ; ⌚24h/24)

Avis (☎800-288-88-88 ; www.avis.com.mx ; bd Kukulcán, km 12,5, La Isla Shopping Village)

Hertz (☎800-709-50-00 ; www.hertz.com ; route 307, km 22, aéroport de Cancún ; ⌚24h/24)

National (☎998-881-87-60 ; www.nationalcar.com ; route 307, km 22, aéroport de Cancún ; ⌚8h30-20h lun-ven, 9h30-18h sam-dim)

Comment circuler

Cancún Centro et la Zona Hotelera ne sont qu'à 15 minutes de route l'un de l'autre. La principale artère nord-sud, l'Avenida Tulum, est le lieu le plus commode pour prendre un bus municipal ou un taxi. Si vous allez à la plage, sachez que l'angle nord-est de Zona Hotelera est parfois très embouteillé aux heures de pointe ; organisez-vous donc en conséquence.

BUS AU DÉPART DE CANCÚN

DESTINATION	PRIX ($M)	DURÉE (H)	FRÉQUENCE
Bacalar	276-424	5-5 ½	fréquents
Aéroport de Cancún	78	30 min	fréquents
Chetumal	308-546	5 ½-6	fréquents
Chichén Itzá	163-316	3-4	1/heure
Chiquilá	180-244	3-3 ½	4/jour
Felipe Carrillo Puerto	200-222	3 ½-3 ¾	6/jour
Mahahual	230	5 ½-5 ¾	2/jour ; 6h45 et 16h45
Mérida	384-698	4-5	fréquents
Mexico	1 200	27 ¼	1/jour Terminal Norte ; 18h30
Mexico (TAPO)	1 200-1 387	25-26 ½	4/jour
Palenque	760-1 398	13-13 ¼	5/jour
Playa del Carmen	36-74	1 ½	fréquents ADO et Playa Express
Puerto Morelos	25-32	30-45 min	fréquents ADO et Playa Express
Ticul	296	8	fréquents
Tizimín	140	6	4/jour
Tulum	148-172	2 ¼-2 ¾	fréquents
Valladolid	140-228	2-2 ¼	fréquents
Villahermosa	656-1350	12 ¾-14 ¾	fréquents

DEPUIS/VERS L'AÉROPORT

Les bus ADO se rendent fréquemment à Cancún Centro (82 $M) entre 8h15 et 12h30. Ils partent d'arrêts situés devant les terminaux. Une fois en ville, ils remontent l'Avenida Tulum jusqu'à la gare routière à l'angle de l'Avenida Uxmal. En allant de Cancún Centro à l'aéroport, ces mêmes navettes d'aéroport ADO partent régulièrement de la gare routière. ADO propose aussi une liaison de l'aéroport à Playa del Carmen, Tulum et Mérida.

Les navettes d'aéroport **Super Shuttle** (☎998-193-17-42 ; www.supershuttle.com ; route 307, km 22, aéroport de Cancún) et Yellow Transfer circulent entre Cancún Centro et la Zona Hotelera moyennant quelque 10 $US/pers en trajet collectif ou 60 $US pour un trajet direct.

En taxi, comptez jusqu'à 650 $M (4 pers au maximum) vers le centre-ville ou la Zona Hotelera. Pour le retour vers l'aéroport, comptez environ 370 $M en taxi depuis la ville.

BUS

Pour vous rendre de Cancún Centro à la Zona Hotelera, prenez un **bus** (carte p. 66 ; Av Tulum) R-1 indiqué "Hoteles" ou "Zona Hotelera". Ils empruntent l'Avenida Tulum, puis se dirigent vers l'est par l'Avenida Cobá. Au sud de l'Avenida Cobá, sur l'Avenida Tulum, vous pourrez aussi prendre un bus R-27 en direction de la Zona Hotelera.

Pour rejoindre les ferries à destination de Puerto Juárez et de l'Isla Mujeres, on peut, au choix, prendre un **colectivo** (carte p. 66 ; Av Tulum) indiqué "Punta Sam" ou "Puerto Juárez" en direction du nord à un arrêt de bus en face de la gare routière ADO, ou attendre sur l'Avenida Tulum un bus R-1 indiqué "Puerto Juárez".

TAXI

Les taxis de Cancún ne sont pas équipés de compteurs. Si les tarifs sont fixes, il reste préférable de convenir d'un prix avant de monter, au risque de devoir payer pour un "malentendu". De Cancún Centro à Punta Cancún, il faut généralement compter 100-130 $M, et 50-70 $M vers Puerto Juárez. Une course à l'intérieur de la Zona Hotelera ou du centre-ville revient à 50 $M. Les tarifs à l'heure et à la journée coûtent, en général, respectivement 240 et 2 000 $M.

VOITURE

La circulation est parfois dense à Cancún, et se déplacer en voiture dans la ville peut s'avérer plus éprouvant que pratique. Ne stationnez que le long des trottoirs peints en blanc, à moins qu'on vous ait précisé que les trottoirs jaunes étaient autorisés. Les trottoirs rouges, verts ou de toute autre couleur que le blanc sont interdits ou réservés. La plupart des hébergements de la Zona Hotelera ont un parking pour leurs clients, ce qui est plus rare dans Cancún Centro. Soyez très vigilant si vous roulez en ville à moto ou à scooter, et veillez à toujours porter un casque.

NORD DE CANCÚN

Isla Contoy

La superbe **Isla Contoy** (☎998-887-19-97 ; contoy@conanp.gob.mx), parc national et réserve ornithologique, est idéale pour une escapade d'une journée depuis Cancún ou depuis l'Isla Mujeres. Large de 800 m et longue de 8,5 km, cette île est tapissée d'une végétation dense où évoluent plus d'une centaine d'espèces d'oiseaux, parmi lesquelles le pélican brun, le cormoran olive, le dindon sauvage, le fou brun et la frégate, ainsi que des flamants roses, des aigrettes neigeuses et des hérons blancs.

On aperçoit souvent des requins-baleines au nord de Contoy entre juin et septembre. Pour conserver intactes les zones naturelles du parc, seuls 200 visiteurs y ont accès chaque jour. Apportez des jumelles, un antimoustique et de l'écran solaire. Les excursions vers l'Isla Contoy permettent de visiter librement l'île pendant plusieurs heures en empruntant les sentiers avec panneaux explicatifs, d'escalader une tour d'observation haute de 27 m et de s'adonner au snorkeling.

Pour plus de renseignements sur l'île et son environnement, consultez le site Internet d'**Amigos de Isla Contoy** (carte p. 62 ; ☎998-884-74-83 ; www.facebook.com/amigosdeislacontoyac ; Local 1, 2e niveau, Plaza Bonita Mall ; ⏲9h-17h lun-ven). Des agences de Cancún (p. 73) et de l'Isla Mujeres (p. 314) proposent des circuits vers Contoy.

Isla Holbox

☎984 / 1 500 HABITANTS

Les rues d'Isla Holbox (prononcez holboch), où les chiens paressent au soleil, sont recouvertes de sable si fin que sa texture en est presque argileuse. Ses bâtiments colorés sont typiques des Caraïbes et ses eaux tirant sur le vert prennent une couleur unique due au mélange des courants océaniques. Les touristes y côtoient les habitants de l'île en espérant échapper au brouhaha de Cancún.

Il s'agit pourtant là d'un vœu pieux… car, malgré l'absence de boîtes de nuit tapageuses et la beauté des lieux, l'île n'est pas franchement paisible, comme en témoignent la foule et le vrombissement constant des voiturettes de golf à essence. Avec un bateau ou une voiturette de golf, il est cependant possible de s'éloigner vraiment de l'agitation et de goûter au calme des plages les plus reculées.

L'endroit vaut aussi pour sa faune exceptionnelle. Située au sein de la réserve Yum Balam, Holbox abrite plus de 150 espèces d'oiseaux (spatules rosées, pélicans, hérons, ibis, flamants, etc.). En été, les requins-baleines affluent à proximité de l'île.

Plages

Holbox est visitée essentiellement pour ses requins-baleines et ses plages, bien souvent sublimes. Le soir, on y observe parfois des vagues bioluminescentes. Et si le soleil et la mer vous lassent, vous pourrez aussi partir à la découverte des oiseaux et autres animaux de l'île.

Punta Coco PLAGE

À la pointe ouest de l'île, à environ 2,5 km du centre-ville, Punta Coco est une plage sublime au coucher du soleil.

Punta Mosquito PLAGE

Située à l'est de l'île, Punta Mosquito est à environ 2,5 km à l'est du centre-ville. Cette grande étendue de sable est un endroit privilégié pour l'observation des flamants roses.

Activités

VIP Holbox Experience CROISIÈRES

(984-875-21-07 ; www.vipholbox.com ; Av Damero s/n ; observation des requins-baleines 130 $US/pers, excursion en kayak de nuit 45 $US ; 9h-21h). Ce prestataire prend soin de rappeler à ses clients qu'ils pénètrent dans un écosystème fragile : lors des circuits d'observation des requins-baleines, des directives strictes sont appliquées pour leur protection et un écran solaire biodégradable est mis à disposition. Le forfait comprend un délicieux ceviche et une pause snorkeling.

Explora Holbox KAYAK

(portable 984-1387793 ; www.kayakholbox.com ; excursions 700-800 $M/pers). Le guide Carlos Brassel (qui parle aussi anglais) mène des excursions dans la mangrove pour les kayakistes de tous niveaux, offrant de très belles occasions pour observer les oiseaux.

Los Potrillos ÉQUITATION

(portable 984-1299995 ; www.facebook.com/lospotrillos.holbox ; Av Pedro Joaquín Coldwell s/n ; excursions 40 $US/pers). Des guides parlant anglais proposent des sorties à cheval sur une plage menant à la lagune reculée de Punta Coco. L'agence se trouve près de la plage principale, à quelque 500 m à l'ouest de la Calle Tiburón Ballena.

Villas HM Paraíso del Mar CIRCUITS ORGANISÉS

(984-875-20-62 ; www.villashmparaisodel-mar.com/en/holbox ; Av Plutarco Elías s/n, Zona Hotelera ; circuit 550 $M/pers). Situé face la plage, l'hôtel Villas HM Paraíso del Mar organise un circuit *Tres Islas* (trois îles) menant à l'Isla Pájaros et à l'Isla Pasión pour voir des oiseaux et au *cenote* Yalahau pour se baigner.

El Corchal CIRCUITS ORGANISÉS

(portable 998-1657105 ; pepecorcho05@gmail.com ; Av Hidalgo s/n, Solferino ; circuit 700 $M/pers). Ce centre écotouristique situé à Solferino dispose d'un jardin d'orchidées, d'emplacements de camping en pleine jungle et propose des circuits en kayak.

Où se loger

Sans surprise, la plage est jalonnée de *cabañas* (chalets) et de bungalows. Les établissements les plus huppés se trouvent principalement à l'est de la ville, sur le rivage nord de l'île, que les habitants surnomment Zona Hotelera. Les hôtels économiques et de catégorie moyenne sont regroupés autour de la place.

Hostel Ida y Vuelta AUBERGE DE JEUNESSE $

(984-875-23-58 ; www.holboxhostel.com ; Av Paseo Kuka s/n ; empl camping/dort/cabañas/maison 180/270/900/1 300 $M, petit-déj inclus ;). Idéale pour les jeunes baroudeurs, cette propriété loue divers hébergements, dont certains sur pilotis : des dortoirs de 8 lits, des *cabañas* (avec salle de bains privées et parquet ou sable au sol) et une maison avec cuisine très abordable (parfaite pour les petits groupes). Prenez la 2e rue au sud-est de la place principale, et remontez-là vers le nord sur six pâtés de maison.

Hostel Tribu AUBERGE DE JEUNESSE $

(984-875-25-07 ; www.tribuhostel.com ; Av Pedro Joaquín Coldwell s/n ; dort 300-370 $M, d/ste 940/1 400 $M ;). Avec toutes les activités proposées ici (salsa, yoga, kayak...), on se sent vite intégré à la "tribu". Certains dortoirs, un peu plus onéreux que

ÉCOTOURISME AVEC LES MAYAS

De plus en plus de communautés mayas s'ouvrent au tourisme, et cela pourrait bien être le seul moyen de préserver la langue et la culture d'un peuple qui voit ses jeunes choisir d'étudier l'anglais plutôt que le maya, et subit la fuite de ses cerveaux vers Cancún et d'autres villes en expansion.

L'agence Maya Ka'an (www.mayakaan.travel) soutient les initiatives écotouristiques de nombreux villages de l'État, comme les sorties organisées sur la lagune à Muyil, au sud de Tulum (faisable en une journée réalisable depuis Cancún). Maya Ka'an propose aussi des circuits à la découverte de la médecine maya traditionnelle. Le site www.caminossagrados.org est une bonne source d'information sur le tourisme durable dans la région.

Au nord de Cancún, sur la route de l'Isla Holbox, le centre écotouristique El Corchal (ci-contre) mène des circuits intéressants à Solferino, petite ville maya peu visitée. Pour les amateurs de nature, il propose aussi des sorties en kayak et du camping en pleine jungle. Même si vous n'avez pas le temps pour une excursion, Solferino mérite le détour pour son superbe jardin d'orchidées et son célèbre *ceiba* (fromager ou kapokier), arbre sacré vieux de 700 ans. Soferino se situe à environ 125 km au nord-ouest de Cancún et à 15 km au sud de Chiquila, d'où part le ferry pour l'Isla Holbox.

les autres, sont climatisés, tout comme les suites. Toutes les chambres sont propres et gaies. Chaque semaine, le bar organise une jam-session. Prenez la première rue au nord-ouest de la place principale, puis à deux pâtés de maisons à l'ouest.

Golden Paradise Town HÔTEL **$$**
(☎984-875-24-26 ; www.holboxholbox.com ; Gerónimo de Aguilar, entre Lisa et Canane ; 52 $US ;). Cet hôtel propose tout comme l'autre établissement du groupe, le Golden Paradise Hostel (deux rues plus au sud), de très bonnes affaires, même en haute saison. Au Paradise Town, les chambres ont lit double et réfrigérateur ; au Paradise Hostel (qui malgré son nom est bien un hôtel), elles sont plus simples, bien tenues, et moins chères, et il y a un camping. Connexion Wi-Fi capricieuse dans les deux.

Hotel Holmar HÔTEL **$$**
(☎984-875-21-00 ; www.hotelholmar.com ; Calle Carito s/n ; ch à partir de 1 500 $M ;). Ses chambres n'ont rien d'extraordinaire (à moins que vous soyez fan de serviettes pliées en forme de cygne), mais cet hôtel propose un bon rapport qualité/prix et est bien situé (à 50 m de la plage et à une rue à l'est de la grand-place). Wi-Fi dans le hall uniquement. Les chambres des étages plus sont lumineuses.

Casa Lupita HÔTEL **$$$**
(☎984-875-20-17 ; cinelupita@sihoteles.net ; Palomino s/n ; ch/ste 1 700/2 200 $M ;). Cette excellente adresse, située du côté est de la place principale, loue des chambres spacieuses rafraîchies par la brise et des suites avec balcon donnant sur la *plaza*. Réception au rez-de-chaussée, à l'Oliver's Diner.

♥ **Casa Takywara** HÔTEL **$$$**
(☎984-875-22-55 ; www.casatakywara.com ; Av Pedro Joaquín Coldwell s/n ; ste/bungalow avec petit-déj à partir de 3 472/4 290 $US ;). Ce bel hôtel construit en bord de plage se distingue par son architecture et ses chambres décorées avec goût, dotées de kitchenettes et de balcons donnant sur la mer. La parcelle de zone humide protégée juste à côté résonne du chant des cigales. Les prix baissent considérablement hors saison. À la lisière de la localité, à 1 km à l'ouest de Tiburón Ballena.

Hotel Arena HÔTEL **$$$**
(☎984-875-21-69 ; www.hotelarenaholbox.com ; Tiburón Ballena s/n ; ch 109-156 $US ;). Dans la rue qui mène à l'embarcadère, cet hôtel loue d'agréables chambres au style minimaliste, dont certaines dotées d'un balcon donnant sur la place principale. S'il n'y a pas vraiment de lobby, il y a en revanche un toit-terrasse avec bar et piscine. Réception au rez-de-chaussée, dans la boutique d'artisanat de l'hôtel.

Hotel Casa Barbara HÔTEL **$$$**
(☎984-875-23-02 ; www.hotelcasabarbara.mx ; Tiburón Ballena s/n ; ch à partir de 1 620 $M ;). Hôtel très confortable, dont la

piscine est entourée d'un jardin verdoyant. Chambres avec mobilier rustique et lits moelleux. La plupart ont une véranda donnant sur le jardin. À mi-chemin entre le quai des ferries et la plage.

Hotel La Palapa HÔTEL $$$
(☎984-875-21-21 ; www.hotellapalapa.com ; Morelos 231 ; ch 170 $US ;). Cet hôtel offre des chambres confortables au bord de l'eau, certaines avec balcon donnant sur la mer. La zone de plage comprend un bar extérieur qui sert de délicieux plats internationaux. Superbe vue sur l'océan depuis le toit-terrasse. À 100 m à l'est de l'Avenida Tiburón Ballena, le long de la plage.

Où se restaurer

Holbox compte un nombre étonnant de bons restaurants pour une si petite île. Certaines adresses ferment tôt, surtout en basse saison. Vous trouverez des plats yucatèques peu coûteux au marché municipal (19h-3h), sur l'Avenida Damero, près de l'aéroport.

La Tortilleria ESPAGNOL $
(☎984-875-2443 ; www.facebook.com/latortilleriaholbox ; Tiburón Ballena s/n, sur la grand-place ; tortillas espagnoles 70-150 $M ; 8h-16h). Sur la place principale, ce café au charme désuet est si petit que l'on pourrait facilement le manquer. Ses spécialités sont les omelettes espagnoles (les *tortillas*) aux saveurs diverses : chorizo, fromage de chèvre, fromage de Oaxaca, *chaya* (manioc bâtard), etc. On y mange aussi des *chilaquiles* mexicains et des pancakes au petit-déjeuner, ou encore des paninis et des wraps au déjeuner.

Le Jardin FRANÇAIS $
(☎984-115-81-97 ; www.facebook.com/LeJardinPanaderia ; Lisa 30 ; pain 25-35 $M, café 24-45 $M ; 8h30-12h30 mer-dim ;). Délicieuses pâtisseries françaises, choix de petits-déjeuners matinaux... idéal pour changer du petit-déjeuner mexicain ! L'excellent café, la *plumeria* et la *palapa* aérée envahie de papillons en font un endroit confortable pour s'asseoir et discuter avec d'autres convives. Nombreux jouets pour occuper les enfants pendant le repas des adultes.

Limoncito PETIT-DÉJEUNER $
(☎984-875-23-40 ; Av Damero s/n ; petit-déj 80-110 $M ; 8h-21h30 ven-mer ;). Ce petit restaurant bigarré au toit de *palapa*, donnant sur la place, sert toute la journée d'excellents petits-déjeuners mexicains. Les *motuleños* (œufs en sauce tomate servis avec de la banane plantain frite, du jambon et des petits pois) figurent parmi les plats favoris des habitants, tout comme les *enchiladas*.

Barba Negra Seafood & Tacos TACOS $$
(www.facebook.com/barbanegrahbx ; Av Damero, entre Carito et Sierra ; tacos 30-45 $M, plats de

NAGER AVEC LES REQUINS-BALEINES

De mi-mai à mi-septembre, des requins-baleines se rassemblent autour de l'Isla Holbox pour se nourrir de plancton. Longs de 15 m de la gueule à la queue et pouvant peser jusqu'à 15 tonnes, ce sont les plus gros poissons au monde. Les habitants les surnomment "dominos" en raison de leur peau mouchetée.

La meilleure période pour nager parmi ces placides géants court du mois de juillet au mois d'août. Il se trouve que c'est aussi la saison touristique, moment où il y a parfois jusqu'à une bonne vingtaine de bateaux autour d'un seul individu. La situation étant aussi désagréable pour les requins-baleines que pour les nageurs, réfléchissez à deux fois avant de vous inscrire à un circuit à cette période de l'année. La solution alternative consiste à tenter votre chance au mois de juin ou début septembre, où vous risquez cependant de n'apercevoir aucun de ces animaux.

Le World Wildlife Fund travaille en collaboration avec la communauté locale depuis 2003 pour développer les pratiques responsables au sein des circuits découverte des requins-baleines, s'efforçant d'établir un équilibre entre l'aubaine économique qu'ils représentent et la nécessité environnementale de protéger cette espèce menacée.

Seuls 3 nageurs à la fois (guide compris) sont autorisés à rentrer dans l'eau avec les requins-baleines. Il est interdit de les toucher, et il faut obligatoirement porter un gilet de sauvetage ou une combinaison afin de ne pas risquer de plonger sous le squale.

poisson/fruits de mer 85-155 $M ; 13h-22h). Ce restaurant moderne et décontracté, constitué de quelques tables sous une *palapa*, sert de savoureux tacos généreusement garnis de divers ingrédients et de sauces, parmi lesquels un taco au poisson façon maya, un autre au poulpe fumé, quelques versions véganes. Si vous aimez les produits de la mer, ne manquez pas les ceviches ou l'*aguachile* aux cœurs de palmier.

Las Panchas PRODUITS DE LA MER **$$**
(portable 984-1208354 ; angle Esmedregal s/n et Pedro Joaquín Coldwell ; en-cas 14-39 $M, plats 140-200 $M ; 8h-11h30 et 13h-19h). Demandez à n'importe quel habitant de vous conseiller un restaurant de poisson, et l'on vous indiquera sûrement Las Panchas. Ici sont servis de délicieux classiques (poulpe à la diable, ceviches bien frais, soupes et tacos au poisson, etc.) et d'excellents en-cas yucatèques. Il faut parfois attendre pour avoir une table, surtout le week-end en haute saison. Paiement en espèces uniquement.

Roots PIZZA **$$**
(984-2415953 ; www.facebook.com/pizzarootswood ; Porfirio Díaz s/n entre Palomino et Carito ; pizzas 152-193 $M, pizza à la langouste 600 $M ; 16h-23h30). Si la pizza à langouste (servie en saison) est le plat vedette de la plupart des pizzerias de Holbox, ce restaurant en plein air en sert l'une des meilleures. Toutes les pizzas sont à pâte fine, cuites au feu de bois et accompagnées d'une sauce au piment morita bien relevée. Belle sélection de bières artisanales et de mezcal.

♥ **El Chapulím** MEXICAIN **$$$**
(984-137-60-69 ; elchapulim@gmail.com ; Tiburón Ballena s/n ; plats à partir de 350 $M ; à partir de 18h lun-sam). Sans réservations ni carte, la cuisine ferme quand il n'y a plus de nourriture (généralement avant 21h30). Ici, les plats sont excellents et le chef Erik vient en personne à votre table, avec 4 choix de repas, comprenant habituellement un plat créatif de poisson ou de fruits de mer. Les végétariens devront se signaler 24 heures à l'avance. Espèces uniquement.

Mandarina INTERNATIONAL **$$$**
(984-875-2129 ; holboxcasalastortugas.com ; Sierra s/n, Hotel Casa Las Tortugas ; plats petit-déj 75-150 $M, plats principaux 180-420 $M ; 7h-11h, 12h-17h et 18h-21h30). Terrasse installée sur la plage, meubles de bois rustiques et éclairage chaleureux : le Mandarina offre le plus beau cadre de l'île pour dîner face à la mer. Au petit-déjeuner, goûtez aux pâtisseries maison ou à l'omelette de *huitlacoches* avec sauce aux truffes. Aux autres repas, la carte mêle saveurs mexicaines et internationales, avec, par exemple, un canard à la sauce orange *mole*, ou la pêche du jour marinée *al pastor*.

LE BAZAAR BOUTIQUE

Pour une mode chic inspirée par la plage, **Le Bazaar** (portable 984-8048597 ; www.facebook.com/lebazaarholbox ; angle Av Damero et Av Sierra ; 17h-23h30) est un petit paradis : maillots de bain, vêtements bohèmes et fluides, objets de décoration et bijoux artisanaux... Cette boutique de Holbox pratique des prix élevés, mais ses nombreux articles faits main par des créateurs mexicains valent le détour.

Raices PRODUITS DE LA MER **$$$**
(984-136-00-17 ; Av Damero s/n ; plats 200-420 $M ; 11h-21h). Ne vous laissez pas décourager par le cadre modeste de ce restaurant de bord de mer : c'est l'un des meilleurs établissements de produits de la mer de la ville. Le poisson au beurre et à l'ail ravira vos papilles, tandis que le plateau de fruits de mer pour deux pourrait nourrir un régiment.

Où prendre un verre et faire la fête

Les nuits de Holbox sont assez calmes, à l'exception des quelques bars ouverts jusqu'à tard au nord de la place principale, dans la Calle Tiburón Ballena.

Carioca's BAR
(984-234-23-32 ; bar de plage 10h-18h, club 0h-4h mer-dim). Sur la plage, au nord-est du centre-ville, ce petit bar avec *palapa* est idéal pour un moment de détente. L'établissement se transforme en discothèque du mercredi à minuit au dimanche, et ce jusqu'au petit matin tant que quelqu'un est là pour en profiter.

Hot Corner BAR
(portable 984-8752293 ; www.facebook.com/thehotcornerholbox ; Av Pedro Joaquín Coldwell s/n ; 12h-2h). Ce bar gastronomique est l'adresse incontournable à Holbox pour écouter des concerts, danser, boire des

verres et manger un morceau tard dans la nuit. Et, au grand dam des voisins, la fête déborde souvent dans la rue !

Luuma BAR À COCKTAILS
(☎ 984-875-2129 ; holboxcasalastortugas.com ; angle Av Damero et Sierra ; cocktails 140 $M, tapas 50-100 $M ; ⏲ 17h-0h). Ce bar élégant se niche à l'extrémité est de la ville, dans un jardin orné de palmiers, de lanternes et de bougies. Il offre un choix très varié de tapas et de cocktails faits avec des ingrédients locaux ou produits au Mexique, comme les tacos à l'agneau de Tizimin ou le cocktail El Origen, très fruité, au mezcal et au sirop d'agave du Oaxaca.

Raices Beach Club BAR
(⏲ 11h-21h). Sous une *palapa*, ce bar de plage sert un bon ceviche, propose des hamacs et accueille parfois des musiciens. Au nord-est de la place.

☆ Où sortir

Tribu Bar MUSIQUE LIVE
(☎ 984-875-25-07 ; www.tribuhostel.com/bar ; Av Pedro Joaquín Coldwell s/n ; ⏲ 19h-2h mar-dim). Le bar de l'Hostel Tribu (p. 76) accueille sous sa *palapa* des concerts, un cours de salsa hebdomadaire et des soirées quiz le mardi.

ℹ Renseignements

Il n'y a aucune banque sur Holbox. On trouve un DAB sur la place au-dessus du commissariat de police, mais il est souvent à court de liquidités : prévoyez des espèces en quantité suffisante.

ℹ Comment s'y rendre et circuler

Des **ferries** (aller 150 $M ; ⏲ 6h-21h30) se rendent à Holbox au départ de la ville portuaire de Chiquilá en 25 minutes environ. Plus petits, rapides et rafraîchissants (vous ne craignez pas l'eau ?), des *lanchas* (bateaux à moteur) font la traversée en soirée (1 200 $M).

Les bus au départ de la gare routière de Cancún (180-244 $M, 3 heures 30) partent pour Chiquilá cinq fois par jour. Autre solution : prendre à l'aéroport de Cancún une navette de la compagnie **Transfer Holbox** (☎ portable 984-8752104 ; www.transferholbox.com ; angle Av Damero et Carito ; ⏲ 9h-21h) ou de Holbox Shuttle (www.holboxshuttle.com).

Pour les petits groupes, les vols charters **Flights Holbox** (☎ 984-136-88-52 ; www.flights-holbox.com ; Av Pedro Joaquín Coldwell s/n, aéroport de Holbox) s'avèrent étonnamment économiques. Depuis/vers Cancún, comptez 470 $US le vol (5 passagers au maximum). Sont également desservies Playa del Carmen (560 $US), Tulum (699 $US), Cozumel (620 $US) et Mérida (1 290 $US).

Si vous conduisez, votre véhicule sera en sûreté dans le parking de Chiquilá (50-100 $M les 24 heures). Vous ne serez pas autorisé à arriver sur l'île en voiture privée.

Bonne nouvelle toutefois, vous n'aurez pas besoin d'une voiture sur place. Les rues de sable de Holbox sont étroites et pleines d'ornières, et les voiturettes de golf sont omniprésentes. Vous pourrez en louer une assez facilement, mais nous vous conseillons de privilégier la marche. Les voiturettes de golf-taxis coûtent 30 $M en ville et 100 $M jusqu'à Punta Coco.

Vous pouvez louer une voiturette de golf auprès de **Rentadora El Brother** (☎ 984-875-20-18 ; Tiburón Ballena s/n ; 200/1 000 $M par heure/jour ; ⏲ 9h-20h).

BUS AU DÉPART DE CHIQUILÁ

DESTINATION	TARIF ($M)	DURÉE (H)	FRÉQUENCE
Cancún	180-244	3-3 ½	4
Aéroport de Cancún	324	3 ½	13h45
Mérida	384	5	16h45
Playa del Carmen	260	2 ¼-2 ¾	3
Valladolid	182	2 ½	16h45

Isla Mujeres

998 / 12 600 HABITANTS

Dans ce chapitre ➡

Pourquoi y aller

Sur l'Isla Mujeres, l'atmosphère est généralement plus calme et plus détendue qu'ailleurs dans la baie de Cancún. L'île offre juste ce qu'il faut pour ne pas s'ennuyer : plongée et snorkeling, visite d'une ferme de tortues, ou simplement baignade et farniente sur la magnifique côte nord.

Bien sûr, on y trouve des boutiques clinquantes pour touristes, mais les habitants continuent de s'y déplacer en voiturette de golf, et les plages de sable de corail bordées d'eaux turquoise sont idylliques.

En soirée, le choix est large en matière de restauration et la vie nocturne se déroule tranquillement, à un rythme tout insulaire.

Souvent visitée dans le cadre d'une excursion à la journée, l'Isla Mujeres est pourtant une destination à part entière, plus calme et étonnamment abordable.

Le top des restaurants

- Javi's Cantina (p. 88)
- Lola Valentina (p. 89)
- Olivia (p. 89)
- Mango Café (p. 88)
- Bobo's (p. 88)

Le top des hébergements

- Casa Sirena (p. 87)
- Hotel Villa Kiin (p. 87)
- Casa el Pío (p. 87)
- Xbulu-Ha Hotel (p. 84)
- Apartments Trinchan (p. 84)

Quand partir

Isla Mujeres

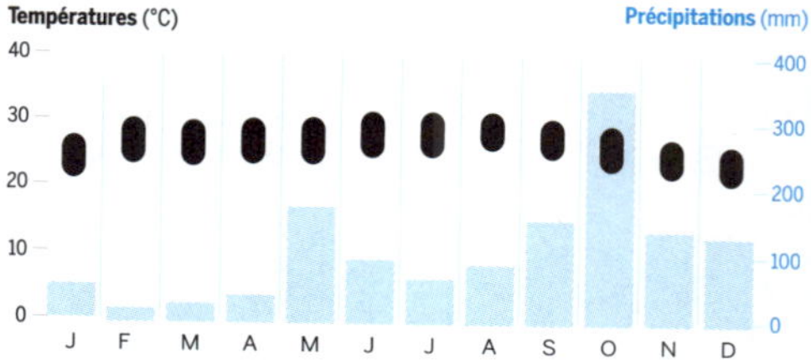

Juillet-août Faites du snorkeling avec les requins-baleines de 15 tonnes aux abords de l'île.

Août-septembre La saison idéale pour observer les tortues de mer venues pondre sur la plage.

Novembre Juste avant la haute saison d'hiver, les hôtels n'affichent pas complet et proposent des réductions.

À ne pas manquer

1. Une baignade dans les eaux cristallines et peu profondes de **Playa Norte** (ci-contre), et une pause détente sur le sable blanc.
2. La fraîcheur des brises marines et les eaux turquoise qui bordent le parc de **Punta Sur** (ci-contre), la pointe sud de l'île.
3. Le snorkeling au large de **Playa Garrafón** (ci-contre), au milieu des tortues et des raies pastenagues.
4. Une plongée dans les profondeurs de la mer des Caraïbes avec **Sea Hawk Divers** (p. 84), pour explorer récifs et épaves dans un cadre surnaturel.
5. Une rencontre privilégiée avec différentes espèces de tortues et leurs bébés à la **ferme des tortues de l'Isla Mujeres** (ci-contre).

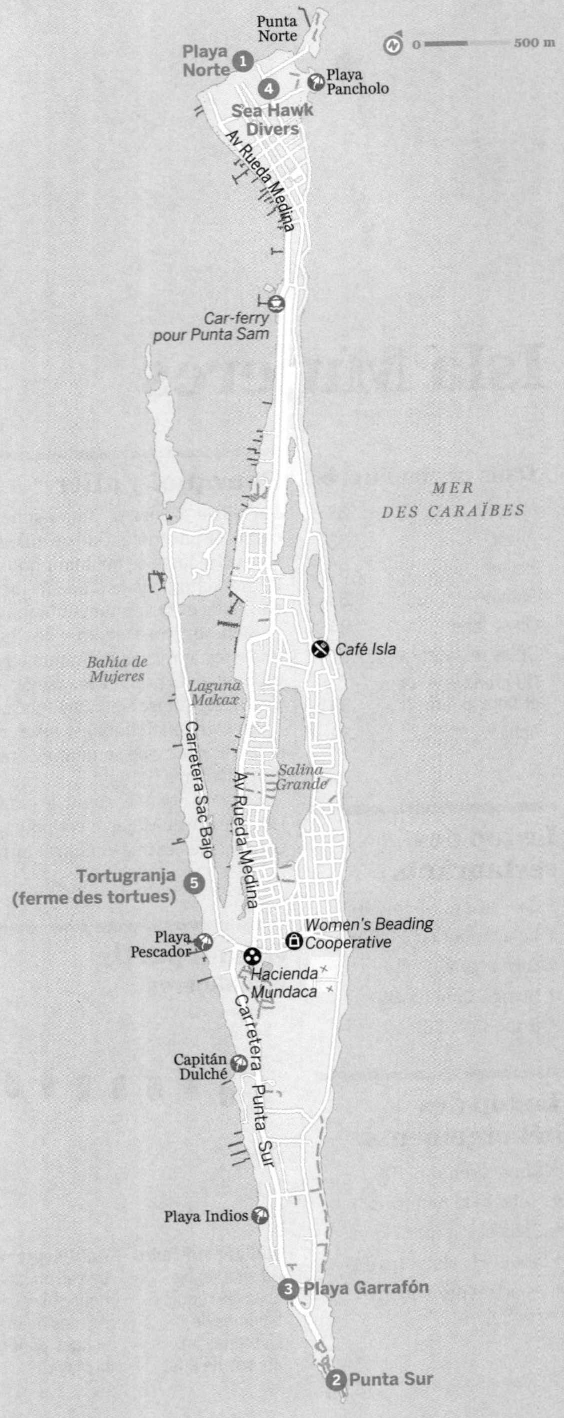

Histoire

On pourrait penser que l'île doit son nom à toutes ces femmes (*mujeres*) en bikini étendues sur le sable. En réalité, ce nom remonte au moins à l'époque des pirates espagnols qui (selon la légende) y laissaient leurs amoureuses à l'abri pendant qu'ils pillaient les galions et les ports sur le continent. Selon une autre théorie, lorsque Francisco Hernández de Córdoba, parti de Cuba chercher des esclaves, débarqua sur l'île en 1517, il aurait découvert dans un temple des figurines d'agile à l'effigie de déesses mayas, et baptisé l'île en conséquence.

Aujourd'hui, certains archéologues pensent que les Mayas faisaient étape sur l'île en se rendant à l'Isla Cozumel pour honorer la déesse de la Fertilité Ixchel. Les statuettes d'argile auraient été des représentations de la déesse. L'île était peut-être aussi sur la route du sel des Mayas, qui s'étendait sur des centaines de kilomètres le long de la côte.

À voir

Punta Sur POINT DE VUE, JARDINS

(Ruines 30 $M). En rejoignant l'extrémité sud de Punta Sur, vous découvrirez un phare, un jardin de sculptures et les vestiges d'un temple dédié à Ixchel, déesse maya de la Lune et de la Fertilité. Les ruines ont été frappées par les ouragans au fil des ans et il ne reste guère à voir que le jardin de sculptures, la mer et... Cancún à l'horizon. Un taxi depuis la bourgade coûte environ 100 $M.

Tortugranja FERME DES TORTUES

(Isla Mujeres Tortugranja ; 998-888-07-05 ; www.facebook.com/tortugranja.mx ; Carretera Sac Bajo, km 5 ; 30 $M ; 9h-17h ;). Espèce menacée, les tortues marines continuent pourtant d'être tuées dans toute l'Amérique latine pour leurs œufs et leur chair. Dans les années 1980, grâce aux efforts d'un pêcheur local, cette ferme fut créée à 5 km au sud de la ville, pour protéger leur zone de ponte. Facilement accessible en taxi (75 $M depuis la ville) ou en voiturette de golf, l'endroit est petit, mais il accueille des tortues de différentes espèces et tailles.

Hacienda Mundaca RUINES

(Av Rueda Medina s/n ; 20 $M ; 9h-16h). Marchand d'esclaves et célèbre pirate du XIXe siècle, Fermín Antonio Mundaca de Marechaja tomba amoureux d'une insulaire surnommée La Trigueña (La Brune). Pour conquérir la belle, il fit bâtir une demeure de deux étages, agrémentée de jardins et de gracieuses arcades. Toutefois pendant la construction, La Trigueña épousa un habitant de l'île. Mundaca en mourut, le cœur brisé, et l'hacienda sombra dans la décrépitude. Même aujourd'hui, le domaine semble négligé. À 4 km au sud de la ville, facilement accessible à vélo ou en taxi.

Plages

Playa Garrafón PLAGE

Une plage idéale pour la plongée avec tuba, à 6,5 km du centre touristique. En taxi, comptez 100 $M.

Playa Norte PLAGE

Une fois arrivé sur Playa Norte, la principale plage de l'île, vous ne voudrez plus en bouger. Avec ses eaux émeraude transparentes et son sable parsemé d'éclats de corail, c'est la plus belle de toutes. Contrairement à la majeure partie de la côte est de l'île, Playa Norte est sûre pour la baignade et on y a pied, même loin du rivage.

Capitán Dulché PLAGE, MUSÉE

(portable 998-3550012 ; www.facebook.com/capitandulchebeachclub ; Carretera a Garrafón, km 4,5 ; 10h-19h ; P). Dire que ce club de plage abrite un musée maritime serait un peu exagéré. Quoi qu'il en soit, c'est le point d'orgue culturel de l'île, et on y croise d'amusantes sculptures de musiciens en trench-coat en équilibre sur l'eau. Sans oublier le bar, doté de balançoires, qui ressemble à un bateau !

Playa Secreto PLAGE

(). La lagune, qui sépare un grand complexe hôtelier du reste de l'île, possède un point peu profond, idéal pour les enfants. De jolis poissons à la recherche de friandises y tournent autour des nageurs.

Activités

De beaux sites de plongée se trouvent à quelques minutes de bateau de l'île, notamment **La Bandera**, **Arrecife Manchones** et **Ultrafreeze** (El Frío), où l'on découvre à 30 m de profondeur la coque intacte d'un cargo de 60 m, qui aurait été volontairement coulé. On y côtoie également tortues de mer, raies et autres barracudas, au milieu d'une variété de coraux durs et mous.

On peut pratiquer le snorkeling à proximité de **Playa Garrafón** et du **récif de Yunque**. Comme à l'accoutumée, faites attention aux bateaux.

Le snorkeling avec les requins-baleines est aussi une activité prisée, proposée par la plupart des centres de plongée, en particulier de juillet à août. En raison de l'affluence, un seul requin-baleine se retrouve parfois entouré d'une dizaine de bateaux, mais le nombre de personnes à l'eau reste limité à trois (dont un guide).

♥ Hotel Garrafón de Castilla SNORKELING
(☎998-877-01-07 ; Carretera Punta Sur, km 6 ; 70 $M, location matériel de snorkeling 80 $M ; ⏲10h-18h). Pour une journée de snorkeling, préférez ce club de plage au Playa Garrafón Reef Park, assez onéreux. La course en taxi depuis le centre coûte 100 $M.

MUSA Isla Mujeres PLONGÉE, SNORKELING
(Museo Subacuático de Arte ; ☎998-877-12-33 ; musamexico.org ; Arrecife de Manchones ; plongée simple 70 $US). Ce musée aquatique unique en son genre réunit des centaines de sculptures grandeur nature sous-marines, au sud de l'île. À 8 m de profondeur, cette galerie intégrée au récif de Manchones est idéale pour les plongeurs débutants, mais les snorkeleurs sont aussi les bienvenus. Réservez une excursion auprès d'un club de plongée – Sea Hawk est une valeur sûre.

Sea Hawk Divers PLONGÉE
(☎998-877-12-33 ; www.seahawkislamujeres.com ; Carlos Lazo s/n ; plongée simple/double avec matériel 80/90 $US, cours d'initiation 115 $US, circuit requins-baleines 125 $US ; ⏲8h-18h). La plongée de récif, les cours d'initiation, les excursions de pêche et les circuits snorkeling pour observer les requins-baleines sont au programme ici, tout comme les excursions jusqu'aux sculptures sous-marines du MUSA, au sud de l'île. Location de chambres (85-115 $US).

Aqua Adventures Eco Divers PLONGÉE
(☎998-251-74-23, portable 998-3228109 ; www.diveislamujeres.com ; Juárez 1 ; 2 plongées consécutives avec matériel à partir de 98 $US, circuit d'observation des requins-baleines 125 $US ; ⏲9h-19h lun-sam, 10h-18h dim). Excellente adresse pour le snorkeling avec les requins-baleines. L'agence a accès à 15 sites de plongée sur récifs.

Felipez Water Sports Center SPORTS NAUTIQUES
(☎portable 998-5933403 ; nachankan@aol.com ; Playa Norte, près de l'Av Hidalgo ; SUP et kayak 350 $M/heure, pêche 350 $US/4 heures ; ⏲8h-18h). Faites votre séance d'acro-yoga sur une planche de SUP. Loue aussi des kayaks et organise des sorties de pêche.

Cooperativa Isla Mujeres Tours CIRCUITS
(☎portable 998-1436758, portable 998-2570100 ; angle Av Rueda Medina et Av Morelos ; snorkeling à partir de 35 $US, circuit requins-baleines 100 $US, Isla Contoy 75 $US ; ⏲7h-18h). Téléphonez ou passez pour réserver un circuit auprès de la coopérative des pêcheurs, qui propose des sorties snorkeling vers différents sites, comme le musée subaquatique MUSA ou le récif situé au large de Playa Garrafón, ainsi que des excursions d'observation des requins-baleines, des sorties pêche et des excursions à l'Isla Contoy. Leur petit bureau se trouve à côté du restaurant de poisson Mocambo, à deux pas de l'Avenida Rueda Medina.

Où se loger

Une large gamme d'hébergements est disponible, des auberges de jeunesse abordables aux complexes de luxe. De nombreux hôtels de l'île affichent complet en haute saison (de mi-décembre à avril environ).

Apartments Trinchan APPARTEMENTS $
(☎portable 998-1666967 ; atrinchan@prodigy.net.mx ; Carlos Lazo 46 ; ch/app 700/800 $M ; ❄📶). Parmi les meilleurs établissements petits budgets de la bourgade, tout proche de la plage. Optez pour l'un des vastes appartements avec cuisine équipée, en évitant le n°8, à cause des soirées plage bruyantes organisées par l'auberge de jeunesse voisine, qui se prolongent tard dans la nuit.

Poc-Na Hostel AUBERGE DE JEUNESSE $
(☎998-877-00-90 ; www.pocna.com ; Matamoros 15 ; dort/d avec petit-déj à partir de 300/600 $M ; 🚭❄📶). On ne fait pas mieux que les espaces communs de cette auberge ouverte sur une jolie plage ombragée de palmiers, où se trouve l'un des clubs de plage les plus branchés de la ville diffusant de la musique jusqu'à 3h. Les clients peuvent se détendre au bar-réception aménagé sous une *palapa* : on y sert le petit-déjeuner et des groupes locaux jouent tous les soirs. Les dortoirs, les chambres privatives et les salles de bains communes ont toutefois besoin d'un nettoyage de printemps. L'établissement propose des activités (salsa, cours d'espagnol, snorkeling, etc.). Location de vélos (150 $M/jour).

Xbulu-Ha Hotel HÔTEL $$
(☎998-877-17-83 ; www.xbuluha.islamujeres.biz ; Guerrero 4 ; d/ste à partir de 1 160/1 600 $M ;

Isla Mujeres (ville)

Isla Mujeres (ville)

À voir
1 Playa Norte.......................................A2
2 Playa Secreto.....................................B1

Activités
3 Aqua Adventures Eco Divers.................C4
4 Felipez Water Sports Center.................A2
5 Cooperativa Isla Mujeres Tours............C4
6 Sea Hawk Divers...................................B2

Où se loger
7 Apartments Trinchan.............................C2
8 Casa El Pío...D4
9 Casa Sirena...D4
10 Hotel Belmar.......................................C3
11 Hotel Francis Arlene............................C3
12 Hotel Kinich...B3
13 Hotel Rocamar.....................................D3
14 Hotel Villa Kiin.....................................B1
15 Poc-Na Hostel......................................C2
16 Xbulu-Ha Hotel....................................C3

Où se restaurer
17 Aluxes Coffee Shop..............................B3
18 Angelo..B3
19 Bobo's..B3
20 Javi's Cantina.......................................C3
21 La Lomita...D4
22 Lola Valentina.......................................B3
23 Mercado Municipal................................B3
24 Olivia..B3
25 Pita Amore..C3
Rolandi's...................................(voir 10)
26 Rooster...B3
27 Ruben's Restaurant...............................B3

Où prendre un verre et faire la fête
28 Buho's...B2
29 El Patio..C3
30 La Tablita...C3
Poc-Na Hostel...........................(voir 15)

Où sortir
31 La Terraza..C3

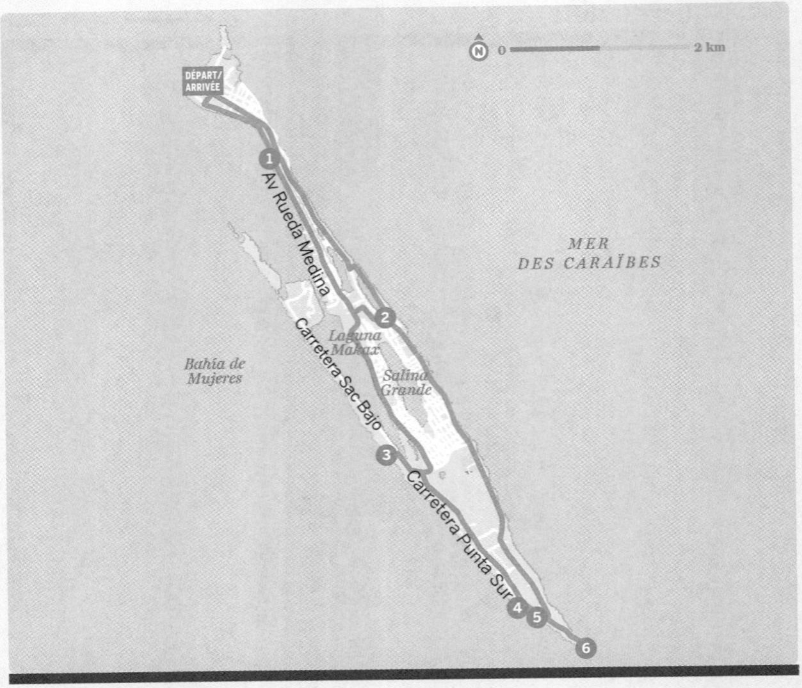

Circuit en voiture
L'Isla Mujeres en voiturette de golf

DÉPART AVENIDA RUEDA MEDINA
ARRIVÉE CENTRE-VILLE
DISTANCE 16 KM ; **DURÉE** 4 HEURES

Une virée de quelques heures en voiturette de location sur l'île vous amusera follement et vous laissera des souvenirs mémorables. N'oubliez pas votre maillot de bain et vos lunettes de soleil et préparez-vous à partir à l'aventure.

Louez une voiturette en centre-ville et dirigez-vous vers le sud via l'❶ **Avenida Rueda Medina**, avec une première escale au ❷ **Mango Café Isla** (p. 88) pour un petit-déjeuner avec café à volonté. Promenez-vous dans le quartier pour vous imprégner de l'atmosphère locale.

Regagnez ensuite l'Avenida Rueda Medina et suivez les panneaux annonçant la ❸ **Tortugranja** (p. 83), la ferme aux tortues où vous pourrez côtoyer les tortues de mer avant qu'elles ne soient relâchées dans l'océan.

Mettez ensuite le cap au sud et faites halte dans l'un des clubs de plage que vous croiserez. Le meilleur est celui de l'❹ **Hotel Garrafón de Castilla** (p. 84), où vous pourrez consacrer une heure à faire du snorkeling au milieu des poissons colorés, dans les eaux cristallines. Prochaine étape : continuez le long de la même route et dépassez le coûteux parc aquatique de Garrafón pour atteindre le ❺ **point de vue** spectaculaire sur l'océan et sur Cancún, au loin.

Vous pourrez faire un autre arrêt-photo un peu plus loin, en arrivant à ❻ **Punta Sur** (p. 83), la pointe sud de l'île, très fréquentée. On y trouve un phare et un temple érodé dédié à la déesse maya de la Fertilité, Ixchel, mais c'est la vue depuis les falaises qui mérite surtout le détour. Si la soif vous gagne, arrêtez-vous à la terrasse du restaurant.

Après Punta Sur, la route côtière longe l'est de l'île, battu par le vent et bordé de plusieurs plages sauvages. Arrêtez-vous où bon vous semble pour vous baigner, en faisant attention aux puissants courants. De là, il ne vous restera plus qu'à filer tout droit pour regagner le centre-ville.

). Une bonne affaire, surtout pour les familles et les petits groupes. Certaines chambres standard et deluxe peuvent loger 3 à 4 personnes, tout comme les suites les plus grandes, équipées d'un coin cuisine.

Hotel Francis Arlene HÔTEL $$
(998-877-03-10 ; Guerrero 7 ; ch avec ventil/clim à partir de 1 200/1 500 $M ;). Cet établissement offre des chambres confortables et spacieuses (réfrigérateur, ventilateur ou climatisation). La plupart sont équipées d'un grand lit ou de 2 lits doubles, et d'un balcon avec vue partielle sur la mer. Jolies sculptures de grenouilles. Tarifs compétitifs en basse saison.

Hotel Belmar HÔTEL $$
(998-877-04-30 ; www.facebook.com/hotelbelmar ; Hidalgo 110 ; d/ste à partir de 1 511/2 600 $M ;). Tenu par la même famille que la **pizzeria** (plats 131-226 $M ; 8h-23h30 ;) du rez-de-chaussée, cet hôtel possède des chambres de style néo-rustique carrelées, pour certaines avec balcon. Si vous avez hâte de vous coucher après une soirée en ville, vous apprécierez l'emplacement très central. Le bruit du restaurant gênera peut-être les dormeurs au sommeil léger ; prévoyez des bouchons d'oreille.

Casa Sirena B&B $$$
(portable 998-2425906 ; www.casasirenamexico.com ; Hidalgo s/n ; ch avec petit-déj à partir de 208 $US ;). Laissez-vous choyer dans cette demeure historique transformée en B&B, soigneusement restaurée, où les clients se voient servir un excellent petit-déjeuner dans une cour ombragée, ainsi qu'une *happy hour* gratuite au bar sur le toit, qui compte un bassin et une terrasse ensoleillée donnant sur l'océan. Réservée aux adultes, la *casa* compte 6 chambres élégantes, dont une avec balcon donnant sur la mer. Deux nuitées minimum.

Hotel Villa Kiin HÔTEL $$$
(998-877-10-24 ; www.villakiin.com ; Zazil-Ha 129 ; ch avec ventil 56-69 $US, avec clim 76-136 $US, toutes avec petit-déj ;). Avec une des plages les plus sûres pour la baignade et des chambres propres et rénovées, le Villa Kiin reste un des meilleurs hébergements de l'île. Le choix est vaste, allant des chambres économiques avec ventilateur aux bungalows climatisés, en passant par les chambres au mobilier moderne avec fauteuil à bascule et (pour certaines) vue sur l'océan. Les bungalows en bord de plage sont équipés de hamacs. Le Wi-Fi ne fonctionne que dans le lobby.

Hotel Kinich BOUTIQUE-HÔTEL $$$
(998-888-09-09 ; www.facebook.com/hotelkinichislamujeres ; Juárez 20 ; d 1 600-1 800 $M, ste 2 500 $M ;). Cet hôtel de charme se révèle d'un excellent rapport qualité/prix hors saison, quand les tarifs baissent d'environ 20%. Même en haute saison, ses immenses chambres avec balcon restent une très bonne affaire, en particulier les suites équipées d'un Jacuzzi, parfaitement adaptées aux familles. Remises sur les paiements en liquide.

Casa El Pío BOUTIQUE-HÔTEL $$$
(www.casaelpio.com ; Hidalgo 3 ; ch à partir de 101 $US ;). Réservez bien à l'avance (en ligne uniquement) pour loger dans ce petit mais ravissant hôtel. L'une des 5 chambres a vue sur l'océan, tout comme le toit-terrasse, et toutes s'agrémentent de touches design. Le bassin est trop petit pour qu'on puisse vraiment y nager – mais on peut s'y rafraîchir ; le Wi-Fi est capricieux. Minimum de 3 nuits exigé. Réservation en ligne exclusivement.

Hotel Rocamar HÔTEL $$$
(998-877-01-01 ; www.rocamar-hotel.com ; angle Bravo et Guerrero ; ch 113-143 $US, casas 286 $US ;). Chambres modernes avec balcon privé donnant sur la mer. Certaines ont des salles de bains aux parois de verre (moins déconcertantes depuis que des rideaux ont été ajoutés). Belle vue depuis la piscine également. Les bungalows sont équipés d'une cuisine complète. Fortes réductions en basse saison. Wi-Fi dans le hall uniquement.

Où se restaurer

Sachez-le, les produits de la mer sont ici d'une fraîcheur exceptionnelle. La scène gastronomique réserve de bonnes et de mauvaises surprises et les restaurants affichent parfois des prix plus élevés que sur le continent, pour une qualité équivalente. Le supermarché de la place principale propose un bon choix de produits d'épicerie, de pains et viennoiseries et d'en-cas.

Pour manger pour pas cher, flânez sur le **mercado municipal** (Guerrero s/n, entre López Mateos et Matamoros ; plats 50-120 $M ; 7h-16h) en journée et parmi les stands sur le parvis de l'Iglesia de la Inmaculada Concepción en soirée.

PETITS PLAISIRS DU CRU

Délices du marché Pour déguster de bons petits plats à prix abordable, les insulaires fréquentent souvent les échoppes du marché municipal. Au coin de la rue, en face de la poste, un étal ouvert seulement le matin sert de savoureux tacos et *tortas* (sandwichs) à la *cochinita* (porc mijoté).

Bar Lieu idéal pour s'immerger dans la vie locale, La Tablita (ci-contre) est un bar pittoresque rafraîchi par des ventilateurs, où l'on peut profiter des en-cas et de la bonne musique qui émane du juke-box.

En périphérie La zone résidentielle au sud du centre-ville abrite de bons petits restaurants, une paisible église qui surplombe l'océan et une coopérative de femmes qui fabriquent des objets en perles. Un échantillon authentique de la vie sur l'île.

Ruben's Restaurant MEXICAIN $

(rubenchavez77@hotmail.com ; Guerrero 18 ; plats 50-145 $M, formule 95 $M ; 8h-21h lun-sam ; wifi). Dans ce petit café-restaurant sans chichis, les plats mexicains sont garantis faits maison et le service est excellent. Les habitués reviennent pour le menu du jour, qui comprend une soupe, une salade et un plat principal. Quelques classiques appréciés des étrangers également, notamment le "super burrito". Les *aguas* (boissons aux fruits) sont toujours rafraîchissantes.

Pita Amore MÉDITERRANÉEN $

(www.facebook.com/pitaisla ; Guerrero s/n, entre Morelos et Madero ; sandwichs 89-99 $M ; 12h-22h lun-sam, à partir de 18h dim ; wifi ; végétarien). Cette cabane sans prétention propose différents sandwichs au pain pita (poulet, bœuf, végétarien) créés et élaborés d'une main de maître par un ancien élève du New York Culinary Institute. Le secret tient à la sauce maison et au pain pita exceptionnel, issu d'une boulangerie libanaise de Mérida.

Bobo's FISH AND CHIPS $$

(www.facebook.com/bobosfishchips ; Matamoros 14 ; plats 95-115 $M ; 15h-23h). Ce bar-grill sert un excellent *fish and chips* à base de baliste pêché localement, accompagné de vinaigre de malt (rare au Mexique). Bobo's est également réputé pour ses burgers et son bar convivial donnant sur la rue.

Mango Café Isla PETIT-DÉJEUNER $$

(998-274-19-04 ; www.facebook.com/mango-cafeisla ; Payo Obispo 101, Colonia Meterológico ; plats 100-170 $M ; 7h-15h mar-mer, 7h-21h jeu-lun ; wifi). Si vous explorez la partie sud de la ville, marquez l'arrêt ici pour un café en libre-service et un copieux petit-déjeuner d'inspiration caribéenne. On y propose notamment du pain perdu à la noix de coco et des œufs Bénédicte sauce curry. À environ 3 km au sud du terminal des ferries, facilement accessible à vélo ou en taxi.

Rooster CAFÉ $$

(998-274-01-52 ; www.facebook.com/roosterislamujeres ; Hidalgo 26 ; petit-déj 107-225 $M ; 7h-23h ; wifi). Roi incontesté du petit-déjeuner sur l'île, ce charmant petit café dispose de 2 tables en terrasse et d'une redoutable climatisation à l'intérieur. La carte propose des classiques et quelques plats inventifs, comme les œufs Bénédicte à la langouste, le tout accompagné d'un bon café. Personnel attentionné.

La Lomita MEXICAIN $$

(998-179-94-31 ; www.facebook.com/restaurantlalomita ; Juárez Sur 25 ; plats 120-200 $M ; 9h-22h). Cette "Petite Colline" sert une cuisine mexicaine savoureuse et bon marché (produits de la mer et poulet essentiellement) dans un cadre coloré. Essayez leur délicieuse soupe aux haricots et avocats, ou leur ceviche. Murs joliment peints et petite salle à manger en extérieur avec parasols.

Aluxes Coffee Shop CAFÉ $

(www.facebook.com/Aluxes-Cafe-Bar-423684074390851/ ; Matamoros 11 ; petit-déj 60-85 $M, déj et dîner 95-350 $M ; 8h-22h mer-lun ; wifi). Cet établissement, l'un des plus accueillants de la ville, sert bagels, baguettes et délicieux *banana breads*.

♥ **Javi's Cantina** FRUITS DE MER $$$

(www.javiscantina.com ; Juárez 12 ; plats 225-550 $M ; 17h-22h30 ; wifi). Plus proche du restaurant que de la *cantina*, le Javi's propose une *happy hour* et des concerts. Au menu : des produits de la mer, différentes pièces de bœuf, du poulet et un choix de salades et de plats végétariens. Le filet de poisson frais en croûte de parmesan à la sauce tamarin est une des spécialités. Installez-vous dans la salle ou dans l'arrière-cour dotée d'une agréable terrasse. Réservation en ligne uniquement.

Lola Valentina FUSION $$$

(☎998-315-94-79 ; www.facebook.com/lolavalentinaislamujeres ; Hidalgo s/n ; plats 145-410 $M ; 8h-23h ;). Surplombant la partie nord, plus calme, de la rue des restaurants, cet établissement concocte une excellente cuisine fusion, avec des plats tels que tacos aux crevettes à tremper dans une sauce mangue-Sriracha-soja. Au menu également, plusieurs plats végétaliens et sans gluten, mais aussi un *Surf n' Turf* (plat mélangeant viande et fruits de mer) latino. Sièges balançoires au bar et carte des cocktails très réussie. Paiement en espèces.

Olivia MÉDITERRANÉEN $$$

(☎998-877-17-65 ; www.olivia-isla-mujeres.com ; Matamoros s/n ; plats 155-280 $M ; 17h-21h45 lun-sam ;). Tout est fait maison dans cet adorable restaurant tenu par des Israéliens, du poisson à la marocaine (servi sur du couscous) au chawarma de poulet dans des pitas fraîches. Demandez une table éclairée à la bougie dans le jardin à l'arrière, où la propriétaire, Olivia, passera peut-être vous saluer, et laissez un peu de place pour la glace à la cerise maison. Réservation recommandée. Fermé de septembre à mi-octobre.

Angelo ITALIEN $$$

(☎998-877-12-73 ; Hidalgo 14, entre López Mateos et Matamoros ; plats 170-525 $M ; 16h-0h ;). Ce grill donnant sur la rue, tenu par des Italiens, sert du filet de mérou, des moules au four et différents morceaux de bœuf Angus, entre autres délices. Le propriétaire Angelo est une mine d'informations (mais il n'est pas toujours là).

Où prendre un verre et faire la fête

Les bars d'Isla Mujeres se concentrent le long d'Hidalgo, une artère piétonne, ainsi qu'au nord de la ville – ils forment un arc de cercle, en bord de plage ou à proximité.

La Tablita BAR

(Av Guerrero s/n ; 12h-20h lun-sam). Pour une immersion dans l'atmosphère locale, décompressez un après-midi devant quelques boissons fraîches servies avec des en-cas gratuits, dans cette demeure caribéenne pittoresque rafraîchie par des ventilateurs. Le juke-box diffuse une belle sélection de tubes en espagnol.

Poc-Na Hostel BAR

(☎998-877-00-90 ; www.pocna.com ; Matamoros 26 ; 19h-3h ;). Le bar de l'entrée accueille des concerts tous les soirs ; le bar de plage à la musique tapageuse est un repaire de hippies. L'endroit a de l'allure et on ne s'y ennuie pas. Boissons pas chères... mais pas merveilleuses non plus.

La Terraza MUSIQUE LIVE

(2e ét, angle Hidalgo s/n et Abasolo ; 16h-0h). Les boissons et la nourriture ne sont pas exceptionnelles, mais, si le groupe de salsa cubaine est sur scène, cela vaut le coup d'y aller pour danser.

Buho's BAR

(☎998-877-03-01 ; Carlos Lazo 1, Playa Norte ; 9h-23h ;). Ça balance pas mal au Buho's... et pour cause, le bar est entouré de balançoires. L'établissement propose aussi des cours de yoga en matinée et l'après-midi. Impossible d'être plus près de l'eau.

El Patio BAR

(www.facebook.com/elpatioislamujeres ; Hidalgo 17 ; 15h30-0h ;). Autoproclamé "maison de la musique", ce bar avec patio à ciel ouvert et terrasse sur le toit accueille des groupes de rock jouant des reprises médiocres et des concerts acoustiques un peu monotones. *Happy hour* de 17h à 19h (plat du jour et boisson à prix réduit).

Achats

Women's Beading Cooperative BIJOUX

(☎portable 998-1619659 ; www.facebook.com/islamujeresbeadingcoop ; Paseo de los Peces, Colonia La Gloria ; cours 250 $M ; 9h-17h lun-sam, 9h-15h dim). En descendant vers le sud de l'île, faites un saut dans cette coopérative et jetez un coup d'œil à ces bijoux en perles colorés, fabriqués à la main par des femmes et des enfants de l'île. Ils proposent aussi des cours pour apprendre à les faire soi-même.

Orientation

L'île s'étend sur 8 km de long et 150 à 800 m de large. La plupart des restaurants et hôtels se trouvent dans la localité d'Isla Mujeres, traversée par une grande artère piétonne, Hidalgo. Les ferries arrivent ici, à la pointe nord. À la pointe sud se dressent le phare et les vestiges d'un temple maya. Une route fait le tour de l'île en longeant la côte (Avenida Rueda Medina à l'ouest et Avenida Juárez à l'est). L'île abrite quelques petits villages de pêcheurs, plusieurs lacs salés, une série de plages à l'ouest, une grande lagune et un petit aérodrome.

Sur la rive est, ouverte sur le large, les vagues sont dangereuses. La plage de sable la plus prisée (Playa Norte) se trouve à la pointe nord de l'île.

Renseignements

Plusieurs banques se trouvent directement en face de l'embarcadère des ferries, avec DAB et bureau de change pour la plupart.

Chambre hyperbare (☎ portable 998-8458147, portable 998-1349310 ; angle Guerrero s/n et Morelos ; ⌚9h-16h, de garde 24h/24). Juste au nord de la place principale. Elle est souvent fermée mais il y a une assistance téléphonique 24h/24.

Dirección de tourismo (☎ 998-274-21-05 ; im.dirgraltur@gmail.com ; Av Rueda Medina 130, entre Madero et Morelos ; ⌚9h-16h lun-ven). Propose toutes sortes de brochures. Certains membres de l'équipe parlent anglais.

Hospital Comunitario Isla Mujeres (☎ 998-877-02-80 ; Boquinete s/n, angle Picuda et Colonia La Gloria ; ⌚24h/24). À environ 5 km au sud du centre-ville ; médecins de garde 24h/24 et 7 jours/7.

HSBC (☎ 998-877-00-05 ; Av Rueda Medina 3, entre Bravo et Av Morelos ; ⌚9h-17h lun-ven)

Poste (☎ 998-877-00-85 ; angle Guerrero et López Mateos ; ⌚8h-16h lun-ven, 9h-12h30 sam)

Depuis/vers l'Isla Mujeres

On peut rejoindre l'Isla Mujeres depuis plusieurs points d'embarquement à Cancún. La plupart des visiteurs empruntent un ferry Ultramar. Le bus R-1 "Puerto Juárez" à Cancún dessert tous les points de départ de la Zona Hotelera et Puerto Juárez, à Ciudad Cancún. Si vous arrivez en voiture, le stationnement quotidien dans et autour des terminaux coûte entre 100 et 150 $M, contre moins de 50 $M en s'éloignant un peu.

Les tarifs des ferries Ultramar au départ de la Zona Hotelera sont en dollars US. Si votre budget est serré, partez de Puerto Juárez. Les ferries (www.ultramarferry.com) partent des embarcadères suivants :

El Embarcadero (bd Kukulcán, km 4). 9 départs quotidiens ; aller simple 14 $US.

Playa Caracol (bd Kukulcán, km 9,5). 6 départs quotidiens ; aller simple 14 $US.

Playa Tortugas (bd Kukulcán, km 6,5). 12 départs quotidiens ; aller simple 14 $US.

Puerto Juárez (4 km au nord de Ciudad Cancún). Départ toutes les 30 min ; aller simple 160 $M.

En outre, des ferries de passagers Marinsa (www.marinsaturismo.com) et Naveganto (www.naveganto.com), abordables, partent régulièrement pour l'Isla Mujeres depuis un embarcadère situé environ 500 m au nord du terminal Ultramar de Puerto Juárez.

Punta Sam, 8 km au nord de Cancún Centro, propose le seul ferry transportant véhicules et vélos. Voici les tarifs depuis Punta Sam (aller simple, conducteur compris) : voiture (298 $M), moto (105 $M) et vélo (98 $M) ; comptez 46 $M par passager supplémentaire. Arrivez une heure à l'avance si vous faites passer votre véhicule. Horaires sur www.maritimaislamujeres.com. Pour rejoindre Punta Sam, prenez un taxi ou un *colectivo* "Punta Sam" en direction du nord, sur l'Avenida Tulum. Les car-ferries pour **Punta Sam** (☎ 998-274-00-89 ; www.maritimaislamujeres.com ; Av Rueda Medina s/n ; aller simple conducteur compris 298 $M) et les **ferries de passagers pour Cancún** (Av Rueda Medina s/n) partent de deux quais distincts.

Comment circuler

L'Isla Mujeres compte de nombreuses agences de location de véhicules, ainsi que de nombreux rabatteurs qui vous mettront en contact avec une agence moyennant des frais supplémentaires. Mieux vaut traiter directement avec l'agence de location, sans intermédiaire.

MOTO ET VOITURETTE DE GOLF

Inspectez soigneusement tout scooter avant de le louer. Les coûts peuvent flamber en haute saison, mais débutent généralement aux alentours de 380 $M/jour (9h à 17h).

Nombreux sont ceux qui optent pour une voiturette de golf lors de leurs déplacements sur l'île, ce qui explique leurs files ininterrompues sur les routes. Comptez en moyenne 700 $M/jour (9h à 17h).

Gomar (☎ 998-877-16-86 ; angle Av Rueda Medina et Bravo ; scooter/voiturette de golf 380/800 $M par jour ; ⌚9h-21h). Location de voiturettes de golf à prix raisonnables.

Mega Ciro's (☎ 998-857-52-68 ; www.facebook.com/CirosGolfCartRentals ; Av Guerrero 11 ; voiturette de golf 300/800 $M par heure/jour ; ⌚9h-17h). Loue des voiturettes de golf bien entretenues.

TAXI

Le prix des courses en taxi, fixé par les autorités municipales, est affiché à la **station de taxis** (☎ 998-877-18-38 ; Av Rueda Medina s/n ; ⌚24h/24), au sud du quai des ferries de passagers. Comptez un minimum de 50 $M.

VÉLO

Le vélo est un excellent moyen de se déplacer dans les rues étroites de l'île et de découvrir les quartiers périphériques.

Rentadora Fiesta (☎ 998-7349862 ; Av Rueda Medina s/n, entre Morelos et Bravo ; vélo 50/150 $M par heure/jour, scooter/voiturette de golf 400/750 $M par jour ; ⌚9h-17h). Loue des VTT et des *beach cruisers* (vélos de plage).

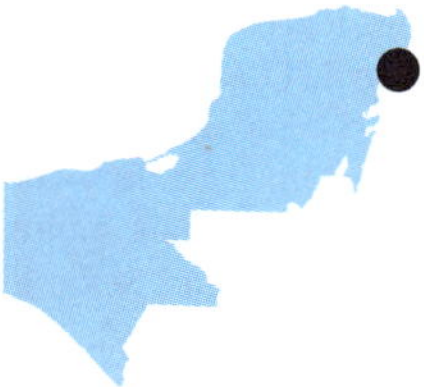

Isla Cozumel

987 / 79 500 HABITANTS

Dans ce chapitre ➡

Le top des restaurants

- ➡ Kinta (p. 102)
- ➡ La Cocay (p. 102)
- ➡ Guido's Restaurant (p. 102)
- ➡ 'Ohana (p. 102)
- ➡ Camarón Dorado (p. 101)

Le top des hébergements

- ➡ Hotel B Cozumel (p. 100)
- ➡ Hotel Villas Las Anclas (p. 100)
- ➡ Beds Friends (p. 99)
- ➡ Ventanas al Mar (p. 100)
- ➡ Casa del Solar (p. 99)

Pourquoi y aller

La fascinante Cozumel est dotée d'une double personnalité, mélange insolite de quartiers paisibles et authentiques et d'installations touristiques. En vous éloignant de la zone touristique, vous découvrirez des autels dédiés à la Vierge dans des garages et un dynamisme typiquement caribéen. Sans oublier que Cozumel est une terre d'aventures, où l'on peut notamment plonger sur des récifs coralliens parmi les plus beaux au monde.

La place principale est un endroit agréable où passer l'après-midi. Les parties les moins visitées de l'île se découvrent en scooter et en Coccinelle décapotable. Une promenade sur la route côtière vous fera croiser de petits vestiges mayas, un parc marin et un splendide paysage balayé par les vents. Et, même si la vie nocturne de l'île ne saurait rivaliser avec Playa ou Cancún, il reste beaucoup à faire après le coucher du soleil.

Quand partir

Cozumel

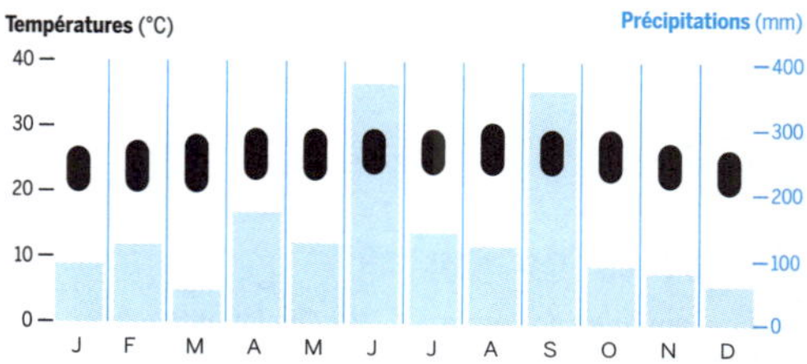

➡ Février-mars
Avec le carnaval, la musique, les costumes et les festivités envahissent les rues.

➡ Avril-mai
El Cedral rend hommage aux réfugiés de la "guerre des castes" avec manèges, rodéos et danses.

➡ Sept-oct
La période idéale pour la plongée et le snorkeling, à moins d'un ouragan.

Histoire

Les Mayas se seraient établis à Cozumel au IVe siècle de notre ère. Pendant la période postclassique, l'île devint un pôle d'échanges florissant et un grand site cérémoniel. Toutes les femmes mayas du Yucatán et au-delà devaient s'y rendre en pèlerinage pour vénérer Ixchel, la déesse de la Fertilité et de la Lune, dans un temple érigé en son honneur. D'après les archéologues, il se dressait à San Gervasio, légèrement au nord du centre géographique de l'île.

Quand les premiers Espagnols arrivèrent à Cozumel (en 1518, avec Juan de Grijalva), on trouvait sur l'île au moins 32 ensembles de bâtiments mayas. Selon le chroniqueur espagnol Diego de Landa, un an plus tard, Hernán Cortés mit à sac un

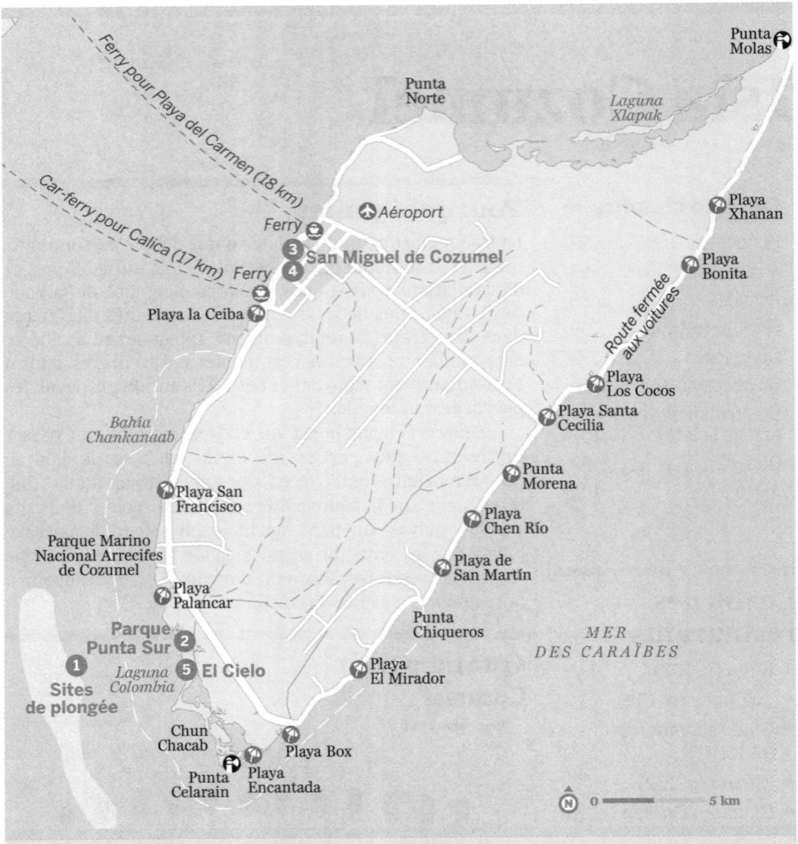

À ne pas manquer

❶ L'exploration de certains des plus beaux **sites de plongée** (p. 97) au monde.

❷ Une escapade jusqu'à la paisible plage du **Parque Punta Sur** (p. 94) pour naviguer sur la lagune, faire du snorkeling et observer les animaux.

❸ Quelques verres en musique au coucher du soleil au **Turquoise** (p. 102), à San Miguel de Cozumel, en compagnie d'un cochon apprivoisé qui a bon appétit.

❹ La célébration du **carnaval** (p. 99), cinq jours de réjouissances dans les rues du centre-ville, avec concerts, danses et chars colorés.

❺ Une baignade ou du snorkeling à **El Cielo** (p. 94), plage aux eaux peu profondes propices à la découverte de la faune sous-marine.

des villages mayas mais épargna les autres, se contentant apparemment de convertir la population insulaire au christianisme. La variole introduite par les Espagnols emporta la moitié des 8 000 Mayas ; parmi les survivants, quelque 200 individus seulement échappèrent au génocide perpétré par les conquistadores à la fin des années 1540.

L'île resta quasi déserte jusqu'à la fin du XVIIe siècle, ses criques servant de refuge à plusieurs pirates notoires, notamment Jean Lafitte et Henry Morgan. En 1848, les indigènes qui fuyaient la "guerre des castes" commencèrent à se réimplanter à Cozumel. Au début du XXe siècle, la population de l'île (alors peuplée en majorité de métis) s'accrut, en raison du succès de la gomme à mâcher : Cozumel était une escale incontournable sur la route du *chiclé* et les habitants récoltaient sur place le produit de base de la gomme. Après le déclin du commerce du *chiclé* – la demande s'effondra avec l'avènement de la gomme synthétique – l'économie locale se maintint grâce à la construction d'une base aérienne américaine sur l'île pendant la Seconde Guerre mondiale.

Après le départ des militaires américains, l'économie déclina, ce qui incita nombre d'habitants à partir. Ceux qui restèrent vécurent de la pêche. Ce n'est que dans les années 1960 que Cozumel commença à devenir une destination de plongée prisée. L'essor du tourisme sur l'île ne date que du début des années 1980, après la construction d'un aéroport commercial et du premier quai pouvant accueillir des bateaux de croisière. Aujourd'hui, Cozumel est une des plus importantes destinations de croisière au monde.

À voir

Les sites de Cozumel sont distants les uns des autres. Pour en voir un maximum, le plus pratique est de louer une voiture ou un scooter. Avec un véhicule, il vous faudra seulement une journée pour faire le tour de l'île et visiter la ville d'El Cedral, y compris avec quelques escales dans les bars de plage ou perchés sur les falaises.

L'accès à plusieurs des meilleures plages de Cozumel est devenu limité. Les *resorts* et le développement résidentiel avec la création de rues fermées en sont la principale raison. Les clubs de plage privés monopolisent d'autres endroits privilégiés, mais vous pouvez toujours vous garer, les traverser et profiter librement des parties adjacentes de la plage. Pour utiliser leurs parasols ou leurs installations, vous devrez cependant vous acquitter d'un droit d'entrée ou d'une consommation minimale de nourriture et de boissons, voire les deux à certains endroits (la règle n'est pas toujours appliquée strictement, surtout quand les affaires tournent au ralenti).

San Miguel de Cozumel

La plus grande localité de l'île, San Miguel de Cozumel, se visite aisément à pied. Le long de la promenade maritime (Avenida Melgar), au sud du principal quai des ferries *(muelle fiscal)*, s'étend une fine bande de sable. Sur la place principale, en face du quai, les fontaines s'animent à 20h pour un amusant spectacle son et lumière, sur fond de musique classique.

Sea Walls STREET ART

(Carte p. 96 ; www.pangeaseed.foundation/cozumel-mexico ; San Miguel de Cozumel). En 2015, des artistes locaux et étrangers soutenus par la fondation PangeaSeed ont peint 36 fresques pour promouvoir la préservation des océans et un développement côtier responsable. Un circuit autoguidé permet de découvrir plusieurs fresques du centre-ville, notamment un immense monstre marin à l'angle de la Calle 1 Sur et l'Avenida 20 Sur ; plan imprimé à récupérer à l'office du tourisme (p. 103).

Sud de San Miguel

El Cedral SITE ARCHÉOLOGIQUE

(Carte p. 94 ; El Cedral ; 35 $M/véhicule ; 24h/24). De la taille d'une petite maison, ce temple de la Fertilité, sans ornementation particulière, est le plus ancien vestige de Cozumel. El Cedral était sûrement un site cérémoniel notable ; la modeste église qui se dresse aujourd'hui à côté des ruines témoigne de l'importance religieuse qu'il revêt encore aux yeux des habitants.

La localité d'El Cedral est située à 3 km à l'ouest de Carretera Costera Sur. L'embranchement se trouve près du km 17, en face du panneau indiquant le restaurant Alberto's. Cherchez l'arche rouge et blanche.

Playa Palancar PLAGE

(Carte p. 94 ; portable 987-1185154 ; www.buceopalancar.com.mx ; Carretera Costera Sur km 19,5 ; 9h-17h). À 17 km au sud de San Miguel, Playa Palancar est agréable en semaine, lorsque les foules se dispersent. Le

Isla Cozumel

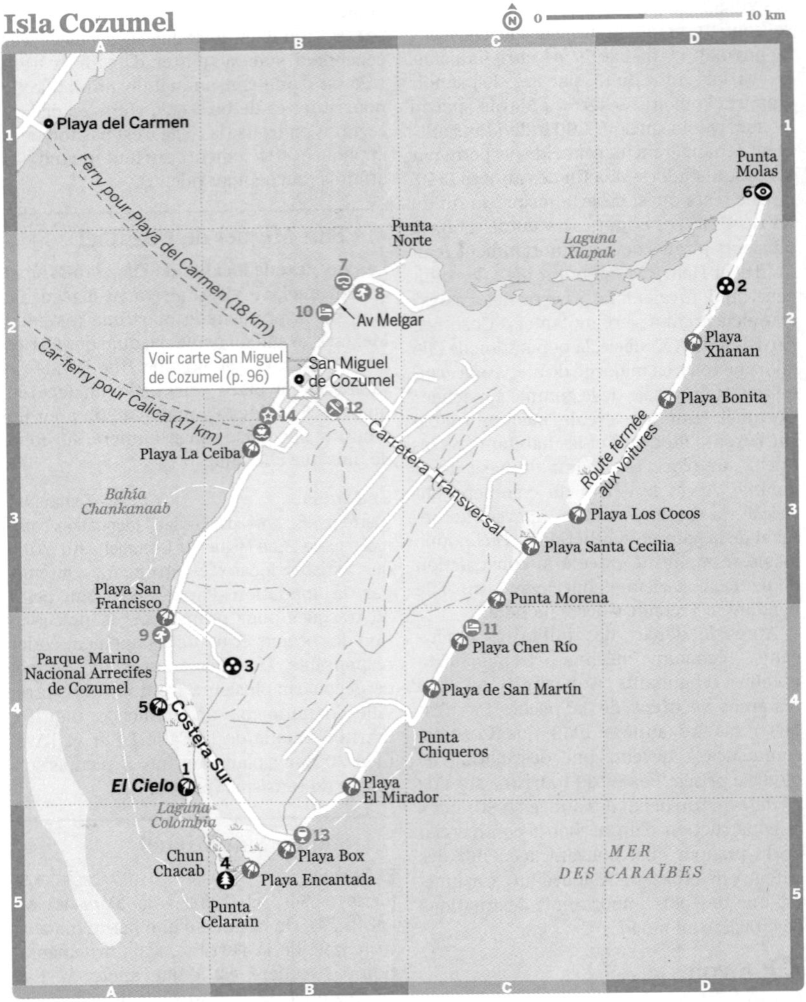

club de plage loue du matériel de snorkeling, et on trouve un restaurant sur place. Près de la plage, l'Arrecife Palancar (récif de Palancar) est un bon spot de plongée (connu sous le nom de jardins de Palancar) et de snorkeling (hauts-fonds de Palancar). Un centre de plongée basé ici organise des excursions de snorkeling et de plongée dans les environs.

Parque Punta Sur RÉSERVE NATURELLE

(Carte ci-dessus ; ✆987-872-40-14, portable 987-8761303 ; www.cozumelparks.com ; Carretera Costera Sur, km 27 ; tarif plein/ 4-12 ans 14/8 $US ; ⏲9h-16h lun-sam). Le billet d'entrée à ce parc donne accès à un phare, à un petit musée nautique et à des ruines mayas. La route passe devant une tour d'observation d'où l'on aperçoit des oiseaux migrateurs et, parfois, des crocodiles. En continuant vers l'ouest, on arrive à une plage bordée d'un récif peu profond ; on y trouve un restaurant et la possibilité de faire des sorties en bateau (12h, 13h et 14h) jusqu'à la Laguna Colombia. Pour accéder au parc, il vous faudra être véhiculé (ou un taxi, 300 $M l'aller).

♥ El Cielo PLAGE

(Carte ci-dessus). Les eaux turquoise peu profondes de cette plage au nom céleste se

Isla Cozumel

Les incontournables
1 El Cielo A4

À voir
2 El Castillo Real D2
3 El Cedral B4
4 Parque Punta Sur B5
5 Playa Palancar A4
6 Punta Molas D1

Activités
7 Buccanos B2
8 Cozumel Country Club B2
Cozumel Surfing .... (voir 11)
9 Mr Sancho's A4

Où se loger
10 Hotel B Cozumel B2
11 Ventanas al Mar C4

Où se restaurer
12 Camarón Dorado B2

Où prendre un verre et faire la fête
Coconuts Bar & Grill .... (voir 11)
13 Freedom in Paradise B5

Où sortir
14 Turquoise B2

prêtent au snorkeling et à la baignade au milieu des étoiles de mer, des raies pastenagues et des petits poissons. Au sud-ouest de l'île, la plage n'est accessible qu'en bateau, mais tous les centres de plongée y organisent des excursions.

Côte est

La côte orientale de l'île est la partie la plus sauvage. Les paysages marins y sont exceptionnels et on y trouve de petits trous souffleurs (ou geysers maritimes), notamment autour du km 30,5. La baignade dans cette zone est souvent dangereuse à cause des courants. Il y a un bassin naturel d'eau salée propice à la baignade à Playa Chen Río, juste après le restaurant El Pescador, au km 42.

À Punta Chiqueros (km 37), le restaurant Playa Bonita loue des planches de Bodyboard et des longboards.

Le long de la côte, plusieurs restaurants-bars offrent un superbe panorama.

El Castillo Real SITE ARCHÉOLOGIQUE
(Carte ci-contre ; route de Punta Molas ; 8h-17h ; 4x4 uniquement). GRATUIT Sur la route accidentée qui mène à Punta Molas, cet imposant site maya est baptisé "Le Château royal". Ces ruines et celles d'Aguada Grande, à quelques kilomètres de marche, ne sont pas très bien conservées, ayant perdu depuis longtemps leur aura. Toutefois, s'y rendre est une aventure en soi.

L'île abrite également les ruines du temple de San Gervasio, érigé par les Mayas en hommage à Ixchel, la déesse de la Lune et de la Fertilité. Les femmes s'y rendaient en pèlerinage des quatre coins de la région. San Gervasio se trouve entre San Miguel et la côte est, au nord-est de la Carretera Transversal.

Punta Molas

Pour vous aventurer au-delà de l'intersection entre la route côtière est et la Carretera Transversal, et découvrir l'île sous un jour plus sauvage, sans bâti, réservez un circuit hors piste auprès d'**Omar's Island Buggy Tours** (portable 987-1055892 ; www.omarsislandbuggytours.com ; circuits 130 $US/pers). Vous y ferez du snorkeling sur des plages isolées et visiterez de petites ruines mayas ainsi qu'un phare déserté à l'extrémité nord.

La route de terre accidentée n'est accessible qu'en 4x4 ; à l'entrée, un panneau (tombé au sol) indique : "Vous entrez à vos risques et périls. Sentier accidenté même pour les 4x4". Il est vrai qu'il est même difficile de trouver un loueur de 4x4. Si vous empruntez la piste, ne comptez pas sur l'aide d'un quelconque automobiliste en cas de panne ou d'accident. En général, l'assurance des agences de location ne couvre pas les dommages sur route non revêtue. En somme, même si on accepte de vous louer un véhicule pour Punta Molas, vous serez seul en cas de problème. Au bout de 17 km, vous atteindrez El Castillo Real, et, quelques kilomètres plus au nord, les ruines d'Aguada Grande. Dans le secteur, vous découvrirez des plages assez agréables et quelques sites archéologiques mineurs.

Activités

Naturellement, les visiteurs viennent surtout à Cozumel pour ses fameux sites de plongée et de snorkeling. On y trouve néanmoins bien d'autres choses à faire, notamment du vélo le long de la côte

San Miguel de Cozumel

pittoresque, des promenades à cheval sur la plage et du surf sur la côte est. Vous pourrez même pêcher au harpon les poissons-papillons.

Cozumel Surfing SURF

(Carte p. 94 ; ☎ portable 987-1119290 ; www.cozumelsurfing.com ; planche de surf 30-40 $US/jour, cours de surf 110 $US, pêche au harpon 80 $US). Partez à l'assaut des vagues avec Nacho Gutierrez (qui cultive un look à la Johnny Depp). Nacho est basé au restaurant El Pescador (km 42,9), à Playa Chen Río. En général, les cours (à réserver) ont lieu à Punta Chiqueros, où le restaurant Playa Bonita (km 37) loue des planches. Nacho organise aussi des sorties de pêche au harpon.

Best Bikes Cozumel VÉLO

(Carte ci-dessus ; ☎ portable 987-1260503 ; www.bestbikescozumel.com ; Av 10 Norte 14 ; heure/jour à partir de 30/150 $M ; ⏲ 9h-18h). Bon choix de vélos de plage, VTT et vélos hybrides.

Cozumel Country Club GOLF

(Carte p. 94 ; ☎ 987-872-95-70 ; www.clubcorp.com/Clubs/Cozumel-Country-Club ; près de la Carretera Costera Norte ; tarifs voiturette incluse 89-125 $US, circuit observation des oiseaux 50 $US ; ⏲ heures de départ 6h30-15h). Ce

San Miguel de Cozumel

À voir
1 Sea Walls C2

Activités
2 Aldora Divers B2
3 Best Bikes Cozumel C2
4 Deep Blue C3

Où se loger
5 Amigo's Hostel C4
6 Beds Friends D1
7 Casa del Solar C1
8 Casa Mexicana B2
9 Guido's Boutique Hotel C1
10 Hostelito C2
11 Hotel Mary Carmen C2
12 Hotel Suites Bahía B2
13 Hotel Villas Las Anclas B3
14 Suites Colonial Cozumel C2
15 Sun Suites Cozumel D1

Où se restaurer
16 Burritos Gorditos C1
17 Cocina Económica Las Palmas C3
19 El Coffee Cozumel B2
Guido's Restaurant .... (voir 9)
20 Jeanie's A3
21 Kinta C1
22 La Cocay D1
23 Mercado Municipal C3
24 'Ohana D1
25 Pepe's Grill B2
26 Taquería El Sitio C2
27 Taquería Los Sera's C4
28 Zermatt Bakery C1

Où prendre un verre et faire la fête
29 El Fish D1

Où sortir
30 Woody's Bar & Grill C2

Achats
31 Los Cinco Soles D1

green de 18 trous conçu par Jack Nicklaus est un parcours exigeant, dont les bassins grouillent de crocodiles – restez à bonne distance. Il s'agit d'un sanctuaire Audubon certifié : on peut réserver des circuits d'observation des oiseaux à l'aube guidés par un biologiste anglophone.

Mr Sancho's PROMENADE À CHEVAL
(Carte p. 94 ; ☎987-120-22-20, portable 987-8719174 ; www.mrsanchos.com ; Carretera Costera Sur km 15 ; 30 min 35 $US ; ⏱8h-17h lun-sam). Enfourchez votre monture pour une promenade guidée le long de la côte et dans la jungle environnante. Vous trotterez sur la plage bordée par la mangrove, à l'affût de la faune sauvage. Prévoyez des vêtements adaptés, notamment des chaussures fermées.

Plongée

Cozumel et ses récifs figurent parmi les destinations de plongée les plus populaires au monde.

Les sites jouissent toute l'année d'une excellente visibilité (souvent 30 m au moins) et d'une faune marine d'une impressionnante variété : raies léopards, murènes, mérous, barracudas, tortues, requins, corail-cerveau et énormes éponges. L'île peut être traversée par de forts courants (parfois jusqu'à 3 nœuds) ; ainsi, la plongée dérivante est la norme, surtout le long des nombreux murs. Même si vous pratiquez la plongée depuis la plage, il est conseillé d'évaluer au préalable les conditions et de planifier votre itinéraire en sélectionnant soigneusement un point de sortie à courant descendant, puis en restant attentif aux changements de courant. Gardez toujours l'œil (et les deux oreilles) sur le passage des bateaux.

Cozumel compte des dizaines de centres de plongée. Tous limitent les groupes à 6 ou 8 participants et les plus sérieux prennent la peine de les organiser par niveaux. Certains proposent des excursions snorkeling (p. 99) et pêche en haute mer en plus des cours de plongée.

Les prix sont généralement indiqués en dollars américains. Comptez entre 100 et 115 $US les 2 plongées consécutives (matériel inclus) ou le cours d'initiation. Le brevet PADI Open Water coûte de 350 à 420 $US. Les forfaits comprenant plusieurs plongées et les réductions accordées aux groupes permettent de faire baisser les prix significativement.

En cas d'urgence liée à une décompression, rendez-vous sans attendre à la chambre hyperbare du **Cozumel International Hospital** (p. 103).

Si vous venez principalement pour la plongée, sachez que les mois de septembre et d'octobre offrent les meilleures conditions météo. Entre autres tracas, le mauvais

SITES DE PLONGÉE ET DE SNORKELING

Avec plus de 60 récifs alentour, une excellente visibilité et une abondante faune marine, Cozumel est une des meilleures destinations pour la plongée du monde, comme l'affirmait le commandant Cousteau. L'île s'enorgueillit d'une myriade de sites exceptionnels, qui vont du tombant d'accès difficile au spot de snorkeling peu profond.

Pared de Santa Rosa

C'est le spot star. Ce tombant est si vaste que la plupart des plongeurs n'en découvrent qu'un tiers au cours d'une exploration. Où qu'on vous dépose, vous verrez d'énormes surplombs et tunnels recouverts de coraux et d'éponges. Le site est fréquenté par les perroquets feu tricolore, les mérous noirs et les barracudas. La visibilité moyenne est de 30 m et la profondeur minimale de -10 m (-25 m en moyenne).

Arrecife Punta Sur

Ce récif réservé aux plongeurs expérimentés abrite de formidables grottes de coraux, qui ont chacune leur nom. Avant de plonger, demandez au moniteur de vous signaler la Garaganta del Diablo (Gorge du Diable). De cette caverne surnommée "La Catedral" partent quatre tunnels assez effrayants à explorer. À moins d'être un spéléo-plongeur confirmé, ne vous aventurez pas dans la Garganta del Diablo. Les poissons-papillons, les scalaires et les coraux fouets abondent dans le récif.

Bajos de Colombia

Aussi appelées Jardines de Colombia, ces eaux peu profondes se prêtent au snorkeling et à la plongée. En raison du peu de profondeur (-10 m au maximum ; en moyenne -24 m), la lumière naturelle éclaire les contreforts de corail massifs, couverts d'éponges et d'autres créatures magnifiques. En outre, le courant est en général faible ou modéré : raison de plus pour s'y attarder des heures. Impossible de s'ennuyer parmi tous ces coraux cornes d'élan, coraux cierges et anémones.

Jardines de Palancar

Ce site se compose d'un très long récif d'environ 25 m de large, criblé de fissures et de tunnels. On peut notamment y admirer d'énormes éponges tuyaux de poêle et des éponges tubulaires jaune vif. Vous serez en permanence entouré de demoiselles, de poissons-perroquets et de scalaires. Dans les zones les plus profondes, ne manquez pas les magnifiques coraux noirs. Le site comporte une zone d'eaux peu profondes propice au snorkeling, les Bajos de Palancar.

Maracaibo

Ce site, l'un des moins fréquentés de Cozumel, est le récif le plus méridional de l'île. Il s'agit d'un tombant spectaculaire mais ardu, réservé aux plongeurs chevronnés – la profondeur peut atteindre -40 m et les courants sont parfois puissants. On aperçoit souvent des tortues, des raies-léopards, des requins-nourrices, des requins à pointes noires et d'autres créatures marines dans ses eaux d'un bleu intense.

temps rend l'eau trouble et retient souvent les bateaux à quai.

Aldora Divers PLONGÉE

(Carte p. 96 ; ☎987-872-33-97 ; www.aldora.com ; Calle 5 Sur 37 ; plongée simple/double avec matériel 66/113 $US, 3 plongées grotte aux requins 232 $US ; ⏰7h-15h et 18h-20h). Aldora est un des meilleurs clubs de Cozumel. Il emmène les plongeurs à l'est de l'île si les conditions sont mauvaises sur la côte ouest. L'agence propose aussi des excursions d'une journée jusqu'à des grottes où dorment des requins, avec escale dans une lagune bordée de ruines mayas.

Deep Blue PLONGÉE

(Carte p. 96 ; ☎987-872-56-53 ; www.deepblue-cozumel.com ; Salas 200 ; 2 explorations matériel inclus 100 $US, snorkeling matériel inclus 60 $US ; ⏰7h-21h). Ce club PADI et NAUI (National Association of Underwater Instructors) est géré par un personnel fiable. Son matériel dernier cri et ses bateaux rapides permettent d'effectuer plusieurs plongées en une journée. La sortie de snorkeling passe par 3 sites.

Snorkeling

Les meilleurs sites sont accessibles en bateau. La plupart des agences spécialisées dans le snorkeling du centre-ville organisent des excursions vers un des trois récifs voisins, où l'on peut se rendre depuis la plage. Les centres de plongée explorent des sites plus intéressants, comme l'Arrecife Palancar ou les Bajos de Colombia, site voisin, près de la pointe sud de l'île.

Le plus simple est d'opter pour une excursion en bateau de plongée avec Deep Blue, qui vous fera découvrir trois des meilleurs spots de snorkeling de l'île.

Pour économiser le coût du bateau, vous pouvez vous contenter de marcher dans les petites vagues, au nord de la ville (mais vous verrez moins de poissons). Le club de plage **Buccanos** (carte p. 94 ; ☎987-872-01-00 ; www.buccanos.com ; Carretera San Juan km 4,5 ; snorkeling avec matériel 20 $US ; 9h-16h30), près de l'Hotel Playa Azul, est situé 4 km au nord de l'embranchement pour l'aéroport ; ses *palapas* offrent un peu d'ombre, et l'espace baignade compte un ponton abrité et un petit récif artificiel.

Il est préférable de ne pas pratiquer le snorkeling seul loin de la plage. Même juste devant, faites attention au passage des bateaux, surveillez la météo et prenez garde aux courants, changeants.

Comme pour la plongée (p. 97), c'est en septembre et octobre que le temps et les conditions sont les meilleurs.

Fêtes et festivals

Carnaval CARNAVAL DE RUE

(fév ou début mars). S'il n'a pas l'envergure de celui de Rio de Janeiro, ne sous-estimez pas ce carnaval vieux de près de 150 ans. Cinq jours durant, des danseurs parés de plumes et des chars aux couleurs vives envahissent la promenade et ses alentours, parmi les stands de nourriture et les fêtes improvisées à tous les coins de rue.

Feria del Cedral FÊTE RELIGIEUSE

(El Cedral ; fin avr et début mai). À El Cedral, dans le sud de Cozumel, cette foire annuelle rend hommage à des réfugiés de la "guerre des castes" qui durent fuir le continent pour s'installer sur l'île en 1848. Au programme : manèges, stands de nourriture, rodéos et danses traditionnelles, notamment l'incontournable *baile de las Cabezas de Cochino* (danse des Têtes de Cochon).

Où se loger

La haute saison s'étend officiellement de mi-décembre à mi-avril, mais, quelle que soit la saison, si les affaires tournent au ralenti, la plupart des établissements sont disposés à négocier les prix. Presque tous les hôtels augmentent leurs tarifs pendant la semaine de Noël et la semaine de Pâques.

San Miguel de Cozumel compte de nombreux établissements économiques et de milieu de gamme ; on trouve quelques grands complexes de luxe à plusieurs kilomètres au nord et au sud de la ville.

Casa del Solar PENSION $

(Carte p. 96 ; ☎987-869-30-77, portable 987-5648680 ; teresagonzalez230172@gmail.com ; Av 5 Norte 280 ; d 35-40 $US ;). Les 6 chambres dotées de lits confortables, dont certaines arborent leur carrelage d'origine, donnent sur une cour ensoleillée où se dresse un grand *mamey* (sapotier). Café frais chaque matin, préparé dans la cuisine commune. Comme beaucoup de pensions économiques, celle-ci a ses couacs : lors de notre dernière visite, le Wi-Fi était capricieux et, dans l'une des chambres, le chauffe-eau électrique envoyait de petites décharges (inoffensives).

Beds Friends AUBERGE DE JEUNESSE $

(Carte p. 96 ; ☎987-869-18-20 ; www.bedsfriendshostel.com ; Av 10 Norte 498 ; dort 270-370 $M, ch 770 $M, sans sdb 670 $M ;). Cette auberge colorée propose à peu près tout ce qu'on s'attend à trouver dans ce type d'établissement, et plus encore : lits propres et confortables tant dans les dortoirs guillerets que dans les chambres privatives, bar-restaurant sur place, concerts, location de vélos, scooters et matériel de snorkeling, et cours hebdomadaires de yoga gratuits.

Hostelito AUBERGE DE JEUNESSE $

(Carte p. 96 ; ☎987-869-81-57 ; www.hostelcozumel.com ; Av 10 Norte 42, entre Av Juárez et Calle 2 Norte ; dort 200-250 $M, d 650-700 $M, ste à partir de 750 $M ;). Toutes les chambres (dortoirs mixtes, chambres doubles de différents types et véritables suites avec lits et mobilier confortables) sont désormais climatisées. La cuisine en plein air et la terrasse sur le toit sont des lieux agréables pour échanger des anecdotes de plongée. Il y a aussi une piscine.

Amigo's Hostel AUBERGE DE JEUNESSE **$**
(Carte p. 96 ; ☎987-872-38-68, portable 987-1199664 ; www.cozumelhostel.com ; Calle 7 Sur 571, entre les Av 25 Sur et 30 Sur ; dort/ch 14/54 $US ; 🚭❄📶🏊). Dans cet établissement pour petit budget, vous profiterez d'un grand jardin arboré parcouru par une vigne, d'une belle piscine et d'un agréable coin salon où vous trouverez de quoi lire. Certains jugeront l'auberge trop éloignée du centre touristique, mais cela peut aussi être un avantage. Location d'équipement de snorkeling (100 $M/jour). Climatisé de mai à octobre (22h-8h).

Hotel Mary Carmen HÔTEL **$$**
(Carte p. 96 ; ☎987-872-05-81 ; www.hotelmarycarmen.com.mx ; Av 5 Sur 132 ; d 900 $M ; 🚭❄📶). Les chambres propres et colorées donnent sur une cour centrale où déambulent les tortues du propriétaire. Il y en a plus d'une douzaine : faites attention où vous mettez les pieds, surtout la nuit. Le grand lobby de l'hôtel, garni de mobilier ancien, n'est qu'à une courte marche du débarcadère des ferries. Remises presque tout au long de l'année.

Sun Suites Cozumel HÔTEL **$$**
(Carte p. 96 ; ☎987-872-29-28 ; www.facebook.com/sunsuitesczm ; Av 10 Norte 19 ; d avec petit-déj 55-60 $US ; 🚭❄📶🏊). Les chambres carrelées, spacieuses, impeccables et climatisées, sont équipées de grands réfrigérateurs, de machines à café et de TV à écran plat. Le petit-déjeuner est servi dans une cour ombragée. Séduisant jardin avec piscine et chaises longues à l'arrière.

Hotel Suites Bahía HÔTEL **$$**
(Carte p. 96 ; ☎987-872-90-80, États-Unis 877-228-6747 ; www.suitesbahia.com ; angle Av Melgar et Calle 3 Sur ; d avec petit-déj 62-131 $US ; 🚭❄@📶). Optez pour une chambre standard avec balcon donnant sur la rue ou payez plus cher pour un balcon face à l'océan. Pour faire des économies, vous pouvez opter pour une des chambres donnant sur l'intérieur et plus petites.

♥ **Hotel B Cozumel** BOUTIQUE-HÔTEL **$$$**
(Carte p. 94 ; ☎987-872-03-00 ; www.hotelbcozumel.com ; Carretera Playa San Juan, km 2,5 ; d/ste avec petit-déj à partir de 124/196 $US ; 🚭❄📶🏊). Ce très bel hôtel tendance sur le rivage nord ne donne peut-être pas sur la plage de sable dont vous rêviez, mais un seul regard à la piscine d'eau de mer et au Jacuzzi face à l'océan devrait vous consoler. Les chambres sont décorées d'objets recyclés et des vélos sont à disposition. Concerts de jazz hebdomadaires. Les prix indiqués concernent les chambres avec vue sur la forêt ; vous paierez un supplément pour la vue sur l'océan.

Hotel Villas Las Anclas VILLAS **$$$**
(Carte p. 96 ; ☎987-872-54-76, US 305-771-8176 ; www.hotelvillalasanclas.com ; Av 5 Sur 325 ; d 131 $US ; 🚭❄🏊). Si vous appréciez d'avoir de l'espace, ces villas sur deux niveaux sont pour vous. Un escalier en colimaçon mène à une chambre en soupente douillette ; le rez-de-chaussée comprend une cuisine équipée et un salon avec vue sur le jardin. La cour arborée abrite une piscine ombragée avec cascade et une grande cuisine extérieure avec barbecue intégré.

Ventanas al Mar HÔTEL **$$$**
(Carte p. 94 ; ☎portable 984-2672237 ; www.ventanasalmarcozumel.com ; Carretera Costera Oriente km 43,5 ; d avec petit-déj à partir de 145 $US ; P🚭❄📶🏊). 🍃 Le seul hôtel de l'île situé face au vent, idéal si vous cherchez à vous sentir loin de tout (*très* loin de tout). Les chambres offrent une vue magnifique sur l'océan et le souffle régulier du vent fera office de berceuse – ou vous rendra fou si vous avez le sommeil léger. Climatisation uniquement de 20h à 6h.

Suites Colonial Cozumel HÔTEL **$$$**
(Carte p. 96 ; ☎987-872-90-80 ; www.suitescolonial.com ; Av 5 Sur, entre Calle 1 Sur et Calle Salas ; d/ste avec petit-déj 112/133 $US ; 🚭❄📶). Dans une ruelle donnant sur l'Avenida 5 Sur, cet hôtel propose de charmants "studios" (chambre avec TV câblée, réfrigérateur et de nombreux éléments en bois verni) et d'agréables suites comptant une chambre, spacieuses, et équipées d'un coin cuisine. Le buffet du petit-déjeuner est servi à côté, à la Casa Mexicana, établissement partenaire.

Casa Mexicana HÔTEL **$$$**
(Carte p. 96 ; ☎987-872-90-80 ; www.casamexicanacozumel.com ; Av Melgar 457 ; d avec petit-déj 111-238 $US ; P🚭❄@📶🏊). Le hall d'entrée à ciel ouvert avec piscine et vue sur l'océan est impressionnant. Les chambres sont standard pour la plupart,

mais l'hôtel reste une bonne affaire au vu de sa situation privilégiée et du petit-déjeuner buffet compris. La chambre "deluxe city view", avec balcon, a le meilleur rapport qualité/prix.

Guido's Boutique Hotel BOUTIQUE-HÔTEL **$$$**
(Carte p. 96 ; 987-872-09-46 ; www.guidosboutiquehotel.com ; Av Melgar 23 ; ste 131-155 $US ;). Dans la rue principale, cet hôtel avec vue sur la mer possède 4 suites chics dotées de cuisines équipées, de grands séjours et de balcons privés, idéales pour les familles ou les petits groupes. Les propriétaires gèrent aussi l'excellent restaurant italien du rez-de-chaussée.

Où se restaurer

Cozumel offre une palette gastronomique très complète, des stands de marché et échoppes de tacos économiques, aux restaurants servant fruits de mer et mets raffinés à la lueur des chandelles. Les chaînes internationales sont nombreuses près du port, et fréquentées par la clientèle de croisière. La *comida corrida* (formule multi-plats souvent servie à midi), toujours copieuse, est à un prix abordable dans la plupart des établissements.

Camarón Dorado PRODUITS DE LA MER **$**
(Carte p. 94 ; 987-872-72-87, portable 987-1181281 ; www.facebook.com/camaron.dorado ; angle Av Juárez et Calle 105 Sur ; tortas 29-55 $M, tacos 18-35 $M ; 7h-13h30 mar-dim ;). Si vous visitez le côté venteux de l'île ou si vous voulez simplement voir un aspect différent de Cozumel, allez manger en début de journée au Camarón Dorado. Attention, les *tortas* et les tacos au *camarón empanizado* (crevette panée) sont très addictifs. À 2,5 km au sud-est de l'embarcadère des ferries.

Taquería Los Sera's TACOS **$**
(Carte p. 96 ; Av 30 Sur, angle de Morelos ; tacos 12-40 $M ; 19h-3h jeu-mar). La meilleure adresse pour déguster des tacos *al pastor* (porc à la broche) et à la *chuleta* (côte de porc) à pas d'heure. Les habitants raffolent de la pizza *al pastor* (nous, moins).

Burritos Gorditos FAST-FOOD **$**
(Carte p. 96 ; portable 987-1200037 ; www.facebook.com/burritosgorditos ; Av 5 Norte 161 ; burritos 64-128 $M ; 9h-17h lun-sam). Ce petit restaurant accueillant prépare des *burritos* typiques (végétarien, poulet ou bœuf). Sinon, essayez la *cochinita* (porc mijoté), une recette du Yucatán. Étant donné la taille des *burritos*, mieux vaut avoir faim.

El Coffee Cozumel CAFÉ **$**
(Carte p. 96 ; 987-869-04-56 ; coffeecozumel@gmail.com ; Calle 3 Sur 98 ; plats 60-89 $M ; 7h-23h ;). Les pâtisseries bien fraîches et le café bio des hauts plateaux du Mexique font de cet établissement un favori des habitants et des touristes. Les tartes sont toujours du jour et le délicieux *latte* glacé tombe à pic en cas de forte chaleur.

Mercado Municipal MARCHÉ **$**
(Carte p. 96 ; Salas s/n, entre Av 20 et Av 25 Sur; en-cas et plats 25-120 $M ; 8h-17h). Faites le plein de fruits et légumes quotidiennement sur ce marché du centre-ville. On y trouve aussi des en-cas bon marché.

Cocina Económica Las Palmas MEXICAIN **$**
(Carte p. 96 ; 987-872-12-95 ; angle Av 25 Sur et Calle 3 Sur ; plats 100-200 $M, comida corrida 70-135 $M ; 10h-18h lun-sam ;). Ce lieu attire les foules au déjeuner. La température est à peine supportable, mais vous raffolerez des classiques mayas comme le *poc-chuc* (porc grillé) ou la *pechuga rellena* (poitrine de poulet farcie). Savoureux !

Zermatt Bakery BOULANGERIE **$**
(Carte p. 96 ; angle Av 5 Norte s/n et Calle 4 Norte ; pain 7-20 $M ; 7h-14h30 et 17h-19h lun-sam). Contrairement à nombre de boulangeries mexicaines, Zermatt cuit sur place ses pâtisseries, ses viennoiseries et son pain complet.

Taquería El Sitio TACOS **$**
(Carte p. 96 ; Calle 2 Norte 124 ; tacos et tortas 14-38 $M ; 7h30-12h30). Pour un repas sur le pouce, abordable et savoureux, direction ce restaurant de tacos : crevettes panées, tacos de poisson ou *huevo con chaya torta* (sandwich aux œufs et *chaya*). Les chaises pliantes et le sol en béton n'ont rien d'exceptionnel, mais on mange bien.

Jeanie's MEXICAIN **$$**
(Carte p. 96 ; 987-878-46-47 ; www.jeaniescozumel.com ; Av Melgar 790 ; petit-déj 79-125 $M, plats 110-230 $M ; 7h-22h ;). Cet établissement sert gaufres, pommes de terre rissolées, œufs, sandwichs et autres plats tels que des *fajitas* végétariennes. Les cafés glacés sont agréables à midi. Superbe vue sur l'eau depuis le patio et *happy hour* de 17h à 19h.

Kinta MEXICAIN CONTEMPORAIN **$$$**
(Carte p. 96 ; 987-869-05-44 ; www.kintarestaurante.com ; Av 5 Norte 148 ; plats 260-340 $M ; 17h-23h ;). Les classiques mexicains, rehaussés d'une touche gastronomique, ont fait la réputation de ce bistrot chic, parmi les meilleures tables de l'île. Les Midnight Pork Ribs (340 $M) sont particulièrement appréciées et un tout nouveau four à bois mitonne un succulent poisson. Au dessert, faites-vous plaisir avec un *budín de la abuelita* (pudding de grand-maman).

'Ohana PIZZERIA **$$$**
(Carte p. 96 ; portable 987-5641771 ; www.ohanacozumel.com ; Av 5 Norte 341 ; pizzas 250 $M ; 17h-23h lun-sam). On se sent comme chez soi à l'"Ohana ("famille" en hawaïen), réputé pour ses *deep dish pizzas* à la mode de Chicago et son sympathique bar de quartier fréquenté par les expatriés. Le propriétaire Matt (originaire de Chicago) est incollable sur les pizzas. Il fabrique aussi ses propres crèmes de mezcal et de tequila – des liqueurs qui raviront les gourmands.

Guido's Restaurant ITALIEN **$$$**
(Carte p. 96 ; 987-869-25-89 ; www.guidoscozumel.com ; Av Melgar 23 ; plats 210-345 $M, pizza 205-275 $M ; 11h-23h lun-sam, 15h-23h dim ;). S'inspirant des recettes de son père Guido, Yvonne Villiger a élaboré un menu comprenant pizzas au feu de bois, pâtes maison et noix de Saint-Jacques au prosciutto. Pour accompagner le repas, commandez une sangria, spécialité de la maison. La carte des cocktails est tout aussi impressionnante ; un sirop tonique maison est même proposé pour votre gin tonic.

La Cocay MÉDITERRANÉEN **$$$**
(Carte p. 96 ; 987-872-55-33 ; www.lacocay.com ; Calle 8 Norte 208 ; plats 120-330 $M ; 17h30-23h ;). Ce restaurant garantit une soirée raffinée, avec son atmosphère intime, son éclairage aux bougies et son excellente cuisine. Le service est parfois lent ; ne venez pas si vous êtes pressé. Le menu change au fil des saisons mais privilégie les plats légers d'influence méditerranéenne. Agréable pour prendre un verre également.

Pepe's Grill STEAK **$$$**
(Carte p. 96 ; 987-872-02-13 ; www.pepescozumel.com ; Av Melgar 201 ; plats 220-525 $M ; 10h-23h ;). Considéré comme le meilleur de Cozumel, ce restaurant affiche des prix élevés. Au menu : steak de bœuf Angus, pâtes, poisson frais et langouste grillée (au prix du marché).

Où prendre un verre et faire la fête

La scène nocturne de Cozumel est calme et feutrée. On peut prendre un verre dans la plupart des restaurants, mais vers 23h, ils commencent à fermer. Autour de la place principale, quelques établissements restent toutefois ouverts tard.

El Fish BAR
(Carte p. 96 ; angle Calle 8 Norte s/n et Av 10 Norte ; 12h-22h). Ce bar équipé de ventilateurs vous fera découvrir le concept local des *botanas* (en-cas gratuits servis avec chaque nouvelle tournée). Dégustez bière fraîche et plats savoureux dans la bonne humeur, installé au comptoir en arc de cercle parmi les habitants. La cuisine ferme à 19h.

Freedom in Paradise BAR
(Carte p. 94 ; portable 987-5649164 ; www.bobmarleybar.com ; Carretera Coastal Oriente, km 29,5 ; 10h-18h). Contemplez tranquillement la vue depuis la *palapa* en sirotant une bière fraîche dans ce bar reggae tenu par une famille, ouvert il y a plusieurs dizaines d'années. En face, le bar partenaire propose des dégustations de boissons aromatisées au mezcal.

Coconuts Bar & Grill BAR
(Carte p. 94 ; portable 987-1077110 ; www.coconutscozumel.com ; Carretera Coastal Oriente, km 43,3 ; 10h-19h). La déco n'est pas d'un goût exquis (ballons et noix de coco vêtus de strings et de bikinis...) mais la vue depuis ce bar tropical perché sur une falaise, est irrésistible, tout comme la bière quand la chaleur est accablante.

Où sortir

Turquoise CONCERTS
(Carte p. 94 ; portable 987-1155057 ; www.facebook.com/turquoisecozumelbeachclub ; Av Melgar km 2,8 ; 9h-20h lun-sam, 10h-23h dim). Plusieurs fois par semaine, des groupes plutôt talentueux jouent des reprises de rock au coucher du soleil. Si vous vous lassez de la bière, commandez un cocktail, ou même un mezcal. Taluhla, un cochon apprivoisé, arpente la plage en quête de restes – vu son embonpoint, il semble qu'il y trouve son bonheur. Environ 1 km au sud de l'embarcadère des ferries.

Woody's Bar & Grill CONCERTS
(Carte p. 96 ; www.cozumelradio.wixsite.com/woodys ; Av Juárez s/n, entre Av 5 et Av 10 ; ⏲10h-0h lun-ven, 10h-1h sam-dim ; 📶). Si les cocktails n'ont rien d'exceptionnel, les concerts en valent la peine : vous n'entendrez pas seulement des reprises, mais aussi de bonnes compositions originales. Un lieu agréable pour observer les gens, bavarder avec des amis, ou simplement profiter de la musique.

Achats

Los Cinco Soles ARTISANAT
(Carte p. 96 ; ☎987-872-90-04 ; www.loscincosoles.com ; Av Melgar 27 ; ⏲8h-20h lun-ven, à partir de 9h sam, 10h-18h dim). Comme beaucoup d'enseignes de l'Avenida Melgar, cette grande boutique propose son lot d'articles kitsch. On trouve néanmoins des trésors sur les étagères si on prend le temps de chercher, notamment des poteries noires de Oaxaca, de la céramique de Talavera et des dioramas colorés du Día de Muertos mettant en scène des squelettes.

Renseignements

ACCÈS INTERNET

Les cafés Internet sont rares sur l'Isla Cozumel, mais la plupart des hôtels et restaurants et nombre de magasins ont le Wi-Fi gratuit. En cas de besoin, vous pouvez vous adresser au personnel de votre hôtel, notamment pour imprimer vos cartes d'embarquement.

ARGENT

Vous n'aurez aucun mal à trouver des banques et des DAB à San Miguel. Pour changer de l'argent, essayez les banques aux abords de la place principale, notamment :

Banorte (Av 5 Norte s/n, entre Av Juárez et Calle 2 Norte ; ⏲8h30-16h lun-ven, 9h-14h sam)

HSBC (☎987-872-01-42 ; Av 5 Sur 11, angle Calle 1 Sur ; ⏲9h-17h lun-ven)

OFFICE DU TOURISME

Office du tourisme (carte p. 96 ; ☎987-869-02-12 ; www.cozumel.travel ; 1er ét., Av 5 Sur s/n, Plaza del Sol ; ⏲8h-15h lun-ven). Plans et brochures touristiques.

POSTE

Poste (carte p. 96 ; ☎987-872-01-06 ; Morelos 35, angle Av 35 Sur ; ⏲9h-16h lun-ven, 9h-13h sam)

SERVICES MÉDICAUX

Cozumel International Hospital (☎987-872-14-30 ; www.hospitalcozumel.com ; Calle 5 Sur 21B, entre Av Melgar et Av 5 Sur ; ⏲24h/24). Clinique dotée d'une chambre hyperbare.

TÉLÉPHONE

Les cartes de téléphone Telmex sont de plus en plus rares car la plupart des gens préfèrent désormais passer des appels Skype ou VoIP via un portable équipé du Wi-Fi. On trouve encore des cabines téléphoniques, mais plus pour longtemps. Vous trouverez aussi des téléphones prépayés pas chers dans les supérettes (avec quelques minutes de crédit gratuit).

Bureau de Telecomm (☎987-872-00-56 ; angle Av Melgar 254 et Calle 7 Sur ; ⏲8h-19h30 lun-ven). Fax et transferts d'argent.

URGENCES

Police, urgences médicales, pompiers (☎911, ☎066)

Depuis/vers l'Isla Cozumel

AVION

Le petit **aéroport** de Cozumel (☎987-872-20-81 ; www.asur.com.mx ; bd Aeropuerto Cozumel s/n) est à quelque 3 km au nord-est du terminal des ferries ; suivez les panneaux dans l'Avenida Melgar. Les compagnies United, Delta et American Airlines assurent des vols directs depuis les États-Unis ; les vols européens passent souvent par les États-Unis ou Mexico. Cozumel est aussi desservie par les compagnies mexicaines Interjet, Volaris et MAYAir.

Interjet (☎800-011-23-45 ; www.interjet.com ; aéroport international de Cozumel). Vols directs pour Mexico.

MAYAir (☎987-872-36-09 ; www.mayair.com.mx ; aéroport international de Cozumel). Vols pour Cancún avec correspondances pour Mérida.

Volaris (☎55-1102-8000 ; www.volaris.com ; aéroport international de Cozumel). Vols directs pour Guadalajara et Monterrey.

BATEAU

Les ferries Ultramar (p. 120) et Mexico Waterjets (p. 120) circulent fréquemment entre Cozumel et Playa del Carmen, de 7h à 23h (175-200 $M l'aller simple), depuis/vers le **Muelle Fiscal** (quai des ferries, carte p. 96).

Pour faire transporter votre véhicule jusqu'à Cozumel, passez par le terminal des ferries de Calica Punta Venado (p. 120 ; Terminal Marítima Punta Venado), à environ 8 km au sud de Playa del Carmen (4 traversées quotidiennes, 3 le dimanche). Consultez les sites Internet des ferries pour connaître les horaires. Il faut se présenter à l'embarquement au moins 1 heure à l'avance, et 2 heures en haute saison. Comptez entre 400 et 500 $M, passagers compris – le prix dépend de la taille du véhicule.

BUS

Vous pouvez acheter vos billets à l'avance à la **billetterie de l'ADO** (carte p. 96 ; ☎987-869-25-53 ; Calle 2 Norte s/n, entre Av 5 Norte et Av 10 Norte ; ⏲8h-21h lun-ven, 9h30-19h sam-dim) pour les bus circulant entre Playa del Carmen (sur le continent) et différentes destinations du Yucatán.

ℹ Comment circuler

DEPUIS/VERS L'AÉROPORT

Des navettes collectives circulent régulièrement entre l'aéroport et la ville (81 $M), les hôtels de la pointe nord de l'île (132 $M) et les hôtels de la partie sud (132-198 $M). Pour regagner l'aéroport en taxi, comptez entre 80 et 100 $M.

VÉLO ET SCOOTER

Faire le tour de l'île seul en scooter est un plaisir, à condition d'en avoir déjà conduit au Mexique. Circuler à deux est plus problématique, car la suspension des machines suffit à peine pour une personne seule. Les deux-roues sont souvent impliqués dans des accidents : portez toujours un casque et restez vigilant. L'assurance collision n'est généralement pas disponible pour les locations de scooters : on casse, on paie. Avant de partir, ne manquez pas d'inspecter soigneusement l'engin pour vous assurer qu'il n'a pas été endommagé, sans quoi on pourrait vous facturer sa réparation.

Pour louer, il vous faudra un permis de conduire valide et laisser un bordereau de carte bancaire ou déposer une caution en espèces. Le port du casque est obligatoire (la loi est rigoureusement appliquée sur ce point).

Pour la location, vous pourrez faire confiance à **Rentadora Isis**. **Best Bikes Cozumel** (p. 96) loue de bons vélos.

TAXI

Comme dans d'autres villes de la péninsule du Yucatán, le syndicat des taxis de Cozumel est assez puissant. Comptez environ 35 $M (en ville), 110 $M (jusqu'à la Zona Hotelera) et 1 200 $M pour une excursion d'une journée dans l'île. Les prix sont affichés à l'extérieur du terminal des ferries.

VOITURE

Une voiture est le meilleur moyen de traverser l'île, et les offres de location ne manquent pas. Assurez-vous que votre contrat de location inclut une assurance responsabilité civile (*daños a terceros*) et vérifiez que le tarif indiqué est toutes taxes comprises : ce n'est pas toujours le cas. L'assurance collision coûte environ 150 $M supplémentaires, avec une franchise de 5 000 $M pour les véhicules les moins chers.

Les tarifs de location commencent aux alentours de 500 $M tout compris, avec une majoration de fin décembre à fin janvier. On trouve de nombreuses agences autour de la place principale, mais les tarifs sont environ 50% plus bas, du quai jusqu'aux abords de la zone touristique : on peut parfois y dénicher une vieille guimbarde pour environ 400 $M.

Lorsque vous louez, vérifiez si votre hôtel a un accord avec des agences : vous pourrez peut-être obtenir une réduction. Certaines agences déduisent de votre caution les dommages aux pneus (réparation ou remplacement), même si ceux-ci sont vieux et usés. Enfin, vérifiez toujours les freins de votre voiture avant de prendre la route.

Si vous louez, respectez la loi sur l'occupation des véhicules : en principe, seuls 5 passagers sont autorisés à bord d'un véhicule. Au-delà, vous serez verbalisé. Vous devrez rendre votre véhicule avec la même quantité d'essence qu'au départ ou payer un supplément. Une **station-service** (angle Av Juárez et Av 30 Sur) se trouve sur l'avenue Juárez, à 5 pâtés de maisons à l'est de la place principale ; il y en a plusieurs près du centre-ville.

Rentadora Isis (☎984-879-31-11, 987-872-33-67 ; www.facebook.com/rentadoraISIS/ ; Av 5 Norte 181 ; scooter/voiture à partir de 20/35 $US/jour ; ⏲8h-18h30) est un établissement familial plutôt sérieux, avec des véhicules en très bon état et d'autres dans une forme nettement plus discutable ; cette agence loue des Golfs et des Coccinelles VW décapotables, ainsi que des scooters, et les tarifs changent peu au cours de l'année.

Riviera Maya

Dans ce chapitre ➡

Le top des restaurants

- Passion (p. 117)
- Hartwood (p. 129)
- Al Chimichurri (p. 109)
- Axiote (p. 117)
- Taquería Honorio (p. 128)

Le top des hébergements

- Hotel Playa del Karma (p. 115)
- Aldea Cobá (p. 134)
- Posada El Moro (p. 108)
- Serenidad Shardon (p. 135)
- La Posada del Sol (p. 127)

Pourquoi y aller

Quel plaisir de parcourir les routes de la Riviera Maya, couloir touristique jalonné de plages de sable blanc, de ruines majestueuses et de cenotes divertissants. La région se développe rapidement – trop, diront certains –, mais malgré l'urbanisation, on retrouve dans certaines petites villes côtières ou dans les terres un visage du Mexique oublié du tourisme.

Les fêtards trouveront leur compte dans la ville-champignon de Playa del Carmen. Mais, si "Playa" est encore la ville la plus animée de la côte, Tulum croît rapidement et dispose d'un argument imparable : une plage surplombée par de spectaculaires ruines mayas.

En voiture ou en bus, se rendre d'une ville à une autre est un jeu d'enfant. La Riviera Maya ne s'étend, après tout, que sur 135 km de littoral, de Puerto Morelos, au nord, à Tulum, au sud. Les distances y sont si courtes que l'on peut faire de la plongée à Puerto Morelos durant la journée et dîner aux chandelles à Tulum le soir.

Quand partir

Playa del Carmen

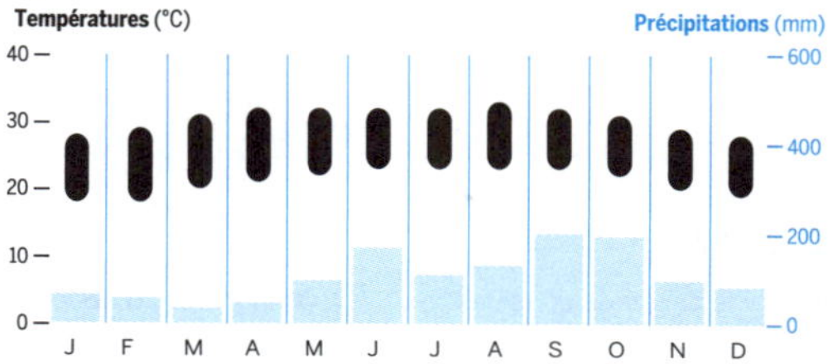

Octobre Playa del Carmen fête Halloween en grande pompe juste avant le 1er novembre, jour des Morts.

Novembre Playa del Carmen accueille le Riviera Maya Jazz Festival ; bonnes affaires sur les hôtels.

Décembre Le festival de musique électro Sound Tulum dure deux semaines jusqu'à début janvier.

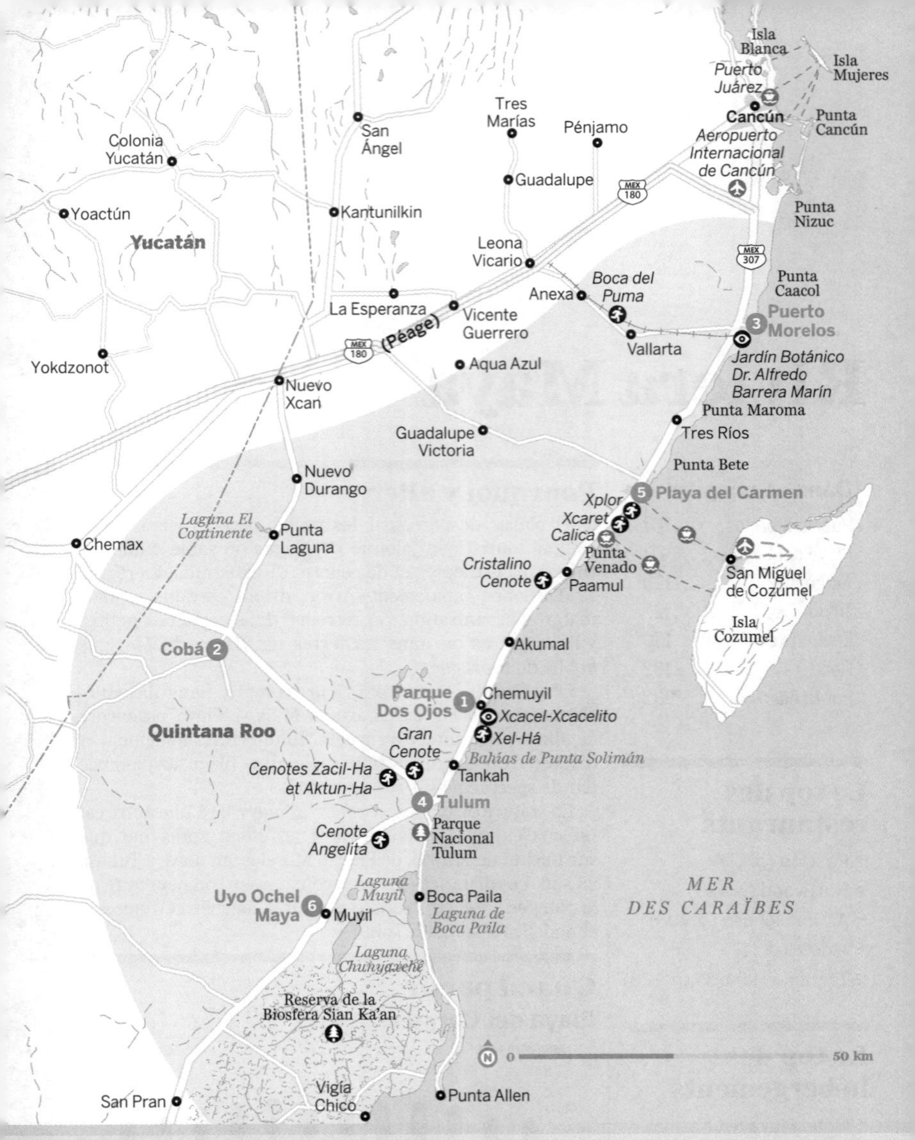

À ne pas manquer

1 Une baignade dans des *cenotes* du **Parque Dos Ojos** (p. 112), ou une plongée dans le plus grand réseau de grottes sous-marines du monde.

2 La découverte à vélo de vestiges mayas de **Cobá** (p. 132), parmi lesquels la plus haute pyramide de la région, à escalader avant de piquer une tête dans les *cenotes* alentour.

3 Une plongée dans les eaux de **Puerto Morelos** (p. 107), paisible bourgade épargnée par le boom hôtelier.

4 Le spectacle de vestiges mayas de **Tulum** (p. 122), juchés sur une falaise surplombant une petite plage.

5 Un séjour à **Playa del Carmen** (p. 111), des terrasses de restaurants chics aux bars de plage, et où prendre, pourquoi pas, des cours d'espagnol.

6 **Uyo Ochel Maya** (p. 125). La découverte d'un vaste réseau de lagunes avant de se laisser flotter le long de canaux mayas vieux de plusieurs siècles.

Puerto Morelos

☎998 / 9 200 HABITANTS

À mi-chemin entre Cancún et Playa del Carmen, Puerto Morelos a conservé son atmosphère de bourgade alanguie, malgré le boom immobilier récent au nord et au sud de la localité. Outre ses nombreux restaurants et bars qui s'animent au crépuscule, ce sont surtout ses eaux cristallines qui attirent les visiteurs. Des bandes contrastées de vert vif et de bleu foncé séparent le rivage du récif corallien – fascinant spectacle pour les plongeurs et les amateurs de snorkeling –, tandis qu'à l'intérieur des terres, de beaux *cenotes* invitent à l'aventure. Un joli marché se tient au sud de la place avec un large choix d'articles d'artisanat et de hamacs faits main, d'une qualité bien supérieure à ceux que vous trouverez à Cancún ou Playa.

À voir

Crococun Zoo ZOO

(☎998-850-37-19 ; www.crococunzoo.com ; route 307, km 31 ; adulte/enfant 6-12 ans 32/22 $US ; ⏲9h-17h). À environ 23 km au sud de l'aéroport de Cancún, cette ancienne ferme de crocodiles se décrit désormais comme un zoo conservatoire chargé de protéger certaines espèces menacées de la région. L'entrée comprend une visite guidée, pendant laquelle les visiteurs sont autorisés à interagir avec certains animaux (cerfs de Virginie, boas constrictors, aras, crocodiles, singes-araignées, etc.).

Jardín Botánico Dr Alfredo Barrera Marín JARDINS

(Jardín Botánico Yaax Che ; ☎998-206-92-33 ; www.facebook.com/jbpuertomorelos ; route 307, km 320 ; adulte/3-10 ans 120/50 $M ; ⏲8h-16h ; 👪). Cette réserve de 65 ha, l'un des plus grands jardins botaniques du Mexique, est sillonnée de 2 km de sentiers et sections dédiés aux épiphytes (orchidées et broméliacées), palmiers, fougères, succulents (cactus et plantes grasses), ainsi qu'aux plantes médicinales mayas traditionnelles. Le jardin abrite aussi de nombreux animaux, notamment les seuls groupes d'atèles du littoral encore installés de la région. Apportez de l'antimoustique et de l'eau.

Pescadores Brewery BRASSERIE

(☎984-175-23-19 ; www.pescadores.mx ; route 307, km 316 ; dégustation 100 $M ; ⏲10h-18h ; P). À environ 5 km au sud de Puerto Morelos, cette brasserie artisanale mexicaine organise des visites quotidiennes à 12h et 15h. Elle produit plusieurs bières, dont une IPA houblonnée et une ale très prisée au piment habanero. À la fin de la visite, vous pourrez boire quelques pintes autour d'une assiette de poitrine de bœuf ou de côtes de porc servies par le *food truck* du lieu.

Activités

Le récif corallien qui longe la plus grande partie de la côte du Quintana Roo n'est qu'à 600 m au large, permettant aux plongeurs et aux amateurs de snorkeling d'observer tortues de mer, requins, raies, murènes, langoustes et poissons tropicaux colorés. Plusieurs navires coulés servent de cadre à de formidables plongées sur épave ; les centres de plongée proposent également des excursions aux *cenotes*.

Aquanauts PLONGÉE

(☎998-206-93-65 ; www.aquanautsdiveadventures.com ; Av Melgar s/n, Hotel Hacienda Morelos ; exploration sur récif simple/double 70/90 $US, plongée double en cenote 165-190 $US, snorkeling 30-80 $US ; ⏲8h-16h lun-sam). À un pâté de maisons au sud de la place, cette agence organise de nombreux circuits (plongée dérivante, plongée en *cenote* et sur épave, chasse aux rascasses volantes, etc.).

Wet Set PLONGÉE

(☎998-206-92-04 ; www.wetset.com ; Av Rojo Gómez s/n, Hotel Ojo de Agua ; 2 explorations en mer 99-124 $US, 2 explorations dans un cenote 179 $US, snorkeling 35-79 $US ; ⏲8h-17h). Sorties vers plus de 30 sites de plongée, parmi lesquels des récifs proches, un musée sous-marin et le Parque Dos Ojos. Excursions de snorkeling vers des récifs et des *cenotes*.

Boca del Puma BAIGNADE

(☎portable 998-2412855 ; www.bocadelpuma.com ; Ruta de los Cenotes, km 16 ; adulte/enfant 5-14 ans 25/15 $US ; ⏲9h-17h ; 👪). *Cenotes*, tyrolienne, quad et autres activités : pour une journée d'aventures, rendez-vous dans l'écoparc Boca del Puma, à 16 km à l'ouest de Puerto Morelos.

Cours

Puerto Morelos Language Center ESPAGNOL

(☎portable 984-8790112, portable 998-8454376 ; www.puertomorelosspanishcenter.com ; Av Niños Héroes 46 ; heure/semaine à partir de 20/100 $US). Propose divers cours d'espagnol – à l'heure et à la semaine (10 à 20 heures) – allant de l'espagnol de voyage à langue des affaires. L'école fait aussi agence de voyages.

Où se loger

Les hébergements affichent parfois complet même hors saison, mieux vaut donc appeler avant ou réserver. Le choix est limité pour les voyageurs à petit budget, alors que les adresses de milieu de gamme ou de luxe sont nombreuses.

Casitas Kinsol PENSION **$$**
(998-206-91-52 ; www.casitas-kinsol.com ; Av Zetina Gazca 18 ; ch 49 $US ;). Une adresse parfaite, et paisible, pour qui souhaite découvrir la vie de l'autre côté de la grand-route. Cette pension loue des huttes de style *palapa* équipées de ventilateurs et agrémentées de jolis éléments décoratifs, comme des vasques de Talavera et du mobilier artisanal. La tortue de la maison se promène librement dans le jardin. À 3 km à l'ouest de la ville. Location de vélos.

Posada Amor HÔTEL **$$**
(998-871-00-33 ; www.facebook.com/hotelposadaamoroficial ; Av Rojo Gómez s/n ; d 1 500 $M ;). À environ 100 m au sud-ouest de la place, cet hôtel, en activité depuis de nombreuses années, offre des chambres simples aux murs blancs avec quelques touches créatives. On trouve à l'arrière une zone ombragée avec des tables et d'innombrables plantes. Le restaurant prépare de bons repas, et le bar chaleureux, fréquenté par des expatriés, est le seul espace commun avec une connexion Wi-Fi décente.

Posada El Moro HÔTEL **$$$**
(998-871-01-59 ; www.hotelelmoro.mx ; Av Rojo Gómez s/n ; ch/ste avec petit-déj à partir de 1 548/1 890 $M ;). Le hall et la cour de ce domaine bien géré sont fleuris de géraniums. Certaines chambres ont une kitchenette, toutes disposent de canapés-lits. Petite piscine dans un jardin tropical. Prix nettement plus bas hors saison et sur leur site Internet. Au nord-ouest de la place.

Eden Apartments APPARTEMENTS **$$$**
(998-871-04-50 ; www.puertomoreloseden.com ; Av Quintana Roo ; app 1 609 $M ;). Une très bonne affaire pour les familles notamment en basse saison, quand les prix chutent de moitié. Ici, le fonctionnel l'emporte sur l'esthétique. Les appartements, impeccables, comprennent une chambre de 2 lits doubles confortables et une salle à manger avec cuisine tout équipée.

Casa Caribe B&B **$$$**
(998-251-80-60 ; www.casacaribepuertomorelos.com ; Av Rojo Goméz 768 ; ch avec petit-déj 155 $US ;). Rafraîchies par la brise marine, les chambres au sol ocre de ce B&B décoré avec goût offrent une superbe vue sur la plage depuis leurs grands balcons pourvus de hamacs. Petit-déjeuner servi sur une terrasse donnant sur un jardin clos. Séjours de 3 nuitées au minimum.

Abbey del Sol APPARTEMENTS **$$$**
(998-871-01-27 ; www.abbeydelsol.com ; Av Niñoes Héroes 806 ; app à partir de 148 $US, maison 279-428 $US ;). Pourquoi se terrer dans une chambre exiguë quand on peut profiter d'un logement spacieux à huit rues au nord de la place principale ? Les studios et les appartements avec une chambre et cuisine tout équipée donnent sur une piscine et un jardin impeccables. Certains logements comptent en plus un canapé-lit. Vélos en accès gratuit et grand choix de DVD.

Hacienda Morelos HÔTEL **$$$**
(998-871-04-48, gratuit 800-972-02-10 ; www.haciendamorelos.com ; Av Melgar s/n ; d avec petit-déj à partir de 142 $US ;). Idéalement situé sur la plage, à quelques pas de la place principale, cet hôtel loue des chambres plutôt simples, mais très agréables. Celles du rez-de-chaussée s'ouvrent sur la piscine et la plage.

Hotel Ojo de Agua HÔTEL **$$$**
(998-252-60-62 ; www.hotelojodeagua.com ; Av Rojo Gómez s/n ; d avec vue sur jardin/mer 1 500/1 800 $M, qua 2 100 $M ;). Sur une jolie plage, un établissement de 36 chambres rénovées, dont certaines avec vue sur la mer (pour quelques centaines de pesos de plus que les chambres standard). Pour les familles, l'*habitación familiar*, qui peut accueillir 4 personnes, est d'un bon rapport qualité/prix. À 3 pâtés de maisons au nord de la place principale.

Où se restaurer

Le Café d'Amancia CAFÉ **$**
(998-206-92-42 ; www.facebook.com/cafedeamancia ; Av Rojo Gómez s/n ; plats 55-110 $M ; 7h-22h mar-dim ;). Sur la place principale, ce café d'une propreté impeccable à l'ambiance agréable sert bagels, sandwichs,

tartes, bon café corsé et *licuados* (smoothies) aux fruits et légumes.

El Pesquero PRODUITS DE LA MER $$
(998-206-91-29 ; www.facebook.com/elpesqueropuertomorelos ; Av Melgar 4C ; plats 110-270 $M ; 13h-19h30). Sable au sol, toit de palme et poisson frais : on se sent comme à la plage sous cette *palapa* ventilée. Commencez par une *tostada* de thon et poursuivez avec un excellent *pescado frito* (poisson entier frit) simple ou *al ajillo* (à l'ail et au piment) – s'il y en a, demandez un *boquinete* (labre capitaine).

El Nicho PETIT-DÉJEUNER $$
(portable 998-2010992 ; www.elnicho.com.mx ; angle Av Tulum et Av Rojo Gómez ; petit-déj 69-115 $M ; 7h30-14h ;). L'adresse la plus populaire de Puerto Morelos pour le petit-déjeuner sert des plats aux œufs bio, des œufs Bénédicte, des *chilaquiles* (lanières de tortilla frite en sauce) au poulet, et du café bio du Chiapas. Bon choix de plats végétariens.

El Pirata MEXICAIN $$
(portable 55-35199040 ; www.facebook.com/elpiratapuertomorelosrestaurant ; Av Rojo Gómez 74 ; petit-déj 95-125 $M, déj et dîner 150-365 $M ; 8h-23h jeu-mar ;). fameux pour son menu varié, ses produits bio et locaux et son atmosphère décontractée, ce restaurant situé au nord de la place principale sert de tout, des tacos et autres classiques mexicains aux plats américains tels les burgers (160 $M). Grillades à partir de 18h.

John Gray's Kitchen INTERNATIONAL $$$
(998-871-06-65 ; www.facebook.com/johngrayskitchen ; Av Niños Héroes 6 ; petit-déj 60-100 $M, dîner 270-450 $M ; 8h-22h mar-sam, à partir de 17h lun). Un pâté de maisons à l'ouest et deux pâtés de maisons au nord de la place, cette "cuisine" est absolument fabuleuse. Bien qu'elle ne figure pas sur la carte qui change régulièrement, la spécialité du chef est le canard sauce *chipotle*, tequila et miel. Ouvert aussi pour le petit-déjeuner.

Al Chimichurri VIANDE $$$
(998-241-82-20 ; www.facebook.com/alchimichurri ; Av Rojo Gómez s/n ; plats 120-330 $M ; 17h-0h mar-dim). Impossible de se tromper en optant pour les pâtes fraîches et les pizzas au feu de bois de ce grill uruguayen, même s'il est surtout réputé pour sa viande (énorme faux-filet, tendre bavette et filet mignon au jus maison). Immédiatement au sud de la place.

MYSTÉRIEUX ALUXES

Aujourd'hui encore, de nombreux Mayas croient aux *aluxes*. Ces êtres surnaturels peupleraient la jungle yucatèque, causant tantôt le bonheur, tantôt le malheur – voire la mort – des humains qui les entourent. Ainsi, lorsqu'une parcelle de forêt est rasée (pour y planter un champ ou y bâtir un édifice), nourriture, alcool et même cigarettes y sont déposés en offrande pour les apaiser. Vu la vitesse à laquelle la région s'urbanise, ces petits lutins doivent être bien irrités !

Où prendre un verre et faire la fête

Les nuits de Puerto Morelos sont plutôt calmes, et, si les bars de plage proposent des *happy hours* intéressantes en fin de journée, peu d'établissements restent ouverts très tard. Si vous voulez vraiment faire la fête, vous pouvez toujours prendre un taxi ou un *colectivo* pour Playa del Carmen, non loin de là.

Posada Amor DANSE
(998-871-00-33 ; www.facebook.com/hotelposadaamoroficial ; Av Rojo Gómez s/n ; 11h-0h). Située au sud-est de la place principale, cette pension dispose d'un bar tranquille, où l'on peut écouter des groupes jouant des reprises les lundis et jeudis soir.

Achats

Le marché d'artisanat de Puerto Morelos est l'un de ses principaux attraits. À 150 m au sud de la place principale, vous y trouverez des attrape-rêves, des poteries et des textiles, mais aussi des hamacs qui, contrairement à ceux vendus dans les grandes villes comme Mérida, sont fabriqués ici même par des familles locales.

Marché d'artisanat ARTISANAT
(Av Rojo Gómez s/n ; 9h-20h). Les hamacs vendus ici sont uniques : une famille locale les fabrique depuis des décennies (demandez Mauricio !). Vous pourrez aussi acheter attrape-rêves, *alebrijes* (animaux en bois de San Martín Tilcajete, colorés et sculptés à la main), sacs à main, masques, bijoux, etc.

LES PARCS D'ATTRACTIONS DE LA RIVIERA

Les parcs d'attractions de Cancún et de Tulum sont souvent installés dans des cadres exceptionnels (sublimes lagons, *cenotes* et espaces naturels sur la côte). On peut les trouver kitsch, bien sûr, mais les enfants ne seront pas de cet avis. Certains parcs sont onéreux, mais leurs sites Internet proposent parfois des réductions.

Signalons que quelques parcs offrent la possibilité de nager avec des dauphins. L'idée semble séduisante, mais, selon les organismes de défense des animaux, les interactions avec les dauphins et autres créatures marines en captivité sont une source de stress pour ces animaux. Voici une sélection de parcs très appréciés :

Aktun Chen (800-099-07-58, 984-806-49-62 ; www.aktun-chen.com ; route 307, km 107 ; circuit complet avec déj adulte/6-10 ans 1 615/1 280 $M ; 9h30-17h30 ;). À 40 km au sud de Playa del Carmen, ce petit parc se compose d'une grotte de 585 m de long, d'un *cenote* de 12 m de profondeur, de 10 tyroliennes et d'un petit zoo.

Xplor (998-883-31-43, 984-206-00-38 ; www.xplor.travel ; rte 307, km 282 ; adulte/5-11 ans 120/60 $US ; 9h-17h lun-sam ;). À 6 km au sud de Playa del Carmen, un parc où l'on peut faire de la tyrolienne, du raft, conduire des Jeeps amphibies, nager dans une rivière souterraine et marcher dans des grottes. Propose aussi des activités de nuit.

Xel-Há (984-803-44-03, 998-883-05-24 ; www.xelha.com ; rte 307, km 240 ; tarif plein/5-11 ans à partir de 90/45 $US ; 9h-18h ;). Cet "aquarium naturel en plein air" est construit autour d'une crique, à 13 km au nord de Tulum. Nombreuses activités aquatiques sur place, dont une balade sur rivière et du snorkeling.

Xcaret (984-206-00-38 ; www.xcaret.com ; rte 307, km 282 ; adulte/5-12 ans à partir de 100/50 $US ; 8h30-22h30 ;). L'un des premiers écoparcs ouverts dans la région. Myriade d'activités liées à la nature et, pour les plus grands, une cave à vins mexicains et un spa. À 6 km au sud de Playa del Carmen. Organise un beau festival autour du jour des Morts, en novembre.

Selvática (800-365-7446, 998-881-30-30 ; www.selvatica.com.mx ; Ruta de los Cenotes, km 19 ; adulte/8-15 ans 199/99 $US ; circuits 9h, 10h30, 12h et 13h30 ;). À l'intérieur des terres par rapport à Puerto Morelos, cette agence de sports d'aventure ne propose que des circuits organisés à l'avance. On vient donc se donner le frisson avec des tyroliennes, se baigner dans un *cenote* et bien d'autres choses. Informez-vous des conditions d'âge pour chaque activité sur le site Internet.

C'est un lieu agréablement simple et authentique, où l'on y voit souvent les artisans à l'œuvre. On peut y essayer les hamacs et chaises-hamacs.

Alma Libre Bookstore LIVRES, ARTISANAT
(www.almalibrebookstore.com ; Av Tulum 2 ; 10h-18h nov-avr). Cette librairie affiche une vaste collection de livres neufs et d'occasion. Elle vend aussi des œuvres d'art yucatèques, des souvenirs et des produits gastronomiques locaux.

Orientation

La place principale de Puerto Morelos se situe à 2 km à l'est de la route 307, presque au bout de la route menant à la ville (et qui se termine à l'embarcadère principal). Le centre-ville est traversé par trois rues du nord au sud, et s'étend sur plusieurs pâtés de maisons au nord de la grand-place, et sur trois autres au sud de cette dernière. Le quartier situé à l'ouest de la route 307 est appelé La Colonia : cette zone résidentielle abrite des restaurants moins onéreux et plusieurs bons hébergements. Pour vous y rendre, prenez un *colectivo* sur la *plaza*.

Renseignements

Vous trouverez un DAB à l'angle nord-est de la *plaza*. Le site www.inpuertomorelos.com est une bonne source d'information sur la ville.

Depuis/vers Puerto Morelos

Au départ de la gare routière ADO de Cancún (p. 315), des minibus Playa Express et des bus ADO desservent Puerto Morelos (25-32 $M, 35 minutes). Ils vous déposeront sur la grand-route, d'où vous devrez marcher 2 km jusqu'au centre-ville ou prendre un taxi (30 $M) à l'embranchement. ADO et Playa Express proposent aussi des départs fréquents depuis Playa del Carmen. Pour quitter Puerto Morelos, vous pourrez acheter des billets de bus ADO à la petite **gare routière** (www.ado.com.mx ; angle route 307 et Morelos) située à l'embranchement.

À l'aéroport de Cancún (p. 311), des bus partent pour Puerto Morelos (110 $M) avec des départs réguliers, généralement de 7h à 22h.

Les taxis stationnés près de la place vous ramèneront à la grand-route. Certains conducteurs prétendront que le tarif indiqué s'entend par personne ou chercheront à vous facturer un supplément ; fixez-vous un total de 30 $M, et ce pour autant de personnes que vous pourrez faire monter dans le véhicule.

Playa del Carmen

☎984 / 150 000 HABITANTS

Playa del Carmen, aujourd'hui l'une des plus grandes villes de Quintana Roo, est avec Tulum l'une des plus branchées de la côte. Protégées des vents par Cozumel, les plages de la ville sont prises d'assaut par des Européens au corps ciselé. Les eaux ne sont pas aussi claires que celles de Cancún ou de Cozumel, et le sable n'est pas aussi fin qu'au nord, mais Playa ne cesse de se développer.

Proche de l'aéroport international de Cancún, tout en étant suffisamment au sud pour permettre un accès facile à Cozumel, Tulum, Cobá et d'autres destinations de premier plan, la ville est idéalement située. Les récifs sont magnifiques et permettent de pratiquer plongée et snorkeling. Vous croiserez ainsi raies, murènes, tortues marines et une grande variété de coraux. Les gorgones couleur lavande offrent des panoramas pittoresques.

Fréquentée par les croisiéristes, Playa peut paraître bondée, mais la foule est généralement cantonnée au quartier des hôtels.

À voir

Playa del Carmen est essentiellement réputée pour ses plages et son ambiance festive, mais quelques activités sont également possibles par mauvais temps.

Aquarium AQUARIUM

(El Acuario de Playa ; ☎998-287-53-13, 984-879-44-62 ; www.elacuariodeplaya.com ; 2e niveau, Calle 14 Norte 148, Plaza Calle Corazón ; 270 $M ; 11h-22h). Cet impressionnant aquarium sur 3 niveaux présente 200 espèces marines. Une bonne option pour les jours où vous n'allez pas à la plage.

Parque la Ceiba PARC

(☎984-859-23-27 ; www.facebook.com/parquelaceiba ; angle Av 1a Sur et Diagonal 60, Colonia Ejidal ; 7h-20h30 mar-sam, 8h-17h dim). GRATUIT À deux rues à l'ouest de la grand-route, ce joli parc traversé de sentiers comprend des aires de jeux pour les enfants et des coins pique-nique ombragés. Des activités y sont organisées (projections de films, cours de yoga, concerts...) et, le troisième samedi de chaque mois, un marché y réunit des artisans mayas.

Quinta Avenida RUE COMMERÇANTE

Restaurants, bars, boutiques et étals d'artisanat bordent sur 2 km cette artère piétonne très fréquentée.

Parque Fundadores PLACE

(Angle 5 Av Sur et Av Juárez). GRATUIT Le parc le plus connu de Playa del Carmen s'étend entre la célèbre Quinta (5) Avenida et une plage fréquentée. Une aire de jeux y divertit les enfants et des marchands y vendent des fruits locaux découpés. Dans l'après-midi, une petite foule se rassemble sous une statue baptisée Portal Maya pour admirer le coucher du soleil.

Museo Frida Kahlo Riviera Maya MUSÉE

(☎984-980-05-95 ; www.museofridakahloriviera-maya.org ; angle 5 Av Norte s/n et Calle 8 ; 15 $US ; 9h-23h ; P). Ce petit lieu est davantage un centre d'information sur Frida Kahlo qu'un musée exposant ses œuvres, mais, si vous cherchez une activité autre que la plage, passez-y pour en apprendre davantage sur l'une des plus célèbres figures mexicaines.

Plages

Vous ne serez pas déçu par les belles plages de sable blanc, beaucoup plus facilement accessibles que celles de Cancún. Une multitude de restaurants sont installés face à la plage dans la zone touristique et de nombreux hôtels de la région offrent un large éventail d'activités nautiques.

Si la foule vous rebute, allez au nord de la Calle 38, où de maigres palmiers vous abriteront du soleil. Ici, la plage déserte s'étend sur des kilomètres ; on peut y camper agréablement, mais soyez attentif à vos effets personnels, les vols n'étant pas rares.

Certaines femmes pratiquent le topless à Playa (peu fréquent dans la majeure partie du Mexique, et généralement mal vu par la population locale). **Playa Mamitas**, au nord de la Calle 28, est considérée comme

Playa del Carmen

Playa del Carmen

À voir
1 Aquarium C2
2 Museo Frida Kahlo Riviera Maya C3
3 Parque Fundadores C6
4 Quinta Avenida C2

Activités
5 International House Riviera Maya C1
6 Phocea Mexico D3
7 Yucatek Divers B5

Où se loger
8 Casa de las Flores A4
9 Enjoy Playa Hostel B5
10 Hostel 3B C6
11 Hotel Barrio Latino B5
12 Hotel Playa del Karma B1
13 Kinbé Hotel C3
14 Playa Palms D2
15 The Yak Hostel B2

Où se restaurer
16 Babe's C3
17 Club Náutico Tarraya D5
18 Kaxapa Factory B3
19 La Famiglia B2

Où prendre un verre et faire la fête
20 Dirty Martini Lounge D2
21 Playa 69 C4

Où sortir
22 Fusion D4

Achats
23 Artemanos C5

la plus propice au topless ; elle est, en plus, *LGBT-friendly*.

À environ 3 km au sud de l'embarcadère des ferries, après un ensemble de *resorts* tout compris, vous trouverez une plage tranquille et relativement peu fréquentée.

Punta Esmeralda PLAGE
(via 5 Av Norte, juste nord de Calle 112 Norte ; P). GRATUIT Lieu idyllique, Emerald Point est l'une des plages préférées des habitants de Playa del Carmen. Située tout au nord de la ville, elle borde un *cenote* peu profond offrant aux enfants une piscine naturelle où s'amuser, tandis que de l'autre côté de son sable blanc s'étend la mer des Caraïbes.

Activités

Outre d'excellentes sorties de plongée en pleine mer, la plupart des clubs proposent des plongées en *cenote*. Les prix sont souvent comparables d'un prestataire à l'autre : 2 plongées consécutives (100 $M), plongée en *cenote* (160 $US), snorkeling (30 $US), circuits d'observation des requins-baleines (190 $US) et brevet Open Water (450 $US).

Playa était autrefois un village de pêcheur, et l'on peut encore y embarquer sur des petits bateaux pour pêcher le thazard, le tarpon, le barracuda, voire le voilier. La meilleure période s'étend d'avril à juillet.

Louer un vélo est une superbe façon d'explorer les environs et de gagner les *cenotes* alentour.

Phocea Mexico PLONGÉE
(984-873-12-10 ; www.phocea-mexico.com ; Calle 10 Norte s/n ; équipement inclus, 2 plongées consécutives 104 $US, plongées en cenote 150 $US ; 7h30-20h ;). Phocea Mexico organise des plongées avec les requins-taureaux (90 $US) de novembre à mars pour plongeurs confirmés. Certains membres de l'équipe parlent français.

Cycling Journey VÉLO
(984-688-80-25 ; www.facebook.com/cyclingjourneyplaya ; 10 Av Norte, entre Calle 32 Norte et Calle 34 Norte ; location 200-450 $M/jour ; 9h-20h lun-sam). Location de vélos de plage (*beach cruisers*) et de VTT, notamment.

Flora, Fauna y Cultura de México BÉNÉVOLAT
(984-871-52-89, portable 984-1880626 ; www.florafaunaycultura.org ; route 307, km 282, accueil du parc Xcaret ; 9h-17h lun-ven). Cet organisme basé dans l'écoparc Xcaret dirige un projet de protection des tortues à Playa Xcacel, où ces dernières viennent pondre. De mai à octobre, vous pouvez y séjourner en tant que bénévole pour un mois minimum (2 000 $M) ; le programme inclut trois repas par jour et un logement rustique dans une *palapa* (vous devrez apporter votre propre hamac). Réservé aux personnes majeures. De juin à août, vous pouvez aussi vous engager pour une nuit (contre un don de 200 $M) durant laquelle vous patrouillerez dans un secteur de ponte protégé de 20h à 5h.

Yucatek Divers PLONGÉE
(984-803-13-63 ; www.yucatek-divers.com ; 15 Av Norte s/n ; 2 plongées consécutives en mer/grotte 115/160 $US matériel inclus ; 8h-17h). Propose de bons tarifs sur les plongées en mer ou en *cenote* pouvant inclure l'hébergement à l'hôtel Mimi del Mar, non loin de là.

LES PLUS BEAUX CENOTES

Playa del Carmen constitue une bonne base arrière pour explorer les nombreux *cenotes* de la Riviera Maya. Nichés pour la plupart dans la jungle, ces bassins naturels se prêtent à diverses activités aquatiques, dont la baignade, le snorkeling et la plongée-spéléo. Cette dernière est réservée aux plongeurs certifiés et ne peut se faire que par l'intermédiaire d'un club de plongée.

Parque Dos Ojos (portable 984-1600906 ; www.parquedosojos.mx ; route 307, km 124 ; plongée simple/double 1 850/2 600 $M, snorkeling 470 $M ; 8h-17h). À environ 1 km au sud du parc d'attractions de Xel-Há se trouve l'embranchement pour ce gigantesque réseau de grottes. Géré par la communauté maya locale en tant que projet d'écotourisme, le Parque Dos Ojos propose des circuits guidés snorkeling dans d'extraordinaires grottes sous-marines, où l'on évolue dans un univers irréel de stalactites et de stalagmites illuminées. Pour y faire de la plongée, il faut faire appel à un centre spécialisé.

Cenote Azul (www.facebook.com/CenoteAzulRM ; route 307, km 266 ; adulte/enfant 4-8 ans 100/60 $M ; 8h30-17h30 ; P). Situé juste à la sortie de la route 307, ce *cenote* est l'un des plus faciles d'accès de la Riviera Maya. C'est aussi l'un des plus beaux joyaux naturels de la région. Depuis un petit escarpement, vous pourrez sauter là où il est le plus profond, avant d'explorer ses eaux cristallines avec un masque et un tuba. Paiement en espèces uniquement.

Gilets de sauvetage et matériel de snorkeling disponibles à la location. Desservi par des *colectivos* au départ de Playa Del Carmen.

Cenote Cristalino (portable 984-8043941 ; route 307, km 269 ; adulte/enfant 3-12 ans 150/100 $M, plongée 200 $M ; 8h-18h). À l'ouest de la route 307, à 23 km au sud de Playa, le Cristalino fait partie d'un ensemble de superbes *cenotes*. Simple d'accès, il n'est qu'à 70 m de l'entrée du Barceló Maya Beach Resort, lui-même situé juste à la sortie de la grand-route. C'est un excellent lieu pour faire de la plongée (ou simplement sauter depuis les rochers qui l'entourent).

Organise aussi des sessions de plongée pour les personnes à mobilité réduite.

Punta Venado Bike Park VÉLO

(998-206-31-45 ; www.pvbikepark.com ; route 307, km 278 ; VTT à partir de 1 100 $M, équitation 1 200 $M ; 7h-16h mar-dim). Un bel endroit pour faire du VTT ou du cheval, à 11 km au sud de Playa del Carmen et à 1 km à l'est de la grand-route. On peut y dévaler des sentiers de VTT de difficulté variés à travers une épaisse jungle débouchant sur la côte, ou faire une promenade à cheval (1 heure) incluant un arrêt pour se baigner dans un *cenote* et un autre sur une plage sublime.

Cours

Playa compte quelques bonnes écoles de langues, et, en sortant de classe, vous pourrez y pratiquer votre espagnol, utile si vous vous aventurez hors du centre touristique.

International House Riviera Maya ESPAGNOL

(984-803-33-88 ; www.ihrivieramaya.com ; Calle 14 Norte 141 ; 230 $US/sem). Propose des cours d'espagnol de 20 heures hebdomadaires. Possibilité de loger dans les chambres du petit campus (36 $US), même si l'on ne prend pas de cours. Le meilleur moyen d'apprendre l'espagnol reste toutefois de séjourner dans des familles d'accueil mexicaines travaillant avec l'école (33-39 $US, avec le petit-déjeuner).

Voxea Playalingua ESPAGNOL

(984-873-38-76 ; www.playalingua.com ; Calle 20 Norte s/n ; cours collectif/individuel 230/400 $US par semaine). Propose des stages d'espagnol de 20h par semaine en cours collectifs ou individuels, et, à l'occasion, des cours de cuisine mexicaine.

Circuits organisés

Río Secreto SPORTS EXTRÊMES

(998-113-19-05 ; www.riosecreto.com ; route 307, km 283,5 ; adulte/4-12 ans à partir de 79/40 $US ; circuits 8h-14h). Traversez à pied et à la nage cette grotte souterraine longue de 1 km, à 5 km au sud de Playa del Carmen. Si le site peut paraître surfait par endroits, il n'en est pas moins exceptionnel.

Alltournative AVENTURE
(984-803-99-99 ; www.alltournative.com ; route 307, km 287 ; circuits 139-149 $US/pers ; 7h-21h). Cette agence propose diverses excursions en groupe combinant plusieurs activités (tyrolienne, descente en rappel, kayak...) et, pour la plupart, la visite de sites archéologiques. Vous pourriez faire la grande majorité de ces activités par vous-même, mais ces formules sont idéales si vous n'êtes pas motorisé ou que vous avez peu de temps. Sorties snorkeling à partir de 69 $US. Le bureau étant peu facile d'accès, mieux vaut appeler ou réserver en ligne.

Fêtes et festivals

Riviera Maya Jazz Festival MUSIQUE
(www.rivieramayajazzfestival.com ; Playa del Carmen ; nov). Ce festival réunit trois jours durant des musiciens de jazz mexicains et internationaux. Il a habituellement lieu la dernière semaine de novembre sur Playa Mamitas.

Où se loger

À quelques rues de la plage, on trouve des hébergements bon marché et de milieu de gamme, dont plusieurs avec des dortoirs. La haute saison court de janvier à avril, mais le pic touristique est atteint vers Noël (les prix peuvent alors grimper jusqu'à 1 000 $M). Les tarifs sont souvent donnés en dollar US, mais les établissements sont tenus d'afficher le taux de change (*tipo de cambio*) en vigueur.

Hostel 3B AUBERGE DE JEUNESSE $
(984-803-29-01 ; www.hostel3b.com ; angle Av 10 Sur s/n et Calle 1 Sur ; dort/ch avec petit-déj à partir de 15/50 $US ;). Le 3B attire les foules avec ses soirées du vendredi et du samedi, organisées autour de la piscine de son toit-terrasse avec musique électro jusqu'à 2h environ (ce n'est pas là que vous passerez une nuit calme). Située près de la plage, de la gare routière et de l'embarcadère des ferries, l'auberge propose des dortoirs mixtes propres et des chambres privatives colorées. Évitez celles sur le toit.

The Yak Hostel AUBERGE DE JEUNESSE $
(984-148-09-25 ; www.yakhostel.com ; Calle 10 bis s/n ; dort/ch avec petit-déj à partir de 280/800 $M ;). Bien tenue, cette auberge de jeunesse est l'une des plus propres et confortables de la ville. On y trouve divers logements allant du dortoir mixte climatisé aux appartements "deluxe" dotés d'un séjour et d'une cuisine. Les parties communes incluent un toit-terrasse, une cour gravillonnée et un bar sympathique.

Enjoy Playa Hostel AUBERGE DE JEUNESSE $
(984-147-77-76 ; www.facebook.com/enjoyplayahostel ; Calle 4 Norte s/n, entre Av 15 et 20 ; dort 250-300 $M, d 900-1 500 $M ;). Un établissement accueillant très proche de la plage, de la gare routière et de la zone touristique. Les dortoirs, un peu sombres, sont équipés de prises pour recharger les téléphones et de casiers. Le toit-terrasse et le hall d'entrée sont parfaits pour faire des rencontres.

Hotel Playa del Karma BOUTIQUE-HÔTEL $$
(984-803-02-72 ; www.hotelplayadelkarma.com ; 15 Av Norte, entre Calles 12 et 14 ; d à partir de 1 100 $M ;). Un petit goût de jungle au cœur de la ville : les chambres donnent sur une cour à la végétation luxuriante pourvue d'une petite piscine. Toutes ont la climatisation et la TV, et certaines disposent d'une kitchenette, d'un salon et d'adorables petites vérandas avec hamac. L'hôtel organise des circuits vers les sites archéologiques et spots de plongée voisins.

Hotel Barrio Latino HÔTEL $$
(984-873-23-84 ; www.hotelbarriolatino.com ; Calle 4 Norte 153 ; ch avec petit-déj 1 200 $M ;). Cet hôtel, souvent complet, propose 18 chambres propres, bien aérées et équipées de ventilateurs ou de climatiseurs, avec sol carrelé et hamacs (en plus des lits). Le portail d'entrée est souvent fermé. Réduction sur les longs séjours ; chute des prix en basse saison. Appels internationaux gratuits.

Grand Velas RESORT $$$
(877-418-2963 ; www.rivieramaya.grandvelas.com ; route 307, km 62 ; d tout compris à partir de 945 $US ; P). L'immense Grand Velas est le plus fastueux des complexes hôteliers en bord de mer. Il abrite l'un des meilleurs spas de la côte, une piscine à débordement, des chambres au sol en marbre à faire pâlir de honte ses concurrents se disant "de luxe". Foule d'activités pour enfants et adultes. À 6 km au nord de Playa del Carmen.

Petit Lafitte RESORT $$$
(984-877-40-00 ; www.petitlafitte.com ; Carretera Cancún-Chetumal, km 296 ; d/bungalow avec petit-déj et dîner à partir de 285/345 $US ;

(P ⊜ ❄ ☰ ≋). Sur la paisible Playa Xcalacoco, à 6 km au nord de Playa del Carmen, ce complexe est parfait pour des vacances en famille en toute sécurité. Il loue des chambres ou des "bungalows" (plutôt des cabanes en bois aux jolis meubles rustiques, logeant jusqu'à 5 personnes pour certaines). Les enfants apprécieront la grande piscine, la petite ménagerie, la salle de jeux et les diverses activités aquatiques.

Casa de las Flores HÔTEL **$$$**
(☎984-873-28-98 ; www.hotelcasadelasflores.com ; 20 Av Norte 150 ; ch avec petit-déj à partir de 1 600 $M ; ⊜ ❄ ☰ ≋). Mêlant habilement style colonial et confort moderne, cet hôtel est une affaire familiale à l'ambiance intimiste malgré ses vastes dimensions. Ses chambres gaies et colorées sont distribuées autour d'un patio verdoyant doté d'une piscine et de hamacs.

Kinbé Hotel HÔTEL **$$$**
(☎984-873-04-41 ; www.kinbe.com ; Calle 10 Norte s/n ; ch 103-201 $US ; ⊜ ❄ ☰ ≋). Cet hôtel détenu et géré par des Italiens dispose de 29 chambres propres, à la décoration simple, élégante et ornée de petites touches esthétiques. Le toit-terrasse reçoit une agréable brise et jouit d'une superbe vue. Choisissez une chambre donnant sur le paisible patio avec piscine et mur d'eau, ou sur le jardin luxuriant.

La Semilla B&B **$$$**
(☎984-147-32-34 ; www.hotellasemilla.com ; Calle 38 Norte s/n ; ch avec petit-déj à partir de 208 $US ; ⊜ ❄ ☰). Un peu petites, les chambres ont ici un style rustique agrémenté de jolis objets anciens provenant de brocantes et d'haciendas. Le soir, les clients font connaissance dans un jardin luxuriant éclairé de bougies, autour d'un verre offert par la maison ; le petit-déjeuner est lui aussi servi dans le jardin. Vélos en accès gratuit.

Playa Palms BOUTIQUE-HÔTEL **$$$**
(☎984-803-39-08 ; www.playapalms.com ; 1 Av Bis s/n ; ch/ste avec petit-déj à partir de 185/224 $US ; ⊜ ❄ @ ☰ ≋). Hors saison, cet hôtel situé sur Playa Palms propose de très belles affaires (meilleures en ligne). Les chambres, aux formes arrondies, ont un balcon donnant sur une étroite piscine aux formes sinueuses et, au-delà, sur la mer. Des studios moins onéreux donnent sur un jardin. Petit-déjeuner continental servi en chambre.

Où se restaurer

Pour un repas bon marché, éloignez-vous du quartier touristique ou essayez les marchés, où vous trouverez une cuisine régionale et familiale.

Chez Céline PETIT-DÉJEUNER **$**
(☎984-803-34-80 ; www.chezceline.com.mx ; angle 5 Av et Calle 34 ; petit-déj 72-129 $M ; ⏲7h30-23h ; ❄ ☰). De bons petits-déjeuners équilibrés et un large choix de viennoiseries appétissantes font le succès de ce café tenu par des Français.

Asere Ke Bola CUBAIN **$**
(angle route 307 et Av Juárez ; tacos et tortas 13-25 $M ; ⏲7h-13h). Les petits budgets apprécieront ce kiosque tenu par un Cubain, ouvert uniquement le matin. Goûtez à sa savoureuse *torta de lechón,* un sandwich croustillant au rôti de porc arrosé de jus de viande et saupoudré d'oignons marinés – difficile de n'en manger qu'un ! Sur le parking de la Banorte.

Kaxapa Factory SUD-AMÉRICAIN **$**
(☎984-803-50-23 ; www.kaxapa-factory.com ; Calle 10 Norte s/n ; plats 65-145 $M ; ⏲8h-22h mar-dim ; ☰ ✎). Ce restaurant vénézuélien a pour spécialité les *arepas,* délicieuses galettes de maïs garnies de bœuf émincé, de poulet ou de haricots et de bananes plantains. Nombreuses options végétariennes et sans gluten. Les jus de fruits frais se marient à merveille avec tous les plats de la carte.

Ferron's Jerk Chicken JAMAÏCAIN **$$**
(☎984-206-19-41 ; www.facebook.com/ferronsjerkchicken angle Av 105 Norte 3 et Av Constituyentes ; plats 89-169 $M ; ⏲12h-18h mar-dim ; ☰). Aventurez-vous dans un quartier peu visité pour manger un délicieux poulet à la jamaïcaine dans une ambiance reggae décontractée. Diverses formules sont proposées, dont une comprenant poulet grillé à la sauce pimentée, épi de maïs, coleslaw et pain. Sert aussi des côtes de porc grillées épicées.

La Cueva del Chango MEXICAIN **$$**
(☎984-147-02-71 ; www.lacuevadelchango.com ; Calle 38 Norte s/n, entre Av 5 Norte et plage ; petit-déj 90-114 $M, déj et diner 168-198 $M ; ⏲8h-22h30, 8h-14h dim ; ☰). La "Grotte du Singe", connue pour ses ingrédients naturels frais, sert ses clients dans un cadre aux faux airs de jungle – sous une *palapa* et dans un jardin verdoyant. Le service est

sympathique, mais l'attente parfois longue. La cuisine est délicieuse ; essayez le piment *ancho* farci et les *chilaquiles* (tortillas frites en sauce).

Los Aguachiles PRODUITS DE LA MER **$$**
(☎ 984-859-14-42 ; www.facebook.com/losaguachilesrm ; Calle 34 Norte s/n ; tostadas 39-85 $M, plats 135-340 $M ; ⏲12h30-21h ; 📶). Ce restaurant ressemble à une *cantina* standard, à ceci près que son menu – constitué de tacos, *tostadas* (tortillas frites) et autres classiques du genre – a été conçu par un véritable chef. Vous ne trouverez part dans les gargotes alentour de *tostadas* au thon aussi raffinées.

Babe's FUSION **$$**
(☎ 984-879-35-69 ; www.babesnoodlesandbar.com ; Calle 10 Norte s/n ; plats 168-228 $M ; ⏲15h-23h30 mar-dim ; 📶✎). Le Babe's prépare d'excellents plats asiatiques, dont un appétissant *tom kha gai* (soupe thaïlandaise au poulet et au lait de coco) riche en légumes et de très bonnes nouilles de riz vietnamiennes aux crevettes. Le propriétaire suédois propose aussi de savoureuses spécialités coréennes et indiennes. La plupart des plats ont une variante végétarienne.

Club Náutico Tarraya PRODUITS DE LA MER **$$**
(La Tarraya ; ☎ 984-149-42-17 ; www.facebook.com/tarrayaplaya ; Calle 2 Norte 101 ; plats 70-165 $M ; ⏲12h-21h ; 📶). L'un des rares restaurants de Playa fondé dès les années 1960 sert toujours de bons produits de la mer à des prix corrects. C'est un lieu sans chichis, situé sur la plage et offrant une belle vue. Le poisson *a la Tarraya* est très prisé.

♥ **Passion** BASQUE **$$$**
(☎ 984-877-39-00 ; www.passionbymb.com ; 5 Av Norte, Paradisus Hotel ; plats 600-1 100 $M, menu dégustation 1 950 $M ; ⏲18h-21h30 lun-sam ; P ❄ 📶). Avec sa carte créée par le chef étoilé Martin Berasategui et inspirée de la cuisine basque française, voici l'un des meilleurs restaurants de Playa. On peut y commander des plats à la carte ou opter pour un délicieux menu dégustation de 7 plats. Pensez à réserver et choisissez une tenue adaptée à l'élégante salle à manger du Paradisus Hotel.

Axiote MEXICAIN **$$$**
(☎ 984-803-17-27 ; www.axiote.rest ; Calle 34 Norte ; plats 230-268 $M ; ⏲13h30-23h). Tacos, *tostadas* et spécialités régionales : l'Axiote revisite de façon gastronomique et originale les classiques, avec une carte variée incluant des tacos au poisson, une sauce saucisse-avocat et un os à moelle à la sauce haricots frits-piment séché. Sa modeste *palapa* se remplit le week-end, mais vous pourrez attendre qu'une table se libère dans l'un des agréables bars alentour.

La Famiglia ITALIEN **$$$**
(☎ 984-803-53-50 ; www.facebook.com/lafamigliapdc ; 10 Av Norte s/n, angle Calle 10 Norte ; plats 130-390 $M ; ⏲12h-23h mar-sam, 15h-23h dim ; 📶). Rendez visite à "la famille" et régalez-vous de délicieuses pizzas au feu de bois ou de pâtes, raviolis et gnocchis maison. Playa compte maints restaurants italiens, mais celui-ci se classe parmi les meilleurs.

Où prendre un verre et faire la fête

Vous trouverez toutes les ambiances à Playa, depuis les bars *lounge* jusqu'aux discothèques de plage. La fête démarre habituellement dans Quinta Avenida, puis s'étend vers la plage dans Calle 12.

♥ **Fusion** MUSIQUE LIVE
(☎ 984-8797174 ; www.facebook.com/fusionbeachbarcuisine ; Calle 6 Norte s/n ; ⏲8h-1h). Ce bar-grill sur la plage programme des spectacles toujours réussis du type danse orientale ou danse du feu. Horaires variables, mais toujours en deuxième partie de soirée (vers 23h). En début de soirée, c'est un bel endroit pour prendre une bière ou un cocktail en écoutant le bruit des vagues.

♥ **Dirty Martini Lounge** BAR
(www.facebook.com/dirtymartinilounge ; 1 Av Norte 234 ; ⏲12h-2h dim-jeu, 12h-3h ven-sam). Ici, pas de machine à mousse ou de taureau mécanique et peu de nudité – une bouffée d'air dans la folie de Playa. Le cadre n'est pas sans rappeler l'Ouest américain, avec des sièges en cuir de vachette et des panneaux de lambris. Vous pourrez y siroter une boisson savoureuse et vous entendre parler.

La Verbena MUSIQUE LIVE
(☎ portable 984-128-99-91 ; www.facebook.com/laverbenaplaya ; Calle 34 Norte s/n ; ⏲18h-2h). Cet établissement, qui se targue de promouvoir de la "bonne musique", propose une belle programmation de concerts, allant

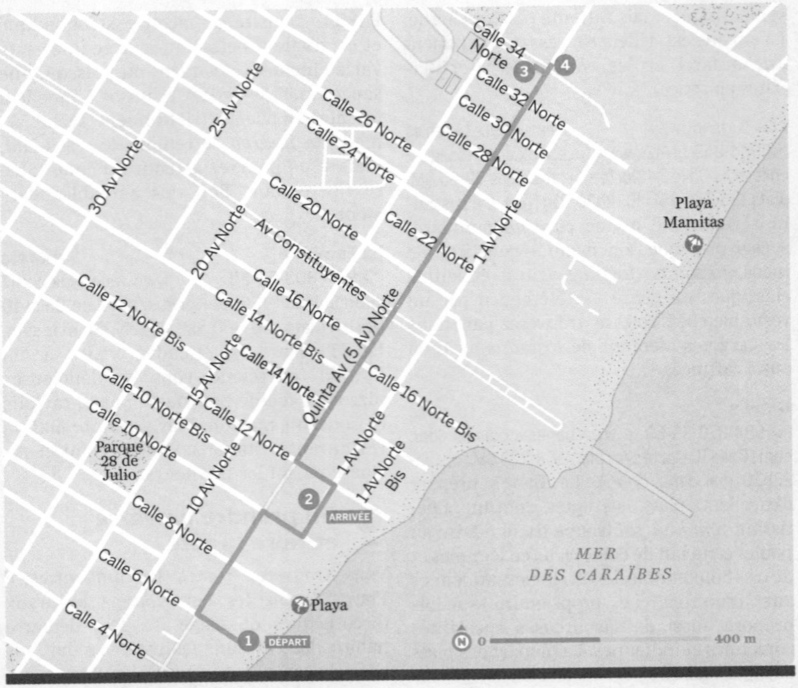

Promenade à pied
Tournée des bars à Playa del Carmen

DÉPART FUSION
ARRIVÉE ANGLE DE LA 1 AVENIDA NORTE ET DE LA CALLE 12 NORTE
DISTANCE 2,5 KM
DURÉE 5 HEURES 30

Commencez cette soirée en fanfare au bar de plage le ❶ **Fusion** (p. 117), vers 22h30. Assis à une table sur le sable, buvez des verres aux chandelles et au son des musiciens. Restez-y au moins une heure pour assister à un superbe spectacle de danse du feu.

Remontez la Calle 6 Norte, tournez à droite dans la grande rue piétonne de la ville, la Quinta Avenida (5ta Av), et rejoignez votre prochaine étape, le ❷ **Dirty Martini Lounge** (p. 117), dans l'avenue parallèle. Commandez une tournée de martinis (faits au shaker) et détendez-vous dans ce qui est l'un des bars les plus branchés de Playa. Si la musique (et l'alcool) vous inspire, bravez le ridicule et prenez part au karaoké !

Reprenez ensuite la Quinta Avenida vers la droite. Remontez-la sur 1 km et tournez à gauche dans la Calle 34 Norte, où vous trouverez ❸ **La Verbena** (p. 117), véritable institution de Playa en matière de musique live. À cette heure-ci, vous ne trouverez sûrement pas de table libre, mais vous pourrez vous déhancher sur du reggae.

Quand vous voudrez changer d'ambiance, gagnez ❹ **La Bodeguita del Medio** (ci-contre), à seulement 60 m au nord de La Verbena, dans la Quinta Avenida. Laissez-vous gagner par la fièvre cubaine et réveillez le(a) danseur(se) de salsa qui sommeille en vous.

À la fermeture de la Bodeguita, retournez à votre point de départ. Là, plusieurs options s'offrent à vous : vous pouvez boire un dernier verre au Dirty Martini Lounge ; vous rendre à l'angle de la 1 Avenida Norte et de la Calle 12 Norte où la fête se poursuit dans la rue et où les discothèques rivalisent à coups de décibels ; ou simplement regagner votre lit.

de la *cumbia* colombienne au reggae en passant par le ska. Il peut faire très chaud dans la salle à l'arrière où se produisent les musiciens, mais les bières fraîches vous feront vite oublier cet inconfort.

La Bodeguita del Medio DANSE

(☎984-803-39-50 ; www.labodeguitadelmedio.com.mx ; angle 5 Av Norte s/n et Calle 34 Norte ; ⌚12h30-2h ; 📶). Il y a des graffitis sur les murs, les abat-jour et à peu près partout dans ce bar-restaurant cubain. Après quelques mojitos, vous danserez toute la nuit sur de la musique *cubana* live. Venez à 19h du mardi au vendredi pour des cours de salsa gratuits.

Playa 69 CLUB GAY

(www.facebook.com/sesentaynueveplaya ; en retrait de 5 Av Norte, entre Calles 4 et 6 ; entrée après 22h 60 $M ; ⌚21h-4h mer-dim). Cette discothèque gay très fréquentée accueille des strip-teaseurs venus du Brésil ou même d'Australie, et propose des spectacles de drag-queens le week-end. Ouvert parfois le mardi pendant les vacances. Au bout d'une petite allée.

Caiman Tugurio BAR

(☎984-147-16-95 ; www.facebook.com/caimantugurio24 ; Calle 24 Norte ; ⌚21h-2h). Playa compte peu de lieux comme celui-ci, où passer une soirée en toute simplicité autour de quelques verres. Pas de piste de danse, pas de frais d'entrée : juste une adresse à l'ambiance musicale agréable pour passer un bon moment entre amis.

Achats

Tierra Huichol ART ET ARTISANAT

(☎984-803-59-54 ; www.tierrahuichol.com ; 5 Av Norte s/n, entre Calles 38 et 40 ; ⌚10h-23h). Ce magasin de l'enseigne Tierra Huichol vend de délicats tableaux faits de fils de laine et des figurines animales recouvertes de perles multicolores, réalisés par des Huicholes des États du Jalisco et du Nayarit, sur la côte Pacifique. Livraison possible à l'internationale.

Artemanos ART ET ARTISANAT

(☎984-803-12-72 ; www.facebook.com/artemanosartemexicano ; 5 Av Norte ; ⌚9h-23h). Dans cette petite boutique de la Quinta Avenida, vous trouverez des *alebrijes* (animaux en bois peint) du Oaxaca, des bijoux en argent et des œuvres en fils ou en perles faites par des Indiens Huicholes.

Renseignements

ARGENT

La ville compte de nombreux DAB et bureaux de change.

Bancomer (angle Av Juárez s/n et 25 Av Norte ; ⌚8h30-16h lun-ven, 9h30-14h sam)

Banorte (angle 10 Av Norte s/n et Calle 8 Norte ; ⌚8h30-16h lun-ven, 9h-14h sam)

Scotiabank (angle Av Constituyentes 39 et Av 10 Norte ; ⌚8h30-16h lun-ven)

DÉSAGRÉMENTS ET DANGERS

De manière générale, Paya est une ville sûre : il y a peu de risque que s'y faire agresser ou racketter, à moins toutefois de chercher à acheter de la drogue ou de fréquenter des dealers (ou leurs clients). Des pickpockets y sévissent néanmoins, surtout dans les boîtes de nuit bondées. Sur les plages – et notamment celles, plus reculées, du nord de la ville – il arrive que des voleurs subtilisent les affaires des personnes assoupies ou parties se baigner.

N'achetez pas de drogue dans la rue et ne vous faites pas voir en train de parler avec un dealer : policiers et gangs rivaux pourraient penser que vous êtes impliqué dans ce trafic, et mieux vaut n'avoir affaire à aucun...

POSTE

Bureau de poste (angle 20 Av Norte et Calle 2 Norte ; ⌚8h-16h lun-ven, 9h-13h sam).

SERVICES MÉDICAUX

Hospiten (☎984-159-22-00 ; www.hospiten.com ; route 307 s/n, en face du Centro Maya ; ⌚24h/24). Hôpital privé, au sud de la ville, sur la route 307.

Playa International Clinic (☎984-803-12-15, portable 984-1088180 ; www.facebook.com/playainternationalclinic ; 10 Av Norte s/n, angle Calle 28 ; ⌚24h/24). Très bonne clinique, pourvue d'un caisson hyperbare. La porte est parfois fermée, mais le personnel est présent 24h/24.

URGENCES

Police, urgences médicales, pompiers (☎911, ☎066).

Depuis/vers Playa del Carmen

BATEAU

Des ferries partent fréquemment pour Cozumel de la Calle 1 Sur, où vous trouverez les **billetteries** (angle Av 1 Sur s/n et Calle 1 Sur) de 2 compagnies. Tarifs susceptibles d'évoluer. Des car-ferries partent pour Cozumel d'un **embarcadère** (Terminal Marítima Punta Venado ; www.calica.com.mx/terminal-

BUS AU DÉPART DE PLAYA DEL CARMEN

DESTINATION	PRIX ($M)	DURÉE (H)	FRÉQUENCE
Cancún	56-74	1-1 ¼	fréquents
aéroport de Cancún	190	1	fréquents
Chetumal	287-466	4 ½-5 ½	fréquents
Chichén Itzá	165-332	3-4	3/jour ; 7h30, 8h et 9h30
Cobá	85-110	2	12/jour
Laguna Bacalar	260-340	4-4 ½	fréquents
Mahahual	378	4-4 ½	2/jour ; 8h05 et 17h55
Mérida	280-522	4 ¼-5 ¾	fréquents
Palenque	986-1 178	11 ½-12	7/jour
San Cristóbal de las Casas	851-1 027	20-21	6/jour
Tulum	49-80	1	fréquents
Valladolid	206-228	2 ½-3 ½	12/jour

maritima-punta-venado ; route 307, km 282) situé au sud de Playa.

Mexico Waterjets (☎984-872-15-88 ; www.winjet.mx ; Av 1 Sur s/n ; aller adulte/enfant 6-11 ans 175/90 $M ; ⏲8h-22h). Réductions en ligne pouvant atteindre 20%.

Transcaribe (☎987-872-76-71 ; www.transcaribe.net ; route 307, km 282, Calica-Punta Venado ; aller 500 $M). Car-ferries quotidiens pour Cozumel. Billets des passagers inclus dans le prix du trajet. Embarcadère à 8 km au sud de Playa del Carmen.

Ultramar (☎998-293-90-92, 998-881-58-90 ; www.ultramarferry.com/en ; Av 1 Sur s/n ; aller simple adulte/6-11 ans 200/130 $M, aller en car-ferry 400 $M ; ⏲7h-23h). Le plus moderne des ferries affirme être le mieux armé contre le mal de mer grâce à des stabilisateurs supplémentaires. Option 1re classe : salon et sièges en cuir, plus d'espace et un embarquement prioritaire. Les car-ferries partent de l'**embarcadère Calica-Punta Venado** (Terminal Marítima Punta Venado ; www.calica.com.mx/terminal-maritima-punta-venado ; route 307, km 282).

BUS

Playa compte deux gares routières qui vendent chacune des billets et peuvent vous renseigner sur au moins quelques lignes de l'autre gare. Les billets 2e classe sont plus économiques, mais gardez à l'esprit que les bus concernés marquent généralement tous les arrêts.

L'**ADO Terminal Alterna** (www.ado.com.mx ; 20 Av Norte s/n, angle Calle 12) est la gare routière de départ et d'arrivée de la plupart des bus longue distance. Les bus régionaux, desservant le Quintana Roo, partent de l'**ADO Terminal Turística** (Terminal del Centro ; www.ado.com.mx ; angle 5 Av Norte s/n et Av Juárez).

Les navettes **Playa Express** (Calle 2 Norte) permettent de circuler beaucoup plus rapidement entre Playa del Carmen et Cancún. Liaisons fréquentes et rapides vers Puerto Morelos (25 $M, 40 min) et vers le centre-ville de Cancún (38 $M, 1 heure 15).

COLECTIVOS

Les **colectivos** (angle Calle 2 s/n et 20 Av ; ⏲5h-23h30) permettent de regagner à moindre coût Tulum et Cancún, au nord. Ils partent une fois complets (environ toutes les 15 minutes) et s'arrêtent à la demande le long de la route entre Playa et Tulum. L'espace pour les bagages est un peu limité, mais les *colectivos* sont parfaits pour une excursion à la journée. Du même endroit, vous pourrez prendre un *colectivo* à destination de Cancún (40 $M). Il en part aussi chaque jour pour l'Isla Holbox (250 $M), à 11h30 et 18h30.

Akumal

☎984 / 1 300 HABITANTS

Si Akumal ("lieu des Tortues") est toujours réputée pour sa superbe plage et sa grande lagune propice à la baignade, l'urbanisation galopante, en empiétant sur la quasi-totalité de leurs sites de ponte, y a fait chuter le nombre de tortues. Sur cette côte où se sont implantés les tout premiers *resorts* du Yucatán, hôtels de luxe et résidences (attirant principalement des Américains et des Canadiens) s'alignent sur près de 5 km de vastes plages, le long de quatre baies successives.

On n'accède ainsi que difficilement à la mer (et des murs cachent même les seuls endroits où l'on pourrait encore l'apercevoir depuis la route). Akumal est la destination idéale si vous voulez parler anglais, côtoyer des expatriés et manger dans de très bons bars et restaurants.

Pour atteindre la zone concentrant la plupart des sites d'intérêt et des services, prenez, depuis la route 307, la sortie "Playa Akumal", puis poursuivez sur 500 m environ.

Activités

Bien que les récifs d'Akumal pâtissent de la croissance démographique, la plongée y reste l'activité principale. La Laguna Yal-Kú est un très bon lieu pour faire du snorkeling à moindres frais, mais il y a parfois beaucoup de monde.

Dans le centre, on accède pour 100 $M à une plage avec toilettes et douches, et où la baignade est agréable. Dans la zone hôtelière, peu de plages sont accessibles gratuitement.

Près du rivage, le courant est faible, mais la houle peut être forte.

Laguna Yal-Kú BAIGNADE

(984-875-90-65 ; www.facebook.com/yalku ; Yal-Kú Lagoon ; adulte/enfant 4-12 ans 14/10 $US, matériel de snorkeling 12 $US, casier 3 $US ; 9h-17h ;). À 2 km au nord de l'entrée de Playa Akumal, cette magnifique lagune rocheuse est l'un des sites phares de la région. Elle s'étend sur 500 m jusqu'à la mer et ses eaux, peuplées de grands bancs de poissons multicolores, reçoivent parfois la visite de tortues.

L'entrée inclut l'accès aux douches, aux toilettes et au parking, et l'on peut y louer du matériel de snorkeling. Comptez environ 100 $M pour vous y rendre en taxi depuis l'entrée de Playa Akumal. Afin de protéger l'écosystème fragile de la lagune, l'usage d'écran solaire est interdit.

Akumal Dive Shop PLONGÉE

(984-875-90-32 ; www.akumaldiveshop.com ; sortie de 1/2 explorations 53/100 $US, snorkeling 50 $US ; 8h-17h). Cette agence située à l'entrée de la ville propose des excursions de plongée, des parties de pêche en haute mer et des sorties de snorkeling jusqu'aux récifs et des plages isolées. Loue aussi des catamarans.

Où se loger

Le site www.akumalvacations.com propose de nombreuses maisons à la location, mais vous pouvez aussi loger dans l'un des hôtels (généralement onéreux) des environs. De l'autre côté de la grand-route, le village d'Akumal à proprement parler (Akumal Pueblo) compte des hôtels à très bas coût, mais aux murs très fins et parfois fréquentés par des clients payant à l'heure.

Que Onda HÔTEL $$$

(984-875-91-01 ; www.facebook.com/queondaakumal ; Caleta Yalkú Lote 97 ; d/qua 1 800/2 000 $M ; P). Relativement abordable pour Akumal, cet hôtel loue des chambres calmes et agréables donnant sur un jardin luxuriant avec grande piscine. L'une d'entre elles, une vaste suite à un étage, peut loger 4 personnes. On y trouve aussi l'un des meilleurs restaurants de la ville.

Del Sol Beachfront HÔTEL $$$

(984-875-90-60 ; www.delsolbeachfront.com ; route côtière s/n ; ch/app à partir de 129/190 $US ; P). Derrière une façade aux couleurs vives, cet établissement abrite des chambres exiguës avec terrasse ou balcon donnant sur la plage. Il propose aussi des studios plus spacieux et de grands appartements de deux chambres. Location de vélos (8 $US/heure).

Villa Las Brisas HÔTEL $$$

(984-875-92-63, portable 984-1163985 ; villalasbrisas@hotmail.com ; près de la route 307 ; ch 100-180 $US, app 137-228 $US ; P). Sur la plage Aventuras Akumals, cette belle adresse moderne abrite, dans deux bâtiments, deux chambres d'hôtel, des appartements d'une ou deux chambres et un studio. Les tarifs varient grandement selon le type de logement et la saison. Horacio et Kersten, les charmants propriétaires, parlent 5 langues. Prenez la route à 3 km au sud de l'embranchement pour Playa Akumal sur la route 307.

Où se restaurer et prendre un verre

À la sortie de Playa Akumal, deux supérettes proposent une sélection correcte d'aliments. Les restaurants, fréquentés par des expatriés et des touristes, pratiquent des prix élevés, mais la cuisine y est généralement d'une grande qualité.

Turtle Bay Cafe & Bakery CAFÉ $$

(984-875-91-38 ; www.turtlebaycafe.com ; Plaza Ukana 1 ; plats 105-275 $M ; 7h-21h ; P). Adresse prisée au petit-déjeuner, ce séduisant café affiche un vaste choix de plats occidentaux copieux allant des burritos aux œufs Bénédicte. Les cartes du déjeuner et du dîner incluent des pizzas faites avec de la pâte au levain, des hamburgers et de savoureux plats au poisson et aux fruits de mer, comme le *pescado negro* (poisson "noirci" – épicé et grillé). Il y a aussi un bar.

La Cueva del Pescador PRODUITS DE LA MER **$$**
(984-875-90-02 ; plats 130-240 $M ; 12h-21h ; P). Près de l'entrée de la ville, ce lieu prisé des étrangers dispose d'une terrasse et sert de bons tacos aux crevettes et plats de poisson grillé dans une atmosphère décontractée. Paiement en espèces uniquement.

La Buena Vida BAR
(984-875-90-61 ; www.labuenavidarestaurant.com ; route côtière Lote 35 ; 8h-23h ;). Tables posées sur le sable, et balançoires en guise de tabouret : ce bar-restaurant très populaire sert sur la plage des cocktails aux noms amusants, comme le... "Viagra" ! Le restaurant (plats 85-240 $M) est très bon, avec des spécialités phares comme le poisson *Tic kin xic* (poisson grillé à la sauce yucatèque, 160 $M).

Tulum

984 / 18 200 HABITANTS

Avec ses plages de sable blanc, ses eaux d'un bleu cobalt et sa brise légère, Tulum est l'une des grandes destinations balnéaires du Mexique. Cerise sur le gâteau : son cadre spectaculaire sert d'écrin à des vestiges mayas. La ville offre aussi d'excellentes occasions de pratiquer la plongée-spéléo, de se baigner dans les *cenotes* et de profiter d'un large choix d'hôtels et de restaurants.

Certains pourraient se laisser rebuter par le fait que le centre-ville, où sont regroupés tous les hébergements et restaurants bon marché, est situé en bordure de route, ressemblant ainsi plus à un relais routier qu'à un paradis tropical. Rien n'empêche toutefois de gagner la côte pour dénicher le paisible bungalow sur la plage dont vous rêvez, à condition d'y mettre le prix.

La découverte des environs de Tulum ne manque pas non plus d'intérêt, de l'immense Reserva de la Biosfera Sian Ka'an au village de pêcheurs isolé de Punta Allen en passant par les ruines de Cobá.

Histoire

La plupart des archéologues pensent que Tulum date de la fin de la période postclassique tardive (1200-1521) et fut, à son apogée, une importante cité portuaire. Les Mayas en sillonnèrent la côte du nord au sud, y conservant des accès commerciaux jusqu'au Belize. L'Espagnol Juan de Grijalva, dont l'expédition passa au large en 1518, resta fasciné par cette cité fortifiée aux maisons peintes de couleurs vives (rouge, bleu et jaune), et par sa tour de guet, dressée sur le rivage, au sommet de laquelle brûlait un feu rituel.

Les remparts, qui entourent Tulum sur trois côtés (le quatrième donne sur la mer), ne laissent aucun doute sur son rôle stratégique. Ces murailles de plusieurs mètres d'épaisseur et de 3 à 5 m de hauteur protégèrent la ville durant les conflits qui opposèrent les cités-États mayas. Toutefois, la plupart des habitants résidaient à l'extérieur des remparts. À l'intérieur, les édifices utilisés pour les cérémonies civiques et les palais logeaient sans doute la classe dirigeante.

La ville fut abandonnée relativement tard, environ 75 ans après la conquête espagnole. La plupart des autres cités antiques avaient été désertées bien avant l'arrivée des conquistadores. Les pèlerins mayas continuèrent à y venir, et des *indígenas* fuyant la "guerre des castes" y trouvèrent parfois refuge.

Tulum signifie "mur" en maya, mais les anciens habitants appelaient la cité "Zama" ("l'aube"). On doit probablement l'appellation de "Tulum" aux explorateurs du début du XXe siècle.

Jadis village de pêcheurs, Tulum connaît aujourd'hui une croissance fulgurante : sa population a plus que doublé depuis 2006, et la ville ne cesse de s'étendre.

À voir

Ruines de Tulum SITE ARCHÉOLOGIQUE
(www.inah.gob.mx ; route 307, km 230 ; 70 $M, parking 180 $M, visites à partir de 560 $M ; 8h-17h ; P). L'emblématique site archéologique de Tulum surplombe une côte découpée, une plage scintillante bordée de palmiers et des eaux turquoise. La taille modeste des édifices, leur architecture postclassique et les ornements ne sauraient rivaliser avec d'autres constructions plus anciennes et plus ambitieuses, mais l'emplacement est à couper le souffle.

Les ruines sont une destination privilégiée des circuits en bus. Pour éviter la foule, visitez le site tôt le matin ou en fin de journée. Un train (20 $M) fait la navette entre les 500 m qui séparent la billetterie et l'entrée. Vous pouvez aussi les parcourir à pied. Le parking immédiatement à l'est du parking principal, le long de l'ancienne route d'accès, est meilleur marché (50-100 $M). Depuis la route de la plage, vous pourrez emprunter une entrée piétonne moins fréquentée.

IK Lab GALERIE

(984-980-06-40 ; www.iklab.art ; Carretera Tulum-Boca Paila, km 5 ; 10h-12h). GRATUIT Le complexe hôtelier Azulik abrite une incroyable galerie d'art contemporain. On y entre pieds nus pour fouler le sol de béton poli et de *bejuco* (sorte de liane) et ainsi interagir avec cette matière organique. Fondé par l'arrière-petit-fils de la collectionneuse Peggy Guggenheim, ce lieu hors du commun s'apparente à une forêt d'espaces tortueux, où l'on découvre les œuvres d'art parmi des éléments puisés dans la nature alentour, sous des voûtes de bois aux motifs géométriques.

Juste à côté, un dôme de 12 m, prouesse architecturale bâtie selon des principes géométriques ancestraux, n'est accessible que sur rendez-vous.

Activités

De nombreux prestataires proposent des sorties de plongée sur des récifs ou en grotte. Toutefois, si la plongée-spéléo est une activité phare à Tulum, elle est aussi un sport très risqué : il faut être un plongeur certifié pour la pratiquer et, même alors, se faire accompagner par un professionnel connaissant les réseaux souterrains de la région.

Le spectaculaire **Cenote Angelita** (route 307, km 213 ; plongée en cenote 300 $M, snorkeling 200 $M ; 7h-17h) est le théâtre d'un phénomène unique : à mi-profondeur, on y atteint une couche de sulfure d'hydrogène qui trouble l'eau d'un étrange brouillard, déchiré çà et là par les branches noueuses d'arbres morts immergés. En regardant vers le haut, on peut alors voir le soleil filtrer à travers l'eau et ces longs bras de sorcières noueux. C'est une plongée profonde réservée aux personnes expérimentées ; contactez un centre de plongée pour l'entreprendre.

Les plages de Tulum se prêtent très bien au snorkeling et à la baignade, mais il faut rester vigilant : de nombreux bateaux de plongée ou de pêcheurs fendent les eaux séparant la plage du récif, et il est judicieux

Ruines de Tulum

de se munir d'un pavillon de plongée (drapeau signalant votre présence). Mieux vaut ne pas s'éloigner du rivage si l'on n'est pas bon nageur.

Xibalba Dive Center PLONGÉE

(984-871-29-53 ; www.xibalbadivecenter.com ; Andromeda Oriente 7, entre Libra Sur et Geminis Sur ; plongée spéléo équipement inclus simple/double 90/150 $US). Ce club de plongée, l'un des plus réputés de Tulum, est très attentif à la sécurité. Spécialisé dans la plongée-spéléo, il organise des excursions au Parque Dos Ojos et à l'étrange Cenote Angelita (ci-contre). Faisant par ailleurs office d'hôtel (chambres à partir de 100 $US), il propose des formules qui combinent logement, excursions de plongée et cours.

I Bike Tulum VÉLO

(984-802-55-18 ; www.ibiketulum.com ; Av Cobá Sur, entre Sol Oriente et Gama Oriente ; vélo/scooter 130/763 $M par jour ; 8h30-17h30 lun-sam). Loue des vélos de plage (*beach cruisers*) avec antivol et casque, ainsi que des scooters.

Sian Kite Watersports KITESURF

(WhatsApp uniquement 984-185-11-51 ; www.facebook.com/siankitetulum ; hôtel Papaya Playa Project, Carretera Tulum-Boca Paila, km 4,5 ; cours de surf/kitesurf M$40/80 $M par

Tulum

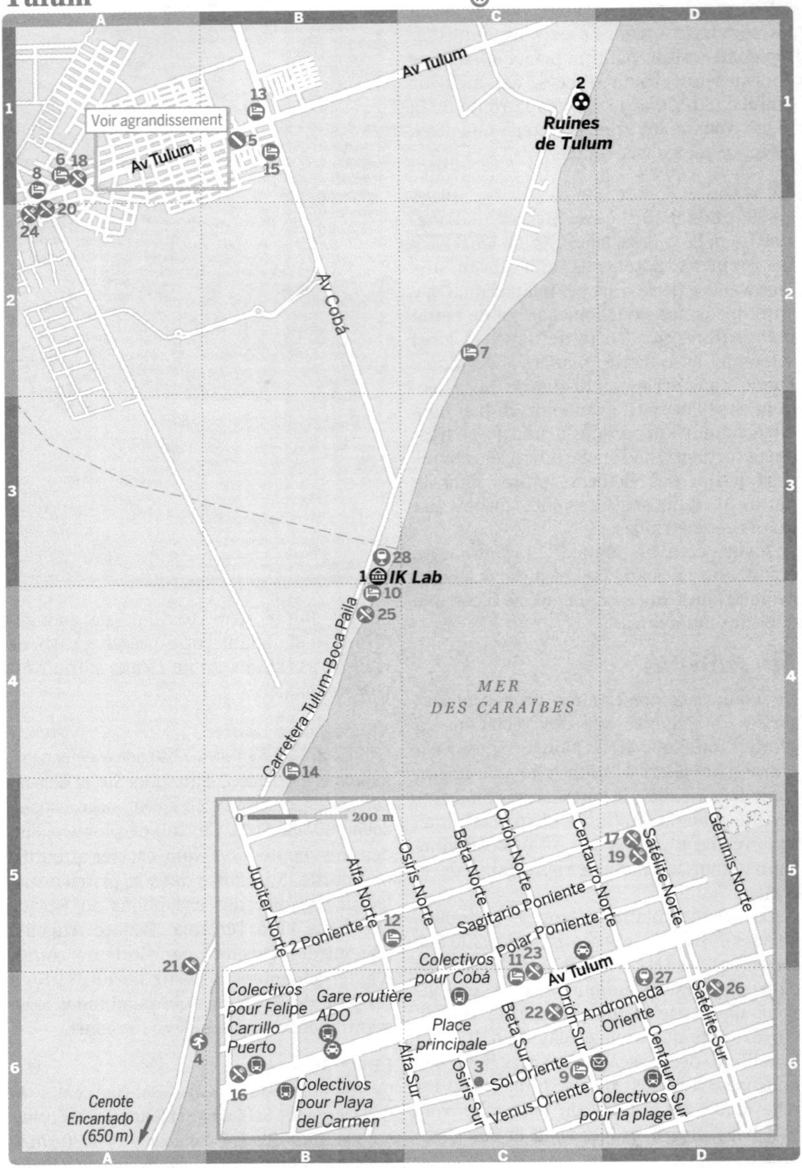

heure ; ⌚9h-17h). Propose des cours d'initiation au kitesurf d'une heure (si vous trouvez d'autres participants, vous bénéficierez d'un tarif de groupe) et des leçons de surf. Situé dans l'hôtel Papaya Playa Project, à 3 km au sud-est du croisement des avenues Tulum et Cobá et à 500 m au sud de l'intersection entre l'Avenida Coba et la route côtière.

Salsa Sunday DANSE

(☎portable 984-1154726 ; www.lazebratulum.com ; Hotel La Zebra, Carretera Tulum-Boca Paila, km 8,2 ; ⌚18h30-23h dim). GRATUIT À 18h30,

Tulum

Les incontournables
1 IK Lab B3
2 Ruines de Tulum C1

À voir
Casa del Cenote ..... (voir 2)
El Castillo ..... (voir 2)
Estructura 25 ..... (voir 2)
Templo de la Estela ..... (voir 2)
Templo de las Pinturas ..... (voir 2)

Activités
3 Community Tours Sian Ka'an C6
I Bike Tulum ..... (voir 15)
iTour Mexico ..... (voir 13)
4 Salsa Sunday A6
Sian Kite Watersports ..... (voir 28)
5 Xibalba Dive Center B1

Où se loger
6 Casa Abanico A1
7 Diamante K C2
8 El Jardín de Frida A1
9 Hotel Kin-Ha C6
10 La Posada del Sol B4
11 L'Hotelito C6
12 Lum Hostal B5
13 Mango Tulum B1
14 Posada Margherita B4
15 Teetotum B1

Où se restaurer
16 Antojitos la Chiapaneca B6
17 Azafran D5
18 Barracuda A1
19 El Asadero D5
20 El Camello Jr A2
21 Hartwood A5
22 La Gloria de Don Pepe C6
23 La Nave C6
24 Los Aguachiles A2
Posada Margherita ..... (voir 14)
25 Puro Corazón B4
26 Taquería Honorio D6

Où prendre un verre et faire la fête
27 Batey D6
28 Papaya Playa Project B3

apprenez gratuitement à danser la salsa à l'hôtel-restaurant La Zebra, avant de mettre en pratique les pas appris au son d'un vrai groupe de 20h à 23h. Ces soirées festives sont une institution à Tulum.

Circuits organisés

Uyo Ochel Maya CIRCUITS
(☎983-124-80-01 via WhatsApp uniquement ; adulte 700, parking 50 $M ; 8h-16h). Visitez les lagunes de Chunyaxche et de Muyil avant de revêtir un gilet de sauvetage et de descendre un canal maya vieux de plusieurs siècles. Une belle façon de découvrir la deuxième plus grande lagune du Quintana Roo. Les mangroves abritent des orchidées, des saprophytes et d'innombrables oiseaux. Pour atteindre la lagune en voiture, suivez la route de terre à 250 m environ au sud du site archéologique de Muyil.

Community Tours Sian Ka'an ECOTOUR
(☎984-871-22-02, portable 984-1140750 ; www.siankaantours.org ; Osiris Sur, angle Sol Oriente ; circuits 85-125 $US/pers ; 7h-21h). S'inscrivant dans une démarche de tourisme durable, cet organisme géré par la communauté maya locale propose divers circuits dans la sublime **Reserva de la Biosfera Sian Ka'an** (réserve de biosphère Sian Ka'an ; 35 $M ; lever-coucher du soleil) : observation des oiseaux, visite de vestiges mayas, baignade dans un ancien canal maya, sortie en kayak...

Fêtes et festivals

Sound Tulum MUSIQUE
(www.soundtulum.com ; fin déc-début jan). Durant deux semaines, ce festival attire à Tulum de grands noms de la scène électro underground mondiale.

Où se loger

Le choix de votre logement dépendra de l'objectif de votre visite : les activités de la journée se concentrent essentiellement autour de la plage ou des ruines, tandis qu'en soirée l'action se passe dans les restaurants et les bars de la ville.

On trouve de meilleures offres en ville, où les auberges de jeunesse et les établissements de milieu de gamme abondent.

Tulum Pueblo

Si vous logez dans le centre-ville, vous devrez marcher longtemps ou prendre un taxi, un vélo ou un *colectivo* pour atteindre la plage. De nombreux hôtels et auberges proposent une navette déposant leurs clients sur la plage le matin, mais ces derniers doivent souvent rentrer en taxi ou *colectivo*. Pour être au plus près du sable et des vagues, mieux vaut loger dans la Zona Hotelera.

Lum Hostal AUBERGE DE JEUNESSE $
(☎984-160-04-21 ; www.facebook.com/lumhostal ; Alfa Norte, angle Sagitario Poniente ; dort/d

VISITE DU SITE ARCHÉOLOGIQUE DE TULUM

Les visiteurs doivent suivre un trajet préétabli. De la billetterie, partez vers le nord et longez l'immense **enceinte** – qui mesure 380 m du sud au nord et 170 m sur les côtés – jusqu'à la moitié environ. À l'angle, la **tour**, longtemps identifiée comme un poste de guet, serait peut-être une sorte de sanctuaire. On pénètre dans le site par une brèche dans le mur nord.

Une fois à l'intérieur, dirigez-vous à l'est vers la **Casa del Cenote**, qui doit son nom au petit bassin à sa pointe sud. Plus au sud, on atteint le **Templo del Dios del Viento** (temple du Dieu du Vent), dont la plateforme donne accès à la plus belle vue sur El Castillo, avec la mer en arrière-plan.

Derrière ce temple s'étend une jolie petite **plage** (interdite au public lors de notre passage). Un peu plus à l'ouest, rejoignez l'**Estructura 25**, connue pour sa belle frise en stuc représentant le dieu descendant.

Au sud de l'Estructura 25 se dresse **El Palacio**, remarquablement décoré, qui arbore des motifs en X au-dessus de ses avant-toits. De là, repartez à l'est vers la mer et longez l'extérieur de l'unité centrale du temple (sur votre droite). Au fond, vous profiterez d'une belle vue sur la mer. En revenant dans les terres côté sud, vous pénétrerez dans le site par une arcade à encorbellement après le **Templo de la Estela** (temple de la Stèle), qui a été restauré. Le nom de ce dernier fait référence à la stèle 1, une pierre trouvée sur les lieux et aujourd'hui conservée au British Museum de Londres.

Au cœur du site s'élève son plus haut bâtiment, une tour de guet baptisée **El Castillo** (le château) par les Espagnols. Notez la présence du dieu descendant au centre de la façade. Au sud du Castillo, des marches descendent vers une plage (généralement bondée) où vous pourrez nager.

En vous dirigeant vers la sortie, à l'ouest, vous verrez le **Templo de las Pinturas**, formé de deux temples emboîtés. Ceux-ci furent construits en plusieurs étapes entre 1400 et 1450.

Lors de votre visite, vous verrez peut-être des coatis roux et des iguanes.

500/1 500 $M ; ⊖ ᯤ). Cette auberge chic, propre et bien dirigée loue, dans le centre-ville, des chambres et des dortoirs de 6 lits modernes, avec sol en béton poli, climatisation, cuisine commune, bar et — cerise sur le gâteau - des vélos gratuits pour gagner la plage et les vestiges.

El Jardín de Frida AUBERGE DE JEUNESSE **$**
(☎984-871-28-16 ; www.fridastulum.com ; Av Tulum, entre Av Kukulkán et Chemuyil ; dort 200 $M, d/ste 1 000/1 300 $M ; P ⊖ ᯤ). La maison principale, les dortoirs mixtes et propres et les chambres individuelles de cette auberge de jeunesse écologique fonctionnant à l'énergie solaire arborent des couleurs vives, typiques du pop art mexicain. Certains d'entre eux sont équipés de ventilateurs, d'autres sont climatisés mais plus coûteux. Personnel très sympathique et serviable. Paiement en espèces uniquement.

Hotel Kin-Ha HÔTEL **$$**
(☎984-871-23-21 ; www.hotelkinha.com ; Orión Sur s/n, entre Sol Oriente et Venus Oriente ; d avec petit-déj 77 $US ; P ⊖ ❄ ᯤ). Petit hôtel de propriété italienne, dont les chambres plaisantes entourent une petite cour où sont installés des hamacs. L'arrêt des *colectivos* qui vont à la plage et aux sites archéologiques se trouve au coin de la rue. Les clients peuvent utiliser les infrastructures de l'établissement parent du Kin-Ha (sur la plage). Lors de notre dernière visite, les chambres étaient en cours de rénovation et un toit-terrasse avec bar et Jacuzzi devait être aménagé.

Casa Abanico HÔTEL **$$**
(☎984-160-01-25 ; www.facebook.com/casaabanico.tulum ; Tauro Poniente, angle Av Kukulkán ; d/qua 55/70 $US ; ⊖ ❄ ᯤ). À quelques rues de l'avenue principale, ce joli petit hôtel compte 6 chambres charmantes au cœur d'un ravissant jardin traversé de sentiers gravillonnés. Les clients y ont accès à une cuisine en extérieur et à des vélos. Les chambres coiffées de chaume, à l'étage, ont un peu plus de charme que celles du bas. Personnel très sympathique.

♥ **L'Hotelito** HÔTEL **$$$**
(☎984-160-02-29 ; www.hotelitotulum.com ; Av Tulum ; d avec petit-déj 90 $US ; ⊖ ❄ @ ᯤ).

Des promenades en bois et en briques traversent un patio latéral pour rejoindre les chambres bien dimensionnées de cet hôtel plein de cachet, géré par des Italiens. Le restaurant attenant sert de bons petits-déjeuners. Deux chambres à l'étage disposent de grands balcons, mais elles sont plus exposées au bruit de la rue. Possibles réductions en ligne.

Teetotum BOUTIQUE-HÔTEL **$$$**
(☎ 984-143-89-56 ; www.hotelteetotum.com ; Av Cobá Sur 2 ; ch avec petit-déj 161 $US ;). Ce boutique-hôtel contemporain ne compte que 4 chambres, élégantes. Espaces communs avec solarium à l'étage, bassin et excellent restaurant. Un peu coûteux pour un établissement ne se trouvant pas sur la plage, mais des vélos sont à disposition. Les prix descendent parfois à 110 $US. À 200 m au sud de l'Avenida Tulum.

Zona Hotelera

Finie l'époque où l'on pouvait accrocher son hamac dans une cabane sur la plage pour moins de 80 $M. Aujourd'hui, on y trouve certes des logements rustiques, mais à des prix bien plus chics ! La qualité et les tarifs varient grandement et mieux vaut bien comparer avant de réserver.

En logeant sur la plage, vous vous exposez potentiellement aux punaises de lit et aux puces de sable ; prévoyez donc du répulsif ou une spirale antimoustique à brûler près de votre porte. Par ailleurs, la brise peut rendre les nuits très fraîches.

Cenote Encantado CAMPING **$**
(☎ WhatsApp uniquement 55-3028-2253 ; www.cenoteencantado.com ; Carretera Tulum-Boca Paila, km 10,5 ; tentes 500 $M/pers ;). Rare adresse bon marché à proximité de la plage, ce camping tendance New Age tient son nom d'un ravissant *cenote* situé dans son arrière-cour. Les clients logent dans de grandes tentes équipées de lits, de tapis et de tables de chevet, et il y a même une salle de yoga et de méditation. Le camping ne donne pas sur la plage, mais on peut y aller à pied. Les tarifs augmentent – parfois énormément – en décembre et janvier.

Dans le *cenote*, on peut nager, faire du kayak et du snorkeling sans crainte des crocodiles. À 6,5 km au sud du croisement en T, près de l'entrée de la Reserva de la Biosfera Sian Ka'an.

Mango Tulum HÔTEL **$$**
(☎ 55-1204-0339 ; www.mangotulum.com ; angle Polar Poniente et Av Cobá ; ch à partir de 55 $US ;). Cet hôtel de milieu de gamme, calme et confortable, dispose de chambres minimalistes donnant sur une piscine et un jardin luxuriant avec tables de pique-nique. Situé à proximité du site archéologique, de *cenotes* et d'un supermarché, il n'est qu'à une rue de l'avenue menant à la plage. À ne pas confondre avec le Casa Mango, sur la route de Cobá.

La Posada del Sol BOUTIQUE-HÔTEL **$$$**
(☎ portable 984-1348874 ; www.laposadadelsol.com ; Carretera Tulum-Boca Paila, km 3,5 ; ch avec petit-déj 100-190 $US ;). Cet hôtel se distingue par son architecture originale et son design fait d'éléments naturels et d'objets récupérés sur le domaine après un ouragan. Alimenté en énergie solaire et éolienne, il loue 11 chambres climatisées, dont les plus onéreuses, côté plage, bénéficient de la brise marine. On y trouve aussi une ravissante plage et une très bonne boutique d'artisanat. Pas de télévision dans les chambres. L'hôtel travaille en collaboration avec des associations de protection des tortues. Juste avant l'hôtel Marina del Sol, nettement plus grand.

Posada Margherita HÔTEL **$$$**
(☎ WhatsApp uniquement 984-801-84-93 ; www.posadamargherita.com ; Carretera Tulum-Boca Paila, km 4,5 ; d 275-295 $US ;). Un lieu magnifique au cœur de la Zona Hotelera, à quelques pas de la plage. Le restaurant sert une cuisine exquise à base d'ingrédients bio, frais et locaux. Les chambres sont équipées de bons antimoustiques, d'électricité 24h/24 et d'une terrasse ou d'un balcon, parfois avec hamacs. Paiement en espèces uniquement.

Diamante K CABAÑAS **$$$**
(☎ portable 984-8762115 ; www.diamantek.com ; Carretera Tulum-Boca Paila, km 2,5 ; bungalow 100 $US, ste 200-225 $US ;). On ne saurait faire plus près de la plage. Les 9 *cabañas* ont une salle de bains commune et restent donc abordables ; les adorables chambres avec hamacs, entourées de palmiers et dotées d'une vue imprenable sur l'océan, feraient presque penser à une maison de Hobbit.

Où se restaurer

On trouve de tout à Tulum, de la nourriture bon marché pour touristes à la cuisine gastronomique. Sachez que de nombreux restaurants de la Zona Hotelera sont situés hors réseau et ne peuvent donc pas prendre les cartes bancaires. La plupart des restaurants d'hôtel sont ouverts à tous.

Tulum Pueblo

Taquería Honorio TACOS $

(☎984-134-87-31 ; www.facebook.com/taqueriahonorio ; Satélite Sur ; tacos 16-22 $M, tortas 35-40 $M ; ⏲6h-14h). Le stand de rue des origines a eu un tel succès qu'il est devenu un restaurant de tacos coiffé d'un véritable toit. La plupart des clients y viennent pour sa *cochinita* (porc effiloché mariné dans du rocou) servie sur des tortillas et dans des *tortas* (sandwichs) maison. Les classiques yucatèques, comme le *relleno negro* (dinde émincée en sauce brune pimentée), valent aussi le détour.

Antojitos la Chiapaneca TACOS $

(☎984-112-32-49 ; angle Av Tulum et Acuario Norte ; tacos et antojitos 8-18 $M, tortas 20-28 $M ; ⏲9h-23h mar-dim). Un endroit parfait pour manger de bons tacos à petits prix. Attendez qu'une table se libère ou installez-vous au comptoir, et faites votre choix. Outre le classique taco *al pastor* (au porc mariné cuit à la broche), on y sert de savoureux en-cas yucatèques, tels les *panuchos* (tortillas frites, fourrées aux haricots et autres garnitures) et les *salbutes* (*panuchos* sans haricots).

Azafran PETIT-DÉJEUNER $$

(☎984-129-61-30 ; angle Av Satélite s/n et Calle 2 Poniente ; plats 75-125 $M ; ⏲8h-15h mer-lun ; 📶). Ce petit établissement tenu par des Allemands sert des petits-déjeuners dans un jardin ombragé, notamment un "spécial gueule de bois" (généreuses tranches de saucisse maison, purée de pommes de terre, œufs, toasts de seigle et bacon – vous pourrez même apercevoir un peu de salade verte !). Plus légers, les bagels tout juste sortis du four sont garnis de saumon saumuré. Paiement en espèces uniquement.

La Gloria de Don Pepe TAPAS $$

(☎984-152-44-71 ; www.facebook.com/lagloriadedonpepe ; Orion Sur, angle Andromeda Oriente ; tapas 60-195 $M ; ⏲13h30-22h30 mar-dim). Accueillant ses clients par un panneau clamant "Un repas sans vin s'appelle un petit-déjeuner", ce restaurant propose de délicieuses assiettes de tapas, de même que la paella aux fruits de mer, avec – vous l'aurez compris – du vin. Un endroit parfait pour bavarder des heures dans le calme. Tables en extérieur disponibles.

Barracuda PRODUITS DE LA MER $$

(☎984-160-03-25 ; www.facebook.com/barracudatulum.qr ; angle Av Tulum et Luna Norte ; plats 90-180 $M, plateau de fruits de mer 490 $M ; ⏲9h-23h ; 📶). Tout au sud du centre-ville, ce restaurant de poisson et de fruits de mer très couru est réputé pour sa *parillada de mariscos,* un grand plateau (pour trois) de poissons, crevettes, langoustines, poulpe et calamar grillés.

El Camello Jr PRODUITS DE LA MER $$

(☎984-871-20-36 ; www.facebook.com/restauranteelcamellojr ; angle Av Tulum et Av Kukulkán ; plats 100-165 $M, langouste 380-450 $M ; ⏲10h30-22h jeu-mar ; P). Dans l'artère principale, ce restaurant très apprécié des habitants sert des produits de première fraîcheur. Les habitués ne consultent même pas la carte : ils viennent pour le ceviche, la soupe de poisson et la langoustine (en saison).

Los Aguachiles PRODUITS DE LA MER $$

(☎984-802-54-82 ; www.facebook.com/losaguachilesrm ; Av. Tulum, angle Palenque ; tacos et tostadas 45-90 $M, plats 140-310 $M ; ⏲13h-22h ; P📶). Également présent à Playa del Carmen et à Cancún, Los Aguachiles dispose ici d'un vaste restaurant de style *cantina*, à l'extrémité sud de la ville. Les tacos au poisson et les *tostadas* au thon se marient très bien avec la *michelada* (cocktail à la bière, au Clamato – jus de tomate et de bouillon de palourde – et au citron vert).

La Nave ITALIEN $$

(☎984-871-25-92 ; www.facebook.com/lanave.tulum ; Av Tulum s/n ; plats 115-250 $M, pizzas 90-150 $M ; ⏲8h-0h lun-sam ; 📶). Ce restaurant italien ouvert sur l'extérieur est toujours rempli. Il sert de délicieux plats de pâtes, dont des raviolis aux crevettes ou à la langouste, des pizzas cuites dans un four en brique et divers plats de viande et de poisson.

El Asadero STEAK $$$

(☎984-157-89-98 ; www.facebook.com/elasadero.tulummexico ; Av Satélite Norte 23 ; plats

150-350 $M ; 16h30-23h lun-sam ;). Cet établissement vaut son prix, notamment pour son *arrachera* (steak de flanc de bœuf) grillé, accompagné de pommes de terre, de *nopal* (pagaie de cactus) et de saucisse, à arroser d'une bière artisanale mexicaine. Les pescétariens apprécieront le thon grillé ; les végétariens les pommes de terre garnies.

Zona Hotelera

Hartwood FUSION $$$

(www.hartwoodtulum.com ; Carretera Tulum-Boca Paila, km 7,5 ; plats 380-500 $M ; 17h30-22h mer-dim). En supposant que vous puissiez y dîner (il accepte les réservations faites un mois à l'avance, mais aussi ceux qui se présentent dans la mesure des places disponibles), vous serez conquis par ce restaurant servant une cuisine nouvelle sur la route de la plage. Les produits sont frais et locaux, les saveurs et techniques internationales. La carte change chaque jour. Les délicieux plats sont préparés dans une cuisine alimentée à l'énergie solaire, équipée d'un four à bois. À environ 4,5 km au sud du croisement en T. Espèces uniquement.

Puro Corazón MEXICAIN $$$

(portable 984-1861152 ; www.facebook.com/purocorazon.tulum.1 ; Carretera Tulum-Boca Paila, km 5,5 ; plats 160-350 $M ; 8h-22h mar-dim ;). Affichant des tarifs raisonnables pour la Zona Hotelera, cet agréable restaurant sert d'excellents cocktails maison à déguster sur la terrasse à l'arrière, en admirant un superbe coucher de soleil. Tous les plats de la carte sont dignes des gourmets. Le sol gravillonné, les tables et chaises colorées et les jolis narguilés ajoutent au caractère du lieu.

Posada Margherita ITALIEN $$$

(WhatsApp uniquement 984-8018493 ; www.posadamargherita.com ; Carretera Tulum-Boca Paila, km 4,5 ; plats 295-520 $M ; 7h30-22h). Idéal pour un dîner romantique, le restaurant de plage de cet hôtel, éclairé aux chandelles, propose une excellente cuisine (pâtes, notamment) à base de produits bio et frais ; délicieux vins et mezcal maison. À 3 km au sud du croisement en T. Paiement en espèces uniquement. Trouver où se garer peut vite tourner au cauchemar.

Où prendre un verre et faire la fête

Tulum est une ville vivante où les bars et boîtes de nuit sont animés jusqu'au petit jour. C'est dans la Calle Centauro que la fête bat son plein, mais l'Avenida Tulum et la Zona Hotelera comptent aussi plusieurs bars.

Batey BAR

(Centauro Sur 7, entre Av Tulum et Andrómeda Oriente ; 12h-2h lun-sam, 16h30-1h dim). Un bar cubain fréquenté, réputé pour ses mojitos au sucre de canne fraîchement pressé et ses sympathiques concerts dans le jardin. La foule déborde souvent jusque dans la rue, tandis qu'à l'intérieur on presse la canne à sucre au sommet de l'emblématique Coccinelle VW.

Papaya Playa Project BAR

(984-871-11-60 ; www.facebook.com/papayaplayaproject ; Carretera Tulum-Boca Paila, km 4,5 ; 22h-3h sam). Dans son club de plage, cet hôtel tendance organise chaque mois une *full-moon party* et chaque samedi des soirées animées par des DJ locaux et internationaux. À 500 m au sud du croisement de la route côtière et de l'Av Cobá. Soirées généralement payantes.

Achats

L'Avenida Tulum est bordée de boutiques vendant des hamacs, des couvertures, des objets d'artisanat et de nombreux autres articles.

Orientation

Tulum est une grande ville à 131 km de Cancún. En venant du nord, par la route 307, vous atteindrez d'abord un premier carrefour, le Crucero Ruinas, d'où part l'ancienne voie d'accès qui mène tout droit à environ 800 m de la billetterie du site archéologique. À environ 400 m plus loin en allant vers le sud, sur la route 307 (après la station-service), une nouvelle voie permet aux véhicules d'accéder au site via un parking. Suivez encore la 307 sur 1,5 km et vous croiserez l'Avenida Cobá : vers la droite (l'ouest), elle mène à Cobá ; vers la gauche (l'est), elle forme, 3 km plus loin, un croisement en forme de "T" avec la Carretera Tulum-Boca Paila. Cette dernière est la route qui longe du nord au sud la Zona Hotelera, succession d'hôtels bordant la plage sur plus de 10 km depuis le site archéologique, au nord. Elle passe par Boca Paila et se termine à Punta Allen, dans la réserve de biosphère Sian Ka'an, à 50 km de Tulum.

Le centre-ville, appelé Tulum Pueblo, s'étend au sud de l'Avenida Cobá, de part et d'autre de la route 307 (nommé Avenida Tulum dans la ville).

Dans les terres, au niveau de l'extrémité sud de la Zona Hotelera, une nouvelle route et des bâtiments sont en construction ; les environs devraient donc rapidement changer.

Renseignements

ARGENT

On trouve un grand nombre de banques et de bureaux de change dans l'Avenida Tulum. La gare routière ADO dispose d'un DAB.

HSBC (984-871-22-01 ; Av Tulum, entre Alfa Sur et Osiris Sur ; 9h-17h lun-ven). Banque et DAB (en service 24h/24).

DÉSAGRÉMENTS ET DANGERS

Si Tulum est une ville globalement sûre, les vacanciers qui s'assoupissent sur la plage courent le risque de voir leurs affaires disparaître. Si vous logez dans une *cabaña* rudimentaire sur la plage, prévoyez un cadenas.

Dernièrement, des algues brunes, les sargasses, ont envahi les plages. Leur présence, probablement due à la pollution ou au changement climatique, est un véritable casse-tête pour les autorités (qui ne peuvent prédire quand aura lieu la prochaine prolifération ni combien de temps elle durera), et, si ces algues ne sont pas dangereuses, la mer en charrie des quantités telles que les ouvriers en ramassent des camions entiers.

POSTE

Bureau de poste (984-871-21-04 ; angle Orión Sur s/n et Sol Oriente ; 8h-16h lun-ven, 9h-13h sam).

URGENCES

Police, ambulance, pompiers (911, 066).

Depuis/vers Tulum

Ouverte 24h/24, la gare routière **ADO** (984-871-21-22 ; www.ado.com.mx ; Av Tulum, entre Calles Alfa Norte et Jupiter Norte ; 24h/24), modeste mais fonctionnelle, est équipée de quelques sièges. Les *colectivos* desservant **Playa del Carmen** (Av Tulum s/n, angle Jupiter Sur ; 45 $M, 45 minutes) partent de l'Avenida Tulum. Ceux pour **Felipe Carrillo Puerto** (Av Tulum s/n, angle Jupiter Norte ; 70 $M, 1 heure) partent du pâté de maisons au sud de la gare routière. Les **colectivos pour Cobá** (angle Osiris Norte s/n et Av Tulum ; 70 $M) partent toutes les 2 heures environ de 9h à 18h.

Comment circuler

Les **colectivos** (angle Venus Oriente et Centauro Sur ; 15 $M) desservant la plage partent toutes les heures environ (de 6h à 19h30) d'un arrêt situé à l'angle de Venus Oriente et Orión Sur. Ils tournent à droite au bout de l'Av Cobá et suivent la route du littoral vers le sud jusqu'à l'entrée de la réserve Sian Ka'an avant de faire demi-tour.

Pour gagner le site archéologique, prenez n'importe quel *colectivo* à destination de Playa del Carmen (20 $M) ; il vous déposera sur la grand-route à environ 1 km à pied de l'entrée principale.

Il peut être judicieux de circuler à vélo ou à scooter entre le centre-ville et la plage. De nombreux hôtels et auberges de jeunesse mettent des vélos à disposition de leurs hôtes. On trouve aussi un bon choix de vélos et scooters à louer chez **I Bike Tulum** (p. 123).

Les tarifs des taxis sont fixes et Tulum Pueblo compte deux stations : l'une à l'angle de l'Av Tulum et de Jupiter Norte (en face de la gare routière) ; l'autre, quatre rues plus au nord, à l'angle de l'Av Tulum et de Centauro Norte. Comptez 100 $M pour rejoindre les sites archéologiques et 100-150 $M entre le centre-ville et la Zona Hotelera, variable selon la distance à parcourir.

L'agence **iTour Mexico** (WhatsApp uniquement 984-115-38-75 ; www.itourmexico.com ; angle Av Cobá et Av Tulum ; aller 135 $M) peut vous mener par la route au centre d'accueil des visiteurs de la réserve Sian Ka'an, où l'on peut prendre le bateau pour Punta Allen.

Environs de Tulum

Il y a quantité de lieux à découvrir autour de Tulum. Dans les terres, vous pourrez visiter des *cenotes*, les vestiges de Cobá et la coopérative touristique de Punta Laguna. En suivant la côte, vous atteindrez Punta Allen et la Reserva de la Biosfera Sian

À voir

Punta Laguna LAC

(985-114-86-30 ; www.facebook.com/puntalagunayucatan ; route 109, km 27,5 ; circuits 500 $M ; 7h-17h). Ce grand lac se trouve à proximité d'un petit village maya, à 20 km au nord-est de Cobá, sur la route de Nuevo Xcan. Encore relativement sauvage, la jungle entourant le lac abrite des singes-araignées, des singes hurleurs, de nombreux oiseaux et – c'est une découverte récente – une population de jaguars (que vous aurez toutefois peu de chances d'apercevoir). Elle cache aussi de petits vestiges archéologiques non mis à jour et un *cenote*. Le matin et l'après-midi, des guides locaux mènent des excursions pour apercevoir des singes-araignées.

BUS AU DÉPART DE TULUM

DESTINATION	PRIX ($M)	DURÉE (H)	FRÉQUENCE
Belize Ciudad	675	6	2/jour ; 0h45 et 10h
Cancún	148-218	2-2 ½	fréquents
aéroport de Cancún	242	2	5/jour
Chetumal	258-378	3 ¼-4	fréquents
Chichén Itzá	232	2 ½-2 ¾	2/jour ; 9h et 14h45
Chiquilá (pour Isla Holbox)	334	3 ½	1/jour ; 8h10
Cobá	55	1	10h11
Felipe Carrillo Puerto	65-104	1 ¼	4/jour ; ou prendre un *colectivo* (fréquents)
Laguna Bacalar	222-252	3	fréquents
Mahahual	296	3-3 ½	2/jour ; 9h10 et 19h05
Mérida	356-500	4-4 ½	9/jour
Playa del Carmen	49-108	1	fréquents
Valladolid	110-134	1 ½-1 ¾	fréquents

Xcacel-Xcacelito PLAGE

(Route 307, km 112 ; 81 $M ; ⏲10h-16h30 ; P). Entre Chemuyil et Xel-Há, un petit panneau du côté est de la route 307 indique une courte piste de terre menant à Xcacel et Xcacelito, deux baies en arc de cercle formant l'une des plages les plus belles et propres de la Riviera Maya. Les eaux se prêtent très bien au snorkeling (apportez votre équipement) et c'est le principal site de ponte du Quintana Roo pour les tortues caouannes et vertes.

Tankah PLAGE

Sur la route 307, à quelques kilomètres au sud de la sortie pour Punta Solimán, une route mène à Tankah, une superbe plage où des hébergements haut de gamme vous offrent la mer à l'avant et la mangrove à l'arrière.

Bahías de Punta Solimán PLAGE

À 123 km au sud de Cancún et 11 km au nord de Tulum, cette pointe étroite sépare deux superbes baies protégées. Pour vous y rendre, dirigez-vous vers l'est en empruntant la route située juste en face du restaurant Oscar y Lalo, au bord de la route 307. À l'extrémité nord de la route côtière s'étend une plage publique où vous pourrez manger de bons produits de la mer et louer un kayak pour découvrir le récif qui protège l'embouchure de la baie.

Activités

Gran Cenote CENOTE

(Route 109 s/n ; 180 $M, matériel de snorkeling 80 $M, plongée 200 $M ; ⏲8h10-16h45). À environ 4 km à l'ouest de Tulum sur la route du site archéologique de Cobá, arrêtez-vous au **Gran Cenote**, surtout s'il fait chaud. Vous pourrez pratiquer le snorkeling au milieu de petits poissons et découvrir des formations rocheuses sous-marines si vous apportez votre propre matériel. L'aller simple en taxi depuis Tulum coûte 100 $M (à vérifier avec le chauffeur pour éviter toute déconvenue).

Aktun-Ha BAIGNADE

(Car Wash ; route 109, km 8 ; 50 $M, exploration 200 $M, matériel de snorkeling 50 $M ; ⏲8h-17h). On raconte que des chauffeurs de taxi lavaient autrefois leurs voitures dans ces eaux et, que cela soit vrai ou non, ce *cenote* est aujourd'hui encore appelé "la station de lavage" (*Car Wash*). Il s'agit d'un bon lieu de baignade, et plusieurs clubs y organisent des excursions de plongée souterraine. À 7,5 km à l'ouest de Tulum, en direction de Cobá.

Ce *cenote* s'inscrit dans un bel ensemble de grottes aux noms effrayants, comme la "salle des horreurs" ou la "chambre des pleurs".

Zacil-Ha BAIGNADE

(☎ portable 984-2189029 ; www.facebook.com/cenotezacilha ; route 109, km 8 ; 80 $M, matériel de snorkeling 30 $M, tyrolienne 10 $M ; ⏲10h-18h). Dans ce *cenote*, on peut enchaîner baignade, snorkeling et tyrolienne... puis finir au bar !

À 8 km à l'ouest de l'Avenida Tulum, sur la route de Cobá.

Cenote Manatí BAIGNADE

(Tankah ; 120 $M, excursion de snorkelling 500 $M, kayak 2 pers 250 $M/heure ; 8h-18h). Nommé d'après les lamantins (*manatís*) qui y nageaient autrefois, ce lieu est un chapelet de sept magnifiques *cenotes* reliés entre eux par un canal sinuant dans la mangrove avant de disparaître brièvement sous terre pour enfin se jeter dans la mer. Idéal pour se baigner, faire du snorkeling et du kayak, malgré une forte hausse des prix ces dernières années.

Cobá

984 / 1 300 HABITANTS

Atout majeur de la ville, les ruines de Cobá sont fantastiques : vous découvrirez notamment la pyramide la plus haute de l'État et un beau terrain de jeu de balle au cours d'une distrayante visite de quelques heures. Le bourg est calme et plutôt joli, avec un lagon rempli de crocodiles, une poignée de curiosités, quelques hôtels et restaurants... mais les visiteurs viennent pour les ruines. En nombre. Par bus entiers. Et c'est bien là le plus gros problème : arrivez après 11h et vous ferez face à des centaines d'autres touristes arrivés de Cancún, Playa et Tulum.

Pour pratiquer un tourisme responsable, il est préférable de passer la nuit dans une petite communauté comme Cobá, mais n'espérez pas vous coucher tard !

Histoire

Érigée avant ses voisines Chichén Itzá et Tulum, la cité de Cobá connut son apogée entre les IXe et XIe siècles. Les archéologues pensent qu'elle couvrait 70 km^2 et comptait quelque 40 000 habitants. Son architecture reste un mystère, car ses pyramides et ses stèles sont d'une facture qui rappelle davantage celle de Tikal (Guatemala), à 700 km de là, que celle de Chichén Itzá et des autres sites du nord du Yucatán.

Les archéologues ont désormais la certitude qu'entre l'an 200 et l'an 600, lorsque Cobá contrôlait un vaste territoire de la péninsule, des alliances militaires et matrimoniales furent passées avec les habitants de Tikal afin de faciliter les échanges commerciaux entre les Mayas du Guatemala et ceux du Yucatán. Sur certaines stèles, les souveraines de Tikal sont représentées brandissant un sceptre de cérémonie et se tenant debout sur leurs prisonniers pour montrer leur pouvoir. Mariées aux rois de Cobá, ces reines amenèrent sans doute de Tikal architectes et artisans.

La présence d'un immense réseau de *sacbeob* (chemins cérémoniels de calcaire reliant les principales cités mayas) dans la région, avec Cobá comme centre névralgique, étonne également les spécialistes. La plus longue de ces chaussées mesure près de 100 km. Elle part de la grande pyramide de Cobá, Nohoch Mul, et rejoint le village maya de Yaxuna. Ce réseau d'une quarantaine de *sacbeob* faisait vraisemblablement partie de la gigantesque "horloge" astronomique que l'on retrouve dans chaque cité maya.

La première fouille de Cobá fut menée par l'archéologue autrichien Teobert Maler en 1891. Il y eut peu d'autres chantiers jusqu'en 1926, année où le Carnegie Institute finança la première des 2 expéditions dirigées par sir J. Eric S. Thompson et Harry Pollock. Après leur expédition de 1930, les explorations furent interrompues jusqu'en 1973, lorsque le gouvernement mexicain décida de financer de nouvelles fouilles. Les archéologues pensent que Cobá compte plus de 6 500 sites, dont seuls quelques-uns ont été mis au jour et restaurés ; les travaux se poursuivent donc.

À voir

Ruines de Cobá SITE ARCHÉOLOGIQUE

(www.inah.gob.mx ; 70 $M, guide 600-650 $M ; 8h-16h30 ; P). Le site de Cobá comprend la plus haute pyramide du Quintana Roo (deuxième plus haute du Yucatán), érigée dans un environnement de jungle dense qui vous donnera l'impression de faire partie d'une aventure d'Indiana Jones. De nombreux vestiges, de mystérieuses ruines empilées et recouvertes par les racines et la vigne, sont encore à explorer. Marchez le long d'anciens *sacbeob*, grimpez sur d'antiques monticules et montez jusqu'au sommet de Nohoch Mul pour une vue spectaculaire sur la jungle environnante.

➡ Grupo Cobá

La structure la plus éminente du Grupo Cobá est **La Iglesia** (l'Église). Si vous étiez autorisé à escalader cette énorme pyramide, vous pourriez voir les lacs alentour (magnifiques par temps clair) et la pyramide de Nohoch Mul. Pour la rejoindre, parcourez une centaine de mètres à peine sur le chemin principal qui part de l'entrée et prenez à droite.

Cobá

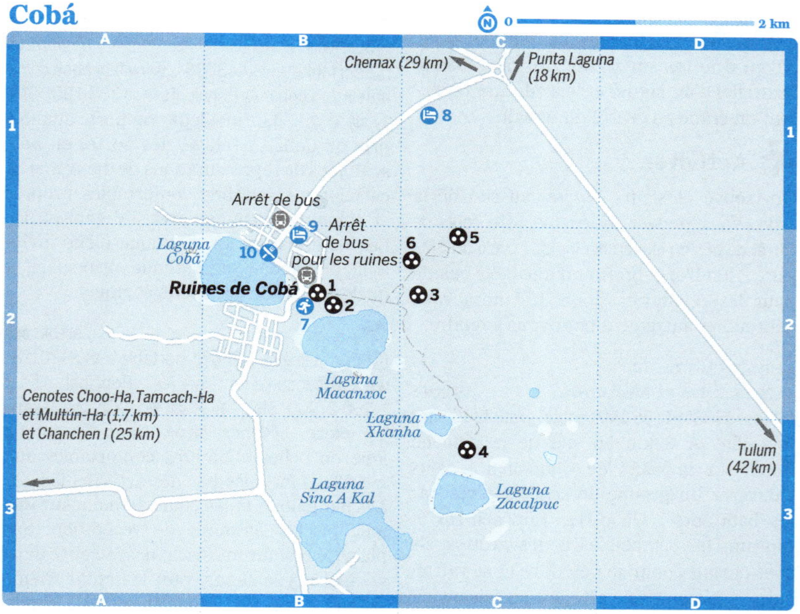

Cobá

Les incontournables
1 Ruines de Cobá B2

À voir
2 Grupo Cobá B2
3 Grupo de las Pinturas C2
4 Grupo Macanxoc C3
5 Grupo Nohoch Mul C2
6 Juego de Pelota C2

Activités
7 Tyrolienne B2

Où se loger
8 Aldea Cobá C1
9 Hotel Maya B2

Où se restaurer
Chile Picante .... (voir 9)
10 Restaurant La Pirámide B2

➡ Grupo Macanxoc

Ce site est remarquable pour ses nombreuses stèles restaurées, dont certains des bas-reliefs représenteraient des femmes de sang royal venues de Tikal. Beaucoup sont usées par l'érosion, mais un certain nombre restent en bon état et valent le détour.

➡ Grupo de las Pinturas

Le "groupe des peintures" a conservé, au-dessus de la porte, des traces facilement reconnaissables de glyphes et de fresques et, à l'intérieur, des vestiges d'un enduit de plâtre très coloré. Au nord-ouest (vous êtes arrivé au temple par le sud-ouest), en face des marches, un sentier mène après 20 m à une première stèle située sous une *palapa*. Elle représente une figure royale en surmontant deux autres, l'une d'elles agenouillée les mains liées derrière le dos. À la base, des prisonniers destinés au sacrifice sont allongés aux pieds d'un chef.

➡ Grupo Nohoch Mul

Nohoch Mul (Grand Tertre) est aussi appelé la Grande Pyramide – ce qui est plus impressionnant. Il culmine à 42 m, s'affichant ainsi comme la deuxième plus haute structure maya du Yucatán, derrière l'Estructura II de Calakmul (45 m). L'ascension des vieilles marches peut en effrayer certains. Deux dieux plongeants, semblables aux sculptures de Tulum, sont représentés au-dessus de l'entrée du temple, dans sa partie supérieure (construite pendant la période postclassique, 1100-1450). D'en haut, vous verrez des kilomètres carrés de forêt de broussailles et un petit bout de lac.

➡ **Juego de Pelota**

Impressionnant terrain de jeu de balle, parmi d'autres sur le site. Ne ratez pas le bas-relief d'un jaguar et la sculpture rappelant un crâne au centre du terrain.

Activités

On trouve plusieurs *cenotes* au sud de la ville. Vous pouvez **louer un vélo** (près de l'arrêt de bus du site archéologique ; vélo 50 $M/jour ; 10h-17h) et profiter d'une belle balade pour les rejoindre. Sinon, il faudra vous débrouiller autrement pour vous y rendre.

Cenotes Choo-Ha, Tamcach-Ha et Multún-Ha BAIGNADE

(984-1338561 ; 55 $M/cenote, gratuit - 10 ans ; 8h-18h). À 6 km au sud de la ville de Cobá, sur la route de Chanchen I, vous trouverez un groupe de *cenotes* gérés par les habitants : Choo-Ha, Tamcach-Ha et Multún-Ha. Semblables à des grottes, ils sont parfaits pour se détendre et se rafraîchir en piquant une tête, ou en faisant du snorkeling si l'on a son matériel.

Tyrolienne SPORTS D'AVENTURE

(tyrolienne 250 $M, point de vue 50 $M ; 10h30-18h30). Sur le parking du site archéologique, une tour sert à la fois de point de vue sur la lagune et de point de départ à une tyrolienne au-dessus de cette dernière.

DE MINUSCULES CONVOIS

Les visiteurs attentifs restent perplexes devant les fins sentiers qui sillonnent certaines étendues dégagées du site archéologique de Cobá. Quel animal peut bien tracer ces pistes ? Les coupables ne sont pas bien grandes : il s'agit de fourmis !

Les unes derrière les autres, ces fourmis coupe-feuille parcourent parfois des kilomètres depuis leur nid, suivant des itinéraires bien précis et traçant parfois au fil des mois et des années de véritables chemins. Avec un peu de patience, vous apercevrez peut-être ces minuscules ouvrières porter de petits morceaux de feuille vers leur colonie.

Laissez-les travailler en paix : si elles peuvent mordre lorsqu'elles se sentent attaquées, ces fourmis sont généralement inoffensives.

Où se loger et se restaurer

Hotel Maya HÔTEL $$

(portable 984-1443006 ; www.facebook.com/hotelmaya.coba ; Av Principal s/n ; d 800-1 000 $M ;). Le meilleur rapport qualité/prix de Cobá. À l'étage, des portes en bois sculptées de représentations de dieux mayas cachent des chambres confortables, propres et colorées (certaines avec TV câblée). En bas, une piscine en mosaïque bleue invite à la baignade. Sur l'avenue principale, à quelques pas du site archéologique.

Aldea Cobá RESORT $$$

(portable 998-1476623, portable 998-3420198 ; www.aldeacoba.com ; Av Principal 1 ; 1 760-2 900 $M ;). Ce ravissant complexe hôtelier situé dans la jungle loue de belles chambres confortables aux meubles fabriqués par des artisans locaux. Les bungalows et les villas donnent sur une jolie piscine entourée de végétation. Sur place, le restaurant Pischán, spécialisé dans la cuisine yucatèque, vaut le détour, même si l'on ne loge là. L'Aldea étant à 2,5 km du site archéologique, mieux vaut avoir une voiture ou aimer marcher pour aller en ville.

Chile Picante MEXICAIN $$

(portable 984-1443006 ; www.facebook.com/restaurantechilepicante ; Av Principal s/n ; plats 70-200 $M ; 7h30-23h ;). Situé dans l'hôtel Maya, ce restaurant propose un large choix de plats, tels les omelettes végétariennes au *chaya*, les assiettes de fruits frais et les *panuchos* (tortilla maison frite avec haricots et garnitures).

Restaurant La Pirámide MEXICAIN $$

(984-206-70-18, 984-206-71-75 ; Av Principal s/n plats 105-170 $M, buffet 180 $M ; 8h-17h ;). Assez touristique, ce restaurant sert une cuisine yucatèque correcte, par exemple de la *cochinita* et du *pollo pibil* (poulet ou porc aromatisé au roucou). Il propose un buffet de 12h à 15h. Son emplacement à ciel ouvert garantit une jolie vue sur la lagune. Au bout de l'artère principale du bourg, à côté du lac.

Renseignements

Mieux vaut acheter un guide sur les vestiges de Cobá avant de s'y rendre. Les rares cartes et panneaux affichés sur place sont peu compréhensibles. La visite guidée en anglais coûte environ 600-650 $M. La pyramide Nohoch Mul est la seule structure qu'il est permis d'escalader.

Attention : ne pique-niquez pas au bord du lac, à la sortie du site ; il est peuplé de gros crocodiles.

Il y a un DAB en face du cybercafé **Ciber Sky Planet** (☎ portable 984-1183441 ; Av Principal s/n ; M$10 $M/heure ; ⏲ 9h-22h), mais il est souvent à court de billets, alors prévoyez assez d'espèces.

Depuis/vers Cobá

La plupart des bus pour Cobá font un détour par les sites archéologiques où ils déposent les passagers à un petit arrêt ; vous pourrez également descendre en ville.

Cobá est desservie par 8 bus quotidiens circulant entre Tulum et Cobá (50-55 $M, 1 heure). Environ 5 bus en partent également chaque jour pour Playa del Carmen (94-142 $M, 2 heures) et 8 pour Valladolid (52 $M, 1 heure), où l'on trouve de nombreux bus (p. 209) pour Chichén Itzá et Mérida. Enfin, un bus part pour Cancún (174 $M, 3 heures 30) à 15h10.

On peut rejoindre Cobá depuis Tulum en prenant les **colectivos** (70 $M) qui partent toutes les deux heures de la Calle Osiris Norte et de l'Avenida Tulum.

Si vous poursuivez vers Valladolid ou Chichén Itzá avec votre propre véhicule, prenez la route de Chemax, toute droite et en bon état.

Les taxis basés à Cobá facturent 450 $M pour se rendre à Tulum et 650 $M pour Valladolid.

Punta Allen

☎ 984 / 470 HABITANTS

Le minuscule village de Javier Rojo Gómez, tout au bout de la route, est plus connu sous le nom de la pointe située 2 km au sud, Punta Allen. Son ambiance décontractée rappelle les cayes du Bélize. Un récif en bon état, à 400 m du rivage, garantit de très belles sessions de plongée et de snorkeling. Pour y arriver, il faut emprunter l'incroyable réserve de biosphère de Sian Ka'an, vaste étendue de mangroves, lagunes, plages et jungles qui abrite diverses espèces endémiques telles que l'insaisissable jaguar.

Le village est principalement connu pour la pêche sportive des poissons bonefish, tarpon et loubine. Dans le bourg, des coopératives proposent des parties de pêche, des circuits d'observation des dauphins et des expéditions de snorkeling.

Pratiquement détruit par l'ouragan Gilbert en 1988 et endommagé par l'ouragan Dean en 2007, le village de Punta Allen est toujours là.

La **Cooperativa Punta Allen** (☎ WhatsApp uniquement 984-143-23-03 ; toursallen@hotmail.com ; Calle Punta Nizuc s/n ; snorkeling et observation des dauphins 3 000 $M, pêche à la mouche 300 $US par bateau) organise diverses excursions en bateau dans les environs, notamment des sorties de pêche à la mouche, de snorkeling et d'observation des dauphins et des tortues. Elle est basée au nord de la jetée.

Où se loger et se restaurer

Les hébergements sont peu nombreux et rudimentaires. Les plus luxueux proposent des excursions de pêche.

Hotel Costa del Sol BUNGALOWS $$
(☎ WhatsApp uniquement 984-218-22-15 ; grado20inmobilaria@hotmail.com ; ch/bungalow avec petit-déj 1 500/2 000 $M ; P 📶). À l'entrée de la ville, cette propriété caressée par la brise loue sur la plage, dans une ambiance décontractée, des bungalows et des chambres au charme désuet et équipés de ventilateurs. Si l'on possède une tente, on peut aussi y camper sur le sable (175 $M/personne).

♥ **Serenidad Shardon** PENSION $$$
(☎ WhatsApp uniquement 984-107-41-55 ; www.shardon.com ; Punta Allen Rd ; cabañas 178-298 $US, maison 595 $M, camping 15-25 $US). À l'extrémité sud du village, cette propriété posée sur le sable blanc de la plage porte bien son nom de Serenidad ("sérénité"). Elle se compose d'une grande maison pouvant loger 8 personnes, d'une première *cabaña* (bungalow) pour deux, très romantique, et d'une seconde, plus grande et joliment décorée, avec balcon et cuisine. Possibilité de camper pour peu cher.

Grand Slam Fishing Lodge HÔTEL $$$
(☎ 998-800-10-47, portable 984-2557019 ; www.grandslamfishinglodge.com ; ch 350 $US ; P ❄ 📶). Si vous ne regardez pas à la dépense, ce lodge haut de gamme à l'entrée de la ville propose 12 chambres face à l'océan avec Jacuzzi, grand balcon et électricité 24h/24 (véritable luxe à Punta Allen). Les amateurs de pêche à la mouche peuvent demander un hébergement en pension complète avec forfait de pêche inclus.

Muelle Viejo PRODUITS DE LA MER $$
(Plats 90-160 $M ; ⏲ 12h30-21h mar-dim ; P). Le service est parfois aussi lent que les frégates qui tournent dans le ciel, mais voyez-le comme une occasion de vous détendre et de profiter du moment. Dans cette maison pimpante, dominant un quai

RESERVA DE LA BIOSFERA SIAN KA'AN

Jungle immense bordée par une côte sauvage où peuvent camper les voyageurs intrépides, Sian Ka'an abrite une petite population d'atèles et de singes hurleurs, des crocodiles américains, des tapirs d'Amérique centrale, 4 espèces de tortues, des crabes de cocotier géants, plus de 330 espèces d'oiseaux (dont des spatules rosées et quelques flamants), des lamantins, près de 400 espèces de poissons et une large variété de plantes.

Aucun sentier de randonnée ne mène au cœur de la réserve. Les services d'un guide professionnel sont donc bienvenus. Community Tours Sian Ka'an (p. 125), géré par des Mayas, organise plusieurs expéditions dans la vaste réserve de biosphère.

Si vous envisagez de camper sur la côte isolée, préparez-vous à l'aventure en apportant tente, hamacs, large réserve d'eau, moustiquaires et nourriture. À environ 30 km de la porte d'entrée, vous trouverez un excellent emplacement entre la lagune et l'océan bleu azur.

où les pêcheurs rapportent leur butin du jour, on sert des ceviche*s* de fruits de mer très frais, des plats de poisson frit corrects et de la langouste en saison.

Fisherman Fishing Lodge PRODUITS DE LA MER **$$**
(☎998-277-47-68, portable 999-3220072 ; www.fishermanlodge.com ; plats 100-260 $M ; ⌚8h-22h ; ❄📶). Sert de copieux petits-déjeuners et une carte variée incluant pizzas et langoustes fraîches au déjeuner et au dîner. L'établissement propose aussi des formules combinant hébergement et parties de pêche (chambres à partir de 1 700 $M), mais accueille également les non-pêcheurs. Au sud de la jetée.

ℹ Depuis/vers Punta Allen

La meilleure façon d'atteindre Punta Allen est de louer une voiture ou un scooter, mais préparez-vous à progresser très lentement et à rouler sur des bosses qui pourraient bien venir à bout de la transmission de votre véhicule. Le trajet peut durer de 3 à 4 heures ou 2 heures seulement, selon l'état de la route.

Costa Maya (côte caribéenne sud)

Dans ce chapitre ➡

Le top des restaurants

- Nixtamal (p. 146)
- Nohoch Kay (p. 142)
- La Playita (p. 146)
- Mayan Beach Garden (p. 142)
- Lonchería la Costa (p. 149)

Le top des hébergements

- Rancho Encantado (p. 145)
- Posada Pachamama (p. 141)
- Hotel Maria Maria (p. 145)
- Hotel Urban 101 (p. 148)

Pourquoi y aller

La côte caribéenne sud – ou Costa Maya, comme la surnomment les brochures touristiques – est la dernière région yucatèque touchée par le boom hôtelier. Elle reste toutefois la meilleure destination pour une escapade paisible dans les Caraïbes mexicaines. Son littoral – qui s'étire sur 100 km de la réserve de biosphère Sian Ka'an au petit village de Xcalak – recèle de belles surprises, à l'image de la paisible bourgade de pêcheurs de Mahahual. Une localité qui mise sur un développement durable et ravira passionnés de plongée, adeptes de la bronzette et amateurs d'ornithologie.

Dans les terres, l'éblouissante Laguna Bacalar, surnommée "lagune aux sept couleurs", en fascinera plus d'un, tandis que les vestiges de Dzibanché et de Kohunlich, peu visités, paraissent d'autant plus mystérieux qu'ils sont épargnés par les habituels minibus touristiques. Pour visiter ces deux sites ou poursuivre vers le sud et le Belize, Chetumal, capitale de l'État du Quintana Roo, constitue un point de chute idéal.

Quand partir

Chetumal

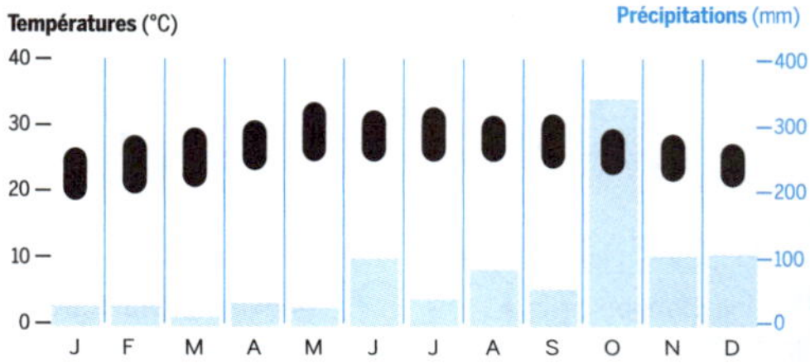

Février Fin février ou début mars, le carnaval exhibe ses couleurs caribéennes dans les rues de Chetumal.

Mars À Bacalar, l'espace culturel Galeón Pirata organise un festival d'art indépendant.

Sept-nov Saison de la langouste, mer calme propice à la plongée et tarifs réduits dans les hôtels de Mahahual.

À ne pas manquer

1 Une plongée dans le plus grand atoll corallien de l'hémisphère Nord, **Banco Chinchorro** (p. 141), et son époustouflant cimetière de bateaux.

2 La beauté stupéfiante de la **Laguna Bacalar** (p. 144), une lagune dont vous pourrez fendre les eaux cristallines en kayak.

3 Une pause à **Mahahual** (p. 140), bourgade côtière tranquille où pêcher, faire du snorkeling, observer les oiseaux ou simplement se détendre à la terrasse d'un bar ou d'un restaurant.

4 Une échappée jusqu'au village reculé de **Xcalak** (p. 143), pour se prélasser sur la plage, plonger, pêcher et explorer des marais de mangrove foisonnants de vie.

5 Une journée d'excursion au départ de Chetumal, à la découverte du **Corredor Arqueológico** (p. 151), d'anciennes cités mayas abandonnées de tous et même des bus touristiques.

Felipe Carrillo Puerto

983 / 26 000 HABITANTS

Si elle porte aujourd'hui le nom d'un gouverneur socialiste (1874-1924) du Yucatán, cette ville-carrefour à 95 km au sud de Tulum, s'appelait autrefois Chan Santa Cruz et fut le bastion des rebelles mayas durant la "guerre des castes". En dehors de son importance historique et culturelle, Carrillo Puerto n'a pas grand-chose à offrir, si ce n'est un parc écotouristique à 11 km au sud de la ville. Or, son manque d'attrait touristique pourrait bien être son plus bel atout : en y restant un peu, vous découvrirez le quotidien tranquille d'une ville maya contemporaine.

La place principale, dominée par une tour d'horloge, est bordée d'une église et d'un centre culturel ; vers fin avril ou début mai, toute la ville y converge pour la fête de la Sainte-Croix.

Histoire

En 1849, lorsque la "guerre des castes" tourna à leur désavantage, les Mayas du nord du Yucatán se réfugièrent ici. Regroupés, ils se préparaient à reprendre le combat en 1850, lorsqu'un "miracle" se produisit : une croix de bois érigée près d'un *cenote* à l'extrémité ouest de la ville se mit à "parler". Annonçant aux Mayas qu'ils étaient le peuple élu, elle les enjoignit à prendre les armes contre le gouvernement et leur promit la victoire. Il s'agissait vraisemblablement d'un ventriloque, mais les combattants y entendirent la voix de leurs aspirations.

L'"oracle" guida les Mayas à la bataille pendant plus de 8 ans, jusqu'à leur grande victoire : la prise de la forteresse de Bacalar. Pendant la seconde moitié du XIXe siècle, les Mayas de Chan Santa Cruz et des alentours vécurent pratiquement indépendants des gouvernements de Mexico et de Mérida.

Une campagne militaire lancée par le gouvernement mexicain permit de reprendre la ville au début du XXe siècle, et le sanctuaire de la croix parlante fut désacralisé. De nombreux Mayas fuirent vers de petits villages dans la jungle et continuèrent le combat jusque dans les années 1930, voire 1950 pour certains irréductibles.

Aujourd'hui, Carrillo Puerto reste un symbole de la fierté maya. La croix parlante, longtemps cachée dans la jungle après la reconquête du gouvernement fédéral, a retrouvé sa place dans son sanctuaire, et les Mayas de la région continuent de s'y recueillir, notamment le 3 mai, jour de la **Fiesta de Santa Cruz** (fête de la Sainte-Croix).

À voir et à faire

Síijil Noh Há LAC, PARC

(983-834-05-25, portable 983-1129991 ; www.facebook.com/siijilnohha ; en retrait de la route 307, sortie Laguna Ocom ; accès 20 $M, kayaks/vélos 50/70 $M par heure, cabañas 300 $M ; 7h-19h ; P). À 8 km au sud de Felipe Carrillo Puerto, de la route 307 part une piste de terre cahoteuse menant 3 km plus loin à un superbe centre écotouristique alimenté par énergie solaire. Géré par la communauté maya locale, ce domaine forestier domine un paisible lac. Vous pouvez y louer un kayak, piquer une tête dans une source, faire du vélo dans la jungle et profiter du restaurant. Et, si le lieu vous plaît, pourquoi ne pas passer la nuit dans l'une des *cabañas* du site ?

Xyaat Ecotourism CIRCUITS ORGANISÉS

(portable 983-1067624, portable 983-1141790 ; www.caminossagrados.org ; angle Rojo Gómez et Borge Martín, Señor ; circuits 1 450 $M/pers). Dans la bourgade de Señor, à quelque 30 km au nord de Felipe Carrillo Puerto, ce centre écotouristique propose des excursions de 3 heures à la découverte des traditions et de l'histoire du peuple maya – ses pratiques médicinales, le tissage du sisal, l'apiculture et les tactiques militaires employées durant la révolution mexicaine. Le circuit inclut un repas à base de produits locaux. Les bénéfices financent des projets profitant à la communauté.

Museo Maya Santa Cruz Xbáalam Naj MUSÉE

(983-834-11-25 ; angle Calle 68 et Calle 63 ; 9h30-20h30 lun-ven, 10h-14h et 18h-21h sam-dim). GRATUIT Présente une petite collection intéressante d'objets, de vêtements et d'ustensiles de cuisine mayas.

Na'atik Language Institute COURS DE LANGUES

(983-267-14-10 ; www.naatikmexico.org ; Calle 57, entre Calle 78 et Calle 80 ; stage 1 semaine avec séjour chez l'habitant 649 $US). Dans cette école à but non lucratif, vous apprendrez le maya ou l'espagnol tout en soutenant l'économie locale. Les participants y suivent 18 heures de cours par semaine et peuvent être logés au sein d'une famille locale parlant espagnol ou maya (3 repas/jour inclus).

Où se loger et se restaurer

Hotel Turquesa Maya HÔTEL $

(983-834-12-18 ; www.hotelturquesamaya.com ; route 295 n°936, angle Calle 56 ; d 635 $M ;). Chambres pourvues de bons lits et d'une kitchenette, et un restaurant : cet hôtel est l'hébergement est le plus confortable de la ville, mais il se trouve à 1,5 km de la gare routière, ce qui n'est pas très pratique s'il l'on n'est pas motorisé.

Hotel Esquivel HÔTEL $

(983-834-03-44 ; www.hotelesquivel.blogspot.com ; Calle 63 n°746, entre Calle 66 et Calle 68 ; d/ste 570/670 $M ;). Près de la grand-place et de la gare routière, cet hôtel propose des chambres propres et abordables, dont certaines sont toutefois exposées aux bruits de la place. De l'autre côté de la rue, il loue des suites plus calmes, pouvant convenir aux familles, dotées de kitchenette et réfrigérateur, dans un bâtiment avec piscine.

Picaditas y Kekas Made MEXICAIN $

(983-839-43-88 ; Calle 65, entre Calle 64 et Calle 66 ; en-cas 14-20 $M ; 7h-13h et 18h-0h ;). Près de la gare routière, ce modeste restaurant sert des *picaditas* (tortillas garnies couvertes de sauce et de fromage) savoureuses et bon marché. Côté garnitures, vous aurez de choix entre *champiñón*, *nopal* (cactus), *rajas* (lamelles de piment *poblano*), *flor de calabaza* (fleur de courgette – en saison) ou *carne asada* (bœuf mariné grillé).

Mercado Público MARCHÉ $

(angle Calle 70 et Calle 71 ; en-cas et plats 30-70 $M ; 6h-15h). Ce marché est idéal pour se restaurer et observer les gens.

El Faisán y El Venado MEXICAIN $$

(983-834-00-43 ; www.facebook.com/elfaisanyelvenadocarrillo ; Av Juárez 781, angle Calle 69 ; plats 120-210 $M ; 7h-22h ;). La meilleure table de la ville. La spécialité est le filet de *venado* (cerf) grillé *"a la yucateca"*. Entre 13h et 15h, profitez des tortillas maison.

Le lieu est aussi un hôtel aux chambres (à partir de 560 $M) propres, bien qu'un peu sombres, et disposant d'une piscine à l'arrière.

Renseignements

Bureau de poste (Calle 69 s/n, entre Calle 64 et Calle 66 ; 9h-17h lun-ven, 9h-12h sam).

HSBC (Calle 67 s/n, entre Calle 68 et Av Juárez ; 9h-17h lun-ven). DAB 24h/24.

Depuis/vers Felipe Carrillo Puerto

Les bus partent de la **gare routière ADO** (983-834-08-15 ; www.ado.com.mx ; Calle 66 n° 752, angle Calle 65), sur la place principale.

Des *colectivos* partent fréquemment pour Playa del Carmen (90 $M, 2 heures) et Tulum (65 $M, 1 heure) depuis l'Avenida Juárez (en fait la route 307), juste au sud de la Calle 73.

À l'angle de Calle 66 et Calle 63 vous pouvez prendre un *colectivo* pour Chetumal (90 $M, 2 heures).

Mahahual

983 / 920 HABITANTS

Mahahual a définitivement changé depuis la construction d'un quai de paquebots de croisière. Pourtant, malgré les bateaux remplis de touristes, le lieu a conservé cette ambiance caribéenne typique que l'on ne retrouve pas plus au nord, et c'est le seul endroit de la Costa Maya suffisamment grand pour offrir une diversité d'hébergements et de restauration à proximité immédiate de la plage.

Dans le nord de la ville, de nouveaux bars et restaurants apparaissent dans un

BUS AU DÉPART DE FELIPE CARILLO PUERTO

DESTINATION	PRIX ($M)	DURÉE (H)	FRÉQUENCE
Cancún	174-222	3½-4	fréquents
Chetumal	99-130	2¼-3	fréquents
Laguna Bacalar	77-114	1¾-2	fréquents
Mahahual	166	1¾	2/jour ; 10h35,20h20
Mérida	234	6	fréquents
Playa del Carmen	96-144	2½	fréquents
Ticul (pour Uxmal)	175	4	6
Tulum	69-104	1¼	fréquents

quartier résidentiel surnommé *casitas* et habité par des Mexicains et des étrangers. Si cette ambiance ne vous attire pas, dirigez-vous vers le sud en direction de Xcalak (p. 143) où vous trouverez facilement une plage de sable blanc déserte.

Mahahual offre également d'excellentes possibilités de plongée sous-marine et de snorkeling, et le *malecón* (promenade du front de mer) a juste ce qu'il faut pour vous divertir en soirée.

À voir et à faire

Banco Chinchorro SITE DE PLONGÉE
Les plongeurs se délecteront des merveilles sous-marines du plus grand atoll corallien de l'hémisphère Nord (45 km de long, 14 km de large), connu pour ses épaves, ses murs et canyons de corail. Son extrémité ouest se trouve à 30 km de la côte et des dizaines de bateaux ont été victimes de son anneau de corail à peine immergé.

Amigos del Mar PLONGÉE
(983-132-79-75, portable 984-1516758 ; www.amigosdelmar.net ; angle Malecón s/n et Coronado ; 2 explorations 150 $US matériel inclus, snorkeling 100 $US ; 9h-18h). L'un des rares clubs de plongée de la ville autorisés à se rendre au spectaculaire Banco Chinchorro.

Mahahual Dive Centre PLONGÉE
(983-102-09-92, portable 983-1367693 ; www.mahahualdivecentre.com ; angle Malecón, km 1 et Atún ; 2/3 explorations consécutives avec équipement 100/140 $US, snorkeling 25 $US ; 9h-17h). Désormais basé sur le *malecón*, ce prestataire propose des plongées sur des sites proches, ainsi que des excursions au village de pêcheurs de Punta Herrero.

Plage de Mahahual PLAGE
Le beau *malecón* de Mahahual est bordé d'une plage de sable blanc très fin à l'eau si peu profonde qu'on y a pied jusqu'à 100 m du rivage.

Doctor Dive PLONGÉE
(portable 983-834-56-19 ; www.doctordive.com ; angle Malecón et Coronado ; 2 explorations consécutives 100 $US, snorkeling matériel compris 25 $US ; 8h-21h). Sorties snorkeling et plongée, mais aussi cours tous niveaux.

Fêtes et festivals

Cruzando Fronteras CULTURE
(www.facebook.com/mahahualcruzandofronteras). Sur sa page Facebook, cette association culturelle publie les prochains concerts, événements culinaires et expositions artistiques qu'elle organise.

Festival Jats'a-Já CULTURE
(août). Organisé pour apaiser les dieux des ouragans, ce festival a habituellement lieu la 3e semaine d'août. Au programme : danses préhispaniques, expositions artistiques et événements culinaires.

Où se loger

La gamme d'hébergements va de l'auberge bon marché à l'hôtel ultra-luxueux.

Posada Pachamama HÔTEL $$
(983-834-57-62 ; www.posadapachamama.net ; Huachinango s/n, entre Coronado et Martillo ; d 1 000-1 300 $M, qua 1 800 $M ; P). Les chambres de la pension Pachamama ("Terre-Mère" en inca) vont de la petite chambre basique à la double avec vue sur l'océan, en passant par des chambres plus spacieuses pour 4 personnes. Le personnel fournit de bonnes informations sur les activités locales, et les prix des chambres sont corrects pour Mahahual.

Travel In' PENSION $$
(portable 983-1109496 ; www.travel-in.com.mx ; route côtière, km 6 ; ch 49 $US ; P). À 5,5 km au sud de la ville, cette pension alimentée par énergie solaire ravira les amoureux de la nature. Elle ne compte que de 2 logements : une sorte de grande cabane aux abords d'une mangrove et un bungalow plus confortable doté d'une bibliothèque. On peut aussi y camper sur la plage (100 $M). Et, même sans y séjourner, fréquenter son restaurant et sa plage paisible, qui valent le détour.

Hotel Don Kike 55 HÔTEL $$
(983-834-57-11 ; www.hoteldonkike55.com ; Carretera Cafetal-Mahahual, km 55 ; d 1 000 $M ; P). À environ 2 km de la plage principale et 500 m du quartier résidentiel de la ville, voici un bon hébergement pour les voyageurs à petit budget que cela ne dérange pas de marcher ou de prendre un taxi pour gagner le centre. Se vantant d'être un hôtel où "la taille compte", il propose en effet des chambres spacieuses, certes très banales mais propres, confortables et fonctionnelles.

Hostal Jardín Mahahual AUBERGE DE JEUNESSE $$
(983-834-57-22 ; www.mahahualjardin.com ; Sardina s/n, entre Calle Rubia et Calle Sierra ; dort/

ch 250/1 180 $M ;). Un petit établissement étonnamment chic pour son prix, avec 5 chambres individuelles impeccables et un dortoir mixte de 8 places, de loin le meilleur du bourg. À deux pâtés de maisons de la plage, près de la Calle Rubia.

Palmeras de Mahahual Cabañas CABAÑAS $$$
(portable 983-1377949 ; www.facebook.com/palmerasdemahahual ; Atún s/n, entre Malecón et Sardina ; d 2 400 $M ;). Ce charmant hôtel à l'ambiance décontractée propose 4 chambres dans des *cabañas* en bois. Toutes ont des lits confortables, un mini-réfrigérateur et une terrasse donnant sur la mer. Lors de notre dernière visite, des travaux avaient lieu juste à côté, mais on y dormait tout de même bien. Réductions importantes en basse saison. Loue aussi des vélos.

Quinto Sole Hotel BOUTIQUE-HÔTEL $$$
(983-834-59-42 ; www.quintosole.mx ; Carretera Mahahual-Xcalak, km 0,35 ; ch/ste 1 800/2 300 $M ;). Dans cet hôtel, l'un des plus luxueux de la bourgade, les chambres spacieuses sont équipées de lits délicieusement douillets et de balcons privatifs (certains avec Jacuzzi). L'hôtel occupe une plage tranquille au nord de la promenade, et, à 350 m au sud du phare, à l'entrée du bourg. Restaurant sur place. Les tarifs sont indiqués pour une chambre avec vue sur la jungle (vue sur mer en supplément).

Sercotel Matan Ka'an HÔTEL $$$
(983-834-56-79 ; www.sercotelhotels.fr/hotels/mexico/quintana-roo/matan-kaan ; angle Huachinango s/n et Coronado ; ch/ste à partir de 3 305/3 965 $M ;). Du côté sud du terrain de foot, ce vaste hôtel aux murs chaulés est un havre de luxe et de détente, avec ses nombreux espaces communs et ses vastes chambres propres, pourvues d'une TV avec Netflix. On peut regretter que ce "don du ciel" (son nom en maya) ne dispose pas d'un accès direct à la plage, mais elle n'est qu'à 100 m.

Où se restaurer

Une dizaine de restaurants bordent le *malecón*, proposant poissons et fruits de mer, spécialités mexicaines et plats internationaux. Les prix sont plus élevés que dans les villes moins touristiques, mais le choix est varié. En outre, il n'y a encore que des tables locales et indépendantes servant de la bonne cuisine.

Nohoch Kay PRODUITS DE LA MER $$
(983-834-59-81 ; miplayanohochkay@outlook.com ; angle Malecón et Cazón ; plats 145-240 $M ; 12h30-21h ;). Nohoch Kay ("gros poisson" en maya) fait tout à fait honneur à son nom. Dans ce restaurant mexicain de bord de mer, on sert un succulent poisson entier, cuisiné dans une sauce au vin blanc et à l'ail, mais aussi une paella aux fruits de mer pour 2 personnes (350 $M), avec moules, palourdes, crevettes, calamars et poulpe.

Mayan Beach Garden INTERNATIONAL $$
(WhatsApp 983-1308658 ; www.mayanbeachgarden.com ; Camino Costera Mahahual-Punta Herrera ; plats 150-220 $M ; 12h30-15h et 19h-21h ;). À environ 30 km au nord de Mahahual, cette auberge au milieu de nulle part cuisine des poissons et fruits de mer d'une fraîcheur remarquable (ceviche mixte, filet de poisson sauce framboise-*chipotle*, etc.). Elle propose aussi des cours de cuisine. Après le déjeuner, suivez la route côtière vers le nord jusqu'à Punta Herrero. Ce village de pêcheurs isolé jouit d'un cadre naturel extraordinaire (mais la route, accidentée, semble très longue).

Luna de Plata ITALIEN $$
(983-834-58-77 ; www.lunadeplata.info ; Av Mahahual, km 2 ; plats 70-300 $M ; 8h-22h ;). Tenu par des Italiens, le "ristorante" de cet hôtel sert pâtes fraîches, pain maison, pizzas, plats de poisson et fruits de mer, et, au petit-déjeuner, de délicieuses *chilaquiles en salsa verde* (triangles de tortilla frits à la sauce verte). Au dîner, essayez les fabuleux raviolis à la langouste sauce crevettes. Les chambres (à partir de 1 600 $M) sont également agréables.

Sulumar PRODUITS DE LA MER $$
(983-834-57-84 ; www.facebook.com/restaurantesulumar ; Malecón s/n, entre Atún et Almeja ; plats 60-210 $M ; 9h-18h30 ;). Langouste, rascasse volante, poulpe... cette coopérative de pêcheurs cuisine les prises du jour et vous les sert directement sur la plage, à l'extrémité sud de la promenade. Attendez-vous à trouver le lieu bondé, car il est très prisé des habitants.

Renseignements

Il y a un DAB dans la Calle Coronado, entre la Calle Huachinango et le *malecón*, mais prévoyez tout de même assez d'espèces au cas où il serait à court de billet.

Entronque Casa de Cambio (Cherna s/n, entre Huachinango et Malecón ; ⏲8h-20h). Le seul bureau de change de la ville.

Depuis/vers Mahahual

Mahahual est située à 125 km au sud de Felipe Carrillo Puerto, et à environ 105 km au nord-est de Laguna Bacalar.

Il n'y a pas de gare routière officielle. La boutique de spiritueux Solo Chelas fait office d'**arrêt de bus ADO** (Solo Chelas ; ☎983-834-56-09 ; angle Huachinango s/n et Cherna) de la ville. Elle vend des billets pour les bus en direction du nord, qui partent de Mahahual à 10h30 et 17h30 et desservent Felipe Carrillo Puerto (166 $M, 1 heure 45), Tulum (296 $M, 3 heures), Playa del Carmen (378 $M, 4 heures) puis Cancún (450 $M, 5 heures 30). Un bus Caribe à destination de Xcalak (52 $M, 40 min) fait aussi un arrêt là, généralement à 8h10 et 18h40. Entre 6h30 à 19h30, des bus partent fréquemment vers l'ouest, desservant Bacalar (80-90 $M, 1 heure 30) et Chetumal (90-236 $M, 2 heures 30).

Des navettes partent toutes les heures entre 5h20 et 20h20 pour Chetumal (90 $M, 2 heures 30), Laguna Bacalar (75 $M, 2 heures) et Limones (50 $M, 1 heure), où l'on peut prendre l'un des bus fréquents en direction du nord. Le terminal se trouve à l'angle des Calles Sardina et Cherna, au nord du terrain de football.

Vous trouverez une station-service Pemex à Mahahual si vous devez faire le plein. L'embranchement pour Xcalak est à environ 100 m à l'ouest de la station-service.

Xcalak

☎983 / 380 HABITANTS

Avec ses maisons de bois, ses bateaux de pêche sur la plage et ses placides pélicans, ce village semblant surgi de nulle part a tout d'un havre de paix. Son isolement et la présence de la barrière de corail de Chinchorro lui permettront peut-être d'échapper à un développement trop rapide.

Promenez-vous dans les rues poussiéreuses une boisson fraîche à la main, admirez l'envol des frégates au-dessus des lagunes d'un vert limpide, partez à la découverte de la mangrove en kayak, plongez dans le Banco Chinchorro ou faites une superbe partie de pêche à la mouche. Xcalak compte quelques bons restaurants où se mêlent voyageurs et habitants.

La mangrove qui s'étend vers l'intérieur des terres depuis la route côtière abrite quelques grandes lagunes et forme des tunnels à explorer en kayak. Comme dans la forêt sèche, la faune y est d'une exceptionnelle richesse : outre les habituels hérons, aigrettes et autres oiseaux aquatiques, on peut observer agoutis, jabirus (cigognes), iguanes, javelines (pécaris), perruches, martins-pêcheurs et alligators.

Activités

XTC Dive Center PLONGÉE
(☎WhatsApp 984-2075366 ; www.xtcdivecenter.com ; route côtière, km 0,3 ; 2 explorations consécutives 275 $US, sorties snorkeling 50-75 $ US ; ⏲boutique 8h-18h). XTC organise des sorties de plongée et de snorkeling sur la splendide barrière de corail, et au Banco Chinchorro. Le club loue aussi du matériel de plongée, délivre l'Open Water de PADI (600 $US), et propose des sorties de pêche et d'observation des oiseaux.

Ce prestataire loue de jolies chambres (115-130 $US) et un grand appartement (250 $US), et dispose d'un bon bar-restaurant. À 300 m au nord du village.

Où se loger

Ici, même les plus agréables hébergements restent modestes. Le paiement par carte bancaire n'est généralement pas possible sans arrangement préalable et il vaut mieux prendre contact avec les établissements par Internet ou sur WhatsApp.

Xcalak Caribe Lodge HÔTEL **$$**
(☎WhatsApp 983-1305580 ; www.xcalakcaribe.com ; Av Guerrero s/n, centre de Xcalak ; d avec petit-déj 1 250 $M ; ❄📶). Relativement peu cher pour Xcalak, cet hôtel au bord de l'eau propose 6 chambres propres et modernes, pourvues de bons matelas, de la climatisation et, pour certaines, d'une vue sur la mer. Les prix varient selon les chambres. Le petit-déjeuner est servi sur une terrasse à l'étage. Réservation par message Whatsapp ou par e-mail.

Casa Paraiso HÔTEL **$$$**
(☎WhatsApp 983-158-7008 ; www.casaparaisoresort.com ; route côtière, km 2,5 ; ch avec petit-déj 130 $US ; 📶). D'un jaune pimpant, Casa Paraiso compte 4 chambres avec grands balcons équipés de hamacs, face à la mer, lit *king size*, cuisine, réfrigérateur, et superbe salle de bains ornée de céramiques de Talavera. Kayaks, équipement de snorkeling et vélos fournis gracieusement.

Où se restaurer

Beaucoup de restaurants de Xcalak servent une cuisine moyenne à destination des touristes – essentiellement des plats mexicains et de produits de la mer – mais certains se démarquent.

Costa de Cocos INTERNATIONAL $$

(WhatsApp 983-1167744 ; www.costadecocos.com ; route côtière, km 1 ; petit-déj 3-5 $US, déj et dîner 6-26 $US ; 7h-20h30 ; P). Le bar-restaurant de ce lodge de pêche est l'une des meilleures adresses du village pour se restaurer. Il sert des petits-déjeuners américains et mexicains, et des tacos au poisson au déjeuner et au dîner. Le bar élabore son propre whisky suivant des méthodes artisanales, et propose de la bière ambrée à la pression.

Toby's PRODUITS DE LA MER $$

(983-1075426 ; tobyxcalak@hotmail.com ; centre-ville de Xcalak ; plats 85-155 $M ; 11h-20h lun-sam). Sur l'artère principale, sa convivialité et ses produits de la mer bien préparés font de ce restaurant un lieu prisé des expatriés. Goûtez les crevettes à la noix de coco ou la rascasse volante et vous comprendrez pourquoi. Propose aussi des emplacements pour camper (80 $M) de l'autre côté de la route.

Silvia's Restaurant PRODUITS DE LA MER $$

(portable 501-6604881 ; centre de Xcalak ; plats 120-170 $M ; 8h30-22h ; P). À 3 rues au sud de la place et à une rue de la côte, le Silvia's sert essentiellement des en-cas yucatèques, des filets de poisson et du ceviche. De nombreux mets figurent à la carte, mais tous ne sont pas toujours disponibles, et vous finirez vraisemblablement par manger du poisson. Le lieu est décoré de conques.

Comment s'y rendre et circuler

Les bus à destination de Laguna Bacalar (94 $M), Chetumal (142 $M) et de Limones (où vous pourrez prendre une correspondance vers le nord) partent à 4h50 et 13h50 ; ils desservent l'arrêt situé sur la route côtière, derrière le phare, puis passent par Mahahual avant de partir vers l'ouest. Depuis Chetumal, les départs ont lieu à 5h40 et 16h10.

Un trajet en taxi depuis Limones sur la route 307 coûte environ 800 $M (notamment vers les hôtels au nord). Depuis Felipe Carillo Puerto, comptez environ 1 000 $M.

En voiture, une fois que vous aurez quitté la route 307 pour la route de Mahahual, conduisez en direction du sud sur 52 km, puis tournez à droite aux panneaux indiquant Xcalak (60 km de plus). Restez vigilant : gardez les yeux bien ouverts, les animaux de la forêt et de la mangrove peuvent surgir à tout moment sur la route. On croise souvent des crabes de terre géants, des serpents et des tortues.

Lors de notre dernière visite, la route côtière cahoteuse qui relie Xcalak à Mahahual était fermée, et il fallait donc prendre la route goudronnée passant par les terres : un chemin bien plus rapide, mais moins beau.

Laguna Bacalar

983 / 11 000 HABITANTS

Laguna Bacalar, la plus grande lagune de la péninsule, surprend dans cette région de jungle broussailleuse. Long de plus de 60 km avec un fond de sable intensément blanc, ce lac cristallin offre de multiples possibilités : camping, baignade, kayak et farniente, le tout au milieu d'une palette de couleurs bleues, vertes et blanches presque irréelles. Certains décrivent le lieu comme la "nouvelle Tulum".

Petite et paisible, mais suffisamment développée pour proposer activités et restaurants, la ville de Bacalar se trouve à l'est de la grand-route, à 115 km au sud de Felipe Carrillo Puerto. En dehors de la visite de la vieille forteresse espagnole et des *balnerios* (zones de baignade), il n'y a pas grand-chose à faire, mais c'est justement pour ça qu'on aime l'endroit. Autour de la place centrale, vous trouverez un DAB, un bureau de change, une petite épicerie, une station de taxis et un office du tourisme.

À voir et à faire

Los Rápidos KAYAK

(portable 983-1205920 ; www.facebook.com/losrapidosbacalar ; en retrait de la route 307, km 8 ; adulte/enfant 2-12 ans 50/25 $M, kayak 150 $M/heure ; 10h-19h). Voici un lieu superbe pour observer les oiseaux et faire du kayak sur un cours d'eau calme et cristallin au fond constellé de gros stromatolithes. Très rares (évitez de marcher dessus), ces formations semblables à de la roche sont formées par des cyanobactéries, et certaines auraient des milliards d'années ! Pour éviter la foule, allez-y le matin en milieu de semaine.

Los Rápidos se trouve à 25 km au sud du centre-ville de Bacalar (sortie au, km 8 de la route 307). En taxi, comptez environ 150 $M.

Balneario BAIGNADE

(angle Av Costera s/n et Calle 14 ; 9h-18h). GRATUIT Ce superbe lieu de baignade public se situe à plusieurs pâtés de maisons au sud de la forteresse, au bord de l'Avenida Costera. L'entrée est gratuite, mais le stationnement coûte 10 $M.

Forteresse ÉDIFICE HISTORIQUE
(☎983-836-10-65 ; angle Av 3 et Calle 22 ; tarif plein/9-17 ans 100/25 $M ; ⌚11h-19h mar-dim). Édifié en 1733 pour protéger les colons espagnols des attaques de pirates et des rébellions des *indígenas*, le fort qui surplombe la lagune servit d'avant-poste aux Blancs pendant la "guerre des castes". En 1859, des rebelles mayas s'en emparèrent et le conservèrent jusqu'à la conquête du Quintana Roo par les troupes mexicaines en 1901.

Cuco's Tours CROISIÈRES
(☎portables 983-1358943, 983-1079980 ; www.cucostours.com.mx ; Av Costera 479 ; 1 800 $M/bateau). Ces excursions en bateau partent de l'Hotel Laguna Bacalar et vous feront découvrir des sources d'eau douce, une plage de sable blanc aux eaux peu profondes, trois *cenotes* (bassins naturels) et un superbe canal. N'oubliez pas votre maillot de bain !

Cenote Azul BAIGNADE
(☎983-130-65-69 ; route 307, km 34 ; adulte/- 11 ans 25 $M/gratuit ; ⌚10h-18h). À la pointe sud de la *costera* (route côtière), à environ 3 km au sud du centre-ville de Bacalar, ce bassin naturel d'une profondeur de 90 m est bordé d'un bar-restaurant. À 200 m à l'est de la route 307 ; de nombreux bus le desservent. Depuis la place principale, un taxi vous coûtera 50 $M.

Où se loger

Yak Lake House Hostel AUBERGE DE JEUNESSE $
(☎983-834-31-75 ; www.yakbacalar.com ; Av 1 s/n, entre Calles 24 et 26 ; dort 330-400 $M, ch 1 600 $M ; P ⊜ ❄ ≋). Si vous rêvez de vous prélasser toute la journée en bikini, cette auberge de jeunesse est faite pour vous. À quelques pas de Laguna Bacalar, l'établissement offre suffisamment de chaises longues en terrasse pour profiter amplement du soleil. Petit-déjeuner inclus, personnel sympathique, chambres propres, casiers pratiques : un endroit parfait pour se reposer quelques jours.

Pata de Perro HÔTEL $
(☎983-834-20-62 ; www.facebook.com/patadeperrobacalar ; Calle 22 no 63A, entre Av 3 et Av 5 ; d à partir de 650 $M, ste 950-1 500 $M ; ⊜ ❄ ≋). Situé sur la place, cet hôtel abrite des logements impeccables, allant de la chambre de 3 lits avec salle de bains commune aux vastes suites avec kitchenette et salle de bains privative. Personnel accueillant, emplacement central et bon restaurant : c'est l'un de nos hôtels préférés à Bacalar. La "Patte de Chien" n'accepte cependant pas les animaux de compagnie.

Hotel Laguna Bacalar HÔTEL $$
(☎983-834-22-05 ; www.hotellagunabacalar.com ; Av Costera 479 ; d avec ventil/clim 1 360/1 500 $M, bungalow à partir de 2 700 $M ; P ⊜ ❄ ≋ ≈). Hôtel à l'ancienne, cet établissement aéré possède une piscine, un restaurant et des chambres plutôt simples, avec un Wi-Fi capricieux, mais une très belle vue sur la lagune, à explorer en kayak ou lors d'une croisière. À 2 km au sud de Bacalar et 150 m à l'est de la route 307 ; les voyageurs arrivant en bus peuvent demander au chauffeur de les laisser à l'embranchement.

♥ **Hotel Maria Maria** HÔTEL $$
(☎983-834-21-16 ; www.facebook.com/hotelmariamaria ; Av 3 nº 600, angle Calle 14 ; ch 950-1 050 $M, ste 1 150 $M ; P ⊜ ❄ ≋). À une rue d'un joli coin de baignade et à 5 minutes de marche de la grand-place, ce petit hôtel bien tenu loue d'élégantes suites donnant sur la lagune. Il dispose aussi, au rez-de-chaussée, de deux chambres un peu moins onéreuses. Cuisine commune à disposition à l'étage. Maria, l'hôtesse, est très arrangeante.

Amigo's Hotelito Bacalar HÔTEL $$
(☎portable 983-1079234 ; amigoshotelito.com ; Av Costera s/n ; d 1 500 $M ; P ⊜ ❄ ≋). Au bord de la lagune et à 500 m au sud de la forteresse, cet hôtel idéalement situé abrite 5 chambres spacieuses avec lits *king size*, hamacs, TV sat, terrasses et espace commun sous une *palapa* donnant sur la *laguna*.

Villas Bakalar APPARTEMENTS $$$
(☎983-834-20-49 ; lety@villasbakalar.com ; Av 3 no 981, entre Calle 28 et Calle 30 ; d/ste avec petit-déj 2 200/3 200 $M ; P ⊜ ❄ ≋ ≈). Un bon choix pour les familles et les petits groupes, qui y trouveront une piscine avec vue superbe sur la lagune, un jardin luxuriant et de vastes suites avec cuisine tout équipée. Réservation par téléphone ou e-mail.

♥ **Rancho Encantado** CABAÑAS $$$
(☎998-884-20-71 ; www.encantado.com ; route 307, km 24 ; d/ste avec petit-déj à partir

de 2 637/3 007 $M ; P ⊖ ❄ ≈ ≋). Envie de célébrer la beauté de Laguna Bacalar en séjournant dans l'un des établissements les plus saisissants de la côte ? Ici, vous aurez droit à un réveil dans une confortable *cabaña* ou chambre et à un petit-déjeuner avec vue sur le lagon, avant d'aller faire du kayak ou nager dans une eau calme et cristalline puis de vous relaxer dans un Jacuzzi. À 3 km au nord de Bacalar.

Où se restaurer et prendre un verre

El Socio MEXICAIN $

(☎ portable 983-7336612 ; Av 7 s/n, entre Calle 18 et Calle 20 ; en-cas 12-30 $M ; ⌚7h-20h lun-sam, 7h-14h dim). Depuis plus de 20 ans, ce modeste restaurant fait le bonheur des habitants de Bacalar grâce à son excellente *carne asada* (bœuf grillé), ses *sopes* (tortillas recouvertes de haricots, de fromage et de sauce) au poulet, *panuchos* (tortillas frites, fourrées aux haricots et recouvertes de garnitures diverses) et autres en-cas yucatèques peu coûteux, dont il ne reste habituellement déjà plus rien à la mi-journée.

Christian's Tacos TACOS $

(☎ portable 983-1149094 ; www.facebook.com/taqueriachristiansbacalar ; Calle 18 s/n, entre Av 7 et Av 9 ; tacos 12-29 $M, nachos 65-120 $M ; ⌚18h-1h). Si cette *taquería* se trouvait à Mexico – la capitale du pays, mais aussi du taco *al pastor* (au porc mariné cuit à la broche) – elle rivaliserait avec les meilleures de la ville. Elle sert aussi de très populaires (et très gras) *pastor nachos*, recouverts de lamelles de porc, de haricots et de fromage. On y trouve aussi un bar tout récent.

Taquería Chepe MEXICAIN $

(Route 307 s/n, entre Calle 24 et Calle 26 ; tacos 12 $M, tortas (sandwichs) 27 $M ; ⌚6h-12h30 mar-dim). Pas la peine de regarder le menu : on vient ici pour le *taco de cochinita surtida*, dont la tortilla, faite à la main, est garnie de porc mijoté et arrosée d'un peu de gras ! À quelques bâtiments au nord de la supérette Oxxo, sur la route 307, juste après une autre *taquería* (ne vous trompez pas !).

Mango y Chile VÉGÉTALIEN $$

(☎ 983-688-20-00 ; www.facebook.com/mangoychile ; Av 3 s/n, entre Calles 22 et 24 ; plats 100-140 $M ; ⌚13h-21h mer-lun ; P ≈ ✎). Le premier (et unique) restaurant entièrement végétalien de Bacalar dispose d'une grande terrasse donnant sur le fort et le lagon. Délicieux burgers, mais les plats sont plutôt salés. Personnel sympathique.

Los Aluxes MEXICAIN $$

(☎ 983-834-28-17 ; www.losaluxesbacalar.com ; Av Costera 69 ; plats 120-270 $M ; ⌚7h-21h ; P ≈). Sous une *palapa* face à la mer, ce restaurant sert spécialités régionales et cuisine fusion, créant des plats innovants comme la *pechuga sikil pak* (poulet et pâtes à la mode yucatèque). Une statue grandeur nature d'Al Capone garde les toilettes, pistolet à la main. À 1 km au sud de la ville.

Savora Bakhalal TAPAS $$

(☎ 983-688-20-23 ; www.facebook.com/bistro-savorabakhalal ; Calle 22 n° 63, entre Av 3 et Av 5 ; plats 100-240 $M, langouste 490 $M ; ⌚8h-23h ; ≈). Avec son banc pour "fumeurs" et son banc pour "séducteurs", ce restaurant ouvert sur l'extérieur charme ses clients grâce à ses mets dans le style tapas, et ses pizzas, pâtes, tacos et excellents desserts. À l'étage, son bar occupe une terrasse donnant sur la place.

♥ **Nixtamal** GRILLADES $$$

(☎ portable 983-1347651 ; www.facebook.com/nixtamalcocinaafuegoyceniza ; López Mateos 525, angle Calle 12 ; plats 120-280 $M, langouste 1 500 $M ; ⌚19h-23h mer-lun ; ≈). Ici, le service est lent, mais l'attente en vaut la chandelle. Rodrigo Estrada, spécialiste de la grillade, y prépare d'excellents plats (noix d'entrecôte marinée, langouste entière...) d'abord grillés au bois et au charbon, puis cuits au four à bois (aucun appareil au gaz ou à l'électricité n'est employé). Le week-end, des musiciens animent les dîners dans ce restaurant éclairé aux chandelles.

La Playita PRODUITS DE LA MER $$$

(☎ 983-834-30-68 ; www.laplayitabacalar.com ; angle Av Costera s/n et Calle 26 ; plats 150-280 $M ; ⌚12h-0h ; ≈). À l'extérieur, un panneau résume l'esprit du lieu : "Mangez, buvez et baignez-vous". Les plats de poissons et de fruits de mer sont savoureux, quoiqu'un peu légers, mais le mezcal Alipús compensera largement cet inconvénient. L'énorme hévéa qui ombrage le jardin jonché de galets a pratiquement été déraciné en 2007 par l'ouragan Dean.

En fin de soirée, c'est aussi un lieu très agréable où boire un cocktail aux chandelles, par une nuit calme animée seulement de la parade nuptiale des crapauds coassant sur le gravier.

Où sortir

Galeón Pirata Espacio Cultural MUSIQUE LIVE

(983-157-75-58 ; www.facebook.com/GaleonPirataBacalar ; Av Costera s/n, entre Calles 30 et 32 ; 14h-0h mar-jeu, 19h-2h ven et sam). Ce centre culturel indépendant programme concerts, expositions d'art, projections de films et pièces de théâtre tout en faisant office de bar-restaurant. Horaires assez irréguliers. En mars, le centre organise un festival d'art.

Renseignements

Office du tourisme (983-834-28-86 ; www.bacalar.gob.mx ; Av 3 s/n, entre Calle 22 et Calle 24 ; 8h-16h lun-ven). Fournit de bons renseignements sur les activités locales.

Depuis/vers la Laguna Bacalar

Les bus n'entrent pas dans la ville, mais les taxis et quelques *colectivos* vous déposeront sur la place centrale. Les bus s'arrêtent à la **gare ADO** (983-833-31-63 ; www.ado.com.mx ; route 307 s/n, entre Calles 28 et 30). De là, marchez environ 10 pâtés de maisons vers le sud-est pour rejoindre la place centrale ou prenez un taxi pour 20 $M.

Si vous arrivez du nord en voiture et souhaitez rejoindre la ville et la forteresse, prenez la première sortie pour Bacalar et dépassez plusieurs pâtés de maisons avant de tourner à gauche (vers l'est) en bas de la colline. Depuis Chetumal, dirigez-vous vers l'ouest pour rattraper la route 307 au nord. Au bout de 25 km, vous verrez le panneau indiquant Cenote Azul (p. 145) et Avenida Costera (ou Avenida 1).

Chetumal

983 / 151 200 HABITANTS

Capitale du Quintana Roo, Chetumal est une ville relativement paisible, proche de vestiges mayas, d'une jungle luxuriante et des portes du Belize. L'esplanade de la baie accueille un carnaval et d'autres événements, tandis que le musée maya moderne est visuellement impressionnant, malgré une collection limitée. Les sites d'intérêt sont rares (aucun circuit touristique n'est organisé), mais l'on voit parfois des lamantins dans les eaux boueuses de la baie ou dans les mangroves voisines. Il est interdit de nager dans la lagune en raison de la présence possible de crocodiles. Les locaux aiment prétendre qu'il n'y en a qu'un (dénommé Harry) et qu'il est tranquille, mais ils cherchent peut-être ainsi à se débarrasser des touristes, alors mieux vaut privilégier la piscine de l'hôtel !

Histoire

Avant la conquête espagnole, Chetumal était un port maya utilisé pour le commerce de l'or, des plumes, du cacao et du cuivre avec le nord de la péninsule du Yucatán. Le site ne fut colonisé qu'à la fin du XIXe siècle, lorsque le gouvernement mexicain prit le contrôle de la ville pour couper court au commerce des armes et du bois des descendants des Mayas, combattants dans la “guerre des castes”. Le gouvernement fédéral fit ainsi du 5 mai 1898 la date de “fondation” officielle de la ville, d'abord appelée Payo Obispo, puis renommée Chetumal en 1936. En 1955, elle fut pratiquement anéantie par l'ouragan Janet, et les infrastructures furent à nouveau endommagées par l'ouragan Dean, en 2007.

À voir et à faire

Laguna Milagros LAC

(Près de la route 186, à Huay-Pix ; Nicolás Bravo). En kayak ou à la nage, découvrez les eaux azur de la Laguna Milagros, à 23 km environ à l'ouest de Chetumal, dans le village de Huay-Pix. Au bord de l'eau, le restaurant El Abuelo (p. 149) loue des kayaks (150 $M/heure) et sert de savoureux poissons frais.

Museo de la Cultura Maya MUSÉE

(983-832-68-38 ; www.facebook.com/museodelaculturamaya ; Av de los Héroes 68, angle Av Gandhi ; adulte/-8 ans 100 $M/gratuit ; 9h-19h mar-dim). Le musée de la Culture maya, bijou architectural audacieux dont les collections sont malheureusement peu fournies, fait la fierté de la ville. Ses 3 niveaux reflètent la cosmologie maya. Au milieu, le monde réel, en haut, le paradis, et en bas Xibalbá, les enfers. Tout le Mayab (les terres des Mayas) y est représenté.

Ikadventure VÉLO

(portable 983-1215135 ; www.facebook.com/ikhadventure.operadoraturistica ; angle bd Bahía et Emiliano Zapata ; vélo/roller 20 $M/heure, kayak 150 $M/heure ; 10h-14h et 16h-20h). Ce prestataire, qui loue vélos et kayaks, organise des excursions variées, dont des balades à cheval et des parties de pêche. Pour une belle promenade à vélo (8 km environ), suivez le Boulevard Bahía vers le nord et gagnez Calderitas, un charmant village de pêcheurs.

Chetumal

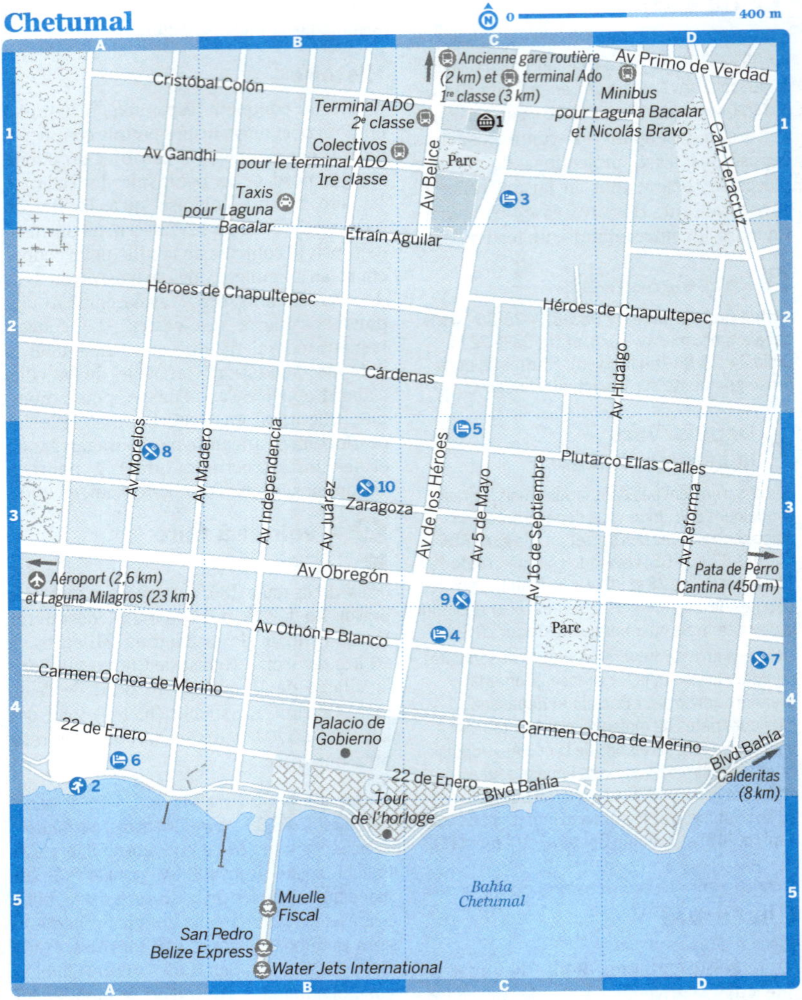

Fêtes et festivals

Carnaval FÊTE RELIGIEUSE

(fév/début mars). Le carnaval est particulièrement animé à Chetumal : les défilés colorés investissent les rues et la foule se presse pour admirer les chars et les danseurs costumés.

Où se loger

Hostelito AUBERGE DE JEUNESSE, HÔTEL $

(983-833-34-19 ; www.facebook.com/hostelitochetumal ; Av Othón P Blanco 187A, entre Av 5 de Mayo et Av de los Héroes ; dort/d avec petit-déj 200/550 $M ;). À la fois hôtel et auberge de jeunesse, cette très bonne adresse, centrale et peu chère, propose des chambres à petits prix et un dortoir mixte de 12 lits (uniquement climatisé lorsque 5 personnes au moins y dorment). Sur place, on profite d'une piscine en plein air, de vélos (gratuits), d'une cuisine en extérieur et de grands espaces communs agrémentés de hamacs.

Hotel Urban 101 HÔTEL $$

(983-834-56-27 ; www.hotelurban101.com ; Av de los Héroes 101A, entre Plutarco Elías Calles et Cárdenas ; s/d 890/990 $M ;). Confortable, centrale et accueillante : voici la

Chetumal

À voir

Activités

Où se loger

Où se restaurer

meilleure affaire de la ville. Les chambres, modernes, restent fraîches grâce à leur sol en béton poli, et sont dotées d'un éclairage subtil, de lits douillets et de machines à café. On y est à proximité du front de mer, des musées, de la station de taxis et de la gare routière.

Noor Hotel HÔTEL **$$**
(☎983-834-56-27 ; www.hotelnoor.mx ; angle bd Bahía et Av Morelos ; ch 834-1 140 $M ; P ⊖ ❄ ᯤ ≋). Installé sur la baie, cet hôtel ravira ceux qui cherchent à échapper au brouhaha du centre-ville. Les chambres donnant sur la baie sont à privilégier, celles avec vue sur le jardin étant peu ventilées. Il y a une piscine (à l'eau plutôt trouble lors de notre dernière visite) et un restaurant de cuisine internationale. La promenade en bois est agréable à parcourir l'après-midi.

Capital Plaza HÔTEL **$$**
(☎983-835-04-00 ; www.capitalplaza.mx ; Av de los Héroes n°171, angle Av Gandhi ; d 1 325 $M, ste à partir de 1 765 $M ; P ⊖ ❄ @ ᯤ ≋). C'est l'un des hôtels les plus chics de Chetumal. Ses chambres confortables donnent sur une piscine au centre d'un jardin tropical, d'un bar et d'un restaurant.

Où se restaurer et prendre un verre

À Chetumal, que l'on mange de la cuisine locale à petit prix ou des produits de la mer et des plats internationaux plus chers, les restaurants sont généralement bons et moins onéreux que dans les villes touristiques situées plus au nord. Dans le Boulevard Bahía, au nord de l'Avenida Othón Blanco, on trouve, sur six pâtés de maison, une série de bars et de boîtes de nuit où passer une bonne soirée et danser au son des groupes de salsa et des fanfares.

♥ **Lonchería La Costa** YUCATÈQUE **$**
(☎portable 983-1800318 ; www.facebook.com/loncherialacosta ; Calz Veracruz 43 ; en-cas 22-50 $M ; ⏲18h-0h lun-sam ; ✎). Ce joyeux restaurant très caribéen sert depuis 50 ans des en-cas yucatèques, tels les *panuchos* (tortillas frites, fourrées aux haricots et recouvertes de garnitures diverses) et les *salbutes* (tortillas frites et soufflées garnies de poulet et fromage, entre autres). Il n'y a pas de carte, et, sur demande, la plupart des mets peuvent être adaptés pour les végétariens.

Taquería El Almendro YUCATÈQUE **$**
(☎983-285-55-45 ; Zaragoza 213 ; tacos 13-15 $M, tortas 24-26 $M ; ⏲7h30-13h lun-sam, 8h-13h dim). En tacos ou en *tortas* (sandwichs), la dizaine de *guisados* (viandes mijotées) yucatèques servis dans ce restaurant ventilé attire chaque matin une foule d'habitants venant petit-déjeuner de savoureux plats du jour, comme *la chaya con huevo* (épinards mexicains aux œufs) et le *chile xcatic relleno de queso* (piment farci au fromage), et apprécier les spécialités hebdomadaires, comme le *castacán* (poitrine de porc).

El Abuelo PRODUITS DE LA MER **$$**
(☎portable 983-1171536 ; www.facebook.com/restaurantelabuelohuaypix ; Av Laguna Milagros, Huay-Pix ; plats 140-210 $M ; ⏲10h-19h30 ; P ᯤ ; 🚌 Nicolás Bravo colectivo). Surplombant l'eau azur de la Laguna Milagros, à environ 15 km à l'ouest de Chetumal, ce restaurant en extérieur est salué à juste titre pour ses poissons entiers frits, son ceviche frais et son *chicharrón de pescado* (beignet de poisson croustillant). Après le repas, vous pourrez piquer une tête dans la lagune ou louer un kayak pour 150 $M. Les *colectivos* à destination de Nicolás Bravo (p. 150) vous déposeront à l'entrée du village de Huay-Pix.

Restaurante Xel-Ha PRODUITS DE LA MER **$$**
(☎983-285-02-87 ; Av Yucatán s/n, Calderitas ; plats 150-220 $M ; ⏲11h-19h ; P). Le Xel-Ha sert parmi les meilleurs poissons frais du coin. Parcourez 8 km environ au nord de Chetumal jusqu'au village de pêcheurs de Calderitas, et vous trouverez ce restaurant classique de poisson et de fruits de mer,

sous une *palapa* au bord de la lagune. Pour être sûr de pouvoir y manger, allez-y bien avant 18h, car le lieu ferme tôt s'il n'y a pas de clients.

Marisquería El Taco Loco PRODUITS DE LA MER $$
(☎983-129-20-90 ; www.tacoloco.mx ; Av Morelos 87 ; tacos 18-24 $M, plats 85-200 $M ; ⏲8h-18h ; ❄📶). Une institution à Chetumal depuis plus de 30 ans. Goûtez à sa spécialité maison, le *camarón empanizado* (crevettes panées), ou au taco de poisson *a la mantequila* (sauté au beurre) – tous deux servis sur des tortillas faites main et accompagnés (à part) de crème à l'ail et d'une sauce au piment.

Sergio's Pizzas PIZZERIA $$
(☎983-832-29-91 ; www.sergiospizzas.com.mx ; Av Obregón 182, angle Av 5 de Mayo ; plats 86-306 $M ; ⏲7h30-23h30 ; ❄📶). De la tenue des serveurs à la décoration, cette pizzeria à l'ancienne, vous donnera l'impression d'être dans un film sur la Mafia. La cuisine est délicieuse : appétissante gamme de plats mexicains et italiens, steaks et produits de la mer.

Pata de Perro Cantina BAR
(Zaragoza 19, entre bd Bahía et Isla Contoy ; ⏲20h-1h dim-mer, 20h-3h jeu-sam). Plus intimiste que la plupart des clubs alentour, cette *cantina* en extérieur accueille parfois en semaine des groupes de reggae et sert de grandes bières, appelées *misiles* (missiles), à des prix dérisoires. Dans le jardin agréable, on se détend autour d'une partie de dominos ou de dés.

ℹ Orientation

Chetumal est une vaste ville quadrillée de larges boulevards et baignée, au sud, par la mer. L'Avenida de los Héroes est l'artère principale qui divise la ville en deux parties – est et ouest – et débouche sur le front de mer. L'Avenida Obregón, parallèle à la baie, mène vers l'ouest à une *glorieta* (rond-point), puis à l'aéroport et, non loin de là, au service d'immigration avant la route qui mène au Belize.

ℹ Renseignements

La ville compte de nombreuses banques et DAB, dont l'un est notamment situé dans l'enceinte de la gare routière 1re classe.

CI Banco (☎983-832-38-83 ; www.cibanco.com ; Av Obregón 232 ; ⏲8h30-17h lun-ven, 9h-14h sam). DAB, services bancaires et change.

ℹ Depuis/vers Chetumal

AVION

Le petit **aéroport de Chetumal** (☎poste 3302 983-832-96-39 ; Av Revolución 660, Colonia Industrial) est à moins de 2 km du nord-ouest du centre-ville.

Des vols pour Mexico y sont assurés par **Interjet** (☎800-011-23-45 ; www.interjet.com ; Av Revolución 660, aéroport international de Chetumal) et **Volaris** (☎55-1102-8000 ; www.volaris.com ; Av Revolución 660, aéroport international de Chetumal).

Le taxi (100 $M) est le meilleur moyen de se rendre à l'aéroport.

BATEAU

Les ferries à destination du Belize partent du **Muelle Fiscal** (embarcadère ; bd Bahía). En plus de votre billet, vous devrez vous acquitter de la taxe de sortie du territoire (533 $M), à moins de pouvoir prouver que vous l'avez déjà payée lors de l'achat de votre billet d'avion pour le Mexique (ce qui bien souvent le cas). Les services d'immigration exigeront ainsi de voir le reçu détaillant les différents frais inclus dans le prix de votre billet d'avion.

San Pedro Belize Express (☎983-832-16-48 ; www.belizewatertaxi.com ; bd Bahía s/n, Muelle Fiscal ; aller simple 50-55 $US ; ⏲8h30-16h). Transport par bateau jusqu'à la ville du Belize, Caye Caulker et San Pedro.

Water Jets International (☎983-833-32-01 ; www.sanpedrowatertaxi.com ; bd Bahía s/n, Muelle Fiscal ; aller simple 65-70 $US ; ⏲9h-15h30). Bateaux-taxis pour San Pedro et Caye Caulker, au Belize.

BUS

Les bus longue-distance arrivent et quittent le terminal ADO des bus de 1re classe.

Terminal ADO 1re classe (☎983-832-51-10 ; www.ado.com.mx ; Av Insurgentes s/n, angle Av Palermo). Bus pour Cancún, Campeche, Mérida, Valladolid, Mahahual et d'autres destinations, dont Flores (au Guatemala). La plupart des bus de 2e classe font aussi halte dans cette gare routière.

Terminal ADO 2e classe (www.ado.com.mx ; Av Belice s/n, angle Colón). Bus pour Mahahual, Xcalak, Bacalar et Tulum.

Ancienne gare routière de Chetumal (Terminal antigua de ADO ; Salvador Novo s/n ; ⏲10h-19h). Ne sert plus qu'aux bus pour le Belize, desservant Corozal, Belize City et Orange Walk, avec des départs de 10h à 18h. Est aussi desservie par des *colectivos* pour Laguna Bacalar et Huay-Pix (Laguna Milagros).

Gare routière des minibus (angle Av Primo de Verdad et Av Hidalgo). Départ des minibus pour Bacalar (40 $M) de 7h30 à 13h30 ; pour cette même destination, toutefois, les **taxis colectivos** (Av Independencia s/n, entre Av Gandhi et Efraín Aguilar ; 45 $M/pers) stationnant l'Avenida Independencia ont des départs plus fréquents.

VOITURE ET TAXI

En ville, les taxis facturent environ 25-40 $M pour un court trajet, mais demandez toujours le prix avant de monter. Les taxis (ci-dessus) de l'Av Independencia (entre Efraín Aguilar et Av Gandhi) facturent 180 $M/pers pour rejoindre Laguna Bacalar. Supplément pour les voyages de nuit.

Gibson's Tours & Transfers (☎501-6002605 ; gibsonsbztoursandtransfers@hotmail.com ; basé à Santa Elena-Corozal, à la frontière du Belize ; comptez au moins 100 $US pour 4 pers au maximum). Liaisons entre Chetumal et Corozal ; possibilité d'obtenir les permis de passage à la frontière avec la location du véhicule ; plusieurs excursions possibles au Belize.

Comment circuler

La plupart des sites de la zone touristique de Chetumal sont à courte distance à pied les uns des autres. Pour rejoindre la gare routière principale depuis le centre, prenez un **colectivo** "Lagunitas" (Gandhi s/n, entre Av Juárez et Av Belice) à l'angle des Avenidas Belice et Gandhi, juste au coin de la gare routière des bus de 2e classe.

Les *colectivos pour* Calderitas sont stationnés en face du terminal ADO 2e classe.

Corredor Arqueológico

Le Corredor Arqueológico englobe les sites archéologiques de Dzibanch, de Kinich-Ná et de Kohunlich, deux sites mayas peu fréquentés malgré leur intérêt ; accessibles à la journée depuis Chetumal.

À voir

Dzibanché SITE ARCHÉOLOGIQUE

(☎983-837-24-11 ; en retrait de la route 186 ; 60 $M ; 8h-16h30 ; P). Son accès n'est pas des plus simples, mais ce site vaut absolument la peine pour son cadre reculé et semi-sauvage. Dzibanché ("écriture sur bois") était une ville majeure qui s'étendait sur plus de 40 km², avec de nombreux palais et pyramides (le site n'est toutefois pas entièrement déterré). L'accès se fait par une belle route de campagne.

La première structure restaurée que vous découvrirez est l'Edificio 6, le **Palacio de los Dinteles** (palais des Linteaux), qui a valu son nom à Dzibanché. Il constitue un bon point de repère pour s'orienter dans le reste du site : face à ses marches, vous regardez vers l'est. L'Edificio 6 est une pyramide surmontée d'un temple comportant deux galeries couvertes. Sa base date du début de l'époque classique (300-600) et le temple, de la fin de l'époque classique 600-900). Gravissez-en les marches et placez sous le linteau surmontant l'entrée droite (sud) du temple. Levez les yeux et vous verrez une inscription indiquant l'année 733 !

En redescendant, dirigez-vous vers votre gauche (sud) : vous passerez entre un tertre, à droite, et une structure basse, érigée sur différents niveaux, à gauche. Cette construction presque entièrement restaurée est l'Edificio 16, le **Palacio de los Tucanes**. De là où vous arriverez, vous pourrez voir, au centre, les vestiges de piliers ornés d'un masque. Le chemin vous mène jusqu'à la **Plaza Gann**. Faites-en le tour dans le sens contraire des aiguilles d'une montre et vous passerez devant l'Edificio 14 (rattaché au flanc nord d'un édifice plus grand), dont la base est ornée de *tamborcillos* (petits tambours), dans le style Río Bec de la période classique récente (au-dessus du tertre). Au sud, une construction plus importante, l'Edificio 13, est nommée **Templo de los Cautivos** en raison des gravures, sur ses marches, représentant des captifs. La représentation de prisonniers soumis est d'ailleurs un thème récurrent sur les stèles mayas.

Sur le côté est de la place se dresse la plus haute structure de Dzibanché : le **Templo de los Cormoranes** (temple des Cormorans ; Edificio 2), dont la partie supérieure a été restaurée.

Quittez la place par l'escalier de pierre situé au nord de l'Edificio 2. Au sommet des marches s'étend la **Plaza del Xibalbá** (Xibalbá étant le nom de l'enfer maya).

Le Palacio Norte (palais Nord) fait face, naturellement, au Palacio Sur (Sud) depuis lequel on voit encore mieux l'Edificio 2, face auquel se dresse la structure la plus remarquable du site : l'Edificio 1 ou **Templo del Buho** (temple de la Chouette), restauré. Il abritait une salle reliée par un escalier à une autre salle, plus bas, dans laquelle furent retrouvés les restes d'une personnalité importante de la cité enterrée avec des offrandes. Le sommet du temple (grimpez avec prudence) offre une vue est impressionnante : on y voit le Grupo Lamay à l'ouest et, plus difficilement, Kinich-Ná, à plus de 2 km au nord-ouest.

Le billet pour Dzibanché inclut l'entrée au site de Kinich-Ná.

Kinich-Ná SITE ARCHÉOLOGIQUE

(☎983-837-24-11 ; en retrait de la route 186 ; P). Ce site, qui fait partie de celui de Dzibanché (p. 151), est éloigné du groupe principal (entrée comprise dans le billet d'accès à Dzibanché). Il comprend un bâtiment unique, mais ô combien impressionnant ! Le mégalithique **Acrópolis** abritait au moins cinq temples sur trois niveaux et les dépouilles de figures importantes, inhumées avec des offrandes. Le nom du site, lui, vient d'un bas-relief découvert au sommet de structure et représentant le dieu du Soleil. Près de l'accueil de Dzibanché, une route étroite, en bon état, mène à Kinich-Ná, à 2 km au nord.

Kohunlich SITE ARCHÉOLOGIQUE

(☎983-837-24-11 ; en retrait de la route 186 ; 70 $M ; 8h-16h30 ; P). Ce site archéologique planté sur un tapis de verdure date de la fin de la période préclassique (100-200) et du début de la période classique (300-600). Il est connu pour le **Templo de los Mascarones** (temple des Masques), un édifice pyramidal à l'escalier central flanqué de masques en stuc de 3 m de haut représentant le dieu du Soleil.

Depuis/vers le Corredor Arqueológico

L'embranchement pour Dzibanché depuis la route 186 est à environ 57 km à l'ouest de Chetumal, sur la droite après le panneau indiquant Zona Arqueológica. De là, il faut continuer 24 km en direction du nord sur une route étroite. Environ 2 km après la bourgade de Morocoy, prenez à nouveau à droite. Kinich-Ná se trouve 2 km plus au nord.

L'embranchement pour Kohunlich est à 2 km à l'ouest sur la route 186 à partir de l'embranchement pour Dzibanché ; le site est situé au bout des 9 km de route droite.

Aucun de ces sites n'est accessible directement en transport en commun. Mieux vaut donc s'y rendre en voiture, bien que l'on puisse atteindre Kohunlich avec le *colectivo* qui part de Chetumal à destination de Nicolás Bravo (p. 150) – il vous déposera

BUS AU DÉPART DE CHETUMAL

Sauf mention contraire, les bus suivants partent du **terminal ADO 1re classe**.

DESTINATION	PRIX ($M)	DURÉE (H)	FRÉQUENCE
Bacalar	46-72	45 min	fréquents
Belize, Belize	200-300	4-4 ½	fréquents ; départ ancienne gare routière de Chetumal
Campeche	395	6	1/jour : 12h
Cancún	366-546	5 ½-6 ½	fréquents
Corozal, Belize	50-60	1	fréquents ; départ ancien terminal de Chetumal
Escárcega	286-404	4	10/jour
Felipe Carrillo Puerto	99-130	2 ¼-3	fréquents
Flores, Guatemala (pour Tikal)	700	8-9	7h30
Mahahual	90-236	2-2 ½	5/jour ; toutes les heures du terminal 2e classe
Mérida	446	5 ½-6	4/jour
Orange Walk, Belize	100	2 ¼	fréquents depuis l'ancienne gare routière
Palenque	418-732	7	3/jour
Tulum	160-378	3 ¼-4	12/jour
Valladolid	250	5 ½	3/jour ; départ terminal 2e classe
Veracruz	1274	17 ¾	1/jour ; 18h30
Villahermosa	523-698	8 ½-9	5/jour
Xcalak	130	3-3 ½	2/jour ; départ terminal 2e classe à 5h40 et 16h10
Xpujil	148-176	1 ¾	7/jour

LES MAYAS, ADEPTES DU BODY ART

Essayez de vous figurer à quoi ressemblaient les Mayas à l'apogée de l'époque classique : ils avaient la tête allongée, les oreilles, le nez, les joues et parfois même les organes génitaux percés, et arboraient des tatouages. Leurs corps, en somme, étaient des œuvres d'art.

La déformation crânienne, qui fut l'une des pratiques corporelles mayas les plus étonnantes, servait essentiellement à marquer le statut social d'un individu. Les mères attachaient au crâne de leur nourrisson (garçon ou fille) une planche, la serrant contre la boîte crânienne encore malléable. En positionnant cette tablette sur le dessus ou à l'arrière de la tête, elles donnent au crâne de leur enfant une forme longue et pointue (dite "allongée") ou étroite et s'étirant vers l'arrière (forme "oblique"). À mesure que l'enfant grandissait, ses os durcissaient et la planche n'était plus nécessaire : la déformation resterait permanente. La compression du crâne n'avait, apparemment, aucune incidence sur les capacités intellectuelles et motrices des enfants. Après l'arrivée des Espagnols, cette pratique fut progressivement abandonnée.

au croisement pour Francisco Villa, d'où il vous faudra faire du stop ou marcher les 9 km restants. Pour rentrer ensuite à Chetumal en *colectivo* ou poursuivre en bus vers Xpujil ou Escárcega, à l'ouest, il faudra faire signe aux véhicules circulant sur la grand-route ; tous les bus ne s'arrêteront pas.

Vous pouvez aussi prendre un taxi à Chetumal. Il vous en coûtera autour de 200 $M l'heure, soit 1 000 $M environ pour les 5 heures au minimum que requiert la visite des trois sites. En formant un groupe avec d'autres voyageurs, vous pourrez partager les frais.

Corozal Town (Belize)

12 300 HABITANTS

À 15 km au sud du Mexique et 47 km au nord d'Orange Walk Town, cette charmante ville du Belize est bordée par les eaux turquoise et laiteuses de la baie de Corozal. Il y règne une atmosphère différente de celles des autres villes béliziennes : l'influence mexicaine y est indéniable, et l'économie repose bien davantage sur sa position de carrefour commercial et agricole que sur le tourisme. Le secteur touristique naissant de la ville ne s'est d'ailleurs pas relevé de l'ouverture d'une ligne maritime directe San Pedro–Chetumal, et beaucoup de voyageurs ne s'arrêtent plus là.

Corozal demeure néanmoins une belle étape pour les touristes voulant échapper à l'ambiance de club-vacances qui règne dans certaines autres localités du Belize. Brise marine, hôtels abordables et bonnes tables, la ville, par ailleurs bien située pour accéder au reste de la région, mérite vraiment une halte sur la route depuis ou vers le Mexique, ou un détour, si vous ne pensiez visiter que le sud du Belize.

À voir

Santa Rita SITE ARCHÉOLOGIQUE

(10 $BZ ; 8h-18h). Santa Rita, ancienne cité côtière maya, occupait jadis la même situation stratégique que Corozal Town aujourd'hui, car, comme cette dernière, elle était située entre le Río Hondo (qui marque la frontière entre le Belize et le Mexique) et la New River (qui se jette dans la baie de Corozal, au sud de la ville). Seule une petite partie de la cité a été mise au jour, mais le site fait toutefois une excursion courte et intéressante depuis Corozal.

Où se loger et se restaurer

Hok'ol K'in PENSION $

(422-3329 ; www.corozal.net ; 89 4th Av ; s/d/tr avec ventil 77/104/109 $BZ, avec clim 92/120/130 $BZ ;). Moderne et bien tenu, le "Soleil levant" donne sur la baie et pourrait bien être la meilleure affaire de la ville. Ses grandes chambres, impeccables et rafraîchies par la brise marine, ont toutes 2 lits doubles, une salle de bains et un balcon avec hamac. Sur place, un café sert des repas à prix raisonnables (les petits-déjeuners y sont particulièrement bons).

Almond Tree Resort HÔTEL $$

(422-0006 ; www.almondtreeresort.com ; 425 Bayshore Dr ; ch 210-380 $BZ ;). Situé au sud de la ville, dans la baie, ce superbe établissement de 10 chambres est l'hébergement le plus luxueux à proximité du centre. La plupart de ses chambres

TRAVERSER LA FRONTIÈRE ENTRE LE MEXIQUE ET LE BELIZE

Si vous voulez passer une journée ou davantage au Belize, et pourquoi pas poursuivre votre voyage au Guatemala, voici quelques conseils pour franchir la frontière mexicaine.

Si vous arrivez au Mexique en avion, le coût du *derecho de no residente* (DNR ; taxe de non-résident) est généralement inclus dans le prix de votre billet, ce qui signifie que vous n'aurez pas à payer la "taxe de sortie du territoire" que certains gardes-frontières mexicains peu scrupuleux tenteront peut-être de vous extorquer.

Les voyageurs entrés au Mexique par voie terrestre qui ont séjourné sur le territoire plus de 7 jours doivent verser 533 $M à la frontière avant de quitter le Mexique. Si vous êtes entré par les airs, n'oubliez pas que le reçu correspondant à l'achat de votre billet d'avion (et détaillant tous les frais associés) constitue la seule preuve que vous avez en effet payé le DNR.

Pour gagner la frontière bélizienne en voiture depuis le centre de Chetumal, roulez 8 km vers l'ouest sur la route 186, prenez la sortie "Subteniente López", puis poursuivez vers le sud sur 2 km jusqu'au poste-frontière.

L'ambassade du Belize indique que les touristes passant plus de 24 heures dans le pays doivent présenter une confirmation de réservation d'hôtel (le poste-frontière dispose d'un service permettant de réserver un hébergement).

Les taxis stationnant côté bélizien facturent 35 $US pour se rendre à Corozal.

Les voyageurs quittant le Belize doivent s'acquitter d'une taxe sortie de 15 $US s'ils y sont restés moins de 24 heures, ou de 20 $US s'ils y ont séjourné plus longtemps.

élégantes ont vue sur la mer, un mobilier caribéen, des œuvres mayas et mexicaines en décoration et une salle de bains moderne. Les suites "deluxe" ont une kitchenette tout équipée. Le tout dans une propriété à la végétation luxuriante, avec une piscine sublime au centre.

♥ Serenity Sands B&B **$$**
(☎ 669-2394 ; www.serenitysands.com ; 50 Serenity Lane ; d avec petit-déj 200-210 $BZ, maison 220 $BZ ; P ❄ ᯤ ≋). 🍃 À 3 km environ au nord de Corozal Town, ce B&B vous donnera l'impression d'être loin de tout. Niché dans un lieu retiré, au bord de la mer, il offre un parfait sentiment d'isolement tout en restant facile d'accès. On y trouve une piscine face à la mer et 4 chambres (situées au dernier étage) dotées de meubles issus de l'artisanat local et de balcons privatifs.

Venky's Kabab Corner INDIEN **$**
(☎ 402-0546 ; 5th St South ; plats 10-15 $BZ ; ⏲ 9h-21h). Le restaurant du chef indien Venky ne paie pas de mine (on n'y trouve qu'une table, généralement encombrée d'un véritable fouillis) mais ses plats indiens, végétariens ou non, y sont aussi copieux que délicieux.

ℹ Depuis/vers Corozal Town

Des bus partent de Corozal pour Chetumal (au Mexique) ; ils s'y arrêtent au Nuevo Mercado ("nouveau marché"), à environ 1,2 km au nord du centre-ville. La course en taxi du Nuevo Mercado de Chetumal à la gare routière des bus interurbains ou au centre-ville coûte environ 1 $US. Au départ de Chetumal, de 4h30 à 18h environ, plusieurs bus pour Corozal partent du côté nord du Nuevo Mercado.

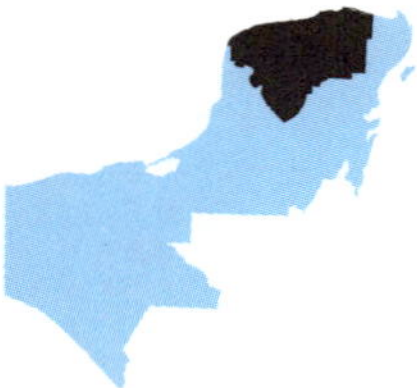

État du Yucatán

2 MILLIONS D'HABITANTS

Dans ce chapitre ➡

Le top des restaurants

- Ku'uk (p. 168)
- Apoala (p. 169)
- Oliva Enoteca (p. 169)
- La Terraza Amarilla de San Fernando (p. 167)

Le top des hébergements

- Luz en Yucatán (p. 165)
- Hostel La Candelaria (p. 206)
- Hotel del Peregrino (p. 165)
- Flycatcher Inn (p. 178)

Pourquoi y aller

Occupant une large portion de la pointe nord de la péninsule, l'État du Yucatán est moins orienté vers le tourisme de masse que le Quintana Roo, son clinquant voisin. De fait, il se prête davantage à la découverte de la culture mexicaine : on trouve quelques belles étendues de sable à Celestún et Progreso, mais on vient surtout dans la région pour visiter les sites mayas, comme ceux de la Ruta Puuc qui donnent l'occasion d'explorer 4 ou 5 sites archéologiques en une seule journée.

Les voyageurs aiment également se plonger dans l'histoire du pays en découvrant des cités coloniales et des haciendas de *henequén* (vastes domaines qui produisent des fibres d'agave servant à la confection des cordes), affectées par les outrages du temps ou restaurées avec soin, mais toujours marquées de l'énergie subtile de ce pan authentique du sud-est du Mexique. Le site www.yucatan.travel vous fournira des informations pour préparer votre séjour.

Quand partir

Mérida

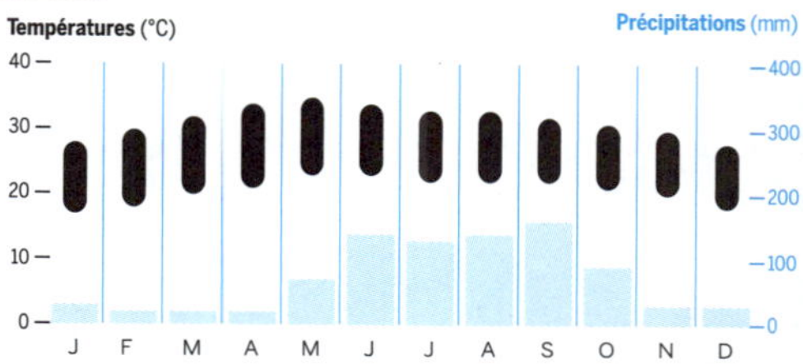

Janvier Mérida accueille un festival d'un mois ; les températures sont plus fraîches.

Mars et septembre Aux équinoxes, ombre et lumière dessinent un serpent sur la pyramide d'El Castillo, à Chichén Itzá).

Novembre-mars Pour échapper à la chaleur, visitez les villes de l'intérieur ou partez observer les flamants à Celestún.

À ne pas manquer

1 L'architecture coloniale, les excellents restaurants et les concerts gratuits de **Mérida** (p. 158), la capitale culturelle.

2 Une journée sur le site archéologique de **Chichén Itzá** (p. 198), haut lieu de la civilisation maya, considéré comme une des sept nouvelles merveilles du monde.

3 La visite de la **Reserva de la Biosfera Ría Lagartos** (p. 211), à l'affût des flamants et des autres oiseaux et animaux dans les salines et les lagunes.

4 Une virée sur la **Ruta Puuc** (p. 180), ponctuée de fascinants sites archéologiques mayas.

5 La découverte de **Valladolid** (p. 203), loin des sentiers battus, avec baignade dans les fabuleux *cenotes* de la ville.

Las Coloradas
Estero Ría Lagartos
Río Lagartos
Isla Cerritos
El Cuyo
San Felipe
3
Reserva de la Biosfera Ría Lagartos
Parque Natural San Felipe
MEX 295
Solferino
Reserva Estatal Dzilam de Bravo
Loche
Dzilam de Bravo
Santa Clara
MEX 27
Panabá
Colonia Yucatán
Dzilam de Gonzalez
Dzidzantun
Yoactún
Kantunilkin
Sucilá
MEX 176
Tizimín
Buctzotz
Popolnah
Temax
Cansahcab
Calotmul
Chancenote
Yokdzonot
Tepakán
Espita
MEX 295
Genesis Eco-Oasis
Tekanto
Cenotillo
Xcan
Nuevo Xcan
Ek' Balam
Izamal
hmek
Tunkas
Dzitás
Yaxche
MEX 180
Tinum
Kantunil
Zocchel
(Péage)
MEX 180D
5 Valladolid
Chemax
Holca
MEX 180
Yodznot
Pisté
Huhí
2
Chichimilá
Tekom
Chichén Itzá
Cobá
Tixcalpupu
Sotuta
Yaxcabá
MEX 295
ayapán
Cantamayec
Chumayel
Teabo
Yucatán
Chikindzonot
Tepich
Muyil
Tihosuco
Ichmul
Tekax
Peto
MEX 307
MEX 184
Tzucacab
La Ruta de los Conventos
MEX 295
Santa Rosa
Dzuiché
Quintana Roo
Senor
Laguna Chicnancanab
MEX 184
José María Morelos
MEX 184
Felipe Carrillo Puerto
Reserva de la Biosfera Sian Ka'an
Polyuc
Laguna Kaná
MEX 293
MEX 307
Kantemo

MÉRIDA

999 / 800 000 HABITANTS

Depuis la conquête espagnole, l'ancienne cité maya de T'hó est en même temps la capitale administrative de l'État du Yucatán et le carrefour culturel de toute la péninsule. À la fois provincial et cosmopolite, le lieu est marqué par l'histoire coloniale et sert de base pour la découverte de l'État du Yucatán. On y trouve un excellent choix d'hébergements et de restaurants, des marchés très fréquentés et des manifestations tous les soirs ou presque.

Ville touristique mais pas attrape-touristes, Mérida séduit depuis longtemps les voyageurs qui souhaitent échapper aux *resorts* du Quintana Roo. Avec ses ruelles étroites, agréables à explorer, ses vastes places et les meilleurs musées de la région, elle fait aussi la fierté de ses habitants.

Histoire

Après avoir fondé une colonie espagnole à Campeche en 1540, à 160 km au sud-ouest, Francisco de Montejo le Jeune parvint à tirer profit des dissensions politiques entre les Mayas et à conquérir T'hó (aujourd'hui Mérida), en 1542. En 1550, la plus grande partie du Yucatán était passée sous domination espagnole.

Lorsque les conquistadores de Montejo prirent T'hó, ils découvrirent une importante cité maya bâtie en pierre cimentée au mortier de chaux, qui leur rappela l'architecture romaine de Mérida, en Espagne. Ils renommèrent la ville et l'aménagèrent pour en faire la capitale régionale. Les constructions mayas furent démantelées et leurs matériaux utilisés pour ériger une cathédrale et d'autres édifices imposants. Mérida recevait alors ses ordres directement d'Espagne plutôt que de Mexico. Depuis cette époque, le Yucatán a conservé une identité culturelle et politique distincte de celle des autres régions du Mexique.

Pendant la "guerre des castes", seules Mérida et Campeche réussirent à résister aux forces rebelles. Proches de la reddition, les dirigeants de Mérida furent sauvés par des renforts envoyés du centre du pays. En échange, ils s'engagèrent à obéir aux ordres de Mexico.

Mérida est désormais le cœur commercial de la péninsule, une ville en pleine expansion depuis que les *maquiladoras* (usines de produits destinés à l'export rémunérant faiblement leur main-d'œuvre) ont fait leur apparition dans les années 1980 et 1990, et depuis le boom de l'industrie du tourisme des dernières décennies. La croissance a attiré des travailleurs venus de tout le pays, et la ville abrite une large communauté libanaise.

À voir

Plaza Grande et environs

Bordée d'édifices remarquables et dotée d'allées ombragées par d'immenses lauriers, la Plaza Grande est l'une des plus jolies places du Mexique. Cœur social et religieux de l'ancienne T'ho, elle fut transformée par les Espagnols en Plaza de Armas, conçue par Francisco de Montejo (le Jeune).

On y lève et on y baisse le drapeau mexicain chaque jour ; marché d'artisanat le dimanche ; danse ou musique live quasiment tous les soirs.

Casa de Montejo MUSÉE

(Museo Casa Montejo ; 999-253-67-39 ; fomentoculturalbanamex.org/casasdeculturabanamex/museocasamontejo/ ; Calle 63 n°506, Palacio de Montejo ; 10h-19h mar-sam, 10h-14h dim). GRATUIT La Casa de Montejo, sur le côté sud de la Plaza Grande, date de 1540. Destiné à loger des soldats, l'édifice fut converti en hôtel particulier par la famille Montejo, qui l'occupa jusqu'au XIXe siècle. Aujourd'hui, il abrite une banque et un musée exposant une collection de meubles restaurés, victoriens, néorococo et néo-Renaissance.

La façade, typique de la statuaire coloniale, représente des conquistadores armés de hallebardes, foulant aux pieds la tête des vaincus, beaucoup plus petits qu'eux. Dans le même style, nombre d'églises de la région montrent des prêtres gigantesques toisant des petits *indígenas*. Des bustes du conquistador Montejo le Vieux, de son épouse et de sa fille ornent aussi la façade.

Museo Fernando García Ponce-Macay MUSÉE

(Museo de Arte Contemporáneo ; 999-928-32-36 ; www.macay.org ; Pasaje de la Revolución s/n, entre les Calles 58 et 60 ; 10h-17h15 mer-lun). GRATUIT Installé dans l'ancien palais de l'archevêché, le musée présente des expositions permanentes de Fernando Castro Pacheco, Fernando García Ponce et Gabriel Ramírez Aznar, trois des peintres les plus célèbres du Yucatán (courants du réalisme et de la rupture), ainsi que des expositions itinérantes d'art contemporain mexicain et étranger.

Catedral de San Ildefonso ÉDIFICE RELIGIEUX
(Calle 60 s/n ; 6h-12h et 16h30-20h). Sur le côté est de la place, l'imposante cathédrale de Mérida fut édifiée entre 1561 et 1598 sur le site d'un ancien temple maya, dont une partie des pierres fut réutilisée pour la construction. Derrière l'autel se dresse le **Cristo de la Unidad** (Christ de l'Unité), un crucifix massif symbolisant la réconciliation entre les peuples espagnol et maya.

À droite, au-dessus du portail sud, on découvre un tableau représentant Tutul Xiú, cacique de la ville de Maní, présentant ses hommages à son allié, Francisco de Montejo. (Les deux hommes avaient vaincu ensemble les Cocoms ; le Maya Xiú se convertit au christianisme et ses descendants vivent encore à Mérida.)

La petite chapelle à gauche de l'autel renferme la pièce religieuse la plus célèbre de Mérida, la statue du **Cristo de las Ampollas** (Christ des Ampoules). On raconte qu'elle fut sculptée dans un arbre qui, frappé par la foudre, avait brûlé toute une nuit sans se consumer. Placée dans l'église de la ville d'Ichmul, elle aurait été le seul objet à réchapper à l'incendie qui détruisit l'édifice. On la transporta à la cathédrale de Mérida en 1645.

Hormis ces objets, l'intérieur de la cathédrale est sobre, ses riches ornements ayant été pillés par des paysans en colère, pris par la fièvre anticléricale de la révolution mexicaine.

Museo de la Ciudad MUSÉE
(999-924-42-64 ; Calle 56 n°529A, entre les Calles 65 et 65A ; 9h-18h mar-ven, 9h-14h sam et dim). GRATUIT Installé dans l'ancien bureau de poste, le musée de la Ville est un havre de paix face à l'agitation du quartier du marché. Des expositions retracent l'histoire de la cité depuis l'époque d'avant la Conquête jusqu'au XXe siècle en passant par la belle époque, lorsque le *henequén* (sisal) fit la richesse de la région.

Palacio de Gobierno FRESQUES HISTORIQUES
(Calle 61 s/n ; 8h-19h). GRATUIT Construit en 1892, le "palais du gouvernement" est le siège du pouvoir exécutif de l'État du Yucatán (il abrite aussi un office du tourisme). Ne manquez pas les splendides fresques et peintures à l'huile de l'artiste *méridano* Fernando Castro Pacheco, dans la magnifique *sala* (salle). Achevées à la fin des années 1970, elles retracent une histoire symbolique des Mayas et de leurs relations avec les Espagnols et fournissent un excellent aperçu historique pour qui s'apprête à visiter la région.

Centro Cultural Olimpo ÉDIFICE REMARQUABLE
(999-942-00-00, poste 80130 ; www.merida.gob.mx/capitalcultural ; angle Calles 61 et 62 ; 10h-20h mar-sam, 10h-15h dim). Les tentatives de créer une façade moderne pour le centre culturel municipal de Mérida ont été freinées par le gouvernement afin de préserver le charme colonial de la place. L'intérieur moderne accueille des concerts, des spectacles de danse et des expositions.

Mercado Municipal Lucas de Gálvez MARCHÉ
(angle Calles 56A et 67 ; 6h-17h). Le grand marché de Mérida est en perpétuel changement. Ses nombreux stands vendent de tout, des *panuchos* (tortillas frites garnies de haricots, de viande et de légumes) au ceviche. Le marché rayonne aussi dans les rues chaotiques alentour.

Calle 60

Bordée de sites emblématiques, la Calle 60 traverse le cœur du Centro. Plus au nord, elle continue parallèlement au Paseo de Montejo, une large avenue réputée pour ses demeures élégantes.

Parque Santa Lucía PARC
(Angle Calles 60 et 55). Ce joli petit parc est bordé d'arcades sur ses flancs nord et ouest. C'est là que les voyageurs montaient ou descendaient des diligences qui reliaient villes et bourgades à la capitale provinciale. Aujourd'hui, les arcades abritent des restaurants très fréquentés et une scène où se tiennent les **Serenatas Yucatecas** (sérénades yucatèques), concert hebdomadaire gratuit donné le jeudi à 21h.

Iglesia de Jesús ÉGLISE
(Iglesia de la Tercera Orden ; Calle 60 s/n). Cet édifice est le seul restant d'un ensemble construit par les Jésuites en 1618. L'église fut bâtie avec les pierres d'un temple maya qui se dressait naguère au même emplacement. Regardez de près le mur ouest qui fait face au Parque Hidalgo et vous distinguerez deux pierres portant des reliefs sculptés mayas.

Teatro Peón Contreras THÉÂTRE
(www.sinfonicadeyucatan.com.mx ; angle Calles 60 et 57 ; places à partir de 150 $M ; 9h-21h). Cet immense théâtre fut construit entre 1900 et 1908, pendant l'âge d'or du *henequén* de

Mérida

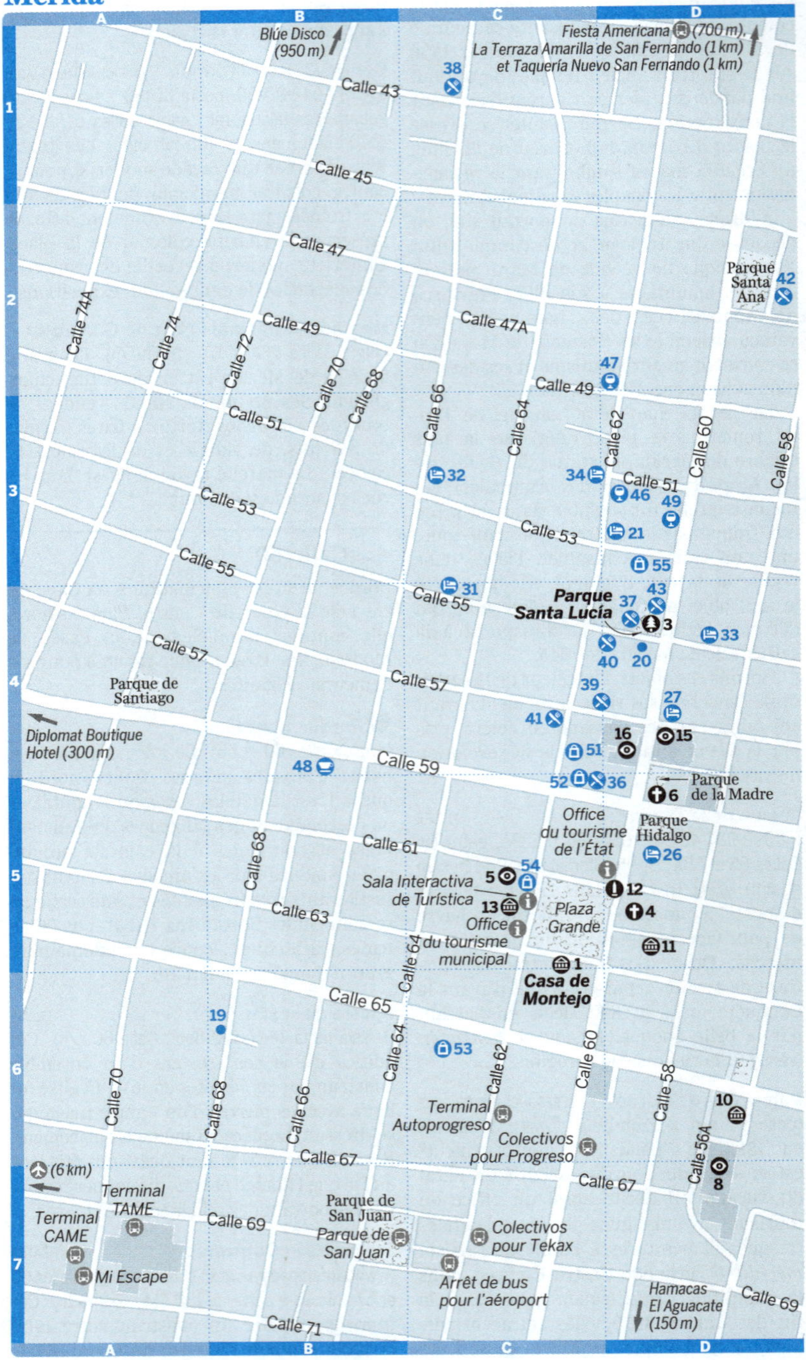

Blúe Disco (950 m)
Fiesta Americana (700 m), La Terraza Amarilla de San Fernando (1 km) et Taquería Nuevo San Fernando (1 km)
Calle 43
Calle 45
Calle 47
Calle 47A
Calle 49
Calle 51
Calle 53
Calle 55
Calle 57
Calle 59
Calle 61
Calle 63
Calle 65
Calle 67
Calle 69
Calle 71
Calle 74A
Calle 74
Calle 72
Calle 70
Calle 68
Calle 66
Calle 64
Calle 62
Calle 60
Calle 58
Calle 56A
Parque Santa Ana
Parque Santa Lucía
Parque de Santiago
Diplomat Boutique Hotel (300 m)
Parque de la Madre
Parque Hidalgo
Office du tourisme de l'État
Sala Interactiva de Turística
Office du tourisme municipal
Plaza Grande
Casa de Montejo
Terminal Autoprogreso
Colectivos pour Progreso
(6 km)
Terminal TAME
Terminal CAME
Mi Escape
Parque de San Juan
Colectivos pour Tekax
Arrêt de bus pour l'aéroport
Hamacas El Aguacate (150 m)

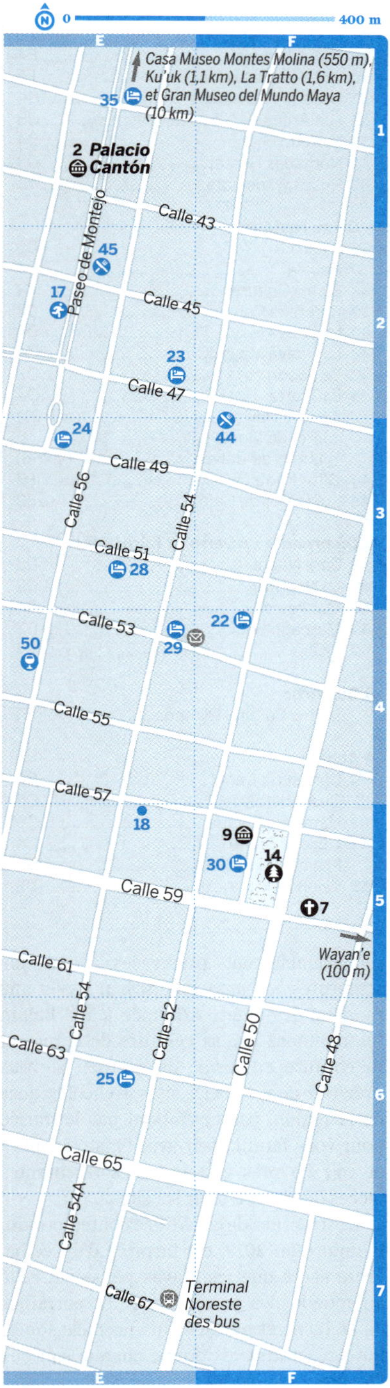

Mérida. Il arbore un somptueux escalier en marbre de Carrare, une coupole ornée de fresques fanées d'artistes italiens et plusieurs tableaux et fresques. L'**orchestre symphonique du Yucatán** s'y produit le vendredi à 21h et le dimanche à 12h (en saison). Plus d'informations sur le site Internet.

Universidad Autónoma de Yucatán UNIVERSITÉ
(www.uady.mx/agenda-cultural ; Calle 60 s/n). Cette université moderne fut fondée au XIXe siècle par le gouverneur Felipe Carrillo Puerto et le général Manuel Cepeda Peraza. Son centre culturel programme des spectacles de danse, des concerts et des pièces de théâtre.

Parque de la Mejorada

Six pâtés de maisons à l'est de la Calle 60, cette agréable place est dominée par un beau monastère de l'époque coloniale.

Museo de Arte Popular de Yucatán MUSÉE
(Musée d'Art populaire du Yucatán ; Calle 50A n°487 ; 10h-17h mar-sam, 10h-15h dim). GRATUIT Aménagé dans un bâtiment de 1906, ce musée présente, au rez-de-chaussée, un florilège régulièrement renouvelé d'œuvres d'art populaire mexicain. L'exposition permanente à l'étage offre un aperçu des techniques utilisées pour la broderie des *huipiles* (longues tuniques blanches tissées sans manches, ornées de broderies colorées) et la fabrication des céramiques traditionnelles.

Iglesia La Mejorada ÉGLISE
(Calle 50 s/n). En face du Parque de la Mejorada se dresse cette grande église du XVIIe siècle. L'édifice situé juste au nord fut un monastère (Convento de La Mejorada) jusqu'à la fin du XIXe siècle ; il abrite aujourd'hui un bâtiment universitaire, mais les visiteurs sont (parfois) autorisés à y entrer.

Paseo de Montejo

Avec le Paseo de Montejo, parallèle aux Calles 56 et 58, les urbanistes du XIXe siècle cherchèrent à créer un grand boulevard à l'image du Paseo de la Reforma à Mexico ou des Champs-Élysées à Paris. Bien que plus modeste que ses modèles, le Paseo de Montejo est un bel espace verdoyant et relativement ouvert dans un environnement

Mérida

Les incontournables
1 Casa de Montejo C5
2 Palacio Cantón E1
3 Parque Santa Lucía D4

À voir
4 Catedral de San Ildefonso D5
5 Centro Cultural Olimpo C5
6 Iglesia de Jesús D5
7 Iglesia La Mejorada F5
8 Mercado Municipal Lucas de Gálvez D7
9 Museo de Arte Popular de Yucatán F5
10 Museo de la Ciudad D6
11 Museo Fernando García Ponce-Macay D5
12 Palacio de Gobierno D5
13 Palacio Municipal C5
14 Parque de la Mejorada F5
15 Teatro Peón Contreras D4
16 Universidad Autónoma de Yucatán D4

Activités
17 Bici Mérida E2
Visites du centre historique ..... (voir 13)
18 Instituto Benjamín Franklin E5
19 Los Dos B6
Nómadas Hostel ..... (voir 34)
Carnavalito City Tours ..... (voir 20)
20 Turitransmérida D4

Où se loger
21 62 St Guesthouse D3
22 Casa Ana B&B F4
23 Casa Lecanda E2
24 Casa San Angel E3
25 Doralba Inn E6
26 Gran Hotel D5
27 Hotel Casa del Balam D4
28 Hotel del Peregrino E3
29 Hotel Julamis E4
30 Hotel La Piazzetta F5
31 Hotel Medio Mundo C4
32 Los Arcos Bed & Breakfast C3
33 Luz en Yucatán D4
34 Nómadas Hostel C3
35 Rosas y Xocolate E1

Où se restaurer
36 Amaro C5
37 Apoala D4
38 Bistro Cultural C1
39 Cafetería Pop C4
40 La Chaya Maya D4
41 La Chaya Maya C4
42 La Socorrito D2
43 La Tratto D4
Lo Que Hay ..... (voir 31)
Mercado Municipal Lucas de Gálvez ..... (voir 8)
44 Oliva Enoteca F3
45 Sukra Bar de Café E2

Où prendre un verre et faire la fête
46 Cara Negra D3
47 La Negrita D2
48 Manifesto B4
49 Mercado 60 ..... D3
50 PK2 ..... E4

Où sortir
Centro Cultural Olimpo ..... (voir 5)

Achats
51 Camisería Canul C4
52 Guayaberas Jack C5
53 Hamacas Mérida C6
54 Librería Dante C5
Miniaturas Folk Art ..... (voir 52)
55 Tejón Rojo D3

urbain bétonné. Expositions occasionnelles de sculptures le long du *paseo* (promenade).

L'influence architecturale et sociale de l'Europe transparaît dans les belles maisons qui bordent le boulevard, bâties par des familles aisées vers la fin du XIXe siècle. Elles se concentrent surtout au nord de la Calle 37, et dans le premier pâté de maisons de l'Avenida Colón, à l'ouest du Paseo de Montejo.

♥ Gran Museo del Mundo Maya — MUSÉE

(☎ 999-341-04-30 ; www.granmuseodelmundomaya.com.mx ; Calle 60 Norte 299E ; adulte/– 13 ans 150/75 $M ; ⏲ 8h-17h mer-lun ; P). D'envergure mondiale, ce musée célébrant la culture maya abrite une collection permanente de plus de 1 100 pièces remarquablement préservées, dont une sculpture *chac-mool* de Chichén Itzá et une figurine des enfers exhumée à Ek' Balam (ne manquez pas sa ceinture de crânes et sa coiffure en forme de reptile). Si vous prévoyez de visiter les sites archéologiques de la région, passez d'abord par le musée pour vous familiariser avec l'histoire maya et voir de près certaines des fascinantes pièces découvertes sur les sites.

La structure de cet édifice contemporain, inauguré en 2012, est inspirée d'un ceiba, arbre sacré que les Mayas pensaient relié au monde des morts, dans les entrailles de la Terre, et au Ciel. Un spectacle son et lumière gratuit est donné chaque soir sur l'un des murs extérieurs.

Le musée se situe à 12 km au nord du centre-ville, sur la route de Progreso. Les transports en commun qui passent dans la Calle 60 vous déposeront à l'entrée.

Palacio Cantón MUSÉE
(Musée régional d'Anthropologie ; ☎999-923-05-57 ; www.palaciocanton.inah.gob.mx ; Paseo de Montejo 485 ; adulte/– 13 ans 52 $M/gratuit ; 8h-17h mar-dim). Cette imposante demeure fut construite entre 1909 et 1911, mais son premier propriétaire, le général Francisco Cantón Rosado (1833-1917), n'y vécut que les six dernières années de sa vie. La splendeur et la prétention du Palacio en font un symbole des grandes aspirations de l'élite de Mérida pendant les dernières années du *Porfiriato* – période de 1876 à 1911 pendant laquelle Porfirio Díaz gouvernait le Mexique sans partage. Le musée accueille des expositions temporaires (tarif variable).

Quinta Montes Molina MAISON
(☎999-925-59-99 ; www.laquintamm.com ; Paseo de Montejo 469, entre Calles 33 et 35 ; 100 $M ; visite guidée en espagnol 12h et 16h lun-ven, 12h sam, en anglais 11h et 15h lun-ven, 11h sam). Cette maison témoigne de la splendeur et de la grandeur de l'époque du *henequén*, surnommé *"el Oro Verde"* ("l'or vert"). Seul spécimen du genre ouvert au public, cette maison d'origine est accessible dans le cadre d'une visite guidée au départ du musée situé sur place, la Casa Museo Montes Molina (sur réservation uniquement).

Activités

Afin de rendre la ville plus agréable aux cyclistes, Mérida ferme certains segments du Paseo de Montejo et de la Calle 60 à la circulation le dimanche matin. Le mercredi soir, le collectif de cyclistes **Ciclo Turixes** (www.facebook.com/ColectivoCicloTurixes) propose presque toujours des circuits nocturnes au départ du Parque Santa Ana, vers 20h30.

Bici Mérida VÉLO
(☎999-287-35-38 ; Paseo de Montejo s/n, entre Calles 45 et 47 ; 30 $M/heure ; 8h-22h lun-ven, 8h-17h sam, 8h-15h dim). Location de VTT, de tandems, de vélos pour enfants et autres véhicules amusants.

Cours

Los Dos CUISINE
(www.los-dos.com ; Calle 68 n°517 ; cours et visites guidées 1 jour 200 $US). Autrefois gérée par le regretté chef américain David Sterling, cette école de cuisine offre des cours axés sur les saveurs du Yucatán, sous la direction du chef Mario Canul, qui collabora avec Sterling pendant de nombreuses années.

Instituto Benjamín Franklin ESPAGNOL
(☎999-928-00-97 ; www.benjaminfranklin.com.mx ; Calle 57 n°474A ; cours 1 heure 18 $US). Organisme à but non lucratif proposant des cours intensifs d'espagnol.

Circuits organisés

Turitransmérida CIRCUITS
(☎999-924-11-99 ; www.turitransmerida.com.mx ; Calle 55, entre Calles 60 et 62 ; 8h-19h lun-ven, 8h-13h sam, 8h-11h dim). Ce prestataire organise d'agréables circuits à la journée autour de Mérida, notamment à Celestún (850 $M/pers), Chichén Itzá (600 $M), Uxmal et Kabah (600 $M), Izamal (575 $M) et sur la Ruta Puuc (675 $M). Possibilité de réserver un guide francophone. Un minimum de 4 participants est requis.

Circuits en ville

Carnavalito City Tours BUS
(☎999-927-61-19 ; www.carnavalitocitytour.com.mx ; Calle 55 entre Calles 60 et 62 ; circuit 120 $M ; circuits 10h, 13h, 16h et 19h lun-sam, 13h et 15h dim). Tenue par la même équipe que Turitransmérida (p. 163), cette agence organise régulièrement des visites guidées de 2 heures de Mérida (en anglais et en espagnol) à bord de son bus Paseo Turístico, au départ du Parque Santa Lucía (p. 159).

Visites guidées du centre historique À PIED
(☎999-942-00-00 ; www.merida.gob.mx/turismo ; Calle 62 s/n, Plaza Grande ; circuit à pied 9h30 lun-sam). GRATUIT L'office du tourisme organise tous les jours des visites guidées gratuites du centre historique (1 heure 30) en espagnol et en anglais, au départ du **Palacio Municipal** (hôtel de ville ; Calle 62 s/n) GRATUIT.

Circuits régionaux

Nómadas Hostel CIRCUITS
(☎999-924-52-23 ; www.nomadastravel.com ; Calle 62 n°433 ; circuit à partir de 665 $M). L'auberge de jeunesse Nómadas propose plusieurs excursions avec transport et guide vers la réserve écologique de Celestún (900 $M) et les sites archéologiques mayas de Chichén Itzá (665 $M), ainsi qu'Uxmal et Kabah (665 $M). Elle

fournit également des fiches informatives (conseils de transport, coût des activités, etc.) pour plus d'une dizaine de destinations dans la région.

Ecoturismo Yucatán ÉCOCIRCUITS
(☎999-920-27-72 ; www.ecoyuc.com.mx ; Calle 3 n°235 entre Calles 32A et 34 ; excursion à Chichén Itzá 48 $US, à Uxmal et Kabah 51 $US ; ⌚9h-18h lun-ven, 9h-13h sam). Les propriétaires de cette agence réputée sont passionnés par la promotion et la protection des trésors naturels du Yucatán. Les circuits font la part belle à l'archéologie, à l'observation des oiseaux, à l'histoire naturelle, au vélo et au kayak. Le prix d'une excursion d'une journée à Chichén Itzá ou à Uxmal et Kabah comprend le droit d'entrée, le transport et le déjeuner.

Fêtes et festivals

Les dates peuvent varier d'une année sur l'autre. Pour plus de précisions, consultez le site www.culturayucatan.com.

Mérida Fest CULTURE
(www.merida.gob.mx ; ⌚jan). Cette manifestation culturelle qui se déroule sur presque tout le mois de janvier célèbre la fondation de la ville (expositions d'art, concerts, pièces de théâtre et présentations de livres) dans divers lieux.

Carnaval FÊTE RELIGIEUSE
(⌚fév/mars). Juste avant le Carême, des chars colorés, des danseurs costumés et des festivités ininterrompues envahissent les rues. Le carnaval est célébré avec plus de vigueur à Mérida que partout ailleurs dans l'État du Yucatán.

Festival de las Aves Toh FESTIVAL
(Festival des oiseaux Toh ; www.facebook.com/FestivalAvesTohYucatan ; ⌚fév-nov). Diverses manifestations pendant l'année, avec pour point d'orgue une compétition de comptage d'oiseaux fin novembre.

Semana Santa FÊTE RELIGIEUSE
(Semaine sainte ; ⌚mars/avr). Mérida célèbre en grande pompe la Semaine sainte, qui précède Pâques. Les mystères de la Passion représentés dans la ville sont le point d'orgue des célébrations.

Primavera Cultural MUSIQUE
(www.culturayucatan.com ; ⌚mars/avr). Cet événement d'un mois rend hommage à la *trova* (musique de troubadours) et à de nombreux autres genres musicaux.

Gay Pride LGBT
(⌚juil). Destinée aux Mexicains plus qu'aux touristes, ce défilé LGBT envahit la grand-place en juillet, et réunit de 2 000 à 3 000 participants.

Otoño Cultural CULTURE
(www.culturayucatan.com ; ⌚sept-oct). Festival automnal de 3 semaines proposant plus d'une centaine de spectacles (musique, danse, arts visuels et théâtre).

Paseo de Ánimas PARADE
(Festival des âmes ; ⌚vers le 31 oct). Des centaines d'habitants de la région déguisés en squelettes défilent dans les rues bordées d'autels le jour des Morts. Musique, performances artistiques et stands de nourriture locale s'ajoutent aux festivités.

Où se loger

Les chambres les moins chères sont généralement équipées de ventilateurs ; pendant les mois les plus chauds, cela vaut le coup de dépenser un peu plus pour une chambre climatisée. Beaucoup d'établissements qui se présentent comme des boutiques-hôtels sont en réalité des B&B haut de gamme possédant plusieurs chambres luxueuses. Des hôtels bon marché insignifiants sont situés à proximité des gares routières, mais vous trouverez mieux ailleurs.

♥ **Nómadas Hostel** AUBERGE DE JEUNESSE $
(☎999-924-52-23 ; www.nomadashostel.mx ; Calle 62 n°433 ; dort à partir de 229 $M, d 600 $M, sans sdb 500 $M, petit-déj inclus ; P ❄ @ ☜ ≋). La meilleure auberge de jeunesse de Mérida, avec dortoirs pour femmes ou mixtes et chambres privées. Le propriétaire, Señor Raul, connaît son affaire : il fut l'un des premiers à ouvrir une auberge de jeunesse "contemporaine" au Mexique. À disposition : cuisine tout équipée avec réfrigérateur, douches, splendide piscine à l'arrière, et de quoi faire votre lessive à la main. L'établissement propose aussi des cours gratuits de salsa, yoga, *trova* et cuisine, ainsi que divers circuits payants pour les sites archéologiques voisins (voir leur site Internet).

62 St Guesthouse PENSION $
(☎999-924-30-60 ; Calle 62 n°448, entre Calles 51 et 53 ; d 750 $M ; P ⊖ ❄ ☜ ≋). Impeccable et très calme, cette pension à l'ancienne offre une ambiance conviviale et familiale. Jolies douches, salles de bains irréprochables et réfrigérateurs dans les chambres. Les

VAUT LE DÉTOUR

LA ROUTE DES HACIENDAS DU HENEQUÉN

L'État du Yucatán serait sans doute resté un coin de campagne délaissé sans la fameuse plante hérissée de feuilles à pointes acérées qui répond au nom savant d'Agave fourcroydes. Certains la nomment *henequén ;* d'autres sisal. Quoi qu'il en soit, cet agave dont la fibre servait à fabriquer de solides cordages et de la ficelle fut surnommé "l'or vert" de la fin du XIXe siècle à la fin de la Seconde Guerre mondiale. C'est durant cette période que les "barons du sisal" du Yucatán firent construire de superbes propriétés (haciendas) dédiées à cette culture florissante, qui s'effondra après la guerre avec l'essor des fibres synthétiques.

Les haciendas de *henequén* durent alors cesser leur activité, et ce déclin eut un impact économique considérable sur la ville maritime de Sisal, qui était alors le principal port d'exportation du *henequén*.

La plupart des haciendas de *henequén* de la région sont désormais en ruine. Certaines ont néanmoins été rénovées et transformées en hôtels de luxe ; d'autres sont simplement intéressantes à visiter.

Depuis quelques années, certaines font partie de la Ruta de las haciendas : ce fascinant itinéraire vous permettra d'admirer d'anciennes propriétés trônant dans des villages ruraux mayas. En arrivant de Celestún, quittez la route 281 en bifurquant vers le sud en direction de Chunchucmil, qui désigne à la fois une hacienda en ruine et un site archéologique maya voisin.

Après Chunchucmil (jetez un coup d'œil aux tumulus maya à la sortie) en allant vers l'est, vous croiserez une hacienda tous les 5 km environ, jusqu'à l'**Hacienda Granada**, peu avant la jonction avec la route 180. Certains bâtiments sont difficiles à distinguer depuis la route ; vous devrez faire plusieurs arrêts pour mieux les observer.

À certains endroits, les gardiens se feront un plaisir de vous faire visiter les lieux – n'oubliez pas leur pourboire.

L'**Hacienda Santa Rosa** (☎999-923-19-22 ; www.thehaciendas.com ; Carretera Mérida-Campeche, sortie Maxcanú ; ch avec petit-déj à partir de 468 $US ; P ⊜ ❄ ᯤ ≋) est la seule de l'itinéraire transformée en hôtel. Elle se double d'un restaurant gastronomique où vous souhaiterez peut-être déjeuner.

Environ 5 km après Santa Rosa, vous arriverez à une fourche. Prenez à droite vers Granada pour visiter ses deux *talleres de arte popular* (ateliers d'artisanat), peu avant l'église. Du lundi au vendredi, des villageoises y fabriquent des chapeaux et des paniers en *jipijapa* (feuilles de palmier) et de l'artisanat en *henequén*. La route 180 (qui mène Mérida) se trouve 1 km à l'est de Granada.

clients peuvent utiliser la cuisine et la petite piscine à l'arrière. Hôtes charmants.

♥ **Luz en Yucatán** HÔTEL **$$**
(☎999-924-00-35 ; www.luzenyucatan.com ; Calle 55 n°499 ; ch 58-100 $US ; P ⊜ ❄ ᯤ ≋). Un véritable hôtel de charme dont chaque chambre est superbement décorée. Magnifiques espaces communs et beau patio avec piscine à l'arrière. Tom et Donard, les propriétaires enthousiastes, connaissent bien la région. Secondés par leur personnel serviable et anglophone, ils s'efforceront de répondre à tous vos besoins (visites guidées, etc.). Formidables suites/appartements avec kitchenette à l'avant. Sirotez une tequila, un triple sec ou une liqueur d'anis aussi souvent que vous le souhaitez au bar de dégustation gratuit.

♥ **Hotel del Peregrino** HÔTEL **$$**
(☎999-924-30-07 ; www.hoteldelperegrino.com ; Calle 51 n°488, entre Calles 54 et 56 ; ch avec petit-déj complet à partir de 1 200 $M ; ⊜ ❄ @ ᯤ). Cette ancienne maison transformée en pension-hôtel compte 13 chambres propres mais d'un style un peu vieillot, au mobilier éclectique, avec quelques touches de confort, notamment Netflix. Un petit-déjeuner complet, qui change chaque jour, est servi dans le patio en bas. Un Jacuzzi vous attend sur le toit de l'hôtel. Détail charmant : les serviettes pliées en forme d'animaux. L'hôtel a récemment installé des climatiseurs consommant 60% d'énergie en moins – un beau geste pour l'environnement.

Hotel La Piazzetta HÔTEL $$
(☎ 999-923-39-09 ; www.hotellapiazzettamerida.com ; Calle 50A n°493, entre Calles 57 et 59 ; d avec petit-déj 1 178-1 703 $M ;). Aux abords d'une petite rue donnant sur le Parque de la Mejorada (p. 161), cette agréable pension-hôtel offre une belle vue sur le parc ou le joli patio de l'établissement. Chambres très bien équipées dans un esprit rustique chic (tables en bois patiné, serviettes joliment disposées dans des paniers suspendus, etc.). L'entrée est occupée par un agréable café. Prêt de vélos.

Casa Ana B&B B&B $$
(☎ 999-924-00-05 ; www.casaana.com ; Calle 52 n°469 ; ch avec petit-déj 50 $US ;). Ce refuge intimiste est l'une des meilleures affaires de la ville avec sa petite piscine lovée dans un écrin de verdure et son jardin envahi de végétation. Les 4 chambres impeccables sont équipées de hamacs mexicains et de fenêtres avec moustiquaire. Ana, la chaleureuse propriétaire cubaine, vit sur place.

Hotel Julamis BOUTIQUE-HÔTEL $$
(☎ 999-924-18-18, portable 998-1885508 ; www.hoteljulamis.com ; Calle 53 n°475B ; ch avec petit-déj 69-104 $US ;). Principal attrait de ce B&B, le petit-déjeuner préparé par Alex, le talentueux propriétaire. Les chambres sont très agréables et personnalisées grâce aux peintures murales colorées et aux carrelages d'origine, quoiqu'un peu datées. Les dégustations de tequila de 18h et la qualité du service agrémentent le séjour.

Gran Hotel HÔTEL $$
(☎ 999-923-69-63 ; www.granhoteldemerida.com ; Calle 60 n°496 ; d 740-990 $M, ste 1 500 $M ;). C'était en effet un grand hôtel lors de sa construction en 1901, mais la plupart des pièces mériteraient aujourd'hui un rafraîchissement. Certaines sont un peu plus modernes, d'autres ont conservé le mobilier d'antan et les tapis élimés. Le hall d'entrée conserve cependant de nombreux ornements élégants. Véritable plus : l'emplacement central.

Doralba Inn HÔTEL $$
(☎ 999-928-56-50 ; www.doloresalba.com ; Calle 63 n°464, entre Calles 52 et 54 ; s/d avec petit-déj 800/850 $M ;). Dans un quartier un peu négligé, cet hôtel bien tenu est étonnamment calme à l'intérieur. Les chambres sont réparties autour de deux cours. Les plus chères, carrelées, occupent l'aile la plus moderne, arborent des TV à écran plat et donnent sur la jolie piscine.

♥ **Diplomat Boutique Hotel** B&B $$$
(☎ 999-117-29-72 ; www.thediplomatmerida.com ; Calle 78 n°493A, entre Calles 59 et 59A ; ch haute/basse saison à partir de 230/190 $US ;). Cette belle oasis, au sud-ouest du centre historique, dans le quartier de Santiago, ne manque ni de cachet ni de charme. Les 4 chambres de style minimaliste sont agrémentées de touches de verdure et d'ornementation de bon goût. Les sympathiques hôtes canadiens proposent un savoureux petit-déjeuner servi dans le patio, des douceurs au bord de la piscine et d'excellentes suggestions pour les repas comme pour les visites. Après une journée passée en ville (si vous aviez réussi à vous éloigner de la douceur du lieu), prélassez-vous dans un hamac ou près de la piscine. Tarifs assez élevés en haute saison ; la basse saison assure un meilleur rapport qualité/prix. Cerise sur le gâteau : le bar à tequilas et les cocktails de bienvenue.

♥ **Casa Lecanda** BOUTIQUE-HÔTEL $$$
(☎ 999-928-01-12 ; www.casalecanda.com ; Calle 47 n°471, entre Calles 54 et 56 ; d avec petit-déj à partir de 325 $US ;). Malgré la sobriété de sa façade, cet établissement est sans conteste le meilleur hôtel haut de gamme de Mérida, grâce à l'attention portée aux détails, tant dans la conception que dans le service à la clientèle. Restauré avec le plus grand soin, ce manoir du XIXe siècle ne compte que 7 chambres, chacune décorée dans des styles traditionnels, mais dispose de tous les équipements modernes et de luxueuses salles de bains.

La petite piscine du jardin arboré est appréciable, tout comme la possibilité de choisir le parfum de votre chambre à votre arrivée. Petit-déjeuner continental servi dans une salle à manger de style colonial et large choix de tequilas et vins mexicains au bar.

Los Arcos Bed & Breakfast B&B $$$
(☎ 999-928-02-14 ; www.losarcosmerida.com ; Calle 66 n°448B ; d avec petit-déj 85-95 $US ;). Adeptes du minimalisme, fuyez : ici, on trouve des toiles sur tous les murs et des bibelots dans les moindres recoins. Néanmoins charmant, ce B&B *gay-friendly* compte 2 chambres d'hôtes

au bout d'un jardin splendide avec piscine ; excellentes literies et salles de bains. Animaux non acceptés.

Hotel Casa del Balam HÔTEL **$$$**
(999-924-88-44 ; www.casadelbalam.com ; Calle 60 n°488, entre Calles 55 et 57 ; d/ste 1 800/3 000 $M ; P). Situé en centre-ville, cet hôtel propose une agréable piscine et de grandes chambres calmes de style colonial (carrelage rutilant, matelas extra-fermes, têtes de lit en fer forgé). Souvent un excellent rapport qualité/prix pendant les périodes calmes.

Casa San Angel BOUTIQUE-HÔTEL **$$$**
(999-928-18-00 ; www.hotelcasasanangel.com ; Paseo de Montejo 1, angle Calle 49 et Calle Montejo ; ch avec petit-déj 2 725 $M, ste 2 975 $M ; P). Cet hôtel accueillant est l'ancienne demeure d'un célèbre mathématicien mexicain. Des fresques colorées évoquant la jungle et une immense plante grimpante recouvrent les murs de la cour coloniale. L'hôtel compte 13 chambres sans prétention, mais l'emplacement, à l'orée du *centro histórico* et au début du Paseo Montejo, est imbattable. La piscine est petite mais rafraîchissante. Restaurant sur place.

Rosas y Xocolate BOUTIQUE-HÔTEL **$$$**
(999-924-29-92 ; www.rosasandxocolate.com ; Paseo de Montejo n°480 ; ch 322 $US, ste 452-827 $US ; P). Construit à l'emplacement de deux anciennes demeures, dont les matériaux de construction ont été en grande partie réutilisés, cet hôtel de taille moyenne, comme son nom le suggère, allie le rose et le brun. Les prix sont élevés, mais on a sorti le grand jeu : mobilier sur mesure, enceintes Bose dans chaque chambre et salles de bains à ciel ouvert. Salle de sport climatisée, spa de jour avec soins au chocolat et restaurant gastronomique. C'est un peu le repaire mondain de la ville.

Hotel Medio Mundo HÔTEL **$$$**
(999-924-54-72 ; www.hotelmediomundo.com ; Calle 55 n°533 ; d avec petit-déj 90 $US ;). Cette ancienne demeure baigne dans une atmosphère détendue : ses chambres spacieuses aux couleurs vives, meublées simplement, sont dotées de lits confortables, de lavabos en faïence de Talavera et de fenêtres donnant sur le patio. Une des deux cours possède une piscine et l'autre, une fontaine. Bon restaurant végétalien. Vous vous sentirez comme chez vous grâce aux hôtes charmants.

Où se restaurer

Mérida est une ville gourmande. Il y en a pour tous les goûts et pour tous les budgets. Vous pourrez aussi bien déguster sur le pouce de savoureux plats de rue que vous attabler devant un service en porcelaine. Ne manquez pas "Mérida en Domingo", un marché d'artisanat et d'alimentation organisé tous les dimanches sur la place principale. Vous pourrez y goûter une large gamme de plats régionaux à prix doux.

La Terraza Amarilla de San Fernando MEXICAIN **$**
(999-189-62-10 ; Av Cupules 503D ; tacos et tortas 15-24 $M ; 7h-15h). Les en-cas alléchants et pas chers servis dans ce petit bijou méritent le détour. Choisissez parmi les 4 plats proposés (tacos, *tortas*, etc.) et les 7 garnitures : votre assiette en plastique sera prête en quelques secondes. Chaque recette a été élaborée par le chef-propriétaire et sa femme, qui se feront un plaisir de vous les détailler si vous le leur demandez. Il y a tellement de combinaisons différentes que l'on pourrait déjeuner ici tous les jours pendant un mois sans manger deux fois la même chose.

Mercado Municipal Lucas de Gálvez MARCHÉ **$**
(Angle Calle 56A et Calle 67 ; plats 50-60 $M ; 6h-17h). Les gargotes les moins chères de Mérida sont ici. À l'étage, vous trouverez des tables et des chaises ainsi que divers menus proposant des plats à base de bœuf, de poisson et de poulet. Jetez un coup d'œil aux *recados* (mélanges d'épices en pâte). En bas, des *taquerías* (stands de tacos) abordables occupent le nord du marché, tandis que les *cotelerías* – stands de fruits de mer spécialisés dans les cocktails de fruits de mer et le ceviche (produits de la mer à l'ail marinés dans du jus de citron ou de citron vert) – sont installés à l'extrémité sud.

Sukra Bar de Café CAFÉ **$**
(999-923-44-53 ; www.facebook.com/sukracafe ; Paseo de Montejo 496, entre Calles 43 et 45 ; plats 70-120 $M ; 9h-18h lun-sam, 9h-14h dim). Un endroit décontracté, au début du Paseo de Montejo, encadré de jolies plantes : l'éclectisme des tables et des chaises évoque davantage la maison d'une grand-tante qu'un restaurant de la rue la plus huppée de la ville. Savourez le temps qui passe en dégustant un sandwich ou une salade.

COCHINITA : OÙ SE RÉGALER

Tout le monde à Mérida semble avoir son avis sur l'endroit où déguster la meilleure *cochinita pibil* (cochon de lait mijoté dans le jus d'agrumes et le roucou). La *cochinita* garnit les tacos et les *tortas* (sandwichs) et se consomme aussi en plat principal. La meilleure cochinita est rôtie dans un four enterré, ce qui lui donne un goût fumé. Mérida compte plusieurs adresses exceptionnelles.

Taquería Nuevo San Fernando (Av Cupules s/n, entre Calles 60 et 62 ; tortas 25 $M ; 7h-13h ; R-2). On nous a parlé d'étrangers qui, profitant de leur séjour dans un hôtel d'affaires voisin, avaient acheté plusieurs kilos de tacos ici pour les rapporter chez eux ! L'endroit est vraiment excentré (près de l'extrémité nord du Paseo Montejo), mais le pain maison tout frais, la sauce au piment habanero rôti et le *cochito* bien tendre méritent le détour.

La Socorrito (portable 999-1205479 ; Calle 47, entre Calles 58 et 60 ; tacos 12 $M, tortas 20 $M ; 7h-16h lun-sam, 7h-14h dim). Voilà plus de 60 ans que ces vétérans du quartier mitonnent un *cochito* dans le four creusé dans la terre de ce charmant petit restaurant. Du côté du Mercado de Santa Ana donnant sur la place.

Wayan'e — TACOS $

(999-291-94-22 ; angle Calles 59 et 46 ; tacos 13-18 $M, tortas 21-34 $M ; 7h-14h30 lun-sam). Prisé pour sa *castakan* (poitrine de porc croquante), le Wayan'e ("le voici" en maya) est l'une des meilleures adresses de Mérida pour le petit-déjeuner. Les végétariens ne sont pas oubliés avec par exemple le taco au *huevo con xkatic* (œuf au piment) et les jus de fruits frais. Si vous aimez la viande, testez la fameuse *torta de castakan* (34 $M). Repérez le bâtiment couleur citron vert.

Bistro Cultural — FRANÇAIS $

(Calle 66 n°377C, entre Calles 41 et 43 ; plats petit-déj 50-70 $M, plats déj 65-100 $M ; 8h30-17h30 lun-sam, 8h30-16h30 dim). Éloignez-vous du centre touristique pour profiter de ce joli petit café tenu par des Français. Après avoir admiré les œuvres d'art locales du petit salon, vous pourrez déguster un en-cas ou un véritable repas dans le charmant jardin. La cuisine est française, mais l'influence du Yucatán est bien présente, et des produits bio locaux sont utilisés dans la mesure du possible. La petite carte comprend notamment des *croque-chaya* (adaptation de notre croque-monsieur) et de délicieuses pâtisseries françaises (12-17 $M).

Cafetería Pop — CAFÉ $

(999-928-61-63 ; www.facebook.com/cafeteriapopmerida/ ; Calle 57 s/n, entre Calles 60 et 62 ; petit-déj 20-85 $M, déj 75-130 $M ; 7h-23h lun-sam, 8h-23h dim). Une ambiance années 1970 flotte dans ce petit restaurant-cafétéria orange et crème, qui propose des petits-déjeuners abordables et un bon choix de plats mexicains. Service très efficace. Essayez le poulet au *mole* (sauce brune onctueuse). Une valeur sûre, qui donne envie de revenir.

Nectar — YUCATÁN $$

(999-938-08-38 ; nectarmerida.mx ; Av A García Lavín 32 ; plats 115-320 $M ; 13h30-0h mar-sam, 14h-18h dim ;). Une délicieuse cuisine traditionnelle du Yucatán, de l'inventivité, un cadre digne d'un magazine de décoration, et un personnel fort sympathique : tel est le cocktail réussi de ce restaurant du nord de Mérida (prenez un taxi). Les *cebollas negras* (oignons noirs ; 150 $M) peuvent rebuter au premier regard, mais leur saveur séduit rapidement ; les plats de viande et de poisson ne vous décevront pas. Les cocktails créatifs sont un excellent moyen de commencer le repas, qui s'achèvera par un dessert original.

Lo Que Hay — VÉGÉTALIEN $$

(www.hotelmediomundo.com ; Calle 55 n°533 ; plats 40-120 $M, dîner 3 plats 180 $M ; 19h-22h mar-sam ;). Même les non-végétaliens plébiscitent ce restaurant pour profiter d'un dîner de 3 plats servi dans une cour tranquille. Plats mexicains, libanais, mais aussi végétaliens-crudivores. Installé dans l'hôtel Medio Mundo.

♥ Ku'uk — INTERNATIONAL $$$

(999-944-33-77 ; www.kuukrestaurant.com ; Av Rómulo Rozo n°488, angle Calle 27 ; plats 290-550 $M, menu dégustation 1 600 $M, avec accord mets-vins 2 500 $M ; 13h30-23h mar-sam, 13h30-17h dim). L'entrée de cette superbe demeure historique, au bout du

Paseo Montejo, donne le ton : un repas gastronomique de haut vol vous attend, plaçant la barre de la cuisine mexicaine au plus haut. Dans l'une des élégantes salles minimalistes, vous dégusterez des plats du Yucatán revisités à la mode contemporaine.

Oliva Enoteca ITALIEN $$
(999-923-30-81 ; www.olivamerida.com ; angle Calles 47 et 54 ; plats 180-550 $M ; 13h-17h et 19h-0h lun-sam). Ce restaurant contemporain avec sol en carrelage noir et blanc, ampoules Edison, chaises design et cuisine ouverte attire une clientèle branchée qui se délecte de l'excellente cuisine italienne. Belle sélection de cocktails et de vins. Les desserts sont à se pâmer.

Apoala MEXICAIN $$$
(999-923-19-79 ; www.apoala.mx ; Calle 60 n°471, Parque Santa Lucía ; plats 130-300 $M ; 13h-0h lun-sam, 14h-22h dim ;). S'inspirant des plats du Oaxaca, réputé comme le Yucatán pour son extraordinaire cuisine régionale, l'Apoala réinvente les spécialités populaires comme les *enmoladas* (tortillas farcies dans une onctueuse sauce *mole*) et les *tlayudas* (grandes tortillas pliées avec du bœuf émincé, des haricots noirs et du fromage du Oaxaca). Le cadre est exquis, dans le Parque Santa Lucia (p. 159), à proximité d'autres grands restaurants locaux.

La Chaya Maya MEXICAIN $$$
(999-928-47-80 ; www.lachayamaya.com ; angle Calles 62 et 57 ; plats 91-307 $M ; 7h-23h). Ce restaurant populaire sert de savoureuses spécialités yucatèques. Un peu plus chic, la **nouvelle antenne** (999-928-22-95 ; Calle 55 n°510 ; 7h30-23h) située non loin affiche un menu presque identique.

La Tratto ITALIEN $$$
(999-923-37-87 ; www.latrattomerida.com ; Calle 60 s/n, entre Calles 53 et 55 ; plats 185-285 $M, formule 195 $M ; 13h-0h dim-mer, 13h-1h jeu-sam ;). Une trattoria fiable (possédant une seconde antenne à Mérida), surtout connue pour ses pizzas raffinées et ses pâtes artisanales. Happy hour au bar de 18h à 21h. Agréable terrasse donnant sur la jolie Plaza Santa Lucia, en particulier le jeudi soir pour les Serenatas (p. 159).

Amaro INTERNATIONAL $$$
(999-928-24-51 ; www.restauranteamaro.com ; Calle 59 n°507 ; plats 140-400 $M ; 11h-1h ;). Ce restaurant à l'ancienne installé dans la maison qui vit naître en 1787 Andrés Quintana Roo – poète, homme d'État et rédacteur de la déclaration d'indépendance mexicaine – garantit un dîner romantique, surtout si un spectacle de *trova* est au programme dans la cour (à partir de 20h30). Spécialités yucatèques et choix de plats végétariens et internationaux.

Où prendre un verre et faire la fête

Pas besoin de chercher longtemps pour dénicher un bar de quartier sympathique, qu'il s'agisse d'une *cantina* traditionnelle ou d'un bar à vins ou à cocktails dernier cri.

Manifesto CAFÉ
(www.manifesto.mx ; Calle 59 no538, entre Calles 66 et 68 ; café 40-72 $M ; 8h-21h lun-sam). Créé par un trio originaire de Calabre, cet établissement propose un manifeste des plus simples : un café pour les amateurs de café. Vous pourrez déguster des cappuccinos, expressos et *flat whites* préparés par des baristas experts. L'aménagement est tout simplement génial – minimaliste et funky à la fois. Les grains sont torréfiés sur place, et l'on peut acheter du café de Veracruz ou du Chiapas. Fermé le dimanche, malheureusement.

Mercado 60 BAR À COCKTAILS
(www.mercado60.com ; Calle 60, entre Calles 51 et 53 ; 18h-tard). Pour une soirée divertissante, direction ce marché culinaire animé, où les margaritas (et vins fins) vous feront danser la salsa aux côtés des habitants branchés sur de la musique live. Ce concept moderne entre bar à cocktails et bar à bières réunit plusieurs établissements. La cuisine internationale – des tacos mexicains aux nouilles *ramen* – et plutôt abordable est servie dans de petits kiosques. Les plats pourraient être meilleurs, mais absorbent l'alcool efficacement...

PK2 GAY ET LESBIEN
(999-154-60-12 ; www.facebook.com/PK2DiscoBarMerida ; Calle 56, entre Calles 53 et 55 ; entrée à partir de 100 $M ; 21h-3h mer-dim). Haut lieu de la vie nocturne gay, le PK2 propose notamment des revues et des spectacles de strip-tease et de drag-queens sur fond de trance et d'électro. Les soirées thématiques et la diversité des spectacles en font un des bars gays les plus populaires de Mérida.

Cara Negra BAR
(www.caranegra.mx ; Calle 62 n°436 ; 19h-1h). Vous rêviez de siroter un cocktail nez à nez avec un crâne ? Ce bar sombre au décor macabre vous comblera. Il propose un excellent choix de bières artisanales et de cocktails originaux, et un niveau sonore qui permet de bavarder entre amis ou d'engager la conversation avec ses voisins.

La Negrita DANSE
(www.facebook.com/LaNegritaMerida ; Calle 62 s/n, angle Calle 49 ; 12h-22h ;). Cette *cantina* bohème est le repaire tendance du moment. Si vous n'osez pas rejoindre la piste pour danser sur la musique tropicale live, après un ou deux mojitos ou mezcals, vous finirez par vous déhancher toute la nuit. Agréable jardin à l'arrière, pour prendre l'air et discuter avec les habitués. Les concerts démarrent tous les jours à 18h. Les passagers des bateaux de croisière faisant escale à Progreso sont souvent de la partie.

Où sortir

Mérida organise de nombreuses manifestations folkloriques et musicales dans les parcs et bâtiments historiques, animées par de talentueux artistes locaux (entrée libre la plupart du temps). La publication touristique *Yucatán Today* propose un bon résumé des événements hebdomadaires.

Blúe Disco KARAOKÉ
(999-436-04-87 ; www.facebook.com/Bluedisc ; Av Colón n°503, entre Calles 72 et 72A ; entrée à partir de 30 $M ; 21h-3h30 mer-dim). Strip-teaseurs, drag-queens et karaoké sont au menu du Blúe, un peu loin du centre mais proche du Paseo de Montejo. Excellents spectacles ; ambiance sympathique et détendue.

Centro Cultural Olimpo SALLE DE CONCERTS
(999-924-00-00, poste 80130 ; www.merida.gob.mx/capitalcultural ; angle Calles 62 et 61). Programmation riche : films, concerts, expos…

Achats

Guayaberas Jack VÊTEMENTS
(www.facebook.com/GuayaberasJack ; Calle 59 n°507A ; 10h-20h30 lun-sam, 10h-14h30 dim). La *guayabera* (chemise brodée) est un souvenir classique de Mérida. Cette boutique célèbre vous aidera à choisir les plus élégantes.

Hamacas Mérida ARTISANAT
(999-924-04-40 ; www.hamacasmerida.com.mx ; Calle 65 n°510, entre Calles 62 et 64 ; 9h-19h lun-ven, 9h-13h sam). Hamacs (et chaises) de toutes tailles, formes et couleurs, livrables dans le monde entier.

Tejón Rojo SOUVENIRS
(www.tejonrojo.com ; Calle 53 n°503 ; 12h-21h lun-sam, 12h-18h dim). T-shirts au graphisme tendance et choix de souvenirs inspirés de la pop culture mexicaine (mugs, bijoux, sacs à main, casquettes, masques de lutteur…).

Librería Dante LIBRAIRIE
(www.libreriadante.com.mx ; angle Calles 61 et 62, Plaza Grande ; 8h-22h30). Sélection de livres d'archéologie et d'histoire régionale et bons livres de cuisine du Yucatán. Plusieurs librairies en ville.

Miniaturas Folk Art ARTISANAT
(999-928-65-03 ; Calle 59 n°507A, entre Calles 60 et 62 ; 11h-22h lun-sam). Vous trouverez ici quantité de miniatures du Día de Muertos (jour des Morts), des objets en étain et toutes sortes de figurines, des céramiques aux petits soldats. Ces articles ont tous deux points communs : ils sont facilement transportables et n'ont aucun rapport avec l'artisanat traditionnel du Yucatán (ils proviennent de Puebla, Zacatecas ou San Miguel de Allende).

Camisería Canul VÊTEMENTS
(999-923-56-61 ; www.camiseriacanul.com.mx ; Calle 62 n°484 ; 9h-20h lun-sam, 10h-14h dim). Une bonne adresse pour les *guayaberas* et les *huipiles*, ouverte depuis 1948. Prix fixes et confection sur mesure.

Hamacas El Aguacate ARTISANAT
(999-947-46-51 ; www.hamacaselaguacate.com.mx ; Calle 58 n°604, angle Calle 73 ; 9h-19h lun-ven, 9h-17h30 sam). Hamacs de qualité à des prix abordables (550-700 $M). Les vendeurs ne vous forceront pas la main. Également des moustiquaires à 200 $M.

Orientation

La Plaza Grande est le cœur de la ville depuis l'époque des Mayas. Si Mérida s'étend désormais sur des kilomètres, une grande partie des services et des curiosités touristiques se concentrent autour des dix pâtés de maisons de cette place. Suivant un plan colonial classique, elle est entourée de plusieurs *barrios* (quartiers), possédant chacun un parc et une église.

Les rues impaires s'étendent d'est en ouest ; les rues paires, du nord au sud. Les adresses

ARTISANAT ET COSTUMES TRADITIONNELS

Le Yucatán est un endroit rêvé pour se procurer de l'artisanat et des vêtements traditionnels, notamment des *guayaberas*, des *huipiles* aux broderies colorées et des hamacs merveilleusement confortables.

Traditionnellement, les femmes portent des *huipiles*, robes amples en coton blanc dont le haut est brodé. Vous en verrez sur de nombreux marchés de la péninsule.

Les hommes portent souvent des *guayaberas* (chemises légères, élégantes, arborant habituellement quatre poches). Elles se portent aussi bien au quotidien que pour des grandes occasions. Le coton et le lin permettent de garder une sensation de fraîcheur malgré la chaleur humide.

Vous trouverez aussi des boutiques d'artisanat et des stands de rue vendant des galions espagnols et des divinités mayas sculptés dans le bois. Si ces articles sont souvent associés à l'État de Campeche, les artisans accomplis du Yucatán et du Quintana Roo ne sont pas en reste.

prennent généralement la forme : "Calle 57 n°481 x 46 y 48" (c'est-à-dire entre les rues 46 et 48).

Flanquée de nombreux monuments emblématiques, la Calle 60 traverse le cœur du Centro ; plus au nord, elle continue parallèlement au Paseo de Montejo, une large avenue connue pour ses élégantes demeures.

Renseignements

ARGENT

On trouve des banques et des DAB un peu partout en ville. Plusieurs sont regroupés sur la Calle 65, entre les Calles 60 et 62, un pâté de maisons au sud de la Plaza Grande. Les *casas de cambio* (bureaux de change) proposent un service rapide et des horaires d'ouverture élargis, mais des taux moins favorables.

INTERNET

Le Wi-Fi public gratuit est disponible sur plusieurs grandes places et dans de nombreux cafés.

MÉDIAS

Yucatán Today (www.yucatantoday.com) est un magazine gratuit très utile, en espagnol et en anglais, consacré au tourisme dans le Yucatán. Vous en trouverez des exemplaires dans les hôtels. Le site Internet fournit de précieux conseils.

OFFICES DU TOURISME

L'aéroport compte plusieurs kiosques d'information touristique. En centre-ville, des offices du tourisme mettent à disposition brochures et plans.

Office du tourisme municipal (☎999-942-00-00, poste 80119 ; www.merida.gob.mx/turismo ; Calle 62, Plaza Grande ; ⏱8h-20h). Sur la place principale, tenu par un personnel serviable et anglophone. Vous pourrez vous inscrire aux visites guidées gratuites de la ville (départ tous les jours à 9h30).

Sala Interactiva (Calle 62, entre Calles 61 et 63, Palacio Municipal ; ⏱9h-20h). Sur la Plaza Grande. On y trouve des écrans tactiles et des dispositifs d'information multimédias.

L'**office du tourisme de l'État** se trouve dans l'entrée du Palacio de Gobierno. En général, quelqu'un parle anglais.

POSTE

Poste (☎999-928-54-04 ; Calle 53 n°469, entre Calles 52 et 54 ; ⏱8h-19h lun-ven, 8h-15h sam). Bureau central.

SERVICES MÉDICAUX

Yucatán Today (www.yucatantoday.com/en/topics/healthcare-merida-yucatan) fournit une liste de médecins et d'hôpitaux.

Clínica de Mérida (☎999-942-18-00 ; www.clinicademerida.com.mx ; Av Itzáes 242, angle Calle 25 ; ⏱24h/24 ; 🚌R-49). Bonne clinique privée dotée d'un laboratoire d'analyses et d'un service d'urgences ouvert 24h/24.

Hospital O'Horán (☎999-930-33-20 ; Av de los Itzáes, angle Av Jacinto Canek). Hôpital public du centre-ville, à réserver aux urgences. Pour les autres cas (consultations, renouvellement d'ordonnance, etc.), préférez une clinique privée.

URGENCES

Urgences (☎911, ☎066)

Pompiers (☎999-924-92-42)

Croix-Rouge (☎999-924-98-13)

Police touristique (☎999-942-00-60)

Depuis/vers Mérida

AVION

L'**Aeropuerto Internacional de Mérida** (p. 311) est situé à 10 km (20 min de route) au sud-ouest de la Plaza Grande, près de la route 180 (Avenida de los Itzáes). Vous trouverez sur place des comptoirs de location de voitures, des DAB, un bureau de change et un bureau d'informations sur les transports pour la ville.

La plupart des vols internationaux à destination de Mérida font escale à Mexico. Les vols internationaux sans escale sont assurés par Aeroméxico et United Airlines.

Aeroméxico (☎800-021-40-00 ; www.aeromexico.com). Vols directs en provenance de Miami.

Interjet (☎800-011-23-45 ; www.interjet.com). Dessert Mexico, où l'on peut prendre des correspondances pour New York, Miami et Houston.

Mayair (☎800-962-92-47 ; www.mayair.com.mx). Avions à hélices à destination de Cancún et Cozumel.

VivaAerobus (☎818-215-01-50 ; www.vivaaerobus.com). Dessert Mexico et Monterrey.

Volaris (☎Mexico 55-1102-8000 ; www.volaris.com). Vols directs pour Mexico et Monterrey.

BUS

Mérida est la plaque tournante du réseau de bus de la péninsule du Yucatán. Surveillez vos affaires dans les bus de nuit et dans ceux qui desservent les destinations touristiques (en particulier les bus de 2e classe) : des vols ont été rapportés sur certains itinéraires.

La ville compte plusieurs gares routières, et certaines lignes circulent à partir de (et s'arrêtent à) plus d'une gare. Les billets pour un départ depuis une gare peuvent souvent être achetés dans une autre gare, et les destinations sont desservies par plusieurs lignes de bus. Renseignements sur certaines lignes sur www.ado.com.mx.

Terminal CAME (Terminal de Primera Clase ; ☎999-924-08-30, ext 2406 ; Calle 70 s/n, entre Calles 69 et 71 ; ⏲24h/24 ; 📶). La principale gare routière de Mérida accueille surtout des bus de 1re classe – notamment ADO, OCC et ADO GL – desservant des destinations de la péninsule du Yucatán, et d'autres plus lointaines, comme Mexico.

Terminal Fiesta Americana (Terminal de Primera Clase ; ☎ext 2406 999-924-08-30 ; Calle 70 s/n, entre Calles 69 et 71 ; ⏲24h/24 ; 📶). Petite gare routière de 1re classe à l'ouest de la zone hôtelière de la Fiesta Americana, destinée notamment aux clients des hôtels de luxe de l'Avenida Colón, au nord du centre-ville. Les bus ADO circulent entre cette gare et Cancún, Playa del Carmen, Villahermosa et Ciudad del Carmen.

Terminal Noreste (Autobuses del Noreste y Autobuses Luz ; ☎999-924-63-55 ; angle Calles 50 et 67). Gare routière des lignes Noreste et Luz. Les bus desservent de nombreuses petites villes du nord-est de la péninsule, notamment Tizimín et Río Lagartos, Cancún et d'autres destinations entre les deux, et de petites villes au sud et à l'ouest de Mérida, comme Celestún, Ticul, Oxkutzcab et les Ruinas de Mayapán. Certains bus Oriente partent du Terminal TAME et s'arrêtent ici.

Parque de San Juan (Calle 69, entre Calles 62 et 64). Partout autour de la place et de l'église, des *combis* démarrent vers Muna (30 $M), Oxkutzcab (55 $M), Tekax (75 $M) et Ticul (45 $M), entre autres destinations, tous les jours d'environ 5h à 22h.

HAMACS DU YUCATÁN : BIEN CHOISIR POUR BIEN DORMIR

Les hamacs yucatèques sont habituellement tissés en nylon ou en coton résistant et teints de différentes couleurs. On trouve aussi des versions naturelles en coton, non teintes. Certains vendeurs essaieront de vous faire croire qu'ils sont en *henequén* (fibre de sisal) ou en jute, en vous assurant que ces matériaux sont beaucoup plus durables (et coûteux) que le coton, et même qu'ils repoussent les moustiques. Ne vous laissez pas berner : les vrais hamacs en *henequén* sont très rêches et pas du tout agréables à la peau. Les hamacs en soie ne se font plus, mais il existe un mélange de soie et de viscose agréable au toucher.

On trouve des hamacs de différentes largeurs. On exagère souvent l'importance du nombre de paires de cordes de suspension : c'est à son poids que l'on juge le mieux de la taille et de la qualité d'un hamac. Plus il est lourd, meilleure est la qualité. Une *sencilla* (pour une personne) doit peser environ 500 g pour un coût de 400 à 450 $M ; pour un hamac haut de gamme de 1,1 kg, comptez au minimum 600 $M. La confection des hamacas *de croché* (au tissage très serré) peut nécessiter plusieurs semaines ; le prix est deux à trois fois plus élevé. Les hamacs en nylon sont généralement moins chers.

Vous trouverez de bons magasins de hamacs à Mérida et dans les villes des environs (dont Tixkokob).

BUS AU DÉPART DE MÉRIDA

DESTINATION	PRIX ($M)	DURÉE (H)	FRÉQUENCE
Campeche	240	2½-3	1/heure, 6h-23h45
Cancún	280-460	4½-6½	1/heure ; Terminal CAME et Terminal TAME
Celestún	58	2½	fréquents ; Terminal Noreste et Terminal TAME
Chetumal	339-446	5½-6	3-4/jour ; Terminal TAME
Chichén Itzá	99-180	1½-2	fréquents ; Terminal CAME ; Terminal Noreste ; Terminal TAME
Escárcega	306-430	4-4½	8h30, 14h15, 21h ; Terminal TAME
Felipe Carrillo Puerto	234	6	fréquents ; Terminal TAME
Izamal	31	1½	fréquents ; Terminal Noreste
Mayapán	37	1½	1/heure ; Terminal Noreste
Mexico	999-1 900	20	7/jour ; Terminal CAME et Segunda Clase ; Terminal TAME
Palenque	662-680	7½-10	4/jour ; Terminal CAME et Segunda Clase ; Terminal TAME
Playa del Carmen	280-498	4-6	fréquents ; Terminal CAME et Segunda Clase
Progreso	21	1	fréquents ; Terminal Autoprogreso
Río Lagartos/San Felipe	170-250	3½	5h30, 9h, 16h ; Terminal Noreste
Ruta Puuc (circuit ; 30 min sur chaque site)	166	8-8½	8h le dimanche uniquement ; Terminal TAME
Ticul	57	1¾	fréquents ; Terminal TAME
Tizimín	125-190	4-5	fréquents ; Terminal Noreste
Tulum	205-356	4-4½	5/jour ; Terminal CAME et Segunda Clase
Uxmal	68	1½	5/jour ; Terminal TAME
Valladolid	125-216	2½-3	fréquents ; Terminal CAME et Terminal TAME

Terminal Autoprogreso (Terminal de Progreso ; ☎999-928-39-65 ; www.autoprogreso.com ; Calle 62 n°524 ; ⌚5h-22h). Terminal dédié aux bus qui rallient la station balnéaire de Progreso, au nord.

Terminal TAME (Terminal de Segunda Clase ; ☎999-924-08-30 ; Calle 69, entre Calles 68 et 70 ; ⌚24h/24). Cette gare routière est à deux pas de la gare CAME. ADO, Mayab, Oriente, Sur, TRT et ATS proposent des bus essentiellement de 2e classe vers diverses destinations de l'État et de la péninsule, notamment Ticul (57 $M), Oxkutzcab (60 $M), Valladolid (125 $M) et Tizimín (115 $M).

Colectivo vers Tekax

Colectivo vers Progreso (Calle 60)

VOITURE ET MOTO

Louer une voiture est le moyen le plus simple de visiter les nombreux sites archéologiques des environs de Mérida. Comptez de 1 000 à 2 500 $M par jour (taxe et assurance incluses) pour une location à court terme d'un véhicule économique. En revanche, mieux vaut parcourir à pied ou en bus le vaste réseau de rues à sens unique de Mérida.

Plusieurs agences possèdent des antennes à l'aéroport, ainsi que dans la Calle 60 entre les Calles 55 et 57. Les offres en ligne sont meilleures.

Une route à péage, onéreux (478 $M), relie Mérida et Cancún.

Easy Way (☎999-930-95-00 ; www.easywayrentacar.com ; Calle 60 n°484, entre Calles 55 et 57 ; location de voiture assurance comprise à partir de 50 $US/jour ; ⌚7h-23h)

National (☎999-923-24-93 ; www.nationalcar.com ; Calle 60 n°486F, entre Calles 55 et 57 ; véhicule économique assurance comprise à partir de 2 500 $M/jour ; ⌚8h-13h et 16h-20h)

Comment circuler

DEPUIS/VERS L'AÉROPORT

Les compagnies de taxis **Transporte Terrestre** (☎999-946-15-29 ; www.transporteterrestredemerida.com) et **ADO** (☎999-946-03-68) assurent des liaisons rapides entre l'aéroport et le centre-ville pour 200-220 $M par voiture (idem pour le transfert depuis/vers l'hôtel). Les taxis indépendants facturent 120 $M du centre-ville à l'aéroport.

EXCURSIONS AU DÉPART DE MÉRIDA

Mérida constitue une excellente base pour explorer les sites alentour : villes côtières paisibles, amusantes piscines naturelles, ruines mayas ou excellents spots d'observation des oiseaux. Les destinations suivantes méritent le détour.

Cuzamá et Homún Magnifiques *cenotes* accessibles en voiture à cheval à Cuzamá (p. 182), et Cenote Santa Barbara (p. 182) à Homún.

Ruta Puuc Mettez-vous au défi en visitant les cinq sites de l'itinéraire (y compris le célébrissime Uxmal) en une journée. Prolongez le voyage en visitant Mayapán (p. 181) et les Grutas de Loltún (p. 181).

Celestún Levez-vous à l'aube pour un circuit d'observation des oiseaux dans la mangrove. Si vous avez le temps, jetez un coup d'œil aux haciendas en ruine en chemin.

Dzibilchaltún et Progreso Visitez le site archéologique (p. 187) et le *cenote*, et prolongez éventuellement votre séjour en passant l'après-midi sur la plage de Progreso (p. 190).

Si vous souhaitez obtenir le même tarif depuis l'aéroport, il vous faudra marcher jusqu'à la rue principale pour héler un taxi.

Un bus municipal "Aviación 79" (8 $M) circule entre la route principale à l'entrée de l'aéroport (le bus n'entre pas dans l'enceinte de l'aéroport) et le centre-ville toutes les 15 à 30 minutes jusqu'à 21h (moins souvent jusqu'à 23h). Le meilleur endroit pour prendre le même bus à destination de l'aéroport est le Parque San Juan, face à l'angle des Calles 62 et 69.

BUS

Les bus municipaux sont bon marché (8 $M), mais les itinéraires peuvent être déroutants. Certains partent des quartiers périphériques, longent le centre-ville et terminent leur course dans une autre banlieue. Transpublico.com (merida.transpublico.com) fournit des plans détaillés de tous les itinéraires.

Pour circuler entre la Plaza Grande et les quartiers cossus au nord, le long du Paseo de Montejo, prenez le R-2 "Hyatt" ou la ligne "Tecnológico" dans la Calle 60. Pour revenir au centre-ville, montez dans n'importe quel bus allant vers le sud sur le Paseo de Montejo avec le même nom qu'à l'aller et/ou "Centro".

TAXI

De plus en plus de taxis en ville utilisent des compteurs. Si vous prenez un taxi sans compteur, accordez-vous sur un prix avec le chauffeur avant de monter à bord. Pour une course en centre-ville ou à destination des gares routières, comptez entre 30 et 50 $M. Des stands de taxis se trouvent dans la plupart des parcs du *barrio* (supplément possible en cas de réservation téléphonique).

Radio Taxímetro del Volante (☎999-928-30-35). Radio-taxis 24h/24.

SUD DE MÉRIDA

Il y a beaucoup à voir et à faire au sud de Mérida. Les principales curiosités sont les anciennes plantations de *henequén*, dont certaines sont toujours en activité, et les vestiges mayas bien conservés d'Uxmal et d'autres sites moins connus au fil de la Ruta Puuc. Le secteur abrite en outre des centaines de *cenotes* et de grottes peu fréquentées, et des villages traditionnels où la vie s'écoule à un rythme rural : les femmes portent des *huipiles* et parlent maya ; les hommes vont à vélo couper du bois ou chasser un faisan pour le dîner. Le paysage est accidenté et vallonné, ce qui est rare dans la péninsule.

Oxkintok

Voilà des années que les archéologues se passionnent pour les vestiges d'**Oxkintok** (www.inah.gob.mx ; 50 $M, guide 600 $M environ ; ⌚8h-17h ; 🅿). Parmi les inscriptions retrouvées figurent les dates les plus anciennes du Yucatán : elles prouvent que la cité fut habitée de l'ère préclassique à l'ère postclassique (soit de 300 av. J.-C. à 1500 de notre ère), atteignant son apogée entre 475 et 860.

Le site s'étend sur environ 8 km². Trois des principaux ensembles ont déjà été restaurés, tous à proximité de l'entrée. Bien que la rénovation soit assez grossière, elle permet de voir des exemples d'architecture des styles Oxkintok, Puuc et proto-Puuc. L'édifice le plus haut (15 m) est la pyramide Ma-1, intégrée au groupe Ah-May, qui offre un beau panorama sur le site. Le bâtiment le plus intéressant est probablement le Palacio Chich (structure Ca-7), dans le groupe Ah-Canul, qui arbore des bas-reliefs d'origine et deux colonnes, en face, ornées de figures humaines aux costumes travaillés. Un labyrinthe a été découvert sous la pyramide, mais il est hélas fermé au public.

Oxkintok est à 75 km au sud-ouest de Mérida, près de la route 184, à quelques kilomètres au sud de la ville de Calcehtok. De là, prenez la direction des Grutas de Calcehtok, puis bifurquez vers l'ouest (à droite) à l'indication : la route de terre de 5 km est en mauvais état ; conduisez lentement pour réduire les cahots.

Grutas de Calcehtok

Les **grottes de Calcehtok** (Grutas de X'Pukil ; portable 999-2627292 ; près de la route 184 ; visite 1 heure/2 heures 100/150 $M ; 8h-17h ; P) constitueraient le plus long réseau de grottes sèches de la péninsule du Yucatán. Plus de 4 km ont été explorés jusqu'à présent, et 2 des 25 voûtes dépassent les 100 m de diamètre (avec une coupole de 30 m de hauteur, pour l'une d'entre elles). Les grottes abritent de nombreuses et impressionnantes formations naturelles ; toutefois, si vous êtes claustrophobe, si vous avez peur du noir ou si vous n'aimez pas vous salir, le lieu n'est certainement pas pour vous.

Les archéologues y ont mis au jour (et emporté) des pointes de flèche en céramique, des marteaux en quartz et d'autres outils. On distingue toujours les fortifications basses construites par les Mayas qui se sont réfugiés ici pendant la "guerre des castes".

Seules les visites guidées sont autorisées. Des lampes de poche sont fournies. L'imposante grotte principale mesure 30 m de diamètre et 40 m de profondeur, et elle est cernée de végétation où bourdonnent souvent des abeilles. Le sol est recouvert de 1 mètre de fientes de chauve-souris. Vous aurez le choix entre un circuit basique, intermédiaire ou aventure – dans ce dernier cas, vous devrez ramper, descendre par des cordes et peut-être emprunter El Paso de la Muerte ("le Passage de la Mort ", 7 m de long sur 20 cm de large) ou "El Parto" ("la Naissance" : pas besoin d'un dessin...). Les circuits durent entre 1 et 4 heures.

Sachez que l'on trouve une entrée "concurrente", également nommée Grutas de Calcehtok, au bord de la route d'accès au site d'Oxkintok. Pour atteindre la vraie, continuez tout droit au lieu de tourner à droite en direction des ruines. Les deux entrées sont signalées par des panneaux identiques.

Les grottes sont situées à 75 km au sud-ouest de Mérida, à proximité de la route 184, à quelques kilomètres au sud de Calcehtok. L'accès est plus simple en voiture.

Uxmal

Malheureusement pris d'assaut par les visiteurs, l'impressionnant site archéologique d'**Uxmal** (997-976-20-64 ; www.inah.gob.mx/es/zonas/110-zona-arqueologica-de-uxmal ; route 261, km 78 ; adulte 234 $M, son et lumière 92 $M, parking 30 $M, guide 800 $M ; site 8h-17h, spectacle 20h avr-sept et 19h oct-mars ;) – prononcez *ouchmal* – fait sans conteste partie des sites mayas les plus remarquables du pays, du fait du nombre et de l'état de préservation de ses vestiges richement décorés. Il est situé près de la région de Puuc, une zone vallonnée qui a donné son nom à l'architecture spécifique de l'endroit. *Puuc* signifie "collines" et celles-ci, d'une centaine de mètres de hauteur, sont les seuls reliefs des parties nord et ouest, par ailleurs plates, de la péninsule.

Chaque soir, Uxmal organise un spectacle de son et lumière (payant).

Pour changer radicalement d'univers, le musée Choco-Story, à la sortie du site archéologique, retrace l'histoire du chocolat.

Histoire

Uxmal était un pôle important dans cette région qui comprenait autrefois les villes satellites de Sayil, Kabah, Xlapak et Labná. Bien qu'*uxmal* signifie "construit trois fois" en langue maya, elle fut en réalité bâtie cinq fois.

L'implantation d'une population dense dans une région aussi sèche témoigne des compétences techniques des Mayas, qui édifièrent une série de réservoirs et de *chultunes* (citernes) enduits de mortier à la chaux afin de récupérer et stocker l'eau pour la saison sèche. Fondée vers l'an 600, Uxmal arbore des édifices inspirés de l'architecture des hauts plateaux du Mexique, une région avec laquelle elle entretenait certainement des liens commerciaux. Cette influence est perceptible à travers l'iconographie du serpent, les symboles phalliques et les colonnes. L'architecture puuc, caractérisée par des proportions harmonieuses et des mosaïques aux motifs géométriques complexes ornant la partie supérieure des

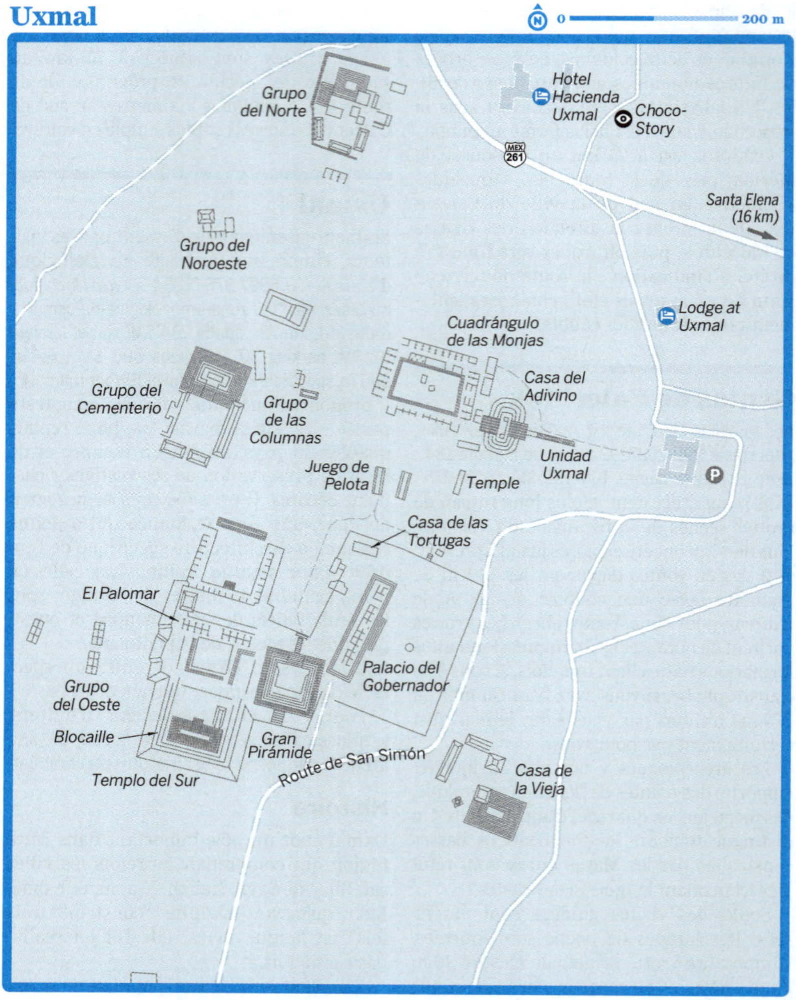

longues façades, fut fortement influencée par les styles de Río Bec et Chenes, légèrement plus anciens.

Étant donné la rareté de l'eau dans la région, Chac, le dieu de la Pluie (ou Serpent céleste), tenait un rôle prépondérant. Ses représentations sont omniprésentes sur le site, sous forme de masques en stuc qui font saillie sur les façades et les corniches. Les hypothèses sont nombreuses quant à la désertion des habitants vers l'an 900 ; ils ont peut-être été confrontés à une sécheresse extrême qui les aura forcés à abandonner la ville.

Uxmal fut redécouverte au XIXe siècle par des archéologues, et Frans Blom réalisa les premières fouilles en 1929. Si nombre de bâtiments ont été restaurés, il reste encore beaucoup à découvrir.

À voir

Cuadrángulo de las Monjas

SITE ARCHÉOLOGIQUE

Le vaste quadrilatère des Nonnes s'étend à l'ouest de la Casa del Adivino. Les archéologues sont partagés sur le rôle de cet édifice de 74 pièces : académie militaire, école royale ou palais ? Le visage au long nez de

Chac apparaît à de nombreuses reprises sur les façades des 4 temples formant le quadrilatère. Celui du nord, le plus majestueux, fut construit en premier, suivi, dans l'ordre, de ceux du sud, de l'est et de l'ouest.

Plusieurs éléments décoratifs des exubérantes façades montrent des signes d'influence mexicaine, peut-être totonaque, notamment le serpent à plumes (Quetzalcóatl ou, en maya, Kukulcán) le long du sommet de la façade ouest du temple. Notez également les représentations stylisées de *na* (hutte de chaume traditionnelle maya) au-dessus de certaines portes des bâtiments nord et sud.

En passant par l'arche en encorbellement au centre du bâtiment sud du quadrilatère et en longeant la pente, on traverse le **Juego de Pelota** (terrain de jeu de balle). De là, vous pouvez tourner à gauche et monter la pente raide et les escaliers qui mènent à la grande terrasse. Si vous avez le temps, tournez à droite pour découvrir le **Grupo del Cementerio** occidental (qui, bien que peu restauré, comprend au centre de sa place d'intéressants blocs carrés ornés de sculptures de crânes), puis dirigez-vous vers les escaliers et la terrasse.

Palacio del Gobernador — SITE ARCHÉOLOGIQUE

Le palais du Gouverneur, avec sa magnifique façade longue de près de 100 m, est sans conteste la plus impressionnante construction d'Uxmal. Les murs sont remplis de pierres (blocaille), recouvertes de ciment et d'un fin placage de dalles de calcaire. La partie inférieure de la façade est lisse, tandis que la partie supérieure est festonnée de figures stylisées de Chac et de motifs géométriques – beaucoup évoquent un treillage.

Les corniches décorées, les rangées de demi-colonnes (comme dans la Casa de las Tortugas) et les colonnes rondes dans les entrées (comme dans le palais de Sayil) sont d'autres éléments caractéristiques du style Puuc.

Des chercheurs ont récemment découvert que quelque 150 espèces de plantes médicinales poussaient du côté est du palais. On pense que cette concentration est le reliquat de plantations réalisées par les Mayas à des fins pharmaceutiques.

Casa del Adivino — SITE ARCHÉOLOGIQUE

(Pirámide del Adivino). En approchant d'Uxmal, vous apercevrez la maison du Devin, un temple de 35 m de hauteur à la forme ovale inhabituelle. Bâtie en pierres rondes maintenues avec du ciment, elle paraît grossière. En réalité, ce que l'on voit aujourd'hui est le fruit de la restauration de la 5ᵉversion du bâtiment, réalisée par les Mayas et recouvrant les quatre précédentes.

Seule la haute porte côté ouest date de la période précédente. Finement décorée dans un style Chenes (venu d'une région plus au sud), elle représente la gueule d'un gigantesque masque Chac.

Gran Pirámide — SITE ARCHÉOLOGIQUE

Cette pyramide haute de 30 m qui s'élève sur 9 étages n'a été restaurée que sur sa face nord. Le quadrilatère du sommet aurait été en grande partie détruit pour qu'une autre pyramide soit érigée par-dessus. Pour une raison inconnue, ces travaux ne furent jamais achevés. Tout en haut, remarquez les sculptures en stuc du dieu Chac, d'oiseaux et de fleurs.

Choco-Story — MUSÉE

(☎ 999-289-99-14 ; www.choco-storymexico.com ; route 261, km 78, près de l'Hotel Hacienda Uxmal ; tarif plein/6-12 ans 140/90 $M ; ⏲ 9h-19h30). Vous saurez tout sur le chocolat en sortant de ce musée, l'un des trois d'une chaîne mexicaine. Il déploie un circuit instructif à travers 6 espaces d'exposition répartis dans un luxuriant jardin botanique, lequel propose aussi des explications intéressantes sur les vertus nutritionnelles et médicinales de sa flore. Le domaine a également recueilli des jaguars et des singes-araignées.

La visite s'achève par une dégustation de chocolat chaud amer. La sortie se fait (évidemment) par la boutique du musée. Près de l'Hotel Hacienda Uxmal, en retrait de la route fédérale.

Casa de las Tortugas — SITE ARCHÉOLOGIQUE

Au sud du Juego de Pelota, la maison des Tortues tient son nom des chéloniens sculptés sur sa corniche. Selon un mythe maya, les tortues souffraient autant que les humains de la sécheresse et priaient avec eux pour que le dieu Chac fasse venir la pluie.

Sous la corniche court une frise de petites colonnes (ou "nattes enroulées"), caractéristiques du style Puuc.

Sur le flanc ouest du bâtiment, une voûte s'est effondrée, offrant une vue sur l'arche en encorbellement qui la soutenait.

El Palomar SITE ARCHÉOLOGIQUE

À l'ouest de la Gran Pirámide se dresse un édifice dont la crête à claires-voies rappelle les pigeonniers (*palomar* en espagnol) maures construits dans les murs en Espagne et en Afrique du Nord. Les "beffrois" triangulaires et alvéolés coiffent la construction, qui faisait autrefois partie d'un quadrilatère.

Casa de la Vieja SITE ARCHÉOLOGIQUE

(Maison de la Vieille). Au sud-est du Palacio del Gobernador, on découvre un petit édifice en ruine. Devant, une petite *palapa* (abri au toit de chaume) abrite plusieurs grands phallus taillés dans la pierre.

Où se loger et se restaurer

On ne trouve que quelques hôtels à Uxmal, aucun bon marché. Cependant, Santa Elena, 16 km au sud-est, et Ticul, 30 km au sud-est, comptent un assez bon choix d'hébergements de milieu de gamme. Pour manger à Uxmal, la seule option est de s'attabler dans un restaurant d'hôtel. On trouve des adresses plus économiques à Santa Elena.

Lodge at Uxmal HÔTEL DE LUXE $$$

(997-976-20-31 ; www.mayaland.com ; route 261, km 78 ; ch à partir de 235 $US ; P). Les chambres ne valent pas leur prix, mais l'établissement offre un accès privilégié aux ruines, et la piscine ajoute à son charme. Jacuzzi dans certaines des chambres les plus chères. Stephens et Catherwood n'ont sans doute pas eu droit à tant de luxe lors de leur passage ici à la fin des années 1830. Des guides privés peuvent vous faire visiter le site archéologique pour 800 $M.

Wi-Fi dans le lobby uniquement – espérons que les choses changent à l'avenir.

Hotel Hacienda Uxmal HÔTEL HISTORIQUE $$$

(800-719-54-65 ; www.mayaland.com ; route 261, km 78 ; ch à partir de 136 $US ; P). C'est ici, à 500 m du site archéologique, que séjournaient les archéologues en charge de l'exploration et de la restauration d'Uxmal. Grands carreaux au sol, omniprésence du fer forgé, bonne hauteur sous plafonds, superbes salles de bains, belle piscine, et même des rocking-chairs pour se détendre après une journée de visite ! Un bémol : le Wi-Fi ne fonctionne que dans le lobby, ce qui semble incongru dans un établissement aussi cher.

Depuis/vers Uxmal

Uxmal est à 80 km de Mérida. Les bus de la ligne Sur (environ 70 $M, 1 heure 30, 4/jour) partent du Terminal TAME (p. 173) de Mérida. Attention : en direction de Mérida, les bus peuvent être complets. Si vous êtes coincé, la course en taxi jusqu'à Santa Elena coûte de 150 à 200 $M.

Les circuits organisés par le Nómadas Hostel (p. 163) de Mérida sont toujours une bonne option, mais vous pourrez aussi louer une voiture pour visiter d'autres sites du secteur. Sinon, prenez un *colectivo* (environ 30 $M).

Santa Elena

997 / 3 500 HABITANTS

Appelée à l'origine Nohcacab, la ville que l'on connaît aujourd'hui sous le nom de Santa Elena a été presque rasée en 1847 pendant la "guerre des castes". *Ele-na* signifie "maisons incendiées" en maya. Le gouvernement mexicain l'a renommée Santa Elena pour effacer ce lourd souvenir.

Si vous souhaitez organiser votre propre aventure, poussez jusqu'à la pyramide mulchic, à 4 km de la ville ; les habitants vous renseigneront.

Santa Elena fait une excellente base pour explorer les sites archéologiques voisins d'Uxmal, Kabah, et ceux le long de la Ruta Puuc.

À voir

Musée Santa Elena MUSÉE

(10 $M ; 9h-17h30). Seules (et très bonnes) raisons d'aller jusqu'à ce petit musée : sa vue (le bâtiment est perché sur une colline) et le soutien que vous apporterez à la population locale. Une petite section est consacrée au sisal (la fibre fabriquée à partir du *henequén*) et aux teintures naturelles. Les "momies d'enfants du XVIIIe siècle" sont quatre corps décomposés et desséchés qui furent retrouvés sous la cathédrale voisine.

Où se loger et se restaurer

Flycatcher Inn B&B $$

(997-978-53-50 ; www.flycatcherinn.com ; près de la route 261 ; d avec petit-déj à partir de 1 300-1 800 $M ; mi-oct à août ; P). Cet établissement propose 7 chambres d'une propreté irréprochable, avec belles terrasses couvertes, hamacs, moustiquaires efficaces et superbes salles de bains. Le lieu est entouré d'un jardin agréable, où plusieurs espèces d'oiseaux et d'animaux peuvent être observées, notamment les moucherolles, passereaux qui ont donné leur nom à l'endroit. La charmante piscine et les somptueux petits-déjeuners complets sont des atouts sérieux.

Entrée du B&B à moins de 100 m au nord de la pointe sud de Santa Elena, près du restaurant El Chac-Mool. Wi-Fi dans le lobby seulement (pour l'instant).

Nueva Altia B&B **$$**

(☎ portable 998-2190176 ; nuevaaltia.com ; route 261, km 159 ; s/d avec petit-déj 800/900 $M ; P ⊖ ≋ ≋). L'adresse rêvée pour qui aspire au calme. Conçus pour être rafraîchis par la brise, ces bungalows en spirale sont inspirés de l'architecture maya ancienne. Des ruines mayas déterrées surgissent de son joli terrain boisé. C'est un hôtel écologique qui utilise l'énergie solaire. Les prix chutent en basse saison.

Prenez l'embranchement à 1 km au sud de Santa Elena, puis continuez sur 800 m vers l'est le long d'une route de terre.

The Pickled Onion B&B **$$**

(☎ portable 997-1117922 ; www.thepickledonionyucatan.com ; route 261, Santa Elena ; d avec petit-déj 950 $US ; P ⊖ ≋ ≋). Ce B&B loue des bungalows modernes, avec murs en adobe, beau sol carrelé et jolies salles de bains. Les chambres, bien entretenues, toutes équipées de cafetières et de moustiquaires, conservent la fraîcheur grâce à leur toit de *palapa*. Nous avons particulièrement apprécié la piscine, le jardin paysager luxuriant qui l'entoure et l'excellent restaurant qui vend des plats à emporter pour un pique-nique dans les ruines.

À l'extrémité sud de la ville, près de la route 261.

Restaurant El Chac-Mool MEXICAIN **$$**

(☎ 997-978-51-17 ; www.facebook.com/chacmooluxmal ; Calle 18 n°211B ; plats 80-140 $M ; ⏲ 9h-22h ; P ≋). À proximité de la route 261, à l'orée sud de Santa Elena, ce restaurant est simple mais sympathique. Service un peu lent parfois. On y sert une savoureuse cuisine yucatèque maison, notamment des rations végétariennes copieuses de riz, haricots et bananes frites. Délicieux smoothies.

The Pickled Onion MEXICAIN **$$**

(☎ portable 999-1117922 ; www.thepickledonionyucatan.com ; route 261 ; plats 110-120 $M ; ⏲ 7h30-20h30 ; P ≋). Sous une grande véranda, ce restaurant offre un répit agréable pour échapper au soleil. Il sert des classiques yucatèques et quelques surprises (comme le gazpacho). Service aimable. Dans un souci écologique, les pailles sont remplacées par des *bucatini* (spaghettis tubulaires).

Kabah

Ce **site archéologique** (route 261 ; 55 $M, guides 500 $M ; ⏲ 8h-17h) souvent boudé par les visiteurs, à 23 km au sud-est d'Uxmal, est à cheval sur la route 261 (la plupart des bâtiments sont situés côté est). En entrant, marchez tout droit pour gravir les marches d'El Palacio de los Mascarones (palais des Masques). Devant se dresse l'Altar de los Glifos, dont les alentours immédiats sont émaillés de nombreuses pierres sculptées de glyphes. On ne peut qu'être saisi en contemplant la façade du palais, couverte de près de 300 masques de Chac, le dieu de la Pluie (ou Serpent céleste). La plupart des énormes nez sont brisés, mais vous en verrez un intact, à l'extrémité sud de l'édifice. Ces appendices ont peut-être donné au palais son nom maya moderne, Codz Poop (Natte enroulée). Cette partie a été récemment restaurée.

Après avoir admiré les nez, mettez cap au nord et passez derrière le Poop pour voir les deux atlantes (du mot *atlas* – statues d'homme utilisées comme colonnes de soutien) restaurés. Ils sont d'autant plus intéressants que les représentations humaines en trois dimensions sont très rares sur les sites mayas. L'un d'entre eux n'a pas de tête, l'autre porte un masque de jaguar sur le crâne.

Descendez les marches près des atlantes et tournez à gauche, en longeant la petite Pirámide de los Mascarones, pour rejoindre la place où se trouve El Palacio. La vaste façade du palais comporte plusieurs embrasures de portes, dont deux sont pourvues d'une colonne en leur centre. Ces embrasures à colonnes et les ensembles de *columnillas* (petites colonnes) décoratives sur la partie supérieure de la façade sont caractéristiques de l'architecture Puuc.

Les marches du côté de la place d'El Palacio aboutissent à un chemin qui traverse la jungle sur environ 200 m et rejoint le Templo de las Columnas. Lui aussi est équipé de plusieurs rangées de colonnes décoratives sur la partie supérieure de sa façade. Lors de notre dernière visite, le temple était fermé pour restauration.

À l'ouest d'El Palacio, de l'autre côté de la route, un sentier en montée passe au sud d'un haut tertre de pierres qui était jadis la Gran Pirámide (Grande Pyramide). Décrivant une courbe à droite, le sentier débouche sur une grande arche monumentale restaurée. Il semble que le *sacbe*, la route cérémonielle pavée et surélevée qui part de là, traverse la jungle pour rejoindre Uxmal, où elle s'achève par une arche plus petite. Dans l'autre direction, le *sacbe* mène à Labná. Toute la péninsule du Yucatán était autrefois sillonnée de ces remarquables "routes blanches" de calcaire brut.

Aujourd'hui, on ne voit plus rien du *sacbe*, et le reste du domaine, situé à l'ouest de la route, se compose d'un dédale de chemins non balisés, envahis par la végétation, qui conduisent dans la jungle.

La billetterie-boutique de souvenirs vend en-cas et boissons fraîches. C'est à Santa Elena (p. 178) que l'on trouve les meilleurs hébergements, environ 8 km au nord de Kabah.

Depuis/vers Kabah

Kabah est à 104 km de Mérida. Il est plus simple d'arriver en voiture, mais vous pouvez aussi prendre un bus Sur depuis Mérida (5/jour).

Turitransmérida (p. 163) et le Nómadas Hostel (p. 163) organisent tous deux des circuits à Kabah.

Ruta Puuc

La route Puuc permet de découvrir des sites remarquables sur le plan architectural et de mieux connaître la civilisation Puuc maya. Elle traverse des collines ondoyantes émaillées de sites archéologiques mayas rarement visités, nichés au cœur d'épaisses forêts. Une route bifurque à l'est (à 5 km au sud de Kabah) et serpente à travers les vestiges de Sayil, Xlapak et Labná, pour aboutir aux Grutas de Loltún.

À voir

Labná SITE ARCHÉOLOGIQUE

(Ruta Puuc ; 55 $M ; 8h-17h ; P). C'est *le* site incontournable de la Ruta Puuc. On estime que près de 3 000 Mayas vivaient ici pendant une partie du IXe siècle. Pour subvenir aux besoins de la population sur ces monts arides, l'eau était recueillie dans des *chultunes* (citernes). Près de 60 *chultunes* parsemaient la ville et ses environs ; plusieurs sont encore visibles. **El Palacio** est le premier monument que l'on rencontre. Cet édifice, l'un des plus longs de la région de Puuc, présente d'intéressantes sculptures décoratives, pour la plupart en bon état.

Sur la façade du bâtiment principal, à l'angle ouest, juste en face du grand arbre situé près du centre de l'ensemble architectural, un serpent tient une tête humaine entre ses mâchoires (le symbole de la planète Vénus). En regardant vers la colline, on découvre un impressionnant masque de Chac et, non loin de là, le bas du corps d'un personnage humain, peut-être un joueur de balle, portant pagne et guêtres.

La partie inférieure arbore d'autres masques de Chac bien conservés. Du niveau supérieur, où un grand *chultun* contient encore de l'eau, le panorama du site et des collines en toile de fond est superbe.

Labná est surtout connu pour **El Arco**, une magnifique arche autrefois intégrée à un édifice situé entre deux cours qui sert aujourd'hui de porte entre deux petites places. Bien conservée, la construction en encorbellement fait 3 m de largeur sur 6 m de hauteur. Les reliefs en mosaïque qui ornent sa partie supérieure sont caractéristiques du style Puuc.

Le côté ouest de l'arche est flanqué de *na* sculptés, avec des toits à plusieurs niveaux. Sur ces mêmes murs, vestiges de l'édifice qui jouxtait l'arche, apparaissent des motifs en treillage au-dessus de figures serpentines. Les archéologues pensent qu'une haute structure surplombait autrefois l'arche et les salles adjacentes.

De l'autre côté de l'*arco*, séparée de celui-ci par le *sacbe*, se dresse une pyramide surmontée d'un temple, **El Mirador**. De la pyramide, il ne reste pratiquement que des tas de pierres. Le temple, avec sa crête de 5 m de hauteur, ressemble à une tour de guet.

Labná est à 14 km à l'est du croisement entre la Ruta Puuc et la route 261.

Sayil SITE ARCHÉOLOGIQUE

(Ruta Puuc ; 55 $M ; 8h-17h). Sayil est surtout connu pour **El Palacio**, un imposant édifice sur 3 niveaux, dont la façade de 85 m de longueur rappelle les palais minoens de Crète. Les colonnes caractéristiques de l'architecture Puuc y abondent : elles servent de supports aux linteaux, d'ornements entre les portes et de frises surmontant celles-ci, en alternance avec d'énormes masques stylisés de Chac et de "dieux descendants".

Empruntez l'allée au sud du palais sur environ 400 m et bifurquez vers la gauche pour atteindre le temple d'**El Mirador**, dont la "crête" était autrefois rouge vif. Environ

GRUTAS DE LOLTÚN

Les **grottes de Loltún** (tarif plein/– 13 ans 137 $M/gratuit, parking 22 $M ; visites 9h30, 11h, 12h30, 14h, 15h et 16h ;), l'un des plus vastes ensembles de grottes asséchées de la péninsule du Yucatán, ont été une véritable malle au trésor pour les archéologues. Leur nom signifie "fleur de pierre" en maya. La datation au carbone 14 d'objets découverts sur place atteste d'une présence humaine remontant à quelque 2 200 ans. Des fresques comprenant des représentations de mains, de visages et d'animaux, ainsi que des motifs géométriques, étaient apparentes à hauteur d'homme il y a encore 25 ans. Hélas, les visiteurs les ont tant touchées qu'il en reste à peine les traces, même si quelques empreintes de main ont été restaurées.

Quelques pots sont exposés dans une niche, et un impressionnant bas-relief, El Guerrero, monte la garde à l'entrée. Cela mis à part, on voit essentiellement des formations calcaires illuminées.

Pour explorer le labyrinthe, il faut suivre une visite guidée (à heure fixe), en général en espagnol, parfois en anglais si le groupe le demande. N'oubliez pas le pourboire de votre guide (ils constituent la majeure partie de leur rémunération). Les visites durent environ 1 heure 20, avec de nombreux et longs arrêts. Les commentaires de certains guides sont riches en légendes et remarques humoristiques, mais pauvres en renseignements géologiques et historiques. Le panneau indique une distance de 2 km ; dans les faits, la route ne fait que 1,1 km. Elle est éclairée par des lumières colorées.

Les *colectivos* pour Oxkutzcab (60 $M, 1 heure 30, fréquents) partent de la Calle 67A à Mérida, à côté du Parque San Juan. Loltún est à 7 km au sud-ouest d'Oxkutzcab, où l'on peut prendre des *colectivos* (20 $M) pour les grottes dans la Calle 51 (devant le marché). En taxi, comptez environ 120 $M.

Le meilleur moyen de rejoindre les Grutas reste la location de voiture ; après avoir quitté Mérida, la route est en bon état.

100 m après El Mirador, une stèle protégée par une *palapa* porte un bas-relief érodé représentant un dieu de la Fertilité doté d'un énorme phallus.

Un peu plus loin, les ruines du **Grupo Sur** sont recouvertes par la jungle ; les murs sont traversés par les racines d'arbres.

Les ruines de Sayil se trouvent à 4,5 km du croisement entre la Ruta Puuc et la route 261.

Xlapak SITE ARCHÉOLOGIQUE

(Ruta Puuc ; 8h-17h). GRATUIT Le palais richement décoré de Xlapak (orthographié aussi Xlapac) est plus petit que ceux de Kabah et de Sayil : il fait seulement 20 m de longueur. Légèrement incliné, il est décoré de masques de Chac, de colonnes et de colonnes engagées, ainsi que de motifs géométriques typiques du style Puuc.

De nombreux motmots égaient de leur plumage les forêts alentour. *Xlapak* signifie "vieux murs" en langue maya ; c'est ainsi que les habitants désignaient les vestiges anciens.

Xlapak est situé environ 10 km à l'est du croisement entre la Ruta Puuc et la route 261.

Depuis/vers la Ruta Puuc

Les transports publics desservent les villes et les villages, mais disposer d'un véhicule personnel permet de profiter pleinement de la région. Si vous souhaitez simplement suivre la Ruta Puuc ou visiter Uxmal, optez pour un circuit organisé au départ de Mérida.

Ruinas de Mayapán

Bien que nettement moins impressionnant que d'autres sites archéologiques mayas, **Mayapán** (45 $M ; 8h-16h30) est important historiquement : la dynastie Mayapán, l'une des dernières grandes lignées de la région, s'établit comme le centre de la civilisation maya de 1200 à 1440. Les édifices intéressants sont concentrés dans un périmètre restreint et peu visité. C'est l'un des rares sites où l'on peut grimper jusqu'au sommet de la pyramide.

La vaste cité de Mayapán comptait une population estimée à environ 12 000 âmes. Elle s'étendait sur 4 km^2 et était entièrement entourée d'une grande muraille défensive. Plus de 3 500 édifices, 20 *cenotes*, ainsi que les traces du mur d'enceinte ont été cartographiés par les archéologues qui ont travaillé sur le site dans les années 1950 et en 1962. La qualité du travail, qui date de la fin de la période postclassique, est inférieure à celle de la grande époque de l'art maya.

On peut gravir le Castillo de Kukulcán, une pyramide dont la base est ornée de fresques et, à l'arrière, de frises représentant des guerriers décapités. Sa couleur rouge est encore visible par endroits. Le Templo Redondo (Temple rond) rappelle un peu El Caracol de Chichén Itzá.

Ne confondez pas les ruines de Mayapán avec le village maya éponyme, à 40 km au sud-est du site archéologique, après la ville de Teabo.

Depuis/vers Mayapán

Les ruines de Mayapán se trouvent à la sortie de la route 184, quelques kilomètres au sud-ouest de la ville de Telchaquillo et environ 50 km au sud-est de Mérida. Certains bus de 2e classe desservent Telchaquillo (50 $M, 1 heure 30, 1/heure), mais mieux vaut louer une voiture.

Cenotes de Cuzamá

À 3 km à l'est de la ville de Cuzamá, accessible depuis le petit village de Chunkanan, les **cenotes de Cuzamá** (1-4 personnes 400 $M ; 8h-16h) sont trois étonnants puits naturels calcaires situés dans une ancienne hacienda de *henequén*. On y accède en chariot sur rails tiré par un cheval. Malgré les cahots, le trajet permet d'admirer les champs d'agave alentour, envahis par la végétation. Vraiment spectaculaire.

Vous verrez très probablement des iguanes. Si vous avez l'œil, vous apercevrez aussi des vautours ou des caracaras, ainsi que d'autres oiseaux, des lézards et parfois un ou deux lapins.

L'un des *cenotes* est souvent mentionné dans les brochures touristiques du Yucatán, mais ils sont tous spectaculaires. Des racines semblables à des cordes plongent dans les eaux cristallines d'un bleu intense, transpercées de rais de lumière. Vous croiserez sans doute d'autres baigneurs, à moins d'arriver tôt. Les escaliers raides et les échelles des *cenotes* sont souvent glissants – soyez prudent.

Non loin, le **Cenote Santa Barbara** (999-365-93-25, 999-138-78-43 ; www.facebook.com/cenotessantabarbara ; Homún ; 150 $M, avec formule déj 220 $M, 5-12 ans 75 $M ; 9h30-18h), à Homún, est plus chic. Le personnel fait un peu de zèle. Le *cenote* principal, où vous passerez le plus de temps, se trouve dans une grotte où pendent de jolies stalactites. Inauguré en juin 2016, le site est encore en cours d'exploration. Venez tôt pour échapper à la foule – les cars de touristes arrivent en fin de matinée.

Depuis/vers les cenotes de Cuzamá

Pour rejoindre Cuzamá en voiture, prenez la route 180 direction Cancún, jusqu'à la sortie pour Ticopo, sur la droite. Après Akankeh (où se dresse une petite pyramide), prenez à gauche et filez jusqu'à Cuzamá. De là, prenez vers l'est à hauteur de la cathédrale et roulez 3 km jusqu'aux *cenotes*. Suivez les panneaux ; l'hacienda est au bout de la route. Le long du chemin, plusieurs concurrents vous proposeront leurs services en vous assurant que l'hacienda n'existe plus (c'est faux) ; si vous acceptez, ils vous mèneront en chariot sur rail vers d'autres *cenotes*. Certains sont tout aussi charmants, mais si vous tenez à voir l'original, démarrez en centre-ville (et pas sur un parking annexe) : vous verrez les rails qui partent de la route.

Des bus partent pour Cuzamá (environ 30 $M, 1 heure) depuis le Terminal Noreste (p. 172) à Mérida. Sinon, prenez un *colectivo* (environ 30 $M) juste devant.

Ticul

997 / 28 000 HABITANTS

Située 30 km à l'est du site d'Uxmal, Ticul est la plus grande ville de cette région riche en vestiges. Poussiéreuse et plutôt assoupie, elle compte néanmoins divers hôtels, restaurants et transports. Ticul constitue un bon point de chute pour faire des excursions vers les sites archéologiques des environs (bien que moins charmante que sa petite voisine Santa Elena). C'est aussi un important centre de tissage de *huipiles*, et les céramiques en argile rouge fabriquées ici sont réputées dans tout le Yucatán.

La rue principale de Ticul, la Calle 23, est parfois appelée "Calle Principal". Elle s'étire de la route fédérale à la Plaza Mayor, via le *mercado* (marché).

À voir

Iglesia de San Antonio de Padua ÉGLISE
(Angle Calles 25 et 26). Étant donné le nombre de Mayas qu'ils souhaitaient convertir au christianisme dans la région, les moines franciscains n'hésitèrent pas à prélever des éléments de nombreux vestiges mayas

des environs pour construire des églises, notamment celle-ci, qui date du XVIe siècle. Elle a été plusieurs fois pillée, mais a toutefois gardé quelques singularités, notamment les moines de pierre de style primitif qui encadrent les entrées latérales et un retable du Christ Noir entouré de médaillons assez grossiers.

Plaza de la Cultura PLACE
Toute de pierre et de ciment, la "place de la Culture" est néanmoins agréable pour profiter de la brise du soir, admirer l'église et faire connaissance avec les habitants.

Où se loger

Posada El Jardín AUBERGE $
(☎997-972-04-01 ; Calle 27 n°216C, entre Calles 28 et 30 ; ch 600-730 $M ; P ⊖ ❄ ☎ ≋). Dans cette paisible retraite, les 5 chambres rustiques entourent un jardin verdoyant doté d'une piscine et un lobby surmonté d'une *palapa*. On se croirait davantage dans la jungle qu'en centre-ville ! Une adresse pleine de caractère, qui a aussi l'avantage d'offrir de la fraîcheur.

Les sympathiques hôtes de cette auberge familiale vous conseilleront sur les restaurants et les curiosités des environs.

Hotel Villareal HÔTEL $
(☎997-972-28-28 ; hotelvillareal@hotmail.com ; Calle 23 s/n, entre Calles 26A et 28 ; d/tr 534/615 $M ; P ⊖ ❄ ☎). Cette adresse est considérée comme une des meilleures de la ville... ce qui ne veut pas dire grand-chose étant donné l'offre limitée. Quoi qu'il en soit, les chambres plutôt confortables sont dotées de balcons agréables pour prendre l'air. Restaurant sur place (plats 80-160 $M).

Hotel Plaza HÔTEL $
(☎997-972-04-84 ; www.hotelplazayucatan.com ; Calle 23 n°202, entre Calles 26 et 26A ; s/d/tr 420/550/700 $M ; P ⊖ ❄ ☎). Chambres spacieuses agrémentées de carrelage et charmants petits balcons : un très bon choix si on n'est pas trop sensible au bruit (pour celles donnant sur la rue). Le bâtiment ancien ne manque pas de cachet, et la proximité de la place centrale est un plus. Il y a parfois des offres spéciales comprenant le petit-déjeuner.

Hotel San Antonio HÔTEL $
(☎997-972-18-93 ; hotelsan-antonioticul@hotmail.com ; Calle 25A n°202, entre Calles 26 et 26A ; s/d 275/485 $M ; P ⊖ ❄ ☎). Certaines chambres offrent une belle vue sur la Plaza de la Cultura. L'hôtel manque de caractère, mais, à Ticul, c'est presque rassurant.

VAUT LE DÉTOUR

PLUS LOIN DANS LE YUCATÁN

- À deux pas de la route de Mayapán, **Tekit** abrite un *cenote* qui mérite le détour.
- Fray Diego de Landa brûla 5 000 idoles, 13 autels, 27 codex religieux et historiques, et 197 vases cérémoniels lors de l'autodafé de **Maní** en 1562. La ville abrite une belle cathédrale, et la renommée du *poc-chuc* (porc mariné et grillé) servi au restaurant El Príncipe Tutul-Xiu est telle que les familles viennent de loin uniquement pour s'en délecter.
- Peu fréquentée, **La Ruta de los Conventos** vous fera découvrir les monastères de l'époque coloniale le long d'un circuit traversant les villes de Maní, Oxkutzcab, Teabo, Mama, Chumayel, Tekax et Yotholín.
- Après une journée passée sous un soleil de plomb parmi les vestiges, faites halte au **cenote de Yokdzonot** (☎985-121-23-28, portable 999-1499315 ; Calle 20, entre Calles 27 et 29, Yokdzonot ; tarif plein/– 8 ans 70/40 $M ; ⌚9h-17h), géré par les Mayas, et au parc de la ville méconnue de **Yokdzonot**, à l'ouest de Chichén Itzá, sur l'ancienne route principale.
- À quelque 20 km à l'est de Mérida, sur la route 80, **Tixkokob** est une petite ville de tisserands réputée pour ses hamacs de qualité.
- Petit village situé à l'est de Mérida, **Aké** possède la seule défibreuse de sisal en activité. Même si vous n'avez pas la chance de la voir en marche (elle ne fonctionne que quelques jours par mois), jetez un coup d'œil aux bâtiments branlants de l'hacienda et à l'énorme machine prête à recevoir les ballots de *henequén*. Il y a aussi des vestiges mayas sur le site.

Toutes les chambres sont équipées de TV et climatisées. Petit parking.

Où se restaurer et prendre un verre

El Mirador — YUCATÈQUE $

(997-972-13-43 ; près de Calle 42 ; plats 80-90 $M ; 11h-18h ; P). Comme son nom le suggère, ce vaste restaurant installé sous une *palapa* jouit d'un magnifique panorama sur Ticul et au-delà. Ce sont néanmoins ses bons petits plats yucatèques qui font sa singularité. Essayez le *relleno blanco,* un ragoût de dinde (90 $M), ou le *frijol con puerco* (haricots et porc, 85 $M), apprécié des habitants. Excellents *jugos naturales* (jus de fruits).

Une route de terre partant vers le sud depuis la Calle 42 conduit à El Mirador. En taxi, comptez environ 30 $M depuis le centre.

Mercado — MARCHÉ $

(Calle 28A, entre Calles 21 et 23 ; en-cas 15 $M, plats 30-45 $M ; 8h-14h et 17h30-21h lun-sam). Très photogénique, le marché animé de Ticul fournit tout le nécessaire pour un pique-nique ou un en-cas. Il compte aussi nombre de ces merveilleuses gargotes où la cuisine est bonne, les portions sont généreuses et les prix, modestes. Vous pourrez goûter tous les plats préparés dont vous rêvez. Si vous ne trouvez pas ce qu'il vous faut, passez au grand supermarché situé à proximité.

Bazar de Comidas — MEXICAIN $

(Angle Calles 25 et 22 ; plats 25-150 $M ; 8h-17h). Les sympathiques stands de ce " bazar" culinaire servent des plats régionaux bon marché comme le *poc-chuc* (porc grillé) et le *queso relleno* (fromage farci).

Super Willy's — SUPERMARCHÉ $

(Calle 23 s/n, entre Calles 26 et 26A ; 7h-22h). Près de la place principale, cette supérette propose un bon choix de produits alimentaires et ménagers.

Pizzería La Gondola — PIZZAS $$

(997-972-01-12 ; Calle 23 n°208, angle Calle 26 ; pizzas 90-140 $M, sandwichs 35-45 $M ; 8h-13h et 17h30-23h lun-ven, 17h-0h sam-dim). Cette pizzeria bien propre qui ferme tard propose des sandwichs et des pizzas classiques. Possibilité de commander avec le numéro de la pizza (pratique pour qui ne parle pas espagnol).

Renseignements

On trouve des banques avec DAB sur la Plaza Mayor.

Depuis/vers Ticul

BUS

La gare routière (997-972-01-62 ; Calle 24 s/n, entre Calles 25 et 25A) de Ticul, ouverte 24h/24, se trouve derrière l'imposante église. Vers la plupart des destinations, les bus marquent de nombreux arrêts en chemin.

COLECTIVOS

Les colectivos se rendent directement au Parque de San Juan de Mérida (45 $M, 1 heure 30, 6h-20h30) depuis la station de taxis de la Calle 24. Des *colectivos* pour Tekax (30 $M, 1 heure) partent du même endroit.

Des combis pour Oxkutzcab (20 $M, 30 min, 7h-20h lun-sam, 7h-15h dim) partent de la Calle 25A, au sud de l'église.

Des colectivos pour Santa Elena (17 $M, 6h50-20h), qui se trouve entre les sites mayas d'Uxmal et de Kabah, partent de la Calle 30, entre la Calle 25 et la Calle 25A. À Santa Elena, prenez une correspondance en direction du nord-ouest pour Uxmal (15 km), ou en direction du sud pour Kabah (3,5 km).

TAXIS

Les taxis qui attendent devant la station des *colectivos*, à l'angle des Calles 24 et 25, demandent environ 1 200 $M pour une journée d'excursion sur la Ruta Puuc. Vous pourrez faire étape aux Grutas de Loltún, ainsi qu'à Labná, Sayil, Xlapak, Kabah et Uxmal, en fonction du temps restant.

BUS AU DÉPART DE TICUL

DESTINATION	PRIX ($M)	DURÉE (H)	FRÉQUENCE
Cancún	296	8	fréquents
Chetumal	244	6	7/jour
Mérida	57	1½	fréquents
Oxkutzcab	16	30 min	fréquents
Playa del Carmen	284	7	fréquents
Tulum	248	6	fréquents

VOITURE

Le plus court pour rejoindre Uxmal, Kabah et les sites de la Ruta Puuc est de passer par Santa Elena. Depuis le centre de Ticul, prenez vers l'ouest jusqu'à la Calle 34 et bifurquez vers le sud : la route conduit droit à Santa Elena.

Pour aller vers l'est, en direction du Quintana Roo et de la côte Caraïbe, vous pouvez prendre la route 184 et passer par Oxkutzcab pour rejoindre Tzucacab et José María Morelos.

À Polyuc, à 130 km de Ticul, une route bifurque vers la gauche (l'est) et se termine 80 km plus loin, à Felipe Carrillo Puerto. De là, prenez à droite (vers le sud) pour rejoindre la Laguna Bacalar. Vous trouverez peu de restaurants et de stations-service entre Oxkutzcab et Felipe Carrillo Puerto/Bacalar.

Oxkutzcab

997 / 31 000 HABITANTS

Ville rustique et animée, Oxkutzcab (*osh-koutz-kab*) est réputée pour son marché quotidien de produits frais et son église coloniale. Les marchés étaient autrefois le principal lieu de commerce pour les Mayas. Les populations indigènes de la péninsule continuent de venir des campagnes vers les villes du centre et installent leurs stands près de la place principale d'Oxkutzcab. En face du marché, une fresque représente l'autodafé orchestré à Maní en 1562 par l'inquisiteur Fray Diego de Landa, lors duquel il fit brûler des milliers d'idoles et une trentaine de codex.

La ville peut servir de base pour visiter les sites archéologiques de la Ruta Puuc. Sachez que des combats de chiens, sponsorisés par certains hôtels, ont lieu ici (une pratique pourtant illégale au Mexique). Il y a sans doute de meilleures façons de dépenser vos pesos.

À voir

Iglesia de San Francisco de Asis ÉGLISE
(Calle 51 s/n). Construit à pas de tortue entre 1640 et 1693, ce couvent franciscain arbore une belle façade, au centre de laquelle trône une statue de pierre de saint François, patron de la mission. Sa singularité tient aussi à son magnifique retable baroque, l'un des rares du Yucatán à avoir survécu aux révoltes survenues depuis sa construction.

Où se loger et se restaurer

Hotel Ix-Chel HÔTEL $
(997-975-29-24 ; www.hotelix-chel.com ; Calle 53 n°91A, entre Calles 44 et 46 ; s/d avec ventil 250/300 $M, avec clim 300/380 $M ;). Cet hôtel sobre ne remporterait guère de suffrages lors d'un concours, mais, à la différence de nombreuses adresses plus chics, il ne soutient pas les combats de chiens. Bien qu'illégaux, ils font encore partie du quotidien à Oxkutzcab.

El Príncipe Tutul-Xiu MEXICAIN $
(997-975-29-07 ; Calle 45 n°102, entre Calles 50 et 52 ; plats 100 $M ; 11h-19h ;). Réputé pour son *poc-chuc* (porc grillé, 100 $M), cet immense restaurant sur deux niveaux sert aussi d'autres plats et des desserts classiques du Yucatán. Toutefois, le menu est moins impressionnant que le nombre de tables : la carte des desserts est assez fournie, mais il n'y a que 5 plats au choix.

Depuis/vers Oxkutzcab

La ville se trouve à 16 km au sud-est de Ticul, sur la route 184, qui se transforme en route à deux voies dans le centre. Des bus partent fréquemment pour Oxkutzcab depuis la gare routière de Ticul. À Mérida, ils partent et arrivent au Terminal Tame (p. 173) ou au Terminal Noreste (p. 172).

Tekax

997 / 28 000 HABITANTS

Cette jolie petite ville est dotée d'une place centrale et d'une charmante église. La région est de plus en plus prospère, depuis qu'elle a troqué la culture du maïs contre celle de la canne à sucre et des agrumes.

À voir

San Juan Bautista ÉGLISE
Datant de 1609 environ, l'église de Tekax a été pillée deux fois, la première pendant la “guerre des castes” et plus tard pendant la Révolution mexicaine. Sa façade évoque une pyramide à trois niveaux. Les matériaux de construction provenant certainement des temples mayas des environs, il est possible que son architecture en soit aussi inspirée.

Où se loger et se restaurer

Hotel Sultán de la Sierra HÔTEL $
(997-974-21-69 ; hotelsultantekax@hotmail.com ; Calle 50A n°211, entre Calles 55 et 57 ; d/tr 350/470 $M ;). Sur la place principale, cet hôtel aux tons ocre guillerets est

LES MAYAS D'AUJOURD'HUI

Le secteur situé entre Ticul et Tihosuco (Quintana Roo) constitue le cœur du territoire maya. Dans ces contrées, les Mayas honorent toujours les dieux de la Pluie, du Vent et de l'Agriculture, comme le faisaient leurs ancêtres.

L'État du Yucatán occupe la cinquième place quant à la proportion de locuteurs de langues indigènes au Mexique. Pourtant, la langue maya est de moins en moins parlée. En 2005, environ 34% des Yucatèques affirmaient parler maya ; au dernier recensement, moins de 30% de la population déclarait parler une langue indigène quelle qu'elle soit.

Qu'est-il donc advenu des Mayas ? Nombre d'entre eux se sont installés dans les grandes villes touristiques comme Cancún ; certains ont même déménagé aux États-Unis. Les villages mayas commencent à s'ouvrir au tourisme afin de dissuader les jeunes de partir pour les grandes villes. Paradoxalement, l'accueil des étrangers sera peut-être la clé du maintien des traditions.

Les Mayas habitent toujours des huttes à charpente en bois surmontées de toits de chaume (palme), même si certains vivent désormais dans des maisons en béton (qui ne protègent pas de la chaleur et sont moins bien adaptées à l'environnement que les maisons traditionnelles). Les murs des huttes sont faits de tiges de bambou ou de branches ; les interstices sont souvent remplis de boue pour faire obstacle aux nuisibles. Les Mayas préfèrent généralement les hamacs aux lits.

À proximité d'une hutte maya (aussi bien à deux pas qu'à une heure de marche), on trouve toujours une *milpa* (champ de maïs). Les tortillas de maïs restent la base de l'alimentation. Les Mayas élèvent aussi des porcs et des dindes, produisent du miel, cultivent des courges et d'autres plantes, qu'ils vendent sur les marchés en ville. Les jeunes, surtout les hommes, sont nombreux à faire du stop pour aller travailler en semaine dans les grandes villes comme Playa del Carmen ou Cancún. Ils reviennent un jour ou deux, pour un long week-end ou pendant les vacances. Une *petite* famille compte en général cinq enfants.

Les Mayas du Yucatán préfèrent souvent le baseball au football. Le dimanche, vous assisterez peut-être à un match rustique sur la place du village. La chose est prise au sérieux : on engage des batteurs, les joueurs sont en tenue, et la foule est au rendez-vous.

une adresse économique très simple avec des chambres qui gardent leur fraîcheur pendant la journée, et une petite piscine jouxtant le lobby. Comptez 50 $M par personne supplémentaire.

Lors de notre passage, le hall d'entrée abritait une table de billard tellement gondolée qu'elle semblait avoir été stockée au fond de la piscine.

El Huinic de la Ermita YUCATÈQUE **$$**
(Calle 61 n°202B, angle Calle 50 ; plats 80-165 $M ; 7h-3h lun-dim ;). Sans doute le meilleur de la ville, ce restaurant sombre se double d'un bar à karaoké le soir, pour les aspirants crooners. Il donne sur une jolie place et sert des classiques yucatèques comme les *papadzules* (*enchiladas* aux œufs durs émincés nappées d'une sauce aux graines de courge), la *longaniza asada* (saucisse grillée mexicaine) et le *queso relleno* (fromage farci), ainsi que des steaks, du poulet et des plats à base de fruits de mer.

OUEST ET NORD DE MÉRIDA

Celestún

988 / 6 800 HABITANTS

À l'ouest de Mérida, Celestún est un village de pêcheurs assoupi, écrasé par un soleil de plomb. Si la petite place centrale et les plages ne manquent pas de charme, on vient surtout ici pour la Reserva de la Biosfera Ría Celestún, peuplée de nombreux oiseaux aquatiques, notamment de flamants – les vedettes.

C'est une belle destination d'excursion depuis Mérida pour profiter de la plage et des oiseaux, voire simplement pour décompresser un jour ou deux, surtout si vous avez fait beaucoup de route. Des bateaux de pêche jalonnent la belle plage de sable blanc qui s'étend vers le nord sur des kilomètres, et la brise de l'après-midi rafraîchit la ville la plupart du temps. Celestún est à l'abri après la courbe de la péninsule vers le sud, ce qui favorise une abondante vie marine et rend la mer moins agitée pendant la saison des *nortes* (vents et pluies venant du nord).

À voir

Hacienda Real de Salinas ÉDIFICE HISTORIQUE

Cette hacienda abandonnée, à quelques kilomètres au sud-est de la ville et à 5 km de l'embouchure de l'estuaire, produisait autrefois du bois pour la teinture et du sel, en même temps qu'elle servait de maison d'été à une famille de Campeche. Dans la *ría* (estuaire), le cairn marquant un *ojo de agua dulce* (source d'eau douce) qui alimentait autrefois l'hacienda est toujours là.

La décrépitude des bâtiments ne manque pas de charme : on peut voir dans le mur des coquillages mélangés aux matériaux de construction, ainsi que des morceaux de tuiles françaises qui servirent de ballast aux navires en provenance d'Europe. De nombreuses tuiles intactes sont encore visibles avec le nom et l'emplacement de la fabrique (Marseille) dans ce qui reste des toits.

N'hésitez pas à venir à vélo depuis la ville. En venant vers le sud sur la Calle 4, prenez à gauche à l'embranchement en Y (une route de terre qui longe Puerto Abrigo), puis tournez à droite pour atteindre El Lastre (le Ballast), une péninsule entre l'estuaire et son bras ouest. On y voit parfois flamants, pélicans blancs et autres oiseaux. Si l'eau est assez haute et que vous participez à un circuit d'observation des flamants, demandez au capitaine de s'arrêter ici au retour. Locations de vélos sur la place du village.

Reserva de la Biosfera Ría Celestún RÉSERVE NATURELLE

Cette réserve de biosphère de 591 km² abrite une faune diversifiée, notamment avicole, qui comprend une vaste colonie de flamants des Caraïbes. On peut voir les flamants (lors de sorties en bateau) toute l'année à Celestún, mais ils sont généralement plus nombreux de novembre à mi-mars.

Le matin est le moment le plus propice. Sinon, attendez 17h : les oiseaux ont alors tendance à se regrouper au même endroit, après avoir mangé.

Activités

Derrière les plages du nord de la ville, un vaste pan de broussailles s'étend vers l'est jusqu'à l'estuaire. Il se prête aussi à l'**observation des oiseaux**.

Au sud et à l'est de la ville, en direction de l'Hacienda Real de Salinas, vous trouverez une autre zone propice à l'observation de la nature. Des flamants, des pélicans blancs, des cormorans, des anhingas et bien d'autres espèces fréquentent les rives et les eaux de la *ría*.

L'**Hotel Villas del Mar** (portable 999-1544755 ; Calle 12 s/n ; 200 $M/h) organise des **promenades à cheval** le long de la côte, le matin et l'après-midi, mais ne possède que trois chevaux. Réservez.

Circuits organisés

Les circuits d'observation des flamants des Caraïbes dans la Reserva de la Biosfera Ría Celestún sont la principale curiosité de la ville. La meilleure période pour observer ces échassiers s'étend de fin novembre à mi-mars.

Les sorties au départ de la plage (2 heures 30) commencent par un trajet de plusieurs kilomètres le long de la côte au cours duquel on peut apercevoir aigrettes, hérons, cormorans, bécasses et bien d'autres espèces d'oiseaux. Le bateau s'engouffre ensuite dans l'embouchure de la *ría* (estuaire).

En remontant la *ría*, on passe sous le pont routier où d'autres circuits en bateau (1 heure 30, tous les jours 8h-17h) démarrent, et au-delà duquel se trouvent les flamants des Caraïbes. En fonction de la marée, de l'heure de la journée, de la saison et de la météo, on peut voir des centaines, voire des milliers d'oiseaux. Ne demandez pas au capitaine de les approcher de trop près ; un envol précipité du groupe peut causer des blessures, voire des décès parmi les oiseaux. En plus de vous emmener voir les flamants, le bateau se faufilera à travers un tunnel de mangrove de 200 m et vous conduira jusqu'aux sources d'eau douce qui se déversent dans l'estuaire saumâtre. À cet endroit, vous pourrez vous rafraîchir en piquant une tête.

Louer un bateau sur la plage peut se révéler long et compliqué. Les prestataires ont tendance à regrouper un maximum de personnes, ce qui entraîne parfois beaucoup d'attente. Les prix sont souvent calculés sur la base de 6 passagers, mais les tarifs augmentent si ce nombre n'est pas atteint. Évitez ce problème en formant vous-même un groupe de 6 personnes. Comptez environ

MUSÉE DE LA "GUERRE DES CASTES" DE TIHOSUCO

À partir de la fin du XVIe siècle, Tihosuco (aujourd'hui au Quintana Roo) devint un important avant-poste espagnol et le resta pendant trois siècles. Durant cette période, la ville fut attaquée plusieurs fois par les Mayas. En 1686, elle fut victime d'un assaut pirate mené par le légendaire flibustier hollandais Laurent de Graff, dit Lorencillo, sans pour autant être mise à sac. Pendant ces assauts, les Espagnols se réfugièrent au cœur de la ville dans l'église du XVIIe siècle, hautement fortifiée. Au fil des siècles, elle servit à la fois de lieu de culte, d'arsenal et de place forte. Cependant, la ville et l'église finirent par tomber aux mains des rebelles en 1866, après un long siège, et le magnifique monument fut en grande partie détruit. Les vestiges de cette église autrefois majestueuse méritent d'être admirés. La messe y est toujours célébrée, comme dans beaucoup d'églises dépourvues de toiture de la région. Occupant un bâtiment du XVIIIe siècle et géré par un conservateur passionné, le **Museo de la Guerra de Castas** (musée de la Guerre des castes ; 983-208-92-03 ; www.facebook.com/museoguerradecastas ; angle Calles 17 et 26, Tihosuco ; tarif plein/6-15 ans 100/50 $M ; 10h-18h mar-dim), petit mais intéressant, retrace par le menu les quatre siècles d'oppression des Mayas dans la péninsule, et s'intéresse particulièrement à la "guerre des castes" (p. 275). Des explications en anglais ont récemment été ajoutées. Le musée compte également un petit jardin botanique et organise des activités culturelles, notamment des ateliers de tissage du coton et de médecine traditionnelle, et des circuits pour découvrir la cuisine locale (ils sont destinés aux groupes mais vous pourrez éventuellement en intégrer un en vous y prenant à l'avance). À 60 km au sud de Valladolid, Tihosuco est facilement accessible par la route fédérale.

1 500 $M par bateau de 6 passagers (au maximum) et 69 $M par personne pour l'entrée à la réserve.

Partir du pont ou de la plage ne vous garantira pas que votre capitaine parle anglais.

Manglares de Dzinitún ÉCOTOURISME
(portable 999-6454310 ; www.facebook.com/manglarcelestun ; circuit 90 min canoë et kayak 3 pers à partir de 1 000 $M). Excursions en kayak double (vous menez l'embarcation) ou en canoë (vous laissez le guide pagayer) à travers un passage réhabilité dans la mangrove et des sites d'observation des oiseaux. Embarcations silencieuses et guides compétents (certains parlent un anglais rudimentaire). Environ 1 km après le pont en allant vers Celestún (repérez les panneaux *"Paseos en canoas"*).

Flamingo Tour OBSERVATION DES OISEAUX
(Route 281 s/n ; 1 500 $M/bateau, 6 pers max ; 8h-17h). Les bateaux à moteur (*lanchas*) partent soit du quai à l'entrée de la ville (au pied du pont), soit de la plage à hauteur de la Calle 11 (devant le Restaurant Celestún). Les circuits qui partent du pont sont plus organisés. Pendant l'excursion, vous verrez des flamants, l'Isla de los Pájaros (l'île aux Oiseaux), un tunnel de mangrove et une source. La période idéale pour observer les flamants s'étend de décembre à mars.

Où se loger

La plupart des hôtels de Celestún sont installés Calle 12, à courte distance les uns des autres. Réservation indispensable pour une chambre avec vue sur la mer.

Hotel Manglares HÔTEL $$
(988-916-21-04 ; hotelmanglares@hotmail.com ; Calle 12 n°63 ; d/cabaña 1 100/1 600 $M ;). Outre une architecture moderne qui détone un peu dans cette ville décontractée, cet établissement de milieu de gamme propose 19 chambres avec vue sur mer et balcon privatif. Face à la plage, les 3 *cabañas* sont équipées d'une kitchenette, d'un Jacuzzi et d'un petit espace commun.

Hotel Flamingo Playa HÔTEL $
(988-916-21-33 ; drivan2011@hotmail.com ; Calle 12 n°67C ; s/d 750/900 $M ;). Cet hôtel familial sur la plage dispose d'une piscine donnant sur la côte. Les lavabos et les douches auraient besoin d'être refaits, les chambres sont humides,

mais l'établissement est propre. À 800 m au nord de la Calle 11.

Casa de Celeste Vida PENSION $$$
(988-916-25-36 ; www.hotelcelestevida.com ; Calle 12 n°49E ; ch/app 95/130 $US ; P). Cet établissement accueillant au pied de la plage, tenu par des Canadiens, loue 2 chambres confortables avec kitchenette (grille-pain et cafetière compris) et un appartement pour 4 personnes. Tous ont vue sur la mer. Kayak et vélos gratuits. Les hôtes organisent des circuits d'observation des flamants et une balade nocturne à la rencontre des crocodiles.

Grande cuisine commune pour faire sa propre cuisine et panier petit-déjeuner à 10 $US pour 2 personnes. Ouvert toute l'année. À 1,5 km au nord de la Calle 11. Location de stand-up paddles (10 $/heure).

Castillito Kin-Nah PENSION $$$
(988-916-26-27, portable 999-9076419 ; www.castillito-kin-nah.com ; Calle 12 n°47 ; ch à partir de 85 $US ; P). Pension tenue par des Allemands, ce "petit château" peut sembler grandiose pour la ville modeste de Celestún. Derrière les "remparts" vous attendent des chambres immaculées quoiqu'un peu démodées, et quelques éléments de confort appréciables, comme l'agréable piscine et la TV sat. Le petit-déjeuner n'est pas inclus.

Où se restaurer

Nombre de restaurants ferment vers 19h au plus tard (et sont souvent fermés le lundi soir, contrairement à ce qu'ils annoncent). Dans les restaurants de poisson et fruits de mer situés au plus près de l'océan, la qualité est aléatoire.

Dolphin PETIT-DÉJEUNER $
(Calle 14 n°104, angle Calles 13 et 15 ; plats 55-110 $M ; 8h30-13h mer-dim ; P). Sans prétention avec ses chaises en plastique, cet endroit, parfait pour le petit-déjeuner (café, jus de fruits, pain frais maison, marmelade et très bonnes spécialités aux œufs), donne l'impression de pique-niquer sur le sol sablonneux. Dans l'hôtel Gutiérrez.

La Playita PRODUITS DE LA MER $$
(988-916-20-52 ; Calle 12 n°99 ; plats 70-150 $M ; 10h30-19h). De tous les établissements avec tables, chaises en plastique et sol sablonneux, celui-ci, situé sur la plage, fait l'unanimité. Excellentes spécialités de fruits de mer frais.

La Palapa PRODUITS DE LA MER $$
(998-916-20-63 ; restaurant-lapalapa@hotmail.com ; Calle 12 n°105 ; plats 120-215 $M ; 11h30-18h). Cet excellent restaurant sert de savoureux produits marins dans une vaste salle à manger surplombant la mer. Leur plat star : les crevettes en habit de coco, servies dans une coque de noix de coco. Si elle est vide, la salle immense vous paraîtra peut-être un peu impersonnelle ; optez alors pour une table en bord de plage.

Restaurant Los Pampanos FRUITS DE MER $$
(988-916-26-61 ; Calle 12 n°97C ; plats 130-170 $M, langouste 350 $M ; 11h-19h). Cette adresse est, dit-on, la plus fiable de la ville. La nourriture est correcte, mais vous pouvez aussi vous contenter d'une margarita (50 $M) dans l'après-midi, face à la plage. Tout au moins, le service est professionnel.

Renseignements

La ville ne possède aucune banque. Vous trouverez un DAB au Super Willy's sur la place. Essayez d'arriver avec des espèces, au cas où le DAB ne serait pas alimenté (ce qui est courant).

Depuis/vers Celestún

Arrivant par l'est depuis Mérida, la Calle 11 traverse la ville jusqu'à la Calle 12, rue parallèle à la plage.

Des bus se rendent fréquemment à Celestún (58 $M, 2 heures 30) au départ de la gare routière Noreste de Mérida. Ils arrivent sur la place de Celestún, à une rue de la Calle 12, vers l'intérieur des terres.

Il y a aussi des *colectivos* sur la place qui vous emmèneront dans le centre-ville de Mérida (environ 45 $M).

Pour venir de Mérida en voiture, le mieux est de passer par la nouvelle route d'Umán.

Dzibilchaltún

À 17 km au nord de Mérida, **Dzibilchaltún** (lieu des pierres plates gravées ; adulte 152 $M, parking 20 $M ; site 8h-17h, musée 9h-17h mar-dim, cenote 9h-15h30 ; P), le centre administratif et religieux maya, fut habité de la période classique jusqu'à la conquête espagnole, dans les années 1540 – un record de longévité. À son apogée, la cité s'étendait sur 15 km². Dans les années 1960, les archéologues ont cartographié quelque 8 400 édifices, mais peu ont fait l'objet de fouilles. Outre les ruines, le site comprend un charmant *cenote,* où l'on peut se baigner, et un musée maya.

Le site peut laisser de marbre quand on en a déjà visité de plus grands, comme Chichén Itzá ou Uxmal. Pourtant, deux fois par an, Dzibilchaltún brille de mille feux, et peut-être plus encore que Chichén Itzá. À son lever, lors des équinoxes (approximativement les 20 mars et 22 septembre), le soleil apparaît directement dans l'alignement de la porte principale du **Templo de las Siete Muñecas** (temple des Sept Poupées), lequel doit son nom à 7 poupées à l'expression grotesque découvertes lors des fouilles. À mesure que le soleil monte dans le ciel, les portes du temple s'illuminent, puis s'embrasent littéralement lorsque l'astre diurne passe derrière elles. Un rayon de soleil carré est projeté sur le mur en ruines situé à l'arrière. Nombreux sont ceux qui, après avoir vu les deux, affirment que le lever du soleil est ici plus spectaculaire que le fameux serpent de Chichén Itzá, et qu'il vaut la peine de se lever à l'aube pour y assister.

Les *colectivos* à destination de Chablekal partent régulièrement de la Calle 58 (entre les Calles 57 et 59), à Mérida. Ils vous déposeront à 300 m de l'entrée du site.

Progreso

☎ 969 / 39 000 HABITANTS

Si la chaleur de Mérida vous fait rêver de plage, ou si vous souhaitez voir le plus long quai du Mexique (6,5 km), mettez le cap sur la décontractée Progreso (ou Puerto Progreso). Tout comme sa plage, le *malecón* est souvent envahi par des habitants et des touristes rougis par le soleil, attablés pour un verre ou un repas. La plage est très longue et, comme pour les autres plages du golfe, son eau reste trouble même par temps calme. Le vent peut souffler en rafales l'après-midi et le soir, surtout de décembre à mars lorsque *los nortes* (les vents du nord) se lèvent.

Les Méridanos (habitants de Mérida) affluent le week-end, en particulier en juillet et août. Il peut alors être difficile de dénicher une chambre avec vue, et les déchets se multiplient sur la plage. Une ou deux fois par semaine, les rues sont envahies de touristes débarquant de leurs bateaux de croisière, mais la ville peut sembler déserte en soirée le reste du temps.

Activités

El Corchito BAIGNADE

(☎ 999-158-51-55 ; route 27 s/n, angle Calle 46 ; plein tarif/– 12 ans 35/20 $M ; ⊙ 9h-16h). Piquez une tête dans l'un des 3 bassins naturels d'eau douce, entourés de mangrove, de la réserve naturelle d'El Corchito. Des vedettes font traverser un canal aux visiteurs pour les conduire jusqu'à cette réserve peuplée d'iguanes, de boas constrictors, de petits crocodiles, de ratons laveurs et d'une troupe de coatis. Ratons laveurs et coatis sont d'habiles chapardeurs : prenez garde si vous apportez un pique-nique. El Corchito est très visitée, surtout les week-ends : arrivez tôt pour une baignade au calme.

Les bus Tecnológico (6,50 $M) au départ des Calles 82 et 29 vous laisseront à un pâté de maisons et demi d'El Corchito. Si vous êtes motorisé, prenez la Calle 46 vers le sud jusqu'à la route 27.

Où se loger et se restaurer

Pour économiser sur vos repas, préférez les rues intérieures, loin du *malecón,* ou le marché. Sinon, attendez-vous à payer pour profiter de la vue. Quoi qu'il en soit, l'ambiance est agréable partout.

Maria's Nicte-Ha HÔTEL **$**

(☎ 969-103-62-33 ; Calle 27 n°184, entre Calles 86 et 88 ; s/d 550/680 $M ;). Cet établissement n'est certes pas le plus chic, mais le rapport qualité/prix est imbattable. Le toit-terrasse, la piscine limpide, la proximité de la plage et le personnel sympathique en font une excellente étape. Chambres spacieuses, pour certaines dotées de portes coulissantes donnant directement sur la piscine. Offrez-vous une sieste de rêve dans les hamacs de la terrasse.

Hotel Yaxactún HÔTEL **$$**

(☎ 969-103-93-26 ; www.hotelyrestauranteyaxactun.com ; Calle 66 n°129, entre Calles 25 et 27 ; s/d 750/850 $M ;). Cet hôtel peut se vanter d'être l'un des plus modernes de la ville. Marron et crème, il propose des chambres sur la rue bénéficiant d'une bonne lumière naturelle et de balcons. Petit restaurant sur place spécialisé dans la cuisine du Yucatán et piscine avec espace enfants. Peu arboré et très bétonné, mais à 3 pâtés de maisons de la plage.

Playa Linda Hotel HÔTEL **$$**

(☎ 969-103-92-14 ; www.facebook.com/playalindaprogreso ; Calle 76 s/n, entre Calles 19 et 21 ; ch/

ste à partir de 750/1100 $M ; ⊖ ❄ 📶). Cet hôtel de la promenade affiche vite complet : réservez. Les confortables chambres standard sont garnies de meubles contemporains en bois sombre, et les suites sont dotées d'un coin cuisine et d'un balcon donnant sur la plage. Les murs de certaines chambres sont un peu fins ; évitez celles qui jouxtent l'escalier (sans fenêtre sur l'extérieur) et optez pour un "studio", un peu plus cher. Vue spectaculaire sur la jetée et la côte depuis le toit-terrasse.

El Naranjo YUCATÈQUE **$**
(Calle 27 s/n, entre Calles 78 et 80 ; tacos/tortas 10/18 $M ; ⏲6h-12h). L'un des meilleurs stands – impeccablement tenu – du marché pour un *cochito* (porc mijoté).

Milk Bar CAFÉ **$$**
(Malecón s/n, entre Calles 72 et 74 ; plats 69-180 $M ; ⏲8h-0h). Une vache assise dans une barque rouge surmonte l'entrée de ce café décontracté, tenu par des Texans. Malgré son nom, l'établissement n'est pas spécialisé dans les boissons lactées, mais parfait pour de gros sandwichs, burgers et salades. C'est aussi un lieu de rencontre prisé des expatriés, qui apprécient la décoration éclectique et les portions généreuses. Petit-déjeuner tout indiqué pour les gueules de bois. Le café est correct, mais ne satisfera pas forcément les puristes.

Crabster PRODUITS DE LA MER **$$$**
(☎969-103-65-22 ; Malecón s/n, entre Calles 74 et 76 ; www.facebook.com/CrabsterMX/ ; plats 135-320 $M ; ⏲8h-20h). L'adresse la plus en vue de la rue, avec ses chaises en bois blond, sa décoration toute de velours rose et son éclairage design, pourrait rivaliser avec un hôtel international. Donnant sur la plage, cet établissement huppé attire le visiteur aisé pour, vous l'aviez deviné, ses fruits de mer (mais aussi pour être vu). Un dernier atout ? Le service, impeccable.

Flamingos PRODUITS DE LA MER **$$**
(☎969-935-21-22 ; Calle 19 n°144, angle Calle 72 ; plats 110-210 $M ; ⏲7h-23h ; 📶). Favori de longue date, ce restaurant du *malecón* concocte un savoureux *pescado en mojo de ajo* (poisson frit en sauce à l'ail, 121 $M). On vous servira d'abord des frites, des sauces et d'autres en-cas délicieux pour vous faire patienter.

Aidez-vous des photos des plats affichés à l'entrée pour faire votre choix.

Eladio's PRODUITS DE LA MER **$$**
(www.eladios.com.mx ; angle Calles 19 et 80 ; plats 119-189 $M ; ⏲12h-20h ; P 📶). Véritable institution en ville, Eladio's jouit d'un cadre de choix en bord de plage et grouille d'animation. Certains estiment que ce sont les *botanas* (bouchées offertes avant le plat principal) qui méritent surtout le détour. Jugez par vous-même.

Orientation

À Progreso, les rues paires s'étirent du nord au sud, et les rues impaires, d'est en ouest. La gare routière est située à 5 pâtés de maisons au sud du *malecón* (la promenade du front de mer, qui longe la Calle 19) et du *muelle* (quai).

ℹ Renseignements

On trouve plusieurs banques équipées de DAB et des bureaux de change dans la Calle 80.

Le Wi-Fi est capricieux dans les hôtels ; utilisez vos données cellulaires pour une connexion optimale.

ℹ Depuis/vers Progreso

Progreso est à 33 km au nord de Mérida, sur la grande quatre-voies qui prolonge le Paseo de Montejo.

Pour rejoindre Progreso au départ de Mérida, rendez-vous au Terminal de Progreso (p. 173) ou prenez un *colectivo* à un pâté de maisons à l'est de la gare routière dans la Calle 60. Il ne s'agit pas de bus ADO : si vous continuez le voyage au-delà de Mérida, il vous faudra des billets différents.

À destination de Mérida, des bus fréquents (21 $M) partent de la gare routière de Progreso (Calle 29 n°151, entre Calles 80 et 82).

Est de Progreso

À l'est de Progreso, la route 27 longe la côte sur 70 km jusqu'à Dzilam de Bravo, avant de bifurquer vers l'intérieur. Cette portion de littoral peut être explorée en voiture en une journée – une excursion un peu longue mais réalisable depuis Mérida. Si vous rêvez d'évasion et de solitude (en particulier de plages isolées caressées par le vent, où le temps semble arrêté), vous aurez peut-être envie de vous attarder.

En quittant Progreso, vous longerez des kilomètres de forêts mixtes de mangroves. Sur la droite (côté sud), vous noterez que les sédiments donnent une teinte rosée à l'eau, d'où le nom de l'endroit : la **Laguna Rosada** (lagune Rose). Sur son côté nord, où nombre de propriétés et d'hôtels ont récemment été construits, la lagune est moins préservée. L'atmosphère reste toutefois détendue.

Du haut d'une tour d'observation en bois au bord de la lagune, à **Uaymitún**, vous pourrez observer les flamants, mais aussi des ibis, des hérons, des spatules et d'autres oiseaux aquatiques.

Les bâtiments se font moins denses après Uaymitún, et 13 km à l'est, une route bifurque vers le sud depuis la côte, et traverse sur environ 3 km la lagune peuplée d'oiseaux, jusqu'à la bifurcation menant aux ruines mayas de **Xcambó** (route Dzemul-Xtampú ; 70 $M ; 8h-17h). Ce site archéologique peu visité faisait partie d'un centre maya de distribution du sel ; il s'agissait aussi d'un important site cérémoniel. En continuant vers le sud au-delà de l'embranchement pour Xcambó, vous atteindrez des marais herbeux ponctués de massettes-quenouilles et de bosquets de palmiers, où les occasions d'observer les oiseaux ne manquent pas.

De retour sur la route 27, continuez vers l'est jusqu'à **Telchac Puerto**, la ville suivante, qui compte quelques bons restaurants et hôtels. Régalez-vous de fruits de mer dans une ambiance décontractée à **La Picuda** (991-917-40-07 ; Calle 20 s/n ; plats 80-180 $M ; 10h30-18h). Si vous décidez de dormir sur place, voici deux bonnes adresses : l'**Hotel Reef Yucatán** (991-917-50-00, réservations 999-941-94-94 ; www.reefyucatan.com ; route 27, km 36,6, Zona Hotelera ; s/d 1 695/2 990 $M ;), seul et unique complexe de la contrée, ou la **Perla Escondida** (portable 991-1079321 ; miriam_figueroa2@hotmail.com ; Calle 11, km 1, à proximité de la route 27 ; ch 1 000 $M ;), 40 km plus à l'est, à **Dzilam de Bravo**, rustique mais très agréable. En chemin, vous traverserez les villages de pêcheurs assoupis mais pittoresques de San Crisanto (9 km à l'est de Telchac) et de **Santa Clara**, bordé de jolies plages de sable blanc.

EST DE L'ÉTAT DU YUCATÁN

Paysage de brousse, villes coloniales préservées, profusion de *cenotes* et le plus grand estuaire côtier du Yucatán : l'est de l'État ne manque pas d'attraits. Sans oublier Chichén Itzá, une des "sept nouvelles merveilles du monde", et une série de vestiges mayas moins fréquentés, mais pas moins imposants.

Izamal

988 / 16 000 HABITANTS

Izamal était autrefois une cité prospère et un important centre religieux dont les temples étaient dédiés au culte d'Itzamná, dieu suprême des Mayas, et au dieu Soleil, Kinich-Kakmó. Une dizaine de pyramides étaient consacrées à ces dieux ou à d'autres. Nul doute que ces expressions audacieuses de la spiritualité maya ont incité les colons espagnols à choisir Izamal pour la construction d'un impressionnant monastère franciscain, qui se trouve toujours au cœur de cette ville située à environ 70 km à l'est de Mérida.

Izamal est désormais une paisible ville provinciale, surnommée La Ciudad Amarilla (Ville Jaune) en raison des bâtiments traditionnels jaune d'or qui essaiment à partir du centre, telle une marguerite qui s'ouvre. La ville se visite facilement à pied, et l'on y croise de charmantes carrioles.

À voir

Prenez le temps de visiter les **talleres de arte** (ateliers d'artisanat) disséminés dans la ville. Ces lieux très sobres permettent de bavarder avec les habitants, d'admirer leur travail et d'acheter leurs produits. La plupart des hôtels et le Centro Cultural y Artesanal (ci-contre) proposent de plans gratuits recensant les ateliers.

Convento de San Antonio de Padua MONASTÈRE

(Calle 31 s/n ; musée 5 $M ; 5h30-20h, son et lumière 20h jeu-sam, musée 9h-20h). Lorsque les Espagnols conquirent Izamal, ils commencèrent par détruire la pyramide de Ppapp-Hol-Chac, puis utilisèrent les pierres pour ériger l'un des premiers monastères de l'hémisphère Ouest. Commencée en 1533, l'édification du couvent Saint-Antoine-de-Padoue fut achevée en 1561. Sous les arcades, vous remarquerez des pierres dont les gravures représentent des labyrinthes et qui proviennent indéniablement de l'ancien temple maya. Un spectacle **son et lumière** y est donné 3 fois par semaine.

L'église principale du monastère est le **Santuario de la Virgen de Izamal**, auquel on accède via une rampe depuis la place principale. La rampe mène à l'**Atrium**, une grande cour entourée d'arcades où a lieu la **Fiesta de la Virgen de Izamal** le 15 août.

Les **fresques** du XVIe siècle, près de l'entrée du sanctuaire, étaient entièrement recouvertes. Pendant des années, elles sont restées cachées sous une fine couche de chaux, jusqu'à ce qu'un agent d'entretien les découvre en nettoyant les murs.

Le retable d'origine fut détruit par un incendie apparemment provoqué par la chute d'une bougie. Le nouveau retable, riche en dorures, date des années 1940. Les niches du chemin de croix abritent de superbes statuettes.

Dans la petite cour à gauche de l'église, en levant les yeux (dans la direction de l'Atrium), vous verrez un cadran solaire d'origine qui fait saillie sur le bord du toit. Un petit **musée** à l'arrière commémore la visite du pape Jean Paul II au monastère en 1993. Il apporta avec lui une couronne d'argent destinée à la statue de la Vierge d'Izamal, sainte patronne du Yucatán.

L'entrée principale du monastère est orientée à l'ouest ; elle est encadrée par les Calles 31 et 33, respectivement au nord et au sud, et les Calles 28 et 30 à l'est et à l'ouest.

Kinich-Kakmó SITE ARCHÉOLOGIQUE

(Calle 27 s/n, entre Calles 26B et 28 ; 8h-17h). GRATUIT Parmi les 12 pyramides mayas que comptait la ville, 3 ont été en partie restaurées. La plus imposante (la 3e plus grande du Yucatán ; 34 m de haut), Kinich-Kakmó, se dresse 3 rues au nord du *convento*. Selon la légende, une divinité qui prenait la forme d'un ara macao éclatant descendait du ciel pour recueillir les offrandes laissées ici.

Centro Cultural y Artesanal MUSÉE

(www.centroculturalizamal.org.mx ; Calle 31 n°201 ; 25 $M ; 9h-23h). Juste en face de la place du monastère, ce centre culturel et musée est dédié à l'art populaire mexicain, avec d'intéressantes cartes explicatives en anglais. Une belle boutique vend des produits certifiés équitables, fabriqués par des artisans issus de quelque 40 communautés indiennes : tout achat revient directement à ces familles rurales.

Où se loger et se restaurer

Misez sur la cuisine yucatèque. Plusieurs *loncherías* sont installées sur le marché, du côté sud-ouest de San Antonio de Padua, mais on trouve quelques adresses plus spécifiquement destinées aux touristes.

Hotel Tu'ul HÔTEL $

(988-954-00-76 ; Calle 22 n°302, entre Calles 31 et 33 ; d/tr 700/800 $M ; P). Après d'importantes rénovations, cet hôtel propose désormais des chambres propres et agréables entourant une magnifique piscine. Pour l'instant, les 20 chambres sont toutes au même prix ; profitez-en pour demander les plus spacieuses, au 1er étage.

Hacienda Santo Domingo HÔTEL $$

(portable 988-9676136 ; www.izamalhotel.com ; Calle 18, entre Calles 33B et 35 ; ch/ste à partir de 1 000/2 500 $M ; P). Sur une luxuriante propriété de 13 ha, avec sentiers pédestres, piscine et restaurant sous *palapa*, ce tranquille hôtel haut de gamme et particulièrement bien tenu (propriétaire sur place) séduira les amoureux de la nature et des établissements de caractère. Les chambres sont toutes très belles, certaines avec lavabo en pierre naturelle et douche intérieure/extérieure. Fantastique piscine et petit bar.

Rinconada del Convento HÔTEL $$

(988-954-01-51 ; www.facebook.com/Hotelrinconadadelconvento/ ; Calle 33 n°294A ; s/d/tr 700/950/1 100 $M ;). Le jardin en terrasses donne sur l'emblématique monastère et les vestiges mayas, situés 4 rues plus au nord. L'hôtel (surtout le coin piscine) est joli comme un décor de cinéma, avec d'amusants escaliers

TRÉSORS MÉCONNUS AUTOUR D'IZAMAL

En quête de sites à l'écart de la foule dans les environs d'Izamal ? Voici notre sélection.

Cuauhtémoc Petit village à 6 km au sud d'Izamal, dans le prolongement de la Calle 24, doté d'une chapelle du XVIIe siècle.

Kimbilá À 13 km à l'ouest d'Izamal, dans le prolongement de la Calle 31, un lieu réputé pour ses broderies.

Iztamatul, Habuk, Chaltún Há et autres vestiges Quelque 80 bâtiments préhispaniques ont été découverts dans la ville d'Izamal, parmi lesquels les pyramides d'Habuk, Itzamatul et Chaltún Há. Ils sont ouverts au public.

BUS AU DÉPART D'IZAMAL

DESTINATION	PRIX ($M)	DURÉE (H)	FRÉQUENCE
Cancún	175-200	5	6h10, 14h26, 16h35 ; Oriente
Mérida	31-42	1½	fréquents ; Terminal de Autobuses Centro
Tizimín	95	2½	7h27, 18h12 ; Oriente
Valladolid	69	2	fréquents ; Terminal de Autobuses Centro

menant aux chambres nichées dans les recoins, mais y passer la nuit peut être une drôle d'expérience. Ainsi, les chambres "premium" ont certes vue sur le monastère, mais elles sont très bruyantes.

Macan Ché B&B $$

(☎988-954-02-87 ; www.macanche.com ; Calle 22 n°305, entre Calles 33 et 35 ; ch/ste avec petit-déj à partir de 920/1120 $M ; P ⊜ ✱ ☜ ≋). Cette adresse très zen est située à l'est du monastère (suivez trois longs pâtés de maisons dans la Calle 31, direction Cancún, et tournez à droite dans la Calle 22). Il s'agit d'un ensemble de bungalows modestes mais douillets, avec une petite piscine tapissée de rochers, dans un environnement boisé. Chambres climatisées, certaines avec coin cuisine.

L'agréable bar-restaurant ouvert sur l'extérieur invite à la détente.

Restaurante-Cafe Los Arcos MEXICAIN $

(Angle Calle 28 et 31A ; plats 90-110 $M ; ⊙17h-22h30 mar-dim). Donnant directement sur la place, sous les arcades (*arcos*), cette adresse est prisée des habitants : selon eux, c'est la seule qui ferme "tard" (tout ferme tôt ici, en effet). Rien d'extraordinaire, mais c'est la meilleure adresse économique de la ville, et l'endroit parfait pour observer les gens. Commandez le plat du jour ou simplement un jus de fruits.

♥ Kinich MEXICAIN $$

(☎988-954-04-89 ; www.facebook.com/Kinich-Izamal ; Calle 27 n°299, entre Calles 28 et 30 ; plats 120-240 $M ; ⊙11h-19h ; ☜). Tout touristique que puisse être l'endroit, sa cuisine yucatèque maison n'en est pas moins fraîche et de qualité. Les *papadzules kinich* (tortillas roulées, farcies à l'œuf dur et surmontées d'une sauce aux graines de courge et à la saucisse fumée ; 120 $M) sont une spécialité savoureuse. Kinich est également réputé pour son *dzic de venado* un plat de venaison émincée (240 $M).

Il est installé sous une impressionnante *palapa* ; les serveurs portent des *huipiles* (longues tuniques traditionnelles sans manches).

Restaurante Zamna YUCATÈQUE $$

(☎988-954-02-04 ; www.facebook.com/restaurantezamnaizamal2015/ ; Calle 22 n°302, entre Calle 31 et 33 ; plats 95-145 $M ; ⊙12h-20h). La cuisine maison, traditionnelle et savoureuse (vos tortillas seront préparées sous vos yeux), est servie dans une grande hutte au toit de chaume ouverte sur les côtés qui ajoute au charme de l'expérience. Sirotez un jus de *chaya* avant de vous attaquer aux spécialités régionales comme le *sikil pak* (délicieux dip aux graines de courge), les *papadzules* (tortillas garnies d'œuf dur émincé) et la *cochinita pibil* (porc mijoté).

À 10 minutes à pied à l'est de la place principale : prenez la Calle 31 et tournez à droite dans la Calle 22.

ℹ Renseignements

La plupart des restaurants et des hôtels vous fourniront un exemplaire de l'excellent plan touristique gratuit. Disponible dans plusieurs langues, il décrit différents circuits pédestres et localise les ateliers d'artisanat.

Un petit **office du tourisme** (⊙8h-21h lun-ven, 8h-14h sam-dim) au personnel sympathique est installé dans le Palacio Municipal, près du monastère. On y trouve quelques brochures (et le fameux plan !).

Il y a plusieurs DAB en ville.

ℹ Comment circuler

Des bus partent fréquemment de la **gare routière Oriente** (☎portable 988-9540107 ; Calle 32 s/n, angle Calle 31A ; ⊙4h30-20h) d'Izamal et du **Terminal de Autobuses Centro** (☎988-967-66-15 ; Calle 33 n°302, angle Calle 30 ; ⊙5h-21h), voisin.

En taxi, comptez 25 $M la course en ville ; une station se trouve à hauteur des Calles 32 et 31A.

Trajet en carriole pour 250 $M/heure.

Chichén Itzá

985 / 5 500 HABITANTS (PISTÉ)

Site maya le plus célèbre et le mieux restauré de la péninsule du Yucatán, **Chichén Itzá** (la Bouche du puits des Itzá ; chichenitza.inah.gob.mx ; en retrait de la route 180, Pisté ; tarif plein/-13 ans 254/70 $M, visite guidée 1 200 $M ; 8h-17h ; P), bien que très fréquenté, impressionne toujours. Le déchiffrage de ses "temples du temps" a permis d'élucider de nombreux mystères du calendrier maya. Il est interdit de monter sur les édifices, sauf au niveau de quelques passages d'intérêt mineur.

La chaleur, l'humidité et la foule peuvent finir par gêner, tout comme la concurrence entre les vendeurs d'artisanat (sans parler des constants applaudissements des visiteurs testant l'acoustique de la pyramide). Vous éviterez ces désagréments en arrivant tôt le matin ou en fin d'après-midi.

Le spectacle son et lumière en soirée plaira à certains, moins à d'autres.

Histoire

La plupart des archéologues estiment que la première population établie à Chichén Itzá, à la fin de la période classique, était purement maya. Aux environs du IXe siècle, la ville fut pratiquement abandonnée, pour des raisons inconnues.

Elle fut à nouveau habitée vers la fin du Xe siècle, puis sans doute envahie peu de temps après par les Toltèques, arrivés de Tula, leur capitale des hautes terres centrales, au nord de Mexico. Les Toltèques mêlèrent leur culture guerrière à celle des Mayas et introduisirent le culte de Quetzalcóatl (le serpent à plumes, Kukulcán en maya). Des représentations de Chac, le dieu maya de la Pluie, et de Queztalcóatl se côtoient dans toute la cité.

La fusion entre le style architectural Puuc et celui du plateau central confère à Chichén Itzá sa spécificité parmi les ruines du Yucatán. Le fabuleux Castillo et la Plataforma de Venus, édifiés à l'apogée de la présence toltèque, sont remarquables.

Les envahisseurs sanguinaires n'apportèrent pas que leur style architectural aux Mayas. De nombreuses sculptures évoquant les sacrifices humains témoignent de leur pratique de ces rites sanglants.

Lorsqu'un chef maya décida de transférer la capitale politique à Mayapán, tout en préservant la fonction de centre religieux de Chichén Itzá, le déclin de ce dernier s'amorça. La cité fut définitivement abandonnée au XIVe siècle, mais demeura longtemps un lieu de pèlerinage maya.

À voir

Musée du centre d'accueil des visiteurs MUSÉE

(9h-16h). GRATUIT Le centre d'accueil des visiteurs abrite un petit musée dont la collection est accompagnée d'explications en espagnol, en anglais et en français.

El Castillo SITE ARCHÉOLOGIQUE

Lorsque vous entrez sur le site de Chichén Itzá, El Castillo (aussi appelé pyramide de Kukulcán) se dresse face à vous dans toute sa splendeur. Haut de 25 m, l'édifice actuel a été construit sur le temple d'origine bâti vers 800, avant l'invasion toltèque. Une sculpture du serpent à plumes longe les escaliers ; des représentations de guerriers toltèques ornent la porte du sommet. Vous ne les verrez toutefois pas car l'ascension de la pyramide est interdite depuis qu'une femme a fait une chute mortelle en 2006.

La structure est en fait une représentation gigantesque, en pierre, du calendrier maya. Chacun des 9 niveaux d'El Castillo est divisé en deux par un escalier : les 18 terrasses ainsi formées symbolisent les 18 mois de 20 jours de l'"année vague" maya. Les 4 escaliers comptent chacun 91 marches. Si l'on ajoute la plateforme au sommet, on obtient 365 marches, soit le nombre de jours dans une année. Sur chaque face de la pyramide, 52 panneaux rappellent les 52 années du cycle calendaire.

Lors des équinoxes de printemps et d'automne, l'ombre et la lumière forment une série de triangles sur le côté de l'escalier nord, qui évoquent la progression d'un serpent (remarquez aussi les têtes de serpent gravées au pied de l'escalier).

À l'intérieur d'El Castillo, la pyramide la plus ancienne abrite un *chac-mool* (pierre sacrificielle maya gravée) et un trône en forme de jaguar rouge, aux taches et aux yeux de jade. L'entrée d'**El Túnel**, le passage menant au trône, se trouve au pied du flanc nord d'El Castillo ; il n'est pas accessible.

En 2015, des chercheurs ont découvert que la pyramide se dressait très probablement au-dessus d'un *cenote* de 20 m de profondeur, ce qui accroît considérablement les risques qu'elle s'effondre.

Chichén Itzá

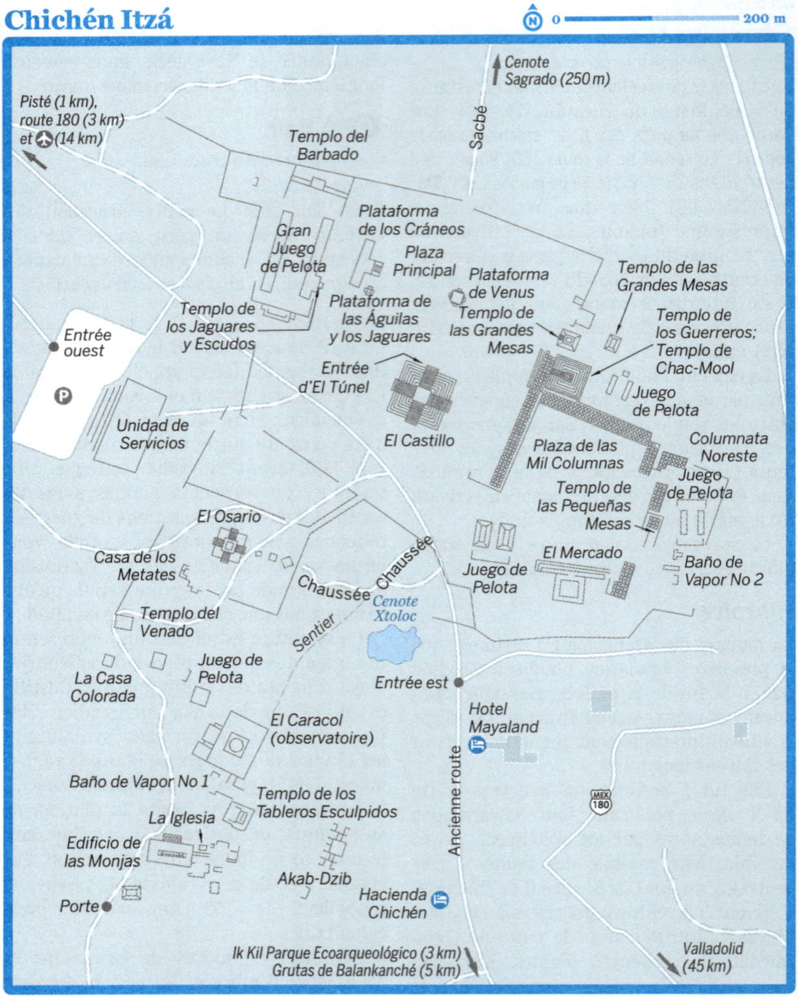

Gran Juego de Pelota SITE ARCHÉOLOGIQUE

Le grand terrain de jeu de balle, le plus vaste et le plus impressionnant du Mexique, n'est que l'un des 8 terrains de la cité. Situé à gauche du centre d'accueil des visiteurs, il est flanqué de temples à chacune de ses extrémités, et délimité par d'imposants murs parallèles comprenant des anneaux de pierre placés en hauteur. Certains des bas-reliefs sur les murs représentent des scènes de décapitation de joueurs.

Plusieurs traces révèlent que les règles du jeu ont changé au fil du temps. Des bas-reliefs montrent ainsi des joueurs portant des protections aux coudes et aux genoux : on pense qu'ils jouaient à un jeu semblable au football avec un ballon en caoutchouc dur, sans pouvoir user de leurs mains. D'autres gravures représentent des joueurs tenant une batte. Il semble que si un joueur parvenait à frapper la balle pour la faire passer à travers l'un des anneaux en pierre, son équipe remportait la partie. On pense également qu'à l'époque toltèque, on sacrifiait le capitaine de l'équipe vaincue, et peut-être aussi ses coéquipiers.

L'acoustique est étonnante : une conversation peut s'entendre d'un bout à l'autre du terrain, soit à 135 m de distance, et un simple clac produit un écho sonore et prolongé.

Templo del Barbado SITE ARCHÉOLOGIQUE
L'édifice situé au nord du grand terrain de jeu de balle, appelé temple du Barbu en hommage à un bas-relief présent à l'intérieur de celui-ci, est doté de piliers finement sculptés de fleurs, d'oiseaux et d'arbres.

Templo de los Jaguares y Escudos SITE ARCHÉOLOGIQUE
Le temple des Jaguars et des Boucliers s'élève à l'angle sud-est de l'enceinte du terrain de jeu de balle. Il arbore des colonnes ornées de crotales et des frises figurant des jaguars. À l'intérieur, des fragments de fresque délavés dépeignent une bataille.

Plataforma de los Cráneos SITE ARCHÉOLOGIQUE
La plateforme des Crânes est située entre le Templo de los Jaguares y Escudos et El Castillo. Impossible de passer à côté : cette construction en T est ornée de crânes ciselés et d'aigles déchirant le torse d'hommes pour leur dévorer le cœur. On y exhibait autrefois sur une structure en bois (*tzompantli* en náhuatl) les crânes des victimes sacrificielles.

Plataforma de las Águilas y los Jaguares SITE ARCHÉOLOGIQUE
Jouxtant la plateforme des Crânes, les sculptures de la plateforme des Aigles et des Jaguars représentent ces animaux occupés à s'emparer de cœurs humains au moyen de leurs serres et de leurs griffes. La plateforme faisait probablement partie d'un temple consacré aux ordres militaires chargés de capturer des victimes pour les sacrifices.

Cenote Sagrado SITE ARCHÉOLOGIQUE
De la plateforme des Crânes, un *sacbe* (route cérémonielle pavée) de 400 m partant vers le nord permet d'atteindre (en 5 minutes à pied) l'immense puits qui a donné son nom à la ville. Il s'agit d'un impressionnant bassin naturel de 60 m de diamètre et de 35 m de profondeur, dont les parois sont couvertes de végétation. Il subsiste des vestiges d'un petit bain à vapeur à côté du *cenote*.

Grupo de las Mil Columnas SITE ARCHÉOLOGIQUE
Ce groupe situé derrière le Castillo (p. 195) doit son nom ("groupe des Mille Colonnes") aux multiples piliers qui ornent les façades au sud et à l'est. Principale curiosité du site, le **Templo de los Guerreros** (temple des Guerriers) est orné de sculptures de divinités animales en stuc et en pierre. En haut des marches se trouve une sculpture typique de *chac-mool,* mais l'ascension n'est plus autorisée.

Des figures de guerriers sont sculptées sur de nombreuses colonnes à l'avant du temple. En 1926, les archéologues ont découvert une structure qu'ils ont baptisée temple du Chac-mool sous le temple des Guerriers.

On peut rejoindre à pied les colonnes au sud jusqu'à la **Columnata Noreste**, remarquable par ses masques du "dieu au gros nez" sculptés en façade. Certains ont été réassemblés au sol autour de la statue. Juste au sud se trouvent les vestiges du **Baño de Vapor** (bain de vapeur) avec son four souterrain et ses canalisations. Les maisons de sudation (deux sur le site) étaient régulièrement utilisées pour la purification rituelle.

El Osario SITE ARCHÉOLOGIQUE
Cette pyramide en ruine, également appelée maison des Ossements ou Tumba del Gran Sacerdote (tombe du Grand Prêtre), est connue pour ses têtes de serpent au pied de son escalier. Son architecture, comme celle de la plupart des édifices de la partie sud du site, est plus Puuc que toltèque.

Une structure carrée à son sommet mène à une grotte qui servait de chambre funéraire – 7 tombeaux recelant des ossements y ont été découverts.

El Caracol SITE ARCHÉOLOGIQUE
Surnommé Caracol (l'Escargot) par les Espagnols à cause de son escalier en colimaçon, cet observatoire au sud de l'Osario est l'un des édifices les plus importants et les plus fascinants de Chichén Itzá (hélas, on ne peut pas y pénétrer). Sa forme circulaire évoque certaines structures du plateau central – mais étonnamment pas celles de la toltèque Tula.

Des masques du dieu de la Pluie Chac surmontent les 4 portes extérieures orientées selon les points cardinaux. La position des fenêtres de la coupole de l'observatoire correspond à l'apparition de certaines étoiles à des dates précises. Les prêtres déterminaient ainsi la date appropriée aux rituels, aux célébrations, et aux semailles et récoltes du maïs.

Edificio de las Monjas SITE ARCHÉOLOGIQUE
On pense que l'édifice des Nonnes, avec sa myriade de pièces, était un palais de la royauté maya. Les conquistadores le comparèrent à un couvent, d'où son nom. Ses dimensions sont imposantes : sa base

Chichén Itzá

EXCURSION D'UNE JOURNÉE

On comprend vite pourquoi le site maya de Chichén Itzá figure sur tous les itinéraires touristiques du Mexique. À peine entré, le visiteur est ébloui par l'impressionnante pyramide d'**El Castillo** 1 ("le château"), premier d'une longue série d'émerveillements.

Une journée suffit pour visiter le site. Non loin d'El Castillo s'étend le plus grand **jeu de balle** 2 du monde maya, à côté de sinistres sculptures de crânes et d'aigles dévoreurs de cœurs ornant le temple des Jaguars et la plateforme des Crânes. De l'autre côté (à l'est) se dresse le **groupe des Mille Colonnes** 3, très ornementé, ainsi que le **temple des Guerriers** 4. Tout près, au nord d'El Castillo, le profond ***cenote* sacré** 5 était un important site de pèlerinage. De l'autre côté d'El Castillo, d'immenses serpents de pierre veillent sur le tombeau du Grand Prêtre, El Osario. Plus au sud se trouvent l'**Observatoire** 6, à la coupole en spirale, l'imposant édifice des Nonnes et, enfin, l'Akab-Dzib, qui figurent parmi les vestiges les plus anciens.

Ce site de 47 ha couvrait, à son apogée, une surface de 30 km², où vivaient quelque 90 000 âmes ; vous ne déambulez donc que dans une infime partie de ce qui fut une grande cité maya.

INFORMATIONS PRATIQUES

- Arrivez dès 8h pour profiter tranquillement du site pendant 3 bonnes heures, avant que les bus ne commencent à déverser leurs flots de visiteurs. En étant très matinal, vous échapperez aussi aux marchands.
- Souvenez-vous que Chichén Itzá est le nom du site ; la ville actuelle s'appelle Pisté.

DANIELA CONSTANTINESCU/SHUTTERSTOCK ©

El Caracol
Observatoire
Les prêtres mayas se tenaient dans la coupole de l'observatoire circulaire pour annoncer les rituels et les célébrations à venir.

Grupo de las Mil Columnas
Groupe des Mille Colonnes
Les piliers autour du temple sont ornés de sculptures de divinités, de dignitaires et de guerriers émérites.

VLADIMIR KOROSTYSHEVSKIY/SHUTTERSTOCK ©

El Castillo

"Le château"

Aussi imposante soit-elle, cette pyramide ne pourrait supporter le passage d'un million de visiteurs chaque année. Il est donc interdit de la gravir, mais la vue d'en bas est déjà spectaculaire en soi.

Gran Juego de Pelota

Grand jeu de balle

Comment peut-on entendre quelqu'un parler d'un bout à l'autre de cette grande aire de jeu ? Encore aujourd'hui, son acoustique reste un mystère.

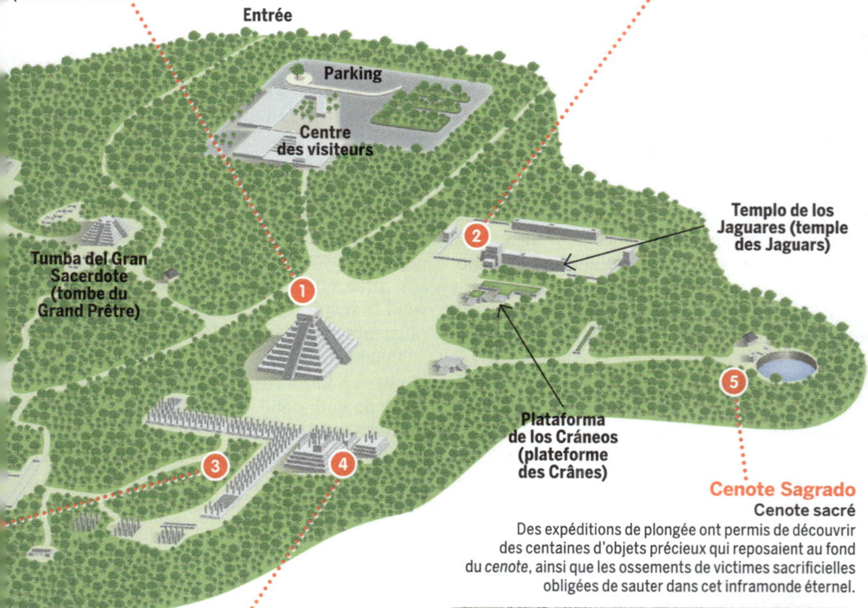

Cenote Sagrado

Cenote sacré

Des expéditions de plongée ont permis de découvrir des centaines d'objets précieux qui reposaient au fond du *cenote*, ainsi que les ossements de victimes sacrificielles obligées de sauter dans cet inframonde éternel.

Templo de los Guerreros

Temple des Guerriers

Comme l'illustrent les frises des temples, les Mayas associaient les guerriers aux aigles et aux jaguars. Le jaguar, qui faisait l'objet d'une véritable vénération, était symbole de force et d'agilité.

mesure 60 m de longueur, 3 m de largeur et 20 m de hauteur. Le style architectural est plus maya que toltèque, malgré la présence d'une pierre sacrificielle toltèque devant l'édifice. Un petit temple accolé à la face est, **La Iglesia**, est presque entièrement couvert de sculptures.

Akab-Dzib — SITE ARCHÉOLOGIQUE

À l'est de l'édifice des Nonnes, l'Akab-Dzib, de style Puuc, serait, selon certains archéologues, la plus ancienne construction mise au jour à Chichén. Les salles centrales datent du IIe siècle. Akab-Dzib signifie "écriture obscure" en maya ; ce nom évoque la porte sud, dont le linteau montre un prêtre tenant un vase gravé des glyphes qui, à ce jour, n'ont pas encore pu être traduits.

Grutas de Balankanché — GROTTES

(Route 180, km 126 ; 137 $M ; 9h-16h ; P). En 1959, alors qu'il explorait une grotte pendant son jour de congé, un guide de Chichén Itzá découvrit un étroit passage. Il le longea sur 300 m, traversant une série de cavernes. Dans chacune de ces cavités, perchés sur des monticules au milieu d'une armée de stalactites étincelantes, reposaient des centaines de trésors cérémoniels déposés là par les Mayas 800 ans plus tôt, notamment des *metates* (pierres à moudre) et *manos* (pilons) rituels, des brûleurs d'encens et des pots.

Au cours des années suivantes, ces objets cérémoniels furent emportés pour être étudiés. Plus tard, ils furent pour la plupart replacés dans les grottes, à l'endroit exact où ils avaient été trouvés.

Devant les grottes, vous trouverez un jardin botanique (présentant des plantes et des arbres endémiques, avec des informations sur leurs vertus médicinales et d'autres usages) et un petit musée exposant des photos prises pendant l'exploration des grottes et des descriptions (en anglais, espagnol et français) de la religion maya et des objets votifs trouvés dans les grottes. Vous pourrez aussi parcourir des textes relatifs aux cérémonies mayas modernes du Ch'a Chaac, telles qu'il s'en déroule encore dans les villages du Yucatán pendant les sécheresses : il s'agit essentiellement de prières et d'une profusion d'offrandes de nourriture à Chac, le dieu de la Pluie. Lors d'une récente expédition, d'autres objets ont été découverts sous l'eau.

Les circuits de 45 minutes (de 6 à 30 personnes) s'accompagnent d'un récit préenregistré mélodramatique, guère instructif et à peine compréhensible ; si vous y tenez tout de même, il est diffusé en français à 10h, en anglais à 11h, 13h et 15h, et en espagnol à 9h, 12h, 14h et 16h.

Attention : il fait curieusement chaud dans la grotte, qui est mal ventilée dans ses profondeurs. Le manque d'oxygène rend la respiration difficile (surtout quand plusieurs groupes sont déjà passés).

L'embranchement menant aux grottes se trouve à 6 km à l'est de Chichén Itzá, sur la route de Valladolid. Les bus de 2e classe qui quittent Pisté vers l'est pour rallier Valladolid pourront vous déposer à hauteur de la route de Balankanché. L'entrée des grottes est à 350 m au nord de la route fédérale.

AU FOND DU CENOTE SACRÉ DE CHICHÉN ITZÁ

Au début des années 1900, Edward H. Thompson, chercheur pour le compte du Peabody Museum (université Harvard) et consul des États-Unis au Yucatán, acheta l'hacienda qui comprend aujourd'hui Chichén Itzá pour 750 $M. Sans doute intrigué par les légendes locales évoquant des vierges sacrifiées aux divinités mayas, Thompson décida d'explorer les eaux du *cenote*.

Il importa l'équipement de dragage nécessaire et lança les opérations. On découvrit dans le *cenote* de l'or et des bijoux de jade issus de tous les coins du Mexique et même de Colombie, ainsi que d'autres objets et divers ossements humains. Beaucoup de ces trésors furent envoyés au Peabody Museum. Depuis, certains ont été restitués au Mexique.

Lors d'expéditions de plongée ultérieures, dans les années 1920 et 1960, on fit émerger des centaines d'objets précieux. Il semble que toutes sortes d'individus – enfants et vieillards, malades et blessés, mais aussi personnes jeunes et vigoureuses – aient été contraints de s'immerger pour l'éternité dans le Cenote Sagrado. Les guides insistent beaucoup sur les sacrifices, qui fascinent les touristes, mais certains spécialistes pensent que cet aspect est trop mis en avant et ne reflète pas la véritable signification du site.

Activités

Parque Eco-Arqueológico Ik Kil CENOTE
(Cenote Sagrado Azul ; 985-851-00-02 ; cenote_ikkil@hotmail.com ; route 180, km 122 ; tarif plein/6-12 ans 80/40 $M ; 9h-17h ;). Environ 2,5 km à l'est de l'entrée ouest de Chichén Itzá, un *cenote* a été transformé en divin lieu de baignade. De petites cascades dévalent de la voûte de calcaire, bordée de verdure. N'arrivez pas après 11h pour éviter les groupes en voyage organisé.

Le restaurant propose un bon buffet-déjeuner (160 $M). Spacieuses *cabañas* avec cuisine (certaines peuvent accueillir jusqu'à 4 personnes – 2 adultes et 2 enfants ; 1 250 $M).

Où se loger

La plupart des hôtels, des restaurants et des autres enseignes de Chichén Itzá s'alignent sur 1 km de route dans la ville de Pisté, du côté ouest du site (Mérida). Il y a environ 1,5 km entre l'entrée principale (ouest) du site archéologique et l'hôtel le plus proche, à Pisté, et 2,5 km jusqu'à la place principale de Pisté. N'hésitez pas à négocier votre hébergement en basse saison (mai-juin et d'août à début décembre).

Pirámide Inn HÔTEL $
(985-851-01-15 ; www.piramideinn.com ; Calle 15 n°30 ; empl tente 100 $M, ch sans/avec clim 500/600 $M ;). Les campeurs pourront planter une tente, profiter de la piscine et avoir accès aux douches d'eau tiède de ce vieil hôtel. Les chambres, spacieuses, ont des salles de bains correctes et deux immenses lits doubles.

Situé sur la rue principale de Pisté, c'est l'établissement pour petits budgets le plus proche de Chichén Itzá, bien qu'il soit à 1,5 km environ. Animaux acceptés.

Doralba Inn Chichen Itzá HÔTEL $$
(985-858-15-55 ; www.doloresalba.com ; route 180, km 122 ; ch avec petit-déj à partir de 1 000 $M ;). Une bonne adresse de milieu de gamme qui propose en ligne d'importantes remises. Les enfants raffoleront des deux piscines (l'une est tapissée de rochers). Les 32 chambres un peu rustiques ne sont pas exceptionnelles, mais néanmoins douillettes. L'hôtel peut assurer le transport jusqu'à Chichén Itzá à 8h, mais vous devrez vous débrouiller pour le retour. En face du Parque Eco-Arqueológico Ik Kil, à 5 km de l'entrée de Chichén Itzá.

Hotel Chichén Itzá HÔTEL $$
(985-851-00-22, portable 998-2408247 ; www.mayaland.com ; Calle 15 n°45 ; ch/ste 1 310/1 750 $M ;). À l'ouest de Pisté, cet hôtel compte 42 chambres agréables aux sols carrelés. Les meilleures font face à la piscine et au jardin paysager, et toutes disposent de lits fermes et de minibars. Jusqu'à 2 enfants de moins de 12 ans peuvent loger gratuitement ! Le complexe appartient à la chaîne Mayaland, importante dans la région. Wi-Fi uniquement dans certaines chambres.

Hacienda Chichén RESORT $$$
(999-920-84-07 ; www.haciendachichen.com ; Zona Hotelera, km 120 ; d à partir de 268 $US ;). À 300 m de l'entrée de Chichén Itzá, cet hôtel prend place sur le domaine soigné d'une hacienda du XVIe siècle où se dressent un élégant corps de ferme et de majestueux *ceibas*. Les archéologues qui ont fouillé Chichén dans les années 1920 séjournaient dans les bungalows – d'autres ont depuis été ajoutés. Parmi les activités mensuelles proposées figurent des cours de cuisine maya et l'observation des oiseaux.

Autre atout : le complexe dispose d'une entrée privée au site archéologique, ce qui permet d'éviter la file d'attente. Sachez enfin que le restaurant affiche des prix exorbitants et que le Wi-Fi ne fonctionne que dans les espaces communs.

Hotel Mayaland HÔTEL $$$
(998-887-24-95, aux États-Unis 877-240-5864 ; www.mayaland.com ; Zona Hotelera, km 120 ; d/ste à partir de 2 100/3 500 $M ;). Les dignitaires du monde entier ont séjourné au Mayaland, semble-t-il. Ce bel endroit dans un joli jardin se trouve à moins de 100 m de Chichén Itzá et dispose d'une entrée "privée" vers le site. Les chambres, les bungalows et les piscines sont particulièrement agréables, mais, depuis l'observatoire, El Caracol, vous constaterez que l'hôtel a déboisé une bande de jungle.

Outre les restaurants et tous les services habituels, l'hôtel propose également des programmes culturels, notamment l'activité très prisée "Be Maya", où l'on cuisine des plats mayas avant de visiter une réplique de l'"observatoire", tout en découvrant la culture maya. Le Mayaland Lodge, à proximité, propose d'élégants bungalows dans un cadre beaucoup plus intimiste.

Wi-Fi uniquement dans le lobby, ce qui est du plus mauvais effet étant donné les tarifs du lieu.

Où se restaurer

La route (Calle 15) qui traverse Pisté est jalonnée de dizaines de restaurants, plus ou moins grands. Les moins chers sont regroupés dans un marché en bord de route, Los Portales, à l'ouest de la ville.

Cocina Económica Fabiola MEXICAIN $

(☎ portable 985-1152589 ; Calle 15 s/n ; plats 45-70 $M ; ⏲7h-23h). Cet établissement sans prétention sert des repas honnêtes et bon marché, tout au bout de la rangée de restaurants, face à l'église. L'établissement prépare depuis 25 ans une *sopa de lima* (soupe au citron vert ; 45 $M) et un *pollo yucateco* (poulet à la yucatèque ; 70 $M).

Las Mestizas MEXICAIN $$

(☎ 985-851-0069 ; Calle 15 s/n ; plats 90-115 $M ; ⏲9h-22h ; ❄ 📶). L'adresse incontournable pour se régaler de spécialités yucatèques (les photos de chaque plat vous aident à choisir). Tables à l'intérieur et à l'extérieur – selon l'heure de la journée, celles de l'extérieur vous exposeront peut-être aux fumées des pots d'échappement des bus touristiques (et à leurs files de visiteurs)... de quoi gâcher votre *poc chuk* (porc à l'ail mariné dans du jus d'orange, puis grillé : 115 $M).

Restaurant Hacienda Xaybe'h d'Camara MEXICAIN $$

(☎ 985-851-00-00 ; Calle 15A n°42 ; buffet-déj 140 $M ; ⏲9h-17h ; P ❄ 🖉 👪). À un pâté de maisons de la route fédérale, en face de l'Hotel Chichén Itzá, ce restaurant spacieux trône dans un cadre séduisant. Il est fréquenté par les groupes en voyage organisé, et les prix sont un peu excessifs, mais le vaste choix de salades plaira aux végétariens. Les convives ont accès gratuitement à la piscine.

Renseignements

L'entrée ouest de Chichén Itzá est flanquée d'un grand parking et d'un vaste centre d'accueil des visiteurs abritant un DAB et un restaurant assez coûteux. Vous trouverez d'autres DAB au magasin Oxxo (Calle 15) et au Palacio Municipal, en face de l'église.

Depuis/vers Chichén Itzá

Des guichets de la compagnie Oriente sont installés près des parties est et ouest de Pisté. Les bus de 2e classe qui traversent le village marquent de nombreux arrêts.

De nombreux bus 1re classe arrivent et repartent des ruines exclusivement. Ils desservent également Mérida et Valladolid, ainsi que des destinations sur la côte du Quintana Roo : Playa del Carmen, Tulum et Cancún. Si vous prévoyez de visiter Chichén Itzá, puis de partir directement vers une autre ville par un bus 1re classe, achetez votre billet de bus au centre des visiteurs avant de rejoindre le site archéologique. De cette façon, vous serez sûr d'avoir une place.

Les *colectivos* à destination de Valladolid (35 $M, 40 min) entrent dans le parking.

Comment circuler

Les bus à destination de Pisté desservent généralement la **gare routière** (☎ 985-851-00-52 ; ⏲10h-18h), sur la place ; on peut faire l'aller-retour à pied vers les ruines (dans une chaleur torride) en 20 à 30 minutes. Les bus 1re classe s'arrêtent au site archéologique ; pour les autres, renseignez-vous auprès du chauffeur. Des bus 2e classe vont aussi au *cenote* Ik Kil et aux Grutas de Balankanché.

Il y a une station de taxis du côté de l'extrémité ouest de la ville : comptez entre 40 et 50 $M à destination du site archéologique, 80 $M jusqu'au *cenote* Ik Kil et 150 $M jusqu'aux Grutas de Balankanché.

BUS AU DÉPART DE CHICHÉN ITZÁ

DESTINATION	PRIX ($M)	DURÉE (H)	FRÉQUENCE
Cancún	163-316	3-4 ½	1/heure, 8h30-21h30
Cobá	79	2	0h30, 7h30, 13h, 17h, 19h
Mérida	94-178	1 ¾-2 ¾	0h30, 7h30, 13h, 17h, 19h
Playa del Carmen	165-332	3 ½-4	0h30, 7h30, 13h, 17h, 19h
Tulum	115-232	2 ½-3	0h30, 7h30, 8h25, 13h, 16h30, 17h, 19h
Valladolid	31-106	1	9h10, 10h10, 11h10

Valladolid

985 / 52 000 HABITANTS

Autrefois surnommée la Sultane de l'Est, la troisième ville du Yucatán est réputée pour sa douceur de vivre et ses bâtiments coloniaux baignés de soleil. C'est une excellente base pour visiter Río Lagartos, Chichén Itzá, Ek' Balam et une pléiade de *cenotes* dans les environs. Les activités ne manquent pas, la ville reste à taille humaine, et les tarifs sont raisonnables.

Histoire

Valladolid est marquée par un passé assez tumultueux. Fondée en 1543 près de la lagune Chouac-Ha, à 50 km de la côte, elle fut jugée trop étouffante et envahie de moustiques par Francisco de Montejo (neveu de Montejo le Vieux) et sa bande de conquistadores. Ces derniers décidèrent donc de la rebâtir sur le centre de cérémonie maya de Zací, où ils se heurtèrent à la résistance farouche des Mayas. Toutefois, le fils de Montejo le Vieux, dit Montejo le Jeune, finit par s'emparer de la ville. Elle fut alors mise à sac avant d'être reconstruite suivant un tracé obéissant au plan colonial classique.

Pendant une grande partie de l'époque coloniale, Valladolid, isolée de l'administration royale grâce à son éloignement de Mérida, conserva une relative autonomie. Les Mayas de la région furent soumis à une exploitation brutale, qui se poursuivit après l'indépendance. Exclus de nombreux quartiers, ils firent de Valladolid l'une de leurs premières cibles lorsqu'ils déclenchèrent la "guerre des castes" en 1847, à Tepich. À l'issue d'un siège de deux mois, les occupants de la ville furent vaincus. Beaucoup fuirent vers Mérida ; les autres furent massacrés.

Valladolid est désormais un centre de commerce agricole prospère, complété par quelques industries légères et un tourisme en pleine expansion.

À voir et à faire

Casa de los Venados MUSÉE

(985-856-22-89 ; www.casadelosvenados.com ; Calle 40 n°204, entre Calles 41 et 43 ; 100 $M ; visite 10h ou sur rdv). Cette collection privée présente plus de 3 000 objets d'art populaire mexicains de grande qualité – en situation, et non dans des vitrines. La visite (en anglais et en espagnol) aborde l'origine des pièces les plus remarquables et l'histoire de la demeure coloniale qui les abrite.

Templo de San Bernardino ÉGLISE

(Convento de Sisal ; angle Calles 49 et 51 ; lun-sam 30 $M, dim gratuit ; 9h-19h). Cette église et le Convento de Sisal, juste à côté, se trouvent à quelque 700 m au sud-ouest de la place principale. Ils furent construits entre 1552 et 1560 pour servir à la fois de forteresse et de lieu de culte. Magnifiquement décorée, l'église arbore des murs roses, une voûte nervurée au-dessus du chœur, des fresques du XVIe siècle récemment mises au jour et une petite image de la Vierge sur l'autel : il s'agit là de presque tous les éléments d'origine ayant subsisté ; le somptueux *retablo* (retable) en bois date du XIXe siècle.

Museo de San Roque MUSÉE

(Calle 41 s/n, entre Calles 38 et 40 ; 8h-20h lun-ven, 9h-20h sam, 9h-18h dim). GRATUIT Dans un ancien couvent du XVIe siècle sont présentés des maquettes et des objets présentant l'histoire de la ville et de la région, ainsi que différents aspects de la vie traditionnelle maya.

Yucatán Jay Expeditions & Tours ORNITHOLOGIE, CULTURE

(portable 999-2805117 ; www.yucatanjay.com ; 8h-20h). Située à 14 km au sud de Valladolid, cette coopérative, dirigée par 5 membres de la communauté de Xocén, bien informés et enthousiastes, propose un formidable éventail de circuits, de l'observation des oiseaux aux circuits sur la culture et la gastronomie mayas. Vous pourrez rejoindre des *cenotes* et d'autres endroits, pour un intéressant aperçu culturel.

Hacienda San Lorenzo Oxman BAIGNADE

(Près de Calle 54 ; cenote 70 $M, cenote et piscine 100 $M, open bar 50 $M ; 9h-18h). Jadis plantation de *henequén* et refuge des insurgés de la "guerre des castes" au milieu du XIXe siècle, l'hacienda a pour principal atout un agréable *cenote*, beaucoup moins fréquenté que d'autres bassins naturels de Valladolid et des environs, surtout du lundi au jeudi. En achetant une entrée combinée, vous pourrez bénéficier d'un crédit de 50 $M pour vos consommations au café.

Cenote Suytun CENOTE

(portable 998-2419957 ; route 180, Tikuch ; tarif plein/– 11 ans 70/50 $M ; 9h-17h). Si vous arrivez avant les cars de touristes, vous pourrez découvrir ce *cenote* géré par

SIMON DANNHAUER/SHUTTERSTOCK ©

1. Parque Dos Ojos (p. 114) 2. Gran Cenote (p. 131)
3. Cenote Samulá (p. 206) 4. Cenotes de Cuzamá (p. 182)

ELZBIETA SEKOWSKA/SHUTTERSTOCK ©

Les cenotes du Yucatán

On saisit au premier coup d'œil pourquoi les *cenotes* étaient sacrés pour les Mayas. Bassins insondables d'un bleu intense, rais de lumière dansant sur les parois sombres : sans même leur donner une dimension spirituelle, vous serez subjugué par la beauté de ces puits de calcaire naturels que l'on trouve par milliers dans la péninsule.

Dos Ojos (p. 114)

Les *cenotes* de ce parc de la Riviera Maya, géré par la communauté maya locale, font partie d'un des plus vastes réseaux de grottes sous-marines de la planète. Les plongeurs expérimentés viennent de partout pour tester le *cenote* El Pit, de 110 m de profondeur, qui recèle des squelettes d'humains et d'animaux.

Gran Cenote (p. 131)

Réputé pour ses stalactites, stalagmites et colonnes, toutes de belle taille, le "grand *cenote*" séduit plongeurs, adeptes du snorkeling et baigneurs. Situé à 4 km à l'ouest de Tulum, il est facilement accessible à vélo. Le cadre est parfait pour un pique-nique.

Dzitnup (p. 206)

Deux charmants *cenotes* réunis au même endroit, près de Valladolid, parfaits pour la baignade. À X'Kekén, d'imposantes stalactites toiseront votre barbotage, tandis qu'à Samulá, les racines d'un *álamo* (peuplier) tissent leur chevelure jusqu'au fond de la merveilleuse grotte. Si Dzitnup est déjà bondé, visitez plutôt l'Hacienda San Lorenzo Oxman, toute proche et moins fréquentée.

Cuzamá (p. 182)

On accède à ces trois *cenotes* à bord d'une carriole sur rails tirée par un cheval, près du village de Chunkanan, 50 km au sud-est de Mérida. Le trajet le long des champs d'agaves est à lui seul un vrai plaisir. Arrivez tôt, avant la foule, pour profiter pleinement des eaux bleues cristallines.

les villageois de Tikuch, qui figure dans de nombreux guides et brochures – c'est celui qui comporte une plateforme de pierre (construite après l'effondrement d'une partie de la voûte). Le *cenote* est joli, mais un peu aseptisé si on le compare à d'autres. À 9 km à l'est de Valladolid, près de la route 180.

Cenote X'Kekén y Samulá BAIGNADE

(Cenote Dzitnup et Samula ; 1/2 cenotes 80/125 $M ; 8h30-18h30). L'un des deux *cenotes* de Dzitnup (ou X'Kekén Jungle Park), prisé des tour-opérateurs. C'est une gigantesque formation calcaire composée de stalactites. Le bassin, artificiellement éclairé, se prête bien à la baignade. On peut aussi nager dans le *cenote* Samulá, joli bassin dans une grotte où les racines d'un *álamo* (peuplier) descendent sur plusieurs mètres. Location de chevaux (225 $M/30 min), de 4x4 (275 $M/30 min) et de vélos (100 $M/heure).

Cenote Zací BAIGNADE

(985-856-0818 ; Calle 36 s/n, entre Calles 37 et 39 ; plein tarif/3-11 ans 30/15 $M ; cenote 10h-17h30). Ce *cenote*, l'un des rares du centre-ville, est idéal pour se rafraîchir. Ne vous attendez cependant pas à des eaux limpides. On peut parfois voir des poissons-chats ou, en levant les yeux, une colonie de chauves-souris. Le parc abrite également des petits stands de souvenirs, ainsi qu'un agréable restaurant sous une grande *palapa* (plats 50-150 $M).

Circuits organisés

Xkopek Bee Tour ÉCOCIRCUIT

(985-125-09-64 ; www.facebook.com/xkopekmx ; angle Calles 57 et 38 ; adulte/enfant 100/50 $M ; 9h-17h mar-dim). Observez les laborieuses abeilles à l'occasion d'un circuit aussi amusant que fascinant, goûtez le miel et, éventuellement, achetez des produits apicoles à la boutique.

MexiGo Tours CIRCUITS

(985-856-07-77 ; www.mexigotours.com ; Calle 43 n°204C, entre Calles 40 et 42 ; 9h-13h et 15h-19h). Cette agence jouit d'une bonne réputation grâce à ses intenses excursions d'une journée, comprenant diverses activités axées culture et nature. Baignez-vous une heure dans un *cenote* et enchaînez sur une dégustation de tequila, des visites de sites archéologiques et des excursions plus lointaines, notamment en bateau pour voir les flamants à Río Lagartos. Possibilité de venir vous chercher à l'aéroport de Mérida ou Cancún. Location de vélos (heure/journée à partir de 25/150 $M).

Où se loger

Nombre d'hôtels sont situés autour ou à proximité du Parque Francisco Cantón Rosado, la place principale. Une ou deux excellentes adresses se trouvent plus loin du centre, mais il faut disposer d'un véhicule.

♥ **Hostel La Candelaria** AUBERGE DE JEUNESSE $

(985-856-22-67 ; www.hostelvalladolidyucatan.com ; Calle 35 n°201F ; dort/ch avec petit-déj à partir de 265/575 $M ;). Ce sympathique établissement installé sur une petite place tranquille est parfois pris d'assaut et il y fait souvent très chaud (mais certains dortoirs sont climatisés). Sa cuisine, son magnifique jardin en longueur avec des hamacs, un dortoir réservé aux filles et de vastes espaces détente en font l'une des meilleures auberges de la ville. Location de vélos (20 $M/heure).

La Aurora Colonial HÔTEL $

(985-856-08-32 ; www.hotellaaurora.com ; Calle 42 n°192 ; d/tr 690/790 $M ;). Dans cet hôtel de style colonial, les chambres bien aménagées (un peu exiguës pour certaines) donnent sur un joli patio avec piscine et plantes en pot. Bon rapport qualité/prix pour ceux qui surveillent leur porte-monnaie. Évitez les chambres sur la rue, plus bruyantes.

Casa Valladolid BOUTIQUE-HÔTEL $$

(985-121-01-44, 985-856-55-15 ; casavalladolidboutique.com ; Calle 44 n°176, entre Calles 35 et 37 ; ch avec petit-déj 1 200 $M ;). Cet établissement se révèle prometteur d'emblée : la réception est située dans un charmant édifice colonial aux somptueux carrelages. Les chambres occupent une nouvelle aile, autour d'une petite piscine et d'un patio. Chambres agréables, quoiqu'un peu quelconques.

Hotel Tunich-Beh B&B $$

(985-856-22-22 ; www.tunichbeh.com ; Calle 41A, entre Calles 46 et 48 ; d avec petit-déj à partir de 1 200 $M ;). Dans une jolie rue historique, cette vieille maison à la façade bleu vif a été transformée en hôtel. Elle abrite des chambres bien équipées donnant sur une piscine et des espaces communs à l'ombre d'une *palapa*, parfaits pour la détente. Personnel très

Valladolid

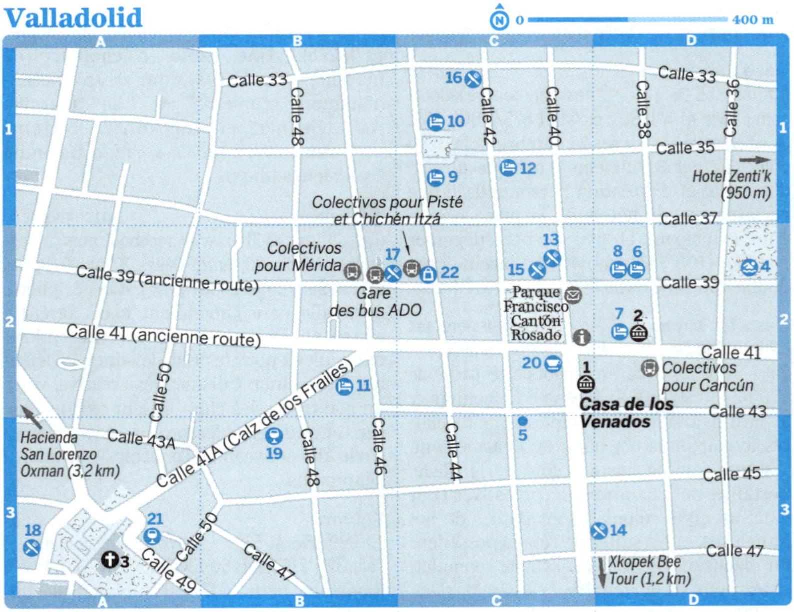

Valladolid

Les incontournables
1 Casa de los Venados C2

À voir
2 Museo de San Roque D2
3 Templo de San Bernardino A3

Activités
4 Cenote Zací D2
5 MexiGo Tours C3

Où se loger
6 Casa Marlene D2
7 Casa San Roque D2
8 Casa Tía Micha D2
9 Casa Valladolid C1
10 Hostel La Candelaria C1
11 Hotel Tunich-Beh B2
12 La Aurora Colonial C1

Où se restaurer
13 Bazar Municipal C2
14 Conato 1910 .... D3
15 Hostería del Marqués C2
16 La Palapita de los Tamales C1
17 Squimz B2
18 Yerba Buena del Sisal A3

Où prendre un verre et faire la fête
19 Cafeína Bistro Bar B3
20 Los Portales C2
21 Taberna de los Frailes A3

Achats
22 La Puerta del Sol C2

serviable. Location de vélos, pratiques pour se rendre aux *cenotes* des environs (25 $M/heure).

Hotel Zenti'k BOUTIQUE-HÔTEL **$$$**
(985-104-9171 ; www.zentikhotel.com ; Calle 30 n°192C, entre Calles 27 et 29 ; cabaña 2 197 $M ; P ⊖ ❄ ☎ ≋). Le personnel multilingue et l'excellent service font penser à un boutique-hôtel, mais il s'agit plutôt d'un mini-*resort* composé de spacieuses *cabañas* (quoiqu'un peu trop proches les unes des autres) dans un cadre paisible. Magnifiques piscine, spa, bassin souterrain et extraordinaire restaurant. Vous n'aurez pas envie de repartir !

Casa Marlene BOUTIQUE-HÔTEL **$$$**
(985-856-04-99 ; www.casamarlene.com ; Calle 39 n°193 ; ch avec petit-déj 1 700-2 100 $M ; P ⊖ ❄ ☎ ≋). Partenaire du boutique-hôtel Casa Tía Micha (dans le même pâté de maisons ; p. 208), la "maison de Marlene" est un ravissant bâtiment du XIXe siècle

comptant 6 chambres qui entourent une jolie cour-jardin dotée d'un petit Jacuzzi.

Casa San Roque B&B $$
(985-856-26-42 ; casasanroquevalladolid.com ; Calle 41 n°193B ; ch/ste 1 873/1 900 $M ; P). Avec ses 7 chambres à la déco coloniale, cet établissement offre davantage d'intimité et d'attention personnalisée que certains grands hôtels de la place principale. Principaux atouts : le petit-déjeuner complet (100 $M/pers) et une piscine avec double fontaine dans le jardin, à l'arrière.

Casa Tía Micha BOUTIQUE-HÔTEL $$$
(985-856-04-99 ; www.casatiamicha.com ; Calle 39 n°197 ; ch avec petit-déj à partir de 1 700-2 100 $US ; P). Le couloir et le jardin arrière sont superbement éclairés le soir dans cet hôtel de charme tenu par une famille, juste à côté de la place. Certaines des chambres, décorées avec goût dans un style colonial, sont dotées de lits immenses, et les suites de l'étage possèdent un Jacuzzi. Si le Tía affiche complet, optez pour sa partenaire, la Casa Marlene (p. 207), dans le même pâté de maisons, dont la piscine est ouverte aux clients des deux établissements.

Où se restaurer et prendre un verre

Yerba Buena del Sisal MEXICAIN $
(985-856-14-06 ; www.yerbabuenadelsisal.com ; Calle 54A n°217 ; plats 85-140 $M ; 8h-17h mar-dim ;). Les plats sains et savoureux sont servis dans un paisible jardin. Des chips de tortillas et 3 succulentes sauces sont offerts aux clients en entrée. La carte comporte de nombreux plats végétariens et essentiellement bio, tels les divins *tacos maculum* (avec des tortillas de maïs maison, des haricots, du fromage et de l'odorant poivre mexicain).

La Palapita de los Tamales MEXICAIN $
(998-106-34-72 ; Calle 42 s/n, angle Calle 33 ; tamales 40 $M ; 20h-22h lun-sam ;). Le menu change quotidiennement, mais les *tamales* sont toujours au programme, pour les petites faims. Dernièrement, on pouvait déguster du maïs et du porc, ainsi qu'un délicieux *pozole* (soupe de porc et de maïs *nixtamal*). Salle décontractée et terrasse. Beaucoup de clients optent pour la vente à emporter. Excellents jus de fruits, petits-déjeuners et plats végétariens également.

Bazar Municipal MARCHÉ $
(Angle Calles 39 et 40 ; petit-déj 30-50 $M ; 7h-22h). Une série d'échoppes de marché, appréciées pour leurs petits-déjeuners copieux et bon marché. Au déjeuner et au dîner, certains proposent une *comida corrida* (formule à plusieurs plats).

Naino INTERNATIONAL $$
(985-104-90-71 ; www.facebook.com/zentikproject ; Calle 30, entre Calles 27 et 29 ; plats 80-150 $M ; 7h-22h30 ; P). À la périphérie de la ville, dans l'hôtel Zenti'k, cet agréable restaurant en plein air est un endroit merveilleux pour le petit-déjeuner, le déjeuner ou le dîner. Cuisine très créative, voire un peu trop – les chefs misent parfois plus sur l'effet que sur les saveurs. Si vous avez envie de nouveauté, l'endroit vous plaira néanmoins.

Squimz CAFÉ $$
(999-856-41-56 ; www.squimz.com.mx ; Calle 39 n°219 ; plats 50-130 $M ; 7h-23h ; P). Ravissant petit café à l'ambiance décontractée, quelques mètres à l'est du terminal ADO. On y trouve des gâteaux, des viennoiseries, des boissons à base d'expresso, mais aussi des plats plus nourrissants (pâtes, paninis). Bon choix de cocktails.

Hostería del Marqués MEXICAIN $$
(985-856-20-73 ; www.mesondelmarques.com ; El Mesón del Marqués, Calle 39 n°203 ; plats 120-350 $M ; 7h-23h ; P). Installez-vous dans la paisible cour coloniale où murmure une fontaine, ou dans la salle climatisée donnant sur celle-ci. Spécialisé dans la cuisine yucatèque, ce restaurant sert des *longanizas* (saucisses) de Valladolid et de la *cochinita pibil*, ainsi que des favoris internationaux, notamment du bœuf de l'Angus.

Conato 1910 MEXICAIN $$
(www.facebook.com/conato1910 ; Calle 40 n°226 ; plats 72-140 $M ; 17h-1h lun-sam ;). Repaire de révolutionnaires au début du XXe siècle, ce bâtiment historique abrite aujourd'hui un bar-restaurant correct à la décoration éclectique dédiée à Frida Kahlo (comprenant des œuvres d'artistes locaux à vendre). Concerts occasionnels. Le menu (adapté aux végétariens) propose des salades, des pizzas et des pâtes, mais le décor mérite davantage le détour que la cuisine.

Cafeína Bistro Bar BAR
(985-858-21-26 ; Calle 41A s/n ; plats 90-300 $M ; 12h-2h ;). Un petit bistrot-pub parfait pour regarder une retransmission sportive ou bavarder autour d'une bière pression et de bonnes pizzas.

Taberna de los Frailes BAR À COCKTAILS
(985-856-06-89 ; www.tabernadelosfrailes.com ; Calle 49 s/n, angle Calle 41A ; plats 145-280 $M ; 10h-22h ;). Les visiteurs sont séduits par l'atmosphère romantique de ce joli bar au jardin verdoyant. La cuisine est bonne, mais l'endroit convient surtout pour qui souhaite discuter au calme en sirotant un bon cocktail.

Los Portales CAFÉ
(985-856-09-99 ; Calle 41 n°202B ; 7h-23h). La cuisine et les cocktails n'ont rien d'exceptionnel, mais le cadre, oui : installez-vous en terrasse sur la *plaza* pour prendre un verre dans une atmosphère détendue en vous enivrant de la beauté de Valladolid.

Achats

La Puerta del Sol VÊTEMENTS
(985-856-34-20 ; angle Calles 39 et 44 ; 8h30-20h lun-mer, ven-sam, 8h30-14h jeu et dim). Une boutique sympathique qui vend des *guayaberas* de bonne qualité et d'autres vêtements locaux à des prix raisonnables.

Renseignements

Les banques (la plupart avec DAB) proches du centre-ville sont généralement ouvertes de 9h à 17h du lundi au vendredi et de 9h à 13h le samedi.

Grupo Médico del Centro (985-856-51-06 ; www.facebook.com/grupomedicodelcentro ; Calle 40 n°178B, entre Calles 33 et 35 ; 7h30-12h30 et 17h30-19h30). Une clinique privée très centrale.

Office du tourisme (985-856-25-51, poste 114 ; angle Calles 40 et 41 ; 8h30-20h lun-ven, 9h-19h sam-dim). Disposant d'un budget limité, ce bureau a très peu de brochures. Les guides de randonnée agréés en ont fait leur QG.

Poste principale (Calle 40 s/n, entre Calles 39 et 41 ; 8h-16h30 lun-ven, 8h-13h sam)

Depuis/vers Valladolid

BUS

La principale gare routière de Valladolid est la **gare des bus ADO** (985-856-34-48 ; www.ado.com.mx ; angle Calles 39 et 46 ; 24h/24). Les principales lignes de bus 1re classe sont gérées par ADO, ADO GL et OCC ; Oriente et Mayab proposent, elles, des bus 2e classe. Les bus à destination de Chichén Itzá/Pisté s'arrêtent près du site archéologique lorsque celui-ci est ouvert (vérifiez tout de même).

COLECTIVOS

Les colectivos partent quand qu'ils sont pleins (sauf si vous payez pour les sièges vides). La plupart commencent vers 7h ou 8h, jusqu'à 19h environ, mais certains partent dès 3h et d'autres fonctionnent jusqu'à 22h.

Les *colectivos* directs vont à **Mérida** (Calle 39 ; près de la gare routière ADO ; 200 $M, 2 heures) et **Cancún** (Calle 41, angle Calle 38 ; 200 $M, 2 heures) ; faites-vous confirmer qu'ils ne marquent pas d'arrêt. Les *colectivos* pour **Pisté et Chichén Itzá** (Calle 39 ; 35 $M, 1 heure) partent au nord de la gare routière ADO. Pour **Ek' Balam** (Calle 44, entre Calles 35 et 37 ; 50 $M), prenez un *colectivo* indiqué "Santa Rita".

Comment circuler

L'ancienne route traverse le centre-ville, mais nombre de panneaux incitent les automobilistes à emprunter la route à péage qui passe au nord de la ville. Pour aller vers l'est via l'ancienne route, suivez la Calle 41 ; pour l'ouest, suivez la Calle 39.

Le vélo est tout indiqué pour visiter la ville et rejoindre les *cenotes*. Vous pourrez en louer à l'auberge de jeunesse La Candelaria ou chez MexiGo Tours pour environ 20-25 $M l'heure.

La plupart des *cenotes* sont desservis. Les *colectivos* partent de divers points du centre-ville ; renseignez-vous sur place. Attention, ils circulent essentiellement le matin.

Ek' Balam

Venez voir ici à quoi ressemble un village maya traditionnel. Vous y trouverez quelques stands d'artisanat (surtout des hamacs) sur la place principale (qui sert aussi de terrain de football municipal) et un hébergement correct.

À voir

Ek' Balam SITE ARCHÉOLOGIQUE
(Adulte 221 $M, guide 600 $M ; 8h-16h). La fascinante cité d'Ek' Balam atteignit son apogée au VIIIe siècle avant d'être soudainement abandonnée. Le site est recouvert par la végétation, mais bien entretenu et plein de charme. Les vestiges intéressants comprennent une construction aux allures de pyramide près de l'entrée, une arche magnifique et un terrain de jeu de balle.

Très impressionnante, l'**Acrópolis** est une gigantesque pyramide, dont la base

BUS AU DÉPART DE VALLADOLID

DESTINATION	PRIX ($M)	DURÉE (H)	FRÉQUENCE
Cancún	125-228	2½-3½	fréquents
Chichén Itzá/Pisté	33	45 min	fréquents
Chiquilá (pour Isla Holbox)	125-182	4	1/jour
Cobá	46-49	1	fréquents
Izamal	72	2½	12h50
Mérida	125-216	2-3½	fréquents
Playa del Carmen	135-228	3-4	fréquents
Tizimín	30	1	fréquents
Tulum	97-134	1-2	fréquents

bien restaurée de 160 m de longueur abrite une enfilade de pièces. Surmontant la base, la **pyramide principale** d'Ek' Balam, d'une hauteur de 32 m, est ornée d'une gueule béante de jaguar, sous laquelle sont alignés des crânes en stuc, et sur laquelle repose, sur la droite, un personnage particulièrement expressif. Également du côté droit, d'étonnants personnages ailés ont parfois été qualifiés d'anges mayas – mais il s'agit plus probablement de chamanes ou de médecins.

L'embranchement menant au site archéologique est à 17 km au nord de Valladolid ; les ruines sont 6 km plus loin, en allant vers l'est. Depuis l'entrée d'Ek' Balam, on peut se rendre à pied au Cenote X'Canché, qui aurait servi de site cérémoniel.

Cenote X'Canché CENOTE
(☎ portable 985-1009915 ; www.ekbalam.com.mx/cenote-xcanche ; 50 $M ; ⏲ 8h-15h30). Ce *cenote* est accessible depuis le parking d'Ek' Balam. Depuis l'entrée, il faut marcher 1,5 km ; vous pouvez aussi louer un vélo (120 $M) ou un vélo-taxi (150 $M). Le centre d'écotourisme dispose aussi de tyroliennes et de *cabañas* (600 $/nuit).

Où se loger et se restaurer

♥ Genesis Eco-Oasis PENSION $$
(☎ portable 985-1010277 ; www.genesisretreat.com ; Ek' Balam Pueblo ; d 65-79 $US ;). Cet établissement offre l'intimité d'un B&B dans un cadre calme et décontracté, respectueux de l'environnement. Le lieu se veut écologique : les eaux usées sont utilisées pour l'entretien paysager, l'architecture (toit de chaume incliné) favorise la climatisation naturelle, et il y a quelques toilettes sèches. Piscine rafraîchissante sur place et délicieux repas végétariens faits maison.

L'hôtel ferme en septembre et parfois début octobre. Réservation nécessaire. Wi-Fi uniquement dans le lobby.

Dolce Vacanza ITALIEN $$
(☎ 985-124-10-80 ; plats 90-120 $M ; ⏲ 8h-20h ;). Si le nom est resté le même, le propriétaire a changé et le menu aussi. On sert désormais des plats végétariens, des pâtes, du pesto et des soupes dans un espace décontracté, jaune vif.

Depuis/vers Ek' Balam

Les *colectivos* (50 $M) pour Ek' Balam partent de Valladolid de la Calle 44, entre les Calles 35 et 37.

Tizimín

☎ 986 / 50 000 HABITANTS

Tizimín n'est pas vraiment aménagée pour le tourisme. La plupart des gens n'y font qu'une simple étape, en route pour la côte. Si vous avez deux heures à tuer en attendant votre bus, profitez-en pour visiter l'église et le monastère qui dominent le Parque Principal (place principale).

Historiquement, Tizimín a son importance : il s'agirait d'un des premiers villages fondés par les Espagnols.

Si vous avez un véhicule, vous pouvez pousser jusqu'au *cenote* (avec restaurant) géré par les villageois, à 6 km. Il est situé dans un jardin paysager verdoyant.

À voir

Templo y Exconvento de Los Santos Reyes ÉGLISE
(Église des Rois Mages). Cette église et le couvent adjacent (de part et d'autre de la Calle 51, sur la place principale) furent bâtis en 1563 par les

Franciscains. On pense qu'à l'époque, l'église et le couvent étaient déjà séparés, en raison de l'urbanisation de la ville ; aujourd'hui, une route passe toujours entre les deux bâtiments.

Cenote Kikil CENOTE
(☎986-118-31-14 ; www.tzn.mx ; Carretera Tizimín – Río Lagartos, km 4,5, Kikil ; tarif plein/– 12 ans 100/20 $M ; ⏲8h-19h). À 6 km au nord-ouest de Tizimín, ce *cenote* géré par une coopérative est une belle surprise quand on arrive de l'âpre Tizimín. Bien tenu, propre, il trône au cœur d'un beau jardin paysager. Le charmant restaurant (8h-18h30, plats 80-200 $M) sert le petit-déjeuner aux lève-tôt. Si vous avez aimé, demandez un feutre pour gribouiller votre bonne humeur sur les murs.

Où se loger et se restaurer

Hotel 49 HÔTEL $
(☎986-863-21-36 ; contacto@hotel49.com ; Calle 49 n°373, entre Calles 46 et 48 ; s/d 650/750 $M ; P ❄ 📶). Un hôtel central doté d'un parking et de chambres climatisées. Il est permis de fumer à l'intérieur, ce qui rebutera peut-être les non-fumeurs.

Hotel San Carlos HÔTEL $
(☎986-863-20-94 ; www.hotelsancarlostizimin.com ; Calle 54 n°407, entre Calles 51 et 53 ; ch avec ventil/clim 390/520 $M ; P ❄ 📶). Deux pâtés de maisons à l'ouest de la place principale, cet hôtel est un des plus agréables de la ville, bien qu'il n'ait rien de luxueux (l'extérieur est plus moderne que les chambres). Certaines chambres possèdent un balcon donnant sur le jardin.

Ricardo's MEXICAIN $
(Calle 48 n°371, entre Calles 45 et 47 ; plats 70-110 $M ; ⏲8h30-18h ; 📶). Ce restaurant a sans doute les menus plastifiés les plus colorés de ce coin du Yucatán. Il est réputé pour ses plats du jour au déjeuner, abordables et copieux.

Coctelería El Barco de Ana PRODUITS DE LA MER $$
(☎986-863-73-87, portable 986-1064496 ; Calle 54A n°415, entre Calles 57 et 59 ; plats 70-200 $M ; ⏲11h-18h mer-lun). À quelques pâtés de maisons de la place principale, ce petit restaurant décontracté détone un peu dans ce quartier sans attraits. Il se remplit à toute vitesse, surtout entre 13h et 15h, quand les amateurs viennent se régaler de *mariscos* frais et d'autres délices de la mer pêchés à Río Lagartos.

ℹ Depuis/vers Tizimín

La **gare routière ADO** (☎986-863-24-24 ; www.ado.com.mx ; Calle 47, entre Calles 46 et 48 ; ⏲3h-23h) est à l'est du marché. Vous y trouverez aussi des *colectivos* (140 $M) pour Mérida. La **gare routière Noreste** (Calle 46 ; ⏲2h-20h) est juste au coin de la rue. Les *colectivos* à destination de Río Lagartos/San Felipe (45/50 $M, 5/jour) partent du marché.

Río Lagartos

☎986 / 3 000 HABITANTS

Sur la venteuse rive nord de la péninsule, le tranquille village de pêcheurs de Río Lagartos (rivière Alligator) possède la plus forte concentration de flamants roses du Mexique (2 ou 3 individus par Mexicain, selon les chiffres fournis). Situé dans la **Reserva de la Biosfera Ría Lagartos**, cet estuaire bordé de mangroves abrite différentes espèces d'oiseaux (aigrettes neigeuses, aigrettes roussâtres, onorés du Mexique et ibis blancs, notamment), sans oublier les crocodiles, qui ont donné son nom à la ville. C'est une belle région où, à la bonne période de l'année, on peut observer la faune aviaire sans même sortir de son véhicule.

BUS AU DÉPART DE TIZIMÍN

DESTINATION	PRIX ($M)	DURÉE (H)	FRÉQUENCE
Cancún	140-185	3½	fréquents
El Cuyo	70	2	4-5/jour
Izamal	95	2½	3/jour
Mérida	115-190	4	8/jour
Río Lagartos/San Felipe	45/50	1¼	9/jour
Valladolid	30	1	fréquents

Circuits organisés

Les flamants de couleur rouge-orangé embrasent l'horizon en s'envolant. Selon votre degré de chance, vous en verrez des centaines ou des milliers : la meilleure période court de juin à août ; entre mars et octobre, vous risquez d'en voir très peu.

Pour observer les flamants, il vous faudra louer un bateau et les services d'un pilote. Vous verrez davantage d'oiseaux à l'aube ou vers 17h. Les prix varient en fonction du bateau, de la taille du groupe (6 personnes au maximum), de la durée et de la destination. Une excursion de 2 heures coûte entre 1 200 et 1 800 $M. Prévoyez de quoi vous nourrir la veille au soir car la plupart des restaurants ouvriront bien après votre départ. Demandez une escale à l'*arcilla* (bain de boue) au retour.

Des hommes vous apostropheront sans doute sur le front de mer : vous pouvez négocier avec l'un d'entre eux en anglais pour qu'il vous mette en contact avec un capitaine (probablement non anglophone). La meilleure option reste toutefois de s'adresser à un des guides anglophones chevronnés qui attendent devant les restaurants Ría Maya et Balneario Chiquilá.

Río Lagartos Adventures BATEAU
(☎ portable 986-1008390 ; www.riolagartosadventures.com ; Calle 19 n°134 ; 2 heures, à partir de 1 800 $M/bateau, pêche à la mouche 2 000 $M/bateau). Cette agence dirigée par Diego Núñez Martinez, un guide naturaliste certifié parlant anglais, propose diverses expéditions, sur l'eau comme sur la terre ferme : observation des flamants et des crocodiles, parties de pêche à la mouche ou excursions spéciales pour amateurs de photographie. Diego connaît très bien la faune (forte de quelque 400 espèces d'oiseaux) et la flore. Il organise les circuits du Ría Maya Restaurante et forme les guides locaux.

Ismael Navarro BATEAU
(☎ 986-862-00-00, portable 986-8665216 ; riolaga@hotmail.com ; Calle 9 ; excursion en bateau 1 200 $M/2 heures, pêche à la mouche 1 200-3 500 $M). Ismael en connaît un rayon sur la flore et la faune locale, mais s'il n'est pas libre, il confiera le circuit à un de ses guides, dont l'anglais est moins bon que le sien. Outre la découverte des flamants et la pêche à la mouche (1 200 $M), Ismael organise des circuits d'observation des limicoles le long des vasières, ou des crocodiles le soir.

Ismael et son associé, le capitaine "Chino Mosca", sont basés au Balneario Chiquilá, un restaurant sans chichis à l'extrémité est de la Calle 9 (près d'un bassin de baignade en eau douce).

Où se loger et se restaurer

Punta Ponto Hotel HÔTEL $
(☎ 986-862-05-09 ; www.facebook.com/HotelPuntaponto ; Calle 9 n°140, angle Calle 19 ; ch avec petit-déj 700-750 $M ; P 🚭 ❄ 📶). Simple et propre, cet hôtel affiche un des meilleurs rapports qualité/prix de la ville. L'affable Roger y est une mine d'informations. Les deux chambres à l'avant, avec balcon donnant sur l'estuaire, nous ont beaucoup plu. Même si vous prenez une autre chambre, les vastes espaces communs à ciel ouvert sont suffisamment convaincants (et les toilettes ont des sièges !)

Hotel Villas de Pescadores HÔTEL $
(☎ 986-862-00-20 ; www.hotelvilladepescadores.com ; angle Calles 14 et 9 ; d 750 $M ; P 🚭 ❄ 📶). À proximité de l'eau, très central, cet hôtel blanc et vert vif abrite 12 chambres impeccables et bien ventilées donnant toutes sur l'estuaire, avec TV satellite et climatisation. Celles situées à l'étage possèdent un balcon. Un escalier en colimaçon mène à une tour sur le toit d'où les clients peuvent admirer le coucher de soleil.

El Perico Marinero HÔTEL $$
(☎ 986-862-00-58, portable 998-1847193 ; www.elpericomarinero.com ; Calle 9, près de Calle 19 ; d avec petit-déj 640-900 $M ; P ❄ 📶 🏊). Ce charmant petit hôtel de Río Lagarto loue 14 chambres agréables, certaines avec vue sur l'estuaire et mobilier en bois artisanal, toutes avec d'excellents lits. La piscine est petite mais rafraîchissante. Les petits-déjeuners sont simples, mais comprennent du vrai café (pas de l'instantané). Les toilettes de certaines chambres n'ont pas de siège ; vérifiez au préalable, si ce détail vous importe.

El Perico Marinero PRODUITS DE LA MER $$
(☎ 986-862-05-55 ; www.elpericomarinero.com ; Calle 9 ; plats 150-350 $M ; ⏲ 7h-21h30). Au ras de l'eau, cette adresse toute simple est agréable pour décompresser après une journée à l'affût des flamants. Le poisson et les fruits de mer frais, les quelques plats yucatèques et le service aimable s'accommodent bien avec les derniers rayons du couchant et le clapotis des vagues.

LES MEILLEURS FESTIVALS DE RÍO LAGARTOS

Río Lagartos a le sens de la fête. Deux de ses festivals, la Feria de Santiago et le Día de la Marina, méritent vraiment le détour. La **Feria de Santiago** (20-25 juillet), fête de saint Jacques, patron de la ville, a lieu en juillet. Une arène de corrida (rien de sanglant) est installée au milieu de la ville, et, chaque après-midi, ceux qui le souhaitent peuvent entrer jouer au torero avec un jeune taureau. L'animal n'est ni tué ni même blessé, juste un peu excité par moments.

L'autre grand rendez-vous annuel de Río Lagartos est le **Día de la Marina** (jour de la Marine ; 1er juin). Après la messe du matin, une couronne de fleurs dédiée à la Vierge est transportée de l'église vers un bateau. Au large, à 4 km de la côte, elle est déposée sur l'eau. Il s'agit d'une offrande en hommage à tous les pêcheurs ayant péri en mer.

Pour l'occasion, les bateaux sont richement décorés, et acceptent parfois d'emmener les touristes gratuitement jusqu'au site. Demandez simplement si vous pouvez monter et montrez-vous aimable et respectueux. À l'arrivée, un pourboire pour le service rendu sera apprécié (50-100 $M par visiteur).

Ría Maya Restaurante PRODUITS DE LA MER **$$**
(www.riolagartosadventures.com ; Calle 19 n°134, angle Calle 14 ; plats 150-300 $M, langouste 250-500 $M ; 9h-20h30). Cette populaire *palapa* sur deux étages au bord de l'eau offre une vue magnifique au coucher du soleil. Idéale pour faire connaissance avec d'autres voyageurs et constituer des groupes pour les excursions en bateau. La langouste, vendue au prix du marché, est une délicieuse spécialité de saison. Les nombreuses mangeoires à colibris ajoutent au charme du lieu.

Depuis/vers Río Lagartos

Plusieurs bus Noreste circulent chaque jour entre Río Lagartos et Tizimín (45 $M, 1 heure 15), Mérida (250 $M, 3-4 heures) et San Felipe (20 $M, 20 min). La compagnie dessert aussi Valladolid et Cancún, mais il faut faire une correspondance à Tizimín. Si vous partez pour Valladolid, assurez-vous de prendre le bus de Río Lagartos à 16h ; le bus de 17h n'assure pas la correspondance à Tizimín.

La gare routière est située sur la Calle 19, entre les Calles 8 et 10.

El Cuyo

986 / 3 000 HABITANTS

Cette bourgade est nichée au bord de l'océan, au bout d'une route à l'est de Río Lagartos. Le petit village de pêcheurs est bordé au nord d'une plage de sable blanc battue par le vent et au sud par une lagune. Ces dernières années, il est devenu un site prisé pour le kitesurf, et plusieurs prestataires y proposent des cours. Quelques touristes mexicains y viennent pour une escapade en bord de plage, mais les étrangers sont rares. Peut-être est-ce le coin de paradis reculé dont vous rêvez...

À El Cuyo, la route traverse de vastes étendues de savane herbeuse, semées de palmiers et d'arbres à gros troncs, et passe devant le site où fut fondée la ville de Valladolid, en 1543 (elle fut déplacée par la suite). À Colonia Yucatán, 38 km au sud d'El Cuyo, vous pouvez prendre vers l'est pour rejoindre la route de Chiquilá et l'Isla Holbox ou vers l'ouest, pour retrouver Tizimín.

Activités

El Cuyo Kite School KITESURF
(portable 985-8582357 ; elcuyokiteschool.com ; cours privés/collectifs à partir de 210/150 $US). Laissez-vous porter par cette école réputée d'El Cuyo, ouverte toute l'année sauf d'août à octobre. Le village est idéalement situé pour profiter des vents du nord. Pour ceux qui y prennent goût et souhaitent faire le stage de 3 jours, l'école propose un hébergement.

Où se loger et se restaurer

Posada El Faro HÔTEL **$**
(986-853-40-15 ; s/d 600/700 $M ; P). Cinq chambres basiques mais confortables, avec lits et hamacs. Juste au sud de la place principale.

Villas Chac Chi APPARTEMENTS **$$**
(portable 998-5773380 ; www.facebook.com/villaschacchi ; app 1 300 $M ; P). Environ 1 km à l'est de la plaza, au bord de la route principale (en terre) se dressent 6 grands appartements climatisés avec cuisine équipée, à deux pas de la plage. Si besoin,

n'hésitez pas à vous adresser à Johnny, le très agréable propriétaire.

La Conchita PRODUITS DE LA MER $$
(☎ 986-853-40-62 ; Calle 21 s/n ; plats 80-170 $M, langouste 340-380 $M ; ⏲ 8h-18h). Un festin de saveurs marines vous attend sous la *palapa* paradisiaque de ce restaurant sans chichis. Commandez une bière, du ceviche et des crevettes et rappelez-vous ce qu'était la vie avant la technologie. Location de vélos (50 $M/heure).

Miramar PRODUITS DE LA MER $$
(Plats 100-140 $M, langouste 300 $M ; ⏲ 7h-18h). Goûtez les délicieuses crevettes croustillantes servies dans une noix de coco (130 $M) dans ce vaste restaurant rafraîchi par des ventilateurs, à l'ouest de la place principale.

Depuis/vers El Cuyo

Plusieurs bus quittent le Terminal Noreste de Tizimín pour El Cuyo (env. 70 $M, 1 heure) ; en sens inverse, 3 bus rejoignent Tizimín depuis la place principale ; certains continuent vers Valladolid (95 $M). Les *colectivos* sont plus rapides (70 $M). L'auto-stop est possible, mais il est de loin préférable de louer une voiture.

San Felipe

☎ 986 / 2 500 HABITANTS

Ce village de pêcheurs tranquille est réputé pour ses rues ordonnées, sa joyeuse atmosphère caribéenne et ses maisons en bois colorées. Il offre une bonne alternative à Río Lagartos, plus animé. Environ 12 km à l'ouest de ce dernier, il est peu visité par les voyageurs. En chemin, vous longerez des lagunes ponctuées de mangroves et surprendrez peut-être une tortue ou deux traversant la route. La plage s'étend de l'autre côté de l'estuaire, à Punta Holchit, où les mangroves sont un vrai paradis pour observer les oiseaux, tout comme celles situées à l'orée ouest du bourg. Par les fenêtres du principal hôtel de la ville, vous apercevrez des pélicans blancs et bruns, des sternes, des cormorans, des grands hérons, des frégates superbes et des jabirus.

À voir et à faire

Les *lancheros* (bateliers) à l'extrémité est de la Calle 9 (qui longe le front de mer) demandent environ 150 $M par bateau pour une traversée jusqu'à Playa Bonita et 600 $M pour rejoindre un *cenote* voisin. Ils proposent aussi des sorties pêche et des excursions d'observation des oiseaux à l'Isla Cerritos (1 000 $M). Comptez 1 800 $M pour un circuit d'observation des flamants.

Isla Cerritos ÎLE
À seulement 5 km de San Felipe, la minuscule Isla Cerritos était jadis un important port maya. À l'époque, l'île était couverte de bâtiments – les fouilles ont permis de mettre au jour près de 50 000 objets – ; aujourd'hui, elle est pratiquement déserte. Aucun édifice n'a été restauré. Vous pouvez visiter l'île dans le cadre d'un circuit organisé ou prendre un bateau à moteur à l'est de la promenade de San Felipe (environ 1 000 $M par bateau).

Où se loger et se restaurer

Hotel San Felipe de Jesús HÔTEL $
(☎ 986-862-20-27 ; hotelsfjesus@hotmail.com ; Calle 9A n°59, entre Calles 14 et 16 ; d 620-670 $M, ste 740 $M ; ⏲ restaurant 8h-10h et 19h-21h). Un hôtel sympathique, propre et habilement construit, à l'ouest du port de San Felipe. Les chambres avec balcon privé donnant sur la mer méritent assurément un petit extra. Le restaurant (petit-déjeuner et dîner) propose de bons fruits de mer à prix bas. Pour trouver l'hôtel, tournez à gauche au bout du *malecón* et continuez sur 200 m.

El Popular Vaselina PRODUITS DE LA MER $$
(☎ 986-862-20-83 ; plats 89-169 $M ; ⏲ 9h-18h). Sans doute le meilleur restaurant de poisson et fruits de mer du village. Service efficace. Sur le *malecón*.

Depuis/vers San Felipe

Les bus Noreste en provenance de Tizimín passent par Río Lagartos et continuent jusqu'à San Felipe (50 $M, 1 heure, 4-5/jour). Le trajet depuis Río Lagartos dure 20 minutes. Les *colectivos* pour San Felipe partent du marché de Tizimín (50 $M, 1 heure). Les bus pour Mérida (220 $M) partent à 5h.

État de Campeche

Dans ce chapitre ➡

Le top des restaurants

- Il Giglio (p. 234)
- Río Bec Dreams (p. 238)
- La Pigua (p. 224)
- Sazon Veracruzano (p. 239)

Le top des hébergements

- Río Bec Dreams (p. 238)
- Hacienda Puerta Campeche (p. 223)
- Hostal Viatger (p. 222)
- Freedom Shores (p. 232)

Pourquoi y aller

Niché au sud-ouest de la péninsule du Yucatán, l'État de Campeche est ponctué de villages discrets, de vastes étendues de jungle enchevêtrées, de mangroves, de lagunes parsemées d'oiseaux, et de certains des sites archéologiques mayas les plus imposants de la région – mais peu fréquentés. Sur les plages désertes, les tortues menacées d'extinction pondent leurs œufs, tandis que les dauphins s'ébattent dans les vagues. La capitale fortifiée de Campeche est l'épicentre culturel et rural de la région, point de départ idéal pour votre périple dans cet arrière-pays hors du temps.

État du Yucatán le moins visité, Campeche est parsemé de routes secondaires désertes et peut se targuer d'une population accueillante, de côtes tranquilles et d'un charme provincial d'antan : un changement bienvenu après les foules de touristes agglutinés dans les sites les plus populaires de la péninsule. Ici, vous trouverez calme, curiosités surprenantes et authenticité.

Quand partir

Campeche

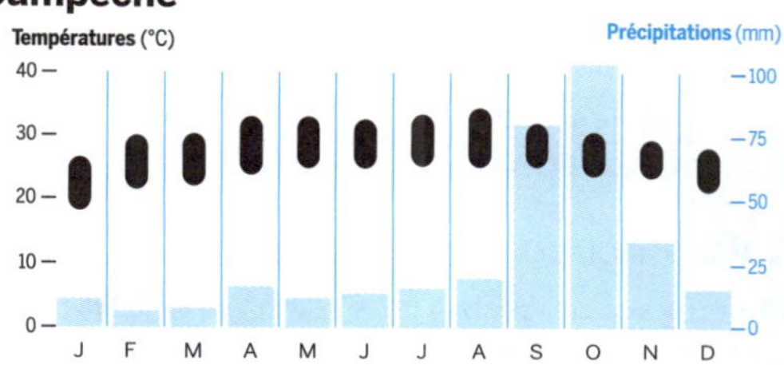

Décembre-avril En haute saison, les prix des hôtels grimpent en flèche, mais les festivités sont nombreuses.

Juin-août Période de ponte pour les tortues à Sabancuy (vous pourrez les voir d'avril à octobre).

Novembre-mars Il est agréable de visiter Calakmul pendant la saison sèche ; durant la saison des pluies, l'accès est limité.

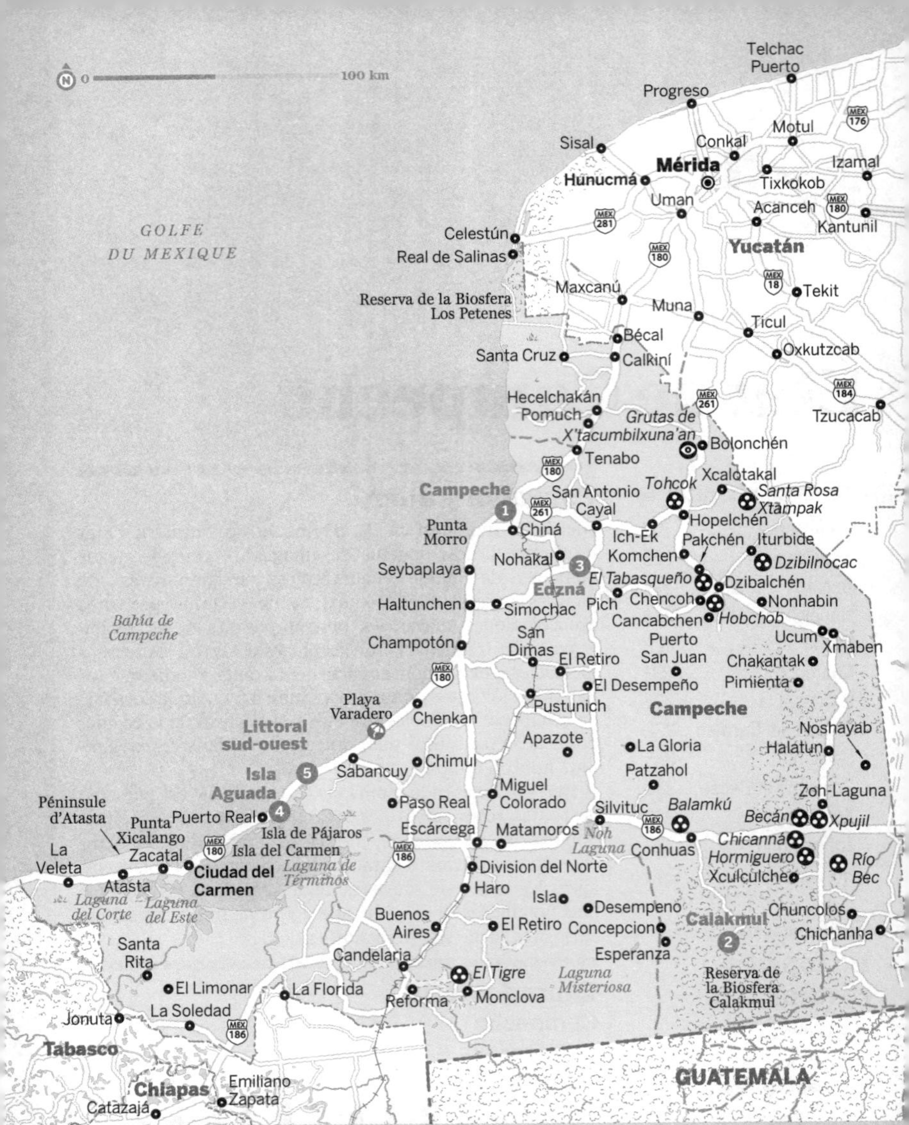

À ne pas manquer

1 Les rues couleur pastel et les remparts de **Campeche** (ci-contre) qui rappellent son passé lié aux pirates.

2 Les pyramides impressionnantes de **Calakmul** (p. 235), où résonnent les cris des singes hurleurs depuis la jungle environnante.

3 L'exploration d'**Edzná** (p. 229), un des plus riches et des plus accessibles sites maya de la région.

4 L'observation des dauphins, oiseaux marins et autres espèces à **Isla Aguada** (p. 232) depuis le bateau d'un pêcheur, qui vous informera sur l'écologie locale.

5 Les restaurants de poisson et fruits de mer du **littoral sud-ouest** (p. 231), et ses plages désertes.

CAMPECHE

☎981 / 250 000 HABITANTS

Campeche est une merveilleuse ville coloniale dotée d'un centre fortifié formant une petite enclave d'édifices pastel restaurés, de ruelles pavées, de remparts et de demeures préservées. Inscrite au patrimoine mondial en 1999, la capitale d'État manque quelque peu de vie, son centre historique étant peu habité. En dehors du centre, vous découvrirez une authentique capitale provinciale mexicaine avec un marché animé, un paisible *malecón* et un vieux port de pêche.

Outre les nombreuses demeures bâties par les riches Espagnols pendant l'âge d'or de la ville, aux XVIIIe et XIXe siècles, Campeche a conservé sept des *baluartes* (bastions) qui jalonnaient les remparts. Deux forts coloniaux bien préservés gardent les abords de la ville, l'un d'entre eux abritant le Museo de la Arquitectura Maya, musée archéologique de tout premier plan.

Campeche est le point de départ idéal pour des excursions à la journée vers Edzná, les sites Chenes et les plages des alentours.

Histoire

Ancien village commercial maya appelé Ah Kim Pech, Campeche a brièvement intéressé les Espagnols en 1517. La résistance des Mayas empêcha ces derniers de conquérir la région pendant près d'un quart de siècle ; un avant-poste espagnol fut fondé en 1531, mais bien vite abandonné en raison de l'hostilité des Mayas. En 1540, toutefois, les conquistadores contrôlaient suffisamment le territoire pour créer une colonie permanente, sous la férule de Francisco de Montejo le Jeune. Ils la baptisèrent Villa de San Francisco de Campeche.

La ville prospéra et devint rapidement le principal port de la péninsule, ce qui attira la convoitise des pirates. En 1663, après une attaque qui laissa la cité en ruine (p. 221), le roi d'Espagne ordonna la construction des fameux bastions de Campeche, qui mirent fin aux saccages à répétition. De nos jours, le tourisme contribue pour l'essentiel à la prospérité de l'économie locale.

À voir et à faire

Plaza Principal et environs

À l'ombre des caroubiers, la modeste place principale de Campeche est traversée par des allées qui rayonnent depuis un kiosque en son centre. C'est ici que se dressa le premier camp militaire en 1531. Au fil du temps, ce lieu devint le centre névralgique des affaires administratives, politiques et religieuses. Aujourd'hui encore, la place est au cœur de la vie locale. Les habitants viennent y retrouver leurs amis, leurs amours, faire cirer leurs chaussures ou se rafraîchir une glace à la main après la chaleur de la journée. La *plaza* est particulièrement plaisante le soir en fin de semaine quand, interdite à la circulation, elle accueille des concerts.

Centro Cultural Casa Número 6 CENTRE CULTUREL
(Calle 57 n°6 ; 20 $M, audioguide 15 $M ; ⏲8h-21h lun-ven, 9h-21h sam-dim). Pendant la période prérévolutionnaire, lorsque la demeure était habitée par une riche famille *campechana*, Número 6 était une adresse prestigieuse. La visite donne un bon aperçu du mode de vie de la bonne société d'alors, au fil du salon, au mobilier de style cubain, des espaces d'exposition et de l'agréable patio. Boutique de souvenirs sur place.

Catedral de Nuestra Señora de la Purísima Concepción ÉDIFICE RELIGIEUX
(Calle 55 ; ⏲7h-21h). GRATUIT Les deux tours de la cathédrale s'élèvent à l'est de la Plaza Principal. Construit en pierre calcaire il y a plus de trois siècles, l'édifice attire une foule de fidèles pour la messe dominicale. Vous remarquerez les statues de saint Pierre et de saint Paul dans les niches de la façade baroque. L'intérieur sobre, à une seule nef, est orné de peintures de l'époque coloniale. Le soir, les illuminations diaphanes de l'église et d'autres points de repère centraux créent une atmosphère magique.

Biblioteca de Campeche BIBLIOTHÈQUE
(Centro Cultural del Palácio ; ⏲9h-20h lun-ven, à 13h sam). Sur le côté nord de la Plaza Principal se dresse une réplique de l'ancien centre du gouvernement qui abrite désormais la *biblioteca* de Campeche. La version précédente de l'hôtel de ville se trouvait dans l'impressionnant bâtiment à portiques juste en face ; il abrite désormais boutiques et restaurants.

Mansión Carvajal ÉDIFICE HISTORIQUE
(Calle 10, entre Calles 51 et 53 ; ⏲8h-14h45 lun-ven). GRATUIT Ce manoir ayant appartenu au fortuné Fernando Carvajal abrite aujourd'hui les bureaux de l'État. Les visiteurs peuvent jeter un coup d'œil à l'intérieur : carrelage noir et blanc, colonnes doriques, arcades élaborées et spectaculaire escalier en marbre et fer forgé. Remarquez la plaque historique.

Campeche

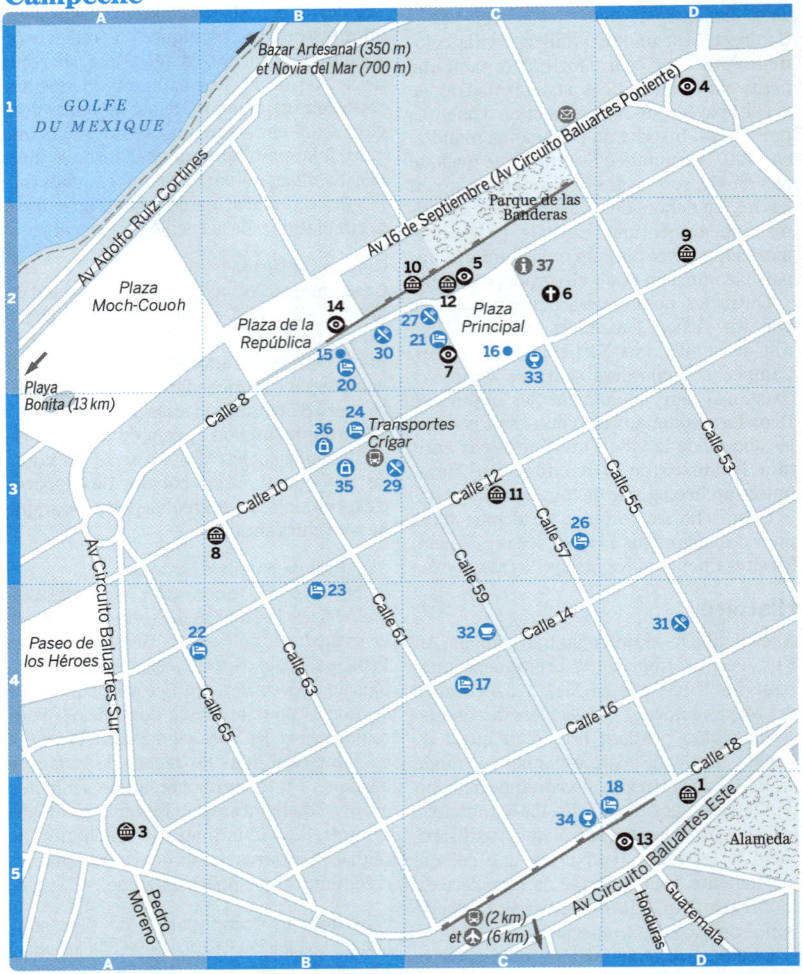

Museo del Archivo General de Estado

MUSÉE

(981-816-09-39 ; Calle 12 n°159 ; 8h-15h lun-ven). GRATUIT Ce petit musée retrace la naissance de Campeche. Gratuit et climatisé, il permet de consulter de vieux documents et cartes, et de regarder une vidéo (en espagnol ou en anglais) sur l'histoire de l'État.

Museo El Palacio

MUSÉE

(981-811-03-66 ; sic.gob.mx ; Calle 8 n° 257, Plaza Principal ; 10h-19h mar-dim). Ce grand musée sur la *plaza* abrite des expositions sur l'industrie du bois et le commerce du sel, deux activités liées à l'histoire de la ville ; une salle vous donne l'impression d'être dans une coque de bateau.

Ex-Templo de San José et Bazar Artesanal

ÉDIFICE HISTORIQUE

(Angle Calles 10 et 63 ; 10h-20h). La superbe ancienne église de San José, à la façade recouverte d'éclatantes céramiques bleu et jaune, fut construite au XVIIIe siècle par les Jésuites qui y dispensèrent leur enseignement jusqu'en 1767, date de leur expulsion des possessions espagnoles. En haut de la tour de droite, vous remarquerez le phare surmonté d'une girouette. L'édifice sert désormais de lieu d'exposition temporaire

pour le Bazar Artesanal : l'artisanat régional y est à l'honneur, du moins pendant les travaux du marché des artisans, près du centre des Congrès.

Baluartes

La construction des fortifications fut entreprise après un massacre perpétré par des pirates en 1663. Ce chantier de titan, qui dura 50 ans, fut réalisé avec la pierre calcaire extraite des carrières locales – essentiellement par des *indígenas*. Long de plus 2,5 km et haut de 8 m, le mur hexagonal qui ceignait la vieille ville était

Campeche

À voir

1 Baluarte de San Francisco et Baluarte de San Juan D5
2 Baluarte de San Pedro E4
3 Baluarte de Santa Rosa A5
4 Baluarte de Santiago et Jardín Botánico Xmuch Haltún D1
5 Biblioteca de Campeche C2
6 Catedral de Nuestra Señora de la Purísima Concepción C2
7 Centro Cultural Casa Número 6 ......C2
8 Ex-Templo de San José et Bazar Artesanal B3
9 Mansión Carvajal D2
10 Museo de la Arquitectura Maya C2
11 Museo del Archivo General de Estado C3
12 Museo El Palacio C2
13 Puerta de Tierra D5
14 Puerta del Mar B2

Activités

15 Kankabi' Ok B2
16 Tranvía de la Ciudad C2

Où se loger

17 H177 Hotel C4
18 Hacienda Puerta Campeche D5
19 Hostal Viatger E3
20 Hotel Boutique Casa Don Gustavo B2
21 Hotel Campeche C2
22 Hotel Francis Drake A4
23 Hotel López B4
24 Hotel Misión Campeche B3
25 Hotel Plaza Campeche E1
26 Hotel Socaire C3

Où se restaurer

27 El Bastión de Campeche C2
28 La Pigua E1
29 Luz de Luna B3
30 Marganzo B2
31 Sotavento Café D4

Où prendre un verre et faire la fête

32 Chocol-Ha C4
33 La Casa Vieja de Río C2
34 Salón Rincón Colonial C5

Où sortir

Puerta de Tierra ......(voir 13)

Shopping

35 Casa de Artesanías Tukulná B3
36 Ora et Labora B3

Renseignements

37 Módulo de Información Turística del Município de Campeche C2

jalonné de huit bastions. Les sept restants renferment une véritable malle au trésor d'objets anciens d'intérêt variable. Pour profiter d'une vue plongeante sur le port, grimpez sur les tours et faites quelques pas sur ce qui reste du chemin de ronde.

Deux entrées principales reliaient l'intérieur des fortifications au monde extérieur. La **Puerta del Mar** (porte de la Mer ; angle Calles 8 et 59) GRATUIT donnait à l'origine sur un quai où étaient débarquées les marchandises des navires ancrés plus au large (la porte est aujourd'hui assez éloignée du front de mer). La **Puerta de Tierra** (Calle 18 ; 9h-18h) GRATUIT, du côté opposé, ouverte en 1732, servait d'accès principal depuis les faubourgs. On peut aujourd'hui y voir un spectacle de son et lumière (p. 224).

Museo de la Arquitectura Maya MUSÉE

(Calle 8 ; 45 $M ; 8h30-17h30 mar-dim). Aménagé dans le Baluarte de Nuestra Señora de la Soledad, une fortification conçue pour protéger la Puerta del Mar, ce musée, très intéressant, donne un excellent aperçu des nombreux sites de l'État de Campeche et de leurs principaux styles architecturaux. Dans 4 salles sont actuellement exposées des stèles provenant de divers sites, accompagnées de représentations graphiques de leurs inscriptions gravées, avec de brefs commentaires en anglais. Une salle est en cours de rénovation.

Baluarte de Santiago et Jardín Botánico Xmuch Haltún JARDIN, ÉDIFICE HISTORIQUE

(Angle Calles 8 et 49 ; 15 $M ; 8h-21h lun-ven, 9h-21h sam et dim). Achevé en 1704, le Baluarte de Santiago fut le dernier rempart construit. Il abrite le **Jardín Botánico Xmuch Haltún**, un jardin botanique riche de nombreuses plantes endémiques et de quelques plantes introduites. L'endroit n'est pas immense, mais c'est un havre de verdure, surtout lorsque le soleil tape fort.

Baluarte de San Francisco et Baluarte de San Juan ÉDIFICE HISTORIQUE

(Calle 18 ; 25 $M ; 8h-21h lun-mer, 8h-18h jeu-ven, 9h-18h sam-dim). GRATUIT Ce qui fut autrefois le principal bastion défensif de la Puerta de la Tierra abrite aujourd'hui une exposition sur les pirates (en anglais et en espagnol). C'est aussi ici qu'on peut parcourir le Baluarte de San Juan, le plus petit des sept remparts et voir la cloche qui alertait la population en cas de danger (les cloches autour de la ville avaient des sons et significations différentes).

Baluarte de Santa Rosa ÉDIFICE HISTORIQUE

(Angle Calle 14 et Av Circuito Baluartes Sur ; 8h-20h). GRATUIT Le Baluarte de Santa Rosa comprend une galerie qui accueille des expositions temporaires.

Baluarte de San Pedro ÉDIFICE HISTORIQUE

(Angle Av Circuito Baluartes Este et Av Circuito Baluartes Norte ; 15 $M ; 8h-15h). GRATUIT Juste derrière l'Iglesia de San Juan de Dios, le Baluarte de San Pedro servit de poste de défense contre les pirates en 1824, lorsqu'il permit de repousser un raid punitif venu de Mérida. Au-dessus de l'entrée, gravé dans la pierre, figure le fameux blason de saint Pierre : les deux clés du paradis et la tiare papale. À l'intérieur, quelques petites salles présentent l'histoire, les armes et les bateaux des pirates.

Lors de notre passage, l'électricité ne fonctionnait pas, et le site fermait à 15 heures. Normalement, il ouvre de 8h à 21h.

Malecón

La promenade du bord de mer (7 km) est l'endroit où les habitants viennent courir, faire du vélo ou retrouver des amis. Idéal pour une balade au coucher du soleil ou une découverte à vélo.

Sur un parcours de 2,5 km, plusieurs monuments célèbrent les personnalités et les événements de la ville. Au sud-ouest de Plaza Moch-Couoh (en construction lors de la rédaction du guide) se dresse une statue de Justo Sierra Méndez, un *campachano* qui joua un rôle clé dans la modernisation du système éducatif mexicain. Près de la *plaza*, un monument évoque les quatre portes de la muraille de la ville. Trois pâtés de maisons plus haut se dresse une sculpture monumentale d'un fils du pays, Pedro Sáinz de Baranda, il joua un rôle déterminant dans la défaite des Espagnols à Veracruz qui mit fin à la guerre pour l'indépendance.

Derrière le Centro de Convenciones Campeche XXI, une jeune femme regarde au large : il s'agit de la Novia del Mar. Selon une légende, la *campechana* attend le retour d'un pirate étranger dont elle tomba amoureuse. Environ 1 km plus au nord, la Plaza Cuatro de Octubre (place du 4 octobre) commémore la fondation de la ville, lors de la rencontre d'un cacique maya, du conquistador Francisco de Montejo et d'un prêtre.

À l'extrémité nord du *malecón*, à 4,5 km au nord-est du centre-ville, se succèdent une série de restaurants avec des produits

LES INFÂMES PIRATES DE CAMPECHE

Au milieu du XVIe siècle, Campeche, alors un port prospère où s'échangeaient le bois teinté et la *chiclé* (gomme), était la ville la plus riche des alentours.

Les pirates (ou "corsaires" comme certains préféraient être appelés) y ont semé la terreur pendant deux siècles. Le port fut envahi à maintes reprises, les navires saccagés, les citoyens cambriolés et les bâtiments brûlés. Sur la liste des féroces flibustiers qui laissèrent leur marque figurent John Hawkins, Francis Drake, Henry Morgan, mais aussi "Jambe-de-Bois" lui-même. Pour leur assaut le plus effroyable, au début de 1663, des hordes de pirates mirent de côté leurs rivalités et convergèrent comme un seul homme sur la ville, massacrant les habitants sur leur passage.

Cette tragédie incita la monarchie espagnole à prendre des mesures, mais il fallut attendre encore 5 ans avant la construction de remparts de 3,5 m d'épaisseur. En 1686, la ville était enfin protégée par un hexagone de 2,5 km comprenant 8 bastions stratégiquement placés. Une partie des remparts s'étendait jusqu'à la mer, de sorte que les navires devaient littéralement naviguer dans une forteresse pour accéder à la ville. Campeche était devenue presque imprenable et les pirates se tournèrent vers d'autres ports et navires. En 1717, le brillant stratège naval Felipe de Aranda lança une campagne contre les boucaniers et finit par éradiquer la piraterie de la région.

Pour vous prendre pour des pirates, offrez-vous une croisière de 50 minutes sur le *Lorencillo*. Il part du mardi au dimanche à 12h et 17h (12h et 18h en saison chaude), si les conditions le permettent. Renseignez-vous à un kiosque près de celui de la *tranvía*, sur la Plaza Principal. Le navire était en cours d'entretien lors de nos recherches.

de la mer du nom de Parador Gastrónomico de Cocteleros (p. 224). C'est un bon endroit pour déjeuner en dépit du trop grand zèle des serveurs cherchant à attirer le chaland.

À l'extérieur du centre-ville

Museo Arqueológico de Campeche Fuerte de San Miguel MUSÉE, FORT

(Av Escénica s/n ; 55 $M ; 8h30-17h mar-dim ; P). Le plus grand fort colonial de Campeche fait face au golfe du Mexique, à environ 4 km au sud-ouest du centre-ville. Il abrite aujourd'hui le plus important des musées mayas, qui réunit des trésors des sites de Calakmul et Edzná, ainsi que de l'Isla de Jaina, une île au nord de la ville qui servait de site funéraire à l'aristocratie maya.

D'impressionnants bijoux de jade et des vases raffinés sont disposés par thèmes, dans différentes salles d'exposition, dont les pièces phares sont les masques funéraires en jade de Calakmul. On trouve aussi des stèles, des colliers en coquillage et des figurines en argile. Le fort, entouré de douves sèches et pourvu d'un pont-levis en état de fonctionnement, est magnifique. Du toit, bordé de 20 canons, on a une belle vue sur le port.

Pour accéder au musée, empruntez un bus ou un *combi* (indiquant "Lerma") au marché. Demandez au chauffeur de vous déposer à la route d'accès (dites simplement "Fuerte de San Miguel"), d'où il vous restera à gravir une côte de 300 m. Comptez 70 $M.

Playa Bonita PLAGE

(piéton gratuit, voiture 10 $M ; 8h-17h ; P). À environ 13 km au sud du centre-ville, juste après le village portuaire de Lerma, Playa Bonita est la plage la plus proche de Campeche. Ne vous attendez pas à une superbe plage déserte – c'est plutôt un complexe hôtelier clôturé avec du sable granuleux et des zones de baignade délimitées par des sacs de sable (pour éviter l'érosion). Elle n'est pas désagréable pour autant – il y a de l'ombre sous les *palapas* (50-100 $M), un restaurant et un terrain de *fútbol*. Moins bondé en semaine.

Pour y aller, empruntez un des nombreux *combis* qui partent du marché affichant "*Lerma Tecnológico*" (7 $M, 20 min) et demandez à descendre à l'entrée de la plage. Un taxi coûte environ 120 $M.

Circuits organisés

Kankabi' Ok CIRCUITS

(981-811-27-92 ; www.kankabiok.com.mx ; Calle 59 n°3 ; 9h-13h et 17h-21h lun-sam). Ce prestataire sérieux propose des visites guidées de la ville (4 heures, 2 pers minimum, 924 $M), des excursions vers les sites archéologiques, notamment Edzná (environ 902 $M), Chenes (1 073-1 594 $M) et la

LES MENNONITES DU CAMPECHE

Le Campeche est le théâtre d'un débarquement tout en douceur d'une improbable communauté – les mennonites. À les voir attendre à la gare routière, déambuler sur les places principales des villages ou s'entasser dans un pick-up, on se croirait sur le tournage de *La Petite Maison dans la prairie*. Portant des vêtements sombres et des chemises de flanelle à manches longues sous la chaleur, les hommes dominent de leur taille leurs voisins mayas. Les femmes portent des robes foncées à fleurs et des chapeaux de paille à larges rubans.

Avec des origines qui remontent à la Réforme en Allemagne au XVIe siècle, des mennonites vivent dans les États du nord du Mexique depuis les années 1920. Attirés par une terre bon marché, ils ont migré tout d'abord à Hopelchén en 1983. Depuis, ils ont établi des communautés agricoles autour de Dzibalchén, Hecelchakán et Edzná. Une fois installés, les mennonites travaillent assidûment pour cultiver, entre autres, le maïs et les melons, élever du bétail et produire du fromage. Ils habitent dans des *campos*, possèdent leurs propres écoles et églises, et parlent une langue proche du bas allemand.

Les hommes ont pour habitude de fraterniser et de faire affaire avec les Mexicains, et beaucoup d'entre eux parlent couramment l'espagnol, contrairement aux femmes. Ils sont généralement acceptés par la communauté et les commerçants locaux, et volontiers accueillis par les entreprises. Les Mexicains disent aussi que ce sont des travailleurs acharnés.

Luz silenciosa (Lumière silencieuse, prix du jury à Cannes en 2007), du réalisateur mexicain Carlos Reygadas, dépeint la vie d'une communauté mennonite au Mexique.

Ruta Puuc (1 153-2 154 $M). Il pourra vous emmener jusqu'au Cenote Miguel Colorado (1 436 $M) et Calakmul (1 661-2 690 $M). Également : location de vélos (30 $M/heure), écotourisme et sorties plage.

Tranvía de la Ciudad CIRCUITS
(Circuits adulte/- de 11 ans 100/40 $M ; ⏲ toutes les heures 9h-12h et 17h-20h). Des circuits bilingues en *tranvia* (trolley) au départ de Plaza Principal (6 personnes au minimum, 45 minutes) dans le centre historique, les quartiers traditionnels et une partie du *malecón*. Parfois, un autre trolley, l'*El Guapismo*, va à Fuerte de San Miguel où il s'arrête une demi-heure pour la visite du Museo Arqueológico de Campeche. Horaires au kiosque à billets sur la Plaza Principal.

Fêtes et festivals

Carnaval CULTURE
(⏲ en février). Campeche ne connaît aucune limite lors du carnaval, deux semaines de festivités qui culminent le Sábado de Bando (samedi) quand tout le monde s'habille outrageusement avant de parader le long du *malecón*. La fin officielle a lieu une semaine plus tard quand les *Campechanos* brûlent une effigie de pirate et le jettent dans la mer.

Feria de San Román FÊTE RELIGIEUSE
(⏲ 14 sept). Cette fête célèbre le tant aimé Cristo Negro (Christ noir) de l'Iglesia de San Román. Feux d'artifice, grandes roues, concours de beauté, matchs de boxe et danses avec les ensembles traditionnels venus de toute la péninsule ; l'animation se concentre aux environs de l'église.

Día de Nuestra Señora de Guadalupe FÊTE RELIGIEUSE
(⏲ 12 déc). Des pèlerins de toute la péninsule rejoignent l'Iglesia de Guadalupe, à 1,5 km à l'est de la Plaza Principal, la deuxième église de Guadalupe après celle de la Virgen de Guadalupe à Mexico.

Où se loger

Campeche possède quelques beaux hôtels, mais l'hébergement d'un bon rapport qualité/prix lui fait défaut à l'exception de quelques auberges de jeunesse. À Noël et à Pâques, les prix grimpent.

♥ **Hostal Viatger** AUBERGE DE JEUNESSE $
(☎ 981-811-4500 ; Calle 51 n°28, entre Calles 12 et 14 ; dort/d/tr avec petit-déj 250/790/830 $M ; P ⊖ ❄ 📶). Un endroit très appréciable pour son emplacement dans le centre historique (mais à l'écart de la foule) et son ambiance conviviale. Les dortoirs ne sont pas luxueux, mais les femmes peuvent profiter d'un espace à elles ; chambres doubles et triples privées, certaines avec TV et climatisation. Location de vélos 15 $M/heure.

Hotel Campeche HÔTEL $

(☎ 981-816-51-83 ; Calle 57, entre Calles 8 et 10 ; s/d avec ventil 285/325 $M, avec clim 380/420 $M ; ❄📶). Un hôtel sans prétention, aménagé dans un bâtiment délabré. Toutefois, son emplacement, à côté de la place, et ses grandes chambres en font sans doute la meilleure affaire de la ville pour les voyageurs à petit budget. Sept chambres sur les quarante disponibles ont un petit balcon donnant sur la place.

H177 Hotel HÔTEL $

(☎ 981-816-44-63 ; www.h177hotel.com ; Calle 14 n°177 ; s/d/ste 695/790/948 $M ; P❄📶). Avec son style élégant et branché, cet hôtel diffère des autres hébergements de la traditionnelle Campeche. Ses 24 chambres spacieuses et modernes dans les tons naturels sont pour la plupart disposées autour d'une petite cour. Les plus belles sont à l'étage. Appelez pour connaître les réductions proposées en basse saison.

♥ **Hotel López** HÔTEL $$

(☎ 981-816-33-44 ; Calle 12 n°189 ; s/d/ste 950/1 080/1 250 $M ; 🚭❄📶🏊). Cet hôtel d'affaires est de loin l'une des meilleures adresses de catégorie moyenne à Campeche. Il possède des chambres modernes et confortables, ouvertes sur des balcons Art déco qui dominent des cours ovales dotées de plantes. Jolie piscine à l'arrière. Tarifs considérablement réduits hors saison.

Hotel Misión Campeche HÔTEL $$

(☎ 981-816-45-88 ; www.hotelesmision.com.mx ; Calle 10 n°252 ; ch 1 162 $M ; P❄📶). Ce grand hôtel central appartenant à une chaîne mexicaine est un bon choix de milieu de gamme. Jolie cour coloniale, 42 chambres propres et couloirs à arcades. Les chambres variant fortement (en taille, fenêtres, orientation, etc.), demandez à en voir plusieurs.

Hotel Francis Drake HÔTEL $$

(☎ 981-811-56-26 ; www.hotelfrancisdrake.com ; Calle 12 n°207 ; s/d 890/990 $M, ste à partir de 1 120 $M, avec petit-déj ; 🚭❄📶). Un hall vaguement baroque conduit à 25 grandes chambres fraîches (ailleurs, on les qualifierait de suites) et décorées avec goût, avec lits *king size* et coins salons séparés. Minuscules salles de bains et balcons.

♥ **Hacienda Puerta Campeche** BOUTIQUE-HÔTEL $$$

(☎ 981-816-75-08 ; www.luxurycollection.com ; Calle 59 n°71 ; ch à partir de 443 $US ; ❄📶🏊). Ce superbe boutique-hôtel comporte 15 suites aux plafonds hauts, dotées de salons séparés. Le jardin soigné offre un cadre paisible, et des hamacs invitent à se détendre au bord de la piscine. Il y a un spa, un restaurant et un bar sur place si jamais vous ne souhaitez plus sortir d'ici. L'hôtel gère aussi une hacienda de luxe à 26 km de la ville, sur la route des ruines d'Edzná.

Hotel Socaire BOUTIQUE-HÔTEL $$$

(☎ 981-811-21-30 ; www.hotelsocaire.com ; Calle 57 n°19, entre 12a et 14a ; ch/ste à partir de 1 480/1 980 $M ; 📶🏊). Un charmant bâtiment colonial réhabilité mène à des chambres spacieuses, installées à l'arrière. Des curiosités et des antiquités se nichent dans de petites alcôves. La jolie piscine rend le séjour encore plus agréable. L'emplacement est central et le rapport qualité/prix excellent.

Hotel Boutique Casa Don Gustavo BOUTIQUE-HÔTEL $$$

(☎ 981-816-80-90 ; www.casadongustavo.com ; Calle 59 n°4 ; ch/ste à partir de 4 250/5 000 $M ; P❄📶🏊). Seulement 10 chambres décorées de mobilier ancien (avec d'immenses salles de bains) dans un hôtel de charme parfaitement aménagé. Près de la petite piscine sont tendus des hamacs, et un Jacuzzi trône sur le toit-terrasse. Des couloirs aux carrelages colorés bordent la cour à ciel ouvert. Restaurant sur place. Téléphonez ou consultez le site Internet pour profiter des promotions.

Où se restaurer

Vous trouverez une bonne cuisine locale à Campeche, en particulier les fruits de mer et le *cochinita pibil* (cochon de lait rôti). L'un des deux établissements haut de gamme domine la scène locale ; les autres offrent des menus assez simples, en particulier ceux du centre historique. L'authenticité et le service à l'ancienne compensent les cartes plus insipides. Certains restaurants agrémentent le repas d'animations musicales.

Sotavento Café CAFÉ $

(☎ 981-811-38-92 ; www.facebook.com/Cafeteria-Sotavento ; Calle 55 n°20, entre Calle 14 et Calle 16 ; café 26-55 $M, plats le midi 69-169 $M ; ⏲ 7h-23h ; 📶). Agréable, propre et original avec ses murs multicolores décorés d'objets, ce café-galerie propose de bonnes boissons au café et une sélection de sandwichs, burgers, plats de pâtes et végétariens. Pratique pour ceux qui séjournent à l'intérieur des remparts.

Marganzo MEXICAIN $$

(☎981-811-38-98 ; Calle 8 n°267 ; plats 158-322 $M ; ⏲7h-22h45 ;). Cet établissement est apprécié à juste titre des touristes et des habitants : cuisine appétissante, assiettes généreuses et nombreux amuse-bouche offerts. La carte est très variée : cuisine internationale et spécialités régionales (*cochinita pibil*, notamment). Divertissement assuré par des musiciens de passage. Le jeudi, réduction de 50% pour les femmes sur les petits-déjeuners (7h-11h30).

El Bastión de Campeche MEXICAIN $$

(☎981-816-21-28 ; Calle 57 n°2 ; plats 115-215 $M ; ⏲6h30-23h30). Ne vous laissez pas tromper par l'extérieur tristounet : ce restaurant sur la *plaza* sert de bons plats *campechanos*. Après un jus de chaya (29 $M), dégustez du blanc de poulet farci au *chile xcatic* (piment jaune très fort ; 139 $M).

Luz de Luna INTERNATIONAL $$

(☎981-811-06-24 ; Calle 59 n°6 ; plats 110-190 $M ; ⏲8h-23h lun-sam). Des tables peintes et sculptées, une décoration un peu folklorique donnent une touche originale à ce restaurant très apprécié. La carte est raisonnable – découvrez la salade aux crevettes, les *fajitas* au poulet, les *burritos* à la viande de bœuf ou végétariens. Beaucoup de choix pour le petit-déjeuner, surtout en omelettes. Galerie adjacente.

Parador Gastrónomico de Cocteleros PRODUITS DE LA MER $$

(Av Costera ; plats 150-400 $M ; ⏲9h-18h30). Un endroit formidable pour déguster poissons et fruits de mer de la région. Plus d'une douzaine de restaurants à toit de chaume servent à peu près les mêmes choses : cocktails de crevettes, poissons frits... À 4,5 km de la Plaza Principal à l'extrémité nord du *malecón* (taxi depuis le centre 40 $M).

♥ **La Pigua** PRODUITS DE LA MER $$$

(☎981-811-33-65 ; Miguel Alemán 179A ; plats 230-300 $M ; ⏲13h-21h). L'une des meilleures tables de Campeche. À l'extérieur des remparts et derrière l'**hôtel Plaza** (☎981-811-99-00 ; www.hotelplazacampeche.com ; angle Calle 10 et Av Circuito Baluartes ; ch/ste 1 667/1 851 $M ;). Le service est attentif et les spécialités mettent à l'honneur les produits de la mer – *camarones al coco* (crevettes au coco), filet de poisson sauce coriandre (235 $M) ou calamars grillés avec amandes et paprika. Choisissez parmi les 10 sauces pour accompagner vos crevettes.

Où prendre un verre et faire la fête

À part quelques bars-restaurants sur Calle 59 (souvent interdite à la circulation), il y a peu d'endroits où sortir dans le centre. Vous trouverez plutôt cela sur *malecón* (après le bâtiment Torres de Cristal).

♥ **Chocol-Ha** CAFÉ

(☎981-811-78-93 ; Calle 59 n°30 ; boissons 25-55 $M, en-cas 55-80 $M ; ⏲8h-22h30 lun-sam). Si une envie de chocolat vous prend, direction ce joli petit café avec patio à l'avant et cour herbeuse à l'arrière. Parmi les boissons, chocolat chaud doux-amer au thé vert ou piment et chocolat frappé. Les sucreries ne vous décevront pas : gâteaux, crêpes et même des *tamales* tout chocolat.

♥ **Salón Rincón Colonial** BAR

(☎981-816-83-76 ; Calle 59 n°60 ; ⏲10h-21h). Avec ses ventilateurs au plafond, sa salle aérée et son bar en bois massif où le rhum coule à flots, ce bar de style cubain a servi de lieu de tournage au film *Péché originel* en 2001 avec Antonio Banderas et Angelina Jolie. Les *botanas* (en-cas) sont très fins et se marient bien avec une bière locale.

La Casa Vieja de Río BAR

(☎981-811-80-16 ; Calle 10 n°319A ; cocktails 140-260 $M ; ⏲15h30-23h30). Il n'existe pas de meilleur endroit pour siroter un cocktail que le balcon à colonnades de l'établissement avec vue sur la Plaza Principal. L'escalier se cache près du comptoir à glaces de McDonald's. Si vous appréciez tant la vue, restez donc pour manger !

Puerta de Tierra SON ET LUMIÈRE

(Tarif plein/enfant 4-10 ans 60/30 $M ; ⏲20h jeu-dim). Des épisodes du passé pirate de Campeche sont rejoués plusieurs nuits par semaine à Puerta de Tierra. Une extravagance à la Disney avec beaucoup de coups de tonnerre et d'éclairs.

Achats

Casa de Artesanías Tukulná ARTISANAT

(☎981-127-17-68 ; Calle 10 n°33 ; ⏲9h-21h). Ce magasin central vend toute une gamme d'articles de qualité (textiles, vêtements, chapeaux, hamacs, chaises en bois, bonbons...), fabriqués dans l'État.

Ora et Labora ARTISANAT

(☎981-127-14-10 ; Calle 10 n°260, entre 59 et 61 ; ⏲9h-21h lun-sam, à partir de 10h dim). De l'artisanat, des minéraux, des pierres, de l'encens, des magnets, des bijoux et quelques chiens (qui eux ne sont pas à vendre).

Bazar Artesanal ARTISANAT
(Plaza Ah Kim Pech ; ⏲10h-20h). Ce magasin d'État, situé sur le *malecón* près du Centro de Convenciones Campeche XXI, regroupe les produits artisanaux de l'ensemble de la région. Une partie du marché est réservée à la démonstration de techniques traditionnelles. Lors de la rédaction du guide, le bâtiment était en travaux et les artisans étaient hébergés à l'Ex-Templo de San José.

Renseignements

Il existe de nombreuses banques avec DAB.

Banque HSBC (Calle 10, entre Calles 53 et 55 ; ⏲9h-17h lun-ven, 9h-15h sam). Ouverte le samedi.

Hospital Dr Manuel Campos (☎981-127-39-80 ; Las Flores)

Hospital General De Especialidades (☎981-127-39-80 ; Las Flores)

Módulo de Información Turística del Municípío de Campeche (☎981-811-39-89 ; Plaza Central ; ⏲8h-21h lun-ven, 9h-21h sam-dim). Renseignements de base sur la ville.

Office du tourisme (☎981-127-33-00 ; www.campeche.travel). Dispose d'un site Internet, hélas pollué de publicités et de liens qui ne fonctionnent pas.

Poste centrale (angle Av 16 de Septiembre et Calle 53 ; ⏲8h30-16h lun-ven, 8h-11h30 sam)

Depuis/vers Campeche

AVION

Le petit aéroport de Campeche se trouve à 6 km au sud-est du centre-ville. Il comprend des agences de location de véhicules et un petit snack-bar. **Aeroméxico** (☎Mexico 55-51-33-4000 ; www.aeromexico.com) le dessert.

BUS

La **gare routière principale** (☎981-811-99-10 ; Av Patricio Trueba 237) de Campeche, également appelée terminal des bus ADO ou de 1re classe, est à environ 2,5 km au sud de la Plaza Principal via l'Av Central. Les bus 1re classe et deluxe desservent Mérida, Cancún, Chetumal (via Xpujil), Palenque, Veracruz et Mexico, et les lignes 2e classe ont des services pour Sabancuy (142 $M, 2 heures), Hecelchakán (48 $M, 1 heure) et Candelaria (215 $M, 4 heures).

Le **Terminal 2e classe** (Terminal Sur ; ☎981-816-34-45 ; Av Gobernadores 479), souvent appelé ancienne gare ADO ou Autobuses del Sur, se trouve à 700 m à l'est du Mercado Principal. À destination notamment de Hopelchén (71 $M, 1 heure 30), Xpujil (232 $M, 4 heures), Uxmal (137 $M, 1 heure) et Bécal (60 $M, 1 heure 45).

Transportes Crígar (☎981-116-88-29 ; Calle 10 n°329 ; ⏲8h-22h) est un endroit pratique pour acheter des tickets de bus ADO (1re classe). Vous en trouverez dans d'autres agences de voyages de la ville.

Pour vous rendre à la principale gare routière, prenez n'importe quel microbus Las Flores, Solidaridad ou Casa de Justicia au niveau du bureau de poste. Pour le Terminal 2e classe, prenez un bus Terminal Sur du même endroit.

VOITURE ET MOTO

Si vous arrivez à Campeche depuis le sud, via la *cuota* (route à péage), tournez à gauche au rond-point indiquant *Universidad*, suivez cette route jusqu'à la côte, puis prenez vers le nord.

Si vous vous dirigez vers Edzná, ou vers la longue route pour Mérida ou la route rapide à péage en direction du sud, prenez Calle 61 jusqu'à l'Av Central, suivez les panneaux indiquant l'aéroport, puis Edzná ou la *cuota*. Pour la route gratuite vers le sud, descendez le *malecón*. Enfin,

BUS AU DÉPART DE CAMPECHE

DESTINATION	PRIX ($M)	DURÉE (H)	FRÉQUENCE
Cancún	682	7	2
Chetumal	526	6½	1
Ciudad del Carmen	248	3	toutes les heures
Mérida	240	2½	toutes les heures
Mérida (via Uxmal)	116-160	4½	5/jour du terminal de 2e classe
Mexico	1739-2092	18	3/jour
Palenque	480	5	4/jour
San Cristóbal de las Casas	664	15	2/jour
Villahermosa	364-696	6	fréquents
Xpujil	232-382	4-5	14h

si vous optez pour l'itinéraire court à destination de Mérida, longez le *malecón* en direction du nord.

Outre ceux de l'aéroport, vous trouverez des loueurs de voitures en centre-ville, incluant **Avis** (981-811-07-85 ; www.avis.mx ; Calle 10, entre Calles 57 et 59 ; à partir de 400 $M/jour ; 8h-14h et 16h-18h). Premier prix 400 $M/jour.

Comment circuler

La course en taxi de l'aéroport au centre-ville coûte 160 $M (70 $M/pers en taxi partagé) ; les billets sont en vente à la station de taxis, dans le terminal. Pour rejoindre l'aéroport, les taxis indépendants vous demanderont 150 $M (ceux réservés depuis votre hôtel seront bien plus chers) ; les voyageurs à petit budget pourront prendre le bus à destination de Chiná (village près de Campeche ; 15 $M environ, départ toutes les heures) au marché, et descendre à l'entrée de l'aéroport, avant de marcher 500 m jusqu'aux portes du terminal.

Comptez 30-60 $M pour une course en taxi à l'intérieur de la ville de Campeche ; supplément de 10% après 22h et de 20% entre minuit et 5h.

La plupart des bus du réseau urbain (environ 7 $M) s'arrêtent à proximité du Mercado Principal.

Pour parcourir le *malecón*, pensez au vélo, que vous pourrez louer chez Kankabi' Ok (p. 221).

Conducteur, attention : les rues aux nombres pairs du *centro histórico* ont la priorité, roulez lentement tant que vous n'êtes pas habitué.

NORD DE CAMPECHE

Cette région offre un fascinant mélange d'éléments coloniaux et mayas, de tradition séculaire et de nature luxuriante : vous ne regretterez pas de lui consacrer un peu de temps. Rencontrez les habitants des petites villes sur une place coloniale, promenez-vous dans le séduisant ensemble d'Edzná (l'un des plus beaux sites archéologiques de la région) ou admirez l'architecture unique des sites Chenes. Concluez le tout en achetant l'un des chapeaux panamas traditionnels du Yucatán. Dernier atout, la plupart de ces visites se font à la journée depuis Campeche.

Pomuch

996 / 9 000 HABITANTS

Paisible et poussiéreuse, Pomuch ne vaudrait sans doute pas une visite si la rumeur ne se révélait vraie : les boulangeries ici sont si fameuses que les gens n'hésitent pas à faire un grand détour pour s'y procurer pains et pâtisseries. Plus dense, plus savoureux et plus frais qu'ailleurs, le pain de Pomuch a tout bon.

Les reliques du Día de Muertos (le jour des Morts) constituent une autre bonne raison (quoique macabre) d'y faire une halte. Contrairement aux autres *ofrendas* (autels) mexicaines, les résidents ici déterrent et nettoient les vrais os de leurs ancêtres avant de les exposer dans des boîtes. Une tradition qui doit sans doute ses origines à la culture maya ou la mort, la vie et les sacrifices étaient reliés.

Où se restaurer

Panadería La Huachita BOULANGERIE $

(996-432-00-14 ; Calle 12 n°61 ; en-cas 7 $M, pains 70 $M ; 8h-21h). Une des célèbres boulangeries du village, qui existe depuis plus d'un siècle. Les étagères regorgent de choses qui se mangent et d'objets kitsch, mais le *pan* est si apprécié que l'endroit est dévalisé dès le matin. Achetez-le avant qu'il ne soit trop tard.

Panadería El Pan de Pomuch BOULANGERIE $

(996-432-00-01 ; Calle 15 ; en-cas 7 $M, pains 50 $M ; 8h-22h). De petites bouchées savoureuses, des pains avec des garnitures différentes et une équipe enjouée (bien qu'occupée).

Depuis/vers Pomuch

Les bus ATS s'arrêtent à Pomuch sur leur trajet entre Mérida et Campeche. Depuis Hecelchakán, un *combi* vous coûtera 8 $M.

Hecelchakán

996 / 11 000 HABITANTS

Des taxis-vélos (7 $M par trajet) avec un toit en toile circulent sans bruit entre les paisibles *plazas* de Hecelchakán, une ville agréable à 60 km au nord-est de Campeche connue pour sa cuisine et son petit musée. Les habitants de Hecelchakán, dont une communauté mennonite, sont principalement des agriculteurs.

À voir

Iglesia de San Francisco de Asis ÉGLISE

Datant du XVIe siècle, l'église Saint-François d'Assise (sur la *plaza* centrale) est un ancien monastère franciscain avec un plafond en bois et un superbe autel. Ne manquez pas le crucifix décoré de cœurs. Souvent ouverte seulement en fin d'après-midi.

Museo Arqueológico del Camino Real MUSÉE

(Calle 18 s/n ; 40 $M ; ⏲8h-17h mar-dim). Ce minuscule musée à l'angle nord de la *plaza* contient une petite mais superbe collection de céramiques découvertes sur l'Isla de Jaina, un îlot à l'ouest de Hecelchakán qui fut un prospère centre de commerce au VIIe siècle. Les figurines – joueurs de balle, tisserands, guerriers, prêtres –, dépeignent avec précision le quotidien des Mayas de l'époque. Dans la cour, des stèles complètent la collection. L'entrée se trouve à gauche de l'église, au bout du bâtiment jaune.

Où se loger et se restaurer

De 6h à 10h du matin, devant l'église, les habitants du village servent du *cochinita pibil* (cochon de lait au barbecue) et du *relleno negro* (dinde farcie à la viande de porc et sauce pimentée) dans des tacos ou de la baguette, ainsi que de la *horchata* (boisson à base de riz) et de l'*agua cebada* (boisson à l'orge).

Hotel Margarita HÔTEL $

(☎996-827-04-72 ; Calle 20 n°80 ; s/d/tr avec ventilateur 250/300/350 $M, avec clim 350/400/450 $M ; ❄📶). Dans la rue principale, à 200 m de la *plaza*, la façade vert vif dissimule des chambres bon marché, basiques et propres, disposées autour d'un patio. Convient très bien pour une nuit.

Chujuc Haa MEXICAIN $

(☎996-827-07-07 ; Calle 20 s/n ; plats 52-93 $M ; ⏲7h-22h lun-ven, 8h-23h sam et dim). Ce restaurant populaire d'apparence quelconque sert de la cuisine régionale comme le *poc-chuc*, la côte de porc locale (52 $) accompagnée de riz, de haricots et de salade. Une demi-portion suffit amplement. À quatre portes des bureaux des bus ADO/ATS.

Renseignements

La **Dirección de Turismo** (Edifício Jaina ; ⏲8h-15h lun-ven), se trouve dans un bâtiment en face de l'agence des bus ADO/ATS près de la *plaza*. Montez l'escalier à gauche du bureau des télécommunications, c'est la première porte à gauche (non indiquée).

Depuis/vers Hecelchakán

Le **bureau des bus ADO/ATL** (☎996-827-06-32 ; ⏲7h30-22h) se trouve en face du bureau de poste, au sud de la *plaza* dans la Calle Principal. Les bus ATS de Campeche du terminal de 2e classe pour Mérida font un arrêt ici toutes les demi-heures jusqu'à environ 22h30 (41-95 $M, 1 heure 45 à 3 heures). De plus, des *combis* (30 $M, 1 heure) assurent fréquemment la liaison entre le Mercado Principal à Campeche et la *plaza* de Hecelchakán.

Les taxis-vélos en ville coûtent 7 $M. Jusqu'à Pomuch, un *combi* revient à 8 $M.

Bécal

☎996 / 6 500 HABITANTS

Bécal, à environ 90 km au nord de Campeche, à l'orée de l'État du Yucatán, est la capitale yucatèque du commerce des panamas. Un certain nombre d'habitants gagnent leur vie en tissant la toile nécessaire à la fabrication des *jipijapas*, le nom local de ces chapeaux souples. Les plus beaux sont exportés. Cette ville paisible s'identifie à sa source de revenus principale, comme le démontre la pièce centrale de sa *plaza*.

LES ORIGINES DU CHAPEAU JIPIJAPA

Les artisans de Bécal fabriquent de très beaux *jipijapas* (ou *jipis*) traditionnels. Ces chapeaux souples et pliables sont tissés à partir des fibres du palmier *huano* depuis le milieu du XIXe siècle, quand la plante fut introduite depuis le Guatemala par un prêtre catholique. La tige de la plante est tranchée en filaments pour former les fibres, la qualité du chapeau dépendant de la finesse de la coupe. Le travail est réalisé dans des grottes calcaires humides qui fournissent la bonne atmosphère pour donner leurs formes aux fibres, les gardant humides et souples. Ces grottes – pas plus grandes parfois qu'une chambre à coucher – sont accessibles par un trou creusé dans la cour d'un habitant. Une fois exposé à l'air extérieur, le panama devient étonnamment résistant.

Aujourd'hui, l'art de la chapellerie est en train de disparaître à Bécal en raison de l'arrivée de produits plus compétitifs. Donc, si vous voulez vous protéger du soleil avec style et soutenir une bonne cause, achetez un *jipi* réalisé à la main. Les prix commencent à 350 $M pour un chapeau fait en deux jours, et peuvent aller jusqu'à 3 000 $M pour un panama qui aura requis des mois de travail.

Pour trouver les lieux de fabrication et de vente des *jipijapas,* prenez un vélo-taxi sur la *plaza* et demandez conseil au chauffeur. Artesania Becaleña, l'une des intéressantes boutiques de chapeaux, se trouve à un demi-pâté de maisons de la place, sur la route qui mène en ville.

En avril, corridas et danses sont au programme de la Fiesta de Flor del Jipi.

Achats

Looljipi Alfredo MODE ET ACCESSOIRES
(996-431-43-26 ; Calle 30 n°231 ; 9h-19h). Un grand choix d'accessoires artisanaux en *jipi,* dont des boucles d'oreille originales, mais pas de chapeaux.

Artesania Antonio Acosta MODE ET ACCESSOIRES
(996-431-42-82 ; Calle 29 n°230A ; chapeaux à partir de 400 $M ; 9h-21h). Il y a 40 ans, la famille Agosta a creusé une cave à *jipi* dans sa cour, depuis elle fabrique des chapeaux traditionnels. Un circuit de 10 minutes vous informe sur la fabrication avant de se terminer devant les chapeaux et souvenirs en vente. Intéressant, et la famille est adorable.

Hopelchén

996 / 10 000 HABITANTS

Le centre municipal de la région Chenes, Hopelchén ("place des cinq puits" en maya), constitue une bonne base pour visiter les sites archéologiques des environs tout en offrant un aperçu de la vie quotidienne dans une petite ville du Campeche.

Chaque matin, les *campesinos* (paysans) mayas et les mennonites ont pour habitude de se réunir sous les grands lauriers tandis que les vélos-taxis poursuivent leur ballet.

Sur la place centrale, la **Parroquia de San Antonio de Padua** (XVIe siècle) abrite un *retablo* merveilleusement travaillé, ainsi qu'une galerie de saints et d'anges parmi des piliers somptueusement sculptés.

Des herboristes, des sages-femmes et des chamanes pratiquent la médecine maya au Consejo Local de Médicos Indígenas, à cinq pâtés de maisons à l'est de la *plaza.*

Les hébergements sont rares à Hopelchén et il vaut mieux séjourner à Campeche. Peu de restaurants conviennent aux touristes, mais les stands près de l'église proposent un bon *caldo de pollo* (soupe au poulet) entre 7h et 15h, puis de 17h à minuit.

Depuis/vers Hopelchén

La gare routière de Hopelchén se trouve sur le marché au nord-est de l'église. Les tickets sont en vente au bureau "Sur" du marché (4h30-21h). Des bus partent pour Campeche (68 $M, 1 heure 30, toutes les heures) et Mérida (119 $M, 3 heures, 6/jour).

Prendre le bus revient moins cher que les *combis* (stationnés sur la rue principale, un demi-pâté de maisons vers le centre depuis le terminal de bus

LES ENVIRONS DE HOPELCHÉN

À proximité de Hopelchén, plusieurs sites valent le détour.

Tohcok (8h-17h), parfois écrit Tacob, se situe à 3,5 km au nord-ouest de Hopelchén. Sur les quelque 40 structures trouvées sur ce site maya, la seule qui ait été proprement excavée arbore des éléments de style Puuc et Chenes. Pepe le gardien vous indiquera un *chultún* (citerne souterraine maya), l'une des 45 qui parsèment le secteur.

Figurant parmi les plus importantes grottes de la péninsule, les **Grutas de X'tacumbilxuna'an** (100 $M ; 9h-17h ;) ne sont qu'à 31 km au nord de Hopelchén, un peu avant Bolonchén de Rejón. Les Mayas connaissaient depuis longtemps l'existence de ces grottes, une suite de *cenotes* souterrains, dans cette région aride. En 1844, les grottes furent "découvertes" par les intrépides John L. Stephens et Frederick Catherwood, qui décrivirent comment les Mayas se ravitaillaient en eau en descendant le long de cordes et d'échelles en bois incroyablement longues.

Aujourd'hui, le *cenote* est à sec, mais l'on peut visiter X'tacumbilxuna'an et admirer les merveilleuses formations calcaires à l'intérieur de ces vastes cavernes. La promenade s'accompagne d'un spectacle son et lumière naturel, le chant des motmots (une espèce d'oiseaux) vous accompagnant lors de la descente.

Les bus qui circulent entre Hopelchén et Mérida peuvent vous déposer à l'entrée des grottes avant Bolonchén (environ 40 $M, 25 minutes). De plus, des combis partent de la *plaza* de Hopelchén pour Bolonchén, passant près des grottes. Consultez le chauffeur pour les horaires du retour.

de 2e classe de Campeche) qui de plus sont parfois plus lents. Ils partent toutes les 30 minutes de Campeche (80 $M, 1 heure 30) jusqu'à la *plaza de* Hopelchén, avec des arrêts dans des villages.

Sites Chenes

Le nord-est de l'État de Campeche compte plus de 30 sites construits dans le style Chenes, reconnaissable à ses représentations de monstres autour des portes, au centre de longs bâtiments bas en trois parties, et à ses temples perchés au sommet de plateformes pyramidales. Toute l'année ou presque, vous pourrez visiter ces sites seul. Les petits sites d'El Tabasqueño, de Hochob et de Dzibilnocac sont accessibles à la journée depuis Campeche si vous êtes motorisé ; autrement, vous pourrez participer à une excursion depuis Campeche avec Kankabi' Ok Tours (p. 221) – lors de nos recherches, ils allaient à Hochob, Tohcok et Dzibilnocac.

À voir

Santa Rosa Xtampak RUINES

(www.inah.gob.mx ; tarif plein/- de 13 ans 45 $M/gratuit ; 8h-17h). Même si les fouilles sont moins avancées qu'à Edzná, Uxmal ou Calakmul, Santa Rosa Xtampak est considéré comme le site le plus grand et le plus important – peut-être la capitale – de la région Chenes. Vous profiterez sans doute des ruines sans être dérangé, car le trajet est long et le site n'est pas (pour le moment) visé par les circuits organisés. La zone excavée est riche et intéressante avec des décorations de style Chenes surmontant les portes des temples et environ 50 *chaltuns* (puits).

Dzibilnocac SITE ARCHÉOLOGIQUE

(45 $M ; 8h-17h). Malgré son unique bâtiment significatif, la majesté de ce site mérite une visite. Contrairement aux nombreuses collines choisies pour les constructions Chenes, Dzibilnocac ("grande tortue peinte") est établi une plaine semblable à un grand parc ouvert. Comme Stephens et Catherwood l'ont observé en 1842, les nombreux monticules de la zone, qui n'ont pas encore été fouillés à ce jour, témoignent de présence d'une ancienne grande ville.

Hochob SITE ARCHÉOLOGIQUE

(40 $M ; 8h-17h). À 60 km environ au sud de Hopelchén, Hochob, "l'endroit où l'on récolte le maïs", compte parmi les plus beaux et les plus terrifiants des sites de style Chenes. Le Palacio Principal (Estructura 2, bien qu'il soit indiqué Estructura 1) se trouve sur le côté nord de la place principale, face à une porte élaborée représentant Itzamná, créateur des anciens Mayas, représenté en serpent à sonnettes aux mâchoires ouvertes.

El Tabasqueño SITE ARCHÉOLOGIQUE

(8h-17h). GRATUIT Ce site, qui devrait son nom à un propriétaire de Tabasco, accueille un temple-palais (Estructura 1) avec une porte en forme de bouche de monstre, flanquée de 8 masques Chac aux museaux crochus empilés. L'Estructura 2 est une solide tour autoportante, curiosité dans l'architecture maya. Pour venir, parcourez 30 km au sud de Hopelchén. Juste après le village de Pakchén, un panneau (qu'on rate facilement) signale une sortie sur la droite ; suivez cette route de pierre et de gravier sur 2 km jusqu'au site. Il reste encore 500 m avant d'atteindre le site lui-même.

Depuis/vers les sites Chenes

Si vous n'êtes pas motorisé, participez à une excursion à la journée depuis Campeche avec Kankabi' Ok Tours (p. 221). Aucun transport public pratique ne dessert les sites Chenes.

Edzná

Si vous ne devez visiter qu'un seul site archéologique dans le coin, choisissez **Edzná** (60 $M, guide 400 $M ; 8h-17h), à environ 60 km au sud-est de Campeche.

Les imposants complexes, qui couvraient autrefois plus de 17 km², furent érigés par une société très hiérarchisée qui prospéra d'environ 600 av. J.-C. jusqu'au XVe siècle. Pendant cette période, les habitants d'Edzná construisirent plus de 20 ensembles de plusieurs styles architecturaux et installèrent un ingénieux réseau de collecte d'eau et d'irrigation. Bien qu'Edzná soit éloigné des sites des monts Puuc, comme Uxmal et Kabah, son architecture comporte des éléments de style Puuc. La plupart des sculptures visibles datent de 550 à 810 de notre ère.

Les causes du déclin et de l'abandon progressif d'Edzná restent mystérieuses ; le site tomba dans l'oubli jusqu'à sa redécouverte par des *campesinos* en 1906.

Edzná signifie "Maison des Itzáes", référence à un clan dominant d'origine maya Chontal. Les dirigeants d'Edzná ont gardé la trace des événements marquants sur des stèles de pierre, dont une trentaine a été découverte et orne les principaux temples

Edzná

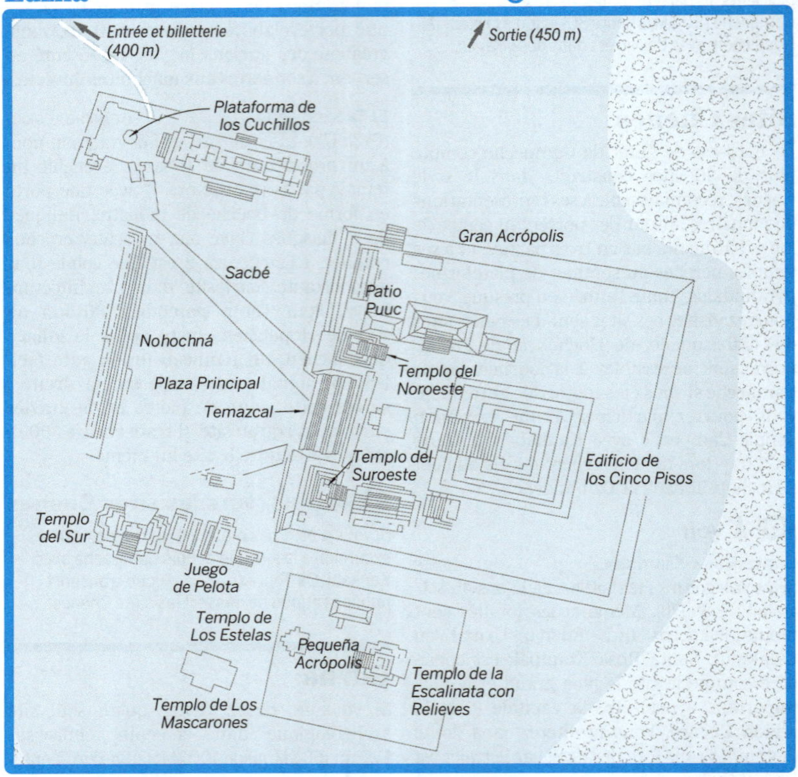

du site ; certaines sont exposées sous une *palapa* juste après la billetterie.

Un chemin au départ de la *palapa* traverse environ 400 m de végétation ; suivez le panneau indiquant Gran Acropolis. Peu après, vous trouverez sur votre gauche la **Plataforma de los Cuchillos** (plateforme des Couteaux), un complexe résidentiel mis en valeur par l'architecture Puuc. Le nom provient d'un ensemble de couteaux en silice trouvé à l'intérieur.

En traversant un *sacbe* (chemin herbeux entouré de pierres), vous arriverez à la partie la plus intéressante du site, la **Plaza Principal**, longue de 160 m sur 100 m de large, et entourée de temples. À droite, on découvre la Nohochná (Grande Demeure), un édifice massif surmonté de 4 grandes salles ayant probablement servi aux tâches administratives (collecte de l'impôt, exercice de la justice, etc.).

De l'autre côté de la place se dresse la **Gran Acrópolis**, une vaste plateforme surélevée comportant plusieurs constructions, dont le principal temple d'Edzná, l'Edificio de los Cinco Pisos (temple aux Cinq Étages), haut de 31 m et abritant de nombreuses salles voûtées. Le temple que l'on voit aujourd'hui était initialement de style Puuc. Remarquez les glyphes bien préservés à la base de l'escalier central.

Au sud de la Plaza Principal, le **Templo de los Mascarones** (temple des Masques), avec sa paire de masques en stuc rougeâtre, est protégé sous une *palapa*. Personnalisant les dieux du Soleil levant et couchant, ces visages bien conservés présentent des mutilations dentaires, des yeux qui louchent et d'énormes boucles d'oreille, caractéristiques associées à l'aristocratie maya.

L'hébergement le plus proche d'Edzná est la luxueuse **Hacienda Uayamon** (☎ 981-813-05-30 ; www.marriott.fr ; Carr Uayamon-China-Edzna, km 20 ; ch à partir de 345 $US ; ❄ 📶 🏊). Mais vous pouvez faire une excursion d'une journée depuis Campeche.

Depuis/vers Edzná

Les **combis** (environ 40 $M, 1 heure) partent lorsqu'ils sont pleins de la Calle Chihuahua, près du Mercado Principal de Campeche. La plupart vous laisseront à 200 m de l'entrée du site, sauf si le chauffeur est d'humeur serviable. Le dernier combi repart en milieu d'après-midi (à 14h disent certains, à 15h ou 17h pour d'autres...), demandez au chauffeur pour être sûr ! En semaine, les derniers départs se font sans doute vers 18h ; les week-ends vers 15h.

Un taxi depuis Campeche avec une heure de temps d'attente aux ruines coûte 500 $M.

Kankabi' Ok (p. 221), à Campeche, propose des visites guidées d'Edzná (transport compris) moyennant environ 900 $M/pers.

LITTORAL SUD-OUEST

Ce front de mer peu développé est bordé par des plages souvent désertes, idéales pour observer les pélicans, chercher des coquillages et piquer une tête dans les eaux aigue-marine peu profondes. Malheureusement, depuis Campeche en direction du sud, l'autoroute longe la côte tout du long. Elle passe aussi par Champotón, ainsi que par de petites villes portuaires et des plages où vous pourrez boire une bière fraîche et suspendre votre hamac sous une hutte à toit de palme. Vous arrivez ensuite à Laguna de Términos, une lagune bordée d'une vaste mangrove qui abrite des oiseaux migrateurs et des tortues de mer. Après tout cela, le délabrement, le bruit et l'agitation de Ciudad del Carmen risquent de vous faire un choc.

Champotón

982 / 34 000 HABITANTS

Champotón, à l'embouchure, du fleuve du même nom, est importante historiquement puisque c'est ici que la première expédition espagnole opérée depuis Cuba, et menée par Francisco Hernández de Córdoba, en 1517, a débarqué. En quête sans doute d'eau potable le long du fleuve, les Espagnols furent attaqués par des guerriers commandés par le cacique Moch Couoh, les obligeant à battre en retraite. Hernández de Córdoba mourut peu de temps après son retour à Cuba à la suite des blessures reçues à Champotón, qui depuis est connu sous le nom de "Bahía de la Mala Pelea" (baie de la Mauvaise Bataille).

Ville désormais plutôt agréable, placée entre Ciudad del Carmen et Campeche, Champotón dépend essentiellement de la pêche. C'est donc une bonne idée de s'y arrêter pour profiter de ses produits de la mer.

Où se loger et se restaurer

Des *coctelerías* (paillotes proposant des cocktails à base de fruits de mer), sont installées sur la plage à 4,5 km au nord de la ville.

Hotel Aaktun Kay HÔTEL $
(982-828-18-00 ; Calle 28A n°1 ; s/d 500/650 $M ; P). Un coup de peinture sur la façade serait bienvenu, mais, à l'intérieur, les chambres sont propres et modernes avec une déco dans les tons ocre et orange. Une piscine avec un toboggan très années 1970 plaira aux enfants.

Posada La Regia HÔTEL $
(982-828-15-52 ; Carretera Champoton-Isla Aguada 443 ; s/d 400/450 $M ; P). Situé sur la route et peu attrayant vu de l'extérieur, ce petit hôtel est pourtant d'un excellent rapport qualité/prix. Parmi ses atouts : des chambres simples et confortables avec TV et air conditionné, et une piscine. En outre, le thé et café sont offerts.

On peut vous y aider à organiser une excursion dans la mangrove.

El Timón PRODUITS DE LA MER $$
(982-828-18-63 ; Av Carlos Sansores Pérez 34 ; plats 100-280 $M). Un des plus chics bars-restaurants de la ville. C'est ici qu'il faut déguster les *camarones* (crevettes), bien installé sur une terrasse au-dessus de l'eau. Pourquoi ne pas prendre la spécialité de la maison ? *Camarones al Timón* (220 $M), une assiette de crevettes avec du bacon et du fromage Manchego – délicieusement riche. La carte comporte aussi de nombreuses salades et plats de viande.

Depuis/vers Champotón

La gare routière se trouve sur la route côtière près du marché à l'estuaire de la rivière. Les bus partent pour Campeche (39-110 $M, 1 heure), Sabancuy (59-110 $M, 1 heure, 2/jour), Ciudad del Carmen (119-222 $M, 2 heures) et Xpujil (184-308 $M, 4 heures).

Un combi pour Campeche ou Ciudad del Carmen coûte 35 $M. Depuis Campeche, des combis (35 $M, 45 minutes) rallient Champotón depuis l'A República près du Mercado Principal. Si vous conduisez, sachez qu'il existe deux routes de Campeche à Champotón direction sud : une route gratuite qui sillonne la côte, et une route directe payante (73 $M).

Sabancuy

982 / 7 500 HABITANTS

Ce pittoresque village de pêcheurs est situé sur le bord intérieur d'un estuaire qui s'embranche à l'extrémité nord-est de la Laguna de Términos. Niché 2 km à l'intérieur des terres, il est relié à la grande route côtière par un pont terrestre. L'endroit est plutôt rustique, en partie parce que personne n'a misé sur la beauté du lieu.

La *plaza* au bord de l'eau est mignonne, mais il n'y a pas grand-chose à faire. On vient surtout ici pour les plages des environs de Sabancuy où nichent les tortues imbriquées et les tortues vertes.

DAB derrière l'église.

Où se loger

Des petites *palapas* servent des produits de la mer ci et là sur la plage, à 500 m au sud du pont terrestre (40 $M à moto-taxi).

Hotel Aguilar HÔTEL $
(982-119-32-09 ; Aldama 21 ; ch 450 $M ; P). Des chambres monacales parfois étouffantes (si vous souhaitez une fenêtre sur l'extérieur, demandez une chambre à l'étage). Correct si vous vous voulez vraiment séjourner dans une petite ville. Le jardin et la piscine à l'arrière, par contre, sont très agréables.

Hotel Sabancuy Plaza HÔTEL $
(982-825-00-81 ; Calle Hidalgo s/n ; ch avec ventilateur/air conditionné 250/400 $M, ste 700 $M ; P). Un joli endroit très simple, pratique pour aller à l'église. Les chambres carrelées ont des draps, mais pas de couvertures (inutile sous ce climat). La TV coûte 50 $M.

Depuis/vers Sabancuy

La gare routière se trouve sur la *plaza*. Les bus partent pour Campeche (42-182 $M, 2 heures), Champotón (59-110 $M, 1 heure, 10/jour), Isla Aguada (32 $M, 30 minutes, départs réguliers) et Ciudad del Carmen (76-122 $M, 1 heure 45). Les gens se déplacent en moto-taxi (10 $M en ville, 20 $M pour la plage).

Isla Aguada

938 / 7 000 HABITANTS

Isla Aguada est une localité de pêcheurs, pas tout à fait l'île que son nom laisse supposer. Elle est connue pour son charmant phare rayé blanc et rouge datant de plus de 100 ans. L'activité principale ici consiste à faire des sorties en bateau sur l'estuaire. L'excursion classique comprend trois îles dont l'**Isla de Pájaros**, où des milliers de hérons, de mouettes et d'oiseaux frégates se réunissent au coucher du soleil. Vous être presque sûr de voir des dauphins lors de la traversée. La plupart des croisières se poursuivent dans les mangroves pour y observer d'autres espèces. Le matin et le crépuscule sont les moments propices pour cette excursion (environ 2 heures, 1 000 $M jusqu'à 5 personnes).

Le meilleur établissement d'Isla Aguada est le **Freedom Shores** (938-150-66-82 ; www.isla-aguada.com ; s/d 750/1 168 $M ; P), un hôtel posé dans un jardin bordé de palmiers. Les chambres sont minimalistes, spacieuses et aérées. Certaines ont vue sur la mer, d'autres sur le jardin. Camping-cars bienvenus (400 $M). Excellent restaurant sur place avec une *palapa* côté plage. On peut vous y aider à organiser des excursions.

Depuis/vers Isla Aguada

Des combis et des bus relient assez régulièrement Isla Aguada à Sabancuy (30 $M, 30 min) et Ciudad del Carmen (30 $M, 40 min). En voiture, le Puente La Unidad (73 $M) enjambe le détroit en direction de Ciudad del Carmen, 46 km plus à l'ouest.

Ciudad del Carmen

938 / 180 000 HABITANTS

La deuxième ville de l'État par la taille occupe l'extrémité ouest d'une île étroite longue de 40 km posée entre le golfe du Mexique et la Laguna de Términos. Jadis, Ciudad del Carmen dépendait économiquement des crevettes géantes, des bois de teinture et de la gomme, mais on y découvrit à la fin des années 1970 du pétrole. Les investissements arrivèrent en masse et la population augmenta. Le Puente Zacatal (pont Zacatal) de 3,8 km de long fut terminé en 1994, reliant la ville (et ses rues étroites) au reste du Mexique. La privatisation de la Pemex, la plus grande compagnie pétrolière du Mexique, entraîna la perte d'emploi pour des milliers d'habitants des environs. Lors de la rédaction de ce guide, la ville ressentait encore les effets de cette situation, des bâtiments et des chambres hôtels restaient vides, et une ambiance assez déprimante régnait sur une *plaza* par ailleurs très jolie.

LE MIEL ET LES MAYAS

Les abeilles et le miel des fleurs du Yucatán occupent une place de premier plan dans l'histoire maya. À l'époque de la conquête espagnole, les Mayas produisaient de grandes quantités de miel et payaient leur tribut aux conquistadors, avec cette substance, que l'on appréciait plus pour ses propriétés curatives que pour son goût sucré. Les abeilles tenaient également une place importante dans le panthéon maya : les codex mayas sont riches en motifs représentant des abeilles et le dieu des abeilles, Ah-Muzen-Cab, figure sur les frises de Chichén Itzá, Tulum et Sayil.

Le Mexique demeure le quatrième producteur de miel au monde, et la production du Yucatán est particulièrement appréciée pour son mélange de saveurs et d'arômes, résultant de la variété des fleurs de la région. De nombreux *campesinos* élèvent des abeilles pour compléter leurs activités agricoles. Cependant, l'espèce d'abeille sans dard connue des Mayas a depuis longtemps disparu au bénéfice de l'abeille européenne, qui à son tour est supplantée par l'abeille africaine, plus agressive et connue pour sa piqûre douloureuse.

Koolel Kab (☎ 996-102-39-27, 996-105-30-05 ; www.facebook.com/koolelkab.campeche ; Domicilio Conocido s/n, Ich-Ek) est une coopérative de femmes mayas à Ich-Ek, un village près de Hopelchén, qui cherche à préserver la tradition. Le miel est produit avec des abeilles indigènes *melipona,* qui vivent dans des arbres creux. Usant de techniques ancestrales, les femmes placent des tronçons d'arbre sous un abri et bouchent chaque extrémité avec de la boue. Un tronc peut produire jusqu'à 12 litres de miel. Celui-ci est principalement commercialisé pour ses propriétés médicinales, sous forme de bonbons pour la gorge, de gouttes pour les yeux, de savons et de crèmes. Des produits que vous pouvez acheter dans la petite boutique sur place.

À voir

Playa Norte PLAGE

Playa Norte, dans le golfe du Mexique, constitue la zone balnéaire de Carmen. Elle n'est pas très gaie avec son étendue de gros sable, ses eaux verdâtres et ses rares restaurants à *palapa*. Mais le développement est en marche avec l'apparition d'hôtels flambant neuf, de restaurants et d'autres services. Les bus affichant la direction "Playa Norte" ou "Zoológico" s'y rendent depuis le centre-ville. Un combi coûte 7 $M, un taxi entre 35 et 40 $M.

Museo Victoriano Nieves MUSÉE

(☎ 938-384-24-14 ; angle Calle 22 et Calle 41 ; tarif plein/enfant 11,50/6 $M ; ⌚ 9h-20h lun-ven, 9h-16h sam et dim). Le musée d'Histoire de la ville se tient dans un bâtiment intéressant, l'ancien hôpital. Il abrite des reliques archéologiques (dont une stèle Xpuhil), une collection sur le pétrole et l'histoire des pirates dans la région. Bateau pirate pour les enfants. Guides uniquement en espagnol.

Parque Zaragoza PLACE

(Central Plaza). Le Parque Zaragoza, l'un des endroits les plus agréables de la ville, possède un joli kiosque du XIXe siècle. Du côté nord, le **Santuario de la Virgen del Carmen**, construit en 1856, rend hommage au saint patron des marins. L'ancienne prospérité de la ville est toujours visible dans le *centro histórico* où les demeures des magnats de la gomme du XIXe siècle se dressent le long de Calle 22 et de Calle 24, au sud de la *plaza*.

Fêtes et festivals

À Ciudad del Carmen se déroule un fameux **carnaval** (⌚ sam-mar, vers février), très coloré. Les participants portent alors des costumes élaborés et dansent dans la rue pendant quatre jours. Tout aussi passionnant, la **Fiesta de la Virgen del Carmen** (⌚ 16 juillet) lance deux semaines de festivités avec le défilé du saint patron du port sur les quais. La fête s'accompagne de nombreuses expositions et événements.

Où se loger

En raison de la situation économique (emplois rares après la privatisation de la compagnie pétrolière), les hôtels vides ne manquent pas et les prix sont donc compétitifs. Les meilleurs hôtels font en général partie d'une chaîne.

Hotel de Parque HÔTEL $

(☎ 938-382-30-46 ; www.facebook.com/hotelparquecarmen ; Calle 33 s/n, entre Calles 20 et 22 ; d avec petit-déj 700 $M ; P ❄ 📶). Une propriété moderne en front de mer avec une vue sur le *malecón,* qui change

PÉNINSULE D'ATASTA

À l'ouest de Ciudad del Carmen, de l'autre côté du Puente Zacatal, s'étend la verdoyante et tropicale péninsule d'Atasta. Un site écologique merveilleux encore peu visité, qui s'étire entre le golfe et une succession de petites lagunes bordées de mangroves jusqu'à la Laguna de Términos. En bord de mer, des petits stands de restauration proposent du crabe et des crevettes tout juste pêchés. En traversant l'estuaire, vous apercevrez peut-être des singes hurleurs, des lamantins et des tortues de rivière.

agréablement des hôtels délabrés du centre. Certaines chambres correspondent aux normes du XXIe siècle, mais pas toutes. Pensez à vérifier. L'emplacement est parfait. Restaurant sur place.

Hacienda Real HÔTEL **$$**
(938-381-17-00 ; www.hotelhaciendareal.com.mx ; Calle 31 n°106 ; ch à partir de 1 298 $M ;). Immense et tape-à-l'œil, l'Hacienda déploie ses lits *king size*, son excellent bar-restaurant, ses beaux balcons avec vue et une piscine habillée de mosaïque.

Où se restaurer

Il Giglio ITALIEN **$$**
(938-382-47-08 ; www.ilgiglio.com.mx ; Calle 24 n°33 ; plats 155-385 $M ; 14h-23h30 lun-sam, bar jusqu'à 1h). Dans un élégant bâtiment qui fut l'ancienne demeure d'un pirate, cet authentique restaurant italien, au sol à damier, est réputé pour sa cuisine traditionnelle de qualité. Il possède une cave avec plus de 400 vins. Gardez une petite place pour le dessert : vous ne le regretterez pas !

Café La Fuente MEXICAIN **$$**
(938-286-02-16 ; Calle 20 n°203 ; en-cas 35-80 $M, plats 140-160 $M ; 8h-0h ;). Ce café de plein air est un lieu animé où se retrouvent familles et amis. C'est un très bon endroit pour goûter le *pibipollo* (*tamales* au poulet, 40 $M) et *l'arrachera encebollado* (bavette marinée avec oignons et piments, 150 $M). Très pratique, il y a des jeux pour enfants juste à côté. La vue est superbe.

Restaurante El Marino PRODUITS DE LA MER **$$**
(938-384-15-83 ; Calle 20 n° 2 ; plats 116-209 $M ; 10h-19h, horaires moins étendus en hiver). Ce grand restaurant à ciel ouvert qui donnent sur l'eau offre une vue superbe le pont Zacatal et permet d'observer les oiseaux – voire un dauphin au loin. La carte propose cocktails aux fruits de mer, poissons grillés, ceviche, 14 recettes de crevettes et une paella en fin de semaine. Petite plage à côté. À 15 minutes à pied de la *plaza*, en allant vers le sud.

Renseignements

Il y a des banques avec des DAB près de la *plaza*.

Office du tourisme municipal (938-381-28-70 ; angle Calle 20 s/n et Calle 31 ; 8h-15h lun-ven). Un petit espace à l'hôtel de ville où l'on trouve quelques brochures.

Depuis/vers Ciudad del Carmen

Interjet (866-285-95-25 ; www.interjet.com.mx) relie Mexico quotidiennement.

Les bus ADO de 1re classe et les bus Sur de 2e classe desservent la **gare routière** (Av Periférico s/n) moderne de Ciudad del Carmen, à 15 minutes en voiture à l'est de la place principale. Un *taxi colectivo* (taxi partagé) du terminal à la *plaza* coûte dans les 35 $M (un peu plus après 22h). Consultez les horaires et achetez les tickets à la **billetterie ADO** (938-384-23-63 ; Calle 24 ; 8h-20h lun-ven, 9h-14h sam et dim) à côté de l'Hotel Zacarías. Les bus partent pour Campeche (217 $M, 3 heures, toutes les heures), Mérida (415 $M, 5 heures, toutes les heures) et Villahermosa (190 $M, 3 heures, toutes les 45 min). Le bus pour Mexico coûte 789 $M.

Les combis circulent depuis/vers Isla Aguada (40 $M, 40 min) ; l'arrêt se trouve à trois pâtés de maisons au nord-est de la *plaza*, à l'angle de Calle 32 et Calle 35.

SUD-EST DE CAMPECHE

Cette région du sud de la péninsule, allant d'Escárcega à Xpujil et bordant l'actuel Guatemala, fut le premier territoire peuplé par les Mayas, le plus durablement habité et le plus densément peuplé. Vous y verrez les sites archéologiques mayas les plus élaborés de toute la péninsule.

Parmi ceux-ci, le style architectural Río Bec domine. Pour voir tous les éléments en un même endroit, prévoyez de visiter le site de Río Bec (p. 24) ; sachez cependant que des sites plus accessibles comprennent certaines de ces caractéristiques particulières. Il s'agit en fait d'un hybride de styles fusionnant des éléments de la région Chenes au nord et Petén au sud. Le plus remarquable est le site de Calakmul qui se niche au cœur de la

LAGUNA DE TÉRMINOS

La plus grande lagune du golfe du Mexique, la Laguna de Términos, comprend un réseau d'estuaires, de marécages et d'étangs qui forment un habitat côtier unique. Des palétuviers rouges, blancs et noirs bordent la lagune, un site de nidification important pour plusieurs espèces de tortues marines et de nombreux oiseaux migrateurs.

La Laguna de Términos abrite une faune et une flore sauvages, mais accueille également la deuxième ville de l'État par la taille et le principal centre de production de pétrole du Mexique. Divers dangers environnementaux – fuite de pétrole et surpêche – continuent de menacer l'écosystème de la lagune, bien qu'elle ait été désignée zone de flore et de faune protégée en 1994.

Bordée par une bande de terre étroite traversée par la route 180, la lagune est facilement accessible.

Reserva de la Biosfera Calakmul, luxurieuse et d'une grande diversité botanique ; toutefois, chaque site comporte des structures, des sculptures et des éléments qui fascineront les explorateurs de ruines.

Balamkú

"Découvert" seulement en 1990, le site de **Balamkú** (temple du Jaguar ; 45 $M ; 8h-17h) possède une frise en stuc remarquablement ouvragée qui n'a que peu de ressemblance avec les autres éléments décoratifs connus dans les styles Chenes ou Río Bec. Bien préservée, avec des traces de la peinture rouge originale, la frise présente un tableau symbolique de grande richesse qui a été interprétée comme la démonstration d'une relation complémentaire entre notre monde et l'inframonde.

À la base de la frise, tout le long, des jaguars assis, stylisés, représentent l'abondance de la terre. Ces figures alternent avec plusieurs masques grotesques équipés de crocs, au-dessus desquels se tiennent des créatures ressemblant à des crapauds ou des crocodiles, qui eux-mêmes soutiennent des personnages royaux aux coiffures élaborées. Des explications en espagnol sont mises à disposition des visiteurs.

La pierre qui cachait la frise depuis des siècles a été remplacée par une protection équipée de fenêtres coulissantes qui laissent passer un peu de lumière. La porte est fermée à clé, mais le gardien du site vient généralement l'ouvrir et vous faire visiter (flash interdit).

Balamkú se trouve à 91 km à l'est d'Escárcega et à 60 km à l'ouest de Xpujil (2 km après l'embranchement de Calakmul), puis à 3 km au nord de la grande route par une route goudronnée.

Calakmul

Calakmul (billet combiné 198 $M ; 8h-17h), possiblement l'une des plus grandes villes de l'ère maya, fut découverte en 1931 par le botaniste américain Cyrus Lundell. Le site est comparable en taille et en importance historique à sa voisine guatémaltèque, Tikal, sa principale rivale, à l'époque maya classique, pour l'hégémonie sur les basses terres du Sud. Elle possède la plus grande et la plus haute pyramide connue du Yucatán, et accueillait autrefois plus de 50 000 personnes.

Une partie centrale de ses 72 km^2 a été restaurée, mais les quelque 6 000 constructions de la ville restent pour beaucoup recouvertes par la jungle. En 2004, des fresques murales étonnamment bien conservées furent découvertes à l'acropole Chiik Naab d'Estructura I, représentant ce que l'on n'avait jamais pu observer jusque-là : les activités quotidiennes de la population maya (par opposition aux habituels thèmes politiques, cérémoniels ou religieux). Quelques années auparavant, une importante frise de stuc de 20 m de long et 4 m de haut avait été découverte à Estructura II. Ses caractéristiques semblaient marquer une transition entre l'architecture olmèque et l'architecture maya.

Les peintures murales et les frises ne sont pas ouvertes au public, mais des reproductions peuvent être vues dans le **Museo de Naturaleza y Arqueología** (8h-15h) GRATUIT, au, km 20 de la route secondaire de 60 km menant à Calakmul. Ce musée intéressant propose aussi des expositions géologiques, archéologiques et d'histoire naturelle.

Cependant, l'intérêt de Calakmul n'est pas seulement historique, c'est aussi une expérience écologique. Au cœur de la **Reserva de la Biosfera Calakmul**

(⏲6h-17h), qui couvre près de 15% du territoire total de l'État), les ruines sont entourées par une forêt tropicale dense qui semble ne jamais s'arrêter. Vous verrez sans doute des dindons sauvages, des perroquets et des toucans – environ 350 espèces d'oiseaux résident ou passent par ici –, ou encore des singes-araignées, mais il est beaucoup moins probable que vous aperceviez un jaguar, l'une des 5 espèces de félins sauvages de la région. D'autres mammifères, reptiles et amphibiens vivent également dans la biosphère. Ils sont particulièrement actifs le matin et le soir.

Histoire

De 250 environ à 695 apr. J.-C., Calakmul était la capitale d'une vaste région appelée le royaume de la Tête du Serpent. Son déclin fut le résultat des luttes de pouvoir et des conflits internes suivant la défaite du roi de Calakmul, Garra de Jaguar (Griffe de Jaguar) à Tikal. Calakmul connut un nouvel essor à la fin de la période classique en formant une alliance avec Río Bec, dans le nord.

À Calakmul comme à Tikal, certaines indications permettent de penser que la construction s'étendit sur plus d'un millénaire. Les archéologues découvrirent sous l'Edificio VII un caveau funéraire contenant quelque 2 000 pièces de jade, tandis que des tombeaux cachaient de remarquables masques funéraires en jade ; certains de ces objets sont exposés au Museo Arqueológico de Campeche Fuerte de San Miguel (p. 221). Les fouilles ont également révélé 120 stèles sculptées, dont les plus anciennes datent de 435 av. J.-C. On pense qu'elles répertorient les événements clés, tels l'accession au pouvoir des rois et le dénouement des conflits avec les États rivaux.

À voir

Essayez de consacrer au moins deux jours à votre excursion à Calakmul. Vous aurez ainsi une journée pour arriver (et visiter la grotte aux chauves-souris au coucher du soleil) et une autre pour rejoindre en voiture le site situé à 60 km – un trajet qui prend environ 1 heure 30.

Vous passerez trois postes de péage : 50 $M sur la route 186 à l'embranchement, 78 $M à l'entrée de la biosphère 20 km plus loin et 70 $M à l'entrée du site. Une combinaison qui change souvent néanmoins.

Emportez avec vous l'eau et les provisions nécessaires. Il n'y a plus aucun commerce après l'embranchement de la route 186.

Une fois arrivé, il reste environ 1 km à travers bois entre le poste de péage au bout de la route et les ruines. Trois parcours fléchés sont proposés : un itinéraire long, un moyen et un court. Ce dernier mène à la Gran Plaza, et le plus long vous fait traverser le Gran Acrópolis avant de vous conduire aux sites principaux. Les animaux sont actifs surtout le matin et en soirée.

La **Gran Plaza** constitue un bon point de départ, avec ses édifices anciens et nombreuses stèles (les plus belles se trouvent à l'Estructura V). Escalader l'énorme Estructura II, du côté sud de la *plaza*, est un passage obligé. Un sentier sur la gauche (à l'est) de l'Estructura II passe devant l'Estructura III, puis en direction sud, arrive à l'Estructura I.

Estructura II — SITE ARCHÉOLOGIQUE

Chacun des côtés de cette pyramide mesure 140 m de long pour une surface totale d'un peu moins de 2 hectares – certains estiment qu'il s'agit de la plus grande structure maya. Après une bonne ascension, vous aurez l'impression d'avoir atteint le sommet, mais continuez sur votre gauche pour rejoindre le véritable apex.

Estructura III — SITE ARCHÉOLOGIQUE

Elle consiste en une douzaine de chambres posées sur une plateforme. Les archéologues ont trouvé dans la structure du Ve siècle un tombeau avec le corps d'un chef entouré de jade, de céramiques et de perles en coquillage. Il portait non pas un, mais trois masques en jade – un sur son visage, un autre sur sa poitrine et le dernier sur sa ceinture.

Estructura I — SITE ARCHÉOLOGIQUE

La deuxième pyramide de Calakmul par la taille. Le botaniste américain Cyrus Lundell appela le site Calakmul, "deux monticules adjacents" en maya, en référence aux deux pyramides qui n'étaient alors pas excavées et dominaient le site. L'ascension est ardue, mais récompensée par une vue superbe.

Gran Acrópolis — SITE ARCHÉOLOGIQUE

Gran Acrópolis est une zone résidentielle labyrinthique avec un secteur cérémoniel comprenant un terrain de jeu de balle. Depuis le périmètre nord de cette zone, en prenant vers l'est, vous pourrez suivre le sentier jusqu'à l'entrée.

Cueva de los Murciélagos GROTTE

Chaque soir au crépuscule, deux à trois millions de chauves-souris remontent en virevoltant des profondeurs d'un *cenote* à sec et forment une tornade ailée. L'expérience est surréaliste. On trouve au bout d'un petit sentier de terre quelques rares places de parking. Une marche de 15 minutes suffit ensuite à rejoindre l'entrée de la grotte. Guettez sur la route 186 les panneaux représentant une chauve-souris, à environ 500 m de l'embranchement.

Où se loger et se restaurer

Xpujil, à 52 km à l'est de l'embranchement pour Calakmul, dispose du plus grand choix d'hébergements ; un hôtel de classe supérieure est en outre installé à l'intersection menant à la réserve de biosphère. Plusieurs hébergements bon marché ont été créés à Conhuas, un petit village à l'ouest de l'entrée de la réserve : il s'agit de cabanes mayas et d'autres options sans chichis, et un camping. Il est interdit de camper sur le site.

Apportez de l'eau et des provisions pour visiter Calakmuk – il n'y a aucun commerce et pas d'eau sur le site. Votre hôtel vous préparera peut-être un déjeuner à emporter.

Campamento Yaax' Che CAMPING $

(Servidores Turísticos Calakmul ; 983-101-19-21, portable 983-1348818 ; sans/avec location tente 100/320 $M). Le terrain de camping le plus proche de Calakmul, au plus près du campement dans la jungle, est situé plusieurs kilomètres après la sortie de la route 186 de Calakmul, puis 700 m sur une route accidentée. Ce camping décontracté de style sauvage met à disposition des emplacements pour tentes (fournies ou non).

Hotel Puerta Calakmul HÔTEL $$$

(998-892-26-24 ; www.puertacalakmul.com.mx ; route 186, km 98 ; cabañas à partir de 3 000 $M ; P). Ce lodge haut de gamme se trouve 700 m après la sortie de la route 186 pour Calakmul. Les 15 bungalows sont spacieux et décorés avec goût – béton ciré, boiseries et galets. Elles sont agréables, mais pas luxueuses, et comportent moustiquaire et ventilateurs. Ceux qui ont le sommeil léger doivent savoir qu'ils auront des singes hurleurs pour voisins.

Un bon restaurant vous accueille entre 7h et 21h30 (plats 160-190 $M). Petite piscine sur place. Wi-Fi uniquement dans le bâtiment principal.

Depuis/vers Calakmul

Calakmul se trouve à 60 km au sud de la route 186, au bout d'une route goudronnée en bon état (embranchement à 56 km à l'ouest de Xpujil). Il n'y a pas de bus après l'embranchement, mais vous pouvez prendre un taxi à Xpujil qui vous attendra sur le site le temps de votre visite (1 500 $M). Les

EL TIGRE ET LES CENOTES À MIGUEL COLORADO

Au sud-ouest d'Escárcega se trouve l'un des derniers sites mayas exhumés du Campeche, **El Tigre** (45 $M ; 8h-17h). Les archéologues sont pratiquement certains qu'il s'agit d'Itzamkanac, la capitale légendaire des Itzáes. C'est ici qu'Hernan Córtes aurait exécuté Cuauhtémoc, le dernier empereur aztèque de Tenochtitlán.

Au contraire des autres sites de Campeche, El Tigre occupe un terrain marécageux sillonné de rivières, ses deux pyramides se dressant entre les palmiers et de nombreux oiseaux. Depuis Candelaria, prenez la route pour Monclova ; vous trouverez l'embranchement pour le site après Estado de México.

À Miguel Colorado, un village plutôt isolé, à 70 km au sud de Champotón, on trouve deux grands **cenotes** (Cenotes Agua Azul y Los Patios ; village Miguel Colorado ; entrée et activités avec/sans tyrolienne 200/100 $M ; 7h-17h), ainsi qu'un écocentre tout nouveau et une réserve naturelle privée. Le prix d'entrée inclut la location de kayak et des tyroliennes qui passent très haut au-dessus d'un des *cenotes*. Des chemins de montagne rocailleux mènent à chaque *cenote* (80 $M la randonnée). Ouvrez l'œil et vous verrez peut-être les araignées et les singes hurleurs.

Dans les environs, vous pouvez visiter une grotte avec des chauves-souris, et la Laguna de Mokú, un lac avec des crocodiles. Vous aurez besoin d'un guide (50 $M/pers).

Pour les *cenotes*, prenez la route 261 vers le sud sur 60 km à partir de Champotón, puis une route secondaire sur 10 km jusqu'à Miguel Colorado. Tournez à gauche au village et continuez sur 3 km.

taxis attendant à l'embranchement, et prennent jusqu'à 4 personnes. Le trajet des 60 km aller-retour plus le temps d'attente coûte 1 200 $M par personne. Des navettes prennent jusqu'à 14 personnes pour 2 400 $M.

Chicanná et Becán

Ces deux sites intéressants facilement accessibles depuis la route 186 sont situés respectivement à 10 km et 8 km à l'ouest de Xpujil. Ce sont d'excellents exemples des styles architecturaux Chenes et Río Bec.

À voir

Chicanná SITE ARCHÉOLOGIQUE
(50 $M ; 8h-17h). Nommé à juste titre “maison des mâchoires de serpent”, ce site maya est connu pour sa porte remarquablement bien préservée, ornée d'une tête de monstre à la mâchoire terrifiante. Situé à 10 km à l'ouest de Xpujil et à 400 m au sud de la 186, au cœur de la jungle, Chicanná allie les styles architecturaux Chenes et Río Bec. À son apogée, à la fin de la période classique, de 550 à 700 av. J.-C., la cité avait en quelque sorte rang de “banlieue chic” de Becán.

Becán SITE ARCHÉOLOGIQUE
(60 $M ; 8h-17h). Cet incontournable site maya est entouré d'un fossé (*becàn* en maya) de 2 km. De l'autre côté des douves, 7 chaussées permettent l'accès au site de 12 ha, à l'intérieur duquel se trouvent les vestiges de 3 ensembles architecturaux distincts. Carrefour stratégique entre les civilisations Petenes au sud et Chenes au nord, Becán présente des éléments architecturaux des deux. Le composite qui en résulte est dénommé style Río Bec.

Où se loger et se restaurer

Hotel Otoch Béek CABAÑAS $
(La Casa del Roble ; 983-135-10-43 ; casadelroble.oficial@hotmail.com ; route 186, Becán ; s/d/qua 500/600/1 100 $M ; P). Dans un joli cadre, à l'écart de la folle animation de Xpujil, des chambres simples et modernes dans des *cabañas* en béton aux couleurs arc-en-ciel. Sans petit-déjeuner, mais le propriétaire a un restaurant, le Genesis à Xpujil, où l'on mange à prix raisonnable. Guettez le panneau sur un mur jaune. Si vous arrivez au terrain de foot, vous l'avez manqué.

♥ **Río Bec Dreams** CABAÑAS $$
(www.riobecdreams.com ; route 186, km 142, Becán ; cabaña 2 pers 1 404-1 605 $M, 3 pers 1 605-1 805 $M, 4 pers 2 005 $M ; P). Ce lodge de jungle à la direction canadienne, à 12 km à l'ouest de Xpujil et à 2 km à l'ouest de Chicanná, est un petit paradis qui dépasse en qualité les hébergements de Xpujil. Il est situé à proximité de la bruyante route 186, mais il dispose d'un vaste jardin tropical et d'un charmant restaurant. Les sept *cabañas* à toit de chaume sont simples et colorées ; certaines ont une seule pièce, les plus grandes ont un patio avec moustiquaire.

♥ **Río Bec Dreams** CUISINE INTERNATIONALE $$
(983-126-35-26 ; riobecdreams.com ; route 186, km 142 ; plats 110-295 $M ; 7h30-9h et 19h30-21h ; P). Ce merveilleux restaurant en plein air, entouré de plantes tropicales, sert la meilleure cuisine maison du coin. Une belle carte propose entre autres du rôti de porc, des plats de pâtes méditerranéennes, des curries indiens et un chili con carne. Les ingrédients sont frais et de grande qualité. Notez que les taxes et le service sont ajoutés à l'addition.

Depuis/vers Chicanná et Becán

Vous aurez besoin de votre propre véhicule ou de prendre un taxi depuis Xpujil (500 $M environ, avec 1 heure d'attente sur chacun des deux sites).

Xpujil

983 / 4 000 HABITANTS

Plutôt ordinaire, la petite ville de Xjupil connaît depuis quelques années une croissance exceptionnelle, notamment grâce à sa proximité avec de nombreux sites archéologiques. C'est donc une base toute trouvée pour les visiter, avec quelques hôtels et restaurants, plusieurs DAB (notamment dans le supermarché Willy's), un bureau de change (Elektra Dinero sur Calle Chicanna, près de Xnantun) et une gare routière. La plupart des services sont regroupés sur 7 pâtés de maisons dans l'artère principale, Av Calakmul (ou “route 186”), ainsi que dans une rue vers l'intérieur des terres. La ville compte également 3 stations-service.

À voir et à faire

Les ruines de **Xpuhil** (55 $M ; 8h-17h) constituent un exemple remarquable du style Río Bec. Les 3 pyramides (au lieu des deux habituelles) de l'Estructura I s'élèvent au-dessus d'une dizaine de salles voûtées. La pyramide centrale (53 m), la mieux préservée, laisse imaginer ce que pouvait être l'ensemble à son apogée, au VIIIe siècle. Un escalier impraticable mène à un temple où l'on aperçoit encore les traces d'un masque zoomorphe. Une tête de jaguar est gravée dans le mur derrière le temple.

Le site se trouve à la pointe ouest de la ville de Xpujil ; comptez environ 1 km à pied jusqu'à l'entrée des ruines, environnées d'une belle nature. **Calakmul Adventures** (☎portable 983-1841313 ; www.calakmuladventures.com ; environ 1 300 $M) et **Ka'an Expeditions** (☎983-871-60-00 ; www.kaanexpeditions.com ; Av Calakmul s/n ; 75 $US/pers ; ⏲12h-20h mar-dim) organisent des circuits vers Calakmul.

Où se loger et se restaurer

Hotel Maya Balam HÔTEL **$**
(☎983-871-62-90 ; Calle Xpujil s/n, entre Av Calakmul et Silvituc ; d 540-650 $M, tr 760 $M ; P ⊖ ❄ ᯤ). Il n'y a pas mieux en ville : un petit hôtel moderne avec des chambres propres, la TV, ne réception Wi-Fi, un restaurant et un service prévenant. À l'exception de la vue (les chambres à l'arrière donnent sur le parking), c'est très bien pour une nuit ou deux si vous comptez explorer le coin.

Hotel Victoria HÔTEL **$**
(☎983-158-72-18 ; route 186 ; ch 380 $M ; P ❄ ᯤ). Parmi le lot d'hôtels sans caractère autour de l'intersection principale, celui-ci a des chambres correctes et propres. Son avantage principal : il est pratique pour prendre le bus de Palenque qui arrive à 1h. Mais, comme il est à côté de la gare routière, il est bruyant. Sanitaires publiques et restaurant sur place.

Genesis MEXICAIN **$**
(Av Calakmul, angle Balakmal ; 40-100 $M ; ⏲24h/24). Un petit restaurant tout simple qui sert des *antojitos* (en-cas), des sandwichs, des hamburgers et des tacos. On peut y faire ses provisions avant de partir en excursion à Calakmul. Ouvert 24h/24.

♥ **Sazon Veracruzano** MEXICAIN **$$**
(☎983-871-62-99 ; Av Calakmul 92 ; plats 130-170 $M ; ⏲7h-23h lun-sam). Ce restaurant semble très décontracté, avec sa façade orange et ses nappes en plastique encore plus vives, mais vous ne trouverez pas plus chic à Xpujul. Longue carte de plats mexicains (en particulier de Veracruz, ville d'origine des propriétaires), parmi lesquels *fajita de arrachera* (lamelles de bœuf ; 170 $M) et filet de poisson frit (130 $M).

ACCÈS AUX SITES

Avoir un véhicule se révèle très pratique pour visiter les sites mayas autour de Xpujil. Sinon, rejoignez un circuit organisé ou prenez un taxi (la station se trouve au feu du carrefour de Xpujil). Quelques exemples de prix.

Balamkú et Calakmul 1 500 $M avec un temps d'attente de 3-4 heures sur le site.

Becán et Chicanná 500 $M avec un temps d'attente d'une heure sur chaque site.

Hormiguero 500 $M avec un temps d'attente entre 1 heure et 1 heure 30.

Río Bec 900-1 000 $M pour le transport, plus 1 200 $M pour le guide.

Depuis/vers Xpujil

La **gare routière** (☎983-871-65-11 ; ⏲24h/24) est à côté du feu de circulation de Xpujil, à l'est, près de l'hôtel Victoria. Les lignes assurent la liaison depuis/vers Campeche (232-380 $M, 4 heures 30, 6/jour ; via Champotón), et Chetumal (101-176 $M, 2 heures, 6-8/jour).

Des *colectivos* desservent également Chetumal (120 $M/pers, 1 heure 30) et Escárga (130 $M, 2 heures) ; près du rond-point, en face de la gare routière.

Zoh-Laguna

☎983 / 1 100 HABITANTS

La jolie petite communauté de Zoh-Laguna, à 9,5 km au nord de la route 186, sur la route de Hopelchén, offre une agréable alternative à Xpujil. Plus tranquille que cette dernière, elle abrite quelques hébergements très simples, mais presque pas de commerces. Les petites maisons en bois aux toits pentus qui datent des années 1930, une époque où la ville vivait de l'industrie du bois, sont très pittoresques.

Où se loger

Cabañas Mercedes CABAÑAS **$**
(☎983-839-49-91, portable 983-1351261 ; Calle Zapote s/n ; cabañas s/d 200/300 $M). Un lieu rustique avec 15 bungalows basiques équipés de moustiquaires, de ventilateurs et de douches à l'italienne. Un restaurant au

toit de chaume sert des plats corrects (plats 50-100 $M). Don Antonio, le propriétaire, est très sympathique et expert en ruines.

El Viajero HÔTEL $

(☎983-103-96-13 ; Calle Caobas s/n ; ch avec/sans clim 250/400 $M ; P ⊖ ❄ ☎). Huit chambres carrelées situées en face du petit restaurant (plats 80 $M) du même propriétaire. Celui-ci gère aussi l'hôtel du même nom à l'entrée du village (doubles 400 M$), équipé du Wi-Fi et de la climatisation.

ℹ Depuis vers Zoh-Laguna

Il vaut mieux avoir un véhicule pour aller à Zoh-Laguna. Un taxi depuis Xpujil coûte environ 80 $M.

Río Bec

Présentant d'intéressante petites structures réunies en 74 groupes, **Río Bec** (quad/pick-up 900/1 000 $M, guide 700 $M, entrée du parc 50 $M ; ⏲8h-17h) GRATUIT couvre une surface de 100 km² au sud-est de Xpujil. C'est le seul site qui rassemble les cinq éléments décoratifs du style Río Bec en un seul édifice. L'isolement du site et la poursuite des fouilles donnent au lieu une atmosphère mystique qui manque aux sites plus établis.

Le Grupo B comprend certains des édifices les mieux restaurés, en particulier la magnifique Estructura I (700 apr. J.-C.). Découverte en 1907 par l'archéologue français Maurice de Périgny, cette structure palatiale présente deux tours jumelles à étages couronnées par des temples assortis et décorés de motifs de croix. La structure principale du Grupo A est un palais long de 15 m aux tours intactes, comportant un bas-relief composé de glyphes singuliers sur les panneaux inférieurs.

Il est impossible de venir ici sans guide, la piste est en si mauvais état qu'elle est seulement accessible aux 4x4, quad et VTT (pour les sportifs et les aventuriers). Vous risqueriez de vous perdre tant le parcours non fléché est compliqué. Río Bec Dreams (p. 238) et Ka'an Expeditions (p. 239) proposent des circuits organisés sur réservation.

Hormiguero

Les bâtiments de **Hormiguero** (⏲8h-17h) remontent à l'an 50 ; la cité (dont le nom espagnol signifie "fourmilière") a prospéré à la fin de la période classique. Jusqu'à une époque récente, le site n'était pas facile d'accès ; la route, bien qu'envahie par la végétation, est en grande partie goudronnée. Hormiguero possède deux bâtiments exceptionnels dans un cadre magnifique et luxuriant. Vous pourriez bien avoir le privilège de vous y retrouver seul.

En entrant, vous verrez l'**Estructura II**, longue de 50 m. Principale caractéristique de sa façade, la porte prend la forme d'une gueule de monstre menaçant de style Chene, mâchoires grandes ouvertes, en retrait entre deux tours en gradins de style Río Bec classique. Vers l'arrière se trouvent une pierre façonnée maya intacte et les restes de plusieurs colonnes. Suivez les flèches à 60 m au nord pour atteindre l'**Estructura V**, avec un temple représentant également des mâchoires ouvertes, nettement plus petit mais tout aussi élaboré, au sommet d'une base pyramidale. Grimpez du côté droit pour voir de plus près les incroyables détails de la pierre travaillée, en particulier le long des colonnes d'angle de chaque côté de la porte.

Rejoignez le site en parcourant 14 km au sud du feu de circulation de Xpujil, puis en tournant à droite ; continuez ensuite pendant 8 km vers l'ouest sur une route goudronnée (les 2 derniers kilomètres sont sur une route accidentée en terre battue).

BUS AU DÉPART DE XPUJIL

Des bus de toutes les classes (AU, ATS, SUR et les luxueuses lignes ADO) font un arrêt à Xpujil, avant de rallier l'Est ou l'Ouest entre Campeche et Chetumal.

DESTINATION	PRIX (M$)	DURÉE (H)	FRÉQUENCE
Campeche	232-380	4-6	6/jour
Cancún	438-622	8	6/jour
Chetumal	101-176	2	6/jour
Escárcega	124-206	2	8/jour

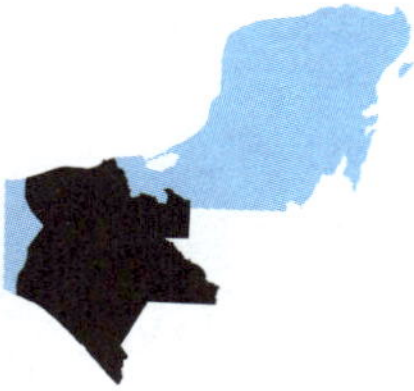

Chiapas et Tabasco

Dans ce chapitre ➡

Le top des restaurants

- Santo Nahual (p. 250)
- Restaurante LUM (p. 250)
- Cocina Chontal (p. 266)
- El Huachinango Feliz (p. 259)
- Restaurante Bajlum (p. 259)

Le top des hébergements

- La Joya Hotel (p. 250)
- Puerta Vieja Hostel (p. 249)
- Casa de Alma (p. 250)
- Yaxkin (p. 257)
- Boutique Hotel Quinta Chanabnal (p. 258)

Pourquoi y aller

Des montagnes majestueuses tapissées de forêts pluviales aux marécages bordés de mangroves, des ruines historiques d'une beauté à couper le souffle aux communautés indiennes dynamiques, les deux États du Sud offrent un aperçu d'un Mexique plein de caractère et de ses traditions les plus anciennes.

Si les ruines de Palenque et de Yaxchilán évoquent la splendeur passée des Mayas, ceux-ci restent aujourd'hui encore les gardiens d'une histoire jamais interrompue. Au fil de la route, les centres coloniaux de San Cristóbal de las Casas et de Chiapa de Corzo cèdent la place aux plages de sable et aux fertiles plantations de café et de cacao du Soconusco. Pour les activités de plein air, les excursions vers la Laguna Miramar et le Cañón del Sumidero sont incontournables.

Au nord, l'État du Tabasco possède plus d'eau que de terre, avec des lacs, des rivières et des marais. Loin des axes touristiques, il recèle une vaste réserve de biosphère, mais aussi quelques vestiges mayas.

Quand partir

San Cristóbal de las Casas

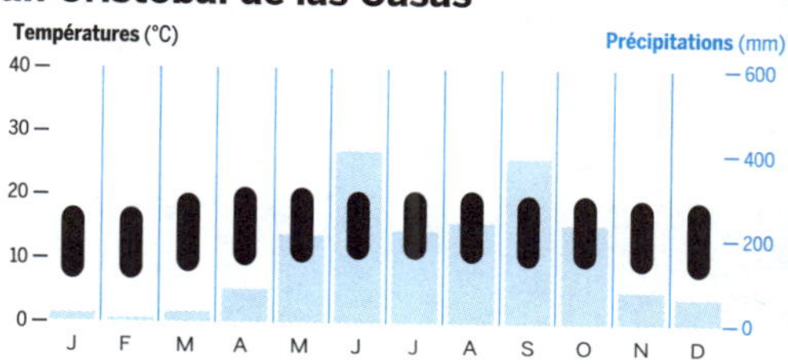

Janvier Fiesta Grande de Enero à Chiapa de Corzo.	**Juin-novembre** Saison de nidification des tortues sur la côte pacifique. Fortes pluies dans le Tabasco.	**Novembre-avril** Mois les plus secs, avec des soirées fraîches entre novembre et février à San Cristóbal.

À ne pas manquer

1 La jungle vallonnée et les temples mayas majestueux de **Palenque** (p. 253)

2 Une promenade en altitude dans les rues pavées de **San Cristóbal de las Casas** (p. 244)

3 Une déambulation parmi les ruines mayas en bord de fleuve sous les cris des singes hurleurs à **Yaxchilán** (p. 263).

4 La découverte de **Comalcalco** (p. 266), un site maya isolé, et de ses plantations de cacao enchanteresses.

5 La culture singulière du peuple tzotzil à **San Juan Chamula** (p. 252).

6 Une sortie gourmande dans un des meilleurs restaurants du Tabasco à **Villahermosa** (p. 264).

Ciudad del Carmen
MEX 180
Laguna de Términos
Escárcega
MEX 186
Campeche
Reserva de la Biosfera Pantanos de Centla
Candelaria
Usumacinta
Jonuta
MEX 186
Río Candelaria
Ciudad Pemex
Chable
Balancán
Río San Pedro
Emiliano Zapata
Catazajá
Salto de Agua
Palenque
Cascada Wejlib-Já
Tenosique
La Palma
Palenque 1
Misol-Ha
Chancalá
El Ceibo
Agua Azul
Tila
MEX 307
Carretera Fronteriza
Piedras Negras
MEX 199
Metzabok
Parque Nacional de la Sierra del Lacandón
Flores
Bachajon
Nahá
Nueva Palestina
Yaxchilán 3
San Javier
Frontera Corozal
Bethel
La Libertad
Ocosingo
Toniná
Cascadas de las Golondrinas
Lacanjá
Crucero Corozal
Chansayab
Bonampak
Altamirano
Benemérito de las Américas
Chanal
Reserva de la Biosfera Montes Azules
Lacandón Jungle
Reserva de la Biosfera Lacan-tun
Pipiles
MEX 190
Amatenango del Valle
San Quintín
La Realidad
Emiliano Zapata
Pico de Oro
Reforma Agraria
Las Margaritas
Venustiano Carranza
Comitán
Chinkultic
Las Nubes
El Chiflón
Parque Nacional Lagunas de Montebello
MEX 307
Ixcán
Chajul
La Trinitaria
Tenam Puente
Presa La Angostura
San José del Arco
Nuevo Mexico
MEX 190
Chicomucelo
Ciudad Cuauhtémoc
La Mesilla
GUATEMALA
Cobán
Motozintla
Huehuetenango
Sacapulas
Volcán Tacaná (4100 m)
MEX 200
Huixtla
Unión Juárez
Santo Domingo
San José Hueyate
Talismán
Izapa
El Carmen
Tapachula
Quetzaltenango
Mazatán
Lago de Atitlán
CIUDAD DE GUATEMALA
Puerto Chiapas
Ciudad Hidalgo
Ciudad Tecún Umán

CHIAPAS

Les fraîches pinèdes d'altitude, la jungle étouffante et les jolies villes coloniales se côtoient dans l'État le plus méridional du Mexique, une région marquée par l'empreinte espagnole et jalonnée des vestiges de la civilisation maya. Tandis que les amoureux de la nature prêts à sortir des sentiers battus s'émerveilleront devant les cascades bouillonnantes et les animaux sauvages de la forêt lacandone et de la réserve El Triunfo.

Histoire

Certaines des plus puissantes cités-États des Mayas sont apparues au cours de la période classique (vers 250-900) dans les basses terres couvertes de jungle de l'est du Chiapas : parmi elles, Palenque, Yaxchilán et Toniná, qui représentaient des centres du pouvoir. Des dizaines de puissances de moindre envergure, comme Bonampak, Comalcalco et Chinkultic, prospérèrent à cette période dans le Chiapas oriental et le Tabasco, tandis que la culture maya atteignait son apogée. Les ancêtres des groupes indiens actuels des hauts plateaux du Chiapas ont sans doute émigré depuis les basses terres à la suite de l'effondrement, vers 900, de la culture maya classique.

L'expédition de Diego de Mazariegos, en 1528, permit aux Espagnols de s'emparer du centre du Chiapas. Les zones environnantes furent conquises dans les années 1530-1540, bien que la forêt lacandone soit demeurée un foyer de résistance aux envahisseurs. Les Espagnols apportèrent de nouvelles maladies, et l'épidémie de 1544 tua la moitié de la population indienne du Chiapas. Durant la période coloniale, la région fut administrée de manière inefficace depuis le Guatemala. Les colonisateurs commirent de nombreux excès à l'encontre des populations locales, même si certains hommes d'Église, comme Bartolomé de Las Casas (1474-1566), le premier évêque du Chiapas, luttèrent en faveur des droits des Indiens.

En 1822, le Mexique indépendant chercha en vain à annexer les anciennes provinces espagnoles d'Amérique centrale (notamment le Chiapas). Mais, deux ans plus tard, le Chiapas décida par référendum de rejoindre le Mexique plutôt que les Provinces unies d'Amérique centrale. Une succession de gouverneurs nommés par Mexico et de propriétaires terriens locaux maintint un contrôle quasi féodal sur la région.

Épisodiquement, des révoltes ont manifesté le mécontentement de la population, mais il a fallu attendre le 1er janvier 1994 et l'occupation par les rebelles zapatistes de San Cristóbal de las Casas et de certains villages voisins pour que le monde tourne son regard vers la région et ses difficultés. Résolument soutenu par les populations locales du Chiapas oriental, le mouvement zapatiste s'est rapidement replié vers des bases cachées dans la forêt pour militer en faveur d'un changement démocratique et d'une reconnaissance des droits des Indiens. Mais les zapatistes n'ont toujours pas obtenu de concession significative de la part du gouvernement fédéral, même si celui-ci consacre davantage de fonds à la région, ce qui a permis d'améliorer les infrastructures, de développer le tourisme et de favoriser l'émergence d'une classe moyenne urbaine.

En septembre 2017, un tremblement de terre de magnitude 8,2, dont l'épicentre se trouvait à 87 km au large du Chiapas, a tué 98 personnes ; 40 000 maisons ont été endommagées. Fin octobre de la même année, les travaux de reconstruction étaient déjà bien avancés, et la plupart des traces de la catastrophe avaient disparu.

San Cristóbal de las Casas

☎967 / 185 000 HABITANTS / ALTITUDE : 2 100 M

Nichée au creux du Valle de Jovel, vallée au climat tempéré tapissée de pins, cette ville coloniale est une destination prisée depuis des décennies. Auréolée de la belle lumière des hauts plateaux, elle offre au regard ses maisons séculaires, ses rues pavées et ses marchés pittoresques, le tout lové dans un paysage de pâturages et de champs de maïs. Entourée de villages tzotziles et tzeltales, où perdure une culture traditionnelle mâtinée de touches modernes, San Cristóbal se situe au cœur de l'une des régions du Mexique les plus marquées par l'identité indienne. C'est une excellente base pour explorer la région.

Si certains édifices ont souffert du séisme qui a secoué le Chiapas en septembre 2017, San Cristóbal dans son ensemble n'a pas subi de dommages importants.

À voir

Avec ses rues rectilignes qui montent en pente douce, San Cristóbal se découvre facilement à pied. À l'est de la Plaza 31 de Marzo, la Calle Real de Guadalupe, en partie piétonne, rassemble hôtels et restaurants. Une longue voie piétonne, l'Andador Turístico, remonte les avenues Hidalgo et 20 de Noviembre.

♥ Na Bolom ÉDIFICE HISTORIQUE
(☎ 967-678-14-18 ; www.nabolom.org ; Guerrero 33 ; 60 $M, avec la visite guidée 70 $M ; ⏲ 9h-19h). Ce centre de recherche et musée fut pendant de nombreuses années la résidence de l'anthropologue et photographe suisse Gertrude Duby Blom (dite Trudy, 1901-1993) et de son époux, l'archéologue danois Frans Blom (1893-1963). Na Bolom, jeu de mots formé à partir du patronyme des anciens propriétaires, signifie la "maison du jaguar" en tzotzil. Cette demeure est remplie de photos, de vestiges archéologiques et anthropologiques, ainsi que de livres.

♥ Templo et Ex-Convento de Santo Domingo de Guzmán ÉDIFICE RELIGIEUX
(Av 20 de Noviembre ; ⏲ 6h30-13h45 et 16h-20h lun-sam, 7h-21h dim). GRATUIT Au nord du centre-ville, le Templo de Santo Domingo, la plus belle église de San Cristóbal (XVIe siècle), et sa riche façade à quadruple registre de colonnes resplendissent au couchant. La

LES PEUPLES INDIENS DU CHIAPAS

Sur les 5,2 millions d'habitants du Chiapas, on recense environ 1,25 million d'Indiens formant 8 groupes ethniques qui se différencient essentiellement par la langue, mais aussi par les croyances et les coutumes. Cette grande diversité culturelle est l'un des aspects les plus saisissants de cet État.

Les communautés avec lesquelles les voyageurs sont le plus à même d'entrer en contact autour de San Cristóbal de las Casas sont les **Tzotziles** et les **Tzeltales**, pour la plupart catholiques, mais dont le culte présente des survivances de traditions précolombiennes. Ces Indiens habitent généralement les collines à l'extérieur des villages, dans lesquels ils se rendent pour le marché et les cérémonies religieuses.

Les vêtements des Tzotziles et des Tzeltales sont parmi les plus variés et les plus élaborés que l'on puisse trouver au Mexique. Ils marquent à la fois l'appartenance à un village et l'héritage des traditions mayas. À première vue, les multiples motifs qui les décorent semblent abstraits, mais ce sont en fait des figures stylisées de serpents, grenouilles, papillons, oiseaux, saints... Certains ont une fonction à la fois magique et religieuse : le scorpion, par exemple, peut symboliser la demande de pluie, cet animal étant censé attirer l'éclair.

Jusque dans les années 1950, les **Lacandon**, qui vivaient dans les profondeurs de la forêt, évitaient tout contact avec le monde extérieur. Aujourd'hui moins de 700, ils se sont regroupés dans trois villages de la même région (Lacanjá Chansayab, Metzabok et Nahá) et vivent principalement d'un tourisme modéré. Leurs tuniques blanches et leurs longs cheveux noirs coupés en frange permettent de les identifier facilement. La majorité d'entre eux ont abandonné leur religion animiste au profit de l'évangélisme et du presbytérianisme.

Traités depuis toujours comme des citoyens de seconde zone, tant sur le plan politique qu'économique, les Indiens vivent, pour la plupart, sur les terres les moins productives de l'État et les moins bien équipées. Bien des communautés vivent en autosubsistance, sans eau ni électricité. C'est donc en grande partie d'une volonté de changer cette situation qu'est née la révolution zapatiste, dont le cri de ralliement était *¡Ya basta!* (Maintenant, ça suffit !).

De nos jours, les anciens modes de vie indiens sont concurrencés à la fois par l'évangélisme – qui veut contrer les pratiques traditionnelles animistes-catholiques et l'abus d'alcool dans les rituels – et par le zapatisme, qui s'oppose au système traditionnel des *cargos* (charges occupées par les chefs de la communauté), tout en encourageant l'émancipation des femmes. De nombreux Indiens ont aujourd'hui migré dans la forêt lacandone pour défricher de nouveaux territoires, ou bien en ville, ou encore aux États-Unis pour trouver un emploi.

En dépit de tous ces problèmes, les identités des communautés et la fière indianité survivent. Ces populations restent méfiantes envers les étrangers, dont elles n'apprécient pas les intrusions, en particulier dans leurs pratiques religieuses. Toutefois, si vous affichez le respect qui leur est dû, vous serez bien accueilli.

San Cristóbal de las Casas

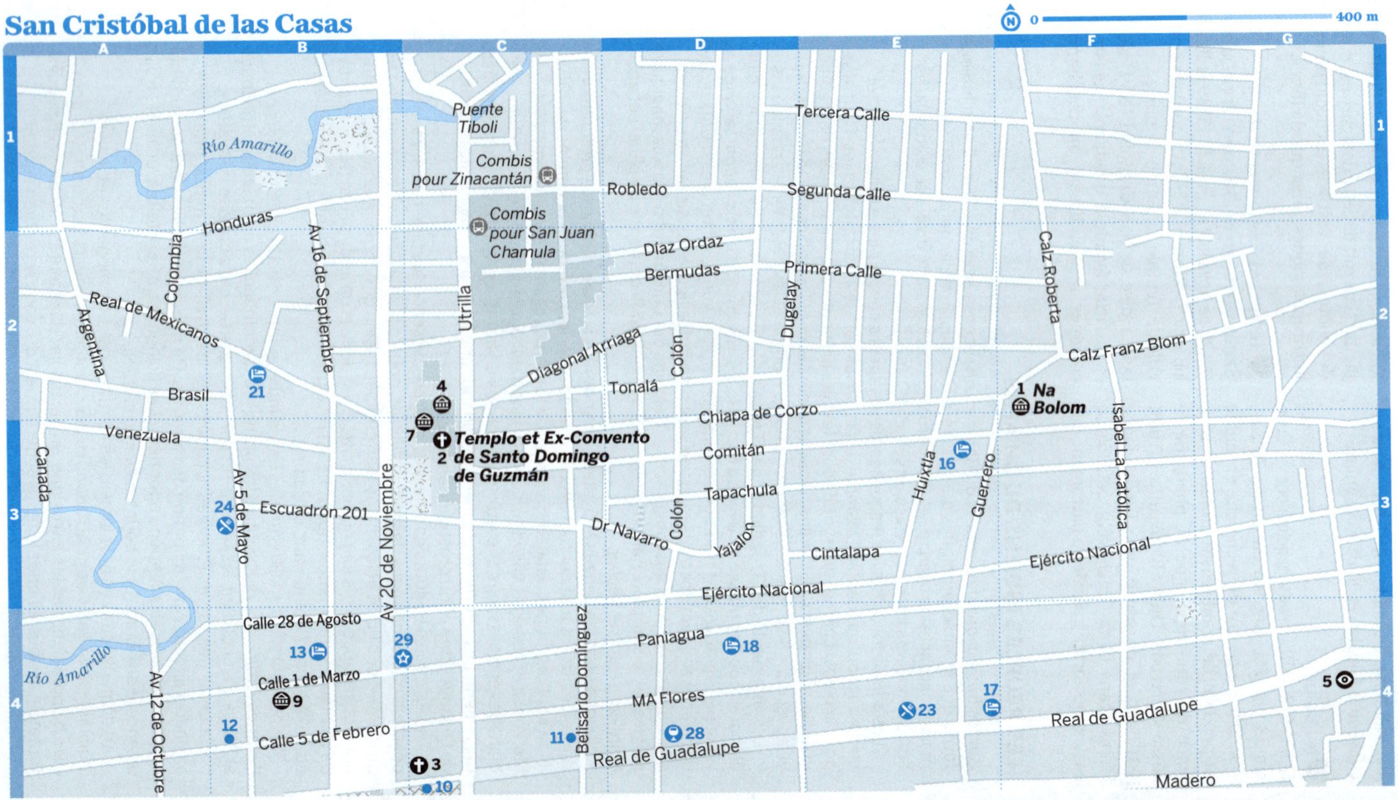

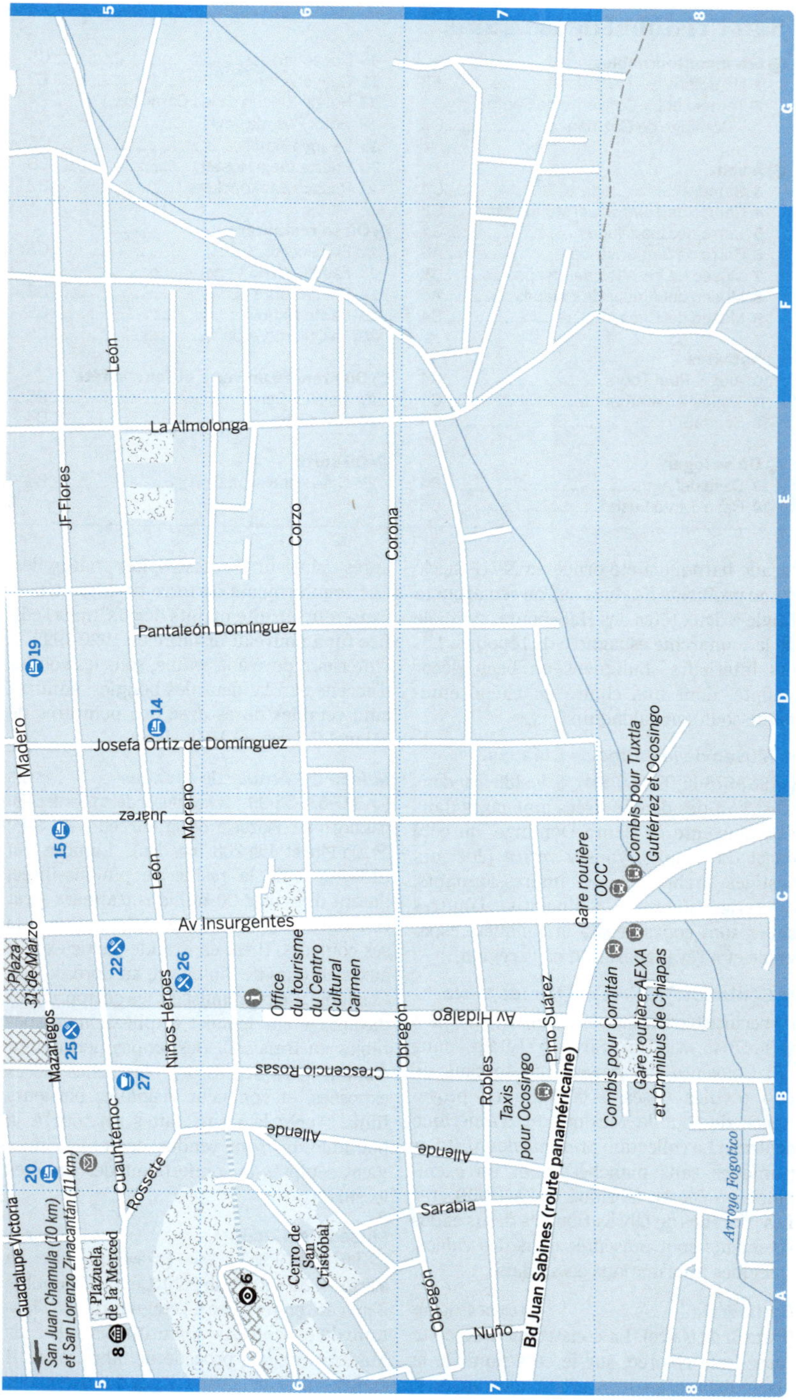

La Almolonga
León
JF Flores
Corzo
Corona
Pantaleón Domínguez
Madero
Josefa Ortiz de Domínguez
Juárez
Moreno
León
Av Insurgentes
Plaza 31 de Marzo
Mazariegos
Niños Héroes
Office du tourisme du Centro Cultural Carmen
Obregón
Av Hidalgo
Crescencio Rosas
Robles
Taxis pour Ocosingo
Pino Suárez
Gare routière OCC
Combis pour Tuxtla Gutiérrez et Ocosingo
Combis pour Comitán
Gare routière AEXA et Ómnibus de Chiapas
Bd Juan Sabines (route panaméricaine)
Cuauhtémoc
Rossete
Allende
Allende
Sarabia
Arroyo Fogotico
Guadalupe Victoria
San Juan Chamula (10 km) et San Lorenzo Zinacantán (11 km)
Plazuela de la Merced
Cerro de San Cristóbal
Obregón
Nuño
19
14
15
22
26
25
27
20
8
6

San Cristóbal de las Casas

Les incontournables
1 Na Bolom F2
2 Templo et Ex-Convento de Santo Domingo de Guzmán C3

À voir
3 Catedral C4
4 Centro de Textiles del Mundo Maya C2
5 Cerro de Guadalupe G4
6 Cerro de San Cristóbal A6
7 Museo de los Altos de Chiapas C3
8 Museo del Ámbar de Chiapas A5
9 Museo del Cacao B4

Activités
10 Alex & Raúl Tours C4
11 Jaguar Adventours C4
12 SendaSur B4

Où se loger
13 Casa del Alma B4
14 Casa Santa Lucía D5
15 Docecuartos C5
16 Guayaba Inn E3
17 Hostal Rincón de los Camellos E4
18 Hotel Posada Jovel D4
19 La Joya Hotel D5
20 Puerta Vieja Hostel B5
21 Rossco Backpackers B2

Où se restaurer
22 El Caldero C5
23 Falafel 100% Vegetariano E4
24 Restaurante LUM B3
25 Santo Nahual B5
26 Te Quiero Verde C5

Où prendre un verre et faire la fête
27 Café La Selva B5
28 Cocoliche D4

Où sortir
29 Café Bar Revolución B4

façade baroque a été ornée au XVIIe siècle d'une profusion de stucs où l'on remarquera l'aigle à deux têtes des Habsbourg, symbole de la monarchie espagnole de l'époque. Les ors intérieurs soulignent un beau décor sculpté, dont une chaire en chêne étonnante sous son baldaquin.

➡ Museo de los Altos de Chiapas

(☎967-678-16-09 ; 60 $M ; ⌚9h-18h mar-dim). C'est l'un des deux musées aménagés dans l'Ex-Convento de Santo Domingo, du côté ouest du Templo. Vous y verrez plusieurs vestiges archéologiques impressionnants, dont des stèles de Chincultik. D'autres salles sont consacrées à la conquête espagnole et à l'évangélisation de la région.

➡ Centro de Textiles del Mundo Maya

(fomentoculturalbanamex.org/ctmm ; 46 $M ; ⌚9h-17h45 mar-dim). Situé à l'étage dans l'Ex-Convento, ce musée expose plus de 500 textiles tissés à la main en provenance de tout le Mexique et d'Amérique centrale. La collection présente des *huipiles* (tuniques sans manches) dont un exemplaire en écorce fabriqué il y a 1 000 ans. Les procédés de fabrication des tissus et des vêtements sont présentés dans des vidéos. Quelques informations en anglais.

Cathédrale — ÉDIFICE RELIGIEUX

(Plaza 31 de Marzo). La construction de cette cathédrale colorée, sur le côté nord de la place, débuta en 1528 et s'acheva en 1815, après plusieurs catastrophes naturelles. Les tremblements de terre de 1816 et 1847 causèrent ensuite maints dégâts, mais l'édifice fut à nouveau restauré en 1920-1922. À l'intérieur, doré à la feuille, sous les volutes d'encens et à la lueur des bougies, admirez cinq retables dorés avec des peintures de Miguel Cabrera (XVIIIe siècle).

Museo del Ámbar de Chiapas — MUSÉE

(☎967-674-58-99 ; www.museodelambardechiapas.org.mx ; Plazuela de la Merced ; 25 $M ; ⌚10h-14h et 16h-20h mar-dim). L'ambre du Chiapas – de la résine de pin fossilisée, datant d'environ 30 millions d'années – est renommé pour sa clarté et la richesse de ses couleurs. Il est en grande partie extrait aux alentours de Simojovel, au nord de San Cristóbal. Ce petit musée vous en apprendra davantage sur le sujet (explications disponibles en français). Des loupes permettent d'admirer les détails des plus belles pièces exposées, et l'on peut visionner plusieurs films. Après la visite, faites un tour à la boutique, où sont vendus des objets finement sculptés ou renfermant des insectes fossilisés.

Museo del Cacao — MUSÉE

(☎967-631-79-95 ; www.kakaw.org ; 1ro de Marzo 16 ; 30 $M ; ⌚11h-20h). Ce musée doublé d'un café en terrasse à l'étage traite de l'histoire du chocolat, de son utilisation chez les Mayas et de son procédé de fabrication. Il expose aussi de la vaisselle et des ustensiles modernes en lien avec le produit. Dégustation gratuite en prime.

Circuits organisés

Les agences de San Cristóbal (8h-21h environ) proposent plusieurs types de circuits, souvent avec des guides parlant français, anglais ou italien. Certaines n'assurent toutefois que le transport. Voici quelques exemples de prix par personne (sur la base minimale de 4 pers en général) : Chiapa de Corzo et Cañón del Sumidero (à partir de 350 $M, 6-7 heures) ; Lagos de Montebello et cascades El Chiflón (350 $M, 9-10 heures) ; Palenque, Agua Azul et Misol-Ha (450 $M, 14 heures).

Alex & Raúl Tours CIRCUITS CULTURELS
(☎967-678-91-41 ; www.alexyraultours.wordpress.com ; 250 $M/pers). Intéressants circuits en minibus (français, anglais ou espagnol). Rendez-vous quotidien au pied de la croix devant la cathédrale de San Cristóbal entre 8h45 et 9h30 pour aller à San Juan Chamula et à Zinacantán (2 pers au minimum). Possibilité d'excursions à Tenejapa, San Andrés Larraínzar ou Amatenango del Valle pour 4 personnes au minimum.

Jaguar Adventours VÉLO
(☎967-631-50-62 ; www.adventours.mx ; Belisario Domínguez 8A ; location vélo 50/250 $M par heure/jour ; 9h-14h et 16h-20h). Excursions à vélo à Chamula (500 $M), de même que des circuits plus longs. Location de VTT de qualité avec casque et antivol.

Où se loger

L'offre hôtelière bon marché est large à San Cristóbal, mais il existe aussi nombre de charmants établissements de catégorie moyenne, souvent installés dans des demeures coloniales ou du XIXe siècle. On trouve aussi quelques hôtels de luxe. La Semana Santa et la semaine qui suit, les mois de juillet et août, le Día de Muertos et les vacances de Noël et du jour de l'An constituent la haute saison. Hors saison, la plupart des prix chutent d'environ 20% par rapport aux tarifs indiqués ici.

♥ **Puerta Vieja Hostel** AUBERGE DE JEUNESSE $
(☎967-631-43-35 ; www.puertaviejahostel.com ; Mazariegos 23 ; dort avec petit-déj 160 $M, ch avec/sans sdb 440/370 $M ;). Cette auberge spacieuse et moderne, dans un bâtiment colonial haut de plafond, bénéficie d'un grand jardin avec des hamacs (accueillant parfois des karaokés), d'une cour intérieure abritée, d'une cuisine et d'un *temascal* (bain de vapeur préhispanique). Les dortoirs (dont un réservé aux femmes) sont de bonne taille, et ceux du toit-terrasse ont une vue splendide. Les chambres individuelles disposent d'un grand lit double et de deux lits superposés.

Hostal Rincón de los Camellos AUBERGE DE JEUNESSE $
(☎967-116-00-97 ; www.loscamellos.over-blog.com ; Real de Guadalupe 110 ; dort 130 $M, s/d/qua sans sdb 200/300/500 $M ;). Un petit point de chute propre et tranquille, tenu par un accueillant duo franco-mexicain. Les chambres, peintes de couleurs vives, s'organisent autour de deux patios, et un jardinet planté d'herbe s'étend derrière. Une kitchenette fournit gratuitement eau potable et café.

Rossco Backpackers AUBERGE DE JEUNESSE $
(☎967-674-05-25 ; www.backpackershostel.com.mx ; Real de Mexicanos 16 ; dort à partir de 139 $M, d avec/sans sdb 550/400 $M ; P @). Accueillante, conviviale et bien tenue, une auberge aux dortoirs agréables (dont un réservé aux femmes), plus des chambres à l'étage éclairées par de jolies lucarnes. Cuisine, jardin et salle de projection ne gâtent rien. Ceux qui arrivent à vélo ou à moto bénéficient d'une nuitée gratuite.

Docecuartos HÔTEL $$
(☎967-678-10-53 ; docecuartos.com ; Benito Juárez 1 ; ch à partir de 1 412 $M ;). Il n'y a ici que 12 chambres, disposées autour d'une

À NE PAS MANQUER

DEUX POINTS DE VUE

Pour profiter de la plus belle vue de San Cristobal, il faut fournir un certain effort car, à cette altitude, les escaliers à flanc de colline sont redoutables. Le **Cerro de San Cristóbal** (près de Hermanos Dominguez) et le **Cerro de Guadalupe** (près de Real de Guadalupe) dominent la ville respectivement à l'ouest et à l'est. Les deux points de vue sont couronnés d'églises, notamment l'Iglesia de Guadalupe, devenue un lieu de rencontre pour les fidèles à l'occasion du **Día de la Virgen de Guadalupe**. Ces endroits ne sont pas sûrs la nuit.

cour ravissante, ce qui ajoute au cadre intimiste. Elles conjuguent harmonieusement déco coloniale, couleurs indiennes et équipements modernes. La situation en plein centre est la cerise sur le gâteau. Réservation impérative.

Hotel Posada Jovel HÔTEL $$
(967-678-17-34 ; www.hoteljovel.com ; Paniagua 28 ; d/tr à partir de 690/790 $M ;). Cet hôtel de style colonial constitue l'une des meilleures affaires en ville. Les chambres lumineuses et colorées affichent un caractère très mexicain. On peut prendre le petit-déjeuner dans un jardin enjolivé de fleurs tropicales et de fontaines.

La Joya Hotel B&B $$$
(967-631-48-32 ; lajoyahotelsancristobal.com ; Madero 43A ; ch avec petit-déj 170-220 $US ;). Ces 5 chambres tout droit sorties des pages d'un magazine de décoration sont un régal pour les yeux, avec de superbes boiseries, des salles de bains immenses, des objets anciens et un coin cheminée (mais aussi des radiateurs !). Vue sur les collines depuis le toit-terrasse.

Casa de Alma BOUTIQUE-HÔTEL $$$
(967-674-90-90 ; www.casadelalma.mx ; Av 16 de Septiembre 24 ; ste avec petit-déj à partir de 3 658 $M ;). Un hôtel-spa hypercentral qui a tout pour éblouir. Entre charme colonial et confort moderne, les chambres agrémentées de peintures murales et de têtes de lit d'inspiration maya comportent de splendides salles de bains et des terrasses ou balcons avec vue sur les toits de tuiles.

Casa Santa Lucía BOUTIQUE-HÔTEL $$$
(967-631-55-45 ; www.hotelcasasantalucia.mx ; Av Josefa Ortíz de Domínguez 13 ; ch 1 600-2 000 $M, ste 2 500-3 000 $M ;). Cet hôtel discret est l'œuvre d'un artiste. Des lampes marocaines pendent des plafonds aux poutres apparentes, des géraniums ajoutent une touche de rose et des crânes de la fête des Morts sourient dans les recoins. Outre des chambres décorées de textiles indiens et de vieux meubles en bois sculpté, les hôtes profitent d'un accueil chaleureux et d'un délicieux petit-déjeuner. Sans oublier le service de blanchisserie gratuit.

Guayaba Inn HÔTEL $$$
(967-674-76-99 ; www.guayabainn.com ; Comitán 55 ; ch avec petit-déj à partir de 2 100 $M ;). Dans ce superbe hôtel de charme évoquant une vieille auberge rustique, le souci du détail artistique se manifeste partout, des paisibles espaces verts aux chambres claires et spacieuses. Décorées avec raffinement, ces dernières ont toutes une cheminée, une grande baignoire séparée de la douche et un minibar. Sauna et massages.

Où se restaurer

San Cristóbal est *la* ville gastronomique du Chiapas. On y déguste des plats du monde entier, et les végétariens ne sont pas oubliés. *¡Buen provecho!* (Bon appétit !)

El Caldero MEXICAIN $
(967-116-01-21 ; Av Insurgentes 5 ; soupes à partir de 68 $M ; 7h-22h). Ce petit établissement convivial, parfait les jours de fraîcheur, a pour spécialité des soupes mexicaines savoureuses et nourrissantes telles que *pozole* (bouillon au porc et au maïs blanc), *sopa de mondongo* (aux tripes) ou *caldo* (bouillon), accompagnées de tranches d'avocat, de tortillas et de diverses sauces. Il y a même des options végétariennes.

Falafel 100% Vegetariano FALAFEL $
(Real de Guadalupe 88A ; plats 45-90 $M ; 14h-21h lun-sam ;). Un délicieux petit restaurant végétarien. Les falafels, qui valent ceux du Moyen-Orient, sont servis dans des pitas sorties du four et accompagnés d'une assiette de houmous merveilleusement crémeux. Sur place, service d'échange de livres pour ceux qui lisent l'hébreu.

Te Quiero Verde VÉGÉTARIEN $
(Niños Heroes 4 ; plats à partir de 60 $M ; 9h-21h lun-ven, 9h30-21h sam-dim ;). Les soupes et les salades ne sont pas mal, mais le burger et les frites maison séduisent même les plus sceptiques. Très bon burger végétarien.

Restaurante LUM MEXICAIN $$
(967-678-15-15 ; www.hotelbo.mx/restaurante-san-cristobal-de-las-casas/ ; Hotel b¨o, Av 5 de Mayo 38 ; plats 150-250 $M ; 7h-23h). Dans le premier hôtel design de San Cristóbal, ce restaurant sélect partiellement en plein air prépare des spécialités du Chiapas, du Veracruz et du Yucatán teintées d'influences du monde entier. Les luminaires, les bassins réfléchissants et les murs de rondins dessinent un cadre contemporain très tendance. Nous avons succombé aux plaisirs du poulpe et du bœuf aux lentilles.

Santo Nahual FUSION $$
(967-678-15-47 ; www.santonahual.com ; Hidalgo 3 ; plats 130-240 $M ; 9h-23h ;). Ce

nouveau venu impressionne d'emblée par sa formidable cour à verrière dont le décor combine bois vieilli, pierres apparentes, végétation exubérante et piano multicolore. Quant à sa cuisine mexicaine fusion, elle vous surprendra aussi par sa créativité.

Où prendre un verre et faire la fête

Café La Selva CAFÉ
(www.cafelaselva.com ; Crescencio Rosas 9 ; café 15-25 $M ; 8h30-23h ;). L'un des premiers cafés de San Cristóbal et toujours le meilleur, dans une jolie maison ancienne arborant des peintures murales aux couleurs éclatantes. Les clients ont le choix entre 10 variétés, torréfiées sur place, dont les arômes embaument l'air.

Cocoliche BAR À COCKTAILS
(967-631-46-21 ; Colón 3 ; 13h-0h ;). De jour, Cocoliche est un restaurant bohème avec de nombreuses spécialités asiatiques (plats 60-210 $M), mais le soir ses lanternes rétro et son mur recouvert d'affiches forment le décor d'un bar animé. Essayez de trouver de la place près de la cheminée et guettez leur programme pour voir un concert de jazz, de funk ou de swing.

Cafe Bar Revolución CONCERT
(967-678-66-64 ; www.facebook.com/elrevomx ; Calle 1 de Marzo 11 ; 11h-3h). Il se passe toujours quelque chose au Revolución, où deux groupes jouent chaque soir de la salsa, de la pop, du blues, du jazz ou du reggae. Vous pouvez danser au sous-sol ou siroter un mojito au *tapanco* (combles) à l'étage.

Renseignements

La plupart des banques vous demanderont votre passeport pour changer de l'argent, ce qui n'est possible que du lundi au vendredi. Des DAB sont disponibles à la gare routière OCC et au sud de la Plaza 31 de Marzo.

Banamex (Av Insurgentes, entre Niños Héroes et Cuauhtémoc ; 9h-16h lun-ven). Change les devises et possède un DAB.

Lacantún Money Exchange (Real de Guadalupe 12A ; 9h-21h lun-sam, 9h-14h et 16h-19h dim). Ouvert en dehors des horaires habituels des banques, mais pratique des taux élevés.

Dr Luis José Sevilla (967-678-16-26 ; Calle del Sol 12 ; 6h-22h). Parle anglais et italien et se déplace à domicile. Il exerce à l'ouest du centre, près du *periférico*.

ACHETER DE L'AMBRE

La majorité des boutiques d'artisanat de qualité sont regroupées le long de Real de Guadalupe et à l'Andador Turístico, mais vous trouverez aussi une belle variété d'articles à des prix abordables sur les marchés d'artisanat qui se tiennent tous les jours aux environs des églises de Santo Domingo et de La Caridad. Outre divers textiles, l'ambre, autre spécialité artisanale de la région, est en vente dans de nombreuses boutiques. Attention aux imitations en plastique : l'ambre véritable n'est jamais froid ni lourd, il doit dégager de l'électricité statique et une odeur de résine lorsqu'on le frotte.

Hospital de la Mujer (967-678-07-70 ; Av Insurgentes 24 ; 24h/24). Hôpital généraliste doté d'un service d'urgences.

Office du tourisme du Centro Cultural Carmen (Av Hidalgo 15 ; 9h-20h)

Poste principale (Allende 3 ; 8h-17h lun-ven, 10h-14h sam)

Depuis/vers San Cristóbal de las Casas

Une autoroute à péage (60 $M pour les voitures) permet de gagner rapidement San Cristóbal depuis Chiapa de Corzo ; suivez les panneaux marqués *"cuota"* (péage).

Lors de notre venue, les bus ne desservaient pas Palenque via Ocosingo pour des raisons de sécurité. La plupart faisaient un long détour par Villahermosa. Si vous prenez le premier itinéraire, voyagez de jour et mettez vos objets de valeur dans le coffre, car des braquages se produisent parfois.

AVION

Aucun vol commercial régulier ne dessert l'aéroport de San Cristóbal. Le principal aéroport reste celui de Tuxtla Gutiérrez (Aeropuerto Ángel Albino Corzo). Dix minibus OCC (250 $M) font chaque jour l'aller-retour direct entre ce dernier et la gare routière (Terminal) de San Cristóbal. Consultez les horaires sur www.ado.com.mx et pensez à réserver en direction de l'aéroport.

Plusieurs agences de voyages proposent un service de navette jusqu'à l'aéroport de Tuxtla (250-300 $M/pers). Un taxi depuis l'aéroport coûte au moins 650 $M.

BUS ET COLECTIVO

La Panaméricaine (Pan-American ou route 190, bd Juan Sabines, "El Bulevar") traverse tout le sud de la ville, et c'est là, ou à proximité, que la plupart des compagnies de transport ont leur siège. De la gare routière OCC, il faut remonter Insurgentes vers le nord sur six pâtés de maisons pour atteindre la place centrale, Plaza 31 de Marzo.

La principale **gare routière OCC** (Terminal OCC ; angle Panaméricaine et Insurgentes) pour les bus 1re classe est aussi utilisée par les bus 1re classe et deluxe des compagnies ADO et UNO, ainsi que par quelques bus 2e classe. Billets en vente sur place et auprès de **Ticketbus** (967-678-85-03 ; Real de Guadalupe 16 ; 7h-22h30) en centre-ville. Les bus AEXA et les minibus Ómnibus de Chiapas font gare commune de l'autre côté de la rue par rapport à la gare routière OCC.

Tous les minibus *colectivos* et les taxis ont des dépôts sur la Panaméricaine, à environ un pâté de maisons de la gare routière OCC. Ils circulent d'ordinaire de 5h à 21h et partent lorsqu'ils sont pleins, notamment pour Comitán, Tuxtla Gutiérrez et Ocosingo. Les *combis* à destination de Zinacantán et San Juan Chamula (Utrilla) démarrent au nord du centre (Honduras). Des taxis *colectivos* vers Tuxtla, Comitán et Ocosingo partent 24h/24 ; si vous ne voulez pas attendre qu'ils se remplissent, vous devrez payer pour les sièges vides.

Pour Tuxtla Gutiérrez, les confortables minibus "sprinters" d'Ómnibus de Chiapas (60 $M, toutes les 10 min) constituent la meilleure option.

VOITURE ET MOTO

Seul loueur de la ville, **Optima** (967-674-54-09 ; optimacar1@hotmail.com ; Mazariegos 39 ; 9h-19h lun-ven, 9h-14h et 16h-19h sam, 9h-13h dim) propose des voitures (manuelles) à prix très variables selon la saison et la demande. Réductions pour les voyageurs réglant en espèces. Les conducteurs doivent être âgés de 25 ans au moins et avoir une carte bancaire.

Comment circuler

Depuis la Panaméricaine, les *combis* (7 $M) remontent Crescencio Rosas jusqu'au centre-ville. Les taxis facturent 35/40 $M la course en ville de jour/nuit.

Jaguar Adventours (p. 249) loue des VTT de bonne qualité.

Croozy Scooters (portable 967-6832223 ; Belisario Domínguez 7 ; vélo/scooter/moto 220/500/800 $M par jour ; 10h-19h) fournit des scooters Italika CS de 125 cm³ et des motos de 150 cm³. Le prix comprend plein d'essence, cartes, antivol et casque. Il faut laisser son passeport et une caution de 500 $M.

Environs de San Cristóbal de las Casas

Les habitants des superbes hautes terres du Chiapas descendent des Mayas ; ils ont gardé une partie de leurs traditions, de leurs vêtements et de leurs croyances. Certains des villages valent vraiment le détour comme San Juan Chamula, San Lorenzo Zinacantán (avec une très belle église) et Amatenango del Valle (célèbre pour sa poterie). Les amateurs de nature voudront aller visiter les Grutas de Rancho Nuevo (une vaste caverne).

Les marchés et les fêtes sont une bonne manière de découvrir la culture indienne, et de nombreux villages accueillent un marché au-delà de la vallée où se niche San Cristóbal. Très animés et colorés, les marchés hebdomadaires se tiennent presque toujours le dimanche ; ils commencent tôt le matin et se terminent à l'heure du déjeuner.

San Juan Chamula

967 / 76 940 HABITANTS / ALTITUDE : 2 200 M

Les Chamula forment un groupe de l'ethnie tzotzile farouchement indépendant. Leur principale agglomération, San Juan Chamula, qui s'étend à 10 km au nord-ouest de San Cristóbal, est le centre de pratiques religieuses uniques, mais il importe de respecter les sensibilités locales si vous souhaitez les découvrir.

Les hommes chamula se vêtent d'amples tuniques de laine blanche (par temps froid,

BUS AU DÉPART DE SAN CRISTÓBAL DE LAS CASAS

DESTINATION	TARIF ($M)	DURÉE	FRÉQUENCE
Campeche	408-680	10 heures	2 OCC/jour
Cancún	1 024-1 422	18-19 heures	3 OCC/jour, 1 AEXA/jour
Mérida	564-789	12 heures 45	2 OCC/jour
Palenque	184-332	5 heures	fréquents
Villahermosa	254-514	5 heures 30-7 heures	5 OCC/jour

de laine noire plus épaisse). Les responsables religieux ou cérémoniels portent une tunique noire sans manches et un foulard blanc autour de la tête. Les femmes s'habillent de jupes en laine, de blouses blanches ou bleues assez simples et/ou de châles.

Le dimanche, dès l'aube, les habitants des collines convergent vers la ville pour se rendre au marché et à l'église – les bus de touristes aussi, de sorte que vous préférerez peut-être venir un autre jour (évitez toutefois le mercredi : ce jour-là, l'église est presque déserte en raison de superstitions).

À voir

Templo de San Juan ÉGLISE

(70 $M). Haute façade blanche scandée de vert émeraude, la grande église de Chamula se distingue par son portail cerné de vert et bleu. À l'intérieur, les innombrables bougies, les nuages d'encens, les fidèles à genoux, le visage touchant presque le sol recouvert d'aiguilles de pin, forment un tableau saisissant. Les habitants de San Juan Chamula vénèrent San Juan Bautista (saint Jean Baptiste) davantage que le Christ, et son effigie occupe une place de choix.

Depuis/vers San Juan Chamula

À San Cristóbal, des *combis* fréquents pour San Juan Chamula (18 $M) partent de l'angle des rues Honduras et Utrilla. Mieux vaut y aller avec un guide.

Palenque

916 / 43 000 HABITANTS / ALTITUDE : 60 M

Au milieu d'une jungle peuplée de singes hurleurs et de perroquets, les temples imposants de Palenque constituent une destination phare du Chiapas et l'un des plus beaux exemples d'architecture maya au Mexique. En comparaison, la ville moderne, à quelques kilomètres à l'est, moite et banale, n'offre guère d'intérêt, mais elle fait une excellente base pour visiter le site archéologique. Nombreux sont ceux qui préfèrent séjourner dans l'un des établissements installés dans la forêt à proximité de la route, entre la ville et le site, notamment à El Panchán.

Histoire

Le nom espagnol de Palenque, qui signifie "enceinte", n'a aucun rapport avec celui de l'ancienne ville, qui était peut-être Lakamha (Grande Eau). Peuplée pour la première fois vers 100 av. J.-C., Palenque a prospéré entre 630 et 740 environ. La cité joua un rôle capital sous le règne de Pakal (615-683). Représenté par les glyphes du soleil et du bouclier, qui symbolisent son nom, ce souverain vécut jusqu'à l'âge de 80 ans, une rareté pour l'époque.

Sous son règne furent bâtis à Palenque de nombreux édifices et places, dont le superbe Templo de las Inscripciones (le mausolée de Pakal). De fausses voûtes en encorbellement et de très beaux bas-reliefs en stuc caractérisent l'architecture de cette époque.

Le fils de Pakal, Kan B'alam II (684-702), représenté par les glyphes du jaguar et du serpent, et appelé Jaguar-Serpent II, contribua lui aussi à l'expansion et au développement artistique de Palenque. Il supervisa la construction des temples du Grupo de las Cruces, dans lesquels il fit placer de monumentales stèles de pierre.

Sous son règne, Palenque étendit sa zone d'influence jusqu'au Río Usumacinta, avant d'être défiée par la ville maya rivale de Toniná, à 65 km au sud. Capturé par les guerriers de Toniná en 711, le frère et successeur de Kan B'alam, K'an Joy Chitam II (Pécari précieux), fut probablement exécuté. Palenque connut cependant une autre période de gloire, entre 722 et 736, sous le règne d'Ahkal Mo' Nahb' III, à qui l'on doit la construction de nombreux autres édifices.

Après 900, Palenque fut pratiquement livrée à l'abandon. Situées dans une des régions du Mexique où les précipitations sont les plus abondantes, les ruines furent rapidement recouvertes par la végétation. La ville resta inconnue du monde occidental jusqu'en 1746, date à laquelle des chasseurs mayas révélèrent au prêtre espagnol Antonio de Solís la présence d'un palais dans la jungle. Plus tard, des explorateurs prétendirent que Palenque était la capitale d'une sorte d'Atlantide. En 1832 arrive sur le site l'artiste et explorateur français Jean-Frédéric Waldeck, ancien de la campagne d'Égypte. La soixantaine passée, il demeure ici plus d'un an à dessiner et peindre dans les ruines et publiera à son retour en Europe un *Voyage pittoresque dans la province de Yucatán*, illustré de ses travaux.

Il faudra attendre 1837 et l'expédition du New-Yorkais John Lloyd Stephens, archéologue amateur, accompagné de l'artiste Frederick Catherwood, pour que

Ruines de Palenque

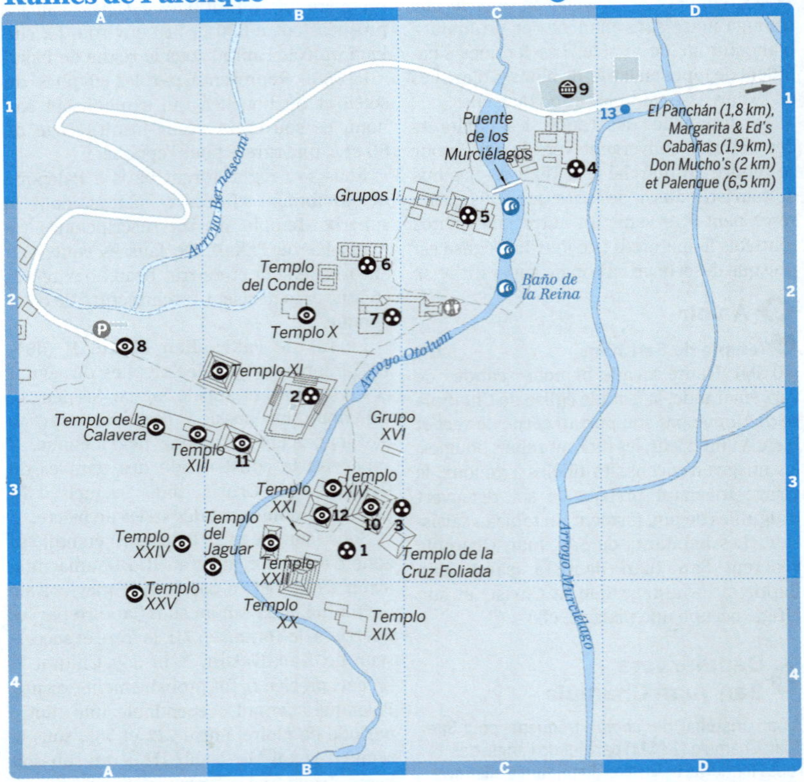

le site soit exploré de façon minutieuse et scientifique. Ce n'est qu'un siècle plus tard, en 1952, qu'Alberto Ruz Lhuillier (1906-1979), un archéologue français naturalisé mexicain, découvrira la crypte de Pakal. Le site continue aujourd'hui de révéler de merveilleux secrets. En 2011, un ensemble de fresques et de sculptures a été mis au jour dans la zone de l'Acrópolis del Sur. En 2018, c'est une tête du VIIe siècle représentant Pakal qui a été découverte dans le Palacio.

À voir

La route 199 croise la rue principale de Palenque, l'Avenida Juárez, à hauteur de la **Glorieta de la Cabeza Maya**, un rond-point gardé par une tête de dignitaire maya à l'extrémité ouest de la ville. La gare routière ADO se trouve à ce carrefour, d'où Juárez rejoint la grand-place, **El Parque**.

À une centaine de mètres au sud de la tête maya, une route bifurque vers l'ouest depuis la route 199, menant, 7,5 km plus loin, aux ruines de Palenque. Elle passe devant le musée du site, à 6,5 km environ, puis serpente pendant 1 km dans la colline jusqu'à l'**entrée principale** (carte ci-dessus).

Museo de Sitio MUSÉE

(Carte ci-dessus ; Carretera Palenque-Ruinas, km 6,5 ; gratuit avec billet du site ; 9h-16h30 mar-dim). Le musée du site réunit les objets exhumés à Palenque tout en informant sur l'histoire du lieu (en anglais et en espagnol). Y figure une réplique du couvercle du sarcophage de Pakal (illustrant sa résurrection en dieu du Maïs, encerclé de serpents, de monstres et de glyphes racontant son règne), ainsi que le résultat des fouilles dans le Templo XXI. Entrée dans la salle des sarcophages toutes les 30 minutes.

Ruines de Palenque

Les ruines de l'ancienne **Palenque** (48 $M, plus 22 $M pour l'entrée au parc national ;

Ruines de Palenque

À voir

1 Acrópolis Sur B3
2 El Palacio B3
3 Grupo de las Cruces B3
4 Grupo de los Murciélagos C1
5 Grupo II C2
6 Grupo Norte B2
7 Juego de Pelota B2
8 Entrée principale A2
9 Museo de Sitio C1
10 Templo de la Cruz B3
11 Templo de las Inscripciones B3
12 Templo del Sol B3

Activités

13 Guides de Palenque D1

8h-17h, dernière entrée 16h30) se dressent à l'endroit précis où la plaine côtière cède la place aux premières collines. La jungle luxuriante qui recouvre ce paysage vallonné forme un écrin entourant la magnifique architecture maya du site. Sur plus de 15 km² s'étendent des centaines d'édifices en ruine, dont seuls quelques-uns ont été mis au jour, principalement dans la zone centrale. Tout ce que l'on peut voir ici a été construit sans outils métalliques, sans animaux de trait et sans roue.

Lors de l'exploration des vestiges, essayez de vous représenter les édifices de pierre grise tels qu'ils étaient à l'apogée de la ville : peints en rouge vif et ornés de reliefs en stuc jaune et bleu. Dans la forêt qui entoure ces temples évoluent toujours des singes hurleurs, des toucans et des ocelots. L'ensemble des ruines et de la forêt environnante constitue le Parque Nacional Palenque, pour lequel vous devrez vous acquitter d'un droit d'entrée au km 4,5 sur la route menant aux vestiges.

En moyenne, plus d'un millier de personnes visitent le site chaque jour. Pendant les vacances d'été, la fréquentation augmente significativement. L'heure d'ouverture est l'un des meilleurs moments pour la visite : il fait frais, la foule n'a pas encore envahi le site, et les temples sont parfois enveloppés d'un féerique halo de brume. Vous trouverez rafraîchissements, chapeaux et souvenirs à côté de l'entrée principale. Sinon, des vendeurs ambulants sont postés sur la plupart des sentiers sillonnant les ruines.

Groupe du Templo de las Inscripciones

Après l'entrée, la végétation laisse soudainement place à une superbe vue sur les plus beaux monuments de Palenque. Une rangée de temples s'élève face à la jungle sur votre droite, dominée par le Templo de las Inscripciones à une centaine de mètres plus loin. El Palacio, avec sa tour caractéristique, se dresse à gauche du Templo de las Inscripciones. Au loin, le Grupo de las Cruces se détache sur un arrière-plan de jungle épaisse.

Le premier temple sur votre droite est le Templo XII, appelé **Templo de la Calavera** (temple du Crâne) en raison de la sculpture en relief d'un crâne de lapin ou de cervidé figurant à la base de l'un de ses piliers. Le deuxième temple, le Templo XI, n'a guère d'intérêt. Le troisième, le Templo XIII, renferme une tombe dans laquelle fut découvert, en 1994, un squelette féminin rouge (après un traitement au cinabre). Il est possible d'accéder à cette **Tumba de la Reina Roja** (tombe de la Reine rouge) pour en admirer le sarcophage. Lors de la découverte du squelette, les archéologues mirent au jour un masque de malachite et un millier de pièces de jade. Étant donné le résultat des tests ADN et la similitude entre cette sépulture et celle voisine de Pakal, certains supposent que la "Reine rouge" devait être son épouse, Tz'ak-b'u Ajaw. En face du Templo XIII, on remarquera sous les arbres la **tombe d'Alberto Ruz Lhuillier**, qui a découvert la tombe de Pakal en 1952 et a été enterré sur le site en 1979.

Le **Templo de las Inscripciones** (temple des Inscriptions) est l'édifice le plus vaste et le plus imposant de Palenque. Construit sur huit niveaux, il arbore un escalier central de 25 m menant à un ensemble de petites salles. La crête faîtière qui couronnait ce temple a depuis longtemps disparu. Les panneaux de stuc entre les portes de devant sont ornés de figures de nobles. Sur le mur arrière, à l'intérieur, trois panneaux sont couverts d'une longue inscription maya, racontant l'histoire de Palenque et de l'édifice (d'où le nom attribué au temple par Lhuillier). Du sommet, un escalier intérieur permet de descendre dans la **tombe de Pakal** (désormais fermée aux touristes pour éviter que les fresques ne soient abîmées par l'humidité dégagée). Le squelette de Pakal, croulant sous les bijoux, et son masque mortuaire en mosaïque de jade ont été transférés au Museo Nacional de Antropología de Mexico, où l'on peut voir une reconstitution de sa tombe. Le masque, d'une valeur inestimable, a été volé en 1985 puis retrouvé quelques années plus tard, mais le couvercle de pierre sculpté du sarcophage est resté dans la tombe close (on peut en admirer une réplique au musée du site).

El Palacio

Diagonalement opposé au Templo de las Inscripciones, **El Palacio** est un chef-d'œuvre divisé en quatre cours principales et renfermant un dédale de chambres et de couloirs. Entreprise au Ve siècle, sa construction s'est étalée sur plus de quatre siècles, ce qui peut laisser penser qu'il s'agit du palais des souverains de Palenque.

Construite au VIIIe siècle par Ahkal Mo'Nahb' III, la **tour** a été restaurée en 1955, mais reste fermée au public. On y remarque les vestiges de beaux reliefs en stuc. Les archéologues pensent qu'elle devait permettre aux rois et aux prêtres mayas d'observer le soleil lorsqu'il donnait directement dans le temple des Inscriptions pendant le solstice d'hiver.

La cour nord-est, le **Patio de los Cautivos** (patio des Prisonniers), renferme une série de sculptures en relief disproportionnées par rapport au lieu. Il s'agirait de représentations des dirigeants étrangers rapportées des terres conquises.

Dans la partie sud, les immenses salles de bains souterraines abritaient six toilettes et deux bains de vapeur.

Grupo de las Cruces

Le fils de Pakal, Kan B'alam II, fut un grand bâtisseur. Peu après la mort de son père, il entreprit la réalisation des temples du Grupo de las Cruces (groupe des Croix). Ses trois édifices principaux, en forme de pyramides, bordent une place au sud-est du Templo de las Inscripciones. Ils furent tout trois consacrés en 692 et dédiés à la triade de divinités protectrices de Palenque.

Le **Templo del Sol** (temple du Soleil), sur le côté ouest de l'esplanade, possède le toit le mieux conservé du site. À l'intérieur, des reliefs célébrant la naissance de Kan B'alam en 635 et son accession au pouvoir en 684 le représentent face à son père.

Des marches abruptes grimpent au **Templo de la Cruz** (temple de la Croix), le plus grand et le plus harmonieusement proportionné du groupe. Sur une plaque de pierre à l'intérieur du sanctuaire central, on distingue à droite le seigneur des Enfers fumant du tabac, à gauche Kan B'alam dans ses atours royaux. Derrière, on peut voir la reproduction d'un panneau montrant l'avènement du souverain.

Les arches du **Templo de la Cruz Foliada** (temple de la Croix feuillue) sont parfaitment visibles, ce qui permet de comprendre comment les architectes mayas concevaient ces monuments. Sur une plaque gravée, très bien conservée, on distingue un roi (sans doute Pakal) avec un bouclier en forme de soleil sur la poitrine, du maïs poussant sur les épaules et un quetzal, oiseau sacré, perché sur la tête.

Les sculptures en "croix" sur certains bâtiments symbolisent le *ceiba* (fromager), l'arbre qui, selon la croyance maya, soutenait l'univers.

Acrópolis Sur

L'**acropole Sud** se dresse dans la jungle, au sud du Grupo de las Cruces. Des archéologues y ont récemment fait des découvertes extraordinaires (cette zone était fermée lors de la rédaction du guide et le demeurera malheureusement encore quelques années). Il semble que cette acropole fut conçue comme une extension du Grupo de las Cruces, les deux ensembles étant séparés par un grand espace à ciel ouvert.

Entre le Grupo de las Cruces et l'Acrópolis Sur, le **Templo XVII** renferme la reproduction d'un panneau gravé représentant Kan B'alam, armé d'une lance, devant un prisonnier attaché et agenouillé (l'original se trouve dans le musée du site).

En 1999, les archéologues ont fait dans le **Templo XIX** la découverte la plus importante de ces dernières décennies à Palenque : une grande plateforme en calcaire, datant du VIIIe siècle, où sont sculptées des figures assises, accompagnées d'un long texte en glyphes retraçant les origines de Palenque. On en voit ici une reproduction : le personnage central sur la partie sud de la plateforme est Ahkal Mo' Nahb' III, le souverain auquel on doit plusieurs bâtiments de l'Acrópolis Sur. Trône également ici la superbe reproduction d'un grand bas-relief en stuc coloré représentant U Pakal, le fils d'Ahkal Mo' Nahb'.

Également mis au jour en 1999, le **Templo XX** contient une tombe ornée de fresques rouges datant de 540. Les archéologues, qui ont entamé les travaux de restauration de la sépulture en 2012, pensent qu'il pourrait s'agir de la dernière demeure de K'uk B'alam Ier, un ancêtre de Pakal.

En 2002, une autre découverte importante a été faite dans le **Templo XXI** : un trône décoré de fines sculptures représentant Ahkal Mo' Nahb', ainsi que son ancêtre, le grand Pakal, et son fils U Pakal.

Grupo Norte

Au nord d'El Palacio s'étendent un **Juego de Pelota** (jeu de balle) et le **Templo del Conde** (temple du Comte – à savoir Jean-Frédéric Waldeck qui vécut là), construit en 647.

Groupes du nord-est de Palenque

À l'est du Grupo Norte, le sentier principal traverse l'Arroyo Otolum. Quelque 70 m au-delà du cours d'eau, un embranchement sur la droite mène au **Grupo C**, un ensemble de monuments et d'esplanades recouverts de végétation, qui auraient été habités vers 750-800.

En poursuivant sur le sentier principal, on descend un escalier raide jusqu'à un groupe d'édifices bas et allongés, utilisés probablement comme résidences entre 770 et 850. Le chemin longe ensuite l'Arroyo Otolum : le ruisseau forme à cet endroit une série de cascades et de bassins connus sous le nom de **Baño de la Reina** (bain de la Reine), où il n'est plus permis de se baigner.

Puis le chemin continue jusqu'à un autre quartier résidentiel, le **Grupo de los Murciélagos** (groupe des Chauves-Souris), avant de franchir le **Puente de los Murciélagos**, une passerelle suspendue au-dessus du ruisseau.

Au-delà de la passerelle et en allant vers l'aval, un sentier mène, après une courte ascension vers l'ouest, aux **Grupos I et II**. Ces ruines, partiellement dégagées, sont entourées d'un splendide paysage de jungle. Le sentier principal se poursuit en aval vers la route, où le musée se dresse à proximité, sur la droite.

Circuits organisés

Guides de Palenque CIRCUITS

Si un guide compétent fait revivre les ruines, un mauvais guide peut vous gâcher la visite. Sur le sentier qui mène au site, des dizaines de personnes, dont des enfants, proposent leurs services aux touristes. Mieux vaut toutefois engager un professionnel agréé ; les guides officiels du site se tiennent près de l'entrée et de la billetterie. Deux associations de guides mayas proposent des visites instructives de 2 heures en groupes de 7 personnes au maximum, qui coûtent 800 $M en espagnol, 1 000 $M en anglais, français, allemand ou italien (pour ces trois dernières langues, l'attente risque d'être plus longue, car les guides les parlant sont moins nombreux). Notez que les tarifs sont assez flexibles !

Où se loger

Dormir à Palenque ou pas, telle sera votre première question. Les commerces et l'animation se trouvent à Palenque, mais les environs, en particulier entre la ville et le site, proposent quelques lieux magiques où les singes hurleurs s'affairent dans la canopée et où des animaux invisibles babillent à la nuit tombée. Le domaine d'**El Panchán** (Carretera Palenque-Ruinas, km 4,5) a la faveur des voyageurs pour ses *cabañas* bon marché, nichées dans une forêt traversée par un cours d'eau. En journée, les minibus fréquents qui font la navette entre la ville et le site prennent et déposent des passagers n'importe où le long de la route.

Hormis le quartier verdoyant de La Cañada à l'ouest, Palenque n'est pas une localité très attrayante, mais y séjourner permet d'être à proximité de nombreux restaurants et services.

En ville

♥ Yaxkin AUBERGE DE JEUNESSE $

(☎916-345-01-02 ; www.hostalyaxkin.com ; Prolongación Hidalgo 1 ; dort 120 $M, d sans sdb 280 $M, d avec clim et sdb 650 $M ; P ⊖ ❄ @ ☰). Cette auberge de jeunesse évoque l'ambiance décontractée d'El Panchán dans le joli quartier de La Cañada. Cuisine commune, table de ping-pong, plusieurs salons et un bar-restaurant. Les chambres non climatisées sont monacales, mais originales. Les dortoirs avec ventilateurs (dont un réservé aux femmes) et les chambres avec climatisation sont plus agréables et plus confortables. Les chauffe-eau solaires, le recyclage et la non-utilisation du plastique, entre autres efforts, témoignent d'une sensibilité écologique.

Hotel Xibalba HÔTEL $$

(☎916-345-04-11 ; www.hotelxibalba.com ; Merle Green 9, La Cañada ; ch à partir de 551 $M ; P ❄ @ ☰). Dans le quartier tranquille de La Cañada, cet hôtel-restaurant de catégorie moyenne compte parmi les meilleures options en ville. Il loue 35 chambres nettes et agréables, souvent enjolivées de peintures murales et de couvre-lits avec des oiseaux. Les détails architecturaux en pierre apparente et la réplique du couvercle du sarcophage de Pakal composent un cadre d'inspiration maya dans les parties communes. Restaurant sur place.

Hotel Maya Rue HÔTEL $$
(916-345-07-43 ; www.hotelmayaruepalenque.com ; Aldama s/n ; ch 500-925 $M ;). Des colonnes en tronc d'arbre, un éclairage étudié et des photos en noir et blanc confèrent une classe inattendue aux 12 chambres spacieuses combinant matériaux traditionnels et chic industriel. Toutes ont la TV câblée et certaines un balcon ombragé. Café sur place.

Hotel Maya Tulipanes HÔTEL $$
(916-345-02-01 ; www.mayatulipanes.com ; Cañada 6, La Cañada ; s/d à partir de 900/1 000 $M ;). Cet hôtel de La Cañada, dont la réception est ornée de peintures murales, loue des chambres climatisées un peu trop chères mais spacieuses et douillettes, à la décoration minimaliste et avec lits doubles en fer forgé. Beau jardin avec petite piscine et restaurant.

Environs de Palenque

Margarita & Ed's Cabañas PENSION $
(916-348-69-90 ; margaritaandedcabanas.blogspot.com ; Carreterra Palenque-Ruinas, km 4,5, El Panchán ; cabañas 285 $M, ch avec ventil 320-410 $M, s/d avec clim 480/570 $M ;). Margarita accueille chaleureusement les clients depuis plus de 10 ans en pleine forêt. Chambres nettes et lumineuses, dotées de moustiquaires, et *cabañas* plus rustiques mais bien tenues, avec moustiquaires aux fenêtres, liseuses et salle de bains privative. Le nouveau bâtiment, très joli, renferme de vastes chambres. Eau fraîche à disposition, échange de livres. Beaucoup plus sûr que d'autres adresses aux environs d'El Panchán.

Cabaña Safari CABAÑAS $$
(916-345-00-26 ; Carretera Palenque-Ruinas, km 1 ; ch à partir de 711 $M ;). Le confort n'a pas été sacrifié dans ces *cabañas* au toit en *palapa* avec terrasse, climatisation et TV à écran plat. Pierres apparentes, branches d'arbre et peintures murales confèrent du cachet aux chambres spacieuses – pour certaines, sur 2 niveaux. Une piscine, un *temascal* et un restaurant complètent les installations. La musique provenant du restaurant peut être un peu forte le soir.

Hotel La Aldea HÔTEL $$
(916-345-16-93 ; www.hotellaaldea.net ; Carretera Palenque-Ruinas, km 2,8 ; ch à partir de 945 $M ;). Ce quatre-étoiles abrite 33 chambres lumineuses de bonnes dimensions au toit en *palapa*, au cœur d'une jolie propriété. Chacune d'elles dispose d'une terrasse avec hamac et fauteuil, et l'absence de télévision aide à se déconnecter du monde. Avec son paisible restaurant en haut d'une colline et son magnifique coin piscine, l'endroit ne manque pas de style.

Chan-Kah Resort Village RESORT $$
(916-345-11-34 ; www.chan-kah.com.mx ; Carretera Palenque-Ruinas, km 3 ; ch/ste 1 740/4 100 $M ;). Cet hôtel de qualité, sur la route des ruines, convient idéalement aux familles. Il comprend d'élégantes maisonnettes en bois et en pierre bien espacées, avec grande salle de bains, climatisation, ventilateur au plafond et terrasse. Magnifique piscine de 70 m, aux parois en pierre, dans des jardins luxuriants.

Boutique Hotel Quinta Chanabnal BOUTIQUE-HÔTEL $$$
(916-345-53-20 ; www.quintachanabnal.com ; Carretera Palenque-Ruinas, km 2,2 ; ch 150-350 $US ;). L'architecture d'inspiration maya et le service parfait de ce somptueux hôtel de charme vous séduiront à coup sûr. Des portes en bois sculptées ouvrent sur de vastes suites décorées d'art mexicain, où les lits à baldaquin sont majestueusement drapés de tentures et les salles de bains, immenses. Également : ruisseau, petite lagune et piscine avec bassins étagés en pierre naturelle. Des massages, un *temascal* et un bon restaurant contribuent au bien-être des hôtes. Le propriétaire, un Italien féru de culture maya, parle français.

Où se restaurer

Palenque n'est pas vraiment réputée pour sa cuisine. Le choix de restaurants reste néanmoins convenable, même si les prix sont parfois exagérés. Les stands et petits lieux de restauration abondent toutefois aux abords de la gare routière AEXA et du côté est d'El Parque, devant l'église.

En ville

Café Jade MEXICAIN, CHIAPANECO $
(916-688-00-15 ; Prolongación Hidalgo 1 ; petit-déj 50-100 $M, plats 60-120 $M ; 7h-23h ;). Ce sympathique bâtiment en

bambou semi-ouvert fait partie des tables les plus populaires de Palenque. Son succès croissant n'a pas affecté la qualité des petits-déjeuners, des spécialités du Chiapas, des burgers et autres classiques de la cuisine internationale figurant au menu. À noter aussi un choix correct de plats végétariens et de délicieux jus de fruits frais.

El Huachinango Feliz FRUITS DE MER **$$**
(916-345-82-31 ; Hidalgo s/n ; plats 90-160 $M ; 8h-23h). Dans le quartier verdoyant de La Cañada, ce restaurant populaire, pittoresque et très fréquenté possède une jolie terrasse avec des parasols à l'avant et une autre couverte à l'étage. Au menu : soupe et cocktails de fruits de mer, poisson grillé et crevettes accommodées de 10 façons différentes. Le service traîne en longueur, mais le jeu en vaut la chandelle.

Monte Verde ITALIEN **$$**
(916-119-17-87 ; plats 100-180 $M ; 14h-22h30 dim-mar et jeu-ven, 14h-23h sam). Ce restaurant isolé dans la forêt propose une cuisine aux accents méditerranéens. Si la plupart des gens viennent pour les pizzas à pâte fine, les viandes et les pâtes méritent aussi l'attention. Goûtez les tagliatelles aux fruits de mer, et vous sortirez comblé. Des musiciens y jouent souvent le soir.

La Selva MEXICAIN **$$**
(916-101-70-91 ; route 199 ; plats 85-220 $M ; 11h30-22h30). Une adresse haut de gamme un peu formelle, du moins pour Palenque. Au menu : bons steaks, produits de la mer, salades et *antojitos* à déguster sous un grand toit en *palapa*. Des panneaux vitrés évoquant la jungle égayent l'un des murs. D'excellentes *pigüas* (écrevisses) sont parfois servies en automne.

Environs de Palenque

Don Mucho's MEXICAIN, INTERNATIONAL **$**
(916-112-83-38 ; Carretera Palenque-Ruinas, km 4,5, El Panchán ; plats 60-150 $M ; 7h-1h mar-jeu, 7h-2h ven, 7h-3h sam, 7h-0h dim-lun). Incontournable d'El Panchán, le très prisé Don Mucho offre un bon rapport qualité/prix dans un cadre luxuriant, éclairé le soir aux chandelles. Au menu : pâtes, poisson, viande, *antojitos* (amuse-bouche) variés et pizzas cuites au feu de bois.

Restaurante Bajlum MEXICAIN **$$$**
(916-107-85-18 ; plats 270-600 $M ; 14h-22h). La carte de ce restaurant sélect fort séduisant décline une cuisine maya fusion à la fois moderne, créative et remarquablement présentée. Le lapin aux "herbes de la jungle" et le canard à l'orange font partie des spécialités. La plupart des produits utilisés sont de provenance locale, et le patron prend la peine d'expliquer aux clients l'histoire de chaque plat. Carte de cocktails impressionnante. À l'écart dans une ruelle, sur la gauche un peu avant les ruines.

EN TOUTE SÉCURITÉ

D'où que vous arriviez, il vaut mieux vous rendre à Palenque en plein jour en raison de l'insécurité qui règne sur les routes – des attaques à mains armées ont été rapportées. Actuellement, il est déconseillé de prendre la route directe à partir d'Ocosingo. Lors de la rédaction du guide, la plupart des modes de transport empruntaient d'autres itinéraires, plus longs, mais plus sûrs. Des vols sur les bus de nuit depuis Mérida ont également été rapportés. Lors de trajets de longue durée, pensez à ranger vos objets de valeur dans le compartiment à bagages.

Renseignements

Les deux banques suivantes changent des euros et des dollars (avec photocopie de votre passeport).

Banco Azteca (Av Juárez, entre Allende et Aldama)

Bancomer (Av Juárez 96 ; 8h30-16h lun-ven). Dispose d'un DAB.

Clínica Palenque (Velasco Suárez 33 ; 24h/24). Clinique anglophone.

Kiosque d'information touristique municipal (El Parque ; 9h-14h et 18h-21h lun-ven)

Office du tourisme de l'État (angle Av Juárez et Abasolo ; 9h-20h lun-sam, 9h-13h dim). Fournit des renseignements sur la ville, la région et les transports, ainsi que des cartes. Cependant, les hôtels donnent généralement des informations plus précises.

Poste (Independencia s/n ; 8h-17h lun-ven, 10h-14h sam)

Depuis/vers Palenque

AVION

Interjet assure 2 vols par semaine pour Mexico depuis l'aéroport de Palenque. Sinon, le grand aéroport le plus proche est celui de Villahermosa, desservi par des minibus ADO directs et confortables (350 $M).

BUS AU DÉPART DE PALENQUE

DESTINATION	TARIF ($M)	DURÉE	FRÉQUENCE
Campeche	437-470	5 heures-5 heures 30	5 ADO/jour
Cancún	740-1 458	12 heures-13 heures 30	4 ADO/jour
Mérida	387-688	8 heures	5 ADO/jour
San Cristóbal de las Casas	188-384	8-9 heures	9 ADO/jour, 4 AEXA/jour
Tulum	476-1 074	10-11 heures	4 ADO/jour
Villahermosa	95-226	2 heures 30	ADO et AEXA fréquents
Aéroport de Villahermosa	350	2 heures 15	4 ADO/jour

BUS

Près du rond-point à statue de tête maya, le nouveau terminal **ADO** (www.ado.com.mx), doté d'un DAB et d'une consigne, constitue la principale gare routière, d'où partent des bus deluxe et 1re classe ; la compagnie OCC (1re classe) l'utilise aussi. Il est préférable d'acheter son billet la veille du départ. Pour des raisons de sécurité, les bus à destination d'Ocosingo ne suivent plus l'itinéraire direct et passent le plus souvent par Villahermosa.

Les bus **AEXA** (www.autobusesaexa.com.mx ; Av Juárez 159, 1re classe) et Cardesa (2e classe) partent à 300 m à l'est de l'Avenida Juárez.

Línea Comitán Lagos de Montebello (☎ 916-345-12-60 ; Velasco Suárez, entre Calles 6a et 7a Poniente Norte), à l'ouest du marché de Palenque, assure toutes les heures des minibus pour Benemérito de las Américas (150 $M, 10/jour), dont la plupart continuent par la Carretera Fronteriza jusqu'aux Lagos de Montebello (330 $M, 7 heures pour Tziscao) et Comitán (380 $M, 8 heures).

COLECTIVOS

Des minibus pour Ocosingo (76 $M) démarrent une fois remplis de la Calle 5a Poniente Sur. Pour des raisons de sécurité, les minibus n'empruntent pas toujours la route directe. Comptez avec des services supprimés ou de nombreux détours.

De nombreux *combis* desservant des destinations le long de la Carretera Fronteriza (dont Lacanjá Chansayab, Bonampak, Yaxchilán et Benemérito de las Américas), ainsi que Pico de Oro, partent d'une gare routière pour *colectivos* juste au sud de la gare routière ADO.

Les minibus **Transportes Pajchiltic** (Av 15 de Marzo) se rendent à Metzabok (55 $M, 3 heures) et Nahá (60 $M, 4 heures) une fois remplis (il vaut mieux venir le matin). En sens inverse, les véhicules partent souvent au milieu de la nuit.

ℹ Comment circuler

Le trajet en taxi coûte 55 $M (jusqu'à 70 $M de nuit) pour El Panchán ou Maya Bell, et 60 $M jusqu'au site archéologique. Du centre-ville, des *combis* (25 $M) sillonnent la route des ruines jusqu'à la tombée du jour. **Radio Taxis Santo Domingo** (☎ 916-345-01-26) possède un central d'appels. Une **station de taxis** se trouve sur El Parque.

Bonampak, Yaxchilán et la Carretera Fronteriza

Près de la frontière du Guatemala, les petites cités mayas méconnues de Bonampak et Yaxchilán se distinguent par leur côté sauvage et pittoresque. Au milieu de la forêt lacandone peuplée de singes et d'oiseaux, les ruines se transforment la nuit en tableau féerique scintillant de lucioles sous le ciel étoilé. Bonampak, célèbre pour ses fresques, se situe à 152 km de Palenque par la route. Un peu plus grande, Yaxchilán, dans un décor de jungle incomparable au bord du Río Usumacinta, large et tumultueux, est à 173 km par voie terrestre et 22 km en bateau.

On rejoint les deux sites via la Carretera Fronteriza, qui dessert aussi plusieurs projets d'écotourisme, des cascades, des villages lacandons et des ruines mineures.

ℹ Renseignements

DÉSAGRÉMENTS ET DANGERS

Le trafic de drogue et le passage d'immigrés illégaux sont endémiques dans cette région frontalière. Par ailleurs, la Carretera Fronteriza entoure plus ou moins la principale zone acquise aux rebelles zapatistes. Vous rencontrerez de nombreux postes de contrôle militaires sur cette route, mais mieux vaut ne pas laisser d'argent ou d'objets de valeur sans surveillance durant les haltes. Pour votre sécurité, nous vous conseillons de ne pas emprunter la Carretera Fronteriza de nuit. D'ailleurs, les transports publics ne circulent plus après le coucher du soleil. De même, ne passez les postes-frontières avec le Guatemala que tôt dans la journée.

Durant les mois pluvieux de septembre et d'octobre, les rivières sont régulièrement en crue, et la baignade est risquée. N'oubliez pas de vous protéger contre les insectes.

ℹ Depuis/vers Bonampak, Yaxchilán et la Carretera Fronteriza

La Carretera Fronteriza (route 307), bien asphaltée, longe la frontière guatémaltèque de Palenque jusqu'aux Lagos de Montebello. De Palenque, des minibus Autotransporte Chamoán rallient Frontera Corozal (145 $M, 2 heures 30-3 heures, toutes les 40 min, 4h-17h) au départ d'une petite gare routière de *colectivos* proche du rond-point à grande tête maya, au sud de la gare routière. Empruntez-les pour visiter Bonampak et Lacanjá Chansayab ; si vous le leur demandez, les chauffeurs font halte à l'embranchement le plus proche des ruines, le Crucero Bonampak (95 $M, 2 heures), au lieu de l'arrêt de San Javier sur la route fédérale.

Línea Comitán Lagos de Montebello (ci-contre) affrète 10 bus par jour pour Benemérito de las Américas (150 $M). Ils stationnent deux rues à l'ouest du marché de Palenque. La plupart continuent leur route sur la Carretera Fronteriza jusqu'aux Lagos de Montebello (330 $M, 7 heures jusqu'à Tziscao) et jusqu'à Comitán (380 $M, 8 heures).

Les bus de ces deux compagnies font halte à San Javier (90 $M, 2 heures) – soit à 140 km de Palenque, au niveau de la bifurcation pour Lacanjá Chansayab et Bonampak – ainsi qu'à Crucero Corozal (110 $M, 2 heures 30) – à hauteur de l'embranchement menant à Frontera Corozal. Pour la Cascada Welib-Já et Nueva Palestina, prenez à Palenque n'importe quel *combi* suivant la Carretera Fronteriza.

De Palenque à Bonampak

Cascada de las Golondrinas CASCADES
(Nueva Palestina ; 35 $M, empl tente 100 $M ; ⏲ restaurant 9h-16h). À 10 km de la route, deux rivières tombent de 35 m de haut en cascades impressionnantes, et l'on peut

PLUS LOIN DANS LE CHIAPAS

- Loin du climat humide de la jungle et frais des collines, **Ocosingo** est une ville animée et sûre (mais pas les routes qui y conduisent) où se tient un marché. Elle se niche dans une belle vallée tempérée entre San Cristobál et Palenque. L'impressionnant site maya **Toniná** se trouve juste à quelques kilomètres.
- Au sud de Palenque en direction d'Ocosingo, deux petits détours mènent aux cascades grondantes d'**Agua Azul** et aux chutes de **Misol-Ha** (35 m), deux sites superbes en pleine jungle.
- **Lacanjá Chansayab**, le plus grand village maya lacandon, se trouve à 6 km de San Javier sur la Carretera Fronteriza et à 12 km du site de Bonampak. Les familles qui le composent sont dispersées sur un vaste espace. Leurs terres verdoyantes donnent souvent sur des criques, voire sur le Río Lacanjá.
- La forêt de pins et de chênes qui borde la frontière guatémaltèque à l'est de Chinkultic est parsemée de 50 petits lacs dans toutes les nuances de bleu et de vert que l'on appelle les **Lagos de Montebello**. Les **ruines de Chinkultic** ajoutent à l'atmosphère mystérieuse.
- Entourée par la forêt tropicale, à 140 km au sud-est d'Ocosingo, dans la Reserva de la Biosfera Montes Azules, la **Laguna Miramar** est l'un des lacs les plus reculés et les plus beaux du pays. Profitez des rochers des petites îles pour marcher dans l'eau, ainsi que des pétroglyphes et de la grotte de tortues de mer atteignables en canoë. On peut en louer à **Emiliano Zapata**.
- Les forêts de nuages de la **Reserva de la Biosfera El Triunfo**, dans les hautes terres de la Sierra Madre de Chiapas, sont un paradis pour les ornithologues.
- La grande **Reserva de la Biosfera La Encrucijada** protège une côte longue de 1 448 km² constituée de lagunes, de marécages et de bancs de sable.
- La jolie **Chiapa de Corzo** à l'architecture coloniale se situe à 12 km à l'est de Tuxtla Gutiérrez en allant vers San Cristóbal. Située sur la rive nord du Río Grijalva, cette bourgade est le principal point de départ pour des excursions dans le **Cañón del Sumidero**.
- Le spectaculaire *cenote* **Sima de las Cotorras** forme une sorte d'entonnoir de 160 m de diamètre et 140 m de profondeur, avec un cratère rempli de dense forêt tropicale. Il se trouve à environ 1 heure 30 de Tuxtla Gutiérrez.

se baigner dans des eaux bleues limpides à la saison sèche. Une passerelle en bois franchit les cataractes. Au crépuscule, des centaines d'hirondelles (*golondrinas*) se réfugient pour la nuit dans une grotte sous les chutes et en ressortent à l'aube.

Cascada Welib-Já CASCADE

(35 $M ; ⌚ 8h-19h). À 30 km de Palenque, cette chute de 25 m de haut n'est pas la plus spectaculaire du secteur, mais ses bassins d'eau turquoise font d'excellents lieux de baignade, et il y a peu de monde en général. Une tyrolienne traverse la rivière (100 $M), et l'on trouve sur place un restaurant sans prétention. De Palenque, prenez un *combi* jusqu'à l'entrée bien indiquée sur la route (40 $M, 30 min), puis parcourez 700 m à pied.

Plan de Ayutla SITE ARCHÉOLOGIQUE

(Près de Nueva Palestina ; 50 $M ; ⌚ 8h-17h). Les vestiges mayas isolés de Plan de Ayutla s'inscrivent dans un site évocateur envahi par la végétation. Du parking en terre à l'ombre d'arbres touffus, suivez le chemin sinueux qui monte à l'**acropole nord**, l'une des trois construites au sommet de buttes naturelles. Le visiteur peut ainsi explorer le dédale de pièces formé par l'ancien ensemble palatial réparti sur quatre niveaux.

Bonampak

Enfoui dans une épaisse forêt, le remarquable site de Bonampak resta caché du monde jusqu'en 1946. Il doit sa réputation à ses fresques de couleurs vives qui ressuscitent l'univers des Mayas. Cela vaut la peine de s'y rendre, même si l'entreprise est un peu compliquée. Les ruines s'étendent sur 2,4 km², mais les principaux vestiges entourent la Gran Plaza rectangulaire. Le site jouxte la Reserva de la Biosfera Montes Azules à la flore et la faune exceptionnelle. Ouvrez l'œil pour repérer singes et aras.

À voir

Les principaux monuments du **site de Bonampak** (☎ 961-612-83-60 ; 70 $M ; ⌚ 8h-17h) ayant résisté au temps remontent au règne de Chan Muwan II, un neveu d'Itzamnaaj B'alam II, seigneur de Yaxchilán, ayant accédé au trône de Bonampak en 776. Haute de 6 m, la **stèle 1** sur la **Gran Plaza** représente précisément Chan Muwan II à son apogée. Exhumées sur l'**acropole** qui s'élève à l'extrémité sud de l'esplanade, les **stèles 2 et 3** portent aussi la figure du roi.

Bonampak doit sa réputation et son nom (Bonampak signifie "murs peints" en maya du Yucatán) aux remarquables **fresques** conservées à l'intérieur du **Templo de las Pinturas (Edificio 1)**, d'apparence pourtant modeste. Certains archéologues pensent que ces peintures illustrent une bataille l'opposant à la cité de Sak T'zi', qui ne serait autre que l'actuelle Plan de Ayutla.

Les schémas à l'extérieur du temple aident à comprendre ces fresques, qui restent les plus belles que nous connaissions de l'Amérique précolombienne, bien qu'elles aient été gravement altérées (les premiers visiteurs les ont même arrosées de kérosène pour tenter d'en raviver les couleurs).

Dans la **salle 1** (à gauche lorsqu'on est face au temple), on découvre le sacre du fils nouveau-né de Chan Muwan II dans les bras d'un personnage, en haut à droite du mur du fond. Quatorze nobles portant des ornements en jade assistent à la cérémonie. La **salle 2**, au centre, montre des scènes de bataille sur les parois sud et est, ainsi que sur la voûte. La paroi nord illustre la torture (l'arrachage des ongles) et le sacrifice de prisonniers, auxquels préside Chan Muwan II, revêtu d'une tenue de combat en peau de jaguar. Une tête tranchée repose au-dessous de lui, près du pied d'un captif vivant. Dans la **salle 3**, récemment restaurée et resplendissante de couleurs, des seigneurs aux imposantes coiffes exécutent une danse cérémonielle sur l'escalier de l'acropole. Sur le mur est, trois personnages en robe blanche se percent la langue lors d'une saignée rituelle.

On pense que ces trois scènes faisaient partie des cérémonies organisées lors de la venue du nouvel héritier. En fait, ce prince ne régna probablement jamais. La cité fut abandonnée avant l'achèvement des fresques, lorsque s'éteignit la civilisation maya classique. En pénétrant dans les **Edificios 1 et 6**, levez les yeux pour admirer les linteaux finement sculptés.

Depuis/vers Bonampak

Bonampak se trouve à 12 km de San Javier, sur la Carretera Fronteriza. Si l'on vous dépose à ce croisement et non au Crucero Bonampak, 8 km plus loin, le trajet en taxi vous coûtera 30 $M.

Prévoyez la somme de 30 $M par personne versée à la communauté pour pénétrer dans le

CIRCUITS ORGANISÉS

Les circuits organisés peuvent représenter une bonne solution si votre temps de séjour est limité et si vous ne conduisez pas.

Les excursions à la journée à Bonampak ou Yaxchilán (1 050-1 500 $M) comportent habituellement deux repas (petit-déjeuner et déjeuner) et le transport en minibus climatisé – une bonne option puisque les circuits incluent déjà le prix du transport à Bonampak et que le trajet pour les deux sites avec un transporteur indépendant vous prendrait beaucoup de temps. Les excursions de 2 jours (2 000-3 000 $M) comprennent une nuit à Lacanjá Chansayab et une randonnée dans la jungle ou en rafting.

À Palenque, **Transportador Turística Scherrer y Barb** (portable 916-1032153 ; fermerida_69@hotmail.com ; Av Juárez 13) propose des circuits qui sortent des sentiers battus avec des excursions à Nahá et Metzabo, deux villages lacandons, et aux cascades de la région. À San Cristóbal, **SendaSur** (967-678-39-09 ; www.sendasur.com.mx ; Calle 5 de Febrero 29 ; 9h-14h et 16h-19h lun-sam, 9h-14h dim) propose ses services aux voyageurs indépendants.

village de Lacanjá Chansayab. Les moyens de transport privés sont par ailleurs interdits au-delà du Crucero Bonampak, où les chauffeurs de minibus facturent la somme exorbitante de 350-400 $M par véhicule pour l'aller-retour jusqu'aux ruines.

Yaxchilán

Yaxchilán se dresse dans un cadre spectaculaire au milieu de la forêt, en surplomb d'une boucle du Río Usumacinta. Les singes hurleurs (*saraguates*) se nourrissent dans les arbres alentour. Il est possible d'apercevoir des singes-araignées et des aras rouges.

Sa situation et l'aptitude au commerce de ses habitants permirent à la cité de prospérer à l'époque maya classique. Sur le plan archéologique, Yaxchilán est réputée pour ses monuments aux façades et aux crêtes faîtières ouvragées, ainsi que pour ses linteaux de pierre sculptés de scènes rituelles et guerrières. Une lampe de poche est utile pour visiter certains endroits.

À voir

En marchant vers les **ruines** (70 $M ; 8h-17h, dernière entrée 16h), on remarque un sentier (signalé par un panneau) montant à droite jusqu'à la **Pequeña Acrópolis**, ensemble de ruines juché sur une petite colline que nous vous conseillons de visiter à la fin du circuit. En continuant sur le sentier principal, on atteint **El Laberinto (Edificio 19)**, dédale construit entre 742 et 752, entre le règne d'Itzamnaaj B'alam II et celui de Pájaro Jaguar IV. Des chauves-souris ont pris possession des lieux. On ressort de ce bâtiment complexe sur deux niveaux à l'extrémité nord-ouest de la **Gran Plaza**.

L'**Edificio 17** aurait abrité un bain de vapeur. Au milieu de l'esplanade, la stèle 1, flanquée de sculptures altérées d'un crocodile et d'un jaguar à plumes, représente Pájaro Jaguar IV au cours d'une cérémonie qui eut lieu en 761. L'**Edificio 20** date du règne d'Itzamnaaj B'alam III et constitue la dernière grande construction de Yaxchilán. Ses linteaux ont été transférés à Mexico.

Un escalier imposant mène de la stèle 1 à l'**Edificio 33**, le temple le mieux préservé de Yaxchilán, dont la crête faîtière est à moitié intacte. Des sculptures sur la dernière marche devant l'édifice montrent des scènes de jeu de balle, et de magnifiques reliefs embellissent le dessous des linteaux. À l'intérieur se dresse une statue acéphale de Pájaro Jaguar IV : sa tête fut volée au XIXe siècle par des bûcherons en quête de trésors.

Depuis/vers Yaxchilán

De Frontera Corozal, les *lanchas* mettent de 30 à 40 minutes pour descendre le fleuve (40 min en sens inverse). Les compagnies de bateaux, dont les bureaux se trouvent dans des bâtiments de chaume près de l'*embarcadero* de Frontera Corozal, pratiquent à peu près les mêmes tarifs (aller-retour avec halte de 2 heures sur le site pour 1-4/5-7/8-10 personnes 1 400/1 700/2 200 $M). Nombreux départs de *lanchas* entre 7h et 15h environ. Joignez-vous à d'autres voyageurs ou à un groupe pour partager les frais.

TABASCO

On dit que le Tabasco comporte plus d'eau que de terre, et l'on comprend pourquoi en découvrant les nombreuses lagunes, rivières et marécages sur la carte – imaginez-le à la saison des pluies. Il y fait toujours chaud et humide, et seules la côte du golfe du Mexique et les collines du Sud offrent un peu de fraîcheur. Si vous visitez Villahermosa et la côte de Tabasco, notez que la région est sujette aux inondations saisonnières ; mais peu de visiteurs s'attardent après avoir découvert les superbes têtes olmèques du Parque-Museo La Venta à Villahermosa.

Situé au nord du Chiapas et donnant sur le golfe du Mexique, le Tabasco recèle d'importants gisements pétroliers terrestres et offshore, exploités par la compagnie nationale Pemex, dont dépendent la moitié de l'économie de cet État et quasiment la moitié de ses emplois. En 2018, la chute du cours du pétrole a entraîné une montée de la violence entre gangs, et le Tabasco est devenu l'un des États les plus instables du pays.

Villahermosa

993 / 353 000 HABITANTS

Cette agglomération plate et étendue, où règne une chaleur moite, concentre plus d'un quart des habitants du Tabasco. En dépit de ce que suggère son nom espagnol, Villahermosa n'a jamais été une "belle ville", mais elle jouit d'une certaine prospérité grâce au boom pétrolier. Elle compense son manque de charme par une atmosphère animée, une population accueillante et le meilleur choix d'hôtels et de restaurants de l'État. C'est aussi une bonne base pour rayonner dans la région.

À voir

Parque-Museo La Venta PARC, MUSÉE

(www.facebook.com/pg/ParqueMuseoLaVenta/ ; Av Ruíz Cortines ; 50 $M ; 8h-16h ; P). Ce parc épatant et musée à ciel ouvert fut créé

LA FORÊT LACANDONE

Les nombreuses ressources naturelles du Chiapas, État marqué par ses vastes étendues verdoyantes, nourrissent ses habitants depuis des siècles. L'accès à l'eau, au bois, au pétrole et au gaz est toutefois source de conflits.

La Selva Lacandona (forêt lacandone), dans l'est du Chiapas, couvre 0,25% de la surface du pays. Pourtant, elle recèle 4 300 variétés de plantes (soit 17% de la flore nationale), 450 espèces de papillons (42% du chiffre national), au moins 340 espèces d'oiseaux (32%) et au minimum 163 espèces de mammifères (30%), dont le jaguar, l'ara rouge, la tortue blanche, le tapir et la harpie féroce.

Ce riche réservoir de ressources naturelles et de biodiversité est constitué par l'extrémité sud-ouest de la Selva Maya, une bande de forêt tropicale humide s'étendant sur 42 300 km² jusqu'au nord du Guatemala, au Belize et au sud du Yucatán. Mais la Selva Lacandona perd du terrain sous les pressions des *rancheros*, des prospecteurs de pétrole, des bûcherons et des fermiers : de 15 000 km² dans les années 1950, elle est passée aujourd'hui à une superficie estimée à moins de 5 000 km², et elle continue de rétrécir de façon alarmante. Des vagues successives de paysans sans terre ont déboisé le tiers nord de la forêt lacandone dans les années 1960 ; le secteur de Marqués de Comillas, à l'extrême est, a été gravement endommagé par la déforestation des années 1970, tout comme Las Cañadas, entre Ocosingo et la réserve de Montes Azules. Ce qu'il reste aujourd'hui de la forêt se trouve en grande partie au sein de la Reserva de la Biosfera Montes Azules et de la Reserva de la Biosfera Lacantun voisine.

Dans les années 1970, le gouvernement mexicain a transféré une grande partie de ce territoire à des familles lacandones, créant des tensions avec les autres communautés indiennes, dont les revendications ont été écartées. La terre continue de susciter d'âpres combats. D'un côté, les Lacandons et leurs défenseurs se présentent comme un groupe indien attaché à l'environnement et à la défense de sa terre. Pour d'autres communautés, qui soutiennent les zapatistes, cette appropriation vise à les évincer sous des prétextes prétendument écologiques. Ces communautés zapatistes estiment également que les colons exploitent la forêt de manière non durable, et accusent le gouvernement de vouloir l'exploiter au profit des grandes entreprises de bioprospection.

en 1958, quand l'exploration pétrolière fit peser des menaces sur l'ancien site olmèque de La Venta, dans le Tabasco occidental. Les archéologues déplacèrent alors à Villahermosa les vestiges les plus importants du site, notamment 3 têtes monumentales en pierre. Le parc accueille aussi un zoo, mais les enclos sont mal entretenus et déprimants. Vous pouvez vous rendre sur le sentier des sculptures sans passer par le zoo.

Museo Regional de Antropología MUSÉE
(www.facebook.com/museo.antropologia.pellicer/ ; Periférico Carlos Pellicer ; 20 $M ; ⏲9h-17h mar-dim ; P). L'excellent musée régional d'Anthropologie est hébergé dans un scintillant bâtiment moderne du complexe Cicom, à 15 minutes de marche de la Zona Luz, juste au sud du pont Paseo Tabasco. Il recèle des pièces remarquables relatives aux cultures olmèque, maya, nahua et zoque du Tabasco. Parmi celles-ci figure notamment le monument 6 de Tortuguero, la fameuse stèle dont les inscriptions prédisaient la "fin du monde" pour le 21 décembre 2012.

Où se loger et se restaurer

♥ One Villahermosa Centro HÔTEL D'AFFAIRES $$
(☎993-131-71-00 ; www.onehotels.com ; Carranza 101 ; ch avec petit-déj à partir de 811 $M ; ❄ 📶). Ce vaste hôtel d'affaires a pour atouts un emplacement hypercentral et un personnel attentif. Grandes et confortables à défaut d'avoir du cachet, les chambres correspondent aux standards de la gamme de prix. Vous ne trouverez pas mieux en ville pour passer une bonne nuit de sommeil.

♥ La Cevichería Tabasco FRUITS DE MER $$
(☎993-345-00-35 ; www.facebook.com/lacevicheriatabascov ; Francisco José Hernández Mandujano 114 ; plats 120-250 $M ; ⏲11h-18h mar-ven, 10h-18h sam-dim ; ❄). Une table de produits de la mer extra dans un quartier sympathique, juste de l'autre côté de la rivière par rapport au centre. Décoré de peintures murales éclatantes, l'endroit sert des plats artistiquement présentés dans une ambiance un peu chaotique. Superbes tacos au marlin.

♥ Rock & Roll Cocktelería PRODUITS DE LA MER $$
(☎993-334-21-90 ; Reforma 307 ; plats 160-220 $M ; ⏲7h-23h lun et jeu, 10h-22h mar-mer, 11h-21h dim et ven, 10h-20h sam). La chaleur étouffante, les ventilateurs vrombissants et la TV à plein volume plantent le décor de cette institution locale en activité depuis 60 ans, dans une rue piétonne en face du Miraflores Hotel. Fréquenté surtout pour ses cocktails de fruits de mer et sa bière bon marché, il prépare aussi de savoureux ragoûts et ceviches.

Renseignements

La plupart des banques sont équipées de DAB et changent les euros et les dollars.

HSBC (angle Juárez et Lerdo de Tejada ; ⏲9h-17h lun-ven). Dans une rue piétonne.

Oficina de Convenciones y Visitantes de Tabasco (OCV ; ☎993-316-35-54 ; www.visitetabasco.com ; Paseo Tabasco 1504 ; ⏲9h-15h lun-ven). Renseignements sur le Tabasco.

Depuis/vers Villahermosa

AVION

L'**Aeropuerto Rovirosa** (☎993-356-01-57 ; www.asur.com.mx ; Carretera Villahermosa-Macuspana Km 13) est situé à 13 km à l'est du centre-ville, sur la route 186. Aeroméxico est la principale compagnie ; chaque jour, de nombreux vols directs relient Villahermosa à Mexico et à d'autres villes.

BUS ET COLECTIVO

Des bus deluxe et 1re classe partent de la **gare routière ADO** (☎993-312-84-22 ; Mina 297), à 750 m au nord de la Zona Luz. Consigne ouverte 24h/24 et Wi-Fi.

Les départs pour la plupart des destinations dans l'État du Tabasco s'effectuent à partir d'autres gares routières situées au nord de la gare ADO, et aisément accessibles à pied de celle-ci : à savoir la **gare routière Cardesa** (Cardesa ; angle Hermanos Bastar Zozaya et Castillo) réservée aux bus 2e classe et la **Central de Autobuses de Tabasco** (CAT ; ☎993-312-29-77 ; angle Av Ruíz Cortines et Castillo) sur le côté nord de l'Avenida Ruíz Cortines (passerelle piétonne), principal point de départ des bus 2e classe.

MINIBUS DE L'AÉROPORT À PALENQUE

Pratique : à l'aéroport de Villahermosa, il existe un comptoir ADO (www.ado.com.mx) d'où partent presque toutes les heures des minibus pour Palenque (350 $M, 2 heures 15) entre 5h20 et 22h20. Consultez les horaires depuis/vers l'"Aeropuerto Villahermosa" sur le site Internet.

PLUS LOIN DANS LE TABASCO

- Si la plupart des artefacts intéressants ont été transférés au musée de Villahermosa, le site olmèque de **La Venta** (923-232-04-23 ; 50 $M ; 8h-17h), à 128 km à l'ouest de Villahermosa, vaut tout de même la peine d'être vu.
- Perché dans les superbes montagnes du sud-ouest du Tabasco, le minuscule site de **Malpasito** (40 $M ; 7h-17h) abrite des ruines du mystérieux peuple zoque.
- Immense parc naturel, la **Reserva de la Biosfera Pantanos de Centla** (31 $M) déploie lacs, marécages, mangroves et forêts autour de l'aval de deux des plus grands fleuves du Mexique : l'Usumacinta et le Grijalva.
- Découvrez les bassins de baignade en bord de rivière et les grottes dans le sud du Tabasco, avec comme camp de base la ville de Teapa, 50 km au sud de Villahermosa.

Comment circuler

De confortables minibus ADO circulent entre l'aéroport et la gare routière ADO (225 $M), à raison d'un par heure de 6h à 21h. La course en taxi pour le centre-ville coûte environ 280 $M. À 500 m du parking de l'aéroport, on peut aussi prendre à la station de taxis Dos Montes un *colectivo* (25 $M) pour le marché de Carranza, situé à 1 km au nord de la Zona Luz.

Le réseau de transports en commun de la ville repose sur les taxis *colectivos* (25 $M). Les taxis privés facturent 50 $M environ la course en centre-ville.

Comalcalco

933 / 40 000 HABITANTS

La ville de Comalcalco, 55 km au nord-ouest de Villahermosa, ne brille pas par son esthétique et vaut essentiellement pour le site maya peu fréquenté à sa périphérie, l'une des attractions phares du Tabasco. Elle est également connue pour sa production de cacao et ses petites fabriques de chocolat, dont certaines ouvertes au public.

À voir

Comalcalco SITE ARCHÉOLOGIQUE

(933-337-02-74 ; www.inah.gob.mx/zonas/9-zona-arqueologica-de-comalcalco ; 60 $M ; 8h-16h). Au milieu des arbres à quelques minutes de marche au nord-est du centre-ville, les ruines de l'ancienne Comalcalco, les plus occidentales du monde maya, présentent une architecture unique par les matériaux employés : la brique et/ou le mortier à base de coquilles d'huîtres. La cité atteignit son apogée entre 600 et 1000, sous la domination des Chontal. Elle demeura pendant plusieurs siècles un important centre de commerce où s'échangeaient des marchandises de luxe.

Hacienda La Luz PLANTATION

(933-337-11-22 ; www.haciendalaluz.mx ; bd Rovirosa 232 ; circuit 1 heure à partir de 100 $M/pers ; circuits 9h, 11h, 13h et 15h mar-dim). Parmi les plantations locales fabriquant du chocolat à partir du cacao qu'elles cultivent, cette hacienda propose des visites guidées basiques (1 heure) ou plus détaillées de son domaine, de la belle demeure aux jardins et aux champs de cacaoyers. Vous y découvrirez les méthodes traditionnelles de confection du chocolat et terminerez le parcours par une dégustation de boisson chocolatée. Mieux vaut réserver pour un circuit en anglais.

Où se restaurer

On trouve des stands de tacos et autres en-cas bon marché dans le Parque Benito Juárez Garcia (un peu à l'ouest de l'artère principale qui traverse la ville) et ses abords. Sinon, un restaurant d'exception vous attend près du site archéologique.

Cocina Chontal MEXICAIN $

(933-158-56-96 ; www.facebook.com/nelly.cordovamorillo.5/ ; Ejido Buenavista ; plats 80-130 $M ; 12h-17h mer-dim). Tenu par Nelly Córdova, un véritable personnage en costume traditionnel, ce charmant restaurant en plein air remet au goût du jour des plats typiques du Tabasco à demi oubliés, dont certains remontent à la période maya. Tous les plats, dont les onctueux *moles* à base de chocolat, le ragoût de dinde et les bananes fourrées au porc et aux haricots, mijotent sur des feux de bois et sont servis dans de la vaisselle en terre cuite.

Depuis/vers Comalcalco

Des bus fréquents relient Comalcalco et Villahermosa (100 $M, 2 heures) ; ils partent de la rue principale qui traverse la ville.

Comprendre le Yucatán

Le Yucatán aujourd'hui

La péninsule du Yucatán est la destination la plus touristique du Mexique. Pour le meilleur ou pour le pire, l'industrie du tourisme influence la politique et l'économie, et pèse sur les orientations sociales et environnementales de la région. Malgré la fermeture très médiatisée de plusieurs discothèques de Cancún et Playa del Carmen après des fusillades, la région reste une des plus sûres du pays, et une des mieux équipées pour recevoir les visiteurs. Le tourisme y connaît une prospérité sans précédent.

À voir

Alamar (2009) Ce film émouvant du Mexicain Pedro González-Rubio a été tourné dans la Reserva de la Biosfera Banco Chinchorro. Il décrit la relation entre un père et son fils dans une famille maya.

Che : L'Argentin (2009) Le biopic de Steven Soderbergh sur le révolutionnaire marxiste argentin Ernesto "Che" Guevara n'a pas été tourné à Santa Clara (Cuba), mais dans la ville coloniale de Campeche.

Toro Negro (2005) Tourné dans des villages mayas du Yucatán, ce documentaire dresse le portrait d'un toréro amateur aux tendances autodestructrices. Produit par l'oscarisé Alejandro González Iñarritu.

À lire

Le Labyrinthe de la solitude, d'Octavio Paz (Gallimard, 1990). Le Mexique vu par le Prix Nobel de littérature 1990.

Dictionnaire amoureux du Mexique, de Jean-Claude Carrière (Plon, 2009). L'écrivain communique avec autant de ferveur que de science sa passion du Mexique.

Le Rêve mexicain ou La pensée interrompue, de J.-M. G. Le Clézio (Gallimard, 1992). Qu'aurait été notre monde s'il n'y avait pas eu la destruction du monde indien ? se demande le Prix Nobel de littérature.

La résilience du Yucatán

Le Yucatán n'a eu de cesse de prouver que son économie touristique était capable de se remettre des revers les plus sévères. Ces dernières années, la péninsule a dû affronter des ouragans de catégorie 5 qui ont rasé des villes entières, une épidémie virale de grande ampleur et une crise économique paralysante.

En 2005, le nord de la côte du Quintana Roo, dont Cancún, l'Isla Mujeres et l'Isla Holbox, a subi le double impact des ouragans Emily et Wilma (Wilma étant le plus violent jamais enregistré dans l'Atlantique). Les cyclones ont causé des dégâts matériels de plusieurs milliards de dollars, anéanti les plages immaculées de Cancún et submergé une large portion de l'Isla Holbox. Des dizaines de personnes ont péri et il a fallu plusieurs années pour reconstruire les localités.

La péninsule a connu une autre crise en 2009 à cause d'une épidémie de grippe porcine qui a fortement affecté la fréquentation des stations balnéaires. L'épidémie a coïncidé avec la crise économique mondiale, ce qui a rendu extrêmement dure la vie des communautés locales dépendantes du tourisme.

À peu près à la même période, l'industrie du tourisme se heurtait à un autre problème d'envergure : la violence liée à la drogue, ou, plus exactement, une perception déformée de cette violence. La guerre des cartels qui déchire le Mexique depuis plus de 10 ans a coûté la vie à plus de 100 000 personnes, mais jusqu'à récemment, la péninsule était restée une destination sûre. Malgré quelques fusillades liées aux gangs et au narcotrafic, le Yucatán est moins dangereux que la plupart des métropoles américaines. Les gangs visent rarement les touristes, que ce soit dans la péninsule du Yucatán ou ailleurs au Mexique. Sachez toutefois que (comme partout), si vous vous mettez sciemment dans l'illégalité (drogues, prostitution ou autres), cela change la donne :

vous deviendrez alors une cible potentielle pour la police comme pour les gangs. Dans les deux cas, les conséquences peuvent être graves.

Une économie à deux vitesses

Le tourisme est bel et bien florissant dans le Yucatán, et, en 2018, les touristes américains ont été plus nombreux (il avait chuté les deux années précédentes).

Si ce boom est une manne pour les hôtels, les restaurants et les voyagistes, la grande majorité des habitants de la région n'en profitent guère : une large fraction de la population continue en effet de vivre dans la pauvreté.

Au Mexique, le seuil de pauvreté est fixé à 2 542 $M par mois en ville et à 1 615 $M par mois en zone rurale (où les emplois sont extrêmement rares à l'heure actuelle). Dans les États de Campeche et du Yucatán, plus de 40% des habitants vivent dans la pauvreté, et autour de 36% dans le Quintana Roo.

Le coût du progrès

Certes, le tourisme continue de générer de nombreux emplois dans la péninsule, tout comme l'industrie manufacturière à Mérida et alentour. Toutefois, les habitants s'inquiètent des dégâts environnementaux et culturels irréversibles causés par cette croissance rapide.

Si la péninsule abrite certaines des plus vastes zones protégées du Mexique, comme les réserves de biosphère de Calakmul, Sian Ka'an, Ría Lagartos et Ría Celestún, les programmes de développement durable sont devenus un besoin criant dans les villes à forte croissance, où l'approvisionnement en eau et la gestion des déchets sont désormais des problématiques urgentes.

Le déclin progressif des langues indigènes est un autre motif d'inquiétude. Les hôtels et les restaurants recrutant de plus en plus d'anglophones, les nouvelles générations choisissent souvent d'apprendre l'anglais plutôt que le maya, par pure nécessité économique. Environ 13% des Mexicains maîtrisant une langue indigène parlent maya. Les locuteurs du maya vivent principalement dans le Yucatán, mais ils sont de moins en moins nombreux.

POPULATION : **4,5 MILLIONS D'HABITANTS**

SUPERFICIE : **148 961 KM²**

ÉTENDUE DU LITTORAL DE LA PÉNINSULE : **1 764 KM**

PROPORTION DE LA POPULATION NATIONALE : **CAMPECHE 0,7%, QUINTANA ROO 1,2%, YUCATÁN 1,6%**

Sur 100 personnes au Mexique

61 ont des ancêtres d'origines mêlées
30 ont des ancêtres majoritairement indiens
9 ont des ancêtres majoritairement européens

Religions

(% de la population)

Population au km²

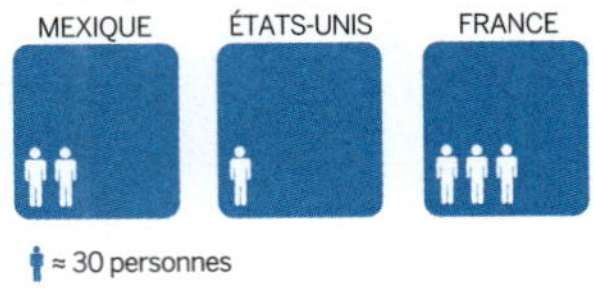

Histoire

La péninsule yucatèque porte partout l'empreinte d'un passé chargé d'histoire, qui se lit dans les vestiges d'extraordinaires cités mayas, les rues des villes coloniales, les champs de bataille de la "guerre des castes" et les haciendas de *henequén* (sisal) décrépites. Bien plus récemment, c'est la clinquante station balnéaire de Cancún, berceau du tourisme de masse dans la région, qui a marqué l'histoire de la péninsule.

L'influence olmèque

La première civilisation connue du Mexique naquit près de la côte du Golfe, dans les plaines du sud du Veracruz et du Tabasco. Là, les Olmèques inventèrent un système d'écriture hiéroglyphique et érigèrent des sanctuaires religieux. L'art olmèque, surtout connu pour ses têtes colossales taillées dans des blocs de basalte, se caractérise aussi par l'omniprésence de la figure du jaguar.

Le motif du jaguar, d'abord employé par les Olmèques, fut ensuite adopté par de nombreuses civilisations de Méso-Amérique.

La chute de la civilisation olmèque ne signa pas la fin de cette culture, qui perdura sous divers aspects chez les peuples voisins et servit de fondation, plus tard, aux réalisations artistiques, architecturales et scientifiques mayas. On retrouve de nombreux emprunts olmèques dans la culture zapotèques, qui se développa sur les plaines du Oaxaca, à Monte Albán, et, dans une moindre mesure, dans les civilisations ultérieures de Teotihuacán (près de l'actuelle Mexico) et d'El Tajín, dans le Veracruz.

Selon la légende, lorsque les conquistadores espagnols demandèrent aux Indiens comment ils appelaient leur terre, ces derniers répondirent "Yucatán", ce qui signifie en maya "Nous ne vous comprenons pas". C'est ainsi que la péninsule aurait obtenu son nom.

Les Mayas

Les premiers locuteurs de langue maya auraient vécu dans les montagnes du Guatemala aux alentours de 2500 avant J.-C. Durant les siècles suivants, des populations mayas émigrèrent dans les plaines de la péninsule yucatèque.

L'agriculture jouait un rôle majeur dans le quotidien des Mayas qui, en observant le ciel et les trajectoires des astres, étaient capables de déduire les cycles de précipitations et des cultures. Le perfectionnement des techniques agricoles s'accompagna d'une stratification de la société en plusieurs classes. Des villages jaillirent sous la canopée tropicale et la roche calcaire, abondante, permit d'édifier des temples. Matériau facile à

CHRONOLOGIE

3114 av. J.-C.

Création de notre univers actuel, selon la mythologie maya. Des archéologues ont pu établir la date précise de cette création au 13 août 3114 av. J.-C.

2400 av. J.-C

Des agriculteurs parlant le maya s'établissent dans la péninsule du Yucatán. La culture olmèque développe un système d'écriture ; plus tard, elle influencera la culture zapotèque.

1000 av. J.-C.-250

Période préclassique. Les Mayas bâtissent des villages dans le Yucatán, au Chiapas et au Guatemala ; ils deviennent agriculteurs et astronomes. La culture d'Izapa élabore un calendrier et de colossales pyramides.

sculpter, le calcaire permit aux artisans de réaliser des œuvres d'un grand raffinement. Il pouvait également être transformé en plâtre, sur lequel les artistes peignaient l'histoire de leur peuple sous forme de fresques.

C'est sous ces temples à l'architecture élaborée qu'étaient enterrés les souverains. Et comme chaque nouveau monarque exigeait un temple plus important que celui de son prédécesseur, une plateforme chaque fois plus large était disposée sur la précédente, formant d'immenses pyramides à degrés surmontées d'un petit édifice à toit de chaume et souvent ornées de gigantesques masques stylisés. De plus en plus nombreux, ces temples-pyramides étaient érigés autour de vastes places, tout comme les maisons du petit peuple s'organisaient autour d'une cour commune. Le décor de la civilisation maya classique était planté.

Pour une synthèse critique et historique sur l'Amérique centrale, avant la conquête espagnole, lisez *Le Passé indigène : histoire pré-coloniale du Mexique* (Belles Lettres, 2012) d'Alfredo López Austin et Leonardo López Luján.

L'âge d'or

Pendant les sept siècles que dura la période maya classique (250-925), cette civilisation s'illustra de façon spectaculaire dans les domaines des arts et des sciences, héritage que l'on peut encore admirer dans l'ensemble de la péninsule mais également au-delà.

Les fabuleux centres cérémonials de Copán, Tikal, Yaxchilán, Palenque et surtout Kaminaljuyú (près de la ville actuelle de Guatemala), se développèrent au début de cette période. Aux alentours de 400, des soldats venus de Teotihuacán envahirent les plaines mayas et imposèrent leurs lois et leur culture… mais finirent par s'assimiler à la culture maya.

Après 600, à l'apogée de la dernière période classique, le territoire maya formait non pas un empire, mais un ensemble de cités-États

LA MÉTÉORITE YUCATÈQUE A-T-ELLE TUÉ LES DINOSAURES ?

La plupart des scientifiques s'accordent sur ce scénario : la météorite qui a percuté le Yucatán il y a environ 65 millions d'années aurait causé l'extinction des dinosaures.

- Grâce à des appareils de mesure sismique, les géologues ont pu prouver l'existence d'un cratère géant (estimé à environ 200 km de diamètre) au large de la côte nord du Yucatán, près du port de Chicxulub.
- L'impact aurait projeté assez de débris dans l'atmosphère pour bloquer la lumière du soleil, provoquant un refroidissement climatique ou rendant l'air irrespirable. De récentes recherches suggèrent que cet impact aurait pu engendrer une hausse de l'activité volcanique planétaire et l'accumulation d'une couche toxique de cendres et de fumées dans l'atmosphère.
- Une équipe de chercheurs internationale prévoit de forer à 1 500 m sous la mer pour extraire des échantillons de ce cratère, espérant ainsi enfin élucider le mystère de la disparition des dinosaures.

250-925	925-1530	Fin du XVe siècle	1492
Période classique. L'aristocratie domine l'époque, marquée par l'invasion de Teotihuacán et l'ascension du Puuc. La civilisation maya classique décline, les Toltèques prospèrent.	Période postclassique. Les Toltèques du centre du Mexique s'établissent à Chichén Itzá. Les Itzá forment la ligue de Mayapán, qui gouvernera le nord du Yucatán pendant 200 ans.	Fin de l'époque postclassique. Des cités-États supplantent Mayapán, précipitant le déclin des Mayas. Jusqu'à l'arrivée des conquistadores, le nord du Yucatán est ravagé par les luttes de pouvoir.	Les Espagnols débarquent dans les Caraïbes (à Hispañola et Cuba). Ils mettront plusieurs siècles à conquérir la région. Les maladies venues d'Europe tueront 90% des Indiens.

interdépendantes. Chacune possédait son aristocratie, dirigée par un roi, chef social, politique et religieux de la cité. Ce dernier apaisait les dieux en versant son sang lors de cérémonies, se perçant la langue ou le pénis à l'aide d'un instrument aiguisé. Il menait également ses soldats au combat contre les cités rivales, capturant des prisonniers destinés aux sacrifices humains.

Vers la fin de la période classique, ces cités perdirent de leur importance au profit des régions du Yucatán, plus au nord, où de nouveaux grands centres se formèrent à Chichén Itzá, Uxmal et Calakmul, donnant naissance aux styles artistiques Puuc, Chenes et Río Bec.

Période postclassique

Les Toltèques

Le site de Mundo Maya (mundomaya.travel) propose des articles relatifs à divers aspects de l'incroyable civilisation maya, dont la cosmologie, la navigation et l'agriculture.

L'effondrement de la civilisation maya classique fut soudain. Les classes supérieures exigeaient, semble-t-il, de plus en plus de serviteurs, de disciples et d'ouvriers, et, malgré une forte croissance démographique, la société ne comptait plus assez d'agriculteurs pour nourrir la région. Ainsi affaiblis, les Mayas ne purent résister à une nouvelle vague d'invasions venant du centre du Mexique.

Après la chute de Teotihuacán, le peuple toltèque s'affirma comme la nouvelle grande puissance régionale et établit sa capitale à Tula (au nord de Mexico). Selon les historiens, une faction toltèque menée par un roi aux cheveux blonds nommé Topiltzin, héritier autoproclamé du titre de Quetzalcóatl (Serpent à plumes), fut chassé de ses terres par un clan ennemi. Quetzalcóatl et ses fidèles battirent en retraite vers la côte et naviguèrent vers l'est et le Yucatán pour s'établir à Uucil-abnal, plus tard rebaptisée Chichén Itzá. À la fin du Xe siècle, une culture à part entière s'y développa avec notamment la construction de tous les grands édifices du site, mais en 1200, la ville était abandonnée. De nombreux habitants du Mexique pensaient cependant que le roi-serpent à plumes reviendrait un jour, arrivant de l'est, là où le soleil se lève, afin de réclamer ses terres de Tula.

Les Itza

Chassé par des envahisseurs, le peuple Itzá, originaire du littoral, trouva refuge dans le nord-est du Guatemala. Certains poursuivirent jusqu'au Belize pour remonter plus tard la côte vers le nord du Yucatán où ils s'installèrent vers 1220, dans la ville abandonnée d'Uucil-abnal. Le souverain itzá s'autoproclama Kukulcán (nom maya de Quetzalcóatl), reprenant le nom du fondateur de la cité, et emprunta beaucoup à la culture toltèque. Les Itzá consolidèrent leurs croyances dans la nature sacrée des *cenotes* (cavités naturelles où les Mayas puisaient leur eau), et appelèrent leur nouveau lieu de résidence Chichén Itzá (Bouche du puits des Itzá).

De Chichén Itzá, les Itzá étendirent leur territoire vers l'ouest et fondèrent à Mayapán une nouvelle capitale qui deviendrait le centre de la

1519-1521
Après avoir accosté à l'Isla Cozumel, Hernán Cortés remonte le long du golfe du Mexique jusqu'au centre du pays, territoire de l'Empire aztèque. Il fait prisonnier le souverain Moctezuma II et conquiert Tenochtitlán.

1527
Francisco de Montejo et son fils, dit "le Jeune", abordent à Cozumel puis à Xel-Há dans le but de conquérir la région mais, échouant, ils regagnent Mexico.

1530-1821
Le système de l'*encomienda* réduit à l'esclavage les Indiens que les missionnaires se hâtent de convertir au catholicisme. Les Mayas, mêlant au christianisme leurs croyances, créent une religion syncrétique.

1542
Aidé de son cousin, Francisco de Montejo (le Jeune) venge l'échec de son père en établissant Mérida, la capitale coloniale, sur le site de l'ancienne cité maya de T'ho.

vie politique du nord du Yucatán plusieurs siècles durant. À Mayapán, la dynastie Cocoms régna avec peine sur un ensemble de cités-États jusqu'à la moitié du XVe siècle, quand les Xiú – peuple inféodé vivant à Uxmal – la renversèrent. Mayapán fut pillée, dévastée et finalement abandonnée. Pendant le siècle suivant et jusqu'à l'arrivée des conquistadores, le nord du Yucatán fut le théâtre de nombreuses batailles entre cités-États.

Durant la période classique, l'élite maya utilisait un hydromel nommé *balché* pour se faire des lavements. Par ailleurs, le strabisme était pour eux une marque de beauté.

La rencontre de deux mondes

Menés par Christophe Colomb, les Espagnols atteignirent les Caraïbes en 1492 et poursuivirent vers l'ouest pour tenter de rallier l'Asie. En 1517 et 1518, ils organisèrent des expéditions vers le Yucatán, mais, face à l'hostilité de la population, ne parvinrent pas à pénétrer la côte du Golfe du Mexique.

Diego Velázquez, gouverneur espagnol de Cuba, demanda alors à son jeune secrétaire, Hernán Cortés, de conduire une nouvelle expédition vers l'ouest. Velázquez tenta plus tard d'annuler l'expédition, mais Cortés prit tout de même le large le 15 février 1519 avec 11 bateaux, 550 hommes et 16 chevaux. Accostant d'abord sur l'île de Cozumel, les Espagnols furent rejoints par Jerónimo de Aguilar, prêtre espagnol qui avait fait naufrage là-bas plusieurs années auparavant. Avec l'aide d'Aguilar en qualité d'interprète et de guide, les troupes de Cortés suivirent la côte jusqu'au Tabasco. Venant à bout de la résistance locale, l'expédition se dirigea vers les terres, remportant d'autres batailles et imposant le catholicisme.

Le centre du Mexique était alors dominé par l'Empire aztèque, qui régnait depuis Tenochtitlán (l'actuelle Mexico). Les Aztèques, comme de nombreux peuples de la région, croyaient que Quetzalcóatl reviendrait un jour depuis l'est. Et le hasard voulut que l'arrivée de Cortés coïncidât avec les prophéties annonçant le retour du Serpent à plumes. Soucieux, peut-être, de ne pas fâcher de potentiels dieux, les Aztèques laissèrent donc la petite troupe d'Espagnols pénétrer dans la capitale.

Dans les années 1500, les marchands ambulants mayas brûlaient chaque soir de l'encens en offrande au dieu Ek-Chuah pour s'assurer un voyage sans encombre.

À ce moment-là, des milliers d'Indiens appartenant aux peuples assujettis aux Aztèques s'étaient alliés à Cortés, désireux de se libérer du joug écrasant qu'ils subissaient. Par ailleurs, nombre d'Aztèques moururent de la variole, introduite par les Espagnols, et, lorsque la décision fut prise de se battre contre Cortés et ses alliés, ils se retrouvèrent en infériorité numérique, mais opposèrent une résistance acharnée. Une fois le centre du Mexique conquis, Cortés porta son attention sur le Yucatán.

Conquête et époque coloniale

Malgré les conflits internes qui affaiblissaient les cités mayas du Yucatán, la conquête de la péninsule par les Espagnols ne fut pas aisée. Le roi Charles Quint confia cette mission à Francisco de Montejo (El Adelantado, "le Pionnier"), qui quitta l'Espagne en 1527 avec des hommes, dont son fils, Francisco de Montejo dit "El Mozo" (le Jeune). Après un arrêt à Cozumel,

1562
Le frère franciscain Diego de Landa ordonne la destruction de 27 codex et plus de 5 000 idoles à Maní, faisant ainsi disparaître des archives témoignant de siècles d'histoire maya.

1761
Le Maya Jacinto Canek mène une insurrection armée contre le gouvernement colonial espagnol : la rébellion Canek est courte, mais inspirera le mouvement révolutionnaire maya du XIXe siècle.

1810-1841
Début de la guerre d'Indépendance avec l'Espagne. L'État du Yucatán rejoint la nouvelle république du Mexique, puis déclare son indépendance en 1841.

1847-1848
Déclenchement de la "guerre des castes". Essuyant d'abord une défaite brutale, les Mayas se retirent dans le Quintana Roo. Leur révolte durera un siècle, se poursuivant après leur capitulation officielle en 1936.

puis à Xel-Há, dans les terres, les Montejo comprirent que les autochtones ne voulaient en aucun cas avoir affaire à eux. Père et fils reprirent le large, contournèrent la péninsule, réprimèrent des troubles dans le Tabasco en 1530 et établirent leur base près de Campeche. Ils s'enfoncèrent ensuite dans les terres en vue de les conquérir, mais après quatre longues et difficiles années, furent contraints de battre en retraite et de retourner à Mexico.

Avec le soutien de son père, Montejo le Jeune relança l'expédition. En 1540, il retourna à Campeche avec son cousin nommé… Francisco de Montejo. Les deux Montejo s'enfoncèrent à nouveau dans les terres, cette fois rapidement et avec succès, s'alliant aux Xiú contre les Cocoms. Les Cocoms furent vaincus et les Xiú convertis au catholicisme.

Pour son baptême, le chef des Xiú dut se trouver un nom chrétien. Il choisit alors ce qui lui semblait sûrement être le nom le plus populaire au XVIe siècle et se fit appeler… Francisco de Montejo Xiú.

Les Montejo fondèrent Mérida en 1542 et, en quatre ans, soumirent la quasi-totalité de la péninsule. Le peuple maya, jadis fier et indépendant, avait été réduit en une main-d'œuvre au service des colons. Aujourd'hui encore on peut voir, sur la façade de la demeure des Montejo, à Mérida, un bas-relief représentant des conquistadores en armure, debout sur la tête de "barbares". Bien que ces derniers ne soient pas mayas, cette représentation en dit long sur les relations entre conquistadores et peuples conquis.

Le territoire maya fut divisé en grands fiefs, les *encomiendas*, et les populations qui y vivaient furent exploitées sans merci. Avec l'arrivée du prêtre dominicain Bartolomé de las Casas et de prêtres franciscains et augustiniens, la condition des Mayas connut une légère amélioration. Mais, si les hommes d'Église protégeaient souvent les autochtones des pires violences, l'exploitation restait la norme.

FRÈRE DIEGO DE LANDA

Les Mayas consignaient leur histoire, leurs coutumes et leurs rituels dans des livres magnifiquement peints, dont les pages étaient faites d'écorce battue, recouverte d'une fine couche de chaux. Lorsque les conquistadores et les missionnaires arrivèrent sur les terres mayas, ces codex se comptaient sûrement par centaines. Malheureusement, les rites mayas étant vus comme une menace pour l'évangélisation du Nouveau Monde, ces précieux livres furent brûlés sur l'ordre des Franciscains. Seuls quatre de ces ouvrages survécurent, mais ils nous apprennent beaucoup sur la vie des Mayas. Parmi les franciscains responsables de cet horrible autodafé se trouvait l'inquisiteur Diego de Landa qui, à Maní (près de l'actuelle ville de Ticul), en juillet 1562, ordonna la destruction de 27 rouleaux ornés de hiéroglyphes et de 5 000 idoles. Il condamna également plusieurs Mayas au bûcher.

Si le franciscain est détesté des Mayas pour avoir détruit leurs archives culturelles, c'est à lui que l'on doit l'essentiel de ce que l'on sait des mœurs des Mayas de l'époque. Sa *Relation des choses du Yucatán* (voir p. 281) aborde quasi tous les aspects de la vie des Mayas dans les années 1560, de leurs maisons à leurs coutumes funéraires en passant par leur calendrier et leur façon de compter.

1850-1893

Une république indépendante maya est établie avec Chan Santa Cruz pour capitale. La guerre fait rage, mais les Mayas (armés un temps par les Britanniques) remportent des victoires clés.

1876-1911

Le *Porfiriato*, à savoir la dictature de Porfirio Díaz, qui dura 35 ans, précède la révolution mexicaine. Sous ce régime, le pays entre dans l'ère industrielle.

1901

L'armée mexicaine, sous Porfirio Díaz, reprend le contrôle du territoire maya, exécute de nombreux dirigeants mayas et détruit le temple de la "Croix parlante" de Chan Santa Cruz.

1910-1920

Près de deux millions de personnes trouvent la mort durant la révolution, qui ébranle l'économie. La réforme agraire qui suivra rendra une grande partie du Yucatán à des coopératives locales, les *ejidos*.

L'indépendance pour certains

Le Nouveau Monde espagnol était une société très hiérarchisée, dont la stratification était particulièrement flagrante dans la péninsule yucatèque, où s'appliquait un système de castes répressif. Au sommet de l'échelle sociale, les colons nés en Espagne étaient maîtres des grandes décisions ; venaient ensuite les *criollos*, nés dans les colonies de parents espagnols ; puis les *mestizos* ou *ladinos*, métis espagnols-indiens ; et enfin, au plus bas de l'échelle, les Indiens et les Noirs. Seuls les Espagnols nés en Espagne détenaient un réel pouvoir, ce que n'appréciaient guère les *criollos*.

Des révoltes éclataient fréquemment en réaction à la sévérité du règne espagnol, mais aucune ne dura – du moins jusqu'à la guerre d'Indépendance. Le Mexique proclama son indépendance de l'Espagne en 1821, et l'État du Yucatán, qui couvrait alors toute la péninsule, rejoignit la Fédération mexicaine en tant qu'entité semi-autonome appelée république fédérée du Yucatán.

L'indépendance apporta une prospérité nouvelle aux *criollos* du Yucatán, mais le sort des Mayas ne fit qu'empirer. La fin de la domination espagnole signa aussi l'abolition du peu de protection que la Couronne accordait aux Mayas pour les préserver des formes les plus extrêmes d'exploitation. Le nouveau pouvoir en place fit main basse sur les terres des Mayas et les força à travailler dans des conditions misérables. Une situation intenable qui devait aboutir à la "guerre des castes".

Seuls quatre codex (livres mayas illustrés) existent encore aujourd'hui : le *Codex de Dresde*, le *Codex de Madrid*, le *Codex de Paris* et le *Codex Grolier*.

La "guerre des castes"

Vingt ans seulement après l'indépendance du Mexique, l'État du Yucatán vota son retrait de la Fédération mexicaine, établissant une république souveraine qui garantirait les droits des individus et leur liberté de culte. Le président mexicain Santa Anna envoya des troupes en 1843, mais les forces yucatèques parvinrent à les repousser. C'est en recourant à l'isolement économique que le gouvernement fédéral parvint finalement à faire rentrer le Yucatán dans le rang. Un traité fut signé la même année, mais, en 1946, le Yucatán déclarait à nouveau son indépendance.

L'indépendance apporta peu de changements pour les Mayas du Yucatán, subordonnés à l'élite blanche. En janvier 1847, des rebelles mayas attaquèrent Valladolid, saccageant, tuant et pillant la ville. Apprenant la nouvelle, les autorités fédérales arrêtèrent un *batab* (chef d'une communauté maya) en possession d'une lettre détaillant un plan d'attaque de la ville de Tihosuco (dans l'actuel Quintana Roo). Il fut fusillé à Valladolid, mais cela ne dissuada pas ses complices, qui attaquèrent la ville de Tepich, au sud de Tihosuco, tuant des familles de *criollos*. Ainsi débuta la "guerre des castes", qui s'étendit à toute la péninsule et ne cessa dans certaines zones qu'au début du XXe siècle. On estime que 40 000 hommes rejoignirent la révolte.

Années 1940
L'industrie du *henequén* (sisal), autrefois florissante, s'effondre avec l'apparition sur le marché de fibres synthétiques moins coûteuses.

Années 1970
Boom pétrolier au Mexique : dans le golfe, les forages se multiplient sans aucune considération écologique. Le Quintana Roo connaît lui un boom économique avec l'essor de Cancún.

1976
L'État du Yucatán élit Francisco Luna Kan, son premier gouverneur descendant d'une lignée maya. À la fin de son mandat en 1982, il devient plus fréquent de voir de grandes figures politiques mayas dans le Yucatán.

1988
Chichén Itzá, site archéologique maya le plus visité du Yucatán, est inscrit au patrimoine mondial pour sa "valeur universelle exceptionnelle".

Un an à peine après l'insurrection de Valladolid, l'ensemble du Yucatán, à l'exception de Mérida et de Campeche, était aux mains des révolutionnaires mayas. Mais ces derniers abandonnèrent soudain les combats, rentrant chez eux pour planter le maïs dont ils auraient besoin pour poursuivre la lutte. Un répit qui offrit aux *criollos* et aux *mestizos* l'occasion de se regrouper. Le gouverneur du Yucatán fit appel à l'Angleterre, à l'Espagne et aux États-Unis, offrant l'annexion de son État à la puissance qui le protégerait des rebelles. Mais aucun n'accepta. Finalement, le Yucatán rejoignit la Fédération mexicaine en 1848 et, avec l'appui de son ancien adversaire, parvint à reprendre l'avantage sur les insurgés. Dans le sud du Quintana Roo toutefois, les Mayas poursuivirent le combat et se saisirent notamment de la forteresse San Felipe à Bacalar en 1858. Vers 1866, les gouvernements de Mexico et de Mérida renoncèrent à la région, et les autorités britanniques au Belize reconnurent la République maya, quasi souveraine durant toute la seconde moitié du XIXe siècle.

La révolution mexicaine

C'est sous Porfirio Díaz que l'État du Quintana Roo réintégra définitivement le Mexique. Díaz dirigea le pays en dictateur de 1876 à 1911, interdisant toute opposition politique et liberté de la presse. Il fit aussi entrer son pays dans l'ère industrielle et adopta des lois qui privèrent de terres une grande partie de la paysannerie, concentrant les richesses entre les mains de l'élite. Dans le Yucatán, les propriétaires d'haciendas amassèrent d'immenses fortunes grâce au *henequén* (sisal), à partir duquel on fabriquait de la corde et d'autres produits.

LA CROIX PARLANTE

Niché dans une ruelle calme de la petite ville de Felipe Carrillo Puerto, à environ 95 km de Tulum, se trouve l'un des lieux sacrés mayas les plus importants : le sanctuaire de la Croix parlante – un lieu à l'histoire pour le moins légendaire.

Lors de la "guerre des castes", certains combattants mayas trouvèrent refuge dans la jungle, dans le sud de l'État actuel du Quintana Roo. Là, en 1850, à Chan Santa Cruz (ville actuelle de Felipe Carrillo Puerto), un chef religieux les encouragea à poursuivre la lutte, s'appuyant pour les enhardir sur les prophéties d'une croix "parlante" (à qui un ventriloque prêtait très certainement sa voix). La croix sacrée persuada les Mayas que leurs dieux les avaient rendus invincibles et elle les mena vers plusieurs décennies de lutte pour leur indépendance. Même après l'exécution du dernier des chefs rebelles par le gouvernement fédéral en 1901, les Mayas des environs continuèrent à lutter jusqu'à leur reddition officielle en 1936. Aujourd'hui encore, la croix parlante reste une source de fierté pour les Mayas, notamment le 3 mai, jour de la Sainte-Croix, que plusieurs communautés mayas fêtent par des cérémonies religieuses.

1989

À la satisfaction des défenseurs de l'environnement, le gouvernement fédéral fait de Calakmul (dans le Campeche), une réserve de biosphère. C'est l'une des zones protégées les plus vastes du Mexique.

1994

L'occupation de San Cristóbal de las Casas par les zapatistes marque le début d'une révolte dans le Chiapas. Les révolutionnaires se retireront, mais poursuivent leur combat contre la mainmise de l'oligarchie.

2000-2001

Vicente Fox, du Partido Acción Nacional (PAN), est élu président, mettant fin à sept décennies de règne du Partido Revolucionario Institucional (PRI). Le Yucatán élit Patricio Patrón Laviada (PAN) gouverneur.

2005

Wilma, l'ouragan le plus puissant jamais enregistré dans l'Atlantique, ravage Cozumel, l'Isla Mujeres, Holbox et Cancún, où les dommages sont évalués à des milliards de dollars.

Díaz fut démis de ses fonctions par la révolution mexicaine. Cette guerre, qui éclata en 1910 et plongea le pays dans le chaos pendant 10 ans, opposa l'armée de Díaz aux forces révolutionnaires menées par Francisco Madero, Emiliano Zapata et Pancho Villa. Durant les décennies qui suivront, des réformes agraires redistribueront la plupart des terres arables de la péninsule à des coopératives agricoles, les *ejidos*.

Boom pétrolier et essor touristique

Dans les années 1970, un embargo de l'OPEP fit s'envoler les prix du pétrole. À la même époque, de réserves de pétrole furent découvertes dans le golfe du Mexique, attirant les investisseurs étrangers. Cette nouvelle richesse permit au Mexique d'investir massivement dans les infrastructures, et notamment dans la création du complexe de Cantarell. Ce champ pétrolier situé dans la baie de Campeche produisait, en 1981, plus d'un million de barils par jour ; aujourd'hui, il n'en produit plus que le tiers.

En 1982, la surproduction pétrolière mondiale fit dégringoler les prix du baril, plongeant le Mexique dans une grave crise. Le gouvernement réforma le système des *ejidos* afin de rendre possibles les investissements étrangers, la privatisation et la vente des terres en coopératives. Plus récemment (notamment en 2014), une nouvelle chute des prix du pétrole a frappé de plein fouet certaines localités, notamment autour de Ciudad del Carmen, dans le Campeche.

Les années 1970 furent toutefois une période de prospérité. Le développement de Cancún fit pleuvoir les investissements sur le Quintana Roo et, la péninsule s'ouvrant à l'industrie touristique, son paysage économique connut une transformation radicale. L'essor du tourisme incita beaucoup de Mayas à quitter leurs villages pour aller travailler à Cancún, Cozumel, Playa del Carmen et dans d'autres destinations touristiques. De nombreux chercheurs estiment aujourd'hui que le tourisme est la plus grande menace qui soit pour la culture et la langue mayas.

Cela étant, le tourisme est aussi, pour beaucoup d'habitants, une source importante de revenus et, si le secteur venait à décliner, c'est toute l'économie de la péninsule qui serait touchée. Après le passage de l'ouragan Wilma, par exemple, les dégâts matériels dans l'hôtellerie et la restauration furent évalués à plusieurs milliards de dollars et le Quintana Roo perdit une grande source de revenus lorsque les touristes évitèrent la zone après la catastrophe. Heureusement, l'emballement médiatique autour de la fin du calendrier maya, censé prédire l'apocalypse pour 2012, augura la reprise du tourisme de masse.

L'engouement pour les prophéties mayas s'est tari, mais le secteur du tourisme dans le Yucatán se porte toujours bien, en témoignent les aéroports de Cancún et de Mérida, qui figurent invariablement au top 10 des plus fréquentés du Mexique.

Le site de la Foundation for the Advancement of Meso-american Studies (www.famsi.org), en anglais, est une mine d'informations pour qui souhaite approfondir ses connaissances de l'histoire maya.

2006-2007

Felipe Calderón (PAN), bat le candidat de gauche Andres Manuel López Obrador à la présidentielle de 2006. L'année suivante, l'ouragan Dean balaie la péninsule, détruisant la ville de Mahahual, (Quintana Roo).

2009

La panique causée par la grippe porcine, à laquelle s'ajoutent la guerre contre les narcotrafiquants et la crise économique, entraîne un recul du tourisme de 30%.

2012

Le 21 décembre 2012 marque la fin du Compte Long dans le calendrier maya – c'est-à-dire le début d'un nouveau cycle, et non la fin du monde comme certains médias le suggéraient.

2015-2018

L'ensemble de la côte caribéenne est touché par une invasion de sargasses. L'État dépense des millions pour nettoyer les plages de sable blanc de ces monticules d'algues brunes.

La société yucatèque

Façonnée par un mélange d'influences mayas et espagnoles, la vie domestique et sociale de la région reste imprégnée par la tradition. Tant dans les villages mayas et les villages de pêcheurs que dans les villes coloniales, les habitants partageront volontiers avec vous leur passion pour le chant, la danse, l'art et tout ce qui fait la singularité de la péninsule.

La vie quotidienne

Les sites Mesoweb (www.mesoweb.com) et Maya Exploration Center (www.mayaexploration.org) représentent de formidables ressources sur les Mayas d'hier et d'aujourd'hui.

Les voyageurs décrivent souvent les Yucatèques comme des gens ouverts, aimables et sociables, en particulier les Mayas. Plus qu'ailleurs au Mexique, il semble qu'on y montre un goût pour la conversation et un intérêt sincère pour les étrangers. Cette ouverture d'esprit est d'autant plus remarquable que les habitants du Yucatán ont souffert de la domination étrangère pendant des siècles. Encore aujourd'hui, une grande partie du territoire est aux mains des étrangers ; en général, le pouvoir de décision des Mayas est réduit en ce qui concerne les projets de développement et d'infrastructures à grande échelle.

La culture maya est confrontée à des défis d'envergure en ce début de XXIe siècle. Les jeunes Mayas se détournent progressivement de leur langue et de leurs traditions (largement ancrées dans un mode de vie agraire) pour aller travailler à Cancún ou à Playa del Carmen comme serveurs ou aides serveurs, femmes de chambre ou ouvriers. Mais les emplois sont rares, et les Mayas (à l'instar des autres populations pauvres de la région) sont parfois contraints de rejoindre les métropoles mexicaines pour travailler dans le secteur tertiaire ou l'industrie manufacturière, voire d'émigrer aux États-Unis. Ceux qui restent se tournent vers le tourisme communautaire pour gagner leur vie. Les ateliers d'artisanat, les agences de circuits organisés et les coopératives locales rencontrent plus ou moins le succès. En achetant l'artisanat et en louant les services proposés par les communautés, vous soutiendrez l'économie locale.

Malgré le progrès et la modernisation, certaines traditions séculaires sont encore bien vivantes. Les liens familiaux sont essentiels pour les Yucatèques, qui ne sont pleinement épanouis qu'au sein d'une famille. Bien que très travailleurs, ils apprécient énormément les activités

PRÉCISIONS ORTHOGRAPHIQUES

Lonely Planet a à cœur de se tenir au courant des évolutions linguistiques. Toutefois, c'est à dessein que nous avons décidé d'ignorer la dernière modification de l'orthographe maya : l'ajout d'une apostrophe matérialisant les coups de glotte, adoptée par les linguistes et les historiens mayas en 1989 dans un souci de standardisation et de légitimation de la langue. Le coup de glotte maya (le plus souvent entre deux voyelles) ressemble à celui qu'on entend entre deux "t" prononcés avec l'accent cockney (par exemple dans *bottle*). Ainsi, dans le nouveau système, Tikal s'écrit Tik'al, et Chichén Itzá devient Chich'en Itza. La décision n'a pas été facile à prendre, mais nous avons privilégié les besoins des voyageurs (les panneaux n'ont pas encore adopté la nouvelle orthographe) plutôt que la précision linguistique.

LE COMBAT DES APICULTEURS

L'apiculture dans la péninsule remonte à l'époque préhispanique. Elle est aujourd'hui menacée par l'omniprésence des cultures génétiquement modifiées. En effet, depuis des années, les géants de l'agrobusiness sont autorisés à cultiver du soja OGM à échelle industrielle. Cette pratique controversée a suscité des protestations dans les États du Yucatán, du Quintana Roo et de Campeche, les apiculteurs soutenant que les cultures transgéniques résistantes aux herbicides affectaient la production de miel – ce qui n'est pas une mince affaire dans une région qui produit environ 40% du miel mexicain.

Le Mexique est un des plus grands exportateurs de miel au monde. Selon les chercheurs, le problème vient du fait que le pollen génétiquement modifié récolté par les abeilles se retrouve ensuite dans le miel, qui est alors plus difficile à exporter vers des marchés étrangers soucieux de la santé publique.

Certains habitants accusent aussi les cultures OGM d'avoir fait disparaître des colonies entières d'abeilles dans certaines zones. Ces "cultures Frankenstein" sont soupçonnées de causer la mort des abeilles ou de les forcer à récolter leur pollen ailleurs. Si les agriculteurs ont gagné un procès contre Monsanto et ses champs de soja OGM en 2014, la situation des abeilles reste critique, tout comme celle des agriculteurs qui en dépendent.

de loisirs. Ils sont également très religieux ; leur foi mêle croyances préhispaniques et catholicisme. Comme dans d'autres régions du Mexique, la répartition des tâches entre hommes et femmes peut sembler exagérément traditionnelle aux étrangers, mais le machisme est en réalité un peu moins marqué dans la péninsule qu'ailleurs.

La vie rurale dans le Yucatán

Peut-être plus que dans les autres régions du pays, la vie quotidienne dans le Yucatán est rythmée par des coutumes ancestrales. En zone rurale, cela est visible à l'œil nu : des femmes vêtues de *huipiles* (longues tuniques amples sans manches, ornées de broderies colorées complexes, portées en territoire maya) préparent les tortillas dans la cour ; les familles vivent dans des maisons ovales traditionnelles au toit de chaume, se reposent dans des hamacs après la journée de travail et consomment principalement du maïs, des haricots et du piment.

Hernán Lara Zavala est l'un des grands écrivains de la péninsule, mais il est très peu traduit en français. Vous trouverez néanmoins le recueil de nouvelles *Zitilchén* (Herne, 2011), qui évoque les problèmes sociaux du Yucatan des années 1960.

La langue maya, très parlée, se décline en plusieurs variantes. Certains rituels religieux préhispaniques sont encore observés et certaines formes d'organisation sociales toujours en vigueur. Dans certaines zones, les langues mayas sont plus parlées que l'espagnol – il arrive même que l'espagnol ne soit pas parlé du tout. Il existe plus de 30 dialectes mayas, et on dénombre 3 millions de locuteurs dans le sud du Mexique et le nord de l'Amérique centrale. Dans le Yucatán, on parle le maya yucatèque. Huit dialectes mayas sont parlés dans le Chiapas. Le tzeltal, le tzotzil et le chol sont les plus usités ; le chol serait le plus proche de la langue que parlaient les Mayas d'autrefois.

Les jeunes sont nombreux à se déraciner pour aller travailler dans les *maquiladoras* (usines) de Mérida, dans les gigantesques complexes hôteliers du Quintana Roo ou parfois même aux États-Unis. Plutôt que d'étudier le maya yucatèque, beaucoup préfèrent apprendre l'anglais. Quoi qu'il en soit, un sentiment de fierté habite toujours la communauté maya, ce qui laisse espérer que leur culture va perdurer.

Petit panorama de la population

Depuis plus d'un millénaire, les Mayas du Yucatán se marient avec des membres issus des communautés voisines et des peuples envahisseurs. La plupart des Mexicains sont *mestizos* (métis de sang indien et espagnol), mais le Yucatán affiche une proportion particulièrement élevée de Mayas

UN JEU MORTEL

Toutes les cultures préhispaniques mexicaines pratiquaient probablement un jeu de balle rituel mésoaméricain, qui était peut-être le premier sport d'équipe du monde. Plus de 500 terrains de jeu de balle sont encore visibles sur les sites archéologiques mexicains et méso-américains. Malgré des variantes géographiques et temporelles, certains éléments restaient constants. Deux équipes s'affrontaient, et le jeu consistait à empêcher une balle en caoutchouc de toucher le sol grâce à des coups de hanche, de cuisse, de genou ou de coude. Les murs d'enceinte verticaux ou inclinés faisaient souvent partie intégrante du terrain. Le jeu revêtait (au moins parfois) une importante dimension religieuse et servait d'oracle : le résultat de la partie permettait de trancher une alternative. Le match était parfois suivi du sacrifice d'un ou plusieurs joueurs – on ne sait pas s'il s'agissait de vainqueurs ou de perdants. Un match hebdomadaire a lieu sur la place principale de Mérida.

de pure souche, environ quatre fois supérieure à la moyenne nationale. Il y a environ 1,5 million de Mayas dans le sud du Mexique, dont plus de 800 000 parlent maya. Pour ce qui est des États de la péninsule, la plupart des locuteurs (environ 538 000) résident dans l'État du Yucatán.

Dans l'ensemble, seulement 6% de la population mexicaine (environ 6,7 millions de personnes) parlent une langue indienne.

Quelque 4,5 millions de gens vivent dans les États de la péninsule. Sans surprise, le Quintana Roo (où se trouvent Cancún et la Riviera Maya, très touristiques) affiche le plus fort taux d'accroissement de la population – environ 13% – suivi par le Campeche et le Yucatán – 9% et 7% respectivement.

La passion des sports

Comme ailleurs dans les Caraïbes, le *béisbol* (base-ball) est très populaire. Dans certaines villes du Yucatán et du Campeche, les terrains de base-ball sont même plus animés que les stades de football.

Au niveau semi-professionnel, la qualité du jeu est assez élevée. La saison de la Ligue mexicaine de base-ball s'étend de mars à fin août. On trouve plusieurs équipes dans la péninsule, notamment les Piratas de Campeche, les Delfines de Ciudad del Carmen, les Olmecas du Tabasco, les Leones du Yucatán et les Tigres du Quintana Roo.

Fernando Venezuela, un des plus célèbres joueurs de base-ball mexicains de tous les temps, a été lanceur pour les Leones du Yucatán avant d'être engagé par les Dodgers de Los Angeles. La Fernandomania a commencé pendant sa première saison américaine en 1981, pendant laquelle il s'est surpassé.

Comme ailleurs au Mexique, le *fútbol* (football) est omniprésent dans les cours de récréation et les terrains de sport de la péninsule. Les fans sont souvent plantés devant leur téléviseur pendant les matchs des deux équipes professionnelles de la région : les Jaguares du Chiapas et l'Atlante de Cancún, qui a été reléguée en deuxième division après la saison 2014. La saison est rythmée par deux grands tournois : le Torneo Apertura (août à décembre) et le Torneo Clausura (janvier à mai). Les matchs ont lieu le week-end ; regardez les journaux pour avoir le programme.

Les Yucatèques se passionnent aussi pour les *charreadas* (rodéos), qui ont souvent lieu à l'occasion des *ferias* (foires), dans toute la péninsule.

Syncrétisme religieux

Dans les communautés *indígenas* de la région, les croyances héritées des anciens Mayas fusionnent avec le catholicisme contemporain, dont les valeurs et les rites sont souvent analogues. Les Mayas se déclarent catholiques, mais pratiquent un catholicisme qui mêle rites chamaniques-animistes et rites catholiques. Les rites traditionnels sont tellement ancrés que, pour guérir, un Maya malade suivra davantage les conseils d'un chamane que ceux d'un médecin. Les remèdes traditionnels hérités de la tradition animiste sont très répandus en territoire maya.

Les *mestizos* (métis) et les *criollos* ("créoles", nés en Amérique latine de parents espagnols) suivent souvent de manière plus stricte la doctrine catholique. Toutefois, ici comme presque dans toute l'Amérique latine, le catholicisme perd du terrain au profit des sectes évangéliques.

Environ 80% des habitants de l'État du Yucatán sont catholiques, et on en dénombre 63% dans le Quintana Roo et le Campeche. Dans les États du Yucatán et de Campeche, les pentecôtistes sont de plus en plus nombreux. On trouve aussi dans toute la péninsule des congrégations proches des Assemblées de Dieu, de l'Église adventiste, de l'Église mormone ou encore des témoins de Jéhovah.

Baktun, tout premier feuilleton en langue maya, narre les aventures d'un travailleur migrant maya qui lutte pour préserver son identité culturelle. Comme dans toute *telenovela* qui se respecte, le mélodrame à la mexicaine est au rendez-vous. La série a été diffusée sur une chaîne régionale publique pour la première fois en 2013.

Arts et costumes traditionnels

La scène culturelle du Yucatán est immensément riche et variée. L'influence des cultures maya ou espagnole (ou les deux) transparaît dans presque toutes les facettes de l'art yucatèque, que ce soit la littérature, la danse, la musique ou encore la mode.

Littérature

Pour vous imprégner de l'histoire et de la culture du Yucatán, voici quelques-uns des nombreux ouvrages consacrés à la région.

➡ *Les Prophéties du Chilam Balam*, version et présentation de J.M.G. Le Clézio (Gallimard, 1976). Une des premières œuvres littéraires yucatèques connues, rédigée en langue maya après la conquête espagnole. Il s'agit de récits historiques, de prophéties et de mythes mayas collectés par des prêtres de la ville de Chumayel, dans le nord du Yucatán.

➡ *Relation des choses du Yucatán*, de Diego de Landa (*Les Belles Lettres, 2014*). Le moine espagnol Diego de Landa est en quelque sorte l'auteur de la première œuvre littéraire en espagnol (1566) du Yucatán. Il y dépeint avec ses préjugés les cérémonies, la vie quotidienne et les traditions des Mayas, et même la manière dont il a orchestré leur extermination.

➡ *Canek. Histoire et légende d'un héros maya* (Éric Jamet, 1988) L'auteur yuçatèque Ermilo Abreu Gómez a distillé l'héritage maya de la péninsule dans plusieurs œuvres de fiction, notamment dans ce roman centré sur le combat d'un travailleur indien contre l'injustice.

➡ *Imagen Primera* ("Première Image" ; 1963) et *La Noche* ("La Nuit" ; 1963). Romancier, dramaturge et critique d'art, Juan García Ponce (1932-2003) est le plus célèbre homme de lettres contemporain du Yucatán. Ces deux titres, qui constituent de bons points de départ pour explorer son œuvre, sont des recueils de nouvelles.

Le film *Apocalypto* (2006) de Mel Gibson, récompensé de plusieurs oscars, fut le premier grand film en maya yucatèque. Tourné à Veracruz, il a été vivement critiqué car il dresse un portrait des Mayas truffé d'inexactitudes historiques. Gibson a répondu qu'il s'agissait d'une fiction.

Musique

Deux styles de musique sont traditionnellement associés au Yucatán : la *jarana* et la *trova yucateca*.

Musique à danser festive, la *jarana* est jouée par un grand ensemble formé de deux trompettes, deux clarinettes, un trombone, un saxophone ténor, des timbales et un *güiro* (instrument à percussion constitué d'une calebasse rainurée). La musique est entrecoupée de pauses pour que les chanteurs puissent déclamer leurs *bombas* – des vers improvisés humoristiques, souvent chargés de doubles sens, destinés à l'élue de leur cœur. Un orchestre de *jarana* termine toujours sa prestation par un *torito*, chanson traditionnelle rythmée évoquant l'ardeur d'une corrida.

Mélange d'influences cubaine, espagnole colombienne et autochtone, la *trova yucateca* est un terme fourre-tout désignant les ballades romantiques, les claves cubaines, les tangos et boléros, les chansons folkloriques yucatèques et d'autres airs susceptibles d'être accompagnés à la guitare par un *trovador* (troubadour). On croise souvent des trios de guitaristes de ce type sur les places de Mérida, en quête d'un public à

PAS D'IMPAIRS

Certains Indiens se montrent froids avec les visiteurs : ils en sont venus à se méfier des étrangers, qui les ont rudoyés pendant près de cinq siècles. Ils n'apprécient pas d'être dévisagés par les touristes et sont parfois réticents face aux appareils photo. Demandez toujours la permission avant de les photographier ou de tourner une vidéo.

qui chanter la sérénade. Dans la *trova,* comme dans les *jaranas,* il s'agit le plus souvent d'une ode adressée par un soupirant à une dulcinée au cœur inflexible.

Figure plus contemporaine de la chanson yucatèque, le compositeur-interprète Armando Manzanero est originaire de Ticul, dans l'État du Yucatán. Bien qu'il touche surtout les anciennes générations, ses chansons ont été reprises par des vedettes de la pop comme Luis Miguel et Alejandro Sanz.

Sur la côte caribéenne, l'électro tient le haut du pavé dans les villes festives de Cancún, Playa del Carmen et Tulum. Quantité d'établissements accueillent aussi des concerts de salsa cubaine.

Les festivals musicaux abondent dans la péninsule, surtout à Mérida, Playa del Carmen et Campeche. Les rendez-vous annuels accueillent des artistes traditionnels et contemporains, mexicains et étrangers. Le site officiel de la ville de Mérida (www.merida.gob.mx/cultura) est une mine d'informations sur les festivals de musique et les concerts.

Guty Cárdenas, un Siglo del Ruiseñor, produit par la prestigieuse maison de disques mexicaine Discos Corasón (www.corason.com), comprend un CD et un DVD consacrés à la carrière musicale du grand compositeur-interprète yucatèque Guty Cárdenas.

Impétueuse jarana

L'influence espagnole sur la culture maya transparaît clairement dans la *jarana,* une danse qui a cours dans le Yucatán depuis plusieurs siècles. La *jarana* ressemble à la *jota,* une danse originaire du Haut-Aragon, en Espagne. Les mouvements des danseurs sont presque identiques : leur buste reste rigide et une distance formelle sépare les hommes des femmes ; en revanche, là où les Espagnoles jouent des castagnettes avec une gracieuse oscillation du poignet, les femmes mayas claquent des doigts.

Les *vaquerías,* fêtes locales organisées dans l'atrium d'une mairie ou dans une hacienda, offrent une belle occasion de voir danser la *jarana.* Les femmes portent leur plus beau *huipil* et des chaussures blanches à talons, et leur chevelure est parée de fleurs ; les hommes portent un simple costume de coton blanc et un bandana accroché à la taille. À Mérida, des spectacles de danse traditionnelle ont lieu le jeudi soir dans le Parque Santa Lucia.

Vêtements traditionnels

Les femmes de la péninsule portent traditionnellement le *huipil,* dont le corsage est toujours orné de broderies. Cette tunique arrive en général juste au-dessous du genou. Pour les grandes occasions, il est porté par-dessus un jupon de dentelle blanc tombant jusqu'aux chevilles. Le *huipil* ne se porte jamais avec une ceinture, qui ne s'accorderait pas avec son style décontracté. Légers et amples, ces vêtements sont adaptés au climat tropical. Il y a des siècles que les femmes mayas portent le *huipil.*

Similaire au *huipil,* le *terno de gala,* est une robe blanche droite à col carré, dotée d'un empiècement et de liserés brodés ; elle se porte par-dessus un jupon dont l'ourlet est orné de dentelle. Le *terno de gala* est un peu plus élégant, et se porte souvent avec un châle fait main.

Les hommes portent souvent des *guayaberas* (chemises légères et élégantes, arborant parfois quatre poches carrées), qui se portent dans un contexte formel ou informel (on en voit souvent lors des mariages). Elles sont en coton ou en lin, matériaux qui préservent la fraîcheur par temps chaud et humide.

La civilisation maya

Les Mayas laissèrent non seulement derrière eux des sites architecturaux absolument extraordinaires, mais leur vision du monde constitue aujourd'hui encore un mystère. La culture et l'esprit mayas sont encore vivants sur la péninsule et témoignent de ce fabuleux passé.

Religion et spiritualité

L'Arbre de Vie et Xibalbá

Pour les Mayas, le monde, les cieux et le mystérieux "monde invisible", ou inframonde, nommé Xibalbá constituaient une seule structure unifiée qui fonctionnait selon les lois de l'astrologie et de la vénération des ancêtres. Le grand kapokier ou ceiba était considéré comme un arbre sacré. Il symbolisait le Wakah-Chan (Yaxché ; Arbre de Vie) qui réunissait les 13 étages célestes, la surface terrestre et les neuf niveaux du Xibalbá.

Les quatre secteurs cosmiques

Dans la cosmologie maya, chaque point cardinal possédait une signification religieuse particulière. L'est était la direction la plus importante car le soleil y renaissait chaque matin ; sa couleur était le rouge. L'ouest était noir puisqu'il représentait l'endroit où le soleil disparaissait. Le nord était blanc, c'était de là qu'arrivaient dès le mois de mai les pluies si attendues. Le sud était jaune parce que c'était le point cardinal le plus ensoleillé.

À partir de l'Arbre de Vie, autour duquel tout s'organise, chaque chose était considérée en relation avec ces points cardinaux (par exemple l'orientation d'un nouveau bâtiment), qui sont aussi déterminants pour toutes les observations astronomiques et astrologiques.

Les pyramides mayas étaient peintes en rouge, vert, bleu canard, jaune et blanc et les gens de la région peignaient souvent leur corps en rouge.

Le sacrifice du sang

Tout comme le grand dragon cosmique versa son sang qui tomba en pluie sur la terre, les humains devaient donner le leur pour se lier à l'inframonde Xibalbá.

Ainsi que le montrent de nombreuses représentations gravées dans la pierre ou peintes sur des poteries, les Mayas de haut rang faisaient couler leur sang lors de certaines cérémonies, comme les naissances royales, les semailles, les victoires sur le champ de bataille ou les accessions au trône. Les monarques étant de sang divin, ils répétaient en accomplissant cet autosacrifice le mythe de la création et de l'univers et légitimaient ces cérémonies. Utilisant souvent l'épine dorsale d'une raie Manta, un ou une dignitaire maya se perçait la joue, la lèvre inférieure, la langue ou les parties génitales avant de passer dans l'orifice un morceau de corde ou de paille pour faire couler la substance sacrée. Réalisés à l'intention de membres de la noblesse de moindre rang ou parfois devant des gens du commun stupéfaits, ces rituels atroces servaient non seulement à sanctifier l'événement, mais aussi à apaiser les dieux et à communiquer avec eux au travers des visions hallucinatoires résultant de ces mutilations.

Les Ah Tz'ib (scribes) transcrivirent les textes sacrés des Mayas, dont le Chilam Balam de Chumayel. H-menob (chamanes) et *Ah Tz'ib* continuent de pratiquer leur savoir-faire au Yucatán.

Lieux sacrés

Les cérémonies mayas se déroulaient dans des lieux sacrés naturels ou construits par l'homme. Montagnes, grottes, lacs, *cenotes*, rivières et champs étaient sacrés. Les pyramides et les temples symbolisaient des montagnes ; parfois, ils cachaient des chambres secrètes à l'image des cavernes d'une montagne. Une grotte symbolisait la bouche de la créature reproduisant Xibalbá, entrer à l'intérieur signifiait pénétrer dans l'esprit du monde secret. Voici pourquoi les portes de certains temples mayas sont encadrées par d'immenses masques : en entrant dans cette "grotte", vous entrez dans la bouche de Xibalbá.

Les places autour desquelles se dressaient les pyramides symbolisaient les champs ou les clairières dans la forêt tropicale. Ce que nous appelons stèles, les Mayas les nommaient "arbres-pierres" ; c'est-à-dire des représentations d'arbres évoquant la dimension sacrée de l'Arbre de Vie. Ces arbres-pierres représentaient souvent les grands monarques mayas, car le roi était l'arbre de la société maya.

Comme ces lieux étaient sacrés, les rois successifs construisaient de nouveaux temples souvent plus grandioses directement sur les anciens bâtiments, renforçant ainsi la sacralité du lieu. Le temple recouvert était préservé et demeurait un artefact sacré. Certains éléments de l'ancien temple comme les grands masques des façades étaient soigneusement protégés avant d'être recouverts.

La vénération des ancêtres et la généalogie étaient très importantes pour les Mayas et, lorsqu'ils enterraient un roi sous une pyramide ou une personne dénuée de rang sous le sol de sa cour ou de sa *na* (hutte), la sainteté du lieu se trouvait renforcée.

Les similitudes avec la chrétienté

L'Arbre de Vie des Mayas était cruciforme, alors lorsque les Franciscains du XVIe siècle demandèrent à la population indigène de vénérer la croix, le symbolisme chrétien s'accorda facilement aux croyances mayas. La forme en croix de l'arbre *ceiba* n'était pas la seule correspondance entre les croyances animistes des Mayas et celles des chrétiens. Les Mayas comme les catholiques baptisent, se confessent, pratiquent des formes d'abstinence dont le jeûne, ritualisent la prise d'un breuvage alcoolisé,

LA "BIBLE" MAYA : LES SECRETS DU POPOL VUH

L'histoire, les prophéties, les légendes et les rites religieux des Mayas furent transcrits sur des codex peints et transmis oralement pour les sauver de la disparition, mais ceux-ci furent presque tous détruits à l'époque de la Conquête. Seuls quatre survécurent. Heureusement, le Popol Vuh, que beaucoup appellent la bible des Mayas, reprend ces mythes et ces histoires sacrées. Ce texte, qui n'est pas écrit en hiéroglyphes, mais en alphabet latin, aurait été écrit par les Quichés du Guatemala, qui avaient appris l'espagnol auprès des prêtres dominicains. Les auteurs montrèrent leur livre à Francisco Ximénez, un dominicain qui vivait et travaillait à Chichicastenango au Guatemala entre 1701 et 1703. Il recopia le livre maya mot à mot et le traduisit ensuite en espagnol. Sa copie et la traduction espagnole existent toujours, mais la version originale a disparu.

Selon le Popol Vuh, le grand dieu K'ucumatz créa l'humain à partir de boue. Mais ces êtres étant faibles et se dissolvant dans l'eau, K'ucumatz essaya à nouveau en utilisant du bois. Les êtres en bois n'avaient pas de cœur ni d'esprit et ne pouvaient célébrer leur créateur, ils furent donc tous détruits à part les singes des forêts, qui sont les descendant des êtres en bois. Le créateur essaya de nouveau, cette fois-ci avec succès, en utilisant des substances recommandées par quatre animaux – le renard gris, le coyote, le perroquet et le corbeau. Moulus en farine, le maïs blanc et le maïs jaune servirent à former la chair, mélangés à de l'eau, ils donnèrent le sang.

brûlent de l'encens et se servent d'autels. Les légendes du Popol Vuh comprennent des éléments qui facilitent l'accès des Mayas aux croyances chrétiennes, comme l'Immaculée Conception. La légende raconte en effet qu'une princesse vierge de l'inframonde du nom de Xquic fut fécondée par la graine d'une calebasse et donna naissance à des jumeaux qui deviendront des héros mayas.

Architecture extraordinaire

L'architecture maya est célèbre pour ses temples et sculptures. Certaines des plus belles structures furent construites au début et à la fin de la période classique, et elles sont nombreuses à avoir résisté au temps.

Ixchel, la déesse de la Lune était la principale déesse du panthéon maya. Aujourd'hui, elle est assimilée à la Vierge Marie.

Un travail de forçat

Les réalisations des Mayas suscitent l'émerveillement et l'étonnement plus encore si l'on considère la façon dont les architectes et les bâtisseurs ont achevé leurs constructions.

Tout d'abord, les architectes mayas semblent n'avoir jamais utilisé la voûte avec une clé. Ils construisaient leurs arches et leurs bâtiments en utilisant l'arc ou la voûte à encorbellement, une technique qui consiste à monter de grandes pierres plates en les décalant progressivement vers l'intérieur jusqu'à ce qu'elles se rejoignent au sommet. Le haut est ensuite recouvert de pierres. Bien qu'utiles, les arcs à encorbellement ne disposent que d'un espace d'ouverture réduit. Voici pourquoi, les architectes mayas durent se contenter de bâtir de longues pièces voûtées et étroites.

Ensuite, les caisses qui servaient à déplacer les tonnes de matériaux n'avaient pas de roues. Les Mayas ne disposaient pas non plus d'animaux de trait (chevaux, ânes, mules ou bœufs). La totalité du travail se faisait donc à dos d'homme, à la force des bras.

Pour finir, ils ne possédaient pas d'outils en fer, cependant ils construisirent des cités entières avec des alignements si précis que les portes et les fenêtres pouvaient servir d'observatoires de haute précision.

Les Mayas, de Paul Gendrop (Que sais-je ?, 2011) présente la civilisation maya, de ses origines à l'âge d'or, en passant par l'écriture, l'astronomie, l'art et le calendrier jusqu'à la chute.

Les styles

L'histoire de l'architecture maya témoigne d'une fascinante progression du style qui changeait non seulement avec l'époque, mais aussi avec la situation géographique. La période classique, à son apogée vers 250-900 après J.-C, était peut-être la plus artistique. Les innombrables sculptures datant de cette ère révèlent des formes et des significations complexes tout en montrant une grande délicatesse dans la réalisation, une caractéristique également exprimée dans l'architecture. Au Yucatán, les différents styles sont visibles à Esperanza, Puuc, Chenes et Río Bec.

Début de la période classique (250-600 après J.-C.)

La culture Esperanza caractérise cette phase. Dans les temples de style Esperanza, le roi était enterré dans une chambre en bois sous l'escalier principal du temple ; les rois suivants étaient enterrés dans des positions similaires dans des pyramides construites sur le bâtiment original.

La pyramide du site d'Oxkintok (au sud de Mérida), où un labyrinthe intérieur mène à la chambre funéraire, constitue un bel exemple du style du début de la période classique.

Fin de la période classique (600-900)

Les plus importants sites classiques se développent à la fin de la période. Les pyramides sont alors surmontées d'une construction en pierre qui remplace le *na* précédent en bois et en chaume. Certaines pyramides étaient construites si proches les unes des autres qu'elles formaient des structures contiguës voire continues. À côté, on construisit des structures différentes appelées aujourd'hui palais ; établies sur des plateformes peu élevées, elles disposaient de nombreuses pièces, une douzaine ou plus.

Aux pyramides et aux palais s'ajoutaient les stèles gravées et les autels ronds en pierre érigés sur la place en face des pyramides. Les sites classiques et des périodes suivantes disposent souvent aussi d'un terrain de jeu de balle avec ses accotements inclinés en pierre recouverte de stuc.

Parmi l'ensemble des sites classiques, Uxmal se détache par une fascinante collection de styles Puuc, Chenes et Río Bec. Le site de Palenque où se dresse le Templo de las Inscripciones est tout aussi impressionnant.

Puuc, Chenes et Río Bec (600-800)

Parmi les plus représentatifs des styles de la fin de la période classique figurent ceux qui se développèrent dans les régions ouest et sud de la péninsule. Ces styles valorisaient l'exubérance et l'audace architecturale plutôt que les proportions et l'harmonie – une sorte de baroque maya.

Dans *Les Cités perdues des Mayas*, de Claude-François Baudez et Sydney Picasso (Gallimard, "Découvertes", 2008), les auteurs retracent l'histoire des Mayas à partir du récit des découvertes faites lors de fouilles archéologiques.

Le style Puuc, nommé ainsi d'après les montagnes qui entourent Uxmal, utilisait de fines tuiles de calcaire pour couvrir les murs en pierre brut des bâtiments. Les tuiles étaient travaillées en formations géométriques pour représenter des figures de monstres et de serpents. Des colonnes de style minoen et des rangs de colonnes engagées (colonnes dont seule une moitié est apparente) caractérisaient également leur style ; elles étaient utilisées comme décor sur les façades des bâtiments à Uxmal et sur les sites de Kabah, Sayil, Xlapak et Labná. Chac, le dieu de la Pluie, est représenté sur chaque temple Puuc. À Kabah, la façade du Palacio de los Mascarones (palais des Masques) est recouverte de masques Chac.

Le style Chenes qui prévaut dans le Campeche au sud de la région Puuc ressemble au style Puuc, sauf que les architectes semblaient autant aimer décorer leurs façades avec des grands masques qu'avec des plus petits.

Le style Río Bec, incarné par les temples richement décorés des sites situés entre Escárcega et Chetumal, utilisait des décorations somptueuses comme le faisaient les styles Puuc et Chenes, mais ajouta des grandes tours aux angles de ses bâtiments bas pour faire plus d'effet. Orné avec des visages de Chac stylisés, le Palacio del Gobernador (palais du gouverneur) à Uxmal est un bel exemple du style Río Bec.

Le début de la période postclassique (1000-1250)

La chute de la civilisation maya classique vers 1000 après J.-C. créa un vide dont profitèrent les Toltèques qui envahirent la région depuis le centre du Mexique. Les Toltèques apportèrent leur propre style, une architecture que le style Puuc assimila tout au long de la conquête.

Le principal exemple de ce que l'on pourrait appeler le style toltèque-maya se trouve à Chichén Itzá. Les éléments du style Puuc – les grands

ÉLOIGNER LES MAUVAIS ESPRITS DANS UN TEMASCAL MAYA

Le *temascal* (tente de sudation) a toujours occupé une place centrale dans la vie spirituelle des Indiens américains. Tout comme leurs frères et leurs sœurs du Nord, les Mayas utilisaient le *temascal* dans des buts cérémoniels et curatifs.

Le terme *temascal* dérive de l'aztèque *teme* (bain) et *calli* (maison). Le peuple maya se servait de ces tentes de sudation pour rester propre, mais aussi pour soigner un certain nombre de maladies. La plupart des scientifiques estiment que les accouchements s'y déroulaient sans doute également. De grands complexes de tentes ont été découverts sur différents sites archéologiques mayas. Curieusement, les conquistadores à l'hygiène douteuse voyaient les *temascales* comme des endroits sales et des lieux de péchés. Aujourd'hui encore, ils sont fréquentés par les Mayas (et les touristes) pour prendre un bain de vapeur et éloigner les mauvais esprits.

LE PLAN CÉLESTE

Chaque ouvrage architectural important des Mayas possède un plan céleste. Les temples étaient alignés de façon à permettre l'observation du Soleil, de la Lune et de certaines étoiles en particulier comme Vénus. Les alignements ne sont pas toujours visibles et apparaissent seulement lors de certaines conjonctions de corps célestes telle une éclipse, mais les Mayas savaient que chaque bâtiment était parfaitement placé et que cette disposition renforçait sa dimension sacrée.

Les temples possédaient en général d'autres éléments qui les reliaient aux étoiles. Les portes et les fenêtres pouvaient encadrer un corps céleste à un moment précis de sa course, un certain jour, une certaine année. Ainsi, le Palacio del Gobernador à Uxmal est aligné de façon à ce que depuis la porte d'entrée, Vénus ait pu apparaître au sommet d'un petit monticule éloigné de 3,5 km, en l'an 750. À Chichén Itzá, le bâtiment d'observation El Caracol était aligné de façon à pouvoir observer Vénus précisément en l'an 1000.

D'autres éléments pourraient être en relation avec les chiffres du Compte Long comme le démontre El Castillo (Chichén Itza). L'escalier de cette pyramide présente 364 marches jusqu'au sommet ; 365 avec la plateforme, c'est-à-dire le nombre de jours de l'année vague. (L'année vague correspond à notre année solaire de 365 jours sauf qu'elle n'est pas ajustée tous les quatre ans par un jour supplémentaire. Par conséquent, les saisons ne commencent pas toujours aux mêmes moments, mais varient d'une année à l'autre. Pour cette raison, l'année solaire des Mayas est dite "vague".) Sur les côtés de la pyramide, 52 panneaux représentent les 52 cycles du Compte Long. Les terrasses de chaque côté de l'escalier sont au nombre de 18 (9 de chaque côté) pour les 18 "mois" de l'année solaire vague. L'alignement d'El Castillo permet au soleil de former chaque année l'ombre sacrée du serpent-ciel en train de monter ou de descendre le côté de l'escalier à l'équinoxe du printemps et de l'automne (vers le 20 mars et le 22 septembre).

masques et les frises décoratives – coexistent avec les guerriers atlantes (figures masculines supportant les colonnes) toltèques et les *chac-mools*, des statues inclinées propres uniquement au style toltèque.

Les pyramides à plateformes aux bases larges et aux toits plats et spacieux comme celle du Templo de los Guerreros (temple des Guerriers) à Chichén Itzá donnent l'impression d'avoir été importées de l'ancienne capitale toltèque Tula (près de Mexico) ou de Teotihuacán (la capitale aztèque, également près de Mexico). Quetzalcóatl (dieu Serpent à plumes) avait une grande importance pour les Toltèques, les serpents à plumes étaient donc fréquemment utilisés comme décoration architecturale.

La fin de la période postclassique (1250-1530)

Les Cocoms emboîtent le pas aux Toltèques, ils établissent leur capitale à Mayapán au sud de Mérida et dirigent une fédération d'États yucatèques. Après l'âge d'or de Palenque et même après l'architecture martiale de Chichén Itzá, l'architecture de Mayapán déçoit. Les pyramides et les temples paraissent petits et grossiers comparés aux glorieuses structures de la période classique. Seule la grande muraille défensive de la ville, une des rares à avoir été découverte dans une cité maya, se distingue. L'existence du mur même témoigne de la vulnérabilité des dirigeants cocoms et de l'insatisfaction de leurs sujets.

Tulum, cité elle aussi fortifiée par une enceinte, date également de cette période. Des colonnes de style Puuc sont en effet intégrées à l'architecture et les temples aux décorations peintes devaient certes avoir des couleurs éclatantes, mais rien ici ne peut rivaliser avec l'architecture classique.

Cobá possède la plus belle architecture de cette période, qui vit la fin de la construction de structures monumentales. Les pyramides de ce site étaient surmontées de petits temples dans le style du Templo de las Pinturas (temple des peintures) à deux niveaux de Tulum.

Environnement

Posée entre la mer des Caraïbes et l'océan Atlantique à la pointe est du Mexique, la péninsule du Yucatán se caractérise par un caractère insulaire, qui s'exprime à travers sa situation excentrée, sa faune et sa flore, et sa topographie.

Géographie

Séparée du reste du Mexique par le golfe du Mexique et des Grandes Antilles par la mer des Caraïbes, la péninsule du Yucatán forme un long plateau calcaire qui se prolonge sous la mer sur plus de 100 km vers le nord et l'ouest. L'inclinaison est plus abrupte du côté est (Caraïbes). Grâce à ce plateau sous-marin, la température de l'eau demeure agréable au bord des côtes et la vie marine peut s'épanouir.

La péninsule est divisée en trois régions formant un “Y”, dont l'État du Yucatán occupe la portion supérieure, flanqué à l'ouest par l'État de Campeche et à l'est par celui du Quintana Roo. Le Chiapas et l'État du Tabasco ne font pas partie de la péninsule du Yucatán.

Contrairement à une grande partie du Mexique, le Yucatán n'est pas une région montagneuse. Il ne s'élève guère plus d'une douzaine de mètres au-dessus du niveau de la mer au nord et à seulement 300 m dans sa partie la plus élevée, située au sud du centre de l'État de Campeche. À environ 60 km au sud de Mérida, près de Ticul, la plaine du Yucatán laisse place aux collines de la région de Puuc (“colline” en maya). Dans le sud de la péninsule, au Chiapas, les paysages passent d'un extrême à un autre – de plaines torrides en montagnes glacées couvertes de résineux. Vers l'est, dans le sud du Quintana Roo, la jungle s'étend jusqu'à la côte caribéenne.

Plus de 6 000 *cenotes* parsèment la péninsule du Yucatán. Une estimation sans doute loin du compte !

Barrière de corail

En arrivant en avion, vous pourrez facilement voir la barrière de corail suivre la côte caribéenne à une distance comprise entre quelques centaines de mètres et 1,5 km. Connue indifféremment sous le nom de Grande Barrière maya, barrière de corail mésoaméricaine, ou barrière de corail du Belize, elle est la plus grande de l'hémisphère Nord, et la deuxième au monde par la taille. Elle s'étend du sud de Belize à l'Isla Mujeres, au large de la côte nord de Quintana Roo. Du côté continental, la profondeur de l'eau peut mesurer entre 5 et 10 m, mais, du côté océanique, elle descend jusqu'à 2 000 m dans le canal du Yucatán qui s'étire entre la péninsule et Cuba.

Planeta.com (www.planeta.com) fourmille d'informations et de liens pour ceux souhaitant en savoir plus sur la faune, la flore et l'environnement du Mexique (en anglais).

Agriculture

Seulement recouverte d'une très fine couche de terre, la péninsule est la région la moins productive du Mexique d'un point de vue agricole. Formé par des sédiments de l'ère du crétacé, son sol calcaire et poreux est peu propice à l'accueil des cours d'eau sauf sur des courtes distances, un phénomène que l'on observe à proximité de la mer où la couche supérieure s'est effondrée et plus au sud de la région où la péninsule rejoint le reste du Mexique (et le Guatemala). Certaines rivières souterraines ne libèrent

LES OURAGANS

Les ouragans ont toujours balayé le Yucatán, et certains avec une grande violence. Quel qu'en soit le responsable, réchauffement ou dérèglement climatique, les victimes en sont à chaque fois les habitants, les plantes et les animaux de la région.

Pendant un temps, les habitants n'eurent pas l'occasion de reprendre leur souffle. En 2005, l'ouragan Wilma (de catégorie 5) déferla sur la côte nord du Yucatán pendant plus de 30 heures. Il laissa derrière lui plus de 60 morts, des dommages à hauteur de 29 milliards de $US et de nombreux visiteurs sans logement. Deux années plus tard, l'ouragan Dean frappa avec tant de force qu'il dévasta la station balnéaire de Mahahual et arracha des milliers d'arbres le long de la Costa Maya dans le sud du Quintana Roo.

Heureusement, les ouragans suivants furent moins impitoyables. En 2011, l'ouragan Rina en progression vers la péninsule obligea l'évacuation des touristes de Cancún et de la Riviera Maya. Mais, avant de s'abattre sur la région, Rina fut classée tempête tropicale ; heureusement aucun mort ou dommage important ne fut à déplorer. Une situation similaire se déroula en 2012 quand l'ouragan Ernesto poussa nombre de personnes à se mettre à l'abri, avant de faiblir en atteignant la péninsule. Une fois de plus, les habitants et les visiteurs échappèrent au pire.

La saison cyclonique dans l'océan Atlantique s'étend entre le 1er juin et le 30 novembre. Chaque fois qu'un ouragan frappe la côte caribéenne, les plages de sable blanc connaissent une érosion importante. Au désespoir des écologistes, les plages sont alors remises en état avec du sable prélevé ailleurs, par exemple dans le canal entre Cancún et l'Isla Mujeres.

leurs eaux que loin dans la mer tandis que d'autres s'écoulent dans les lagunes de la côte, y compris la merveilleuse Laguna Bacalar dans le sud du Quintana Roo.

Cenotes

Uniques au Yucatán, les *cenotes* (du mot maya *d'zonot*, "caverne remplie d'eau") sont des bassins calcaires formés par l'érosion des roches sous l'effet des écoulements de l'eau de pluie. Des milliers de *cenote*s, remplis d'eau ou à sec, parsèment l'ensemble de la péninsule. Les habitants du Yucatán ont traditionnellement prélevé leur eau dans ces citernes naturelles ; quant aux visiteurs actuels, ils aiment s'y baigner et faire de la plongée dans leurs eaux cristallines. Au sud de la région Puuc, les habitants utilisent l'eau des *chenes* (bassins calcaires) à plus de 100 m de profondeur.

Faune et flore

L'isolement de la péninsule du Yucatán et ses nombreux écosystèmes donnent lieu à une extraordinaire variété d'espèces d'animaux et de plantes dont un certain nombre n'existe que dans cette région. Que vous aimiez observer les oiseaux ou la couvaison des tortues sur la plage, nager aux côtés des raies mantas et des bancs de poissons colorés ou guetter les chats sauvages avec vos jumelles, vous ne manquerez pas de trouver ici l'activité nature dont vous rêvez.

Les ornithologues amateurs apprécieront *Mexican Birds* de Roger Tory Peterson et Edward L Chalif, ou *Birds of Mexico & Adjacent Areas* par Ernest Preston Edwards. L'application Merlin fourmille aussi d'informations sur les oiseaux mexicains.

Animaux

Oiseaux du Yucatán

Pour les ornithologues, le Yucatán est un paradis. Plus de 500 espèces – près de la moitié de celles que l'on trouve au Mexique – vivent ici ou visitent régulièrement la péninsule. Parmi elles, des dizaines sont endémiques ; l'île de Cozumel abrite à elle seule trois de ces espèces uniques.

La plupart des oiseaux de la péninsule sont présents dans les nombreux parcs et réserves de biosphère de la région, et l'on recommande à ceux qui sont vraiment intéressés par l'ornithologie d'en visiter plusieurs. De nombreuses espèces côtières peuvent être observées à la Reserva de la Biosfera Ría Celestún et à la Reserva de la Biosfera Ría Lagartos, aux extrémités ouest et est de la côte de l'État du Yucatán. La variété du paysage est due à un écosystème très productif en raison d'importantes sources qui vont déverser leurs eaux dans le golfe du Mexique. Un habitat côtier tout aussi riche peut être observé à Laguna de Términos dans l'ouest du Campeche. Le Parque Nacional Isla Contoy, au nord-est de la côte de Quintana Roo, est un paradis pour les cormorans vigua, les fous bruns et de nombreux autres oiseaux. Il abrite 173 espèces.

Le magazine mensuel (en espagnol) *México Desconocido* (www.mexicodesconocido.com.mx) liste les destinations hors des sentiers battus et les lieux pour observer la faune, illustrés de nombreuses photos et cartes. Plus d'informations sur leur site internet.

Vers l'intérieur des terres, le paysage se transforme. Les forêts basses et sèches de la région Puuc abritent deux espèces de motmots qui nidifient dans les temples en ruine. Dans les forêts plus denses de la Reserva de la Biosfera Calakmul, vos jumelles vous aideront à voir harpies féroces, dindons ocellés et vautours papes.

La péninsule du Yucatán est située sur une voie migratoire importante et des milliers d'oiseaux arrivent ici depuis le nord entre le mois de novembre et de février. La proximité de la mer des Caraïbes signifie également que la péninsule abrite des oiseaux que l'on ne voit pas ailleurs au Mexique.

En novembre, l'ONG Pronatura (p. 298) accueille le Toh Festival (www.facebook.com/FestivalAvesTohYucatan/), un événement annuel qui attire les amateurs d'oiseaux du monde entier. Le point culminant du festival est un marathon ornithologique appelé Xoc Ch'ich, un terme maya se traduisant par comptage d'oiseaux. Il se déroule à proximité de Mérida.

Habitants des forêts et des mangroves

Presque un quart des mammifères qui existent au Mexique vivent sur la péninsule du Yucatán. Certains sont les derniers de leur espèce.

Il y a bien des jaguars dans les forêts même si, malgré la fascination des Mayas pour le plus gros félin du Nouveau Monde, le braconnage les a presque fait disparaître dans le sud-est du Mexique. La moitié de la population de jaguars du Mexique, estimée à 4 000, se trouve sur la péninsule. Vous pourriez avoir la chance d'en apercevoir à la Reserva de la Biosfera Calakmul, dans l'État de Campeche. L'autre félin natif de la péninsule, le jaguarondi, est également en danger tout comme le sont le margay, l'ocelot et le puma, quoiqu'il ne soit pas si rare d'apercevoir ce dernier dans le sud du Yucátan.

Le très agile singe-araignée (ou atèle) habite également certains secteurs forestiers de la région. Il ressemble à une version réduite et à longue queue du gibbon (un singe de l'Asie du Sud-Ouest). Le singe-hurleur, tout aussi insaisissable, fréquente les forêts autour des ruines de Calakmul et d'autres sites ci et là. Plus souvent entendus que vus, les singes hurleurs et les atèles peuvent parfois être observés à Punta Laguna.

Pour voir les dernières photos de jaguars, crocodiles, requins-baleines et des autres animaux du Yucátan dans leur milieu naturel, rendez-vous sur le site Internet de l'organisation environnementale Pronatura (www.pronatura-ppy.org.mx).

Au cours d'une randonnée en forêt, vous pourriez tomber sur des tapirs, des pécaris (*javelinas*) et des tatous. Il existe sur la péninsule plusieurs espèces de fourmiliers tous équipés d'un long museau et de pattes en forme de pelle aux griffes acérées – deux outils nécessaires pour chercher et déguster fourmis et insectes. À cause de sa lenteur et de sa myopie, le fourmilier est souvent victime d'accidents de la route. En plus du *tepezcuintle* (paca) et du *sereque* (agouti) de gros rongeurs sans queue -, quelques espèces de cervidés, dont les plus petites d'Amérique du Nord, sont également présentes sur le territoire.

Les crocodiles peuplent les mangroves du Yucatán et du Quintana Roo. Depuis que le gouvernement a interdit leur chasse, en 1970, leur nombre a progressé. Vous pouvez voir de nombreux reptiles et d'amphibiens dans les réserves de biosphère à Río Lagartos, Celestún et Sian Ka'an, tandis qu'une population plus restreinte fréquente la côte caribéenne à Laguna Nichupté, derrière la Zona Hotelera de Cancún.

Espèces aquatiques

La Grande Barrière maya, qui longe la côte du Quintana Roo, abrite une extraordinaire variété de poissons. Le coné ouatalibi (une espèce de mérou) se distingue des autres avec son habit jaune vif (sa couleur varie du brun rouge au jaune éclatant) et le poisson-perroquet à bande rouge se reconnaît aisément à ses yeux cerclés de rouge. Quant aux poissons-papillons (il existe six espèces dans le secteur), ils sont aussi flamboyants que leur nom le suggère ; la raie pastenague jaune à des taches rappelant le jaguar avec son pelage à rosettes.

Les récifs de coraux fournissent un merveilleux décor à ces stars marines. Il en existe deux variétés : les coraux durs dont le grand corail étoilé, le colpophyllia et de nombreux coraux-cerveaux ; et les coraux mous comme les alcyonacés et le panache de mer bipenné, une espèce particulièrement fragile qui se balance au gré du courant. Plusieurs générations de coraux forment ainsi une strate d'organismes vivants sur le récif calcaire.

La Selva Maya, qui s'étend depuis le nord du Guatemala et du Belize jusqu'à la partie sud de la péninsule du Yucatán (Reserva de la Biosfera Calakmul incluse), est la deuxième plus grande forêt tropicale au monde en taille, juste après l'Amazonie.

La paix ne règne pas dans les eaux mexicaines de la mer des Caraïbes : le poisson-lion, originaire de la région indo-pacifique et introduit dans l'Atlantique au début des années 1990, se reproduit à une vitesse alarmante et met en danger les espèces indigènes. Protégé par des épines venimeuses et sans prédateurs connus, il a un appétit féroce et présente une menace sérieuse pour l'équilibre de l'écosystème du récif.

Dans le but de contrôler la croissance expansive de la population, les pêcheurs sont encouragés à attraper les poissons-lions pour la consommation. De nombreux centres de plongée proposent également des sorties pour aller à la pêche : un ceviche de poisson-lion récompensera les pêcheurs du jour.

Espèces menacées

La pollution, le braconnage, le trafic d'espèces rares, la déforestation et la construction ininterrompue d'hôtels le long de la côte constituent d'importantes menaces pour la faune du Yucatán.

Parmi les espèces protégées ou menacées d'extinction figurent cinq espèces de félins (jaguar, puma, ocelot, margay et jaguarondi), quatre espèces de tortues de mer, le lamantin, le tapir et des centaines d'espèces d'oiseaux dont la harpie féroce, le flamant rose et le jabiru d'Amérique.

Tropical Mexico – The Ecotravellers' Wildlife Guide, de Les Beletsky, est un guide (en anglais) généreusement illustré, qui fournit des informations utiles sur la faune et la flore du sud-est du Mexique.

Des efforts sont faits pour sauver de l'extinction ces animaux et d'autres encore, en particulier par des ONG engagées dans la protection de l'environnement comme Nature Conservancy (www.nature.org) et son partenaire local Pronatura (www.pronatura-ppy.org.mx). Ce groupe se concentre sur la préservation de l'habitat de la faune, principalement dans les réserves de biosphères de Ría Celestún, Ría Lagartos et Calakmul. Il soutient également l'écotourisme.

Des camps ont été établis à Ría Lagartos, Laguna de Términos, Xcacel-Xcacelito, Akumal, Sisal et Isla Holbox pour promouvoir la protection de six espèces de tortues marines qui nidifient sur le rivage du Yucatán. Des volontaires ramassent les œufs et relâchent les petites tortues dans la mer après l'éclosion, et des patrouilles surveillent les plages pour que les braconniers ne puissent pas voler les œufs. À Punta Laguna, des organisations environnementales travaillent avec des agriculteurs locaux pour établir des zones de protection pour le singe-araignée, sous la surveillance de chercheurs. Les eaux riches en nutriments autour d'Isla Holbox attirent les requins-baleines, menacés par la pêche commerciale, un site que les environnementalistes ont réussi à faire classifier en zone protégée.

Flore

La végétation varie énormément sur la péninsule et les plantes font principalement partie de quatre catégories : végétation aquatique et subaquatique, végétation de forêts humides et subhumides.

Lorsque l'on pénètre dans les terres depuis la côte, on voit que la mangrove est d'abord remplacée par une forêt moyennement dense à petits arbres à feuilles caduques, puis par une jungle constituée de grands arbres avec une végétation grimpante et un certain nombre de plantes aériennes (celles-ci seront davantage exubérantes plus au sud). Les plus élevés des arbres de la moitié sud de la péninsule abritent au-delà de 100 espèces d'orchidées ; pour admirer les fleurs les plus spectaculaires, le passionné d'orchidées se rendra sur les hauteurs du Chiapas où ces plantes exotiques s'épanouissent à une hauteur d'environ 1 000 m.

Autour des manguiers et des avocatiers s'éparpillent de nombreuses plantes annuelles et vivaces, comme le bien nommé flamboyant (*flamboyán*, ou royal poinciana) qui éclot en une large ombrelle rouge orangé, et le jacaranda teinté de bleu lavande.

Parcs nationaux et réserves naturelles

Il existe plusieurs parcs nationaux sur la péninsule et certains sont à peine plus grands que le site maya qu'ils abritent – le Parque Nacional Tulum en est un bon exemple. D'autres, comme le Parque Nacional Isla

RÉDUIRE SON EMPREINTE CARBONE : CONSEILS ÉCOLOGIQUES

Les visiteurs peuvent contribuer à la protection de l'environnement au Yucatán à l'aide de quelques gestes simples.

- Embauchez des guides locaux pour fournir aux communautés locales des moyens de subsistance écologiques, et valoriser la nature et la faune.
- Emportez des tablettes de purification d'eau et/ou une bouteille réutilisable, et utilisez une paille en métal. Les touristes se débarrassent de millions d'objets en plastique jetable tous les jours !
- Observez les animaux dans leur environnement naturel en essayant de ne pas les déranger ; évitez les centres de plongée qui nourrissent les requins, un geste dangereux pour l'homme et le requin.
- N'achetez pas de souvenirs fabriqués à partir de plantes ou d'animaux en danger qui ont été obtenus illégalement. En achetant ces produits, vous contribuez à l'extinction des espèces.
- N'emportez aucun des objets trouvés sur un site ancien ou sur une barrière de corail. N'achetez pas ces objets si on vous les propose.
- Au cours d'une plongée avec bouteille ou avec tuba, faites attention à ce que vous touchez et où vous mettez vos pieds. Le corail est coupant, mais aussi très fragile, il met des années à pousser.
- Surveillez votre consommation d'eau, surtout dans les zones concernées par les pénuries signalées par un affichage. Les réserves d'eau sont limitées au Yucatán, en particulier en période de sécheresse.
- Avant de plonger dans un *cenote*, assurez-vous de ne pas être enduit de crème solaire ou d'une quelconque lotion et de ne pas porter de parfum, ces produits pouvant polluer l'eau.

Contoy, un sanctuaire pour oiseaux au nord-est du Quintana Roo, sont plus grands et se consacrent à la protection de la faune.

Le fait que l'ancien président Ernesto Zedillo était un plongeur passionné a certainement contribué à la création des nombreux *parques marinos nacionales* (parcs nationaux marins) au large de la côte du Quintana Roo : Arrecifes de Cozumel, Costa Occidental de Isla Mujeres, Punta Cancún y Nizuc et Arrecifes de Puerto Morelos.

D'immenses réserves de biosphère s'étendent sur des milliers d'hectares autour de Río Lagartos, Celestún (dans l'État du Yucatán) et Banco Chinchorro (Quintana Roo). Les réserves de biosphère Ría Lagartos et Ría Celestún sont fameuses pour la richesse de leur faune, comptant de larges colonies de flamants roses, tandis que Banco Chinchorro abrite un immense atoll de corail, des épaves et de nombreuses espèces marines.

Tout aussi impressionnant, sinon plus, deux gigantesques réserves de biosphère du Yucatán sont reconnues par l'Unesco : la Reserva de la Biosfera Calakmul et la Reserva de la Biosfera Sian Ka'an. Calakmul qui couvre plus de 7 230 km^2 dans le Campeche, le Quintana Roo et au Chiapas, mais aussi des secteurs du Belize et du Guatemala, abrite plus de 300 espèces d'oiseaux plus des jaguars, des pumas, des tapirs, des coatis, des pécaris et beaucoup d'autres animaux. À Sian Ka'an, qui s'étend sur 6 000 km^2, dont 100 km^2 de la Grande Barrière maya au sud de Cancún, vivent 70 espèces de corail, 350 espèces d'oiseaux (en comparaison, il existe 400 espèces d'oiseaux dans toute l'Europe), des crocodiles, des pumas, des jaguars et des jabirus.

Au moment de la rédaction de ce guide, le projet du plus grand parc de l'histoire du Mexique était encore d'actualité, mais la Reserva de la Biosfera Caribe Mexicano protégerait l'ensemble de la côte de Cancún à Punta Allen en incluant les eaux autour de l'Isla Cozumel. De quelle façon le parc affectera l'économie et cohabitera avec l'industrie du tourisme, cela demeure une inconnue.

Écologie

Le développement d'importantes infrastructures touristiques affecte et parfois détruit des écosystèmes fragiles, en particulier le long de la "Riviera Maya", au sud de Cancún. Maints hectares de mangrove sont victimes des bulldozers, et les plages où les tortues pondaient jadis leurs œufs sont désormais occupées par des *resorts* et des immeubles. Le développement du tourisme contribue de façon importante à l'érosion de la côte ainsi que l'a révélé le passage de l'ouragan Wilma en 2005 sur les plages (souvent artificielles) qui attirent des foules de touristes chaque année. La prolifération de nouveaux hôtels s'accompagne d'un besoin croissant en eau douce, augmentant le risque de salinisation des eaux. Comme les demandeurs d'emploi convergent vers les zones touristiques du Quintana Roo, la demande de matériaux de construction pour les nouveaux arrivants constitue une autre difficulté.

La fragmentation de l'habitat est un problème supplémentaire. Comme les parties de jungle se réduisent à cause des nouvelles constructions – habitations et routes –, elles deviennent isolées et piègent la faune dans des secteurs de taille réduite. Les mouvements des animaux sont restreints et les ressources génétiques ne peuvent se renouveler.

Une gestion efficace des déchets devient également urgente. Certains lieux sont dépourvus de station d'épuration et les eaux usées s'écoulent dans la mer ou les réseaux souterrains. Les *aguas negras* (eaux noires) contiennent des nutriments qui permettent la croissance massive d'algue. Malheureusement, ces algues peuvent avoir un effet asphyxiant sur de nombreuses formes de vie marines dont le corail en les privant d'oxygène.

Le site Yucatán Wildlife (www.yucatanwildlife.com) fournit des informations en anglais sur la faune et la flore de la région, les circuits écotouristiques et les organisations de protection de la nature du Yucatán.

Le plus grand champ pétrolier du Mexique, le complexe de Cantarell, se trouve dans la baie de Campeche à 85 km au large de Ciudad del Carmen. En 2007, 11 700 barils de pétrole se sont déversés dans la baie, affectant la faune et la flore de tout le secteur. La zone de Cantarell produit également moins de pétrole que par le passé poussant la compagnie à chercher de nouvelles sources dans le récif Alacranes au large de Progreso, et à Laguna de Términos, où de nouvelles destructions d'habitats sont à craindre.

La bonne nouvelle est que le niveau de protection des réserves et des autres habitats naturels progresse constamment depuis plusieurs années. En 2012, 380 km² de jungle et de côtes au nord et à l'est de l'Isla Cozumel ont été décrétés zone protégée, et environ 1 460 km² de mer au large du Quintana Roo (lieu de rassemblement de requins-baleines) en 2009. Depuis 2004, 1 497 km² de forêts sont préservés au sein de la Reserva de la Biosfera Calakmul. Dans le Chiapas, le Parque Nacional Lagunas de Montebello a été désigné réserve de biosphère par l'Unesco en 2009.

Mais les zones protégées et les réserves du Yucátan englobent des *ejidos* (propriétés communales) où vivent les *campesinos* (agriculteurs) dont les activités, en particulier l'élevage et le bûcheronnage, peuvent perturber l'environnement. En quête de solution, certaines organisations environnementales se sont mises à former les habitants des *ejidos* au métier de guide écotouristique, de façon à leur donner des moyens de subsistance durables. De tels programmes sont en cours à la Reserva de la Biosfera Calakmul et sur l'Isla Holbox, et avec succès.

Yucatàn pratique

Carnet pratique

Activités

Les activités ne manquent pas sur la péninsule, où les sites de plongée figurent parmi les plus beaux du monde, les bassins naturels pour la baignade sont légion et les ruines mayas se cachent derrière chaque colline.

Ressources

Amtave Mexican Adventure Tourism & Ecotourism Association 80 organisations en sont membres.

Planeta.com (www.planeta.com). Une bonne source d'information pour un tourisme actif et responsable.

Mexonline.com (www.mexonline.com). Inclut des listes de prestataires.

Alimentation

La cuisine traditionnelle de la région est savoureuse et s'agrémente de sauces parfois très relevées en raison de l'abondante utilisation du piment habanero. Il est facile de trouver des produits occidentaux, même dans les petites villes.

REPAS : GAMME DE PRIX

Les catégories de prix suivantes valent pour des plats standard ; ils incluent la TVA (IVA).

$ moins de 100 $M

$$ de 100 à 200 $M

$$$ plus de 200 $M

Ambassades et consulats

Il est important de savoir ce que l'ambassade de votre pays peut ou ne pas faire pour vous. Elle ne vous soutiendra pas si vous êtes responsable de la situation dans laquelle vous vous trouvez. Souvenez-vous que ce sont les lois du pays dans lequel vous êtes qui s'appliquent. En dernier recours, votre ambassade pourra éventuellement vous fournir une liste d'avocats.

Vous trouverez les numéros à contacter au Secretaría de Relaciones Exteriores (www.sre.gob.mx) et à Embassyworld (www.embassyworld.org).

De nombreuses ambassades et consulats se trouvent à Mexico ; Cancún abrite plusieurs consulats et quelques bureaux consulaires existent dans la région.

Le site du ministère mexicain des Affaires étrangères, la **Secretaría de Relaciones Exteriores** (www.gob.mx/sre), affiche des liens vers les sites Internet de toutes les missions diplomatiques du Mexique dans le monde. Si vous souhaitez séjourner au Mexique pour une longue période, surtout si vous vous rendez dans des endroits isolés, il est bon de le signaler à votre ambassade. Vous pouvez le faire par téléphone ou par e-mail.

Au Mexique

Consulat de Belgique Cancún (☎998-892-25-12 ; Av Tulum 192, Playa Tropical, bureau 59, 1er ét. ; ⏲lun-ven 9h-14h)

Consulat du Canada Cancún (☎998-883-33-60 ; www.mexico.gc.ca ; bd Kukulcán, km 12, Centro Empresarial Oficina LE7 ; ⏲9h-13h lun-ven) ; **Playa del Carmen** (☎984-803-24-11 ; www.canadainternational.gc.ca ; 2e ét, Av 10 Sur s/n, entre Calles 3 et 5 Sur, à Plaza Paraíso Caribe ; ⏲9h-13h lun-ven)

Consulat de France Mérida (☎999-930-15-42, 999-930-15-00 ; merida.chfrance@gmail.com ; Calle 60 n°385, entre 41 et 43 ; ⏲9h-17h lun-ven)

Consulat du Guatemala Comitán (☎963-110-68-16 ; www.minex.gob.gt ; 1a Calle Sur Poniente 35, Int 3 3e ét, Comitán ; ⏲9h-13h et 14h-17h lun-ven) ; **Tapachula** (☎962-626-12-52 ; www.minex.gob.gt ; Central Poniente s/n, rdc ; ⏲9h-17h lun-ven)

LE MEXIQUE PRATIQUE

DVD Le Mexique utilise le code de région 4 (parfois 1). Les DVD vendus sont souvent des copies illégales.

Poids et mesures Le Mexique utilise le système métrique.

Tabac Il est interdit de fumer dans les espaces publics fermés, sauf indication contraire. En principe, 75% des chambres d'un hôtel sont non-fumeurs, mais l'application de la loi peut être inégale.

TV La télévision locale est dominée par Televisa, qui possède 4 chaînes nationales plus une filiale par satellite ; TV Azteca en possède 3 autres.

Presse *El Diario de Yucatán* (www.yucatan.com.mx) à Mérida est l'un journaux les plus importants du pays. *Yucatán Today* (www.yucatantoday.com) fournit des informations en anglais pour l'État du Yucatán.

Consulat de Suisse Cancún (☎998-884-84-46 ; Av Cobá 12, edifico Vénus, bureau 214 ; ⏲lun-ven 9h-14h)

À l'étranger

France Ambassade du Mexique (☎01 53 70 27 70 ; embamex.sre.gob.mx/francia/index.php/fr/ ; 9 rue de Longchamp, 75116 Paris) ; Consulat (01 42 86 56 20 ; 4 rue Notre-Dame-des-Victoires, 75002 Paris)

Belgique Ambassade du Mexique (☎32-2 629 07 77 ; embamex.sre.gob.mx/belgica/index.php/es/ ; av. Franklin Roosevelt 94, Bruxelles 1050)

Canada Ambassade du Mexique (☎613-787 5177 ; embamex.sre.gob.mx/canada ; 45 O'Connor St, Suite 1000, Ottawa, ON K1P 1A4) ; Consulat à Montréal (☎514-288 2502, 514-288 2707 ; consulmex.sre.gob.mx/montreal ; 2055 Peel Street, suite 10, Montréal, Québec, H3A 1V4) ; Consulat à Toronto (☎416-368 2875 ; 11 King Street West, Suite 350, Toronto, Ontario, M5H 4C7)

Suisse Ambassade du Mexique (☎031-357 47 47, 031-357 47 56 ; embamex.sre.gob.mx/suiza/ ; Weltpoststrasse 20, 3015 Berne) ; Consulat à Bâle (☎061-283 06 30 ; Aeschenvorstadt 21, 4051 Bâle) ; Consulat à Genève (☎022-328 39 20 ; Rue de Candolle 16, 1205 Genève) ; Consulat à Zurich (☎044-280 67 00 ; Tödistrasse 16, 1er ét., 8002 Zurich)

Argent

La monnaie nationale mexicaine est le peso, noté $M. Le peso est divisé en 100 centavos. Les pièces se divisent en 5, 10, 20 et 50 centavos et en 2, 5 et 10 pesos ; les billets se divisent en 20, 50, 100, 200, 500 et 1 000 pesos. DAB et bureaux de change sont largement répandus. Les cartes bancaires sont acceptées par la plupart des compagnies aériennes et loueurs de voitures, ainsi que dans les hôtels de catégories moyenne et supérieure et dans certains restaurants et commerces ; elles servent également à retirer de l'argent dans les DAB. La Visa est la carte la plus couramment acceptée.

- Prévoyez toujours des espèces, surtout lors de la visite de villes isolées où les DAB sont peu nombreux, voire inexistants. Le dollar américain, canadien, l'euro et la livre sont les devises les plus faciles à changer. Certains hôtels baissent leur prix contre un paiement en espèces. De nombreux restaurants en dehors des circuits touristiques n'acceptent que les espèces.
- Nombre de commerces acceptent les cartes bancaires, mais votre banque peut ajouter 3% de frais pour chaque transaction en devises étrangères et parfois une taxe supplémentaire.

Banques et casas de cambio

Vous pouvez changer vos espèces dans les *casas de cambio* et certaines banques. L'attente est plus longue dans les banques que dans les *casas de cambio* et elles ouvrent moins longtemps. Certains bureaux de change vous demanderont votre passeport.

Distributeurs automatiques de billets (DAB)

Les DAB (*caja permanente* ou *cajero automático*) ne manquent pas dans la région à l'exception de certains lieux peu touristiques comme Río Lagartos et ses environs. Vous pouvez retirer des

TAXES ET REMBOURSEMENTS

La taxe de valeur ajoutée (IVA) plafonne à 16% au Mexique. Elle doit être incluse dans le prix indiqué et non ajoutée ensuite. Les magasins et les restaurants affichent donc normalement "IVA incluido". De temps à autre, on vous affirmera que la taxe doit être ajoutée au prix indiqué.

Quelques hôtels de la région n'incluent pas l'IVA et la taxe de séjour de 3% aux tarifs qu'ils affichent, vous devrez alors ajouter 19% au prix indiqué.

espèces aux DAB avec la plupart des cartes bancaires (Cirrus, Visa, American Express entre autres). Le taux de change y est généralement plus intéressant que le "taux touristique" des banques et *casas de cambio* (bureaux de change), mais il existe des frais appliqués par l'entreprise qui gère le DAB, ainsi que les frais facturés (pour des retraits hors zone euro) par votre banque.

Pour plus de sécurité, utilisez les DAB uniquement à l'intérieur d'un bâtiment et en plein jour.

Transferts internationaux

Western Union (www.westernunion.com) offre un moyen rapide et sûr pour transférer de l'argent. Ce service, proposé par les banques et certains commerces, est annoncé par un affichage en noir et jaune. L'expéditeur fait la transaction en ligne ou dans un bureau Western Union en payant une commission et indiquant qui et où est le bénéficiaire. Prenez une pièce d'identité avec vous.

Pourboires

Hôtels
Entre 5% et 10% du prix de la chambre pour le personnel.

Restaurants
15% si le service n'est pas compris.

Les aides au supermarché ou à la station-service
5 $M en moyenne.

Porteurs
25 $M par sac.

Taxis
Les chauffeurs n'espèrent aucun pourboire à moins d'avoir fourni un service en plus.

Bars
Les barmans ne reçoivent pas de pourboire d'habitude. Chaque somme est appréciée.

Assurance

Il est conseillé de souscrire une assurance qui vous couvrira en cas d'annulation de votre voyage, de vol, de perte de vos affaires, de maladie ou encore d'accident. Vérifiez notamment que les "sports à risques", comme la plongée, la moto ou même la randonnée ne sont pas exclus de votre contrat. De même, le fait d'acquérir un véhicule dans un autre pays ne signifie pas nécessairement que vous serez protégé par votre propre assurance.

Les soins médicaux de base sont le plus souvent peu onéreux au Mexique, mais si vous faites face à un problème de santé sérieux, il vaudrait mieux vous rendre dans un hôpital privé ou quitter le pays. Les assurances de voyage couvrent habituellement les frais, mais assurez-vous que le rapatriement médical d'urgence, en ambulance ou en avion, est compris. Vous pouvez contracter une assurance qui réglera directement les hôpitaux et les médecins, vous évitant ainsi d'avancer des sommes qui ne vous seront remboursées qu'à votre retour. Dans ce cas, conservez avec vous tous les documents nécessaires (les consultations médicales se règlent généralement en espèces : demandez un reçu pour le remboursement).

Attention ! Avant de souscrire une police d'assurance, vérifiez bien que vous ne bénéficiez pas déjà d'une assistance par votre carte bancaire, votre mutuelle ou votre assurance automobile.

N'oubliez pas de prendre avec vous les documents relatifs à l'assurance ainsi que les numéros à appeler en cas d'urgence.

Assurez-vous que vous êtes en bonne santé avant de partir. Si vous suivez un traitement de façon régulière, n'oubliez pas votre ordonnance (avec le nom du principe actif).

Bénévolat

De nombreuses possibilités s'offrent à vous dans la région si vous souhaitez travailler bénévolement. Plusieurs organisations et ONG accueillent des volontaires pour des actions sociales, la protection de l'environnement et de la faune. Il arrive également que des auberges de jeunesse et des écoles proposant des cours de langue aient besoin de bénévoles pour un mi-temps. Certains organismes recherchent des personnes ayant une expérience particulière et/ou des compétences en espagnol, d'autres acceptent toutes les bonnes volontés.

Au Mexique

Centro Ecológico Akumal (www.ceakumal.org) Protection de l'environnement.

Flora, Fauna y Cultura de México (☎984-871-52-89, portable 984-1880626 ; www.florafaunaycultura.org ; route 307, km 282, Xcacel bureau du parc ; ⏲9h-17h lun-ven). Surveillance des tortues à Xcacel entre juin et octobre.

Junax (www.junax.org.mx). L'organisation travaille avec les communautés indiennes du Chiapas. Vous devez parler espagnol.

Pronatura (☎999-988-44-36 ; www.pronatura-ppy.org.mx ; Calle 32 n°269, Col Pinzón II, Mérida). Organisation basée à Mérida qui conduit différents projets au Yucatán.

The Mexico Report (www.themexicoreport.com/non-profits-in-mexico). Ce blog créé par une Américaine recense tous les programmes de bénévolat au Mexique.

En France

En France, quelques organismes offrent des opportunités de travail bénévole sur des projets de développement ou d'environnement, parfois sur des périodes courtes, de une à quatre semaines. Certaines associations s'adressent plus spécifiquement aux jeunes. Les chantiers proposés vont de la réfection d'une école aux travaux liés à l'environnement. Il s'agit d'une bonne formule pour s'immerger dans le pays, connaître l'envers du décor touristique et bénéficier d'une ambiance internationale (les volontaires viennent de divers pays en général). En revanche, les conditions de vie sur un chantier sont spartiates, et prenez garde au décalage fréquent entre le programme et la réalité. La fouille archéologique peut rapidement se transformer, une fois sur place, en coup de peinture donné à la maison des jeunes locale. Le matériel est parfois rudimentaire, et la réalité du terrain souvent plus dure qu'on ne l'imaginait.

Voici quelques organismes à connaître :

Comité de coordination du service volontaire international (CCIVS ; ☎01 45 68 49 36 ; ccivs.org)

Maison de l'Unesco (☎01 45 68 10 00 ; www.unesco.org ; 7 pl de Fontenoy, 75007 Paris)

Concordia (☎01 45 23 00 23 ; www.concordia.fr ; 64 rue Pouchet, 75017 Paris)

Jeunesse et Reconstruction (☎01 47 70 15 88 ; www.volontariat.org ; 10 rue de Trévise, 75009 Paris)

Solidarités Jeunesses (☎01 55 26 88 77 ; www.solidaritesjeunesses.org ; 10 rue du 8-Mai-1945, 75010 Paris)

Au Canada

Projects Abroad (www.projects-abroad.org). Bénévolat dans les domaines éducatif, environnemental, agricole, etc. Basé à Toronto.

Cartes de réduction

Les réductions dans les bus, musées et sites archéologiques mexicains sont généralement réservées aux résidents mexicains, mais les cartes suivantes (surtout l'ISIC) donnent parfois droit à un tarif réduit. Elles permettent aussi d'obtenir des réductions sur les billets d'avion dans certaines agences de voyages pour jeunes et étudiants :

ISIC (www.isic.fr) Carte d'étudiant internationale.

ITIC (www.carteitic.fr) Carte internationale pour les enseignants.

IYTC (www.carteiytc.fr) Carte jeune internationale, délivrée aux moins de 31 ans qui ne sont pas étudiants à temps plein.

Cartes et plans

- Les offices de tourisme proposent des cartes et des plans gratuits dans toute la région.
- La carte au 1/500 000 *Yucatán Travel Reference Map* (13 $US) par ITMB (www.itmb.ca) est d'une grande précision.
- Guía Roji publie des cartes de chaque État mexicain et une carte routière nationale appelée *Por las Carreteras de Mexico* (220 $M). Disponible dans l'ensemble du Mexique et sur leur site Internet.
- Can-Do Maps (www.cancunmap.com) publie plusieurs cartes du Yucatán qui s'achètent en ligne.
- Maps of Mexico (www.maps-of-mexico.com) propose des cartes détaillées et précises de tous les États du Mexique.

Cours

Prendre des cours est un bon moyen pour rencontrer des gens et découvrir la vie quotidienne et la culture d'un pays. Les universités mexicaines proposent des cours de langue. Pour étudier au Mexique, il faut obtenir un visa ; renseignez-vous auprès d'un consulat mexicain. Certaines auberges de jeunesse proposent également des cours d'espagnol dans un cadre moins formel.

- Vous trouverez des cours de langue à Mérida, Playa del Carmen et Puerto Morelos.
- À Mérida, la capitale culinaire, et à Puerto Morelos, la station balnéaire, vous trouverez également des cours de cuisine.

CONSEILS AUX VOYAGEURS

La plupart des gouvernements possèdent des sites Internet qui recensent les dangers possibles et les régions à éviter. Consultez notamment les sites suivants :

Ministère des Affaires étrangères français (www.diplomatie.gouv.fr)

Ministère des Affaires étrangères de Belgique (diplomatie.belgium.be)

Département fédéral des Affaires étrangères suisse (www.eda.admin.ch/eda/fr/dfae.html)

Ministère des Affaires étrangères du Canada (www.voyage.gc.ca)

Désagréments et dangers

En dépit des nombreuses violences liées à la drogue, la péninsule du Yucatán demeure relativement sûre pour les personnes qui ne sont mêlées à aucune activité illégale. La plupart des assassinats dont vous entendez parler sont liés à des rivalités entre gangs, les touristes ne sont donc guère concernés par ces conflits – surtout au Yucatán qui se tient à bonne distance des guerres de territoires qui se déroulent dans le reste du Mexique. Cancún, Playa del Carmen et Tulum ont vu une augmentation graduelle de la violence liée à la drogue, mais les grandes villes américaines comme New York ou Chicago ont un taux de criminalité plus élevé que l'ensemble de l'État du Yucatán.

Cela dit, acheter de la drogue ou même engager la conversation avec des revendeurs peut vous transformer en cible pour la police ou, pire, pour un gang. Une situation qu'il vaut mieux éviter absolument.

Vol

Les agressions contre les touristes sont rares, cependant il vaut mieux minimiser les risques pour pouvoir passer de bonnes vacances. Le pickpocket et le vol à l'arraché ne sont pas monnaie courante dans le Yucatán, mais restez vigilant dans les bus et les endroits très fréquentés comme les gares routières ou les aéroports.

Les agressions sont moins courantes, mais plus graves : les voleurs peuvent vous contraindre à leur remettre votre sac contenant votre argent, votre montre, vos bijoux, etc. Sous la menace, toute résistance pourra être suivie de violence, aussi, ne résistez pas car les agresseurs sont parfois armés.

Les précautions suivantes vont permettront de réduire les risques :

- Évitez les lieux peu fréquentés, comme les rues et les rames de métro désertes le soir, les passages piétons souterrains ou les zones isolées des plages.
- Ne laissez jamais sur la plage des objets de valeur quand vous allez vous baigner. Les vols sont fréquents.
- Sauf besoin immédiat, laissez l'essentiel de votre argent et vos objets de valeur dans le coffre de votre hôtel. Sinon, répartissez vos objets précieux dans plusieurs paquets et conservez-les dans différentes valises fermées à clé, dans votre chambre ou votre casier.
- Ayez un jeu de copies de votre passeport, permis de conduire, carte touristique, etc. dans un espace de stockage en ligne ou sur une clé USB. En cas de vol, vous pourrez rapidement établir votre identité.
- Mettez dans une de vos poches l'argent nécessaire pour la journée. Si vous prenez des objets précieux, utilisez une ceinture porte-monnaie, un portefeuille en bandoulière ou une bourse dissimulée sous vos vêtements.
- Dès que vous n'en avez plus besoin, rangez cartes bancaires, sacs, appareils photo et gadgets high-tech. Au guichet des gares routières et des aéroports, gardez votre sac entre vos pieds.
- Ne laissez aucun objet de valeur dans votre véhicule.
- Méfiez-vous des personnes trop empressées qui vous offrent à boire – surtout dans les zones très touristiques. Des cas de vols et d'agressions après l'absorption d'une boisson droguée ont été reportés.
- Méfiez-vous des escroqueries à la carte bancaire. Une des méthodes consiste à passer la carte deux fois. Gardez votre carte en vue à tout moment.
- Une autre escroquerie consiste à vous faire croire que vous avez payé avec un billet de 50 $M au lieu de 500 $M (ils sont roses tous les deux). Vous ajoutez la différence et l'escroc garde la monnaie.
- Acheter de la drogue ou une prestation illégale peut très mal tourner. Évitez de vous mettre en danger.

Électricité

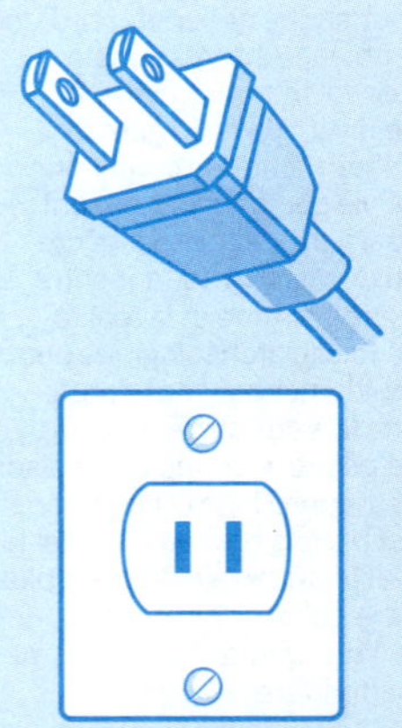

127 V/60 Hz

127 V/60 Hz

Formalités et visas

Les ressortissants de l'Union européenne, de la Suisse et du Canada n'ont pas besoin de visa pour se rendre au Mexique en visite touristique. Sur présentation de leur passeport en cours de validité et de leur billet d'avion aller-retour, il leur sera délivré un formulaire migratoire multiple (FMM) soit par la ligne aérienne, soit par les services de l'immigration. Cela leur permettra de séjourner au Mexique jusqu'à 180 jours.

➡ Pour les autres nationalités, le visa mexicain n'est pas nécessaire s'ils possèdent un visa pour les États-Unis, le Canada ou l'Union européenne en cours de validité.

➡ Si vous venez pour travailler (même comme bénévole), faire un reportage, étudier ou en tant que membre d'une organisation humanitaire, il vous faudra sans doute un visa, quelle que soit votre nationalité. Les formalités peuvent prendre plusieurs semaines et vous devrez peut-être les effectuer dans le pays dont vous êtes résident ou ressortissant. Les règles sont résumées sur le site de l'ambassade de votre pays d'origine (voir p. 297) et sur le site de l'**Instituto Nacional de Migración** (☎800-004-62-64 ; www.inm.gob.mx ; Calle Homero 1832, Polanco, Mexico).

➡ Attention : en France, les demandeurs de visa pour le Mexique doivent impérativement prendre rendez-vous pour le dépôt de leur dossier au consulat de Paris via le lien suivant : mexitel.sre.gob.mx/citas.webportal/pages/public/login/login.jsf (navigateur Google Chrome). Des explications sont données sur le site du consulat : consulmex.sre.gob.mx/francia/index.php/fr/mexitel-fr.

➡ Avant le départ, il est impératif de contacter les ambassades et les consulats pour s'assurer que les modalités d'entrée sur le territoire n'ont pas changé.

➡ Nous vous conseillons de scanner ou de photocopier tous vos documents importants (pages d'introduction de votre passeport, cartes bancaires, police d'assurance, billets de train/d'avion/de bus, permis de conduire, etc.). Conservez ces copies à part des originaux. Vous remplacerez ainsi plus aisément ces documents en cas de perte ou de vol.

➡ Les étrangers qui passent par les États-Unis (même en transit) doivent se renseigner sur les formalités d'entrée sur le territoire américain. Consultez l'encadré *Transit par les États-Unis* p. 314.

Carte touristique

Il faut remplir la *forma migratoria múltiple* (FMM ; carte touristique), la faire tamponner par les services de l'immigration à l'arrivée sur le territoire mexicain, et la conserver ensuite jusqu'au départ. Vous obtiendrez la carte touristique dans les aéroports internationaux, aux postes-frontières et dans les ports maritimes. Aux frontières terrestres, vous devrez la demander.

➡ La durée de séjour autorisée est écrite sur cette carte par l'employé de l'immigration. Le maximum est 180 jours, mais il arrive qu'il indique une durée moins longue si vous ne précisez pas ce que vous souhaitez.

➡ Le coût de la carte touristique est de 500 $M. Cependant, il n'y a pas de frais si vous arrivez par voie terrestre et que vous séjournez au Mexique moins de 7 jours. Si vous arrivez par avion, le coût de la carte est compris dans le prix du billet. Si vous entrez par voie terrestre, vous devrez payer cette somme à l'arrivée, ou dans une banque mexicaine avant de pénétrer à nouveau dans la zone frontalière pour sortir du pays (ou avant de vous présenter à l'aéroport si vous repartez en avion). La zone frontalière s'étend entre la frontière et les postes de contrôle de l'INM, situés généralement à 20 ou 30 km de la frontière.

➡ À la plupart des postes-frontières mexicains, des agences bancaires vous permettent de payer le DNR dès votre arrivée au Mexique. Votre carte sera alors tamponnée comme preuve de votre paiement.

➡ Ne perdez pas votre carte touristique, car vous en aurez besoin pour quitter le pays. La carte touristique n'est pas obligatoire pour les séjours de moins de 72 heures dans la zone frontalière.

➡ Si le nombre de jours sur votre carte touristique est inférieur au maximum (180 jours, par exemple), sa validité peut être prolongée jusqu'au maximum. Pour obtenir une prorogation de permis, adressez-vous à l'**INM** (www.inm.gob.mx/gobmx/word/index.php/horarios-y-oficinas/), représenté dans de nombreuses villes. Cette formalité coûte le même prix qu'un permis et prend près d'une demi-heure. Vous devrez présenter votre passeport, votre carte touristique, des photocopies de ces documents et parfois la preuve de "fonds suffisants". Une carte bancaire internationale fait généralement l'affaire. La plupart des bureaux de l'INM n'accepteront de proroger votre carte que quelques jours avant son expiration.

Si vous perdez votre carte, contactez l'INM le plus proche, qui vous la remplacera pour 500 $M environ.

Handicapés

Les hébergements de la région possèdent très peu d'infrastructures pour les voyageurs handicapés. Seuls certains hôtels et restaurants, le plus souvent de catégorie supérieure, et certains services publics, sont équipés d'une rampe d'accès. Cette lacune est néanmoins compensée par l'attitude accommodante des Mexicains les uns envers les autres et des solutions diligemment proposées.

La mobilité est facilitée dans les grands complexes touristiques. Emprunter les bus présente des difficultés que l'on ne rencontre pas en avion ou en taxi.

L'**APF France handicap** (☎01 40 78 69 00 ; www.apf-francehandicap.org ; 17 bd Auguste-Blanqui, 75013 Paris) peut fournir des informations utiles sur les voyages accessibles. **Yanous** (www.yanous.com), **Hizy** (hizy.org), **Handicap.fr** (www.handicap.fr) et **Tourisme et handicaps** (www.tourisme-handicaps.org) constituent également de bonnes sources d'information.

Désormais, les principales plateformes d'hébergement que sont **Abritel** (www.abritel.fr), **Airbnb** (www.airbnb.fr), **Booking** (www.booking.com) et **Hotels.com** (https://fr.hotels.com) ont intégré des critères d'accessibilité à leur moteur de recherche. **Handivoyage** (www.handivoyage.net) est une start-up qui regroupe des hébergements accessibles et qui propose aussi des séjours sur mesure. Les agences de voyages **Yoola** (www.yoola.fr) et **Comptoir des voyages** (www.comptoir.fr) organisent des voyages adaptés aux personnes à mobilité réduite.

Hébergement

Le Yucatán dispose d'une vaste gamme d'hébergements de toutes catégories, du simple hamac, et à cabaña au resort cinq étoiles de niveau international. Il vaut mieux réserver pendant la haute saison (Noël à Pâques, juillet et août).

En dehors de cette période, de nombreux établissements de catégories moyenne et supérieure dans les secteurs touristiques offrent une remise de 20 à 50% sur le tarif de leurs chambres. Ils peuvent également proposer des offres spéciales en ligne. Certains hôtels de catégorie supérieure n'incluent pas la taxe de 14 à 19% dans le prix annoncé. N'hésitez pas à leur poser la question : "*¿Están incluidos los impuestos?*" (Est-ce que les taxes sont incluses ?).

B&B Comme une *guesthouse*, en plus cosy.

Bungalow/cabaña Un terme qui regroupe la plus simple des cabanes comme le boutique-hôtel le plus élégant.

Guesthouse Des établissements à la direction familiale (souvent baptisés posadas en espagnol) fournissant un bon rapport qualité/prix et un service plus personnel.

Hôtel Toutes les catégories sont représentées.

Auberge de jeunesse La façon la moins chère de voyager et un bon moyen de rencontrer des voyageurs.

Tarifs

Dans les lieux touristiques, de nombreux établissements de catégories moyenne et supérieure augmentent leurs tarifs à Pâques (Semana Santa), durant les fêtes de fin d'année ou pendant les festivals locaux. Les adresses petits budgets conservent généralement les mêmes tarifs toute l'année. Les hôtels des grands complexes comme à Cancún et Playa del Carmen affichent parfois leurs tarifs en dollars américains. Ceux qui gardent leur prix en pesos adaptent parfois leur tarif au taux de change.

PETITS BUDGETS

La péninsule offre un large choix d'hébergements bon marché, dont les auberges de jeunesse, les *cabañas*, les campings, les *guesthouses* et les hôtels économiques. Les chambres de cette catégorie ont en général des salles de bains (nous le mentionnons si ce n'est pas le cas). Les établissements recommandés de cette catégorie sont simples, sans fioritures, et le plus souvent propres.

CATÉGORIE MOYENNE

Cette catégorie regroupe essentiellement des hôtels, mais elle comprend aussi de beaux B&B, *guesthouses* et *cabañas*. Dans certaines régions, vous pouvez loger dans un bel établissement pour 800 $M. N'oubliez pas que toutes les chambres ne se ressemblent pas et qu'il vaut mieux aller voir avant de s'installer.

CATÉGORIE SUPÉRIEURE

Élégants hôtels internationaux, luxueux *resorts* et charmants boutiques-hôtels font partie de cette catégorie qui accueille le voyageur amateur de confort et de design.

PRIX DES HÉBERGEMENTS

Ce guide utilise les fourchettes de prix suivantes (pour 2 personnes en haute saison, toutes taxes comprises) :

$ moins de 800 $M

$$ de 800 à 1 600 $M

$$$ plus de 1 600 $M

Types d'hébergement

APPARTEMENTS ET BED & BREAKFAST (B&B)

Dans certains sites, on peut louer des appartements avec cuisine équipée, destinés aux touristes. Ils sont d'un bon rapport qualité/prix pour 3 ou 4 personnes, surtout si vous restez plus que quelques jours. Le site www.locogringo.com vous fournira tous les renseignements. Dans toute la péninsule, les B&B sont souvent des *guesthouses* de catégorie supérieure destinées aux touristes étrangers.

AUBERGES DE JEUNESSE

Les auberges de jeunesse sont présentes dans toutes les zones touristiques. Elles facturent un lit en dortoir entre 170 et 250 $M par personne, et disposent de cuisines, de salles de bains, d'espaces à vivre et presque toujours du Wi-Fi. Elles proposent même souvent des chambres doubles pour un prix à peine supérieur à celui de 2 lits en dortoir. La propreté et le niveau de sécurité sont variables. Demandez toujours si les dortoirs sont climatisés – un renseignement bien utile quand il fait chaud.

CABAÑAS

Les *cabañas* sont des huttes ou de petits bungalows (en bois, en brique, en pisé ou en pierre), souvent recouverts de chaume, que l'on trouve le plus souvent en bord de mer. Dans les plus spartiates, en terre battue, vous aurez juste un lit. D'autres *cabañas* disposent de tout le confort (électricité, moustiquaire, bon lit et/ou hamac, salle de bains, climatisation, voire cuisine équipée). Les prix varient selon l'emplacement et les services proposés.

CAMPING ET CARAVANING

Si la plupart des campings sont aménagés à l'intention des voyageurs en caravane et camping-car, ils acceptent aussi les campeurs (avec tente) pour une somme modique. On les trouve fréquemment sur le littoral. Près des plages ou en zone rurale, certains restaurants ou pensions vous laisseront planter votre tente sur un bout de terrain pour environ 100 $M/pers.

Hamacs

La location de hamacs est courante en bord de mer au Mexique, surtout sur les plages moins touristiques. C'est une option économique dans les régions chaudes (gardez votre lotion antimoustique à portée de main). Certains endroits louent l'emplacement – le plus souvent sous un auvent de palmes à proximité d'une petite *guesthouse* ou d'un restaurant de plage – pour 50 à 100 $M. Si vous avez votre propre hamac – il est facile de s'en procurer un sur place –, vous paierez un peu moins.

HÔTELS

Toute la gamme de prix est représentée au Yucatán, surtout dans les secteurs touristiques. Avant de vous décider, demandez à voir les chambres. Pour les catégories bon marché ou moyenne, il suffit parfois d'ajouter 200 $M pour passer d'une pièce sans fenêtre à une chambre avec une belle vue. Les hôtels de catégorie supérieure offrent plusieurs niveaux de luxe, selon ce que vous souhaitez dépenser.

POSADAS ET CASAS DE HUÉSPEDES

Le terme de *posadas* (auberges) désigne aussi bien des hôtels modestes que de petits établissements de catégorie moyenne aménagés avec goût. Une *casa de huéspedes* est une maison convertie en pension (*guesthouse*) bon marché, avec des chambres basiques, tenue par une famille.

RESORTS

Un choix très apprécié par les familles, surtout à Cancún et sur la Riviera Maya, ces complexes hôteliers étendus proposent habituellement une formule tout compris et fournissent tout ce dont vous avez besoin à l'intérieur de la propriété. Il existe également des *resorts* réservés aux adultes, ceux-ci jouant la carte du luxe et du confort. Certains établissements proposent aussi des formules sans les repas moins onéreuses.

Heure locale

- Les États de Campeche, du Chiapas, du Tabasco et du Yucatán appliquent la Hora del Centro qui correspond à l'heure moyenne de Greenwich (GMT) – GMT moins six heures en hiver et GMT moins cinq heures en été, qui commence le premier dimanche d'avril et se termine le dernier dimanche d'octobre.
- L'État du Quintana Roo est calé sur l'heure d'été GMT moins cinq heures.
- Les montres sont avancées d'une heure en avril et retardées d'une heure en octobre.

Heures d'ouverture

Lorsque les heures d'ouverture varient beaucoup selon les saisons, nous indiquons les horaires de la haute saison. Ils sont parfois restreints en moyenne et basse saisons. Malgré d'importantes variations d'un établissement à l'autre, les horaires suivants sont assez représentatifs.

Banques 9h-17h lun-ven, certaines 10h-13h sam (horaires variables)

Cafés 8h-21h

Cenotes 9h-17h

Musées 9h-17h mar-dim

Sites archéologiques 8h-17h

Homosexualité

L'attitude du Mexique à l'égard de l'homosexualité est de plus en plus ouverte, même si l'influence conservatrice de l'Église catholique reste très forte. Les gays et les lesbiennes ne s'affichent pas beaucoup, mais il est rare qu'ils soient victimes de discriminations homophobes. Les démonstrations d'affection en public sont rares dans les campagnes même chez les couples hétérosexuels. Un geste tendre chez un couple homosexuel pourrait néanmoins susciter une légère réaction.

La discrimination en raison de l'orientation sexuelle est illégale depuis 1999, elle est punie jusqu'à trois ans d'emprisonnement. Les gays sont plus présents publiquement que les lesbiennes. Cancún a une petite scène gay et Mérida compte plusieurs établissements où les gays sont les bienvenus. Leurs noms sont listés sur www.gaymexicomap.com.

Gay Mexico (www.gaymexico.com.mx). Dispose d'informations utiles pour le tourisme gay au Mexique.

International Gay & Lesbian Travel Association (www.iglta.org). Fournit des renseignements sur les organismes de voyages s'adressant spécifiquement aux gays.

Out Traveler (www.outtraveler.com). Offre des informations générales.

Internet (accès)

Les cybercafés (10 à 15 $M par heure) existent encore au Yucatán, mais ils sont en voie de disparition. De plus en plus de places publiques bénéficient du Wi-Fi, tout comme nombre de restaurants et magasins. Certains hôtels mettent à disposition un ordinateur pour les clients (les grands hôtels ont toujours un centre d'affaires), mais le plus souvent il y a seulement le Wi-Fi.

Dans certains hôtels, le signal Wi-Fi n'atteint que la réception. Dans ce guide, sont signalés par l'icône Wi-Fi les établissements où la connexion est possible dans au moins certaines parties du bâtiment. Le symbole de l'arobase indique que l'établissement met à disposition des ordinateurs reliés à Internet.

Jours fériés

Banques, postes, administrations et nombre de bureaux et commerces ferment à l'occasion des jours fériés officiels suivants :

Año Nuevo (Nouvel An). 1er janvier

Día de la Constitución (fête de la Constitution). Le premier lundi de février

Día de Nacimiento de Benito Juárez (anniversaire de Benito Juárez). Le troisième lundi de mars

Día del Trabajo (fête du Travail). 1er mai

Día de la Independencia (fête de l'Indépendance). 16 septembre

Día de la Revolución (fête de la Révolution). Le troisième lundi de novembre

Día de Navidad (Noël). 25 décembre

De nombreux bureaux et commerces ferment aussi à l'occasion des fêtes suivantes :

Día de los Santos Reyes (fête des Rois, Épiphanie). 6 janvier

Día de la Bandera (fête du Drapeau). 24 février

Viernes Santo (Vendredi saint). Deux jours avant Pâques ; mars ou avril

Cinco de Mayo (anniversaire de la victoire du Mexique sur les Français, à Puebla). 5 mai

Día de la Madre (fête des Mères). 10 mai

Día de la Raza (commémoration de l'arrivée de Christophe Colomb dans le Nouveau Monde). 12 octobre

Día de Muertos (jour des Morts). 2 novembre

Día de Nuestra Señora de Guadalupe (fête de Notre-Dame de Guadalupe). 12 décembre

Offices du tourisme

Au Mexique

La plupart des villes touristiques du Mexique ont un office du tourisme d'État ou municipal. Ils sont souvent d'une aide précieuse et fournissent cartes et dépliants. En général, certains membres du personnel parlent anglais.

À Mexico, le bureau du secrétariat national au tourisme **Sectur** (☎55-5250-0151 ; 800-903-92-00, États-Unis 800-482-9832 ; www.visitmexico.com) est joignable 24h/24 et 7j/7 pour fournir aide et renseignements en anglais et en espagnol. Vous trouverez des liens vers les sites touristiques de chaque État sur www.sectur.gob.mx.

Campeche (www.visitmexico.com)

Mexico Tourist Information (www.visitmexico.com)

Quintana Roo (☎Cancún 998-881-90-00, Chetumal 983-835-08-60 ; http://qroo.gob.mx/sedetur)

À l'étranger

Les ressortissants belges et suisses se renseigneront auprès du Conseil de promotion touristique du Mexique à Paris.

Conseil de promotion touristique du Mexique à Paris (☎01 42 86 96 12 ; www.visitmexico.com/fr ; 4 rue Notre-Dame-des-Victoires, 75002 Paris)

Conseil de promotion touristique du Mexique à Montréal (☎ 1 514-871-1103 ; www.visitmexico.com ; 1 place Ville Marie, suite 1068, H3B 2C3 Montréal)

Photographie

Demandez la permission avant de prendre quelqu'un en photo. Certains Indiens sont particulièrement sensibles sur ce point.

- Sachez que vous devrez payer (à partir de 45 $M) pour filmer sur la plupart des sites archéologiques.
- Dans les grandes villes comme Cancún et Mérida, vous trouverez tous les équipements nécessaires depuis l'appareil photo étanche jetable aux câbles en passant par les cartes mémoires. Certains vendent même des pellicules !
- Si votre appareil photo ne marche plus, vous trouverez facilement un réparateur dans les grandes villes.

Poste

- Une lettre ou une carte postale pesant jusqu'à 20 g coûte 11,50 $M pour le Canada, 13,50 $M pour l'Europe et l'Amérique du Sud et 15 $M pour le reste du monde.
- L'acheminement prend entre 15 et 20 jours ou 5 à 8 jours avec un service express, et parfois un temps indéterminé.
- Si vous envoyez un colis vers l'étranger depuis le Mexique, soyez prêt à l'ouvrir à la poste pour inspection. Emportez de quoi fermer le colis, mais ne le fermez pas avant.

Si vous avez besoin d'un service rapide et sûr, adressez-vous à un transporteur international (plus cher), comme **UPS** (www.ups.com), **FedEx** (www.fedex.com) ou le prestataire mexicain **Estafeta** (www.estafeta.com). Les prix dépendent du taux de change et de votre envoi.

Problèmes juridiques

Le droit mexicain s'inspire des codes romain et napoléonien, qui présument qu'une personne est innocente tant que sa culpabilité n'a pas été prouvée.

- Comme dans la plupart des pays, certains médicaments ne s'obtiennent que sur prescription médicale.
- Il est interdit de faire entrer toute arme à feu ou munition sur le territoire mexicain (même fortuitement).
- Selon une loi votée en 2009, la possession de petites quantités de certaines drogues à usage personnel – cannabis (5 g), cocaïne (500 mg), héroïne (50 mg) et méthamphétamine (40 mg) – n'entraîne pas de poursuites pour les délinquants qui en sont à leur première infraction. Les personnes arrêtées en possession de petites quantités de ces substances sont toutefois susceptibles de passer devant un tribunal pour déterminer s'il s'agit bien d'un usage personnel. Le mieux, pour éviter toute situation problématique, consiste à ne pas en utiliser.

UN FIL D'ARIANE EN VOYAGE

Le **portail Ariane** (pastel.diplomatie.gouv.fr/fildariane), mis en place par le Centre de crise du ministère des Affaires étrangères, est un service gratuit permettant au voyageur français à l'étranger d'être contacté par le service consulaire, sur son téléphone portable ou par e-mail, au cas où des événements graves (crise politique, catastrophe naturelle, attentat...) se produiraient dans le pays durant son séjour, ou de contacter rapidement sa famille ou ses proches en France en cas de besoin.

La procédure d'inscription se réalise en ligne, où vous donnez des informations sur votre voyage (dates de départ et de retour, numéro de téléphone portable, coordonnées d'éventuels contacts sur place, adresses de séjour et itinéraire prévu, etc.).

Grâce à ce service, vous recevrez en outre, avant votre départ, des recommandations de sécurité par e-mail si la situation dans le pays le justifie.

Il existe une application pour les smartphones et les tablettes, intitulée *Conseils aux voyageurs*.

Santé

Les voyageurs doivent surtout se méfier des maladies liées à la nourriture, à l'eau et aux moustiques, qui peuvent notamment transmettre le virus Zika et la dengue. La plupart de ces maladies ne sont pas mortelles, mais elles peuvent gâcher votre séjour et avoir des conséquences à long terme. Soyez donc à jour de vos vaccinations, emportez un antimoustique efficace et faites attention à ce que vous consommez.

Pensez à boire de l'eau régulièrement, il peut faire très chaud et il est facile de se déshydrater que ce soit en étant allongé sur une plage ou explorant les ruines d'un site archéologique.

Les hôpitaux privés fournissent de meilleurs soins que les hôpitaux publics, mais ils sont plus chers.

Avant le départ

ASSURANCE

Il est conseillé de souscrire une assurance qui vous couvrira en cas de maladie ou encore d'accident (reportez-vous p. 298).

VACCINS RECOMMANDÉS

Plus vous vous éloignez des circuits classiques, plus il faut prendre vos précautions. Faites inscrire vos vaccinations dans un carnet international (livret jaune) que vous pourrez vous procurer auprès de votre médecin ou d'un centre.

Le ministère des Affaires étrangères (www.diplomatie.gouv.fr/voyageurs) effectue une veille sanitaire et met régulièrement en ligne des recommandations sur les vaccinations.

Planifiez vos vaccinations à l'avance (au moins 6 semaines avant le départ), car certaines demandent des rappels ou sont incompatibles entre elles. Les vaccins ont des durées d'efficacité très variables ; certains sont contre-indiqués pour les femmes enceintes (voir l'encadré p. 309).

Voici les coordonnées de quelques centres de vaccination :

Institut Pasteur (☎01 45 68 80 88 ; www.pasteur.fr/fr/sante ; 209-211 rue de Vaugirard, 75015 Paris ; ⏱lun-sam, vaccinations sans rdv)

Centre de vaccination Air France (☎01 43 17 22 00 ; www.vaccinations-airfrance.fr ; 148 rue de l'Université, 75007 Paris ; ⏱lun-sam sans rdv)

Hôpital Saint-Louis – Centre de vaccination internationale et d'information aux voyageurs (☎01 42 49 46 83 ; www.vaccin-voyage-ghparis10.aphp.fr ; 1 av. Claude-Vellefaux, 75010 Paris ; ⏱jeu sur rdv, sam sans rdv)

Centre de vaccination ISBA (☎04 72 76 88 66 ; www.isbasante.com ; 7 rue Jean-Marie-Chavant, 69007 Lyon ; ⏱lun-ven sur rdv). Autres centres en France. Coordonnées sur le site Internet.

Pendant le voyage

VOLS LONG-COURRIERS

Les trajets en avion, du fait de l'immobilité prolongée, peuvent favoriser la formation de caillots sanguins dans les jambes (par exemple une phlébite). Le risque est d'autant plus élevé que le vol est long.

Généralement, l'un des premiers symptômes est un gonflement ou une douleur au pied, à la cheville ou au mollet.

En prévention, buvez en abondance des boissons non alcoolisées, faites jouer les muscles de vos jambes lorsque vous êtes assis et levez-vous de temps à autre pour marcher dans la cabine.

DÉCALAGE HORAIRE ET MAL DES TRANSPORTS

Le décalage horaire est fréquent dans le cas de trajet traversant plus de trois fuseaux horaires. Il se manifeste par des insomnies, de la fatigue, des malaises ou des nausées. En prévention, buvez abondamment (des boissons non alcoolisées) et mangez léger. En arrivant, exposez-vous à la lumière naturelle et adoptez les horaires locaux aussi vite que possible (pour les repas, le coucher et le lever).

Pour réduire les risques de mal des transports, mangez légèrement avant et pendant le voyage. Si vous êtes sujet à ces malaises, essayez de trouver un siège dans une partie du véhicule où les oscillations sont moindres : près de l'aile dans un avion, au centre sur un bateau et dans un bus. Les antihistaminiques préviennent efficacement le mal des transports – qui se caractérise principalement par l'envie de vomir –, mais ils peuvent provoquer une somnolence.

> **SANTÉ SUR INTERNET**
>
> Il existe de très bons sites Internet consacrés à la santé en voyage. Avant de partir, vous pouvez consulter les conseils en ligne du **ministère des Affaires étrangères** (www.diplomatie.gouv.fr), de l'**Organisation mondiale de la santé** (OMS ; www.who.int/fr) ou le site très complet du **ministère de la Santé** (www.sante.gouv.fr). Vous trouverez, par ailleurs, plusieurs liens sur le site de **Lonely Planet** (www.lonelyplanet.fr).

Dans le Yucatán

EAU

Règle d'or : ne buvez jamais l'eau du robinet (même sous forme de glaçons).

➜ Préférez les eaux minérales et les boissons gazeuses, tout en vous assurant que les bouteilles sont décapsulées devant vous. Évitez les jus de fruits, souvent allongés à l'eau. Attention au lait, rarement pasteurisé. Pas de problème pour le lait bouilli et les yaourts. Thé et café, en principe, sont sûrs, puisque l'eau doit bouillir. Par prudence, évitez également les crudités, qui sont bien souvent lavées avec de l'eau.

➡ Pour stériliser l'eau, la meilleure solution est de la faire bouillir durant 15 minutes. N'oubliez pas qu'à haute altitude elle bout à une température plus basse et que les germes ont plus de chance de survivre.

➡ Si vous ne pouvez faire bouillir l'eau, traitez-la chimiquement avec des comprimés ou des gouttes, comme le Micropur (vendu en pharmacie), très efficace.

➡ Vous éviterez bien des problèmes de santé en vous lavant souvent les mains. Brossez-vous les dents avec de l'eau traitée.

COUP DE SOLEIL ET INSOLATION

Sur les plages, dans le désert ou en altitude, les coups de soleil sont plus fréquents, même par temps couvert. Utilisez un écran solaire haute protection et pensez à couvrir les endroits habituellement protégés, les pieds par exemple. Les lunettes de soleil sont indispensables.

Sur la plage, un parasol est vivement recommandé, de même que le port d'un chapeau. Évitez de vous exposer aux heures les plus chaudes (12h-16h) et privilégiez l'ombre.

Une exposition prolongée au soleil peut provoquer une insolation (nausées, peau chaude, maux de tête). Dans ce cas, il faut rester dans le noir, appliquer une compresse d'eau froide sur les yeux et prendre de l'aspirine.

DENGUE ET CHIKUNGUNYA

La dengue est une infection virale présente dans toute l'Amérique centrale. Au Mexique, le risque est accru le long du golfe, surtout de juillet à septembre. La dengue se transmet par les moustiques de la famille *Aedes*, qui piquent la journée et se trouvent souvent près des habitations, ou à l'intérieur. Ils pondent dans les réserves d'eau artificielles (citernes, barils, tonneaux, pots à eau, conteneurs en plastique ou pneus jetés aux ordures). En conséquence, la dengue est surtout répandue dans les environnements urbains densément peuplés.

➡ Il n'existe pas de traitement prophylactique contre cette maladie. Poussée de fièvre, maux de tête, douleurs

VACCINS RECOMMANDÉS

MALADIE	DURÉE DU VACCIN	PRÉCAUTIONS
Diphtérie	10 ans	Recommandé. Vaccination diphtérie-tétanos-poliomyélite (DTP), en incluant la rubéole, les oreillons et la rougeole chez l'enfant.
Fièvre jaune	10 ans	Obligatoire lorsque l'on vient d'une région infectée (Afrique et Amérique du Sud). À éviter en début de grossesse.
Hépatite virale A	5 ans (environ)	Il existe un vaccin combiné hépatites A et B qui s'administre en 3 injections.
Hépatite virale B	10 ans (environ)	
Méningite	sans	Fortement recommandé pour les voyageurs au long cours (particulièrement les moins de 25 ans) et ceux se rendant en zone infectée pendant la saison épidémique.
Rage	sans	Vaccination préventive lors d'un long séjour ou dans les zones reculées.
Rougeole	toute la vie	Indispensable chez l'enfant.
Tétanos et poliomyélite	10 ans	Fortement recommandé. Vaccination diphtérie-tétanos-poliomyélite (DTP), en incluant la rubéole, les oreillons et la rougeole chez l'enfant.
Tuberculose	sans	Recommandé si vous voyagez dans des régions où la maladie est endémique. Les enfants de moins de 12 ans sont plus exposés que les adultes.
Typhoïde	3 ans	Recommandé si vous voyagez (plus d'une semaine) dans des conditions d'hygiène médiocres

SE PROTÉGER DES MOUSTIQUES

Hormis les traitements préventifs, la protection contre les piqûres de moustique est le premier moyen d'éviter d'être contaminé par le paludisme. Le soir, dès le coucher du soleil, couvrez vos bras et surtout vos chevilles, et mettez de la crème antimoustique. Ils sont parfois attirés par le parfum ou par l'après-rasage.

En dehors du port de vêtements longs, l'utilisation d'insecticides ou de répulsifs à base de DEET (de type Cinq sur Cinq) sur les parties découvertes du corps est à recommander (sauf pour les enfants de moins de 2 ans).

Évitez de sortir vers le lever et le coucher du soleil.

En vente en pharmacie, les moustiquaires constituent une protection efficace, à condition qu'elles soient imprégnées d'insecticide. De plus, ces moustiquaires sont radicales contre les insectes à sang froid (puces, punaises, etc.) et permettent d'éloigner serpents et scorpions. Vérifiez bien que celles dans les hôtels n'ont pas de trous.

D'une manière générale, le risque de contamination est plus élevé en zone rurale et pendant la saison des pluies.

articulaires et musculaires précèdent une éruption cutanée sur le tronc qui s'étend ensuite aux membres puis au visage. Au bout de quelques jours, la fièvre régresse, et la convalescence commence. Les symptômes seront similaires lors d'une infection par le chikungunya.

➡ Les complications graves sont rares et les cas les plus sévères touchent généralement les enfants de moins de 15 ans qui contractent la dengue pour la deuxième fois. La meilleure prévention est de suivre les protections d'usage contre le paludisme (voir l'encadré ci-dessus).

➡ En cas de fièvre à votre retour en France, signalez à votre médecin votre voyage au Mexique.

FIÈVRE TYPHOÏDE

La fièvre typhoïde est causée par l'ingestion d'aliments ou d'eau contaminés par la bactérie *Salmonella typhi*. La fièvre est présente quasi à chaque fois. Autres symptômes : maux de tête, douleurs musculaires, vertiges, perte d'appétit, nausée et douleurs abdominales accompagnés parfois de diarrhée ou de constipation.

Le traitement prescrit comprend souvent un antibiotique de la famille des quinolones comme le ciprofloxacin (Cipro) ou le levofloxacin (Levaquin).

HÉPATITE A

➡ L'hépatite A sévit dans toute l'Amérique centrale. C'est une infection virale du foie généralement causée par l'eau, la nourriture, la glace contaminées ou par un contact direct avec une personne infectée. Les symptômes en sont la fièvre, un malaise général, une jaunisse, des vomissements et une douleur abdominale. La plupart des personnes guérissent entièrement, mais parfois l'hépatite A peut entraîner des maladies du foie. Il n'existe aucun traitement.

➡ Le vaccin de l'hépatite A est sans danger et très efficace. Un rappel six à 12 mois plus tard vous protégera pour au moins 10 ans. Pensez-y avant de vous rendre au Mexique.

PALUDISME

Le paludisme, ou malaria, est transmis par un moustique, l'anophèle, dont la femelle pique surtout la nuit, entre le coucher et le lever du soleil. Il est présent au Chiapas et plus rarement au Quintana Roo.

➡ Le paludisme survient généralement dans le mois suivant le retour de la zone d'endémie. Symptômes : maux de tête, fièvre et troubles digestifs. Non traité, il peut avoir des suites graves, parfois mortelles. Il existe différentes espèces de paludisme et le traitement devient de plus en plus difficile à mesure que la résistance du parasite aux médicaments gagne en intensité.

➡ Les médicaments antipaludéens n'empêchent pas la contamination mais ils suppriment les symptômes de la maladie. Si vous voyagez dans des régions où la maladie est endémique, vous devez absolument suivre un traitement préventif (uniquement sur ordonnance), qu'il faut en général poursuivre après le retour. Renseignez-vous impérativement auprès d'un médecin spécialisé. Indispensable également : vous protéger des moustiques (voir l'encadré ci-dessus).

➡ Tout voyageur atteint de fièvre ou montrant les symptômes de la grippe doit se faire examiner. Il suffit d'une analyse de sang pour établir le diagnostic. Contrairement à certaines croyances, une crise de paludisme ne signifie pas que l'on est touché à vie.

SERPENTS ET SCORPIONS

Les serpents venimeux du Yucatán n'attaquent généralement pas sans être provoqués, mais une morsure peut se produire par accident si l'on s'approche trop près. De nature réservée, le serpent corail n'attaquera que sous le coup d'une importante provocation.

- En cas de morsure de serpent ou de piqûre de scorpion, calmez la victime, bandez étroitement le membre touché comme pour une foulure et transportez-la immédiatement à un endroit où elle pourra recevoir des soins. Il ne faut absolument pas sucer le venin ou poser un garrot.

- Les piqûres de scorpions sont très douloureuses et parfois mortelles. Inspectez vos vêtements ou chaussures avant de les enfiler. En cas de piqûre, appliquez aussitôt de la glace ou des compresses froides.

ZIKA

Ce virus sévit au Yucatán, même si l'on ne sait pas à quel point la région est affectée. Voir l'encadré ci-dessous. Il n'existe actuellement aucun vaccin.

Téléphone

Appels internationaux

- Pour appeler à l'étranger depuis le Mexique, faites le code international ☎00, puis composez l'indicatif du pays (☎33 pour la France, ☎32 pour la Belgique, ☎41 pour la Suisse et ☎1 pour le Canada), l'indicatif régional et le numéro de votre correspondant.

- Pour appeler le Mexique depuis l'étranger, composez le code international, suivi du ☎52 pour le Mexique, de l'indicatif régional et du numéro de votre correspondant.

Appels en PCV

Un *llamada por cobrar* (PCV) peut coûter cher à votre correspondant : il est préférable que ce soit ce dernier qui vous appelle. Si vous ne disposez pas d'un smartphone, du Wi-Fi ou de Skype, vous pouvez appeler en PCV sans carte depuis des téléphones publics à carte. Contactez l'opérateur en composant le ☎020 pour un appel national ou le ☎090 pour un appel international. "Pays service direct" se dit *"país directo" en espagnol :* mais ne comptez pas sur les opérateurs mexicains pour connaître les codes de tous les pays.

Certains hôtels ou *locutorios* peuvent demander un appel en PCV pour vous, mais le service sera payant.

Téléphones portables

Utiliser son propre téléphone au Mexique peut se révéler extrêmement onéreux en raison du tarif élevé de l'itinérance (roaming). Roaming Zone (www.roamingzone.com) est un site fournissant des offres téléphoniques intéressantes. Sinon, vous pouvez mettre une carte SIM mexicaine dans votre téléphone, qui doit pour cela être débloqué. Certaines boutiques de téléphonie mobile vous le débloqueront contre paiement. Le plus simple est d'acheter un nouveau téléphone mexicain, ils sont bon marché (le moins cher avec du crédit coûte environ 500 $M). Les téléphones comme les crédits s'achètent dans les supérettes. Les compagnies de téléphonie mobile Telcel (www.telcel.com) et Movistar (www.movistar.com.mx) bénéficient de la meilleure couverture dans la région du Yucatán. (Mais renseignez-vous, d'autres compagnies existent peut-être.)

ZIKA : DANGER POUR LES FEMMES ENCEINTES

Depuis 2015, une épidémie de Zika sévit au Mexique, surtout dans le sud du pays. Transmis par les moustiques, le virus ne s'exprime que rarement par la maladie (seul un patient sur 5 présente des symptômes, similaires à ceux de la grippe). Il est en revanche responsable de cas de microcéphalie (croissance anormalement faible de la boîte crânienne pouvant causer des lésions cérébrales) chez des bébés nés de femmes porteuses du virus pendant leur grossesse. L'infection par le virus Zika peut également entraîner plusieurs formes du syndrome de Guillain-Barré, une affection plutôt rare caractérisée par une faiblesse, voire une paralysie progressive des nerfs périphériques. De rares cas de transmission par voie sexuelle avec une personne infectée par le virus ont également été rapportés. Si les cas de contamination sexuelle restent rares et souvent bénins, le risque pour les fœtus d'une femme enceinte est en revanche considérable.

Les CDC (Centres pour le contrôle et la prévention des maladies) recommandent aux femmes enceintes de reporter tout voyage au Mexique (et les autres pays où le virus représente un risque).

La protection contre les piqûres de moustique est essentielle dans la mesure où il n'existe pas de traitement ni de vaccin actifs sur ce virus.

Comme tous les numéros de téléphone au Mexique, chaque mobile a un indicatif (en général, celui de la ville où il a été acheté). Voici comment téléphoner depuis et vers des téléphones portables mexicains.

➡ De mobile à mobile, composez le numéro à 10 chiffres.

➡ De mobile à ligne fixe, composez l'indicatif régional et le numéro.

➡ De ligne fixe à mobile, composez ☎044 avant le numéro si l'indicatif du portable est le même que celui de votre ligne ou ☎45 avant le numéro si l'indicatif du mobile est différent.

➡ De l'étranger à un mobile mexicain, composez l'indicatif pour l'international, puis l'indicatif du Mexique (☎52), puis 1, puis le numéro. Les crédits sur les mobiles mexicains et les cartes SIM s'épuisent rapidement, surtout en téléphonant hors de la zone de l'indicatif du téléphone. Mais des offres de forfaits *(paquetes)* intéressants commencent à faire leur apparition sur un marché devenu compétitif.

Téléphones fixes

Les téléphones fixes mexicains *(telefonos fijos)* ont des indicatifs à 2 ou 3 chiffres.

➡ De fixe à fixe (même ville), composez le numéro (7 ou 8 chiffres).

➡ De fixe à fixe (autre ville), composez le 01, l'indicatif de la région et le numéro.

➡ Appels à l'étranger, composez le ☎00, l'indicatif du pays (☎33 pour la France, ☎32 pour la Belgique, ☎41 pour la Suisse et ☎1 pour le Canada), l'indicatif de la région et le numéro de votre correspondant.

➡ Appels d'une ligne fixe mexicaine depuis l'étranger, composez l'indicatif international, le 52 (indicatif du Mexique), l'indicatif de la région et le numéro.

Cartes à tarif réduit pour appels longue distance

En vente chez les marchands de journaux, les *tarjetas telefónicas de descuento* (cartes de téléphone à tarif réduit) vous permettent de passer des appels longue distance à meilleur prix. Elles sont acceptées dans la plupart des cabines téléphoniques à carte.

Cabines publiques

Quelques rares cabines subsistent dans les aéroports et les gares routières. La plupart sont gérées par la compagnie **Telmex** (www.telmex.com). Elles fonctionnent avec une carte téléphonique appelée *tarjeta Ladatel*, que vous pouvez acheter dans de nombreux kiosques et magasins – cartes de 30, 50 et 100 $M. Insérez la carte dans le téléphone pour passer l'appel.

VoIP

La téléphonie VoIP (Voice Over Internet Protocol) comme Skype (www.skype.com) sont des solutions économiques pour les voyageurs avec un ordinateur et le bon logiciel. Vous pouvez aussi utiliser Skype dans les cybercafés.

Toilettes

Les toilettes publiques sont rares, il vaut mieux compter sur celles des hôtels, restaurants, gares routières et musées. On vous demandera parfois de payer 5 $M. Les toilettes des hôtels et des restaurants bon marché sont souvent dépourvues de lunette.

Il est conseillé de voyager avec du papier toilette, car il fait souvent défaut. S'il y a une poubelle à côté des toilettes (presque toujours à part dans les hôtels chics), jetez-y le papier souillé, sinon les canalisations se boucheraient.

Voyager en solo

Femmes seules

Beaucoup de progrès ont été accomplis en matière d'égalité des sexes et la population du Yucatán est généralement très courtoise. Les femmes voyageant seules peuvent néanmoins être victimes de sifflets, de commentaires à voix haute et de tentatives de drague (demandes de mariage comprises).

Ici comme ailleurs, faites preuve de bon sens et restez vigilantes.

Dans les villes à l'intérieur du pays comme Mérida et Valladolid, vous remarquerez que les femmes dévoilent peu leur corps. Ce style vestimentaire permet aussi de dissimuler plus aisément ses objets de valeur.

Transports

DEPUIS/VERS LE YUCATÁN

Entrer dans la région

Les ressortissants français, belges, suisses et canadiens n'ont pas besoin de visa pour se rendre au Mexique en visite touristique. Sur présentation de leur passeport en cours de validité et de leur billet d'avion aller-retour, il leur sera délivré un formulaire migratoire multiple (FMM) soit par la compagnie aérienne, soit par les services de l'immigration. Cela leur permettra de séjourner au Mexique jusqu'à 180 jours.

Les formalités à la frontière ne prendront que le temps pour le service de l'immigration de regarder votre passeport et de noter la durée de votre séjour sur votre permis touristique. Ceux arrivant au Mexique via les États-Unis devront être en règle vis-à-vis de la législation américaine.

Voie aérienne

La plupart des voyageurs arrivent sur la péninsule du Yucatán en avion. Les vols directs proviennent en général d'un aéroport majeur et les correspondances se font à Mexico.

AVERTISSEMENT

Les informations contenues dans ce chapitre sont particulièrement susceptibles de changements. Vérifiez directement auprès de la compagnie aérienne ou de l'agence de voyages les modalités d'utilisation de votre billet d'avion. N'hésitez pas à comparer les prestations. Les détails fournis ici doivent être considérés à titre indicatif et ne remplacent en rien une recherche personnelle attentive.

La compagnie aérienne nationale est Aeroméxico. Le rapport de sécurité aérienne la considère aussi sûre que la plupart des compagnies américaines et européennes. Les compagnies low cost décollent le plus souvent de Mexico. Les avions de MayAir desservent Cozumel, Cancún et Mérida.

Aéroports et compagnies aériennes

La majorité des vols arrivent à Cancún ou Mérida. Voici les principaux aéroports du Yucatán.

Aeropuerto Ángel Albino Corzo (☎961-153-60-68 ; www.chiapasaero.com ; Sarabia s/n). Alias Tuxtla Gutiérrez ; dessert San Cristóbal de las Casas au Chiapas.

Aeropuerto Internacional de Cancún (☎998-848-72-00 ; www.asur.com.mx ; route 307, km 22)

Aeropuerto Internacional de Mérida (☎999-940-60-90 ; www.asur.com.mx ; route 180, km 4,5 ; 🚌R-79)

Cozumel Airport (☎987-872-20-81 ; www.asur.com.mx ; blvr. Aeropuerto Cozumel s/n) Campeche, Chetumal, Ciudad del Carmen, Palenque et Villahermosa ont également un aéroport.

VOLS DOMESTIQUES

Aeroméxico (☎55-5133-4000 ; www.aeromexico.com)

Interjet (☎55-1102-5555 ; www.interjet.com)

Magnicharters (☎55-5141-1351 ; www.magnicharters.com.mx)

MayAir (☎800-962-92-47 ; www.mayair.com.mx)

VivaAerobus (☎81-8215-0150 ; www.vivaaerobus.com)

Volaris (☎55-1102-8000 ; www.volaris.com)

Depuis la France

Il y a quelques liaisons directes pour Cancún au départ de Paris, notamment assurées par Air France, mais les vols avec escale, parfois à peine plus longs, sont la plupart du temps bien plus avantageux. Vous pourrez opter pour les transporteurs suivants :

Aeromexico (☎0800 91 67 54 ; www.aeromexico.com). Dessert Cancún au départ de Paris (18 heures de vol, à partir de 800 €) avec une escale à Mexico.

Air France (☎36 54 ; www.airfrance.fr). Assure 5 vols directs par semaine pour Cancún (10 heures 45 de vol, à partir de 1500 €) et de nombreuses liaisons avec correspondances, en partage de code avec Aeromexico (Cancún ou Mérida).

Condor (www.condor.com/fr). Relie Cancún via Francfort en 16 heures environ (à partir de 860 €).

Eurowings (www.eurowings.com). Relie Cancún via Düsseldorf en 16 heures (à partir de 650 €).

XL Airways (☎0 892 692 123 ; www.xl.com). Propose des liaisons (certaines directes) vers Cancún depuis Paris-CDG, dès 500 € l'aller-retour en basse saison.

Depuis la Belgique

La compagnie low cost belge **TUI Fly Belgium** (www.tuifly.be) propose un vol direct Bruxelles-Cancún (14 heures 20, à partir de 750 €).

Pour les vols avec escale, vous aurez le choix entre les transporteurs et voyagistes suivants :

Air Canada (☎0825 880 881 ; www.aircanada.com/fr).

Airstop (☎070 233 188 ; www.airstop.be)

Connections (☎070 23 33 13 ; www.connections.be). Le spécialiste belge du voyage pour les jeunes et les étudiants.

Delta Air Lines (☎0800 221 12 12fr.delta.com/eu/fr)

Gigatours/Éole (☎02 672 35 03 ; www.voyageseole.be)

Swiss (☎32 78 15 53 19 ; www.swiss.com/BE/fr)

Depuis la Suisse

Swiss (www.swiss.com ; ☎41 848 700 700) assure un vol direct Zurich-Cancún (13 heures de vol environ, à partir de 1 340 CHF), tout comme **Edelweiss Air** (www.flyedelweiss.com), 13 heures de vol environ, à partir de 1 130 CHF.

Pour un vol moins cher, avec escale, essayez **Eurowings** (www.eurowings.com).

AGENCES EN LIGNE

Vous pouvez réserver votre vol via une agence en ligne ou vous renseigner auprès d'un comparateur de vols :

www.bourse-des-vols.com

www.easyvoyage.com

www.ebookers.fr

www.expedia.fr

www.govoyages.com

www.illicotravel.com

www.kayak.fr

www.opodo.fr

www.oui.sncf

www.partirou.com

www.skyscanner.fr

voyages.kelkoo.fr

STA Travel (☎01 86 26 64 43 ; www.statravel.fr)

Depuis le Canada

Air Canada (☎888 247 2262 ; www.aircanada.com/ca/fr) et **Interjet** (☎1 844 8744 053 ; www.interjet.com/fr-ca) desservent Cancún au départ de Montréal sans escale (5 heures 30 de vol, à partir de 505 $CA).

Pour les vols avec escale, essayez les transporteurs et voyagistes suivants :

Expedia (☎800 469 1793 ; www.expedia.ca)

Orbitz (☎844 803 5576 ; www.orbitz.com)

Travelcuts (☎800 667 2887 ; www.travelcuts.com). L'agence de voyages nationale des étudiants canadiens

Travelocity (www.travelocity.com)

United Airlines (☎1-800 864 8331 ; www.united.com/fr/ca). Propose un vol avec une escale (8 heures de vol) à 494 $CA.

TAXE DE DÉPART

La taxe de départ ou TUA (Tarifa de Uso de Aeropuerto) est presque toujours incluse dans le prix du billet d'avion ; si ce n'est pas le cas, vous devrez l'acquitter en espèces. Elle varie selon l'aéroport, et coûte environ 26 $US pour les vols internationaux et sensiblement moins pour les liaisons intérieures. Cette taxe est indépendante des frais liés au permis touristique, également compris dans le prix du billet d'avion.

Deux taxes s'appliquent sur les vols intérieurs : IVA, la taxe à valeur ajoutée (16%) et la TUA, une taxe d'aéroport d'environ 14 $US. Au Mexique, les taxes sont normalement incluses dans le prix annoncé et réglées lors de l'achat du billet. Mais si vous achetez votre ticket à l'étranger, vous devrez payer la TUA en arrivant au Mexique.

Voie terrestre

Mexique

- La route 180 part du nord de Villahermosa, la capitale du Tabasco, pour ensuite longer la côte jusqu'au Campeche et se diriger vers Mérida où elle prend la direction de Cancún vers l'est. Pour Cancún, il existe deux routes, une gratuite (route 180), l'autre payante (route 180D).
- À Cancún, la route 180 rejoint la route 307 qui passe au sud, le long de la Riviera Maya et la Costa Maya, jusqu'à Chetumal, la capitale du Quintana Roo. À partir de Chetumal, la route 186 vous amène à la route 199, l'embranchement pour Palenque et San Cristóbal au Chiapas.
- Palenque se trouve à deux heures de Villahermosa. Après Villahermosa, la route 180 se poursuit vers l'ouest en direction de l'État de Veracruz.

BELIZE

- Il est très facile pour le voyageur de se rendre du Mexique à Belize, situé à l'extrémité sud du Quintana Roo.
- Toute personne quittant le Belize pour le Mexique doit s'acquitter d'une taxe de sortie de 15 $US pour les séjours de moins de 24 heures, et de 19 $US au-delà. Les taxes sont payables en espèces (dollars béliziens ou américains) ; en général, les autorités ne rendent pas la monnaie sur les paiements en dollars américains.
- Des bus fréquents partent de Chetumal à destination des villes béliziennes de Corozal (50 $M, 1 heure) et d'Orange Walk. Les bus partent de l'ancienne gare routière ADO et certains continuent jusqu'à la ville de Belize.
- Un bateau relie Chetumal à San Pedro. C'est un moyen plus simple, mais plus cher, que prendre un bus jusqu'à Belize et ensuite un bateau.
- Les agences de location de voitures ne vous autorisent pas à traverser la frontière entre le Mexique et le Belize avec leur véhicule.

GUATEMALA

- Les postes-frontières terrestres de Ciudad Cuauhtémoc/La Mesilla, ainsi que ceux de Ciudad Hidalgo/Ciudad Tecún Umán et Talismán/El Carmen sont tous reliés à la capitale, Guatemala Ciudad, et à des villes voisines au Guatemala et au Mexique, par de nombreux bus et/ou combis.
- À partir de San Cristóbal de las Casas, des minibus rejoignent chaque jour Quetzaltenango, Panajachel et Antigua au Guatemala.
- De plus, plusieurs bus partent de la gare routière de San Cristóbal de las Casas pour rallier Ciudad Cuauhtémoc où des bus guatémaltèques se rendent à la ville-frontière La Mesilla.
- **Transportes Palenque** (☎Guatemala 01-91-6345-2430 ; www.transportespalenque.com/home/ ; Calle Allende, entrée Av 20 de Noviembre y Corregidora, Col Centro, Palenque Chiapas). Vans et combis de Palenque à Tenosique (Tabasco) où vous trouverez des correspondances pour le Guatemala.
- Les voyageurs véhiculés peuvent emprunter la route entre Tenosique et Flores (Guatemala) en passant par la frontière à El Ceibo.
- Les agences de location de voitures ne vous autorisent pas à traverser la frontière entre le Mexique et le Guatemala avec leur véhicule.

Voie maritime

Des taxis-bateaux partent du *muelle fiscal* (quai) à Chetumal sur le bd Bahía pour San Pedro (Belize). Un service quotidien est assuré par l'une ou l'autre des deux compagnies existantes. Plus d'informations sur www.sanpedrowatertaxi.com et www.belizewatertaxi.com.

Les ports de Mahahual, Puerto Chiapas, Progreso et Isla Cozumel sont desservis par les bateaux de croisière.

Carnival Cruise Lines (www.carnival.com)

Crystal Cruises (www.crystalcruises.com)

Norwegian Cruise Lines (www.ncl.com)

P&O Cruises (www.pocruises.com)

Princess Cruises (www.princess.com)

Royal Caribbean International (☎Mexico 55-877-3492 ; www.royalcaribbean.com)

VOYAGES ORGANISÉS

Le Yucatán fait l'objet de nombreux voyages et séjours organisés classiques, mais aussi de circuits à thème (architecture, sites archéologiques, cyclotourisme, randonnée, plongée, etc.). N'hésitez pas à comparer les prix avant de faire votre choix.

Spécialistes de l'Amérique latine et généralistes

Comptoir des Voyages (☎01 53 10 30 15 ; www.comptoir.fr ; 2 au 18 rue Saint-Victor, 75005 Paris). Autres agences en France. Circuits en itinérants, autotours, pour handicapés ou en famille. Plusieurs séjours au Yucatán.

Jerrycan Voyages (☎022 346 92 82 ; www.jerrycan-travel.ch ; rue Sauter 11, 1205 Genève). Une agence suisse qui propose des circuits culturels de 11 à 16 jours.

TRANSIT PAR LES ÉTATS-UNIS

Depuis 2016, même pour un simple transit aux États-Unis, il est obligatoire de posséder un passeport biométrique (généralisé maintenant en France) et de faire une demande d'autorisation de voyage électronique, appelée **ESTA**. Connectez-vous au site https://esta.cbp.dhs.gov/esta pour remplir le formulaire en ligne. La réponse est en général fournie immédiatement par le système électronique ; néanmoins il est conseillé de s'acquitter de cette formalité au moins 72 heures avant le départ. Une taxe de 14 $US est exigée (payable en ligne).

L'ESTA est valable deux ans mais doit être renouvelée en cas de changement de situation (état civil, adresse, etc.) ou de passeport. Cette autorisation vous permet également de sortir de l'aéroport en cas d'escale longue. Renseignez-vous suffisamment tôt avant votre départ sur les modifications éventuelles des modalités de transit aux États-Unis.

Maison des Amériques latines (☎01 84 25 43 57 ; 3 rue Cassette ou 76 rue Bonaparte, 75006 Paris ; www.maisondesameriqueslatines.com). De nombreux autotours, circuits et séjours au Mexique.

Voyageurs du Monde (☎01 42 86 16 00 ou 01 84 17 21 67 ; www.voyageursdumonde.fr ; 55 rue Sainte-Anne, 75002 Paris). Douze autres agences en France (Bordeaux, Grenoble, Nantes, Lille, Montpellier, etc.) et agences à Bruxelles et à Genève. Voyages itinérants et séjours de 10 à 16 jours, certains en famille.

Art et culture

Arts et Vie (☎01 40 43 20 21 ; www.artsetvie.com ; 251 rue de Vaugirard, 75015 Paris). Autres agences à Grenoble, Marseille, Lyon et Nice. Un circuit de 14 jours : les grands sites précolombiens.

Clio (☎01 53 68 82 82 ; 34 rue du Hameau, 75015 Paris ; www.clio.fr). Un circuit ayant pour thèmes l'archéologie et l'architecture au Mexique, mais aussi au Guatemala et au Honduras.

Autour d'une activité sportive

Allibert Trekking (☎04 76 45 84 84 ou 04 76 45 50 50 ; www.allibert-trekking.com ; rue de Longifan, 38530 Chapareillan). Autres agences à Paris, Nice, Chamonix, Toulouse et Lyon, et agences en Belgique et en Suisse. Trekking et randonnée au Mexique.

Akaoka (☎01 83 62 19 68 ; www.compagnie-du-trek.com ; 12 rue Albert-Ier, 95620 Parmain). Randonnées et treks (notamment un voyage solidaire à la rencontre des Mayas).

Huwans – Club Aventure (☎01 44 32 09 30, en Suisse 022 320 50 80 ; www.huwans-clubaventure.fr ; 18 rue Séguier, 75006 Paris). Autres agences à Lyon, Marseille et Genève. Des randonnées de 14 à 22 jours (notamment "L'essentiel du Yucatán en liberté", en 15 jours).

Nomade Aventure (☎01 46 33 70 28, 01 46 33 71 71 ; www.nomade-aventure.com ; 40 rue de la Montagne-Sainte-Geneviève, 75005 Paris). Autres agences à Lyon, Toulouse et Marseille. Plusieurs circuits de 9 à 18 jours : multiactivités, culture, civilisation, découverte, canoë/kayak ou randonnée.

Océanes (☎04 42 52 82 40 ; www.oceanes.com ; 147 chemin des Ruches, Les Gardis, 13490 Jouques). Des séjours plongée tout compris au Mexique (hébergement en hôtel).

Terres d'Aventure (☎01 70 82 90 00 ; www.terdav.com ; 30 rue Saint-Augustin, 75002 Paris). Dix autres agences en France et agences en Belgique et en Suisse. Des circuits accompagnés : découvertes, randonnées, snorkeling ou trek soutenu.

Ultramarina (☎0 825 02 98 02 ; www.ultramarina.com ; 29 rue de Clichy, 75009 Paris). Autres agences à Marseille, Lyon et Nantes, ainsi qu'en Suisse. Des voyages plongée, dans les *cenotes*, à Cozumel, Playa del Carmen ou Isla Mujeres.

Zig-Zag Randonnées (☎01 42 85 13 93 ou 01 42 85 13 18 ; www.zigzag-randonnees.com ; 54 rue de Dunkerque, 75009 Paris). Des circuits à la découverte de sites archéologiques, des villages mayas ou des *cenotes*.

COMMENT CIRCULER

Bateau

Des ferries partent régulièrement de Playa del Carmen pour l'Isla Cozumel, de Cancún pour l'Isla Mujeres et de Chiquilá pour l'Isla Holbox. Les prix indiqués valent pour un aller simple.

Isla Holbox 150 $M

Isla Cozumel 175 à 200 $M

Isla Mujeres 160 $M depuis Puerto Juárez ; environ 14 $US depuis Zona Hotelera

Les terminaux à Cancún et Chiquilá sont équipés de parkings longue durée. Pour en savoir plus sur les horaires, les lieux d'embarquements et autres, consultez les sites www.granpuerto.com.mx et www.transcaribe.net. Les ferries de Holbox n'ont de site Internet.

Pour vous rendre sur l'Isla Contoy, contactez

les tour-opérateurs ayant des bateaux qui partent depuis **Cancún** (☎998-886-42-70 ; www.contoytours.com ; Calle Vialidad s/n, V&V Marina ; adulte/enfant 5-12 ans 117/102 $US ; ⏲circuits 9h-17h30 mar-dim) et **Isla Mujeres** (carte p. 85 ; ☎portable 998-1436758, portable 998-2570100 ; angle Av Rueda Medina et Morelos ; snorkeling à partir de 35 $US, circuit observation des requins-baleines 100 $US, Isla Contoy 75 $US ; ⏲7h-18h).

Bus

La péninsule du Yucatán possède un bon réseau de routes et de lignes de bus. Des services interurbains confortables et fréquents desservent la région à des prix raisonnables. La plupart des villes ont une gare routière où convergent les bus longue distance, appelée Terminal de Autobuses, Central de Autobuses, Central Camionera ou La Central (à ne pas confondre avec *el centro*, le centre-ville !).

Parfois, les compagnies de bus arrivent en des points différents de la ville et non dans une seule et même gare routière. **Grupo ADO** (☎Mexico City 55-5784-4652 ; www.ado.com.mx) opère un grand nombre des lignes de bus que vous allez utiliser.

Classes

DELUXE ET EXECUTIVE

Les *bus de lujo*, *primera plus* et *ejecutivos*, encore plus confortables, assurent surtout les liaisons interurbaines les plus fréquentées. Ils sont rapides (il y a peu ou pas d'arrêts), possèdent des sièges inclinables, suffisamment de place pour les jambes, la climatisation, des films (écran de TV individuel), des toilettes (mais pas toujours du papier toilette) et souvent des boissons, des en-cas et le Wi-Fi. Ils empruntent les routes à péage dès que possible.

ADO Platino (carte p. 66 ; www.ado.com.mx ; angle Av Uxmal et Av Tulum), ADO GL et OCC fournissent un service de luxe. Les tickets s'achètent à la gare routière avant le départ du bus.

1RE CLASSE

Les bus *primera clase* (*1a*) fournissent un siège numéroté, confortable, à chaque passager. Les conditions de confort sont toujours correctes. Les bus sont climatisés, pourvus de toilettes et font très peu d'arrêts. Ils diffusent des films sur des écrans de TV. Ils empruntent également les routes à péage dès que possible. N'oubliez pas de prendre un lainage ou une veste, il peut faire très frais à cause de la climatisation. Tout comme pour les bus deluxe, les tickets s'achètent à la gare routière avant l'embarquement. ADO est la référence des 1re classe.

2E CLASSE

Les bus *segunda clase* (*2a*), ou *económico*, assurent la liaison entre les petites villes et les villages, ainsi que certains trajets interurbains, à un prix et à une vitesse inférieurs. Certains d'entre eux sont presque aussi rapides, confortables et directs que les services de 1re classe. D'autres sont vieux, lents et délabrés. Les WC sont rares. De nombreux bus de seconde classe n'ont pas de billetterie ; vous achetez votre billet auprès du chauffeur. Ils prennent souvent des routes non payantes et s'arrêtent n'importe où pour déposer ou embarquer des passagers. En montant à mi-parcours, vous risquez de rester debout sur une partie du trajet. La petite somme que vous économisez en voyageant en 2e classe ne vaut pas en termes de confort et de temps perdu. Par contre, cela vous permet de rencontrer les gens du pays et de passer par des endroits moins touristiques. Mais les bus de 2e classe peuvent aussi être moins sécurisés que les bus de 1re classe ou que les deluxe. Dans les régions les plus reculées, ce sont souvent les seuls bus assurant les liaisons.

VOYAGES ET CHANGEMENTS CLIMATIQUES

Tous les moyens de transport fonctionnant à l'énergie fossile génèrent du CO_2 – la principale cause du changement climatique induit par l'homme. L'industrie du voyage est aujourd'hui dépendante des avions. Si ceux-ci ne consomment pas nécessairement plus de carburant par kilomètre et par personne que la plupart des voitures, ils parcourent en revanche des distances bien plus grandes et relâchent quantité de particules et de gaz à effet de serre dans les couches supérieures de l'atmosphère. De nombreux sites Internet utilisent des "compteurs de carbone" permettant aux voyageurs de compenser le niveau des gaz à effet de serre dont ils sont responsables par une contribution financière à des projets respectueux de l'environnement. Lonely Planet "compense" les émissions de tout son personnel et de ses auteurs.

Les grandes compagnies de bus de 2e classe sont Mayab Sur, Oriente et Noreste.

Les microbus ou "micros" sont de petits bus de 2e classe souvent récents avec environ 25 places assises qui opèrent souvent sur des trajets courts entre agglomérations.

Coût

Les bus de première classe coûte environ 1,50 à 2 $M le kilomètre. Les bus deluxe coûteront 10 à 20% plus cher, mais la classe affaires *(ejecutivo)* peut être jusqu'à 50 % plus chère. Les bus de 2de classe coûte environ 20% de moins que la 1re classe.

Réservations

Pour les trajets jusqu'à 4 à 5 heures sur des itinéraires très fréquentés, vous pouvez vous rendre directement à la gare routière, acheter un billet et embarquer immédiatement. Pour des voyages plus longs, des parcours inhabituels ou durant les périodes de vacances, réservez une place au moins 24 heures à l'avance, voire 2 ou 3 jours avant. Il est généralement possible de choisir son siège en achetant sa place.

Pour réserver des places sur les lignes deluxe et de 1re classe tels ADO et OCC, vous pouvez passer par **Mi Escape** (carte p. 160 ; ✆999-924-08-30 ; www.miescape.mx ; Calle 70 555, entre 69 et 71, Centro, Mérida ; ⌚8h-21h lun-ven, 9h-17h sam et dim), une centrale de réservation avec des bureaux à Mérida, Cancún, Cozumel, Campeche et San Cristóbal de las Casas. Mi Escape ajoutant des frais de 10% au prix du billet, vous économiserez de l'argent en achetant votre billet à la gare routière.

ADO (www.ado.com.mx) propose des offres spéciales sur son site Internet.

Voiture et moto

Conduire au Mexique n'est pas aussi simple qu'aux États-Unis par exemple, et la location d'une voiture peut se révéler onéreuse à long terme. Néanmoins, disposer d'un véhicule vous donnera de la flexibilité et de la liberté. Pour atteindre les plages les plus isolées de la péninsule comme Punta Allen ou la côte à l'est de Progreso, la voiture est infiniment plus commode.

Idéalement, le conducteur devrait disposer de rudiments d'espagnol, de beaucoup de patience et d'espèces en cas de pépins. Les très grosses voitures ne sont guère pratiques sur les petites routes de campagne de la péninsule. Une berline avec un coffre sera plus sûre qu'une voiture à hayon pour garder vos objets de valeur. Les roues (roue de secours comprise), les amortisseurs et les suspensions doivent être en bon état. Pour plus de sécurité, optez pour une canne antivol.

Rouler à moto au Yucatán est pour le moins sportif. La route et la circulation peuvent être mauvaises et il est difficile de trouver des pièces détachées et des mécaniciens, mais vous pouvez très bien visiter les Isla Mujeres et Cozumel en scooter. Le port du casque est obligatoire au Mexique.

Venir avec sa propre voiture

À moins de rester vraiment longtemps au Yucatán ou au Mexique, il est plus intéressant de louer une voiture, sauf peut-être si vous voyagez avec votre matériel de plongée ou d'autres bagages encombrants.

Pour connaître toutes les formalités, vous pouvez vous renseigner auprès de l'American Automobile Association (www.aaa.com), d'un consulat mexicain ou de l'office du tourisme du Mexique (www.visitmexico.com).

Assurance

Il est imprudent de conduire au Mexique sans avoir souscrit une assurance locale. En cas d'accident, vous risquez d'être emprisonné et votre véhicule sera immobilisé le temps que votre responsabilité soit évaluée. Si vous êtes en tort dans un accident ayant entraîné des blessures ou la mort d'autrui, vous risquez d'être emprisonné tant que vous n'aurez pas dédommagé les victimes et payé les amendes éventuelles. Une assurance mexicaine adéquate est la seule véritable protection : elle est considérée comme une garantie de paiement des dédommagements.

La législation ne reconnaît que l'assurance automobile *(seguro)* mexicaine – un contrat américain ou canadien, même s'il vous couvre, ne sera donc pas accepté. Vous pouvez contracter une assurance mexicaine sur Internet par l'intermédiaire du spécialiste **Sanborn's** (www.sanbornsinsurance.com) ou d'autres compagnies. La plupart des voyageurs louent un véhicule avec une couverture minimale où l'on peut souscrire à des garanties complémentaires.

Carburant

La *gasolina* (essence) et le diesel sont vendus par la compagnie nationale Pemex (Petróleos Mexicanos) et d'autres compagnies depuis la récente dérégulation du marché. Toutes les grandes villes et la plupart des villes de taille moyenne ont des stations-service. Si vous partez dans une zone isolée, pensez à faire le plein avant votre départ et à chaque fois que vous en aurez l'occasion. Le seul carburant disponible au Mexique est du *sin plomo* (sans plomb), vendu sous deux formes :

Magna (87 octane). Sans plomb régulier ; 13,57 $M le litre au moment de nos recherches.

Premium (91 octane et une teneur en soufre moins élevée). Super sans plomb ; environ 14,38 $M le litre.

Avant de vous servir en carburant, assurez-vous que la pompe ait été remise à zéro. Les stations-service emploient des hommes à la pompe (ils apprécieront un pourboire de 5 $M environ). Les stations-service n'acceptent pas toujours les cartes bancaires. Une arnaque courante consiste à vous faire croire que vous avez payé avec un billet de 50 $M au lieu d'un billet de 500 $M et de vous réclamer la différence. Pensez à compter vos sous avant de régler la note.

CARTES

Les directions ne sont pas toujours bien indiquées, surtout le long des routes sans péage, une bonne carte est par conséquent indispensable. La carte routière *Yucatán Peninsula Travel Reference Map* (12 $US) d'ITMB est un bon choix si vous visitez d'autres régions du Mexique, du Guatemala ou le Belize. *Por las Carreteras de México* (220 $M) de Guia Roji vous sera très utile. Les cartes routières de Guia Roji sont vendues dans les librairies, les grands magasins Sanborns, certains kiosques à journaux et sur le site Internet www.guiaroji.com.mx.

L'autre option est évidemment Google Maps, mais comme il arrive qu'il n'y ait pas de réception, il vaut mieux ne pas compter uniquement sur lui. MapsMe est une application GPS qui fonctionne quant à elle hors ligne et se révèle très pratique.

Code de la route

- La conduite se fait à droite.
- Les limites de vitesse sont comprises entre 80 et 120 km/h sur les autoroutes (moins quand elles traversent des zones urbanisées), et entre 30 et 50 km/h dans les agglomérations. Les limites de vitesse et le code de la route ne sont guère respectés sur les autoroutes.
- Les rues à sens unique sont la règle en ville. Les panneaux avec une flèche indiquent le sens de la circulation. Si la flèche indique les deux directions, il s'agit d'une route à double sens.
- Bien que ce soit moins fréquent au Yucatán, il se peut que la police vous arrête sur la route pour une infraction imaginaire. Souvenez-vous que vous n'avez pas à payer de pot-de-vin et les policiers corrompus ne devraient pas trop insister pour en obtenir. Vous pouvez aussi demander à voir les informations relatives à la loi que vous êtes censé avoir outrepassée. De plus, demandez toujours le nom de l'officier de police, le numéro de son badge, du véhicule et son département (fédéral, national ou municipal). Payez toute amende au commissariat de police et demandez un reçu. Si vous voulez faire une réclamation, adressez-vous à un office de tourisme national.
- Des policiers sont parfois stationnés le long des autoroutes et des routes, ils sont signalés par des cônes orange et un petit bureau. Selon la loi, vous devez ralentir et utiliser vos feux de détresse lorsque vous vous approchez d'eux (ils peuvent vous demander votre permis de conduire, mais le plus souvent, ils vous signalent de passer). Notez qu'il ne s'agit pas là des postes de contrôle des *federale* où des hommes portant des masques noirs vous font sortir de voiture pour fouiller votre véhicule. Ils vous demandent en général où vous allez et d'où vous venez, et si vous êtes poli et honnête tout se passera bien. La première fois, l'intervention peut surprendre, mais elle vise seulement les membres des cartels et les trafiquants.
- Les noms des rues sont rarement indiqués hors du centre-ville. Parfois, on les trouve sur des pylônes ou au coin d'un mur.

Dangers et état des routes

Plusieurs grandes routes (souvent à quatre voies) à péage relient les grandes villes de la péninsule. Souvent en meilleur état, elles sont plus rapides que les routes secondaires gratuites.

Conduire pendant la saison des pluies (mai à octobre) peut se révéler difficile, surtout sur des mauvaises routes dans les secteurs ruraux et côtiers.

- Méfiez-vous des panneaux "Alto" (Stop), des *topes* (ralentisseurs) et des nids-de-poule (y compris sur les autoroutes). Ils sont souvent placés là où on ne s'y attend pas et vous risquez de recevoir une amende ou d'abîmer votre voiture si vous ne les voyez pas. Les panneaux "Tope" et "Vibradores" signalent la présence de ralentisseurs en série – les plus redoutables sont ceux sans marquage au sol et sans panneau de signalisation !
- Mieux vaut éviter de conduire de nuit car les véhicules sans phares, les ralentisseurs mal indiqués, les cailloux, les piétons et les animaux sont fréquents. Les agressions et les hold-up ne sont pas rares (soyez vigilant surtout du côté de la frontière Mexique-Guatemala).

Les routes étroites à double sens où la végétation dépasse sur la route peuvent être entièrement occupées par les camions qui roulent au-delà de la limite de vitesse. Lorsqu'un camion approche, garez-vous sur le bas-côté pour le laisser passer au lieu de risquer une collision.

Location

La location de voiture au Yucatán est relativement bon

marché et simple à organiser. Les réservations se font par Internet, téléphone ou en personne. Les voitures sont à disposition dans les agences, les aéroports et les grands hôtels. Une réservation en ligne vous coûtera moins cher.

Il faut fournir un permis de conduire (celui de votre pays conviendra) en cours de validité, un passeport et une carte bancaire internationale. Vous devrez en général être âgé d'au moins 21 ans (parfois 25 ans, ou bien on vous demandera une surtaxe si vous avez entre 21 et 24 ans). Lisez bien toutes les clauses du contrat de location. En plus du prix de la location, vous devrez payer une taxe et une assurance. Sachez cependant que l'assurance complète peut presque faire doubler le prix de location de base indiqué sur certains sites Internet de réservation, mais vous pouvez, en général, vous limiter à une assurance au tiers à bas prix. Faites-vous bien préciser ce que couvre l'assurance : les assurances contre le vol ou les dommages ne couvrent parfois qu'un pourcentage des coûts. Il vaut mieux prendre toutes les garanties complémentaires avec la meilleure couverture de responsabilité civile. La loi mexicaine permet d'emprisonner les conducteurs après un accident s'ils ne peuvent faire état d'une assurance au tiers.

➡ Les entreprises locales peuvent être moins chères que les grandes firmes, mais ce n'est pas toujours le cas. Les tarifs de location vont généralement de 600 à 1 000 $M par jour, avec kilométrage illimité, assurance de base et taxes. Pour une location à la semaine ou au mois, le tarif baisse de 20 à 40%.

➡ Un supplément est demandé si le lieu de retour est différent du lieu de prise en charge.

➡ Vous paierez moins cher en évitant de louer votre véhicule à l'aéroport, qui ajoute souvent 10% à votre facture.

➡ Souvenez-vous que vous ne pouvez pas sortir du Mexique avec votre véhicule de location sauf avec une autorisation spéciale.

Permis de conduire

Pour conduire un véhicule à moteur au Mexique, vous devez être muni d'un permis de conduire (de votre pays) en cours de validité.

Quelques conseils sur la route

➡ Des véhicules arrivant derrière vous à grande vitesse vous inviteront par des appels de phares à changer de voie pour les laisser passer.

➡ Certaines routes changent de sens sans prévenir : soyez extrêmement attentif.

➡ Le vol du véhicule n'est pas inclus dans l'assurance. Pensez-y quand vous vous garez le soir.

➡ L'assurance ne couvre pas les dégâts ou les dépannages occasionnés par des routes en mauvais état.

➡ Les roues de secours sont parfois dérobées dans les grandes villes. Assurez-vous d'avoir toujours la vôtre avant de partir dans des secteurs reculés.

➡ Si à un poste de contrôle militaire ou de police, on vous fait signe de vous arrêter, restez calme et courtois. On recherche des véhicules transportant de la drogue et des armes. Vous ne cachez – évidemment – ni l'un ni l'autre.

En stop

Quel que soit le pays, le stop présente toujours des dangers et même dans cette région relativement tranquille, il vaut mieux l'éviter. Les voyageurs qui optent pour ce mode de déplacement doivent savoir qu'ils prennent des risques potentiellement dangereux. Souvenez-vous que le kidnapping est pratiqué au Mexique. Mieux vaut toujours faire du stop à deux, et informer une tierce personne de la destination prévue. Une femme voyageant seule ne devrait absolument pas faire du stop au Mexique, et même à deux, cela reste fortement déconseillé surtout près de la frontière Mexique-Guatemala.

Cependant, certaines personnes choisissent ce mode de déplacement, un moyen en fait relativement courant pour rallier les sites qui sortent des chemins battus et les lieux mal desservis par les bus. Si c'est votre cas, restez vigilant et ne montez pas dans un véhicule si vous avez un doute.

Au Mexique, il est d'usage pour l'auto-stoppeur de proposer une somme pour payer son voyage surtout s'il s'agit d'un véhicule de travail ou commercial. En règle générale, on offre 30 à 50 $M par personne pour un trajet court et 100 $M pour un trajet plus long.

Si vous circulez en voiture dans une zone rurale, des habitants vous demanderont parfois de les emmener quelque part. La plupart cherchent uniquement à remplacer un service de bus défaillant, mais ne vous sentez en aucun cas obligé d'accepter surtout si vous avez une appréhension.

Transports urbains

Bus locaux

Généralement appelés *camiones*, les bus locaux restent le moyen de transport le plus économique pour découvrir les environs des grandes villes, comme Cancún ou Mérida. Les bus s'arrêtent en principe uniquement aux *paradas* (arrêts), même si certains accepteront de s'arrêter à l'angle d'une rue si vous leur faites signe. La plupart ont de la monnaie.

Colectivos et combis

Sur presque toute la péninsule, des véhicules différents – des camionnettes Volkswagen, Ford ou Chevrolet – proposent un service de transport partagé entre des villes ou des villages. Ces véhicules partent en général une fois qu'ils ont fait le plein de passagers. Les prix sont meilleur marché que ceux des bus 1re classe. Combi est un terme utilisé pour les véhicules Volkswagen, *colectivos* pour un genre de minibus. *Taxi colectivo* signifie qu'il s'agit d'un transporteur public ou privé selon le lieu.

Taxi

Les taxis sont nombreux en ville et étonnamment économiques. Les courses sont facturées 20-25 $M/km. Si le taxi est équipé d'un compteur, demandez au chauffeur s'il fonctionne *(¿Funciona el taxímetro?)*. Si ce n'est pas le cas, convenez du prix de la course avant de monter.

Plusieurs aéroports et grandes gares routières ont instauré un service de taxis agréés : vous achetez un ticket à prix fixe pour votre destination auprès d'une *taquilla* (billetterie) et vous le remettez ensuite au chauffeur au moment de payer. Vous évitez ainsi marchandage et risque d'escroquerie, mais vous paierez plus cher que le prix habituel.

Dans les centres touristiques, le tarif des taxis est souvent affiché dans les stations. Si le conducteur ne respecte pas le tarif annoncé, faites-en part au superviseur.

Le prix de location d'un taxi à la journée pour une excursion dans les environs est à peu près le même que celui d'une voiture de location bon marché (de 750 à 1 000 $M environ).

Vélo

Dans certaines villes, le vélo commence à devenir un mode de transport plus fréquent. Cela dit, ne vous attendez jamais à ce qu'un conducteur vous laisse la priorité et soyez particulièrement prudent sur les routes étroites. Certains secteurs dont Valladolid, Tulum et Chetumal disposent de voies cyclables. À Mérida, une rue principale du centre-ville est interdite à la circulation les dimanches pour les balades matinales et le mercredi soir, un groupe de cyclistes engagés organise des sorties avec le plus de participants possible. Location de vélos dans la plupart des villes pour 30/100 $M par jour.

Vous pouvez acheter un vélo au Yucatán en particulier si vous prévoyez de séjourner sur la péninsule pendant plusieurs mois et de vous déplacer à vélo. De plus, il est facile de se procurer de nombreux modèles à bon prix dans les grandes villes.

La meilleure époque pour faire du vélo se situe entre décembre et mars quand il fait plus frais et qu'il pleut moins souvent.

Langues

Bien que la langue dominante au Mexique soit l'espagnol, quelque 50 langues indigènes constituent la première langue de plus de 7 millions de personnes. Plus de 30 langues mayas sont parlées aujourd'hui. Au Chiapas, le tzeltal, le tzotzil et le chol forment le groupe linguistique le plus important tandis qu'au Yucatán, la langue indigène dominante est le maya yucatèque.

ESPAGNOL

La prononciation de l'espagnol mexicain est conforme à l'orthographe, sachant que toutes les lettres se prononcent. Seules quelques consonnes diffèrent du français : ch (prononcé tch), j (la "jota" gutturale, kh), ll ("l mouillé" français), ñ (gn), r (roulé) et v (b). Seuls les mots échappant à la règle générale d'accentuation portent un accent écrit (ex : *porción*, portion). Dans nos transcriptions, les syllabes accentuées sont indiquées en italique.

En espagnol comme en français, les noms sont soit masculins soit féminins et les terminaisons des adjectifs varient en fonction du genre du nom qu'ils accompagnent. Lorsque les deux formes figurent dans ce guide, la terminaison de chacune est séparée par une barre oblique (le masculin apparaît en premier), par exemple *perdido/a*.

Si l'on peut être plus familier avec une personne jeune ou que l'on connaît, il vaut mieux utiliser le "vous" (*usted*, *ustedes* au pluriel) plutôt que le "tu" (*tú*, *vosotros* au pluriel) lors d'une rencontre. Toutes les phrases de ce chapitre utilisent la forme polie. Le registre est signalé entre parenthèses par les abréviations "pol" (poli) et "fam" (familier).

POUR ALLER PLUS LOIN

Pour mieux communiquer sur place, procurez-vous le *Guide de conversation espagnol latino-américain* édité par Lonely Planet.

Conversation

Bonjour	*Hola*	o·là
Au revoir	*Adiós*	a·*dyos*
Comment ça va ?	*¿Qué tal?*	*ké* tal
Bien, merci	*Bien, gracias*	bièn *gra*·sias
Excusez-moi	*Perdón*	pèr·*don*
Désolé	*Lo siento*	lo si·*ènn*·to
Oui/Non	*Sí/No*	si/no
S'il vous plaît	*Por favor*	por fa·*vor*
Merci	*Gracias*	*gra*·sias
Je vous en prie	*De nada*	dé *na*·da
Je m'appelle...	*Me llamo...*	mé *lya*·mo

Comment vous appelez-vous/t'appelles-tu ?

¿Cómo se llama Usted? ko·mo se *lya*·ma ou·*sté* (pol)

¿Cómo te llamas? ko·mo té *lya*·mass (fam)

Parlez-vous/parles-tu (français) ?

¿Habla (francés)? a·bla (fran·*sès*) (pol)

¿Hablas (francés)? a·blas (fran·*sès*) (fam)

Je (ne) comprends (pas)

Yo (no) entiendo yo (no) ènn·*tiènn*·do

Hébergement

Je voudrais une chambre	*Quisiera una habitación*	ki·*ssié*·ra *ou*·na a·bi·ta·*thionn.*
simple	*individual*	inn·di·vi·*doual*
double	*doble*	*do*·blé

Quel est le prix pour une nuit/par personne ?

¿Cuánto cuesta por noche/por persona? kouann·to *kouèss*·ta por no·tché/por pèr·*sso*·na

Le petit-déjeuner est-il compris ?

¿Incluye el desayuno? inn·*klou*·yé èl dé·ssa·*you*·no

camping	*terreno de cámping*	tè·*ré*·no dé *kamm*·ping

hôtel	*hotel*	o·tèl
guesthouse	*pensión*	pènn·ssion
auberge de jeunesse	*albergue juvenil*	al·bèr·gué khou·vé·nil
climatisation	*aire acondicionado*	aï·ré a·kon·di·thyo·na·do
salle de bains	*baño*	ba·nyo
lit	*cama*	ka·ma
fenêtre	*ventana*	vènn·ta·na

Orientation

Où est... ?	*¿Dónde está...?*	donn·dé èss·ta

Quelle est l'adresse ?
¿Cuál es la dirección? koual ès la di·rèk·thyonn

Pourriez-vous me l'écrire, s'il vous plaît ?
¿Puede escribirlo, por favor? poué·dé èss·kri·bir·lo por fa·vor

Pourriez-vous me montrer (sur la carte) ?
¿Me lo puede indicar (en el mapa)? mé lo poué·dé inn·di·kar (ènn èl ma·pa)

à côté de...	*al lado de...*	al la·do dé
à l'angle	*en la esquina*	ènn la èss·ki·na
au feu	*en el semáforo*	ènn èl ssé·ma·fo·ro
derrière...	*detrás de...*	dé·trass dé
devant	*enfrente de*	ènn·frènn·té dé
droite	*derecha*	dé·ré·tcha
en face de	*frente a*	frènn·té a
gauche	*izquierda*	ith·kyèr·da
loin	*lejos*	lé·khoss
près	*cerca*	thèr·ka
tout droit	*todo recto*	to·do rèk·to

Au restaurant

Puis-je voir le menu, s'il vous plaît ?
¿Puedo ver el menú, por favor? poué·do ver el me·nou por fa·vor

Que conseillez-vous ?
¿Qué recomienda? ké ré·ko·myènn·da

Je ne mange pas (de viande).
No como (carne). no ko·mo (kar·ne)

C'était délicieux !
¡Estaba buenísimo! èss·ta·ba boué·ni·ssi·mo

Santé !
¡Salud! sa·lou

La note, s'il vous plaît
La cuenta, por favor la kouènn·ta por fa·vor

Je voudrais réserver une table pour...	*Quisiera reservar una mesa para...*	ki·ssyé·ra ré·ssèr·var ou·na mé·ssa pa·ra
(8) heures	*las (ocho)*	ass (o·tcho)
(2) personnes	*(dos) personas*	(doss) pèr·sso·nass

Mots utiles

assiette	*plato*	pla·to
bouteille	*botella*	bo·té·lya
chaud	*caliente*	ka·lyènn·té
couteau	*cuchillo*	kou·tchi·lyo
cuillère	*cuchara*	kou·tcha·ra
déjeuner	*almuerzo/ comida*	al mouer so/ ko·mi·da
dessert	*postre*	pos·tre
dîner	*cena*	thé·na
fourchette	*tenedor*	té·né·dor
(très) froid	*(muy) frío*	(moui) fri·o
petit-déjeuner	*desayuno*	dé·ssa·you·no
plat de résistance	*segundo plato*	ssé·gounn·do pla·to
verre	*vaso*	va·sso

Viandes et poissons

agneau	*cordero*	kor·dé·ro
bœuf	*carne de vaca*	kar·né dé va·ka
crabe	*cangrejo*	kan·gre·kho
crevettes	*camarones*	ka·ma·ro·nes

Nombres

1	*uno*	ou·no
2	*dos*	doss
3	*tres*	trèss
4	*cuatro*	koua·tro
5	*cinco*	thinn·ko
6	*seis*	seïss
7	*siete*	ssyé·té
8	*ocho*	o·tcho
9	*nueve*	noué·vé
10	*diez*	dyèth
20	*veinte*	véïnn·té
30	*treinta*	tréïnn·ta
40	*cuarenta*	koua·rènn·ta
50	*cincuenta*	thinn·kouènn·ta
60	*sesenta*	ssé·ssènn·ta
70	*setenta*	ssé·tènn·ta
80	*ochenta*	o·tchènn·ta
90	*noventa*	no·vènn·ta
100	*cien*	thyènn
1 000	*mil*	mil

Questions

Comment ?	¿Cómo?	ko·mo
Où ?	¿Dónde?	donn·dé
Pourquoi ?	¿Por qué?	por ké
Quand ?	¿Cuándo?	kouann·do
Qui ?	¿Quién?	kyènn
Quoi ?	¿Qué?	ké

huîtres	ostras	os·tras
porc	cerdo	thèr·do
poulet	pollo	po·lyo
veau	ternera	tèr·né·ra
langouste	langosta	lan·guos·ta
calamar	calamar	ka·la·mar

Fruits et légumes

abricot	albaricoque	al·ba·ri·ko·ké
ananas	piña	pi·nya
banane	plátano	pla·ta·no
banane plantain	plátano macho	pla·ta·no ma·cho
betterave	remolacha	ré·mo·la·tcha
carotte	zanahoria	tha·na·o·rya
cerise	cereza	thé·ré·tha
champignon	champiñón	tcham·pi·nyonn
chou	col	kol
citron	limón	li·monn
citrouille	calabaza	ca la·ba sa
concombre	pepino	pé·pi·no
épinards	espinacas	èss·pi·na·kass
fraise	fresa	fré·ssa
haricots secs	frijoles	fri·kho·les
laitue	lechuga	lé·tchou·ga
maïs	maíz	ma·ith
oignon	cebolla	thé·bo·lya
orange	naranja	na·rann·kha
pastèque	sandía	sann·di·a
pêche	melocotón	mé·lo·ko·tonn
poivron (rouge/ vert)	pimiento (rojo verde)	pi·myènn·to (ro·kho/vèr·dé)
pomme de terre	patata	pa·ta·ta
pomme	manzana	mann·tha·na
raisin	uvas	ou·vas
tomate	tomate	to·ma·té

Autres aliments

confiture	mermelada	mèr·mé·la·da
frites	papas fritas	pa·pas fri·tas
fromage	queso	ké·sso
gâteau	pastel	pas·tel·
glace	helado	e·la do
miel	miel	myèl
œuf	huevo	oué·vo
pain	pan	pann
poivre	pimienta	pi·myènn·ta
riz	arroz	a·roth
salade	ensalada	en·sa la da
sel	sal	sal
soupe	caldo/ sopa	kal do/ so pa
sucre	azúcar	a·thou·kar

Boissons

bière	cerveza	thèr·vé·tha
café	café	ka·fé
eau (minérale)	agua (mineral)	a·goua (mi·né·ral)
jus (d'orange)	zumo (de naranja)	thou·mo (de na·rann kha)
lait	leche	lé·tché
smoothie	licuado	li·kwa do
thé (noir)	té (negro)	té (né gro)
vin (blanc)	vino (blanco)	vi·no (blann·ko)
vin (rouge)	vino (tinto)	vi·no (tinn·to)

Urgences

Au secours !	¡Socorro!	so·ko·ro
Va-t'en !	¡Vete!	vé·té
Appelez... !	¡Llame a ...!	lya·mé a
un médecin	un médico	ounn mé·di·ko
la police	la policía	la po·li·si·a

Je me suis perdu(e)
Estoy perdido/a — èss·toï pèr·di·do/a (m/f)

Où sont les toilettes ?
¿Dónde están los baños? — donn-dé es-tan los ba-nios

Je suis malade
Estoy enfermo/a — èss·toï ènn·fèr·mo/a (m/f)

Je suis allergique (aux antibiotiques)
Soy alérgico/a (a los antibió ticos) — soy a·lèr·khee·ko/a (m/f) (a loss ann·ti·byo–to·koss)

Achats et services

Je voudrais acheter...
Quisiera comprar... — ki·ssyé·ra komm·prar

Je veux juste regarder
Sólo estoy mirando — so·lo èss·toï mi·rann·do

Puis-je le voir ?
¿Puedo verlo? — poué·do vèr·lo

Combien ça coûte ?
¿Cuánto cuesta? — kouann·to kouèss·ta

C'est trop cher
Es muy caro — èss mouï ka·ro

Il y a une erreur sur le ticket
Hay un error en la cuenta — aï oun è·ror èn la kouènn·ta

DAB	*cajero automático*	ka·khé·ro aou·to·ma·ti·ko
marché	*mercado*	mer·ka·do
poste	*correos*	ko·ré·oss
office du tourisme	*oficina de turismo*	o·fi·thi·na dé tou·riss·mo

Heure et date

Quelle heure est-il ?
¿Qué hora es? — ké o·ra èss

Il est (10) heures
Son (las diez) — sonn (las dyèth)

Il est (une heure) et demie
Es (la una) y media — èss (la ou·na) i mé·dya

après-midi	*tarde*	tar·dé
aujourd'hui	*hoy*	oï
demain	*mañana*	ma·nya·na
hier	*ayer*	a·yèr
matin	*mañana*	ma·nya·na
soirée	*noche*	no·tché
lundi	*lunes*	lou·nèss
mardi	*martes*	mar·tèss
mercredi	*miércoles*	myèr·ko·lèss
jeudi	*jueves*	khoué·béss
vendredi	*viernes*	vyèr·néss
samedi	*sábado*	sa·ba·do
dimanche	*domingo*	do·minn·go

Transports

avion	*avión*	a·vyonn
bateau	*barco*	bar·ko
bus	*autobús*	aou·to·bouss
train	*tren*	trènn
un billet de...	*un billete de...*	oun bi·lyé·té dé
première classe	*primera clase*	pri·mé·ra kla·ssé
deuxième classe	*segunda clase*	sé·gounn·da kla·ssé
aller simple	*ida*	i·da
aller-retour	*ida y vuelta*	i·da i vouèl·ta

S'arrête-t-il à (...) ?
¿Para en (...)? — pa·ra ènn

Comment s'appelle cet arrêt ?
¿Cuál es esta parada? — koual èss èss·ta pa·ra·da

À quelle heure arrive-t-il/part-il ?
¿A qué hora llega/sale? — a ké o·ra lyé·ga/sa·lé

Pourriez-vous me prévenir quand nous arriverons à (...) ?
¿Puede avisarme cuando lleguemos a (...)? — poué·dé a·vi·ssar·mé kouann·do lyé·gué·moss a (...)

Je veux descendre ici
Quiero bajarme aquí — kyé·ro ba·khar·mé a·ki

aéroport	*aeropuerto*	a·é·ro·pwér·to
arrêt de bus	*parada de autobuses*	pa·ra·da dé ow·to·bou·sés
gare ferroviaire	*estación de trenes*	èss·ta·thyonn dé tré·nèss
guichet	*taquilla*	ta·ki·lya
horaire	*horario*	o·ra·ryo
Je voudrais louer...	*Quisiera alquilar...*	ki·ssyé·ra al·ki·lar
un vélo	*una bicicleta*	ou·na bi·thi·klé·ta
une voiture	*un coche*	oun ko·tché
une moto	*una moto*	ou·na mo·to
casque	*casco*	kas·ko
diesel	*petróleo*	pét·ro·lé·o
essence	*gasolina*	ga·so·li·na
mécanicien	*mecánico*	mé·ka·ni·ko
station-service	*gasolinera*	ga·so·li·né·ra

Cette route mène-t-elle à ... ?
¿Se va a... por esta carretera? — sé va a... por ess·ta ka·ré·té·ra

(Combien de temps) Puis-je stationner ici ?
¿(Por cuánto tiempo) Puedo aparcar aquí? — (por kouann·to tyèmm·po) poué·do a·par·kar a·ki

J'ai un pneu crevé
Tengo un pinchazo — tènn·go oun pinn·tcha·tho

Je suis en panne d'essence
Me he quedado sin gasolina — mé é ke·da·do sin gasolina

Panneaux

Abierto	Ouvert
Cerrado	Fermé
Entrada	Entrée
Hombres/Varones	Hommes
Mujeres/Damas	Femmes
Prohibido	Interdit
Salida	Sortie
Servicios/Baños	Toilettes

MAYA YUCATÈQUE

Le maya parlé au Yucatán, au Campeche, au Quintana Roo et dans la partie nord et ouest du Belize, appartient aux langues amérindiennes d'Amérique du Nord. C'est-à-dire que le maya yucatèque est relié à de nombreuses langues parlées dans le sud-est des États-Unis, ainsi qu'en Californie et en Oregon (par exemple les langues costanoan, klamath et tsimshian). Le yucatec est seulement l'une des 30 langues appartenant à la famille maya (avec les langues quiché, mam, kekchi et cakchiquel), mais elle rassemble sans doute le plus grand nombre de locuteurs, estimés à un demi-million de personnes.

Le maya yucatèque est parlé sur les marchés et parfois par le personnel des hôtels en ville. Mais pour entendre des locuteurs natifs monolingues, il vous faudra vous rendre dans un village d'une zone plus isolée. Les Mayas ne s'attendent pas du tout à ce que vous connaissiez leur langue, mais, si vous essayez de dire quelque chose en maya, ils répondront favorablement.

Prononciation

Les mêmes principes que pour l'espagnol sont appliqués. Il suffit de suivre la transcription phonétique en couleur indiquée près de la phrase en maya.

Les consonnes suivis par une apostrophe (b', ch', k', p', t') sont similaires aux autres consonnes, mais sont prononcées avec plus de force et de façon "explosive". Une apostrophe qui suit une voyelle indique un coup de glotte.

Le maya est une langue à tons, c'est-à-dire que certains mots prennent un sens différent selon la hauteur du ton avec lequel ils sont prononcés. Par exemple, *aak* dit avec un ton haut signifie "tortue", mais avec un ton bas, veut dire "herbe" ou " vigne".

Pour de nombreux noms de lieux mayas, l'accent tombe sur la dernière syllabe. À l'écrit, la règle en espagnol consistant à indiquer l'accentuation par un accent est souvent suivie pour ces mots. Cette pratique est cependant variable. Dans ce guide, nous avons essayé d'inclure les accents aussi souvent que possible. Les syllabes accentuées sont toujours indiquées en italique dans nos transcriptions. Notez enfin que les mots empruntés à l'espagnol sont parfois accentués différemment, en maya yucatèque. *Amigo* est ainsi prononcé "a·*mi*·go" en espagnol et "*a*·mi·go" en maya yucatèque.

Conversation

Le locuteur maya reprend souvent la question au lieu de répondre oui. Par exemple : "Allez-vous au magasin?" – "J'y vais".

Bonjour	*Hola.*	o·la
Bonne journée	*Buenos dias.*	*bwé*·nos *di*·yas
Comment allez-vous ?	*Bix a beel?*	bish a bèil
Comment allez-vous ?	*Bix* (moins formel) *yanikech?*	bish yaw·ni·*kech*
OK/bien	*Maalob.*	*ma*·lobe
Salut/à demain	*Hasta saamal.*	*as*·ta *sa*·mal
Au revoir	*Pa'atik kin bin.*	*pa'a*·tik kin bin
Merci	*Dios Bo'otik.*	dyos *boe'o*·tik
Oui	*Haa./He'ele.*	haa/*hé'é*·lé
Non	*Ma'.*	ma'
Onéreux	*ko'o*	*ko'*·o
Joli	*ki'ichpam*	*ki'*·ich·pam

Quel est votre nom ?
Bix a k'aaba? — bish a *k'aa*·ba

Je m'appelle ...
In kaabae' ... — in ka·ba·e' ...

Je ne parle pas maya
Ma tin na'atik mayat'aani. — ma' tin *na'*·a·tik ma·ya·*taa*·ni

Parlez-vous espagnol ?
Teche', ka t'aanik wa castellano t'aan? — *te*·che' ka *t'a*·nik wa ka·stay·*ya*·no t'an

Je voudrais boire de l'eau
Tak in wukik ha'. — tak in woo·*kik* ha'

J'ai faim — *Wiihen.* — wi·*hen*

C'est (très) bon — *(Hach) Ki'.* — (hach) ki'

Combien cela/ceci coûte-t-il ?
Baux lelo'/lela'? — ba·*housch* le·*lo'*/le·*la'*

Où se trouve le/la...?	*Tu'ux yaan le ...?*	*too'*·ousch yan le ...
salle de bains	*baño*	*ba'*·nyo
docteur	*médico*	*mé*·di·ko
hôtel	*hotel*	o·*tel*
route pour ...	*u be ti' ...*	u be ti ...

1	*un peel*	oum pail
2	*ka peel*	ka pail
3	*ox peel*	osh pail

Pour compter des animés, des personnes par exemple, remplacez *peel* par *tuul* (prononcé "toul"). Au-delà de trois, comptez en espagnol.

GLOSSAIRE

Les termes relatifs à l'alimentation et à la cuisine sont listés p. 48.

Ah Tz'ib – scribes mayas. Ils ont retranscrit le Chilam Balam et poursuivent leurs activités aujourd'hui

alux (s), **aluxes** (pl) – lutin maya

Ángeles Verdes – "Anges verts" : corps de mécaniciens employés par l'État, chargés d'aider les automobilistes en difficulté

baluarte – rempart, fortifications

barrio – quartier d'une ville ou d'une métropole

cacique – seigneur de la guerre ou personnalité politique

cafetería – cafétéria où le service est assuré par des serveuses/serveurs. Rarement un self-service

cajero automático – DAB (distributeur automatique de billets)

camión (s), **camiones** (pl) – camion ; bus

camioneta – camionnette (pick-up)

campechanos – habitants de Campeche

campesino/a (m/f) – paysan(ne)

casa de cambio – bureau de change

caseta de teléfono, caseta telefónica – cabine téléphonique

castes, guerre des – révolte sanglante des Mayas au Yucatán pendant le XIXe siècle

cenote – puits naturel creusé dans le calcaire, souvent utilisé comme réservoir dans le Yucatán

cerveza – bière

Chac (ou Chaac) – dieu de la Pluie chez les Mayas

chac-mool – personnage de la statuaire précolombienne représentant un homme allongé sur le dos, le buste redressé et tenant un plateau qui servait d'autel sacrificiel

chenes – nom des cenotes dans la région Chenes

chultún – citerne souterraine faite de briques recouvertes de ciment, que l'on trouve dans la région des *chenes* (puits) au sud de Mérida (monts Puuc)

coctelería – baraque spécialisée dans la vente de cocktails de crevettes et de ceviches

cocina – petit restaurant basique souvent tenu par une femme que l'on trouve sur les marchés ou à proximité. Assimilé à la *cocina económica* (cuisine économique) ou *cocina familiar* (cuisine de famille) ; voir également *lonchería*

colectivo – minibus ou voiture dans lesquels les passagers peuvent monter ou descendre à leur gré, le long d'un trajet déterminé ; désigne également d'autres modes de transport, tels que le bateau, où les passagers se partagent le prix du billet

combi – minibus, van

comida corrida – menu fixe avec plusieurs plats

costera – avenue en front de mer

criollo – créole, personne née au Mexique d'ascendance espagnole. Au temps de la colonisation, les *criollos* étaient considérés comme inférieurs par les Mexicains nés en Espagne

cuota – péage ; une vía cuota est une route à péage

daños a terceros – assurance au tiers d'un véhicule

de lujo – un bus de luxe

DNI – Derecho para No Inmigrante. Taxe s'appliquant aux touristes étrangers et aux voyageurs pour affaires visitant le Mexique

ejido – terre communautaire, ou coopérative paysanne propriétaire de la terre cultivée

encomienda – forme de servage pratiqué par les conquistadors à l'égard des Indiens

feria – foire ou carnaval se déroulant généralement pendant une fête religieuse

gringo/a (m/f) – terme peu flatteur pour désigner un(e) touriste nord-américain(e) ou occidental(e)

gruta – caverne, grotte

guayabera – également *guayabarra*, chemise d'homme cubaine en tissu fin avec poches et ornements sur le devant, les épaules et le bas du dos ; remplace veste et cravate dans les régions chaudes

hacienda – propriété ; La Hacienda désigne le Trésor (de l'État)

henequén – fibres d'agave utilisées pour la fabrication des cordes de sisal. L'agave est surtout cultivé dans la région de Mérida

h-menob – chamane maya. Les chamanes continuent de pratiquer à ce jour

huipil (sg), huipiles (pl) – tunique de femme indienne, souvent décorée de broderies ; peut arriver jusqu'aux mollets ou aux chevilles

iglesia – église

INAH – Instituto Nacional de Antropología e Historia, chargé de l'étude et de la protection des sites et du patrimoine mexicains

INM – Instituto Nacional de Migración (Institut national de l'immigration)

Itzamná – importante divinité du panthéon maya souvent représentée sur les panneaux en bois des architectures contemporaines

IVA – *impuesto al valor agregado ;* TVA de 16% (dans les hôtels par exemple)

Ixchel – déesse maya de la Lune et de la Fertilité

jarana – danse folklorique pratiquée depuis des siècles par les Yucatèques

jipijapa – autre nom pour les chapeaux panamas fabriqués avec des fibres de palmiers *jipijapa*

Kukulcán – dieu-serpent à plumes (Quetzalcóatl) chez les Mayas

lagunas – petits lacs, lagunes

lonchería – de l'anglais "lunch", un restaurant simple qui sert des plats toute la journée. Souvent près des marchés municipaux. Voir aussi *cocina*.

lotería – version mexicaine du loto

malecón – boulevard ou promenade du front de mer

mariachis – ensemble de musiciens qui jouent, en costume, des ballades traditionnelles à la guitare et à la trompette

Méridanos – habitants de Mérida

mestizo – (métis) personne aux ancêtres indiens et espagnols

metate – pierre plate sur laquelle le maïs est moulu avec un rouleau cylindrique en pierre

mezcal – boisson alcoolisée à base d'agave

na – hutte au toit de chaume ou de palme

nortes – tempête relativement froide apportant du vent et de la pluie du nord

Nte – abréviation de *norte* (nord), utilisée dans les noms de rue

Ote – abréviation d'*oriente* (est), utilisée dans les noms de rue

palapa – toit de chaume ou de palmes ; abri au toit de palmes, généralement sur une plage

peigne de toit – élément décoratif en pierre disposé au sommet d'une pyramide ou d'un temple maya

Popol Vuh – livre illustré qui contient les textes sacrés mayas appelé la bible des Mayas

Porfiriato – (Porfiriat) désigne la période pendant laquelle Porfirio Díaz fut président du Mexique, de 1876 à la révolution mexicaine de 1910

PRI – Partido Revolucionario Institucional (Parti révolutionnaire institutionnel). Ce parti politique a gouverné le Mexique depuis la fin des années 1920 jusqu'à la fin du XXe siècle

primera (1a) clase – 1re classe pour les bus

Pte – abréviation de *poniente* (ouest), utilisée dans les noms de rue

Quetzalcóatl – Serpent à plumes, dieu sans doute le plus représentatif du Mexique précolombien

retablo – petit autel, mais plus souvent peinture sur bois, étain, verre, etc., faisant fonction d'ex-voto dans les églises en reconnaissance d'un miracle ou d'une prière exaucée

río – rivière ou fleuve

sacbe (sg), sacbeob (pl) – chaussée cérémonielle reliant les grandes cités mayas

segunda (2a) clase – 2e classe pour les bus

Semana Santa – Semaine sainte – entre le dimanche des Rameaux et le dimanche de Pâques ; c'est la période de vacances la plus importante au Mexique

sur – sud ; souvent utilisé dans les noms de rue

temascal – sorte de hutte de sudation amérindienne, souvent utilisée à des fins curatives dans les cultures mésoaméricaines ; parfois orthographié *temazcal*

templo – église ; de la chapelle à la cathédrale

tequila – alcool transparent distillé comme le *pulque* et le mescal à partir de l'agave

tope – ralentisseur ou dos-d'âne que l'on trouve dans les faubourgs de nombreuses villes

torito – chanson énergique qui évoque la ferveur de la corrida

tranvía – tram ou trolley motorisé

vaquería – fête traditionnelle du Yucatán avec de la musique et de la danse ayant souvent lieu à la mairie ou dans une hacienda

Xibalbá – inframonde ou monde secret dans la mythologie des Mayas

xtabentún – liqueur traditionnelle maya au goût anisé, fabriquée à partir de miel fermenté

yucateco – du Yucatán

En coulisses

VOS RÉACTIONS ?

Vos commentaires nous sont très précieux et nous permettent d'améliorer constamment nos guides. Notre équipe lit toutes vos lettres avec la plus grande attention. Nous ne pouvons pas répondre individuellement à tous ceux qui nous écrivent, mais vos commentaires sont transmis aux auteurs concernés. Tous les lecteurs qui prennent la peine de nous communiquer des informations sont remerciés dans l'édition suivante, et ceux qui nous fournissent les renseignements les plus utiles se voient offrir un guide.

Pour nous faire part de vos réactions, prendre connaissance de notre catalogue et vous abonner à notre newsletter, consultez notre site Internet : **www.lonelyplanet.fr**

Nous reprenons parfois des extraits de notre courrier pour les publier dans nos produits, guides ou sites Web. Si vous ne souhaitez pas que vos commentaires soient repris ou que votre nom apparaisse, merci de nous le préciser. Notre politique en matière de confidentialité est disponible sur notre site Internet.

UN MOT DES AUTEURS

Ashley Harrell

J'aimerais remercier des gens merveilleux (et un chien enthousiaste) pour m'avoir accompagnée dans plusieurs régions du Mexique. Stacey Auch et Erin Morris, que nous soyons à jamais les mêmes amies et aventurières. Amy Guthrie, Carlos Andrade, Savannah et Nico, vous êtes des hôtes et des personnes fabuleuses. Adam Williams et Isabella Cota, nous aurons toujours Patrick Miller avec nous. Matt Levin, manger des tacos avec toi est une joie. Papa, tu es un gentleman et un champion. Je vous adore.

Ray Bartlett

Tout d'abord, un grand merci à ma famille et à mes amis pour me laisser chaque fois partir à l'aventure et se souvenir de moi à mon retour ou pour me rejoindre quand c'est possible. Un grand merci à Sarah Stocking pour sa sagesse éditoriale et ses conseils, à mon coauteur John et à l'équipe de LP. Merci à tous ceux que j'ai rencontrés ou qui m'ont donné un coup de main pendant le voyage, surtout Naomi, Vivian, Odile, Ale, Eziquiel, Fabiola, Selena, Yuli, Alex et tant d'autres. Je me réjouis déjà du prochain voyage.

John Hecht

Je remercie particulièrement Jesus Navarrete, Ursula Reischl, Chicken Willy, mon éditrice Sarah Stocking, mon coauteur Ray Bartlett et tous les *Quintanarroenses* pour leur aide généreuse et tous les bons moments passés ensemble. Comme toujours, je remercie du fond du cœur Lau, sur qui je peux toujours compter.

REMERCIEMENTS

Données climatiques adaptées de la carte “Updated World Map of the Köppen-Geiger Climate Classification”, *Hydrology and Earth System Sciences*, 11, 1633-44, de Peel MC, Finlayson BL & McMahon TA (2007).

Illustration de Chichén Itzá p. 198-199 de Michael Weldon

Photographie de couverture : El Castillo, Chichén Itzá, Vincent St Thomas/Alamy ©

À PROPOS DE CET OUVRAGE

Cette 1re édition en français du guide *Yucatán, Cancún et Riviera Maya* est la traduction-adaptation de la 8e édition en anglais du guide *Cancún, Cozumel & the Yucatán* de Lonely Planet, actualisée par Ray Bartlett, Stuart Butler et John Hecht.

Traduction Anna Alvarez, Naomi Defays et Scadi Kaiser

Direction éditoriale
Didier Férat

Coordination éditoriale
Régis Couturier

Responsable prépresse
Jean-Noël Doan

Maquette
Gudrun Fricke

Cartographie
Cartes originales de Corey Hutchison adaptées en français par Eduardo Yanes Blanch

Couverture
de Brendan Dempsey-Spencer adaptée par Laure Wilmot pour l'édition française

Remerciements à
Angélique Adagio et Christiane Mouttet, pour leur précieuse contribution au texte. Merci à Camille Marie pour sa préparation du manuscrit anglais et à Hugo Gadroy pour son travail de référencement. Un grand merci à Dominique Spaety pour son soutien attentif et à toute l'équipe du bureau de Paris. Enfin, merci à Clare Mercer et Imogen Harrison du bureau de Londres, ainsi qu'à Glenn van der Knijff, Jacqui Saunders et Brad Smith du bureau australien.

Index

Références des cartes **en gras**
Références des photos en bleu

Références des cartes **en gras**
Références des photos en bleu

Références des cartes **en gras**
Références des photos en bleu

NOTES

Légende des cartes

À voir

- Château
- Monument
- Musée/galerie/édifice historique
- Ruines
- Église
- Mosquée
- Synagogue
- Temple bouddhiste
- Temple confucéen
- Temple hindou
- Temple jaïn
- Temple shintoïste
- Temple sikh
- Temple taoïste
- Sentō (bain public)
- Cave/vignoble
- Plage
- Réserve ornithologique
- Zoo
- Autre site

Activités, cours et circuits organisés

- Bodysurfing
- Plongée/snorkeling
- Canoë/kayak
- Cours/circuits organisés
- Ski
- Snorkeling
- Surf
- Piscine/baignade
- Randonnée
- Planche à voile
- Autres activités

Où se loger

- Hébergement
- Camping

Où se restaurer

- Restauration

Où prendre un verre

- Bar
- Café

Où sortir

- Salle de spectacle

Achats

- Magasin

Renseignements

- Banque
- Ambassade/consulat
- Hôpital/centre médical
- Accès Internet
- Police
- Bureau de poste
- Centre téléphonique
- Toilettes
- Office du tourisme
- Autre adresse pratique

Géographie

- Plage
- Refuge/gîte
- Phare
- Point de vue
- Montagne/volcan
- Oasis
- Parc
- Col
- Aire de pique-nique
- Cascade

Agglomérations

- Capitale (pays)
- Capitale (région/État/province)
- Grande ville
- Petite ville/village

Transports

- Aéroport
- Poste frontière
- Bus
- Téléphérique/funiculaire
- Piste cyclable
- Ferry
- Métro
- Monorail
- Parking
- Station-service
- Station de métro
- Taxi
- Gare/chemin de fer
- Tramway
- U-Bahn
- Autre moyen de transport

Les symboles recensés ci-dessus ne sont pas tous utilisés dans ce guide

Routes

- Autoroute à péage
- Voie rapide
- Nationale
- Route secondaire
- Petite route
- Chemin
- Route non goudronnée
- Route en construction
- Place/rue piétonne
- Escalier
- Tunnel
- Passerelle
- Promenade à pied
- Promenade à pied (variante)
- Sentier

Limites et frontières

- Pays
- État/province
- Frontière contestée
- Région/banlieue
- Parc maritime
- Falaise
- Rempart

Hydrographie

- Fleuve/rivière
- Rivière intermittente
- Canal
- Étendue d'eau
- Lac asséché/salé/intermittent
- Récif

Topographie

- Aéroport/aérodrome
- Plage/désert
- Cimetière (chrétien)
- Cimetière (autre)
- Glacier
- Marais/mangrove
- Parc/forêt
- Site (édifice)
- Terrain de sport

LES GUIDES LONELY PLANET

Une vieille voiture déglinguée, quelques dollars en poche et le goût de l'aventure, c'est tout ce dont Tony et Maureen Wheeler eurent besoin pour réaliser, en 1972, le voyage d'une vie : rallier l'Australie par voie terrestre via l'Europe et l'Asie. De retour après un périple harassant de plusieurs mois, et forts de cette expérience formatrice, ils rédigèrent sur un coin de table leur premier guide, *Across Asia on the Cheap*, qui se vendit à 1 500 exemplaires en l'espace d'une semaine. Ainsi naquit Lonely Planet, dont les guides sont aujourd'hui traduits en 13 langues.

NOS AUTEURS

Ashley Harrell
Après avoir pratiqué la vente en porte-à-porte en Floride, Ashley décide de devenir écrivain. Sortie de l'école de journalisme, elle travaille pour un journal ou elle couvre la vie sauvage, les affaires criminelles et le tourisme parfois pour un même sujet. Pour trouver l'inspiration, elle voyage dans le monde entier, déménageant souvent, d'un minuscule appartement à New York à un vaste ranch californien en passant par une cabane au Costa Rica. Depuis, elle écrit pour Lonely Planet.

Ray Bartlett
État du Yucatán, État de Campeche Écrivain de voyage depuis une vingtaine d'années, Ray écrit des textes vivants et foisonnants de détails sur le Japon, la Corée, le Mexique et de nombreuses régions des États-Unis pour de grandes maisons d'édition, des journaux et des magazines. Son premier roman, *Sunsets of Tulum*, se déroule dans le Yucatán et a reçu un très bon accueil. Entre autres passe-temps, il surfe régulièrement et c'est un danseur de tango accompli.

Stuart Butler
Chiapas et Tabasco Stuart écrit pour Lonely Planet depuis une dizaine d'années au cours desquelles il s'est retrouvé nez à nez avec des gorilles dans la jungle congolaise, a rencontré un homme à cornes qui ne craignait pas le feu, a ahané sur des cols himalayens, a interviewé un homme qui pouvait se transformer en arbre et s'est fait dire la bonne aventure par un perroquet. Quand il n'est pas sur la route, il vit dans le sud-ouest de la France avec sa femme et ses deux jeunes enfants.

John Hecht
Cancún et environs, Isla Mujeres, Isla Cozumel, Riviera Maya, Costa Maya Né à Los Angeles, John a collaboré à plus d'une dizaine de guides Lonely Planet et publications spécialisées portant surtout sur le Mexique et l'Amérique centrale. Il publie aussi des ouvrages culinaires ou de divertissement. Installé à Mexico depuis plus de 20 ans, il continue à vivre le rêve mexicain dans sa ville adoptive.

Yucatán, Cancún et Riviera Maya
1re édition
Traduit et adapté de l'ouvrage *Cancún, Cozumel & the Yucatán, 8th edition, July 2019*

92 avenue de France - 75013 Paris
Photographes © comme indiqué 2019
Dépôt légal Septembre 2019
ISBN 978-2-81618-403-7
Imprimé par Pollina, Luçon, France - 40577
Réimpression 03, novembre 2021

En Voyage Éditions | un département édi8